누구나 알지만 아무도 모르는

731부대

누구나 알지만 아무도 모르는 731부대

15년전쟁과 일본의 의학의료연구회 엮음 | 하세가와 사오리·최규진 옮김

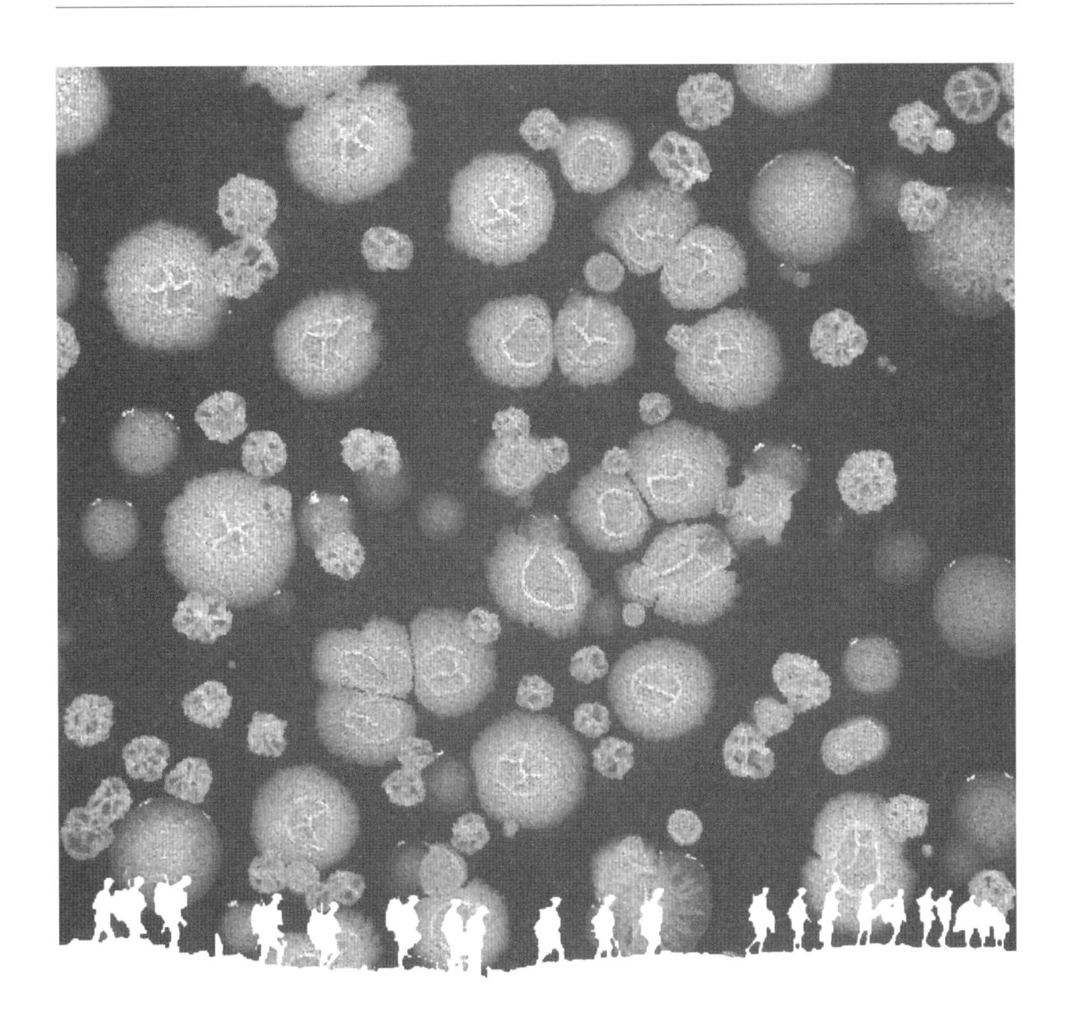

의학자·의사들의 양심을 건 일본군 세균전부대 규명

엮은이 **15년전쟁과 일본의 의학의료연구회**

"의학계·의료계의 전쟁 책임에 대해 스스로의 문제로 직시하고, 일본의 의학과 의료에 종사하는 사람들의 양심을 발휘하자"는 취지를 내걸고 의학계와 의료계에 종사하는 사람들을 중심으로 2000년에 만들어진 모임이다. 15년전쟁과 관련된 역사적 사실을 구체적으로 밝혀 교훈으로 삼고자 1년에 2-3번 연구 정례회를 개최하고 1년에 2번 회지를 발행하고 있다.

\-

옮긴이 **하세가와 사오리**(長谷川さおり)

일본 독쿄대학(獨協大學)에서 언어학을 전공했으며 이화여대 통번역대학원에서 한일통번역으로 석사과정을 마쳤다. 현재 인하대학교 의학교육 및 의료인문학과에서 박사과정을 밟고 있다. 통번역이 한국과 일본의 근대의학에 미친 영향을 추적하고 있다.

옮긴이 **최규진**

인하대학교 의과대학을 나와 서울대학교에서 인문의학 전공으로 석박사과정을 마쳤다. 현재는 인하대학교 의학교육 및 의료인문학과 조교수로 재직 중이다. 질병-인간-사회 그리고 그 사이에 존재하는 의료인에 대해 관심이 많다.

여러분의 참여로 이 책이 태어났습니다.
씨앗과 햇살이 되어주신 분들, 참 고맙습니다.

강봉주 김동길 김동은 김만중 김미정 김민성 김성남 김신애 김정옥 김종희 김지현 김철헌 김철환 김혜준 남성준 노순택 류다솔 문현아 박왕용 박찬호 박현주 백용욱 백윤경 백재중 변혜진 송현석 신영전 심규호 심명진 심재식 안화영 양길승 양동석 양정순 오성희 오수지 우석균 유기훈 이보라 이승하 이승홍 이종훈 임상혁 임지연 장창현 장혜영 전시형 전진한 정선화 정성식 조연숙 조윤숙 채찬영 최용배 최영아 하누리 하병민 홍성필 홍수연 황선우 황자혜, 구리하라 치즈루, 다시로 히로시, 다후 후미코, 무라오카 요시토, 사이토 가즈노리, 사이토 치카, 아나이 쓰토무, 아다치 가쓰로, 야마자키 노리코, 오가와 준코, 오모카와 마코토, 이케다 노부아키, 하라 가즈토, 히라바야시 구니아키, 언어치료AAC센터 '사람과소통' (76)

추 | 천 | 의 | 글

황상익 (서울대학교 의과대학 명예교수, 의학사)

1. 훔볼트 대학교 의학사박물관의 자우어브루흐 특별전시

지난 해 9월 두 번째로 베를린을 찾았다. 장벽이 무너지기 바로 전 해에 처음 갔으니 31년 만이다. 40시간도 되지 않는 짧은 일정이어서 주로 분단, 통일과 관련된 장소를 찾을 계획이었지만 전공 공부와 관계있는 훔볼트 대학교 의학사박물관을 빠트릴 수는 없었다.

박물관에는 상설전시 외에 자우어브루흐 특별전시가 열리고 있었다. 자우어브루흐 (Ferdinand Sauerbruch, 1875 - 1951)는 라이프치히 의과대학 졸업 2년 뒤인 1904년 흉부 외과 수술의 전기를 마련한 저압 장치(흔히 자우어브루흐 챔버라고 부름)를 만들었고, 스위스 취리히 대학교 교수로 재직하던 제1차 세계대전 시에는 군의관으로 종군하며 당시로는 가장 효과적인 인공팔다리를 개발했으며, 1931년에는 사상 처음 개심술로 심실 동맥류를 제거하는 데 성공했다. 가히 '외과의 아이콘'이자 '수술의 팔방미인'으로 불릴 인물이다. 자우어브루흐는 뮌헨 대학교를 거쳐 1927년부터 1949년까지 베를린 훔볼트 대학교 외과 교수로 다양한 업적을 남겼을 뿐만 아니라 사회적, 정치적, 인종적 경계를 뛰어넘어 모든 환자에게 헌신적으로 대한 점으로도 사람들의 존경을 받았다. 제2차 세계대전 말 베를린이 연합군의 공중폭격을 받을 때에도 다른 곳으로 피난하지 않고 병원 지하방공호(자우어브루흐 벙커)에서 침식을 하며 많은 환자의 목숨을 건지고 그들의 든든한 버팀목이 되었다. 이처럼 자우어브루흐는 외과의 아이콘을 넘어 가장 이상적인 의사의 모습을 보여준 인물이다.

전시는 여기까지가 아니었다. 전시의 후반부는 상세한 자료들로 자우어브루흐의 또

다른 측면을 낱낱이 드러내고 있었다. 자우어브루흐는 나치당에 가입하지는 않았지만, 1937년 새로 설립된 제국연구심의회의 회원이 되었다. 심의회는 절멸수용소에 감금된 유태인과 전쟁포로들에 대한 인체실험 등 나치스 친위대의 연구 프로젝트들을 지원했는데, 자우어브루흐는 심의회의 의학분과위원장으로 프랑스 점령지의 나츠바일러 절멸수용소에서 벌어진 아우구스트 허트(August Hirt)의 독가스 실험과 폴란드 점령지의 아우슈비츠 절멸수용소에서 자행된 요제프 멩겔레(Josef Mengele)의 인체실험들에 대한 연구비 지원을 승인했다. 나치 독일이 프랑스를 점령하면서 설립한 스트라스부르크 제국대학교의 해부학 교수를 지낸 허트는 연합군에 의해 스트라스부르크가 해방되기 직전 독일로 피신했다가 1945년 6월 2일 권총자살로 삶을 마감했다. 허트의 죽음을 알지 못했던 프랑스군은 1953년 12월 23일 궐석재판에서 허트에게 사형을 선고했고 스위스 당국은 그의 죽음이 확인된 1950년대말까지 허트를 추적했다. 한편 의사이자 인류학박사로 1943년부터 아우슈비츠 절멸수용소에서 주로 쌍둥이를 대상으로 잔인한 생체실험을 수없이 자행한 '죽음의 천사' 멩겔레는 패전 직후 남아메리카로 도망가서 각국을 전전하며 모사드 등의 추적을 피한 채 68세가 되는 1979년까지 목숨을 부지했다.

자우어브루흐는 히틀러가 독일인들에게 노벨상 수상을 금지하며 그 대신으로 제정하여 1937년부터 시상한 '독일예술과학국가상'의 첫 번째 수상자로 선정되었다. 자우어브루흐는 이미 노벨상을 받아도 손색이 없을 정도로 뛰어난 업적들을 쌓았기 때문에 그의 독일예술과학국가상 수상을 의심의 눈초리로 볼 필요는 없을 것이다. 하지만 그가 나치와 히틀러에 순응, 협력하지 않았다면 수상이 어려웠을지 모른다. 자우어브루호는 1942년에는 의무감에 임명되어 독일육군 의료 행정을 총괄하게 된다. 의무감을 맡은 지 얼마 지나지 않아 자우어브루흐는 1930년대 중반 자신의 수술 조수로 일했던 히틀러의 주치의 겸 총통 직속 보건의료 고등판무관인 칼 브란트(Karl Brandt)를 동부전선 사령부에서 다시 만난다. 이후 자우어브루흐가 한때 자신의 제자였던 브란트와 어떤 관계를 가졌는지는 확실치 않다. 브란트는 뉘른베르크 의사전범재판에서 사형선고를 받고 1948년 6월 2일 처형되었다.

독일의 패전 5개월 뒤인 1945년 10월 12일 자우어브루흐는 나치에 부역한 혐의로 기소되었지만 증거 불충분으로 풀려났다. 그리고 74세가 되는 1949년까지 소련군 점령 하의 동베를린에서 전과 같이 베를린 대학교 병원 외과교수로 재직했다.

자우어브루흐는 증거 불충분이라는 이유로 방면되었으니 운이 좋았던 것인지 모른다. 그 뒤에 드러난 증거자료들이 재판 당시에 알려졌다면 중형은 아니더라도 감옥생활을 피하기 어려웠을 것 같다. 나치 부역이라는 자우어브루흐의 흑역사를 알게 된 충격도 작지 않았지만 나는 그런 전시가 가능한 독일이 부러웠다. 한국이라면, 한국의 대학박물관이라면 빛나는 업적들을 남긴 본교 교수를 지낸 인물의 흠결을 샅샅이 드러낼 수 있을까? 과연 독일이구나, 독일의 과거청산이 이렇게 철저하구나 하는 상념에 상설전시관은 건성으로 지날 수밖에 없었다.

2. 뉘른베르크 의사전범재판

1945년 10월, 전쟁범죄, 평화에 반한 범죄, 인도에 반한 범죄를 저지른 사람들을 처벌하도록 하는 국제협약이 마련되었다. 그리고 이 국제협약에 따라 1945년 11월 19일 뉘른베르크 재판소('정의의 궁전')에서 국제군사재판이 개시되었다. 미군 점령지역인 뉘른베르크는 해마다 나치당의 대규모 전당대회가 열리는 등 나치의 핵심 본거지였던 연유로 나치의 법적인 종언을 선포하기 위한 장소로 선택된 것이었다. 미국, 소련, 영국, 프랑스 등 4개국 연합군의 합동검사단은 나치당, 내각, 친위대, 보안국, 게슈타포, 돌격대, 최고사령부 등 7개 조직의 최고위 전쟁범죄자 24명을 기소했다. 죄목은 위의 국제협약에 규정된 것이었다. 아돌프 히틀러(Adolf Hitler), 요제프 괴벨스(Joseph Goebbels), 하인리히 힘러(Heinrich Himmler) 등은 체포되기 직전 또는 직후에 자살했기 때문에 법정에 세우지 못했다.

1년에 가까운 공판 끝에 1946년 10월 1일 피고들에게 선고가 내려졌다. 24명 중 궐석재판을 받은 마틴 보어만을 포함하여 12명에게 사형, 나머지 12명에게는 종신형부터 무죄까지 선고되었다. 보어만은 이미 1945년 5월 2일에 자살했다는 사실이 나중에야 밝혀졌다. 또한 헤르만 괴링은 처형 전날 자살했고, 나머지 10명에 대해서 1946년 10월 16일 교수형이 집행되었다. 피고인들 중 자신의 책임을 부분적으로나마 인정한 사람은 20년형을 선고받은 군수장관을 지낸 나치 최고의 건축가 알베르트 슈피어(Albert Speer)뿐이었다.

뉘른베르크 국제군사재판이 종료된 뒤 미군이 단독으로 주재한 군사재판들이 열려 국제군사재판에 피소되지 않은 전범들을 재판했다. 미군이 주도한 이 재판들을 뉘른베르크 후속재판이라고 하며, 의사전범재판(Doctors' Trial)과 판사전범재판(Judges' Trial) 등 12가지가 여기에 속한다.

이 후속재판 중에서 가장 먼저 열리고 피고인들을 가장 중하게 처벌한 것이 의사전범재판으로, 피고 23명 중 20명이 의사였고 3명은 관료였다. 나치 의사 가운데 가장 악명 높았던 요제프 멩겔레는 체포하지 못해 기소되지 않았다. 앞서 열린 국제군사재판에서 마틴 보어만을 궐석재판으로 사형선고한 것과는 다른 조처였다.

재판은 1946년 12월 9일 개시되어 이듬해 8월 20일까지 진행되었다. 그 결과 피고 23명 중 앞에서 언급한 칼 브란트를 비롯한 7명은 사형(후속재판으로 처형당한 총 13명 중 의사전범재판 피고가 절반이 넘음), 9명은 10년에서 종신형 사이의 징역형을 선고받았으며, 나머지 7명은 증거 불충분이나 무혐의로 석방되었다. 피고인 중 유일한 여성의사인 헤르타 오버호이저(Herta Oberheuser)는 아우슈비츠 절멸수용소 등지에서 인체실험을 한 혐의로 징역 20년형을 선고받았지만 뒤에 5년형으로 감형되어 1952년에 석방되었다. 징역형을 선고받은 다른 의사전범들도 모두 감형을 받아 형기를 다 채운 사람은 없었다. 다른 후속재판 피고들도 마찬가지였다. 국제군사재판 피고들도 비슷해서 종신형을 선고받은 루돌프 헤스(Rudolf Hess)만 1987년 8월 17일 93세의 나이로 감옥에서 자살할 때까지 40년 넘게 수감되었을 뿐 대부분은 1950년대에 감형, 석방되었다.

많은 독일인들이 재판 과정과 결과에 내심 승복하지 않았다. 전승국들이 일방적으로 독일과 독일인들을 매도한다고 여겼고, 패전국에 대한 가혹한 법적 · 도덕적 보복이라고 암묵적으로 불만을 표시했다. 미국과 소련 사이의 냉전이 심화되면서 미국의 방침은 빠르게 변화하기 시작했다. 독일을 소련과의 냉전에서 최전방에 내세우기 위해서는 독일인들을 달랠 필요가 커진 것이다. 독일의 보수적인 기독교민주당 정권도 결코 나치 단죄나 과거청산에 전혀 적극적이지 않았다. 정부 고위인사 중에서 나치와 관련이 있는 사람이 적지 않았던 점도 중요하게 작용했다. 일반 독일인들도 원했든 원하지 않았든 자신들이 순응하고 협력했던 나치 시대를 떠올리기 꺼려했다. 1960년대 중후반까지 독일 사회는 과거청산에 관해 가히 '침묵의 공동체'였다. 하지만 시간이 흘러 자연스레 새로운 세대가 등장했고, 또 세계적으로 반전평화운동, 68학생운동, 민권운동, 신문화운동, 여성운동, 환경운동 등이 활발해지면서 독일 사회도 오랜 침묵과 침잠에서 벗어나 역사를 직시하고 과거사 청산에 관심을 가지기 시작했다. 1969년 새로 집권한 사회민주당의 빌리 브란트(Willy Brandt) 총리가 과감하게 동방정책을 비롯해 새롭고 유연한 대외정책을 편 것도 20여 년의 침묵을 깨는 중요한 촉매제였다. 1970년 12월 7일 브란트 총리가 폴란드 바르샤바에 있는 게토 봉기 희생자 추모기념비 앞에서 무릎을 꿇고 희생자들과 세계인들에게 사죄하고 참회한 사건은 변화의 하이라이트였다.

3. 독일의사협회 총회의 「2012 뉘른베르크 선언」

독일의사협회 총회는 2012년 5월 23일 다음과 같은 「2012 뉘른베르크 선언」을 공포했다. 매우 뒤늦은 것이지만 역사적으로 의미가 지대한 선언이어서 전문을 소개한다.

제115차 독일의사협회 총회는 2012년 뉘른베르크에서 개최되었다. 이 도시는 65년 전 나치 치하 국가의사조직의 지도적 인사인 의사들 20명이 인도주의를 배반하여 의학적 범죄를 자행한 혐의로 재판을 받은 곳이다. 지난 몇 십 년 동안 수행된 연구는 인권 침해의 정도가 의사전범재판 당시에 파악된 것보다 훨씬 방대함을 보여준다. 오늘날, 우리는 동의를 거치지 않은 여러 가지 비자발적인 인체실험의 목표와 과정에 대해 더 많이 알게 되었다. 인체실험은 자주 피검자의 사망을 초래했고, '유전적 질환자'라고 분류된 36만 명 이상이 강제적 단종수술을 받았을 뿐만 아니라, 심리적으로 허약하거나 장애가 있는 20만 명을 넘는 사람들이 살해된 사실이 밝혀졌다.

아직도 널리 받아들여지는 견해와 달리, 대부분의 심각한 인권 침해는 정치 조직이나 권력자들이 아니라 의사들 자신에게서 비롯되었다. 범죄 행위는 단순히 몇몇 개별 의사들이 자행한 것이 아니다. 그것은 의과대학들과 이름 있는 의학연구기관들의 저명한 학자들의 적극적인 동참, 그리고 의사단체와 전문적인 의학 학회들의 지도급 인사들이 실질적으로 관여한 가운데 벌어진 범죄이다.

나치 치하에서 의학의 이름으로 자행된 인권 침해 행위들은 오늘날까지 영향을 미치고 있으며 의사들의 정체성, 직업적 행위, 그리고 의료윤리에 관련된 여러 가지 질문을 제기한다.

이에 제115차 독일의사협회 총회는 이 「2012 뉘른베르크 선언」에서 다음과 같이 천명한다.

- 우리는 나치 치하에서 자행된 의학적 범죄 행위에 대해 의사들의 책임이 막중함을 고백하며, 그러한 범죄 행위가 현재와 미래에 대한 경고라는 사실을 명심한다.
- 우리는 의사들이 갖가지 인권 침해 행위를 자행함으로써 의사 선서를 배신한 사실에 대해 깊은 유감의 뜻을 표명한다. 우리는 생존해 계시거나 이미 세상을 떠나신 모든 피해자 분들, 그리고 그 후손들께 경의의 마음을 전한다.
- 우리는 역사자료들에 대한 제한 없는 접근을 보장하기 위해 행정적, 재정적 지원을 아끼지 않을 것이며, 독일의사협회의 여러 기구를 활용하여 과거의 만행에 대해 지속적인 역사 연구와 재평가를 활발히 벌여나갈 것을 이번 총회 자리를 빌려 천명한다.

이 문서에 「선언」의 취지와 지향, 나치 시대 의학 범죄행위에 대한 평가 등이 함축적으로 잘 정리되어 있어 따로 해설을 덧붙일 필요는 없어 보인다. 다만 이 「선언」이 발표되기까지 65년 이상의 세월이 걸렸으며, 그만큼 수많은 애로를 겪으면서 의사, 역사학자, 활동가들과 소그룹 의사단체들이 노력해서 만들어낸 장전이라는 사실은 언급해야겠다. 나치 시대에 대한 독일인들의 자발적 반성과 평가는 20년 이상의 '침묵의 공동체' 시기를 거쳐서야 본격적으로 시작되었다. 일반사회보다 더 보수적이고 권위주의적인 의사사회에서 그러한 변화가 나타나는 데에는 다시 40여 년의 세월이 필요했다.

과장으로 들릴지 모르지만, 이 「선언」은 1970년 브란트가 바르샤바의 추모기념비 앞에서 무릎 꿇고 사죄, 참회한 행동의 의학 버전이라고 할 만하다. 나치 시대 의학범죄가 몇몇 의사들의 일탈 행위가 아니라 당시 지도자급 의사들과 의사단체의 적극적인 관여로 자행된 조직범죄임을 인정하고, 오늘날의 의사들이 다시는 그러한 일이 발생하지 않도록 노력하겠다고 다짐한 것은 의학역사상 획기적인 사건으로 평가해야 할 것이다.

뉘른베르크 의사전범재판도 그 나름의 역사적 의미를 지니지만, 그것은 독일 의사들의 참여 없이 이루어진 것이었다. 거기에 반해 이 「선언」은 독일 의사들의 집단적 성찰의 산물로, 특히 독일 의사 전체를 대표하는 독일의사협회의 이름으로 선포된 것이 매우 중요한 의미를 갖는다. 이 「선언」이 최종결과가 아니라 시작점이 되도록 계속 노력하고 성원하는 것이 독일 의사들뿐만 아니라 평화와 인도주의를 사랑하고 추구하는 모든 인류의 공동과제이다. 앞머리에 소개한 자우어브루흐 특별전시는 그러한 노력의 한 가지 소중한 산물로 읽혀진다.

4. 『NO MORE 731_누구나 알지만 아무도 모르는 731부대』

추천의 글에 직접 관계가 없는 이야기를 장황하게 늘어놓았다고 할 사람이 있을지도 모르겠지만, 731부대에 관여한 의사들의 만행에 대한 (일본)의학계의 무관심, 아니 그것을 넘어서 진실 규명을 방해하는 반역사적 작태에 대해 너무 낙담할 필요는 없다는 점을 독일의 경우를 빌어 말하고 싶은 것이다. 『누구나 알지만 아무도 모르는 731부대』의 편저자들, 그리고 그들과 함께 하고 있는 이들이 겪고 있는 어려움은 「2012 뉘른베르크 선언」을 쟁취한 독일 의사들이 조금 앞서 치렀다고 생각하면 힘이 될 것 같다는 생각이다. 우리가 역사의 수레바퀴를 돌리는 고행을 멈추지 않는 이상, 역사는 우여곡절을 겪으면서 결국 전진하는 것이다.

국내에서 731부대에 관한 책이 이미 여러 권 출간되었다고 하지만, 이 『누구나 알지만 아무도 모르는 731부대』가 지금까지 나온 어느 것보다도 문제의식과 내용이 충실하고 풍부하다는 사실을 자신 있게 말할 수 있다. 『누구나 알지만 아무도 모르는 731부대』에서 다루고 있는 731부대 이야기는 의학범죄에 관한 것이기도 하지만, 더 넓게는 국가폭력에 관한 고발장이다. 일제강점기는 물론이고 해방 이후 이 땅에서 자행된 수많은 국가폭력의 진실 규명, 그것을 통한 올바른 과거청산과 진정한 화합, 나아가 정의와 평화가 충만한 미래 건설이라는 과제를 안고 있는 우리 한국인에게 731부대의 만행이 강 건너 남의 일이 아니라는 사실이 이 책을 통해 좀 더 가까이 다가오면 좋겠다.

많은 어려움 속에서도 731부대의 만행과 그 배경을 전문적 지식과 역사적 사명감으로 꼼꼼하게 밝혀온 『누구나 알지만 아무도 모르는 731부대』의 편저자들, 그리고 이 책이 갖는 가치와 한국사회에 소개하는 의미를 파악하고 충실하게 번역작업을 해낸 번역자들에게 동지의 마음으로 깊이 감사드리면서 추천의 글을 닫는다.

2020년 3월

차례

2부 — 731부대의 소행

3부 731부대원의 전말

4부 — 에필로그

들 | 어 | 가 | 며

과거 전쟁에서 일본군은 국제법에 반하는 세균전 및 독가스전을 실시하기 위해 중국 동북지방 하얼빈 근교에 731부대를 설치했습니다. 이 731부대에서 중국인 등 '마루타'라고 불린 3,000명이 넘는 사람들이 '인체실험'과 '생체해부' 등으로 죽어갔습니다. 이러한 범죄행위에 당시 대학 의학부 등에 소속돼 있던 의학자 및 의사도 가담했습니다. 그러나 전후 미국의 '실험 결과 은폐'와 '면책 거래'로 731부대에 관여한 의학자 및 의사들 대다수가 아무런 처벌 없이 의학계와 의료계 요직에 복귀했습니다.

이 책은 전쟁이 끝난 지 70년이 되는 특별한 해를 맞이하여 다시금 의학자와 의사, 과학사 연구자 등이 이러한 사실을 물어 밝힌 것입니다. 2000년 6월에 설립된 '15년전쟁과 일본의 의학의료연구회'가 간행하는 『15년전쟁과 일본의 의학의료연구회 회지』에서 선정한 글들을 한 권의 책으로 묶어 정리했습니다.

의학자와 의사들의 전쟁범죄가 두 번 다시 반복되지 않도록 이 책이 조금이나마 도움이 되길 바랍니다.

2015년 7월

니시야마 가쓰오(西山勝夫)

편집책임자, '15년전쟁과 일본의 의학의료연구회' 사무국장

1부 프롤로그

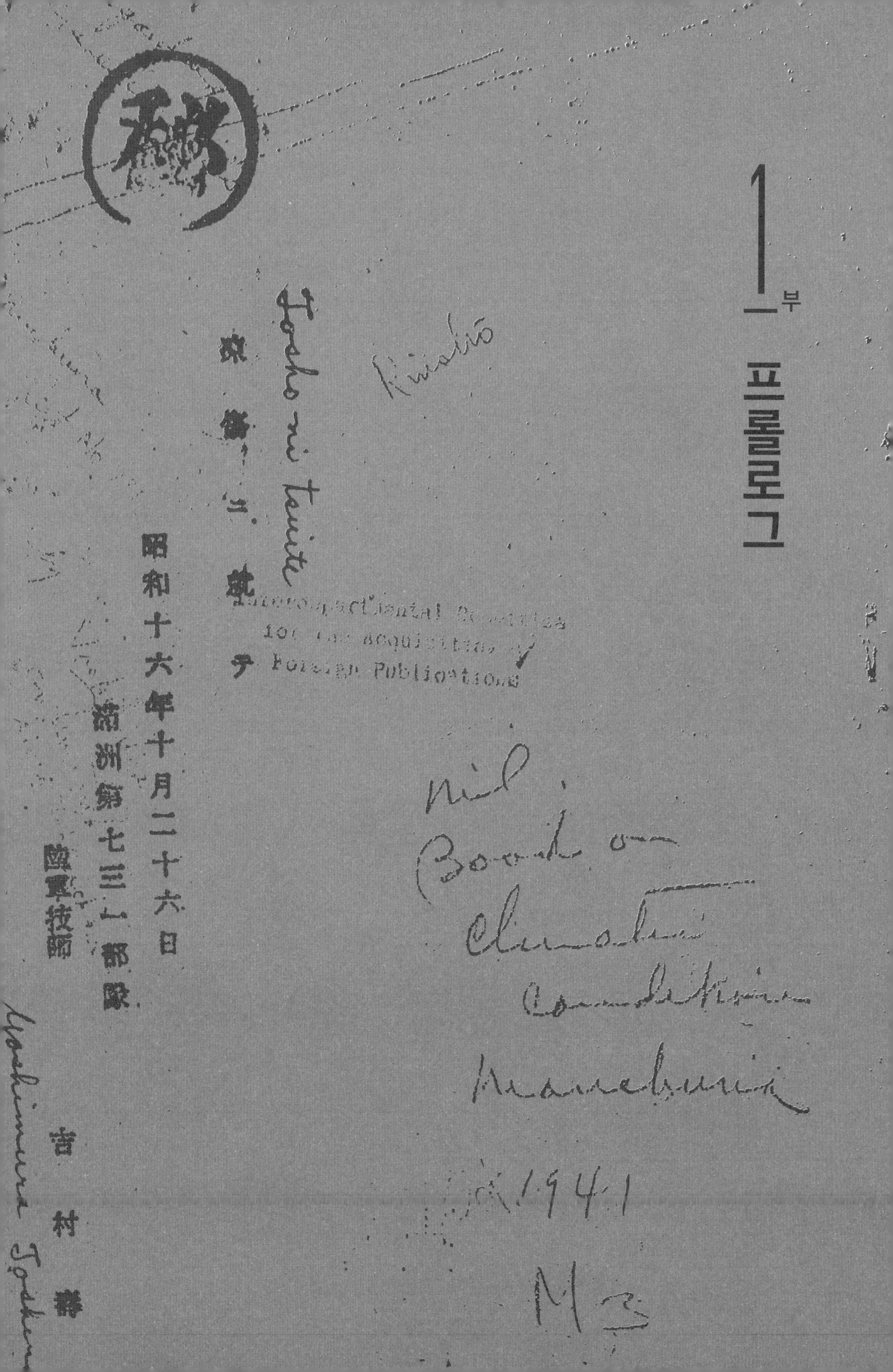

秘
Tosho ni tsuite
凍傷ニ就テ
Interdepartmental Committee
for the Acquisition of
Foreign Publications
昭和十六年十月二十六日
滿洲第七三一部隊
陸軍技師 吉村壽人
Book on
climatic
condition
Manchuria
1941
M3

누 구 나 알 지 만

아 무 도 모 르 는

7 3 1 부 대

731부대를 어떻게 볼 것인가

쓰네이시 게이이치(常石敬一)

필자가 '만주 731부대' 연구를 시작한 것은 1970년대 후반부터다. 처음 어느 정도 정리된 내용을 발표한 것은 1980년 가을 『과학 아사히』라는 잡지를 통해서였다.[1] 그리고 이듬해인 1981년 5월, 잡지에 게재한 논문을 바탕으로 『사라진 세균전부대』[2]를 출판했다. 연구를 시작했을 당시는 오로지 731부대에만 관심을 가졌다. 다른 부대에 관심이 없었다기보다 731부대 이외 조직을 조사하고 분석할 여유가 없었다. 하지만 점차 731부대뿐 아니라 그 관련 부대, 나아가 이러한 부대들을 배출한 육군군의학교에 대한 조사의 필요성을 깨달았다.

이처럼 조사 대상을 확대한 것은 '731부대 의사와 연구자들이 왜 그러한 만행을 저지르게 되었는가?'라는 의문에 대한 답을 찾고 싶어서였다. 그 답은 지금껏 찾지 못하고 있다. 그 해결책으로, 731부대를 특별한 부대로 간주하고 부대원을 악마로 규정하는 것도 가능한 일이다.

그런데 그렇게 하면 '과거 731부대라는 광기 어린 집단이 끔찍한 과오를 저질렀습니다. 전쟁이라는 것이 참 무서운 거네요'라는 것으로 끝나고 말 것이다. 물론 전쟁의 공포를 강조하기 위해서는 731부대를 전쟁 중에 생긴 특별한 집단의 광기로 보는 게 유용할 것이다. 하지만 그렇게 보면 그들이 어째서 그러한 광기에 이르게 되었는지 알기 어렵다. 게다가 전쟁이 그들을 바꾼 것이 아니라 오히려 그들이 전쟁을 이용한 측면도 있다.

의사와 연구자라는 과학 연구의 주체에 주된 관심을 갖고 있는 필자로서는 그러한 방식으로 단정 짓고 싶지 않았다. 그리고 사실 한때 과학 연구 현장에 몸담았던 사람으로서 731부대원들이 인체실험에 손을 댄 게 결코 남의 일처럼 여겨지지 않았다. 이러한 의식을 가지고 보다 넓은 시야로 731부대원들의 행동을 파악해내고 싶었다. 그런 의미에서 요시카이 나쓰코(吉開那津子) · 유아사 겐(湯浅謙)의 『지워지지 않는 기억』[3]이 1981년에 출판된 것은 필자에게 참으로 고마운 일이었다. 이 책을 보면 1940년대 전반기, 의학생 다수가 중국 대륙에 가면 '인체실험'을 할 기회가 있다는 사실을 알았으며, 심지어 이를 전혀 이상하게 여기지 않았다는 것을 알 수 있다.

이것은 731부대 부대원들이 특별한 존재가 아니었음을 말해준다. 이와 관련해 토마스 쿤이 코페르니쿠스가 지구중심설을 버리고 태양중심설을 받아들이게 된 동기에 대해 지적한 것이 떠오른다.

…코페르니쿠스는 그것들을 의식하지 않았을지 모르지만, 그는 이러한 철학적 흐름에 올라타 있었다. 이는 그의 동시대인들이 자신도 모르게 운동하는 지구에 올라타고 있었던 것과 마찬가지다. 코페르니쿠스의 연구는 천문학 내부 상황과 그 시대의 더 큰 시대 풍조와의 관계 속에서 보지 않으면 이해할 수 없다. 이 두 가지가 함께 괴물을 만들어 냈다.[4]

모든 과학자는 시대적 제약에서 벗어날 수 없다. 즉, 과학자 한 사람 한 사람의 생각에는 시대적 제약이 투영되기 마련이다. 다른 연구자들 역시 마찬가지다. 역으로, 그렇기 때문에 한 명의 천문학자가 던진 하늘과 땅을 뒤집는 혁명적 주장에 차츰 다른 사람들도 지지를 보내게 된 것이다. 이러한 역사의 흐름과 부대원들의 인터뷰를 토대로 731부대원들을 보면, 그들이 결코 특별히 이상한 사람들이 아니었다는 생각에 이르게 된다.

처음에는 인체실험을 하고 학술논문에 실험동물로 '원숭이'를 사용했다고 속인 부대원들을 이상한 연구자라고 생각했다. 그러나 곧 '원숭이'라는 속임수가 동업자와 의학연구자들 사이에서 통할 리 없다는 사실을 알게 되었다. 이것이 의미하는 바가 무엇일까? 이 점에 대해 필자는 『의학자들의 조직범죄』라는 책에서 다음과 같이 언급한 바 있다.[5]

이시이 기관의 인체실험은 의학계에 있는 사람이라면 거의 누구나 알고 있는 현실에 부딪힌다. 그래서, 부대에 있던 연구자들은 부대에서 자신들이 한 연구를 의학논문으로서 발표했던 것이다. 더불어 전쟁이 끝난 후에도 인체실험의 결과임이 명백한 논문을 발표하거나 부대에서의 추억을 의학잡지에 투고하였고, 또한 그것이 받아들여져 게재되어왔다. 이 사실은 이시이 기관의 인체실험이 일본 의학계에서는 누구나 알고 있던 것임을 잘 보여주고 있다.

그렇다면 의학계에서는 아무런 비밀도 아니었던 것이 어째서 오랫동안 비의학계에 알려지지 않았던 것일까? 의학계에서는 특별한 비밀이 아니었기에 의학계 스스로 '폭로하고 밝힐' 필요성을 느끼지 못했다는 변명이 가능할 것이다. 하지만 그럴 경우 인체실험이라는 것이 비상식적임을 인식하지 못했던 그 둔감함은 강하게 비판받아야 마땅하다. 혹은 역으로 비상식적이기 때문에 숨겨온 것이라면, 의학계라고 하는 내부자들끼리만 인체실험을 공유하는 의학자와 의사들의 특권의식, 그리고 자신들을 권위자라고 생각하는 사고방식이 예나 지금이나 변하지 않았음을 의미한다.

그러나 현시점에서 한 발짝 물러나 생각해 보면 특별히 숨긴다는 의식조차 없었던 게 아닌가 싶다. 이는 전쟁 중에도 마찬가지였을 가능성이 크다. 그렇기에 731부대 의학자들의 인체실험 사실을 그들이 발표한 논문 등을 가지고 의외로 쉽게 입증할 수 있는 것인지도 모른다. 그 이유는 다음과 같이 생각할 수 있다. 비의학계 사람은 자신이 피해자 또는 피험자가 되거나 살해당할 수 있다는 생각에 인체실험이 잔혹한 행위라는 사실을 인지할 수 있다. 하지만 의학계 사람들에게는 인체실험이 일상적으로 이루어지는 일이었기에 특별히 문제의식을 느끼지 못했을 것이다. 그리고 이는 전쟁 전이나 전쟁 중, 그리고 전쟁 후에도 바뀌지 않은 것 같다.

간단히 말해, 731부대원들이 저지른 '상식을 벗어난 행위'는 동업자 사이에서는 누구나 아는 사실이었고, 그러한 인체실험을 저지른 부대원들의 잘못을 따지는 의학연구자도 거의 존재하지 않았다는 것이다. 그러나 그 이유가, 그저 시대의 흐름에 따라가서인지, 전쟁 승리라는 공통 목표가 있어서인지, 아니면 폭압적인 군국주의하에서 이의를 제기할 수 없어서였는지는 여전히 모호하다.

만약 원인이 후자라면, 그리고 이러한 의학연구자도 의사라는 전문직업인에 속한다는 것을 생각한다면, 일본에서 과연 의사라는 것이 전문직업으로서 성립할 수 있는 것인가 하는 의문을 품을 수밖에 없다.

731부대뿐 아니라 그 관련 부대를 포함해 생물무기를 개발하고 인체실험을 행한 의학자들에 대해 인명을 구하는 것이 사명인 자들이 사람을 죽이는 무기개발에 가담하는 것은 있을 수 없는 일이라며 비판하는 사람도 있다. 그 마음이 이해가 안 되는 것은 아니지만 필자는 꼭 그렇게만 생각하지는 않는다. 원자폭탄 이론을 만든 물리학자도 사람을 죽이기 위해서가 아니라 보다 나은 생활을 영위하기 위한 효율적 에너지 개발을 의도했기 때문이다.

필자가 생각하는 의사의 전문직업성은 인명의 생사를 판단하는 것이다. 이것이 제대로 이루어지고 있다고 비의료인들이 판단한다면 뇌사에 의한 장기이식도 지금보다 훨씬 수월해질 것이다. 하지만 지금 일본의 의사와 의학계는 사회로부터 그러한 신뢰를 얻지 못하고 있다.

의사의 전문직업성을 볼 때, 사회의 압력에 쉽게 굴복하는 사람이나 그러한 집단이 과연 사람의 생사를 판단할 자격이 있는지 묻지 않을 수 없다. 물론 시대의 흐름에 흔들린 것이 용납되는 경우도 있을 것이다. 그러나 압력에 굴복한 것도 모자라 이후에도 그 압력을 핑계로 삼는 것은 결코 용납될 수 없다.

압력에 굴복했는지, 시대의 흐름에 올라탔는지, 아니면 전쟁을 이용했는지, 한 가지로 단정 짓는 것은 불가능하다. 오히려 이런 점들이 함께 작용했을 것이다. 그리고 다른 요인들까지 복잡하게 얽히고설키면서 '비참하다'고밖에 달리 표현할 수 없는 상황이 만들어졌다. 이러한 상황을 역사적으로 정리하는 것이 바로 필자에게 놓인 과제라고 생각한다.

아울러 의학계에 731부대와 그 관련 부대가 행한 인체실험을 어떻게 인식하는지 정확한 입장표명을 요구하고 싶다. 아마도 현재 일본 의학계 입장은 전후 의학계의 연구가 731부대 등의 '성과'와 전혀 상관없이 추진돼왔기에 굳이 그들이 저지른 만행을 직시할 이유가 없다는 것으로 보인다. 만약 그렇다면 그렇게 판단한 입장을 밝혀야 할 것이다. 앞서 지적했듯이 이는 일본 사회 전체가 일본 의학계에 대한 불신을 극복하는 데 중요한 단초가 되기 때문이다.

인용·참고문헌

1. 常石敬一,「旧日本軍の細菌兵器開発」,『科学朝日』10月号, 40巻10号, 通巻475号, 1980, pp. 83 - 87 及 11月号, 40巻11号, 通巻476号, 1980, pp. 84 - 88
2. 常石敬一,『消えた細菌戦部隊』, 海鳴社, 1981
3. 吉開那津子・湯浅謙,『消せない記憶』, 日中書林, 1981
4. T・クーン,『コペルニクス革命』(常石敬一訳), 講談社学術文庫, 1989. 해당 부분의 한국어 번역문은 정동욱이 번역한 『코페르니쿠스 혁명』(지식을 만드는 지식, 2016, pp. 270-271)을 인용
5. 常石敬一,『医学者たちの組織犯罪』, 朝日新聞社, 1994(1999년 朝日文庫에서 재출간)

교토대 병리학교실사로 본 731부대의 배경

스기야마 다케토시(杉山武敏)

필자는 오카모토 고조(岡本耕造) 선생님의 제자 중 한 명이었기에 이 문제에 특별한 관심이 있었다. 마침 2008년 『교토대학 의학부 병리학교실 100년사』[1]를 편집 · 집필할 기회가 있어 교실사(敎室史)를 검토하며 이시이부대에 관해 정리하였다.

필자 본인이 전쟁을 경험한 사람이다. 당시 일본 국민의 심리를 되돌아볼 수 있는 나이가 되기도 했고, 교토대학 조수 시절에 병리학교실을 찾은 이시이 시로(石井四郎) 중장을 두세 번 목격한 마지막 세대이기도 하다. 새로운 자료를 발굴해 제공하지는 못하지만 교실 내부에서 본 것들을 기록으로 남기는 것도 의미가 있을 것 같아 펜을 들었다.

1. 오카모토 고조 선생님의 연구[1]

오카모토 고조 선생님은 일본 도야마현(富山県) 출신으로 제4고등학교를 마친 후 1931년 교토제국대학 의학부를 졸업하셨다. 선생님은 졸업 후 기요노 겐지(清野謙次) 선생님의 제자로 병리학교실에 입실해 병리학자의 길을 걸으셨다. 기요노 교수로부터 처음 받은 일은 생체염색 원리에 관한 연구로, 살아 있는 세포를 색소로 염색했을 때 흡수된 색소가 세포 내에서 색을 잃게 되는 메커니즘에 관한 것이었다. 이 연구는 「세포 및 조직 산화 환원 기능에 관한 연구」[2]라는 제목으로 1932년 출간된 『일본미생물학병리학잡지』에 실렸다. 논문 말미에는 "이후의 실험은 입영(入営)으로 인하여 본의 아니게 중단할 수밖에 없는 상황이 되었다"고 쓰여있다. 선생님은 1932년 2월 1일부로

1. 필자인 스기야마 다케토시는 자신의 스승인 오카모토 고조에 대해서는 높임말을 사용한 반면, 스승의 스승인 기요노 겐지에 대해서는 높임말을 거의 쓰지 않고 있다. 최대한 이것을 살려 번역하였음을 밝힌다.(역자 주. 이후 각주도 모두 역자 주임)

가나자와(金沢) 보병 제7연대 간부 후보생으로 군에 소집되셨고, 12월에 복직하셨다. 이에 대해 선생님은 "건강한 탓에 갑종(甲種) 합격으로 통과되어 도망갈 수 없었다"고 말씀하셨다. 이후 1937년까지 철에 관한 조직화학을 연구하고, 이듬해인 1938년 이시이부대에 참여한 후부터 고베대학 교수 시절에 이르기까지는 동, 은, 금, 팔라듐, 마그네슘, 칼슘, 알루미늄, 코발트, 카드뮴, 수은, 안티몬, 비스무트, 아연 등 수많은 금속과 지방산, 콜레스테린, 빌리루빈, 인산, 포도당, 인지질에 관한 조직화학적 방법을 확립하셨다. 그 성과로 『현미경적 조직화학』(1955)을 출판하셨다.

선생님은 이 조직화학 연구를 통해 ① 옥신, 디티존, 알록산 등 아연결합시약(亜鉛結合試薬)이 췌장 랑게르한스섬의 아연과 결합해 그 독성으로 세포를 파괴하고 당뇨병을 일으킨다는 것, ② 비타민B2 등 독성이 없는 아연결합시약은 세포를 파괴하지 않고 나중에 투여한 독성 아연결합시약의 작용도 방지해준다는 점을 제시하셨다. 그리고 ③ 동물 체내에서는 요산과 비타민B2로부터 알록산이, 트립토판으로부터 옥신이 각각 대사산물로 만들어진다는 점에 착안해, 사람에게서도 '체내에서 만들어진 독성이 강한 아연결합물질에 의해 랑게르한스섬이 파괴되면서 당뇨병이 발생한다'는 '당뇨병 아연설'(1949)을 내놓으셨다. 아울러 고베대학 시절에는 위의 방법으로 유발한 실험용 토끼와 쥐의 당뇨병이 다음 세대까지 유전된다는 증거를 제시하며 '질병 소인(素因)의 자손 전달'에 대해서도 주장하셨다. 또한 고혈압 누대효과(累代效果)에 관한 연구로 오늘날 전 세계가 주목하는 '자연발증 고혈압 쥐'(SHR, Spontaeneously Hypertensive Rat)의 순계(純系) 쥐가 확립되었다. 이처럼 생체염색 연구에서 시작해 SHR 확립에 이르기까지 선생님의 병리학 연구는 큰 성과를 거두었다.

2. 오카모토 고조 교수의 남다른 연구 정신

오카모토 교수님은 이른 아침부터 늦은 밤까지 1년 365일, 연말연시도 쉬지 않고 연구에 매진하셨다. 전후 최악의 연구 환경에서도 천 마리에 가까운 토끼와 쥐를 사육하며 실험하시던 열정은 고베대학, 도호쿠대학, 교토대학의 많은 제자들에게 영향을 주었다. 고베대학 시절에는 젊은 연구자들과 함께 교실에서 숙식을 해결하며 연구하셨고, 그 와중에도 밤에 틈이 나면 교토대학으로 가 다른 연구생들을 지도하셨다. 이토록 연구에 남다른 열정을 쏟았던 것은 이시이부대에서 허무한 시간을 보내고 자유로운 연구를 못한 것 때문이 아닐까 싶다.

오카모토 선생님은 다소 복잡한 가정환경에서 자라셨다. 당시 많은 '우수한' 남자들이 그랬던 것처럼, 1908년 출생 후 사족(士族)인 오카모토 유자부로(岡本雄三郎) 가에 입양 갔다가, 결혼 후 산부인과 의사인 교토제국대학 의학부 제1기생 오카모토 시게야스(岡本重保) 가로 또다시 양자 입적되셨다. 하지만 가업인 산부인과를 잇는 것을 거부하고 병리학교실에 들어간다. 이 때문에 양가(養家)로부터 의절 당해 결국 관계가 끊어지고 말았다. 또한 연구에 대한 열정이 대학분쟁[2] 시기에는 오히려 학생들의 맹렬한 공격 대상이 되어 오랫동안 응어리로 남기도 했다. 그리고 학사원상을 비롯해 많은 상을 수상하긴 하셨으나 이시이부대 경력에 대한 사회의 거센 비판 때문에 유력시되던 문화훈장은 결국 받지 못했다. 긴키대학(近畿大學) 교수 의학부장으로서 근무한 후 1993년 2월 향년 84세로 세상을 뜨셨다.

3. 하얼빈으로 가는 충격의 여정

오카모토 고조 선생님이 돌아가신 해에 때마침 중일합동조직화학회의가 중국 선양(沈阳)에서 열렸다. 나는 이 기회에 이시이부대 터도 방문하기로 했다. 오카모토 선생님이 만드신 고혈압 쥐는 중국에서도 유명해 분양을 원하거나 직접 찾아오는 사람도 많았지만 선생님이 하얼빈이나 중국을 방문하는 일은 없었다. 그래서 선생님 대신 '731부대 추도의 여정'을 떠나고 싶다는 생각에, 선양에서 기차를 타고 광대한 만주 평야 너머로 지는 해를 보며 저녁 무렵 하얼빈에 도착했다. 다음 날은 날씨가 맑아 배로 쑹화강(松花江)을 돌며 731부대 터를 방문했다. 택시로 20분 정도 이동하고 부대 본부였던 건물 앞에 도착했다. 파괴된 동력동(動力棟)의 높은 두 굴뚝과 부지 내에 설치된 선로가 눈에 들어왔다. 본부의 오른편으로 돌아가니 '침화일군731부대죄증진열관'(侵華日軍七三一部隊罪証陳列館)이 나와 안에 들어가 봤다. 진열관 안에는 다양한 사진과 실물이 전시돼 있었다. 무엇보다도 충격적이었던 것은 동상실험으로 비난받았던 요시무라 히사토(吉村寿人) 기사(技師)와 페스트 시체 해부로 악명 높은 이시카와 다치오마루(石川太刀雄丸) 기사와 함께 은사인 '오카모토 고조 기사'의 사진이 범죄자로서 전시되어 있었다는 점

2. 1960년대 후반 일본 각지의 대학에서 일어난 일명 '전공투 운동' 시기를 말한다. 이 운동 속에는 전쟁에 동원되는 과학에 대한 치열한 문제의식 또한 담겨 있었다.(야마모토 요시타카 지음, 임경화 옮김, 『나의 1960년대』, 돌베개, 2017 참조)

이다. 한 시간 정도 전시물을 둘러본 다음, "우리 교토대학이 어쩌다 731부대의 발상지가 되었는지 밝혀내고 싶다"는 메모를 남기고 진열관을 빠져나왔다. 진열관 내의 어두운 과거 전시물과는 너무나 대조적으로 하얼빈은 밝게 빛나고 있었다.

4. 운명의 731부대 방문

이번 여정을 통해 필자는 오카모토 선생님이 버텨온 삶의 힘겨운 현실에 큰 충격을 받았다. 오카모토 선생님은 평소 731부대에 관한 이야기를 일절 하지 않으셨다. 이런 저런 사회적 화제가 되거나 공격의 대상이 되어도 자신의 과거를 해명하려고 하지 않으셨다. 내부의 반대도 있었지만, 필자는 이번에 『교토대학 의학부 병리학교실 100년사』[1]를 편집하면서 교실과 오카모토 선생님에게 731부대가 어떤 존재였는지 기록으로 남기기로 했다. 작업을 추진하면서 쓰네이시 게이이치(常石敬一) 교수가 진행한 오카모토 선생님과의 전화 인터뷰 내용을 발견했다. 인터뷰에는 "기요노 선생님께서 중국으로 가라고 하셨지만 그런 일을 하면 양자(養子) 가족들과의 관계가 안 좋아질 게 뻔했기 때문에 몇 번이나 거절했다. 하지만 결국 가게 되었고, 이 일 때문에 집에서 쫓겨나 고생을 많이 했다"[3]는 내용이 담겨 있었다. 오카모토 선생님은 스승인 기요노 겐지 선생님과 도다 쇼조(戸田正三) 의학부장의 강한 설득에 어쩔 수 없이 731부대에 참여하게 된 것이었다. 양가(養家)와의 관계단절은 전쟁이 끝나고 30년 가까이 지나 1972년 학사원상을 수상할 때까지 이어졌다. 수상 후 관계가 개선되었으나 예상치 못했던 고향집의 상속문제 때문에 당시 매우 분주하셨던 기억이 난다.

5. 교토대학 병리학교실

교토대학은 1897년에 공포된 칙령209호에 의해 도쿄제국대학(1886년 설립)에 이어 제2의 제국대학으로서 설립되었으며, 병리학교실은 도쿄제국대학을 졸업하고 독일 유학을 마치고 돌아온 서른 살의 후지나미 아키라(藤浪鑑) 교수가 만들었다. 후지나미 교수의 주된 연구업적으로는 당시 히로시마현(広島県)에서 '가타야마병'[3]이라는 이름으

---

3. 히로시마현 가타야마 지방에서 다수의 환자가 발견되며 처음 알려졌기 때문에 가타야마병(片山病)으로 불렸다.(精選版 日本國語大辭典 참조)

로 알려져 있던 일본주혈흡충증의 감염 경로를 규명한 것과 석회 살포로 이에 대한 예방법을 확립한 것을 들 수 있다. 후지나미 교수는 이 일본주혈흡충증 근절에 기여한 공로로 제국학사원상을 수상했다. 또한 후지나미육종(藤浪肉腫) 연구[4]를 통해 일본 암 연구를 선도했으며, 최근 그 바이러스의 유전자가 규명되기도 했다.

6. 기요노 겐지 교수

후지나미 아키라 교수의 뒤를 이은 기요노 겐지 교수는 걸출하고 정력적인 인물이었다. 명문가 출신으로 조부인 기요노 이치가쿠(清野一学)는 누마즈번(沼津藩) 번의(藩醫)였으나, 가세가 기울면서 아버지 기요노 이사무(清野勇)는 작은 아버지와 함께 집을 떠났다. 고학 끝에 작은 아버지 기요노 쓰토무(清野勉)는 철학자가 되었고, 아버지 이사무는 도쿄대 의학부를 1기로 졸업하고 오카야마의학교에 이어 오사카부립의학교 교장과 병원장을 지냈다. 이사무의 장남인 기요노 겐지는 중학교 시절부터 도쿄대 고고학자였던 쓰보이 쇼고로(坪井正五郎) 교수에게 발굴 자료를 보내는 등 고고학을 공부하고 싶어 했지만 아버지 이사무는 이를 허락하지 않았다.

아버지와의 협의 끝에 결국 기요노 겐지는 취미로 고고학을 공부하기로 하고 교토대학 의학부에 입학했다. 졸업 후 병리학을 전공, '생체 염색법'을 도입하여 전신의 결합조직이나 간 등에 색소를 흡수하는 세포가 널리 존재한다는 사실을 발견하였다. 이를 '조직구성세포'(組織球性細胞)라는 이름을 지어 계통적으로 연구하였고, 연구 결과를 『생체염색연구의 현황』(生体染色研究の現況, 1921)으로 출판하였으며, 이듬해 37세에 제국학사원상을 수상한다. 또한 이 학설은 기요노 겐지의 스승인 독일의 아쇼프(Ludwig Aschoff) 교수가 『망내계학설』(網内系學說, 1924)[5]을 확립하는 데 큰 영향을 주었다.

---

4. 후지나미 아키라는 1870년 아이치현 나고야시에서 태어나, 1895년 도쿄대학 의학부를 졸업했다. 이후 병리학교실에 들어가 야마기와 가쓰사부로(山極勝三郎)로부터 사사받았으며, 독일에 유학하여 세포병리학의 창시자인 비르효 등으로부터 지도받고, 1900년 일본에 돌아와 교토대학 병리학교실 초대 교수에 임명됐다. 후지나미의 가장 저명한 업적은 가계육종(家鶏肉腫)의 이식실험이었다. 닭의 악성 종양(육종)으로부터 세포를 제거한 여과액만을 추출하여 건강한 닭에게 접종한 후 같은 종류의 암이 생성됨을 발견하였다. 이는 바이러스 발암성 연구에서 선구적 업적으로 평가된다. 그리고 후지나미가 발견한 이 가계육종을 후지나미육종이라 부른다.(杉立義一, 「藤浪鑑の医史学的検証」, 『日本医史学雑誌』 43(1), 1997 참조) 참고로 한국 의학계의 거목인 윤일선이 바로 이 후지나미의 제자다.(홍종욱, 「식민지기 윤일선의 일본 유학과 의학 연구」, 『의사학』 27-2, 2018 참조)
5. 망내계는 세망내피계(reticuloendothelial system)나 단핵포식세포계(mononuclear phagocytic system)로도 불리며, 대식세포계(macrophage system)의 옛 이름이다. 세망조직(reticular tissue; 세망섬유가 지질의 주요소인 간, 골수, 림프기관을 이루는 조직) 내피(endothelium) 세포(내피세포와 대식세포)의 강한 포식작용(phagocytic activity)을 관찰해 붙인 명칭이다. 독일 병리학자인 아쇼프(Aschoff)가 정립했다.(연세대학교 의과대학 이원택 교수 설명 참조

기요노는 수상 후 1922년 무렵부터 병리학 연구를 그만두고 취미였던 일본인의 기원을 찾는 인류학 발굴 작업에 몰두했다. 일본 전역 20여 곳에 이르는 조개무지(패총)와 쿠릴열도 등지에서 1400체에 이르는 조몬인(縄文人)[6] 뼈를 발굴했고 골계측 분석을 통해, 아이누인(アイヌ人)과 조몬인은 뼈가 다르다는 점을 제시하였다. 즉 아이누인과는 다른 균일한 인종이 일본열도에 존재했다는 설을 주장한 것이다. 기요노 겐지는 이를 '일본원인'(日本原人)이라고 부르며(『日本原人論』, 1924) 도쿄대학 고가네이 요시키요(小金井良精) 고고학 교수가 주장한 조몬인-아이누설을 반박했다. 일본민족의 고유성을 중요히 여기며 일본인의 역사관을 지탱하는 천손족(天孫族)과의 관계성에 기대를 건 것이다. 기요노 겐지의 주장에 대한 여러 가지 반론도 있었지만, '조직구'(組織球)를 명명했다는 점과 수많은 조몬인 인골을 발굴했다는 점에 대해선 오늘날에도 인정받고 있다.

7. 기요노 교수와 이시이 시로의 가가와현 뇌염 조사

기요노 겐지가 독일 아쇼프 교수 밑에서 유학하고 있을 무렵 제1차 세계대전이 발발했다. 독일이 일본의 적국이 됨에 따라 기요노는 어쩔 수 없이 귀국길에 올랐다. 모리 오가이(森鴎外)[7] 이래로 군의들이 유학을 떠나 학문을 배우는 흐름이 생겼으나, 제1차 세계대전으로 독일 유학길이 막히면서 육 · 해군 군의들은 일본 국내의 세균학교실로 몰려들었다. 이시이 시로 또한 그런 사람 중 한 명이었다. 때마침, 1921년 마쓰시타 데이지(松下禎二) 미생물학 교수가 대의사(代議士, 일본중의원의원)가 되어 교수직을 사임하게 되었다. 마쓰시타 교수가 적당한 후임을 세우지 못하자 병리학 조교수였던 기요노 겐지가 갑작스럽게 미생물학 교수로 임명됐다. 그러나 1923년 병리학 제2강좌를 맡고 있었던 하야미 다케시(速水猛) 교수가 직장암으로 별세함에 따라 기요노는 병리학 교수가 되어 본래 전공으로 복귀했다. 즉, 기요노는 한동안 미생물학과 병리학 두 개 강좌를 모두 맡았고, 1928년에야 병리학 전임 교수가 되었다.

_http://anatomy.yonsei.ac.kr/bbs2004/read.php?name=bbs2001&bbs=histology&page=197&id=3565)

6. 조몬인이란 기원전 약 1만년 전부터 일본열도에 살고 있던 선주민을 말한다. 급속한 근대화에 맞서 일본의 순수성을 지켜줄 보루이자 서구 중심의 근대성을 극복할 대안으로서 일본의 전통을 찾는 연구가 성행하였고 그 흐름 위에 조몬인에 대한 관심 역시 소환되었다. (조현정, 「일본전통논쟁과 타자, 조몬적인 것」, 『일본비평』 Vol.13, 2015, pp. 99 참조)

7. 나쓰메 소세키(夏目漱石)와 함께 일본 근대문학을 대표하는 문호(文豪)인 모리 오가이는 원래 도쿄대학 의학부를 졸업한 의사였다. 대학 졸업 후 육군 군의관이 되었고, 일본 육군성에서 파견한 유학생으로서 독일에서 4년간 유학했다. (군의들을 비롯한 일본 의학도들의 독일 유학 붐에 대해선 Hoi-eun Kim, *Doctors of Empire*, University of Toronto Press, 2014 참고할 것)

한편, 이시이는 1920년에 교토대학을 졸업한 후 근위보병연대(近衛歩兵連隊) 군의 중좌가 되었다. 그리고 1924년 기요노가 교토대학 미생물학교실과 병리학교실을 모두 맡고 있던 시절, 이시이 시로는 이 미생물학교실에 대학원생으로 들어간다.

이시이는 키가 180㎝에 달하는 야심찬 호남이었다. 당시 가가와현에서 맹위를 떨치던 기면성 뇌염에 관한 조사를 기요노 교수에게 제안한 것이 학부교수회에서 화제가 되기도 했다. 실제 진행된 조사에서 이시이는 주도적인 역할을 했는데, 이와 관련해 훗날 기요노 교수 장례식장[8]에서 다음과 같이 이야기했다.

> 대학원생 시절, 교토대학에서 기면병이 발생했습니다. 저는 '다른 대학들은 열심히 하고 있는데 교토대학만 잠자고 있다. 이대로라면 교토대학이 뒤떨어진 대학이 돼버린다. 이번 기회에 분발해서 이 기면병의 실체를 찾아내야 한다' 이렇게 말씀드렸습니다. 그러자 기요노 선생님은 무릎을 치며 찬성해 주셨습니다. 곧 가가와현 마루가메(丸亀)에 본거지를 둔 커다란 조직이 만들어졌습니다. 이후 가가와현 니호군(二豊郡)으로 본거지를 옮겨, 모든 자료와 묘지에 있는 시체까지 모아 연구에 매진했습니다. 세균반과 바이러스반으로 나누어 와타나베 헨(渡辺遍, 후에 731부대 기사가 됨) 씨와 함께 아침부터 저녁까지 원인균을 찾기 위해 샹베를랑 여과기(Chamberland filter)로 걸러내는 작업을 했습니다. 마침내 동물실험까지 성공해 도쿄에서 열린 학회에서 발표하게 되었는데, 많은 반박을 받긴 했지만 끝내 바이러스였다는 사실이 인정되면서, 닛신이가쿠(日新医学)에서 별쇄본이 나온 것은 여기 계신 모든 분이 알고 계실 것입니다.[4]

이 조사에 참여하고 기요노의 후임으로 미생물학 교수가 된 기무라 렌(木村廉)은 후에 좌담회에서 이 조사의 개요에 대해 이야기한 적이 있다. 내용을 간략히 요약하면 다음과 같다. "1924년 8월 3일에 교토를 출발한 후, 마루가메의 위수병원(위수지에 설치한 군병원)에 본거지를 두고 이듬해인 1925년 3월까지 조사를 했다. 원숭이 27마리와 토끼 40마리, 모르모트와 쥐 같은 설치류도 실험에 사용했다. 뇌염환자의 뇌척수액 20샘플과 혈청 1샘플, 병사체의 뇌유제(사망한 사람의 뇌조직을 갈아 만든 액체) 5샘플 등 총 27개의 검체를 이용하였고, 후두부에서 주사하는 이른바 야마오카법(山岡法)이나 각막

---

8. 여기서 말하는 기요노 교수의 장례식은 '쓰야'(通夜)를 의미한다. 일본에서는 정식 장례식 전날 밤 가까운 가족이나 친지들이 모여 고인을 회상하며 밤을 새우는데, 이를 '쓰야'라고 한다. 이를 대체할 한국어가 마땅치 않아 장례식으로 표현했으며 이는 이후에도 동일하다.

내 접종법을 이용하여 검체의 병원성(검체를 주입해 나타나는 특정 증상)을 관찰했다. 병원성은 체온상승과 사지마비, 기면, 안검하수, 체중감소 등으로 나누어 지표에 기록했다. 뇌염환자 뇌척수액의 경우, 주입한 원숭이 20마리 가운데 16마리에서 양성 소견을 얻었고, 병원성이 계대접종(繼代接種)을 통해 증강된다는 사실도 확인했다. 세균이 검출된 검체도 있어서 샹베를랑 여과기와 라이헤르트 여과기(Reichert filter)로 걸러내 양성 여부를 확인했다. 또한 병리검사에서는 혈관 주변의 세포침윤과 신경 탐식현상을 확인할 수 있었고 최종적으로 여과성 병원체에 의한(바이러스성임을 시사) 뇌염이라고 결론지었다."(『日新医学』 23巻下, p. 2326)

1924년 7월부터 9월에 걸쳐 유행한 이 뇌염은 크게 확산되진 않았지만 가가와현에서 압도적으로 많은 환자가 발생하였고, 가가와현에 이어 오카야마현과 효고현 등 특정 지역에서 돌발적으로 발생한 유행성 뇌염이었다.

이 조사는 훗날 이시이가 731부대를 만드는 데 적지 않은 영향을 미쳤을 것이다. 그렇게 생각하는 이유는 다음과 같다.

① 조사대 결성은 이시이가 육군에서 새로운 조직 결성의 집념을 불태우는 계기가 되었다.
② 원숭이를 이용하여 감염 원리에 관한 생체실험의 경험을 쌓았다.
③ 묘지에서 시체를 파내 병변과 검체를 조사하는 체험을 하였고 감염증의 원인을 밝혀내는 데 병리해부가 얼마나 중요한지 실감했다.
④ 기무라 렌 교수, 와타나베 헨 기사와 연대관계를 구축하는 데 성공했다.
⑤ 이시이는 과대하게 예산을 사용했지만 돈이 사람을 움직인다는 것을 배웠다.
⑥ 도다 의학부장, 아라키 도라사부로(荒木寅三郎) 총장과 거듭 교섭해 사업예산 따내는 법을 터득했다.
⑦ 그 과정에서 아라키 도라사부로 총장의 딸인 기요코(清子)에게 첫눈에 반해, 구혼 끝에 결혼에 성공함으로 사회적 신뢰와 활동 기반을 얻었다.

위에 기술한 항목 가운데 특히 7번째는 이시이가 학계와 군에서 발언권을 갖게 되는 확고한 기반이 되었다고 생각한다.

8. 이시이 시로의 해외 시찰

이시이 시로는 가가와현에서 뇌염 현지조사를 마치고 대학원을 수료했다. 이후 이 뇌염 연구로 의학박사 학위를 땄으며, 잠시 교토 위수병원에서 근무하다가 1928년, 병리학 교수가 된 기요노 겐지의 권유에 따라 자비로 해외 정세를 조사하기 위해 여행을 떠났다. 이시이는 싱가포르, 실론(지금의 스리랑카), 이집트, 그리스, 터키, 이탈리아, 프랑스, 스위스, 독일, 오스트리아, 헝가리, 체코슬로바키아, 벨기에, 네덜란드, 덴마크, 스웨덴, 노르웨이, 핀란드, 폴란드, 소련, 에스토니아, 라트비아, 동프로이센, 캐나다, 미국 등 총 25개 국을 방문하여 각국의 세균전 준비상태를 조사한 것으로 알려져 있다.

이시이는 해외여행을 통해 무엇을 보고 왔을까? 외국어가 능숙하지 않은 일개 외국인 군의가 소개도 없이 군과 민간 연구기관, 대학을 방문해 중요 기밀인 세균전 준비 실태를 제대로 조사할 수 있었는지 의문이다. 이시이는 당시의 해외 방문에 관한 어떤 수기나 보고도 남기지 않았다. 딱 한 번, 기요노의 장례식장에서 다음과 같이 이야기한 적이 있다.

> 영국, 미국, 프랑스, 러시아. 러시아까지 왔을 때 한참 고민해 봤는데, 일본이 아직 손대지 못하고 있는 커다란 결점이 있다는 사실을 깨달았습니다. 즉, 일본 국내에서는 일본이 대단한 나라라 생각하고, 청일전쟁과 러일전쟁, 일독전쟁,[9] 제남사건,[10] 시베리아 출병[11]과 같은 사변을 통해 쑥쑥 성장해온 만큼 우리가 1등 국가라는 자부심을 가지고 있지만, 정작 세계 속에서 일본을 바라보니 전혀 그렇지 않았던 것입니다.[4]

일본에 대한 국제적 평가가 낮다는 점에 낙심한 내용이다. 또한 이시이가 자신이 가장 선망했던 미국 록펠러연구소(노구치 히데요[12]가 연구원으로 있었던 곳이며 후지나미육종 바이러스 연구를 계기로 교토대학과 교류해온 감염증 연구의 거점)를 방문한 흔적이 없다는 것도 익히 알려져 있다.[5] 한편, 해외 체류 경험이 있는 나이토 료이치(内藤良一) 군의 중

---

9. 제1차 세계대전 때 독일과 일본이 벌인 싸움
10. 국민당의 2차 북벌 도중 산둥성 제남지역에서 국민당과 일본군이 충돌한 사건
11. 러시아 혁명군에 잡힌 체코 군단을 구출한다는 대의명분으로 연합국(일본군 포함)이 러시아 영토에 출동한 사건
12. 일본 천 엔 지폐에 얼굴이 새겨져 있을 정도로 일본을 대표하는 세균학자다. 왼손이 조막손인 장애를 극복하고 미국으로 건너가 1904년부터 20여 년 동안 록펠러연구소에 근무하며 많은 업적을 남겼다. 한때 노벨생리의학상 후보로까지 거론되었으나 사후 업적의 진위에 대한 논란이 끊이지 않고 있다.(후쿠오카 신이치, 김소연 옮김, 『생물과 무생물 사이』, 은행나무, 2008 참조)

좌도 록펠러연구소에 황열병 바이러스 입수를 요청했다가 거절당했다는 기록을 남긴 바 있다.[5] 이시이는 다음과 같은 이야기도 했다.

> 일본에 귀국한 후 내각과 군 수뇌부에 보고하기 위해 먼저 기요노 겐지 선생님을 찾아갔습니다. 기요노 선생님은 요점을 아주 잘 잡았다고 말씀해주셨습니다. 아무도 깨닫지 못한 것을 알아채는 것이 중요하다고 말이죠.…그러나 연전연승 행진을 이어가던 일본, 만세일계(万世一系)의 천황을 모시고 융성일로를 걷는 일본에서는 이러한 주장에 귀 기울여주는 사람이 아무도 없었습니다. 아무도 상대해주지 않습니다. 그러나 이미 여러 민족이 공격을 당했습니다. 첫 번째로 공격당한 민족은 여러분도 잘 아시다시피 미국의 인디언입니다. 두 번째로 공격당한, 거의 멸망 직전이라고 할 수 있는 민족은 몽골족입니다. 그리고 세 번째는 바로 '일본 놈'(Jap)입니다. 선생님은 저의 이러한 생각을 매우 기뻐하셨습니다. 이는 하나의 큰 요점이니 이 점을 염두에 두고 미래를 내다보는 것이 가장 좋다는 것이었습니다. 하지만 기고만장해진 일본으로서는 그것이 가장 어려운 일이었습니다.[4]

일본이 무너지고 있는데도 아무도 자기 의견에 귀 기울여주지 않는 상황, 즉 해외에서도 그리고 일본 귀국 후에도 이시이를 제대로 상대해준 사람이 없었음을 알 수 있다.

9. 군의학교방역연구실 개설

귀국 후 이시이 시로는 "일본 국방에는 결함이 있다. 국제적으로 금지된 세균전을 준비할 필요가 있다"고 강하게 주장했다. "육군군의학교 교관으로 임명된 것을 기회 삼아 (기요노) 선생님과 나가요 마타오(長与又郎) 도쿄대학 총장님, 그리고 아라키 총장님(교토대학 총장이자 이시이 시로의 장인인 아라키 도라사부로)과도 상담해보았지만, 세 분 모두 한결같이 '모난 돌이 정 맞는다'고 그런 생각은 비판받을 게 뻔하다며, 좋지 않다거나 반대한다는 의견이었습니다."[4] 이처럼 이시이는 아무도 자신의 의견에 귀 기울여주지 않는 상황에서 학계의 온갖 권력을 총동원해 어떻게든 세균전연구를 실현하고자 했다. 그야말로 상식을 깨는 '개인적 발상'을 최고학부의 권위를 빌려 강행하려고 했던 것이다.

결국 군의학교 고이즈미(小泉) 교관의 협력을 얻어 1932년 8월 군의학교 내에 이시이를 수반으로 5명의 군의가 배속된 방역연구실이 개설되었다. 이 연구실은 이듬해 8월에는 군의 7명, 요원 35명의 거대 집단으로 성장하였으며, 업무에 대한 모든 권한은 주임인 이시이에게 주어졌다. 군의 교관 중에는 이시이와 함께 기무라 렌 교수의 지도를 받은 마스다 도모사다(增田知貞) 군의 대좌도 포함돼 있었다.

10. 인체실험은 도고부대에서 시작

이시이는 마스다 도모사다 군의 대좌와 함께 군의학교 방역연구실 설립 직후부터 만주로 출장을 가 하얼빈 남동 약 70㎞에 펼쳐진 베이인허(背阴河)를 새로운 연구시설 건립 부지로 정하고, 1933년에는 민가를 퇴거시켜 시설을 지었다. 이시이 시로 스스로가 도고 다로(東鄉太郎)라는 가명으로 극비 세균연구집단인 '도고부대'(東鄉部隊, 일명 가모부대)[13]를 조직하여 설립 당시부터 포로를 사용해 탄저균 접종 등의 인체실험을 실시하였다. 도고부대는 포로수용소가 아니었지만, 이시이는 만주사변(1931년) 이후 체포한 포로와 정치범을 '특이급'(特移扱, 특별이송취급)이란 이름으로 상황에 따라 인체실험에 사용할 수 있게 하는 체계를 확립했다. 1938년에 도고부대를 시찰한 참모본부 엔도 사부로(遠藤三郎) 중좌는 피험자를 우리에 가두고 세균을 생체에 투여한 후 병세 변화를 관찰하고 있었다며, 전후 잔혹한 연구 실태에 대해 진술한 바 있다.[3] 또한 당시 부대원이었던 사람의 증언에 따르면, 인체실험은 감염실험에 그치지 않았다. 기아 상태로 물만 줬을 때 사람이 얼마나 버틸 수 있는지 관찰하는 실험도 했으며, 고압전류로 감전시키면 사람이 어떻게 죽는지, 청산화합물을 이용해 어떻게 사람을 죽일 수 있는지 등 여러 가지 인체실험을 했던 것으로 보인다. 이러한 인체실험에 도고부대에서만 약 200명에 가까운 포로를 사용한 것으로 추정된다.[3·6]

국제법규에 어긋나는 이러한 포로를 사용한 인체실험의 조기 도입을 보더라도 이시이 시로의 '개인적 발상'이 얼마나 잔인한 것이었는지 확인할 수 있다. 1934년 8월에는 중국인 포로 16명이 탈주하는 사건이 발생해 연구소의 기밀 유지가 어려워지면서 전원 군의학교로 철수한 일도 있었다. 도고부대 단계에서 이시이는 이미 ① 연구의 '기밀성' ② 업무의 '전권위임' ③ 포로를 실험에 자유롭게 사용할 수 있는 '특이급' 체계 ④

---

13. 이시이 시로의 고향이 지바현 가모(加茂) 마을이다. 이시이 시로는 비밀 유지를 위해 이 도고부대 건립에 가모 마을 출신들을 대거 동원하였다. 때문에 이 도고부대는 가모부대라고도 불렸다. (青木冨貴子, 『731』, 新潮社, 2005 참조)

충분한 예산의 뒷받침과 조직 ⑤ 군 중추부와의 돈독한 신뢰관계 구축이라는 인체실험을 위한 다섯 가지 틀을 확립하는 데 성공했다.

청일전쟁과 러일전쟁 당시만 해도 포로에 대한 인도적 배려라는 측면에서 모범을 보였던 일본 육군이, 이 시점에서 군사기밀이라는 베일 뒤에서 도의의 길을 완전히 포기하게 된 원인은 과연 무엇이었을까? 이시이 시로의 인종차별적 인식과 잔학성, 의사 연구자로서의 인격적 결함이 바로 그 원인은 아니었을까 생각해 본다. 이에 대해 별로 논의된 적은 없지만, 소년시절과 군대시절부터 보였던 이시이의 '천재', '기행', '사이코 군의'와 같은 모습은 거론된 적이 있다.[3] 그리고 이러한 모습을 감출 수 있었던 것은 그의 뛰어난 언변, 군대의 기밀체계, 그리고 그의 배후에 있는 대학 관계자의 이시이에 대한 신뢰 때문일 것이다. 교토대학 아라키 도라사부로 총장을 포함한 최고학부 인맥을 바탕으로 나가요 마타오 도쿄대 총장까지 끌어들인 막강한 배경은 군 중추부가 이시이를 신뢰하게 만들기 충분했다.

도고부대의 규모 자체는 크지 않았지만 이때 이미 731부대의 인체실험 노선이 거의 확립되었다고 볼 수 있다. 다만 도고부대는 어디까지나 조직으로서는 시범적인 존재였다. 이시이는 장래에 새로운 시설을 만들면 이러한 '살인'만을 목적으로 하는 조잡한 실험을 '학술적 연구' 수준으로 끌어올리려고 했다. 이를 대비해 이시이는 1932년 마스다 도모사다 군의를, 1937년에는 나이토 료이치 군의를 해외로 유학 보내 기술을 습득하도록 했다. 또 한편으로, 대학에서 우수한 인재들을 끌어들이기 위해 노력했으며, 이를 위해 '매력적인 거대 연구시설'이 필요하다고 군 중추부를 압박했다.

11. 관동군방역부

1936년, 비공식이었던 도고부대는 관동군 소속으로 개편되며 '관동군방역부'(関東軍防疫部)라는 이름으로 불렸다. 이 관동군방역부는 급성 전염병 방역에 관한 조사연구와 세균전 준비를 주요 목적으로 하는 기관으로, 시설 확충은 1938년 이후 하얼빈 지구에서 진행하는 것으로 결정되었다. 또한 세균무기 개발에 필요한 비용은 의회에 보고하지 않아도 되는 관동군특별예산으로 편입되어, 연간 현재 가치로 약 90억 엔[14] 상당의 예산을 의회의 감시 없이 받게 되었다. 이처럼 이시이는 차근차근 자신의 노선을

---

14. 이 글이 발표된 2009년 3월 기준으로 한화 약 1400억 원에 달한다.

구축해 나갔다. 결국 이시이는 "하얼빈 핑팡(平房)에서는 '록펠러연구소'를, 중국 남쪽에서는 중산대학(中山大学)을 중심으로, 잇따라 연구실을 만들어 최종 324개[15]의 연구소를 설립"[4] 했다. "그 결과 전염병 자체의 발생률과 전염병에 의한 사망률이 떨어져 대장성(大蔵省, 지금의 재무성과 금융성) 관계자들은 매우 기뻐했다. 이대로라면 계속할 수 있겠다는 결론이 나와 하얼빈에 (도쿄 마루노우치에 있는) 마루빌딩의 무려 14.5배나 되는 연구소를 만들어주셨는데, 전차와 비행기 등 모든 것을 갖춘 종합대학급 연구소였다. 여기서 진지하게 연구하면서",[4] 이시이는 '인체실험의 숙원'을 이루게 된다.

관동군방역부는 1940년 이후 '관동군방역수부'(関東軍防疫水部)로 이름을 바꾸었다.

12. 이시이부대에 공헌한 군의들

이시이부대의 주요 인물 중 이시이의 오른팔이라고 할 수 있는 간부 군의로 다음 3명을 들 수 있다. 3명 모두 이시이의 브레인으로서 731부대를 지탱한 군의들이다.

마스다 도모사다 군의 대좌는 육군 위생부 학생으로서 교토대학 의학부에 진학해 1926년 대학을 졸업했다. 대학 졸업 후에는 육군군의학교생이자 대학원생으로서 미생물학교실에 입실해 기무라 렌 교수의 지도를 받았다. 이후 육군군의학교 교관으로서 이시이와 '도고부대'를 설립한 후 2년간 독일과 프랑스의 군의학교에 유학했다. 귀국 후 육군성의무국원(陸軍省醫務局員)이 되어 731부대에서 2년 동안 근무한 후, 난징에 있던 중지나방역급수부(中支那防疫給水部, 일명 사카에1644부대)[16]에 배속되어 인체실험과 무기 응용을 담당했다. 1939년부터는 육군군의학교 방역연구실과 사카에1644부

---

15. 이시이가 말한 핑팡의 '록펠러연구소'는 이후 관동군방역급수부 즉 731부대가 되는 관동군방역부를 말한 것으로 보인다. 그리고 731부대 규모를 볼 때 324개 연구소를 운영했다고 보기는 어렵다. 『일본의 비밀병기』(日本の秘密兵器, 学習研究社, 2002)를 쓴 고바시 요시오(小橋良夫)는 도쿄대 전염병연구소 소장이던 미야가와를 세균전부대의 중심인물로 보며, 당시 미야가와가 부회장이던 동인회(同仁会) 역시 세균전 네트워크로 의심한다. 민간의료기관인 동인회가 군대가 개입하지 못하는 중국 지역 곳곳에 진출하여 특무기관과 군의부에 간접적으로 협력하고 있었다. 실제 미야가와는 731부대, 1644부대와 관계를 맺고 있었다. 따라서 이시이가 언급한 324개의 연구소에는 동인회 시설이 포함된 것으로 보인다. (Sheldon H. Harris 著, 近藤昭二 訳, 『死の工場—隠蔽された731部隊』, 1999, p. 49)

16. 일본군은 관동군방역급수부 외에도 여러 개의 방역급수부를 두었다. 1939년 4월 18일에 세워진 중지나방역급수부도 그 중 하나였다. 중지나방역급수부가 세워지는 데에도 이시이가 적극 관여한 것으로 보인다.(S・ハリス, 近藤昭二訳, 『死の工場』, 柏書房, 2003, p.179) 이 중지나방역급수부는 다양한 명칭으로 불렸다. 731부대처럼 부대 번호를 따 '1644부대' 또는 지역명과 함께 '난징1644부대', 부대를 상징하는 글자인 '栄'자의 일본식 발음을 따 '사카에부대' 또는 사카에1644부대라고도 불렸다. 또한 이유는 정확히 알 수 없으나 외부에서는 '다마부대'(多摩部隊)라고도 불렸다. 1943년 12월부터는 노보리(登)1644부대로 개칭하였다.(近藤昭二編, CD-ROM版—731部隊・細菌戦資料集成, 柏書房, 2003, CD1-DISC1-03_펠리포트; 일본 국립공문서관 아시아역사자료센터 '일본방위성방위연구소 소장자료'-防疫給水部 자료-No. 91-'1945년 10월 하순 '昭和２０年１０月下旬「マ」司令部提出 帝国陸軍部隊調査表 集成表')

대 부대장을 맡았으며, 1941년부터 이시이를 이어 군의학교 방역연구실에서 관동군방역급수부의 업무를 지도하여, 이시이의 '오른팔'이라 불렸다. 전후 미군에 체포될까 두려워하다가 1952년 교통사고로 사망했다.

나이토 료이치 군의 중좌는 이시이의 또 다른 '오른팔'로, 1931년 교토대학 의학부를 졸업하고 육군군의학교와 교토대학 미생물학교실 대학원을 거쳐 군의 대위가 되었다. 2년 간 독일의 코흐연구소에서 세균학을, 미국 펜실베니아대학에서 혈액동결건조술을 습득하였으며 귀국 후 군의학교 교관이 되었다. 731부대에 상주하지 않고 군의학교 방역연구실에서 세균전연구를 구상하며 이시이를 지원했다. 영어에 능통해 전후 통역으로 미군과의 면죄 협상에서 중심 역할을 했다. 이후 일본 녹십자를 설립하였는데 혈액제제와 인공혈액 생산 과정에서 AIDS와 간염 감염문제가 발생하기도 했다. 나이토는 구미식 기술개발과 응용에 능통했다. 전후 이시이와는 사이가 틀어진 듯하다.

위 2명은 교토대학 출신 군의로, 대학 선후배 관계이자 군의 직속 상하관계였고, 모두 기무라 렌 교수의 지도를 받았다. 이러한 배경 때문에 이시이의 심복으로서 충실하게 이시이 노선을 지원한 것이 아닐까 생각한다.

기타노 마사지(北野政次) 군의 중장은 1920년 도쿄대학 의학부를 졸업한 후 근위제4연대에 배속되었고, 1923년부턴 '도쿄대 전염병 연구소'에서 활동하며 1등 군의가 되었다. 1932년에는 군의학교 교관이 되었고 731부대 설립 시 만주의과대학 미생물학 교수로 부임하여 관동군 고문을 맡았다. 군의 소장으로 승진해 1942년에는 제2대 731부대장에 취임하였다. 가사하라반(笠原班)의 가사하라 시로(笠原四郎) 기사와 함께 유행성출혈열에 관한 연구를 했다. 가사하라는 리케치아와 바이러스 연구를 추진했던 육군기사로 전후에는 기타사토연구소 병리부장이 되었다.

13. 대학에서 이시이부대로 파견된 기사들

731부대 연구자를 끌어모으기 위한 이시이 시로의 작업은 1933년부터 시작되는데, 주로 대학 의학부의 젊은 교원들을 대상으로 했다. 제1진은 교토제국대학의 9명(통상 이시노를 제외하고 8명이라고 알려져 있다)으로, 요시무라 히사토(1930년 졸업), 이시카와 다치오마루, 오카모토 고조, 다베이 가나우(田部井和), 사이토 고이치로(斉藤幸一郎), 이시노 다쿠지로(石野琢二郎 1931년 졸업), 하야시 이치로(林一郎, 1933년 졸업), 미나토 마사오(湊正男, 1935년 졸업), 다나카 히데오(田中英雄, 교토대 의동물학 강사)였다. 이들은 1938년 3월 10일 사령(辭令) 상 '육군 기사 및 관동군방역급수부 부원'으로 채용되었다.

이시카와 다치오마루와 마찬가지로 1931년에 졸업한 오카모토 고조는 강사로 승진된 후, 그리고 하야시 이치로는 조수 지위 때 731부대로 보내졌다. 이시카와는 1944년 7월까지 731부대에서 성실히 병리반장 일을 맡은 후 귀국하였다. 그는 중국 눙안(农安) 지구의 57례에 이르는 페스트 해부 표본을 들고 귀국해 가나자와대학 교수가 되었다. 그리고 그 표본을 전쟁이 끝난 후 미군에 제공함으로써 전쟁 책임을 면책 받는 데 중요한 구실을 했다. 하야시 이치로는 731부대를 싫어하여 얼마 지나지 않아 도망치듯 귀국하였으나 이시이가 격노해 그를 찾아다녔다고 한다. 하야시는 전후 나가사키대학 교수가 되어 기형학을 전공했다.

이시노는 병리학 강사 시절 731부대원으로 임용되었다. 이시노는 이시이부대에서 포로를 이용한 실험을 통해 5분의 4까지 간을 절제해도 생존 가능하다는 것을 알아냈으며, 전후 교토의 사쿄구(左京区)에서 이시노 외과의원을 개업했다. 1939년에 졸업한 세노오 사치마루(妹尾佐知丸)는 학생 시절부터 기요노 겐지를 존경해 병리학교실에 입실한 인물이다. 그러나 이때 이미 기요노는 후술하는 기요노 사건으로 퇴직한 상태였기에 세노오는 모리 시게키(森茂樹) 문하에 있다가 미에의과대학(三重医科大学)으로 자리를 옮기게 된다. 세노오는 1941년에 만주로 소집되어 일시적으로 731부대 소속이 되긴 했지만 부대에 공헌한 것은 거의 없다. 1944년 일본 본토에서의 결전을 위해 귀국한 후 그대로 종전을 맞았다. 전후에는 오카야마대학 교수 겸 의학부장을 지냈다.

한편, 기요노의 동창으로 문필에 재능이 있어 기요노가 쓴 『후지나미 선생님 추도록』(藤浪先生追悼録) 편집을 돕고 수필집 『단현』(断絃, 1934)이나 『한춘』(寒椿, 1936) 등을 남긴 가와가미 스스무(川上漸)는, 후지나미의 제자로서 교토대학 병리학부에 입학한 후 구마모토의학전문학교를 거쳐 1919년 게이오대학 병리학 교수가 된 인물이다. 가와가미도 1938년 3월에 다른 부대원들과 함께 이시이부대에 입대했다.(모리무라의 『악마의 포식』 제3부7 첫머리에 731부대에서 찍은 가와가미 스스무 사진이 있음)

기요노는 고고학을 공부하는 제자를 많이 두고 있었지만 병리학을 공부하는 제자는 많지 않았다. 하지만 그 병리학도들 대부분을 이시이부대로 보냈다. 기요노가 이시이부대를 이토록 중요시하고 많은 제자를 보낸 이유로 ① 제자로서 이시이를 높이 평가하고 있었다는 점 ② 군의 거대 연구시설을 높이 평가하고 있었다는 점 ③ 군을 최

우선시하는 당시의 전시체제 기조에 충실했다는 점 ④ 이시이로부터 거액의 고문료를 받고 있었다는 점 등을 생각할 수 있다.

이시이가 연구자를 끌어모으기 위한 선전 활동에 엄청난 힘을 쏟고 있었던 것은 잘 알려진 사실이다. 심지어 모리 시게키 교수는 이시이로부터 부대 안내를 받은 적이 있는데, 당시 이시이가 "학자를 보내겠다고 약속할 때까지 절대 당신을 내려주지 않겠다"며 비행기로 하얼빈 상공을 몇 번이나 돌며 협박했다고 한다. 한편 쓰네이시 씨에 따르면, 기요노와 당시 의학부장이었던 도다 쇼조가 의학부를 총동원해 인재를 파견한 것은 그들이 이시이부대의 연구시설을 연구자들을 위한 최고의 연구시설로 봤기 때문이라고 한다.[3] 아울러 당시 일본군이 학자들을 끌어들이기 위한 거액의 자금을 준비하고 있었고, 실제 이시이가 막대한 금액의 사례금을 고문들에게 지불했을 가능성이 크다. 오카모토 교수님도 이러한 점을 의심하셨다고 들었다.

사실, 기요노 교수는 세균학 경험이 많지 않았다. 세균 배양이나 보존은 물론 무기로서 세균 독소를 만드는 연구 지도는 기술적으로도 할 수 없는 문외한이었다. 이러한 연구 지도를 할 수 있는 인물은 세균학자 아니면 세균학 기사들이었다. 그렇다면 세균학 지식이 없는 병리학 전공자인 기요노 교수의 이시이부대 관여는 부대 입장에서 과연 어떤 의미를 가지고 있었을까? 이는 세균 감염의 증상 발현 과정을 관찰하는 병리해부의 중요성이 커진다는 의미다. 그리고 그만큼 이시이가 보다 적극적으로 인체실험에 포로를 사용했을 것이다. 병리학자의 참여는 인체실험과 밀접한 관계가 있다.

이시이부대에서는 군의들이 세균무기를 개발하기 위해 인체실험을 추진했고 학자들은 지시에 따랐다. 또한 대학은 조직적으로 젊고 우수한 인재를 보내 부대에 학술적, 기술적 측면에서 협력했던 것으로 보인다. 도쿄대학 전염병연구소 이외에도 많은 대학이 731부대와 깊은 관계를 맺고 있었던 것으로 추정되며, 이는 근본적으로 일본세균학회가 이시이부대에 협력하고 있었기 때문인 것으로 생각된다. 1942년 당시의 세균학회 단체사진[3]을 보면 맨 앞줄에 이시이 시로와 기타노 마사지가 찍혀 있는데, 이 사진만 보더라도 731부대 관계자들과 세균학자들이 학회 차원에서 밀접한 관계를 가지고 있었음을 확인할 수 있다.

14. 기요노 사건에 의한 기요노 겐지의 실각

기요노는 책을 즐기고 수집하며 고전을 필사하는 것이 취미였다. 필사된 고전은 일본의 만엽집(万葉集, 일본에서 가장 오래 된 시가집)이나 풍토기(風土記, 나라시대 말기 각 지방의 지명의 유래 · 지세 · 산물 · 전설 등을 적어 조정에 올린 기록지)부터 중국 고전에 이르기까지 다양했다. 기요노는 필사를 마치면 모두 제본하여 친분이 있는 대가에게 휘호를 부탁하였고, 이 완성본을 감상하는 것을 즐겼다. 1934년 후지나미 교수 서거 후, 2년이라는 세월을 들여 『후지나미 선생님 유영집』(藤浪先生遺影集)과 『후지나미 선생님 추도록』을 집필하였다. 아울러 정성스레 빨간색으로 글씨가 새겨진 4권의 에마키모노(絵巻物, 글과 그림을 함께 적어 두루마리처럼 말아 놓은 것)와 한 편의 『효경』도, 붓글씨로 '후지나미 선생님 추도록'이라고 쓰여진 오동나무 상자에 함께 담아 보관하였다. 이 필사 취미와 천성적인 수집가 정신 때문에 기요노는 사경(寫經)과 수집에 엄청난 열정을 쏟아부었고, 이는 은사 추도 이후 다음에 말하는 '기요노 사건'으로 이어졌다.

기요노 교수는 그 지위와 당당한 풍모 덕에 교토의 사원들을 자유롭게 드나들며 경전을 열람할 수 있었다. 그런데, 1938년 6월 30일 진고사(神護寺) 측 신고로 형사의 심문을 받게 되었고, 실제 기요노의 가방 안에서 경전 수십 점이 나와 절도가 발각되었다. 교실 및 자택 수사 결과, 교토 시내에 있는 스물두 곳의 절에서 훔친 경전 630권이 발견되었고, 교수실에서는 무려 1,360점에 달하는 무단 대출 도서가 발견돼, 트럭을 동원해 압수되었다. 또한 신문보도에 따르면 압수된 물건 중에는 이미 표구되어 어느 사원 소장물인지 알 수 없는 것도 있었다고 한다. 기요노는 즉각 휴직 처분을 받아 7월 10일 교토형무소에 수감되었고 6개월 간 묶인 신세가 되었다. 이 사건으로 인류학계 친구였던 교토대학 하마다 고사쿠(濱田耕作) 총장이 차기 총장 후보직을 사퇴하였고, 문부성은 총장 선거를 중지시켰다. 급기야 총장 선거가 취소된 지 일주일 후인 7월 25일 극심한 정신적 스트레스로 하마다가 급사하였고, 이는 교토대학 개교 이래 최대 스캔들로 발전했다.

기요노 교수는 이듬해인 1939년 8월 1일부로 교실을 떠났으며, 3월에 이시이 시로의 731부대로 보낸 제자들과도 연락을 끊었다. 이후 731부대와 대학과의 관계, 그리고 기술적 지도는 이시이 시로, 마스다 도모사다, 나이토 료이치 이 세 명의 군의와 기무라 렌 미생물학 교수가 주역을 맡은 것으로 추정된다. 이시이는 전쟁이 끝난 후 기요노와 재회한 것으로 알려져 있다. 이시이는 “기요노 선생님은 어떤 질문에도 그에 대한 자신의 구상을 말씀해주셨습니다. 또한 지금은 이를 잘 정리해서 국가에 봉납하고, 마지막 일본의 방어, 파멸의 방어, 끊임없는 발전 그리고 재건을 위해 써야 한다며, 멀리 이바라키현(茨木県)에서 오셔서 저희 집에 머물며 내내 걱정하셨습니다”[4]라며 기요노 교수의 장례식장에서 기세등등했던 과거를 회상했다.

15. 기요노 겐지의 민족학과 우생사상

기요노가 731부대 의학 고문으로서 이시이에게 정신적으로나 인적으로 얼마나 많은 지원을 했는지는 기요노 교수 장례식 자리에서 이시이가 한 발언만 들어도 알 수 있다. 기요노는 사직 후, 도쿄에서 ‘태평양협회’[17] 촉탁으로서 활발하게 활동했으며, 인류학자로서 우량 민족을 열등 민족과 혼재시켜 함께 번영시키는 ‘대동아공영권’ 추진을 외쳤다. 그는 “(민족 공영 속에서 우생사상을 중시하여) 우량 민족 보호와 함께 그 인구를 증가시켜, 개발을 촉진해 나가야 한다”[8]고 주장했다. 물론 “민족의 우열성은 뼈 계측 등 인류학적으로 판단할 수 있는 게 아니지만, 민족마다 잘하고 못하는 분야가 있기에 서로 보충하는 것이 바로 대동아공영권 사상이라 할 수 있다”[9]고 역설했다. 당시 자주 쓰였던 전쟁을 정당화하는 말 중에 ‘팔굉일우’(八紘一宇)라는 것이 있다. ‘하늘 아래 모든 민족은 평등하다’는 뜻이다. 이 ‘팔굉일우’야말로 당시 일본 국민의 전쟁에 대한 ‘정의감’을 뒷받침하는 말이었다. 이러한 토대 위에 일본은 1931년 만주사변으로 난징을 점령하였고, 1939년 9월 19일에는 이 난징에 왕징웨이(汪精卫)에 의한 ‘신중앙정권’(新中央政權)[18]을 수립했다. 그리고 이곳을 관장하기 위해 파견군 총사령관으로 임명된 니시오 도시조(西尾寿造) 대장은 인민과 제3국인에게 ‘신지나건설’(新支那建設)을 위한 선정을 맹세하는 성명을 냈다. 급기야 1941년 미국과 전쟁을 벌이고 진주만 공격으로 일본군이 우세를 보일 때에는 일본 전체가 들끓기도 했다.

전쟁 중이나 패전 후나 일본 국민들은 대의를 위한 전쟁이라고 믿고 견뎠다. 그러나 그러한 국민들마저 수많은 포로들을 인체실험에 이용하고, 404명을 종전 시 독가스로

17. 태평양협회는 1938년 5월에 설립되어 1945년 8월에 해산한 일본의 국책 조사 연구기관으로, 아메리카 대륙 지역까지 조사 대상에 포함하는 특징을 가졌다. (石塚義夫, 「太平洋協会について」, 『環』 第8号, 2002 참조)

18. 보통 왕징웨이정권이라고 불린다. 일제는 1938년 장개석 국민정부와의 비밀접촉에 실패한 후, 국민정부 안의 왕징웨이 집단을 항일지역에서 분리시켜 괴뢰정권을 수립하고자 했다. 실제 왕징웨이정권은 실질적 기반이 없이 일본군 점령지내에서 보호정권으로 수립되었다.(김정현, 「중일전쟁기 周佛海를 통해 본 친일협력」, 『아시아문화연구』 11, 2006 참조)

말살한 것도 모자라 시신을 소각하고 시설을 폭파해 증거를 인멸한, 이시이부대의 존재에 대해서는 전후 큰 충격을 받았다.

16. 실전에서의 세균무기에 대한 평가

중일전쟁이 본격화되자 이시이는 1939년 8월, '노몬한 사변'[19]에서 할하강 지류에 티푸스와 파라티푸스, 콜레라균, 마비저균(馬鼻疽菌)을 살포했다. 10월 관동군은 이시이에게 감사장과 공4급금훈장(功四級金鵄勲章, 제2차대전 때까지 무공이 뛰어난 일본 군인에게 수여되던 훈장), 육군기술유공상(陸軍技術有功賞)을 수여했고, 이듬해 5월 23일 아사히신문에 이시이가 표창을 받았다는 기사가 실렸다. 10월 중국 닝보(宁波)에서 '페스트 벼룩'을 항공기를 이용해 저공 살포하였고 이로 인해 106명이 사망했다. 이어서 1941년의 창더(常德)작전에서는 '페스트 벼룩' 36*kg*을 저공 살포해 100명의 희생자를 냈다. 또한 저장성 취저우(衢州)에서 우천 시 투하된 '페스트 벼룩' 때문에 1942년에는 2,000명의 희생자가 발생했다고 한다.

같은 해 8월에 수행된 저간(浙赣)작전에는 731부대와 난징사카에부대(다마부대 또는 난징1644부대)가 참여했고, 중국 위산(玉山)과 진화(金华), 푸장(浦江)을 비롯한 도시에 페스트균과 콜레라균, 파라티푸스균이 살포되었다. 페스트균은 '페스트 벼룩'을 이용하였고, 다른 세균은 물과 주거지 오염, 만두에 독물을 넣는 등의 방법으로 전파시켰다. 이때 파라티푸스균과 탄저균만 해도 130*kg*이 준비되었는데, 감염지구에 들어간 일본군 측에서도 1,700명에 이르는 사망자가 발생했다고 한다. 1943년 7월, 이시카와 다치오마루는 1940년 6월 능안 지구에서 실시한 페스트균 살포 실험에 의해 희생된 사망자의 해부 표본 총 57례를 들고 일본으로 귀국했다.(가네코 준이치 학위 논문이 발견되면서 1940년 능안 지역에서 발견된 페스트는 731부대의 세균 공격에 의한 것이었음이 밝혀졌음)

안다(安达)실험장에서는 세균 폭탄의 효력을 확인하기 위한 인체실험이 빈번히 실시되었다. 페스트균을 풍선 폭탄에 탑재하거나 사이판, 괌, 이오지마(硫黄島) 결전에서 사용할 계획이었으나 도조 히데키(東條英機)와 천황의 반대로 실현되지 않았다. '페스트 벼룩'은 분명 새로운 무기였지만 기술이 완벽하지 않아 아군에게도 위험이 컸다.

---

19. '할힌골 전투'(Battles of Khalkhin Gol), 혹은 '노몬한 사건'으로 불린다. 러일전쟁(1904-1905년) 이래 동북아의 잠재적인 라이벌인 러시아와 일본 간의, 혹은 양국의 괴뢰국인 외몽골과 만주국 간의 소규모 국경분쟁들이 고조되며 발발했다. (한석정, 「러일, 만몽, 몽몽의 대결-노몬한(할힌골) 전투 70주년 기념 학회 참관기」, 『만주연구』 9, 2009 참조)

앞서 언급한 것처럼 이시이는 도고부대 성립을 통해 포로를 사용한 인체실험 체계를 확립하였을 뿐 아니라 수많은 대학 연구자를 끌어들이면서 '과학기술'을 도입하는 데도 성공했다. 이러한 비인도적 개인적 발상을 '과학기술'을 통해 실현한 사례로 옴진리교 사린가스 테러 사건을 들 수 있다. 두 경우의 차이는 옴진리교가 종교적 광신자와 과학자의 결합인 반면, 이시이부대는 국가가 배경에 있는 공적 조직이었다는 점이다. 하지만 두 경우 모두 사회의 눈이 닿지 않는 곳에서 진행되었다.

17. 포로를 사용한 인체실험

당시 나치스도 세균전연구를 하고 있었지만 뉘른베르크 재판에서는 법의 심판을 받지 않았다. 마지막까지 소추 대상이 된 것은 '포로를 사용한 인체실험'이었다. 지금도 여전히 이시이부대에 대한 비판이 끊이지 않는 것은 바로 '포로를 사용한 인체실험' 때문이며, 만약 보도대로라면 그 규모는 역사상 유례를 찾아볼 수 없을 것이다. 게다가 이러한 만행은 미군에 의해 면책되었다. 하다못해 인체실험을 독단적으로 추진한 이시이 시로만이라도 죗값을 치렀더라면 일본 국민들이 이토록 비참한 기분을 느끼진 않았을 것이다. 전쟁이 끝나고 면책 과정에서 작성된 「19명의 의사에 의한 인체실험 보고서」와 「이시카와 보고서」, 그리고 병리표본은 미국에서 반납 받았으나 그 소재가 불명하다고 한다.[5] 역사적 검증을 위해 없어서는 안 될 자료임에도, 공개할 수 없을 정도로 충격적인 내용이 포함되어 있을 가능성도 있다.

그렇다면 인체실험은 구체적으로 어떻게 진행되었을까? 오카모토 고조 교수님은 평소 병리해부 검열과 총괄은 반드시 하셨어도 병리해부 자체는 하시지 않았다. 그렇기 때문에 우리는 731부대에서도 병리해부를 보조에게 맡기고 스스로는 하지 않았을 거라고 오랫동안 생각해왔다. 그런데, 최근 메모 하나가 발견되면서 교수님도 병리해부 의무를 회피할 수 없는 상황이었음을 알았다. 그 메모는 1948년 7월에 일어난 제국은행사건[20](1948년 1월 26일 일본 도쿄도 도시마구의 제국은행 시나마치 지점에서 발생한 독극물

---

20. 제국은행사건이란 1948년 1월 26일 도쿄도 도요시마구의 제국은행 시나마치 지점에 후생성 소속 의학박사 마쓰이 시게루(松井蔚)라는 명함을 가진 사람이 방역소독반이라는 완장을 차고 들어와 근처에서 적리(赤痢)가 발생해 진주군(GHQ) 명령으로 왔다며 독극물을 먹인 사건이다. 16명에게 먹여 12명을 사망에 이르게 하고 현금 16만 엔과 수표 1만7천 엔을 들고 도주하였다. 그러나 실제 명함의 주인인 마쓰이는 확실한 알리바이가 있었다. 조사 결과 독극물은 청산화합물로 독성이 천천히 유발되는 특성이 있어 구 일본군에서 만들어진 것 아닌가 의심이 계속되었고, 이로 인해 731부대 관계자가 범인이 아니냐는 의혹이 사회적으로 크게 일어 실제 이들에 대한 심문조사가 진행되었다. 결국 범인으로는 마쓰이와 명함을 교환한 인물 중 한 명이며 그 명함을 가지고 있지 않았던 화가 히라사와 사다미치(平沢貞通)로 지목되었다. 그는 무죄를 주장하였으나 1955년

살인 사건) 수사 회의 시 보고된 전직 경시청 수사 1과 계장(係長)이었던 가이 분스케(甲斐文助) 형사가 남긴 것이었다.

> 1938년 교토대학에서 731부대에 합세한 병리학자 오카모토 고조(메모에는 構造로 돼 있음)의 증언으로서 다음과 같은 내용이 기술되어 있다. "오카모토의 증언에 따르면 연구의 경우, 한 번에 포로 15명 정도를 시험대에 옮겨, 병사하기 직전, 발병 후 3일째, 4일째라는 식으로 병의 상태를 관찰하기 위해 죽여서 시신을 해부했다고 한다. 사인은 모두 질식사였기에 아마 청산가리로 독살한 것으로 생각되지만 독살의 하수인이 누구인지는 알 수 없다고 한다. 오로지 연구를 위해 시체를 다루었기 때문이다."[10]

이 메모는 731부대에서 행해진 인체실험에 관한 오카모토 선생님 스스로가 증언한 내용을 바탕으로 작성된 비공개 문서에 담겨 있는데, 이를 통해 병원균을 주입해 발병시킨 후 시간을 나누어 청산가리를 투여했고 그렇게 살해당한 시신은 실험군별로 해부실에 반입되었음을 알 수 있다. 제국은행사건은 청산화합물 사용에 익숙했던 사람의 범행인 만큼 이시이부대원의 관여를 의심하는 사람이 많았고, 이시이 스스로도 이를 인정했기에 철저한 심문이 이루어졌다. 그러나 수사 중간에 GHQ(연합군총사령부)가 심문 정지 명령을 내렸다. 이 메모에 담긴 증언은 바로 이 시점에 이루어진 것이다. 이 증언이 사실이라면 학자들은 실험 내용에 대해 깊이 알지 못했던 셈이 되지만, 실제로는 감염실험(이시카와 다치오마루)이나 약리실험, 수술 연습, 뇌 기능, 간 제거(이시노다쿠지로), 동상실험(요시무라 히사토) 등의 각종 실험에 포로를 적극적으로 사용한 것을 알 수 있는 보고가 있다.[7·3·6·11]

나가며

이제 대학 또는 교실 자료를 바탕으로 731부대란 과연 어떤 부대였는지 정리해 본다. 우선 731부대는 이시이의 개인 발상이 구현된 곳이었다. 사상적으로는 은사였던 기요노 겐지가 주장한 민족 우생사상의 영향을 받았을 가능성이 있다. 가가와현에서

대법원에서 사형이 확정되었고 1987년 옥중에서 사망하였다. 유가족과 변호인단은 2015년 11월 재심청구를 신청하였다. (加藤哲郎, 『「飽食した悪魔」の戦後』, 花伝社, 2017, pp. 239-242 참조)

유행한 뇌염 조사연구에서 조사대를 조직하고 검체를 동물에 주입하며 증상발현 과정을 병리해부학적으로 분석한 경험이 731부대 인체실험의 기초가 되었다. 육군도 대학 관계자도 이시이 시로의 비인도적 실험에 대해 비난하지 않았다. 군에 인체실험을 도입하는 과정에서 대학의 최고 권위가 이시이 시로라는 인물과 그가 구상한 계획을 암묵적으로 보증했다.

이시이의 주도로 도고부대 초기부터 '포로를 사용한 인체실험'이 도입되었고 그 노선은 최고의 기밀 준수와 포로의 '특이급', 윤택한 예산, 대학의 보증에 의해 지켜지고 발전했다. 그 후 수많은 세균학자와 대학 관계자가 이 계획에 동참했다. 대학은 그 권위와 협력을 통해 과거 유례를 찾아볼 수 없는 규모로 자행된 '포로를 사용한 인체실험'을 정당화했다. 그렇다고 거액의 투자금과 수많은 희생 끝에 세균무기가 실전에서 큰 성과를 올린 것도 아니다. 인도적 측면에서 봤을 때 이러한 대규모 인체실험을 면책한 미국의 전후 처리에도 큰 문제가 있다. 두 번 다시 이런 일이 반복되지 않도록 우리 대학 관계자에게도 객관적 역사 검증이 요구된다.

[참고자료]

본고는 2009년 3월 20일, 교토대학 회관에서 열린 '15년전쟁과 일본의 의학의료연구회' 주최 제26회 연구회 강연 내용을 본서 게재에 앞서 부분 압축, 수정하여 작성하였다. 이시이 시로를 비롯한 핵심 역할을 맡았던 군의들은 모두 기요노 '미생물학' 교수 밑에서 성장한 사람들이다. 따라서 본고 집필 후 교토대학 병리학교실사로서 이 기록을 남기는 것은 적절하지 않다는 지적을 받았다. 일리 있는 이야기다. 하지만 교토대학 미생물학교실사에도 이 사실은 기록되지 않고 있다. 731부대 시계열을 병리학교실사와 비교하면서 쓰네이시[3·6]와 오타,[9] 곤도,[10] 아오키[5]의 자료를 참고하였다.

인용·참고문헌

1. 杉山武敏・松田道行ほか編,『京都大学病理学教室百年史』, 同刊行会, 2008
2. 岡本耕造「細胞及組織ノ酸化還元機能ニ関スル研究」,『日本微生物学病理学雑誌』第26巻10号, 日本微生物学会, 1932
3. 常石敬一,『医学者たちの組織犯罪』, 朝日文庫, 1994
4. 清野謙次教授通夜の席での石井発言, 天野重安編,『随筆遺稿』, 1956
5. 青木冨貴子,『731』, 新潮社, 2005
6. 常石敬一,『731部隊』, 講談社現代新書, 1995
7. 森村誠一,『悪魔の飽食』第三部. 角川文庫, 1983
8. 清野謙治,『日本人種変遷史』, 1944, pp. 71 - 72
9. 太田昌克,『731免責の系譜』, 日本評論社, 1999

10. 甲斐証言(http://www.scn-net.ne.jp/~tsunesan/page%201.html)
11. 近藤昭二, 『鑑定書 : 日本の国家意思による細菌戦の隠蔽』, 1999
(http://www.geocities.co.jp/WallStreet/4586/223.html)

부록 교토대학 병리학교실과 731부대의 관계 연표

연도	교실에서 일어난 일들	이시이부대 관련 내용 및 국제정세
1900	후지나미 아키라 교수 병리학교실 개설(일본주혈흡충·후지나미육종 연구)	
1912	기요노 겐지 독일 유학	
1914	기요노 『생체염색연구』(生体染色の研究) 출간	제1차 세계대전
1916	미생물학교실 마쓰시타 교수 취임	
1918	기요노 병리학회 강연	
1920		이시이 시로 의학부 졸업
1921	기요노 미생물학 교수 임명	이시이 2등 군의, 군의 중좌
1922	기요노 제국학사상 수상 석기시대 인골 발굴 조사	
1923	기요노 병리학 교수 병임(併任)	
1924		이시이 대학원생으로 미생물학교실 입실, 가가와현 뇌염 조사 시행
1926		이시이 대학원 수료 후 교토 위수병원 근무 마스다 교토대학 졸업
1927		이시이 의학박사 학위 취득, 아라키 도라사부로 교토대학 총장 딸과 결혼
1928	기요노 병리학 교수 전임이 됨 미생물학 기무라 렌 교수 임명	이시이 구미 시찰
1929		마스다 교토대학 대학원생으로 미생물학교실에서 세균학 전공
1930	후지나미 교수 퇴관	이시이 구미 시찰 마침. 군의학교 방역부 소속으로 군에 세균전 필요성 주장
1931		나이토 교토대학 졸업 마스다 육군군의학교에서 세균학 교관으로 활동 9월 만주사변/류타오후(柳条湖) 사건 발발
1932		3월 만주국 건국 이시이 세균배양통(細菌培養缶) 발명, 군의학교에 방역연구실 설치, 이시이 수반과 요원 35명이 도고부대 준비, 마스다와 함께 만주로 한 달 간 출장을 감, 베이인허(背阴河)에 도고부대 설립 마스다 12월부터 2년 간 독일과 프랑스 군의학교로 유학
1933	『생체염색총설총론』(生体染色綜説総論) 출간	탄저균 인체실험(구리하라·엔도 증언) 학자 공개 모집 시작 이시이식 여수기 완성
1934	후지나미 교수 서거	8월, 도고부대에서 16명 탈주 나이토 미생물 대학원 과정 시작
1935		도고부대가 군의학교 산하에서 관동군 산하로 이동
1936		도고부대가 방역기관 '관동군방역부'가 됨 군부에서 핑팡에 '대방역시설'(大防疫施設) 계획, '방역'과 '세균전 준비' 위한 극비시설로 설계, 군령으로 관동군 비상 군사 총예산까지 마련

1937		중일전쟁 확대 나이토 독일 코흐연구소와 미국 펜실베니아대학으로 유학(1939년까지) 마스다 세균탄 연구, 12월 난징 입성
1938	기요노 사건 스기야마 시게테루(杉山繁輝) 교수 부임	관동군방역반 설치 봄에 오카모토 교수와 이시카와 다치오마루 등이 학자들을 육군 기사로 징용
1939		방역연구소 완성 나이토 1월에 황열병 바이러스 입수 시도, 군의학교로 귀환 이시이 5월 노몬한 사변 때문에 출동, 8월 할하강 지류에 티푸스·파라티푸스·콜레라균·마비저균 살포, 10월 관동군으로부터 감사장 및 육군기술상 받음
1940	모리 시게키(森茂樹) 교수 부임	5월 23일 「아사히신문」에 이시이 표창 기사 실림 '관동군방역부'를 '관동군방역급수부'로 변경 10월 닝보에서 '페스트 벼룩' 저공살포하여 106명 사망
1941	결핵연구소 설립	이시이 육군 소장, 창더(常德)작전에서 '페스트 벼룩' 저공살포 태평양전쟁 발발
1942		기타노 마사지 군의 중장이 731부대장이 됨 청산가스를 사용한 인체실험 나이토 남방군방역급수부 근무 취저우에서 우천 시 '페스트 벼룩' 투하 저간작전에서 콜레라 등 살포. 일본군 감염자 1,700명 발생
1943	기요노 『태평양민속학』 출간	나이토 군의 중좌 군의학교 교관이 됨 7월 이시카와 다치오마루 중국 눙안 지구의 57 사례에 이르는 페스트 해부 표본을 가지고 귀국, 가나자와대학 교수 임명 안다(安达) 실험장에서 세균탄을 사용한 인체실험 시행
1944	기무라 렌 의학부장 취임	사이판·괌 결전에서의 세균탄 사용을 계획했으나 실현되지는 않음 풍선폭탄 및 우두 바이러스 공격계획 있었으나 도조 히데키(東條英機)도 승인하지 않음
1945	원폭 조사단 조난 스기야마 교수 서거	8월 9일 소련 참전 9-12일 731부대 폭파 및 해체 종전 후 9월부터 GHQ 샌더스가 731부대 조사를 시작해 니이즈마(新妻) 중좌·가네코 소좌·마스다 대좌·다나카 아쓰시(田中淳) 소좌를 심문하였으며 이때 나이토가 통역 담당, 11월 「샌더스 리포트」 나옴, 미군 처음부터 니이즈마에게 731부대원들에 대한 면책을 시사했음
1946		1월 이후 톰프슨에 의한 이시이, 기타노에 대한 심문 시작, 5월 「톰프슨 리포트」 나옴 연말 소련이 미군 측에 731부대원들에 대한 심문을 요구함 뉘른베르크 재판에서 포로 사용한 실험이 법의 심판 받음
1947	스즈에(鈴江) 교수 임명 교토제국대학을 교토대학으로 개칭	나이토를 재심문하여 생체실험 사실을 확인한 결과가 「스미스 보고」로 나옴 노버트 펠 4월에 나이토·가네코·마스다 5월에 이시이 심문, 6월 「세균전연구에 대한 요약(펠 리포트)」 나옴 「의사 19명에 의한 인체실험 보고서」, 「이시카와 리포트」도 나옴 12월 힐과 빅터 「세균전 조사에 대한 개요 보고」가 나옴 미군 731부대원들에 대한 면책 결정
1950		나이토 혈액은행 설립 한국전쟁
1952		마스다 교통사고로 사망 10월 일본학술회의 제4부회 '세균무기 사용 금지에 관한 제네바조약 비준을 국회에 요구하는 건' 제안에 제7부회(의학부회)의 기타오카 마사미(北岡正見), 기무라 렌, 도다 쇼조 등이 반대
1956	모리 시게키 교수 퇴관 오카모토 고조 교수 임명	
1957	미생물학 다베이 교수 임명	
1958		이시이 때때로 병리학교실 방문

1959		10월 이시이 시로 후두암으로 사망
1969	대학분쟁, 다베이 교수 퇴관	
1972	오카모토 교수 퇴관	
1981		모리무라 세이이치 『악마의 포식』 출판
1982		나이토 료이치 사망
1987		샌더스 사망
1993	오카모토 교수 사거(死去)	

2부 731부대의 소행

秘

凍傷ニ就テ

Interdepartmental Committee for the Acquisition of Foreign Publications

昭和十六年十月二十六日

満洲第七三一部隊

陸軍技師　吉村壽

누구나 알지만
아무도 모르는
731부대

일본군 731부대에서 내가 겪은 경험들

시노즈카 요시오(篠塚良雄)

저는 731부대에서 행해진 일들이, 사람 생명을 구하는 것을 사명으로 하는 의학자 손에 의해서 또는 의학자 지시로 이루어졌다는 점에서 극악무도한 전쟁범죄라고 생각합니다. 저는 여기에 제가 보고 들은 내용과 실제 명령받아 행한 일들을 증언하고자 합니다.

제가 731부대, 이시이부대에 대해 들은 것은 1939년 실업학교(實業學校)[1] 재학 시절이었습니다. 이때 지바현청(千葉県廳)에서 대원 모집이 있었습니다. 저는 당시 재학생이어서 모집 대상이 아니었고, 제 기억에는 졸업자가 주요 모집 대상이었습니다. 하지만 선배가 "재학 중이라도 괜찮아. 어차피 시험이 있으니까. 시험을 통과하지 못하면 못 들어가는 거잖아"라고 해서, 처음에는 입대를 권하는 선배를 그냥 따라가 본다는 생각으로 시험장에 갔습니다.

시험문제는 OX로만 답하면 되는 방식이라 아주 쉬웠습니다. 시험문제라고 하면 당연히 전부 주관식으로 써내는 것이라고 생각해서 그런지, OX 방식으로 푸는 산수와 이과 시험이 매우 쉬웠습니다. 당시 우리 집은 농가였기 때문에 어머니는 저를 농사일을 하라고 학교에 보내셨던 거고, 그래서 학교도 농업과를 다니고 있었습니다. 이러한 상황에서 시험을 본 것이었는데, 답안지에는 어떤 표시가 있었습니다.

1939년 4월 1일, 저는 육군군의학교 방역연구실로 오라는 통보를 받았고, 선배를 따라 방역연구실을 찾아갔습니다. 방역연구실은 당시 도야마초(戸山町, 현 도쿄도 신주쿠구 소재)에 있었습니다. 지금도 도야마초인지 모르겠지만 그곳에는 제생회병원(済生会病院)이나 육군병원, 군사학교(兵學校)가 있었습니다. 도야마초 위쪽에는 육군도야마학교

1. 주로 당시 초등교육을 마친 사람들을 대상으로 농업, 공업, 상업 등의 직업교육을 실시하던 학교

를 비롯해 이른바 군 관련 시설들이 밀집해 있었습니다.

그 지역으로 통하는 출입구는 하나였습니다. 제생회병원도, 처음에 있었던 군의학교도, 육군병원도 하급 대원이 이용할 수 있는 출입구는 하나밖에 없었던 것으로 기억합니다. 출입구로 줄줄이 들어가 가장 마지막으로 도착한 곳이 방역연구실이었습니다. 거기서 쭉 직진하면 낭떠러지 절벽이 있었습니다. 그리고 절벽 너머에는 연병장이 있었습니다. 절벽 근처에는 수위실이 있었고 거기서 멈추라는 명령을 받았습니다. 들어가고 싶다고 말하자 안에서 사람이 나와 확인 후 들어가게 해주었습니다. 당시에도 이 방역연구실만 뭔가 다른 느낌이 들었습니다. 우리는 거기서 처음에 육군군의학교 '용인'(庸人)[2]이라는 신분으로 생활했습니다. 잠은 세이겐사(清源寺)라는 절에서 잤습니다. 도야마초인지 와카마쓰초(若松町)인지 정확한 지명은 지금 기억나지 않지만 절 한편에 머물며 생활했습니다.

그곳에서 특별한 교육을 받거나 뭐 그런 것도 없었습니다. 우리는 매일 절에서 군의학교로 갔습니다. 가장 처음에 보거나 배운 것은 이시이식 위생 여수기(濾水機)의 여과관(濾過管)을 검사하는 일이었습니다. 여과관은 규조토와 전분을 섞은 것을 구워서 만드는데 그것을 검사하거나 검사하는 것을 견학했습니다. 저녁에는 그곳에서 일하는 사람들과 같이 초급 중국어를 배웠습니다. 하여간 그다지 특별히 할 일이 있는 것도 아니었습니다. 방역연구실은 들어가면 바로 오른쪽에 사무동이 있었습니다. 쭉 가다 보면 연구동이 나오고 왼쪽에는 강당과 식당이 있었습니다. 사실 할 일이 없어서 주로 강당이나 식당에 떼 지어 모여 있었습니다.

1주일 정도 지났을 때 처음으로 이시이부대의 부대장이라는 사람을 만났습니다. 당시 이시이 시로는 대좌였습니다. 언뜻 보기에는 군인답지 않아 보였습니다. 보통 군인이라면 장화를 신고 있어야 하는데 그는 장화도 안 신고 군도(軍刀) 칼끝을 내려뜨린 채 턱수염을 기르고 있었습니다. 모자도 안 썼습니다. 그리고 단상 위로 올라갈 줄 알았는데 그는 올라가지 않았습니다.

우리에게 다가와 힐끗 둘러본 다음, 가장 먼저 한 말은 "얼굴색이 안 좋은 사람이 있다. 신체검사를 다시 하라"였습니다. 이때는 '역시 의사구나'라는 느낌을 받았습니다. 우리에게는 "공부하면 하얼빈의대'나 하얼빈학원에 갈 수 있다. 공부를 먼저 열심히 해야 한다"고 했습니다. 그리고 부관에게 "다시 한번 제대로 신체검사를 하라"고 했습

2. 법상의 고용계약에 의거해 국가 또는 지방공공단체에 근무하며 육체적인 단순 노무에 종사하는 자. (デジタル大辞泉 참조)

니다. 그 외에는 "하얼빈은 좋은 곳이다. 가는 시기에 대해서는 나중에 지시하겠다. 맛있는 거라도 많이 먹고 있어라"와 같은 이야기였을 겁니다. 하얼빈에서 그런 잔혹한 짓을 한다거나 그것을 지휘하고 계획하는 부대장이었다는 것은 전혀 상상도 못했습니다. 당시는 '말이 통하는 사람'이라는 정도밖에 느끼지 못했습니다. 그렇게 우리는 생활했습니다.

5월, 정확한 날짜는 기억나지 않지만 아마 12일이었을 겁니다. 우리는 하얼빈에 도착했습니다. 가장 먼저 간 곳은 러시아풍 건물로 지어진 지린가(吉林街) 분실(分室)이었습니다. 나중에 알았는데 이곳은 731부대의 하얼빈 시내 연락소 역할을 했던 건물인 듯합니다. 부대원 이외의 사람들과 교류할 때도 분실을 이용했고, 식량을 비롯한 생필품 구매도 이곳에서 이루어지고 있었을 겁니다. 부대원 숙소도 있었습니다. 간부 대원 숙소가 그 주변에 있었습니다.

아무튼 분실에 가보니 언제 만들었는지 우리 신분증이 완성되어 있었습니다. 사진까지 붙여진 신분증을 받고 군용차로 핑팡(平房, 731부대 본부가 있던 하얼빈 지역)으로 이동했습니다. 핑팡에 도착해서 차에서 내리자마자 제일 먼저 눈에 들어온 것은 높은 굴뚝이었습니다. 입구에는 '관동군 사령관 허가가 없는 자는 그 누구도 출입을 금한다'는 자그마한 간판만 있을 뿐, 부대를 나타내는 것은 아무것도 없습니다. 부대 주변은 철조망으로 둘러싸여 있었습니다.

안에 들어가니 부대원들의 타임카드를 꽂는 장치가 수위실 앞에 설치되어 있었습니다. 들어갈 때 타임카드를 수위실 앞에서 찍고 출입 시간을 체크하는 방식이었습니다. 우리가 들어갔을 때는 아직 대원 숙소도 없어서 맨 첫 번째 건물 왼쪽에서 머물며 생활했습니다. 나중에 여기는 진료부 휴양실이 되었습니다.

도착한 다음날부터 바로 교육이 시작되었습니다. 우리는 병사들과 같은 내무반 생활을 했습니다. 반장은 군조(軍曹, 지금의 중사에 해당) 하사관이 맡았습니다. 그다음 날은 헌병이 군규보호법(軍規保護法)에 대해 교육을 했습니다. 상세한 내용은 정확히 기억나지 않지만 "이 지역은 특별군사지역으로 지정돼 있다. 일본군 비행기라 할지라도 이 상공은 비행할 수 없다. 보지 말고 듣지 말고 말하지도 말라. 이것이 부대 원칙이다"였습니다. 이 이외에도 여러 이야기를 들었는데 지금은 잘 기억나지 않습니다.

다음날도 같은 헌병한테 교육을 받았습니다. 이 헌병은 자신의 이름을 다나카(タナカ)라고 했는데 본명인지는 저도 잘 모르겠습니다. 다나카는 쭉 731부대에 있었습니

다. 다음날은 육군형법이었습니다. 지금도 기억나는 것은 "여기서 도망치면 대치상황에서의 군무이탈로 보고 처형당한다"는 말이었습니다.

이 이틀 동안 저는 '도대체 이 부대의 정체가 뭐지'라는 생각을 했습니다. 부대장이 군의이며 많은 대학에서 이른바 '의학자'라고 불리는 사람들이 대거 와 있다고 들었는데 '도대체 왜?'라는 의문이 들었습니다. 그런데 당시 우리는 군국주의 교육을 받아서 그런지 확실히 '무언가 보람 있는 일이 기다리고 있지 않을까?' 하는 환상을 가지고 있었습니다. '기밀이 많으면 많을수록 보람 있는 무언가가 있을 거야'라는 생각을 하게 되었고 공포심은 전혀 없었습니다. 그때 왜 공포심이 없었는지, 지금 스스로 생각해봐도 신기하기만 합니다. 이것이 도착한 지 얼마 안 됐을 때 일들입니다.

다음날부터, 아침에는 군사훈련 그리고 오전에는 학과 교육을 받았습니다. 인체구조부터 시작해서 나중에 세균이나 혈청에 관한 내용을 배웠습니다. 가장 먼저 받은 것은 방역급수에 관한 교육이었습니다. 방역급수 교육은 핑팡에서는 하지 않고 하얼빈 시내에서 했습니다. 육군병원 옆에 있는 '남동'(南棟)이라 불리는 건물에서 방역급수, 이른바 이시이식 위생 여수기라는 기기의 조작과 관련된 교육을 받았습니다. "부대 임무니까 이것만큼은 확실히 해야 한다, 무조건 외워라, 외워라"고 했고, "방역급수부는 제1선 부대를 수반하는 곳으로, 주로 상수(上水)를 보급하여 직접 전투력 유지 및 증진을 꾀하고, 동시에 방역 · 방독 실시를 임무로 한다, 이것이 바로 이 부대의 임무다"는 말을 했습니다.

그런데, 간판으로 내세우고 있는 방역급수 임무는 핑팡에서 하지 않았습니다. '남동'(南棟)이라는 부서에서 맡았습니다. 여기서의 교육은 먼저 방역척후(防疫斥候)부터 시작되었습니다. 방역척후는 독극물 감지와 수질 검사를 하는 작업을 말합니다. "독극물을 감지하는 이시이 · 가쓰야식 독물 검지기(石井 · 勝矢式毒物検知器)라는 우수한 기계가 있다"는 이야기를 들었는데 지금도 여전히 그 기계를 어디에 어떻게 쓰는지 모르겠습니다. 분명 이시이 · 가쓰야식 독물 검지기라는 우수한 기계 이야기를 들었는데 그 후 사용된 적 없는 것을 보면 그리 대단한 기계는 아니었을지도 모르겠습니다. 그밖에는 역학조사라든지 일반적인 것들입니다. 일단 이와 같은 방역급수에 관한 교육을 받았습니다.

이때부터 한 달도 채 지나지 않았을 것 같은데, 그 무렵에 '노몬한 사건'이 일어났습니다. 부대가 본격적으로 움직이기 시작한 것은 7월쯤부터였습니다. 노몬한은 물이 없는 곳이었습니다. 앞서 이야기한 것처럼 우리 부대는 방역급수가 임무였기 때문에, 부대의 대다수가 노몬한으로 갔습니다. 이 시기의 관동군 사령관은 우에타 겐키치(植田謙吉)였는데, 노몬한에서 행동에 들어가기 직전 이 관동군 사령관이 부대를 찾아왔습니다. 또한 이때는 생체실험과 생체해부로 살해할 사람을 감금하는 곳이나 기재가 대부분 갖춰진 시기이기도 합니다. 이러한 상황에서 7월에 부대원 대다수가 노몬한으로 간 것입니다.

이때부터 세균 대량생산을 시작했습니다. 장소는 로호동(ロ号棟)[3] 1층이었습니다. 우리는 아직 세균을 만드는 방법을 배우지 않았기 때문에, 제가 명령받은 것은 연구실에 가서 세균을 대량 생산할 때 쓰는 균주(菌株)를 받아 오는 일이었습니다. 균주는 보통 큰 시험관 안에 기울여 응고시킨 한천 배지에 심었고, 거기에 세균 배양을 위해 부용[4]을 넣었습니다.

당시는 아직 '부'나 '과'로 제도화된 상황이 아니라 주임연구원 성을 따서 OO반(班)이라고 부르고 있었습니다. 에시마반(江島班)은 적리(赤痢), 가와시마반(河島班)은 티푸스, 이런 식으로 그 반에 가면 대략 어떤 세균을 다루는 곳인지 알 수 있었습니다.

세균의 대량생산에는 이시이식 배양통(石井式培養缶)을 사용했습니다. 통은 녹에 강한 경금속(輕金屬)이었고 부속물로 상자와 삽입용 주걱, 상자를 고정시키는 막대기, 분주통(分注缶), 이식봉(植付棒), 세균을 긁어내는 막대기가 있었습니다. 이 배양통을 이용하면 보통 한천 배지로 증식하는 통성 호기성균[5]을 배양할 수 있다고 들었습니다.

분업을 통해 세균을 대량 생산했습니다. ① 배양통 세척과 조립을 합니다. ② 용해용 가마에서 한천 배지를 만들어, 정해진 pH에서 고압증기로 멸균시킵니다. 멸균시킨 것은 냉각소에서 열을 식혀 한천 배지를 굳히고, 체인 컨베이어를 이용해 전면 유리로 된 무균실로 옮깁니다. ③ 세균 이식과 긁어내는 작업은 2인 1조로 했습니다.

대량 생산할 때는 오전에는 전날 이식한 세균을 긁어내고 오후에는 이식을 하는 것이 일과였습니다. 긁어낸 세균은 입구가 넓은 '펩톤의 빈 병'에 담았습니다. 노몬한 때는 세균 운반을 명령받았기 때문이라고 생각하는데, 무균실에서 긁어낸 세균의 처리

---

3. 핑팡의 731부대 본부 중앙에 있었던 미음자 건물
4. 부용(bouillon)은 고기를 넣어 오래 끓인 국을 뜻하는 말로 일반적으로 요리에 사용하지만 세균을 배양할 때도 사용한다.
5. 호기성(好氣性)이란 미생물의 에너지 대사에서, 전자 전달의 최종 수용체를 산소로 하는 성질을 말한다. 세균에서는 결핵균, 디프테리아균 등에, 또 대부분의 곰팡이에 이 성질이 있다. 또 대부분의 세균은 호기성으로도 혐기성으로도 발육할 수 있다. 이러한 성질을 통성(補性) 호기성 또는 통성 혐기성이라고 하며, 반대로 절대 한쪽의 조건만 만족하는 것을 편성(偏性) 호기성, 편성 혐기성이라 부른다. (『화학대사전』, 세화, 2001 참고)

작업을 볼 수 있었습니다. 세균을 부용으로 희석해 석유통에 부은 다음, 주입구를 납땜해 나무 상자에 넣고 짚으로 싸 밧줄로 묶는 방식이었습니다.

소년 대원이던 우리는 하사관을 따라 운반에 참여했습니다. 하얼빈역에서 하이라얼(海拉尔)까지 하사관은 무장하고 있었습니다. 옛날에는 유럽까지 갈 수 있는 국제열차였지만 당시는 노몬한 중간까지밖에 안 갔던 것으로 기억합니다. 이 열차에는 다양한 사람들이 탔습니다. 중국 사람도 탔고, 다양한 사람이 타는 보통 열차였습니다. 짚으로 싼 상자를 두세 명이 들고 열차에 탔습니다. 우리는 "통풍이 잘되는 곳에 가서 앉아 있으라"는 지시를 받았습니다. 그렇게 바람이 잘 통하는 곳에 앉아 상자를 하이라얼까지 운반했습니다.

하이라얼에 도착하면 엄중한 경호를 받았습니다. 트럭에 기관총까지 실어 하이라얼에서 '장군묘'(将軍廟)라 불리는 노몬한의 전방기지까지 상자를 운반했습니다. 저는 이때 딱 한 번 운반에 참여했는데, 이 세균이 어떻게 사용되었는지 정확히 모릅니다. 노몬한에 직접 간 사람들 이야기에 따르면, 세균은 할하강(Khalkh River, 哈拉哈河, 만주국과 몽골 사이의 국경) 상류에 위치한 호르스텐 강(Holsten River) 지류에 투하되었답니다. 우리보다 먼저 입대한 소년 대원 중에는 홀스텐강에 갔다는 이도 있고 여러 증언이 있지만 세균을 얼마나 운반했는지는 잘 모릅니다.

10월 무렵으로 생각되는데, 노몬한에서 돌아오는 병사들 중 환자가 많이 나왔습니다. 이번에 우리 부대는 균 검사라고 해서, 돌아오는 병사들의 변을 검사하고 격리하는 일을 맡았습니다. 저도 거기에 동원되었습니다. 지금도 또렷이 기억납니다. 여름은 끝났지만 아직 무더운 날씨가 계속됐습니다. 우리가 명령받은 것은 셀로판으로 덮여 있는 변을 넓게 펴는 작업이었습니다. 그 지독한 냄새 때문에 며칠 동안 밥을 못 먹을 정도로 고생한 기억이 아직도 납니다.

이듬해 1940년 12월쯤 날씨가 추워질 무렵, 때마침 부대의 큰 강당이 완성되었는데, 그때 노몬한에 대한 이른바 '논공행상'(論功行賞) 훈장 수여가 있었습니다. 저는 한 번 노몬한에 갔다는 이유로 종군휘장(従軍徽章)을 받았습니다.

노몬한 때에는 이시이식 여수기로 물을 걸러내 공급하는 급수대원 외에, 세균 대량생산을 시작했을 무렵 이카리반(碇班) 반장이었던 이카리 쓰네시게(碇常重) 소좌가 이끄는 '이카리 정신대'(碇挺身隊)도 노몬한으로 갔습니다. 논공행상 때 가장 큰 '공적'을 올린 자에게 주어지는 금치훈장(金鵄勳章) 등은 바로 이 정신대 대장이던 이카리 소좌를 비롯해 정신대에 참여한 이들에게 주어졌습니다. 부대장이던 이시이 시로는 육군최고기술유공장(陸軍最高技術有功章)을 받았습니다. 이때 부대에서는 "일본군을 감염시켜 놓고 무슨 훈장이냐"는 목소리도 있었습니다. 지금 생각해 보니 세균을 무기로 사용해 사람을 죽일 수 있음을 입증한 것이 바로 노몬한이 아닌가 싶습니다. 1940년 봄부터는 중국 사람들에게 세균 공격을 시작했습니다.

이카리 소좌는 그 후 항공반(航空班)과 야마구치반(山口班)을 이끌어 세균전을 실행하는 제2부 부장이 되었습니다. 1940년 봄 우리는 벼룩을 증식하는 작업을 명령받았습니다. 우리는 다나카 · 시노다반(田中 · 篠田班)에 가서 작업을 했는데 로(ロ)호동 3층에 있었습니다. 나중에 본격적으로 작업할 수 있는 공간이 따로 마련된 것 같은데 우리가 처음 작업한 곳은 로(ロ)호동 3층이었습니다.

어떻게 작업했냐면, 나무로 만든 선반이 두 단 설치되어 있었고 거기에 석유통이 놓여 있었습니다. 그 석유통 안에는 통밀이 들었습니다. 그리고 쥐가 든 바구니도 있었습니다. 우리가 명령받은 것은 죽은 쥐가 있으면 산 쥐와 바꾸는 일이었습니다. 이것을 교대로 작업하라고 명령받았습니다. 습도와 온도가 매우 높고 냄새가 지독해 안에서 작업하기가 쉽지 않았던 것으로 기억합니다. 산 쥐는 사전에 바구니에도 들어있었지만, 죽은 쥐가 많을 때에는 그곳에서 바로 쥐를 잡아 채워 넣어야만 했습니다.

그리고 7월쯤이었을 겁니다. 이번에는 벼룩 분리 작업을 명령받았습니다. 이 작업도 로(ロ)호동 암실에서 했는데 서양식 욕조를 사용했습니다. 욕조는 깊은 편은 아니었지만 서양식 욕조라 한쪽에 구멍이 있었습니다. 구멍 밑에 선반과 큰 유리로 된 실린더가 설치되어 있어 한쪽에서 빨간 전구를 끌 수 있게 되어 있었습니다. 빨간 전구를 끄면 벼룩은 습성대로 어두운 곳으로 도망갑니다. 효율을 높이기 위해 막대기로 저으며 드라이기로 바람을 불어넣는 방식도 시도해 봤습니다.

확실히 벼룩은 늘어났습니다. 지금까지도 잘 모르겠는 것은 벼룩알은 언제 넣었냐는 것입니다. 쥐에 대해서도 생각해보면, 자연적으로 늘었다고 보긴 어려울 거 같고, 저는 그 부분에 대해서는 잘 모르겠습니다. 하지만 벼룩은 확실히 늘었습니다.

이 벼룩이 어디로 갔냐면, 우리는 딱 한 번 항공반으로 벼룩을 운반한 적이 있습니다. 731부대 항공반은 마스다 약제(藥劑) 대위가 반장이었습니다만 실세는 히라사와(平澤)라는 군의였습니다. 히라사와도 비행기를 조종했는데 우리는 그곳으로 벼룩을 가지고 갔습니다.

같은 시기, 바로 그 시점에, 이 부대에서는 전용 선로를 이용해 여러 연구 기재를 실어 난징 방향으로 간다고 했습니다. 실제 어디로 갔는지 모르겠습니다만, 우리에게 기재를 실으라고 했습니다. 난징 쪽으로 간다는 이야기를 살짝 들은 적은 있지만 정작 어디로 갔는지는 잘 모르겠습니다. 시기적으로는 딱, 중국 닝보(宁波) 등지에서 발생한 세균전과 관련이 있는 게 틀림없다고 생각합니다만, 실제로 저는 운반까지만 했습니다. 아무튼 분명 벼룩은 늘렸습니다.

벼룩과 페스트는 매우 깊은 관계가 있음을 우리는 페스트에 관한 기초 교육을 받으면서 알게 됐습니다. "페스트가 유행하기 전에는 반드시 쥐가 죽는다. 쥐가 죽고 나서 사람이 감염된다. 그러니까 페스트 유행의 징후는 쥐다"는 교육을 항상 받았던 것으로 기억합니다. 아무튼 벼룩이 닝보와 화중(華中) 지역에 전달된 것은 틀림없는 것 같습니다.

1940년, 저는 또 다른 실험에 참여하였습니다. 그것은 세균의 공중우하실험(空中雨下實驗)입니다. 우리가 맡은 것은 대장균이었습니다. 한 사람당 그다지 크지 않은 바구니 하나를 맡았는데 30장이었는지 50장이었는지, 기억이 확실치 않지만 그 배지가 담긴 바구니를 하나씩 받고 "너는 거기로, 너는 저기로" 이렇게 지정받아 소년대 대원이 직접 운반하였습니다. 그것이 대장균이었다는 것은 알고 있었습니다. 우리가 실습을 위해 만든 엔도배지[6]라 불리는 배지가 들었으므로 대장균이라고 말해주지 않아도 알았습니다. 지시에 따라 바구니를 지정된 곳에 가져가면 비행기가 와서 이를 가져가 살포하는 연습이었습니다. 이것이 세균 우하실험입니다.

이것을 시행한 것은 1940년 날씨가 따뜻해지기 시작할 무렵이었습니다. 아직 풀도 그다지 자라지 않은 시기였습니다. 이것이 제가 참여한 실험입니다.

이즈음부터 여러 일들이 있었습니다. 1941년에는 관동군특별연습(關東軍特別演習)이 있었습니다. 이때 소년대는 해체되어 많은 대원들이 남쪽으로 도망갔습니다. 그 전에 죽거나 현역으로 지원하거나 파병 간 사람이 많아 이미 소년대 수는 많이 줄어 있었습니다. 저는 충수염으로 입원했었기 때문에 남쪽으로 가지 않아도 되었고 제4부 제1과 가라사와반(柄沢班)으로 배속되었습니다. 부장은 하바롭스크 재판[7]에서 형을 선고받은

---

6. 엔도배지(遠藤培地)는 엔도 시게루(遠藤滋. 1870~1937)가 고안한 것으로 티푸스와 파라티푸스A,B, 적리,콜레라 등의 소화기계 전염병 병원균 감별에 사용되었던 배지이다.(北博正, 「衛生公衆衛生学史こぼれ話」, 『公衆衛生』 50巻11号, 1986 참고)

7. 731부대에 대해 면책하려는 미국의 태도를 비판하며 소련이 독자적으로 1949년 12월 25일부터 30일에 걸쳐 하바롭스크 장교 회관에서 진행한 재판이다. 일본인 피고들은 소련군에게 포로가 된 관동군 지도부와 생체실험 및 세균전 관계자들이었다.

가와시마 기요시(川島清) 소장이었습니다. 반장 역시 하바롭스크 재판에서 형을 선고받은 가라사와 도미오(柄沢十三夫) 소좌였습니다.

이처럼 제가 소속했던 반의 부장과 반장은 재판에서 처벌을 받았습니다. 가라사와 소좌는 1956년 석방되기 직전 자살했다고 들었습니다. 하바롭스크 재판 기록을 자세히 보지는 못했습니다만 분명 제가 저지른 범죄행위는 대부분 그들이 직접 지휘한 것이거나 그들의 명령에 의한 것입니다. 하지만 실행자로서의 책임은 분명 저에게 있습니다.

1941년 가라사와반에 배치된 후 "화학무기 취급자로 임명한다"는 명령을 받았습니다. 저는 이 명령을 받았을 때 '독가스라도 쓰는 건가' 하는 생각이 들었습니다. 그런데 이 부대는 독가스를 취급하고 있지 않았습니다. 화학무기 취급자로서 25엔의 수당이 책정됐습니다. 그러니까 당시 기본월급이 45엔 정도였고 화학병 수당이 25엔, 재외지 수당이 45엔이었습니다. 하지만 매달 받았던 것은 기본월급뿐이었습니다.

가라사와반에서 제가 주로 한 일은 세균을 대량생산하는 것이었습니다. 저는 이것이 작전명령에 따라 진행된 것임을 알았습니다. 이러한 명령에 따라 콜레라균, 페스트균, 비탈저균을 만들었다고 들었습니다만, 우리가 배치받았을 무렵엔 탄저균 등을 제조했습니다.

저는 직접 세균을 심거나 긁어내는 작업을 담당했습니다. 균주를 직접 우리끼리 만들기도 했습니다. 그전까지는 각 연구실로 균주를 받으러 갔는데, 이번에는 과와 부가 생겨서인지 각자의 연구실이 생겨 우리 스스로 작업을 할 수 있었습니다.

이러한 작업과 함께, 만든 세균의 품질검사와 독성시험도 직접 했습니다. 물론 다른 연구실도 했을지 모릅니다. 이 부대에서는 업무를 한 명의 대원에게만 맡기지 않고 같은 일을 여러 명이 하는 것이 일반적이었습니다. 같은 하나의 일을 최소 5명 정도가 하고 결과를 모으는 그런 방식이었던 것 같습니다. 균 수 같은 것은 희석법을 이용하면 쉽게 확인할 수 있었지만 독성시험은 동물을 사용해 결과를 확인해야 했습니다. 더불어 생체실험과 생체해부[4]에도 참여한 적이 있습니다.

왜 우리가 이런 일을 해야 하는지 그때는 정확히 몰랐지만, 당시 들은 것은 "사람의 몸을 이용하면 독성이 강해진다"는 이야기였습니다. 게다가 균주를 얻기 위해서도 생

나치 의사들의 인체실험을 재판한 뉘른베르크 재판과 함께 전후 2대 의사 재판이라고 불릴 만한 재판이지만 역사적 평가가 제대로 이루어지지 못했다. (戦争と医の倫理の検証を進める会, 『パネル集: 戦争と医の倫理』, 2012, p.85)

체실험이 필요했던 것은 아닌가 생각합니다. 우리가 소속됐던 제4부 제1과에도 병리학자는 없었습니다. 세균학 담당이라고 해봤자 군의였습니다. 아무튼 이러한 이유로 저는 1942년 말부터 1943년에 걸쳐 실험에 참여했습니다. 제가 잘게 썬 것을 증균 배지에 넣거나 배지에 바르는 작업이었습니다.[5]

그런데, 맨 처음 해야 했던 일은 빈사상태에 있는 사람의 몸을 씻는 일이었습니다. 자루 달린 솔과 고무호스를 이용해 물로 씻으라는 명령을 받았는데, 처음에는 다리가 벌벌 떨려 어찌할 바를 몰랐습니다. 그런데 두 명, 세 명 하면서 배짱이 생겼다라고 할까요. 반장한테도 "이제 어른이 다 됐네"라는 소리를 듣게 되었습니다. 살인, 살인이라는 것은 처음에는 확실히 떨릴지도 모릅니다. 하지만 두 명, 세 명이 되면 배짱이 생기는 걸지도 모릅니다.

중국귀환자연락회[8] 회원 중에는 당시 초년병 교육에 총검으로 사람을 찔러 죽이는 것이 필수로 포함돼 있었다고 말하는 사람도 있습니다. 분명 이러한 교육을 통해 한 명의 병사로 거듭났을 것입니다. 731부대에서 역시 사람 죽이는 것이 아무렇지 않게 행해졌고, 저 역시 그렇게 되기를 바랐던 것일지도 모르겠습니다.

이렇게 해서 저도 점차 극악한 범죄 속으로 빠져들게 되었습니다. 하지만 이것은 제 몸도 위험해지는 것이었습니다. 이 일을 계속하면 언젠가 곧 감염되어 죽을 것이라는 생각이 들었습니다. 당시 저는 징병검사에서 현역 입대가 확정된 상태였습니다. 때문에 이 부대에서 나와 일반부대로 옮기는 것도 고려해봤습니다만 허용되지 않았습니다.

이런 상황에서, 정식 입대하기 전 중국 안산(鞍山)에 위치한 쇼와제강소 물리연구실(昭和製鋼所物理研究室)에 갔다 오라는 명령을 받았습니다. 그곳에서의 일은 X-ray 기계의 조작 방법만 외우면 되는 것이었습니다. 방사선을 이용해 광물(鑛物)을 분석하는 곳이었던 것 같습니다. 물리연구실에서 그 조작 방법을 다 외웠을 무렵, 이번에는 만주의대[2]로 가라는 명령을 받아 만주의대 정신신경과[3]로 갔습니다. 거기서는 '리콜'(liquor)[9]이라는 이름으로 불리는 척수액 검사를 맡았습니다. 여기서도 간단한 검사밖에 못했습니다. 또 지시를 받아 이번에는 펑톈(奉天) 동선당(同善堂)[6]으로 갔습니다. 동선당은 고

---

8. 중국귀환자연락회란 중국의 푸순(抚顺)과 타이위안(太原)의 전범관리소에 수용됐던 일본인 전범 1천여 명이 귀국 다음해인 1957년 '일중 우호와 반전 평화'를 내걸고 설립한 단체다. (https://npo-chuukiren.jimdo.com/ 참조)

9. 뇌척수액을 뜻하는 라틴어인 'liquor cerebrospinalis'를 축약한 'liquor'의 일본식 발음이다. 일본에서는 현재도 뇌척수액을 흔히 '리콜'이라 부른다.(小川徳雄, 「学際的な学会で使用する用語はどうあるべきか」, *Biometeor* 41(4), 2004, p.156 참조)

아 수용 시설인데 그런 곳에도 갔습니다.

이처럼 저는 점점 모질고 잔혹한 범죄를 스스로 나서서 했습니다. 그리고 731부대에서 하사관 양성 교육을 받았습니다. 패전 당시는 125사단 군의부에 있었습니다. 저는 중국 통화(通化)에서 패전을 맞았습니다.

패전 후, 제 스스로 책임이 있다고 인정할 때까지 상당한 시간이 걸렸습니다. 예전에는 '명령이다, 명령이니까 어쩔 수 없었다, 명령에 따르지 않으면 내 목숨이 위험했다'고 생각했습니다. 그런데 '피해자 입장에서 생각하면 어떨까? 피해자들은 과연 실행자를 명령이니까 어쩔 수 없었다고 볼까? 내가 만약 피해자였다면 당연히 실행자에게 책임을 묻지 않았을까?' 점차 이런 생각이 들었습니다. 그렇다면 '실행자는 무엇을 해야 하는가? 실행자는 실행자로서의 책임을 다함과 동시에 명령자의 책임을 추궁함이 올바른 방법 아닌가?'라고 이해했습니다. 저는 이런 생각을 가지고, 피해자에게 사죄하는 마음으로 증언 활동을 합니다. 또한 이는 일본 정부가 추진한 정책이기에 일본이 국가로서 책임을 지는 것이 당연하다고 생각합니다. 저는 이를 위해 지금까지 증언 활동을 해왔습니다. 사실 저에게도 실행자로서 책임이 있음을 받아들이는 일은 좀처럼 쉽지 않았습니다. '그래도 내 목숨이 아깝다. 실행자로서의 책임이 나에게 있다면 내가 처형당할지도 모르는데' 이런 생각들이 계속 머릿속에 맴돌았습니다.

끝내 '나는 처형당해도 마땅한 인간이다, 처형당하는 게 당연하다'고 인정할 때까지 몇 년이 걸렸습니다. 푸순(抚顺)의 전범관리소에서 자살을 시도한 이도 있습니다. 저도 전범관리소에서 몹시 괴로운 시간을 보냈던 기억이 납니다. 전쟁은 제정신으로는 절대 행할 수 없습니다. 총을 들면 살인을 하게 되고, 사람을 죽이고 싶다는 생각마저 들게 됩니다.

우리는 모두 국가를 위한 일이라고 믿었습니다. 또한 국가를 위해 일하는 것은 부모와 형제를 위한 일이라고 믿었습니다. 그리고 이러한 믿음과 함께 나의 입신(立身)을 위한 욕심도 작용했습니다. 민주주의 제도 속에서 교육을 받은 분들은 군국주의 교육이라는 게 어떤 것인지 아마 이해하지 못할 겁니다. 그 영향에서 벗어나는 것은 결코 쉬운 일이 아닙니다.

그런데 최근 전쟁 전과 같은 교육이 또다시 이루어지는 것은 아닌지 의심되는 조짐이 있습니다. 또다시 우리와 같은 사람을 만들어내려는 건 아닌지 두렵기도 합니다.

그런 일이 두 번 다시 일어나지 않게 방지해주는 것이 저는 헌법 9조[10]라고 생각합니다. 헌법 9조가 피해를 받은 아시아 국가의 사람들과 화해하는 데 상당히 큰 역할을 한다고 생각합니다. 헌법 9조가 있기에 지금 일본이 신뢰를 얻고 있는 것이라고 생각합니다. 우리가 푸순전범관리소에서 처형당하지 않고 관대한 조치를 받았던 것도 헌법 9조로 전쟁 포기와 반성을 약속했기 때문입니다. 이런 것들 덕에 우리는 관대한 처우를 받을 수 있었습니다. 아시아 국가의 피해자들과 화해하기 위해서는 반드시 이 헌법 9조를 사수해야 합니다.

[현장 발언]

* 마루타라는 이름으로 사람을 실험에 사용한 의학의 경우, 다른 측면에서도 반성할 필요가 있지 않을까요? 전후에도 의학계에서는 731부대가 저지른 것과 다를 바 없는 일들이 비밀리에 행해졌고 문제가 되지 않은 경우가 있습니다. 이처럼 의학계에는 전쟁 전부터, 전쟁기간은 물론, 전쟁 후까지 이어지는 어떤 견고한 흐름이 있는 것은 아닌지 모르겠습니다. 이러한 점을 반성하지 않는 한, 또다시 침략과 같은 일을 되풀이할 위험이 있지 않을까요? 특히 국가를 위해, 의학을 위해서라는 대의명분을 내세웠을 때 매우 위험하다고 생각합니다.

* 방금 말씀하신 의견에 저도 공감합니다. 제가 만주의대에 있었을 때 자주 들었던 말 중에 "버려버리자"라는 것이 있습니다. 지금 생각해 보면 "버려버리자"는 "죽여버리자"와 같은 의미였던 것 같습니다. 학용(學用) 환자는 결국 학교 사정에 따라서는 죽여도 문제가 없는 존재였던 것이지요. 저도 이러한 일에 관여한 적이 있습니다. 지금 생각하면 매우 중대한 범죄입니다.

* 본고는 '15년전쟁과 일본의 의학의료연구회'에서 2004년 10월 10일(제14회) 진행한 강연과 질의 응답을 편집한 것이다.

---

10. 제2차 세계대전을 끝낸 포츠담선언에 따라 일본의 주권은 종전과 동시에 GHQ에 의해 박탈되었다. 그리고 GHQ 사령관이던 맥아더가 제시한 초안을 바탕으로 1946년 11월 3일 새로운 헌법이 공포되었다. 이 헌법이 평화헌법이라고 불리는 이유는 제9조 때문이다. "① 일본 국민은 정의와 질서를 기조로 하는 국제 평화를 성실히 희구하며, 국권의 발동인 전쟁과 무력에 의한 위협 또는 무력의 행사는 국제 분쟁을 해결하는 수단으로서는 영구히 이를 포기한다. ② 전항의 목적을 달성하기 위하여, 육해공군 그 외 전력은 이를 보유하지 아니한다. 국가의 교전권은 이를 인정하지 아니한다." 이처럼 일본 헌법 9조는 제1항에서는 전쟁 포기, 제2항에서는 전력(戰力) 포기와 내인 교전권 부인을 명시하였다. 그러나 이 헌법 9조를 개정하거나 해석을 달리하려는 시도가 여러 차례 있었다. 현재 아베 정권에서도 이러한 움직임이 일고 있다. (国立国会図書館, 憲法条文 · 重要文書, 日本国憲法の誕生_https://www.ndl.go.jp/constitution/etc/j01.html#s2 참조)

[다음 미주는 해당 부분에 대한 청중들의 추가 설명 요청에 따른 답변입니다.]

1. 우리 중 3명이 입학했습니다. 그런데 졸업하기 전에 패전을 맞았습니다. 그 후 3명은 일본에 돌아가서 대학에 입학해 의사가 되었습니다.
2. 제가 만주의대로 가라는 명령을 받은 시기는 만주의대 미생물학 주임 교수를 맡았던 기타노 마사지가 이시이 다음으로 부대장이 된 시기입니다. 그래서 두 사람의 인연이 깊어진 것은 아닌가 싶습니다. 그렇지 않으면 그곳에 갈 일도 없었을 것입니다. 저는 명령을 받아야만 갈 수 있었기 때문입니다.
3. 기술원이 소집되어 군대로 가 사람이 부족했기 때문에, 임상적 검사에 대한 지식이 많지 않았지만 배우면서 척수액 검사나 논네-아펠트(Nonne-Apelt) 반응, 바서만(Wassermann) 반응 같은 것을 검사하였습니다.
4. 특히 지금도 뚜렷이 기억에 남은 것은 처음으로 생체해부한 사람의 얼굴입니다. 지금도 생생하게 떠오릅니다. 죽임을 당한 사람은 어떤 심정이었는지, 내가 저지른 행위가 얼마나 중대한 범죄였는지 지금도 느낍니다. 두 명, 세 명, 수가 늘어날수록 그 기억이 희미해지는 것은 여전히 반성이 부족한지도 모르겠습니다. 반성의 기점이 되는 것은 바로 그 사람의 얼굴입니다. 역시 피해자 입장에서 생각하지 않는 한 진실은 보이지 않는 듯합니다.
5. 저는 지위가 낮아서 기수(技手)가 하라고 시킨 일밖에 안 했습니다. 그래서 실험계획법이라든지 무작위화시험(無作為化試験) 같은 것은 한 번도 배운 적 없습니다. 결과는 기수가 확인하는 방식이었습니다. 대조실험은 없었던 것으로 기억합니다. 어쨌든 저는 명령을 실행하였을 뿐입니다. 어떤 결과가 나오든 실험에 대한 설명은 아무것도 없었습니다. 그러니까 지시에 따랐을 뿐입니다. 결과에 대해 판단할 권리가 없었습니다. 어떤 판단이 내려졌는지 우리는 몰랐습니다.
6. 만주의대 정신신경과에서 부수(副手)로 있다가 조수가 된 구마타(熊田)라는 사람이 동선당(同善堂) 원장이 되었습니다. 동선당 일을 도우라고 명령을 받아 가게 되었습니다.

일본군 731부대 동상실험실 및 동상실험

가리타 게이시로(刈田啓史郎)

중국 동북지방 하얼빈에서 남동쪽으로 약 15㎞ 떨어진 핑팡 지역에는 일본군 731부대가 만든 특수 연구시설이 존재했다. 이 특수 연구시설은 1938년 무렵부터 건설되기 시작해 1940년에 완공된 후 1945년 패전 때까지 운영됐다. 이곳에서는 주로 세균무기 개발을 위한 치사성(致死性) 연구가 시행된 것으로 알려져 있는데, 그 실험으로 희생된 사람은 3,000명 이상으로 추정된다. 또한 중국 동북부 한랭지에서 많은 일본군이 동상에 시달렸었기에 동상 예방법 개발을 위한 연구도 함께 추진되었다.[1·2]

'15년전쟁과 일본의 의학의료연구회'가 조직한 제1차 중국 방문 조사단이 2004년 4월, 일본군 731부대 옛터에 세워진 죄증진열관(罪証陳列館)을 방문했을 때, 진열관 연구자가 옛터에 있는 각종 시설을 계측했다는 이야기를 들었다. 이에 동상실험실을 계측한 데이터를 받고 싶다고 왕펑(王鵬) 관장님께 부탁드렸더니 얼마 지나지 않아 필자에게 데이터를 보내주셨다.[3] 나는 이 진열관 측의 호의를 살려보고 싶었다.

731부대에서는 몇 개의 반으로 나뉘어 연구가 진행되었는데, 동상연구는 요시무라반(吉村班)에서 맡았다. 연구반 책임자인 요시무라 히사토(吉村寿人) 기사 이름이 붙은 요시무라반에서는 동상이 생기는 조건에서 여러 실험을 진행했다. 허나 전쟁이 끝난 후 요시무라는 자신이 생체실험에 관여한 사실을 부인했다. 하지만 731부대에서 근무한 많은 일본 병사들의 증언에 의해 동상 예방연구라는 이름으로 잔인한 생체실험을 했다는 사실이 드러났다.[1·2]

1. 목적 및 자료

이 글의 목적은 다음 두 가지다. (1) 죄증진열관에서 받은 자료[3]를 바탕으로 현존하는 '동상실험실'의 크기를 확인하고 이 시설이 어떻게 사용되었는지 유추해 보는 것이다. 특히 천장 부근에 뚫려 있는 두 개의 구멍에 대해 살펴보고자 한다. (2) 동상실험은 요시무라반이 시행한 것으로 알려져 있는데, 지금까지 재판기록 등으로 밝혀진 동상실험(생체실험) 외에, 책임자인 요시무라 히사토가 부정해온 생체실험에 대해서도 추적해 보고자 한다. 아울러 요시무라 히사토의 강연 기록[4] 등을 통해 요시무라가 직접 비인도적인 동상실험을 했다는 것을 밝혀보려 한다.

2. 자료 내용 및 고찰

2.1 동상실험실 구조

중국 동북부 도시, 하얼빈 교외 핑팡의 731부대 옛터에는 동상실험실(또는 냉동실험실)이라 불리는 건물이 남았다. 이 건물 위치는 부대 정면 본부 건물의 오른쪽 뒤편 약 100m 지점인데, 철도 선로에 가까이 있다. 죄증진열관에서 이 동상실험실이라 불리는 건물의 계측도를 받았다. 이 계측도를 바탕으로 동상실험실을 그려 보면 다음과 같다.

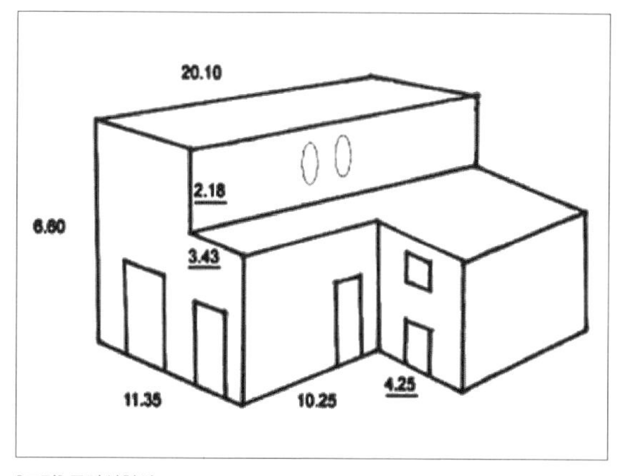

[그림] 동상실험실
수치 단위는 m.
높이 6.60은 문헌 5를 참고로 했다. 또한 밑줄로 표시한 수치는 필자가 촬영한 사진을 바탕으로 계산했다. 나머지는 죄증진열관에서 받은 계측도를 따랐다.

진열관에서 보내온 계측도로 대략의 크기는 알 수 있었지만 자세한 부분은 생략돼 있었다. 때문에 필요하다고 생각되는 부분은 필자가 사진측정을 통해 추가([그림]에서 밑줄 그은 수치)하였다. 계측도에 따르면 몸채(주가 되는 집채)로 추정되는 천장이 높은 부분은 높이 약 7m, 폭 9m, 길이 20m이다. 창문이 거의 없는 창고 같은 건물이다. 또한 벽두께는 40㎝였는데, 이 벽에는 낚시 바늘 모양으로 된 금속 부품이 박혀 있다. 천장 부근에 직경 70㎝의 구멍이 두 개 보인다. 이 이외에도 직경 10㎝ 정도의 구멍이 몸채 부분과 부실(副室) 부분(천장의 낮은 부분)에 다수 존재한다.

① 우선 이 건물이 과연 동상실험을 했던 곳인지 검토가 필요하다. 우리가 중국을 방문하여 조사했을 때 들은 중국 측의 설명으로는 진열관 조사원이 731부대원이었던 사람과 직접 면담하여 각 건물이 어떤 용도로 사용되었는지 물어보고 판단한 결과라고 했다.

② [그림]에서 보듯이, 이 건물의 특징은 몸채 부분의 천장 부근에 두 개의 구멍이 나 있는 것이다. 이 건물을 동상실험실로 생각하는 이유 중 하나가 바로 이 구멍 때문이다. 기계실(천장이 낮은 부실 부분)에서 냉각한 공기(또는 냉매용액)가 들어왔다 나갔다 하도록 구멍 안에 파이프가 설치되었던 것으로 추정된다.

③ 아울러 요시무라 히사토는 '영하 70도에서도 사용할 수 있는 방한복 개발 실험'을 이 장치를 사용해 실시할 계획이었다고 말했다. 만약 이 계획이 사실이었다면 냉동실 몸채 안에 자그마한 방을 하나 더 설치해 그 방을 영하 70도로 만들었을 가능성이 크다. 벽두께는 40㎝ 정도지만 창문도 있어 몸채 전체를 영하 70도로 만드는 것은 효율성이 떨어지고 사실상 불가능했을 것으로 보이기 때문이다. 또한 진열관 직원은 벽에 박힌 금속 부품이 단열재 고정에 사용된 것으로 추정했는데, 그쪽에 작은 방이 있었을 가능성이 있다.

2.2 요시무라 히사토가 한 동상실험

요시무라 히사토는 1982년 언론과의 인터뷰에서 "영하 4도 이상에서는 동상이 생기지 않기 때문에 0도에서 인체실험을 했다. 이는 위험성이 없어서 국제적으로도 허용돼 있다"며 일본생리학회 영문지[6]에 0도에서 실험한 결과를 발표한 이유에 대해 설명했다. 아울러 요시무라는 "나는 동상이 생기는 생체실험을 하지 않았다. 동상 예방연구는 부하에게 맡겨 잘 모른다"고 했다.[2]

그런데 요시무라는 핑팡의 연구시설이 완공된 이듬해인 1941년 10월 26일, 만주의 학회 하얼빈지부 특별 강연에서 자신이 영하 20도에서 인체실험한 것에 대해 설명했다.[4] 이 강연에서 요시무라는 동상에 대한 올바른 인식이 중요하다고 주장했다. 즉, 내지에서 말하는 동상과 중국 동북부 한랭지에서의 동상은 전혀 다르다고 강조했다.

> 본론에 들어가기에 앞서 한 가지 주의해야 한다. 내가 지금부터 말하려는 혹한지의 동상은 내지의 동상과는 다르다. 내지에서 말하는 동상의 경우, 지각(知覺)이 서서히 마비되면서 어두운 보라색으로 변하는 치아노제(Zyanose)라는 증상과 부종이 귓불이나 손등, 발등 등에 생긴다. 반면 혹한지의 동상은 지극히 짧은 시간에 지각탈실이 일어나면서 양초 빛깔 돌처럼 사지와 안면이 딱딱해지는 증상이 나타난다. 즉, 발생하는 상황과 부위에서 양자는 확연히 다르다.

또한 요시무라는 동상 발생 원인으로, 한랭으로 인해 "먼저 조직이 동결되면서 조직 파괴가 일어나고, 이로 인해 염증이 생겨 혈전이나 혈관 마비가 일어나, 혈액순환이 나빠지면서 괴사가 진행된다"는 설을 지지하면서, "혹한지 동상의 경우, 반드시 조직 동결이 일어난 후에 동상이 발생한다"고 말했다.

아울러 요시무라는 자신이 해온 혹한지 동상 발생 실험에 대해서도 구체적 사례를 들어 언급했다. 그는 [표]를 보여주며 설명했는데, 이 [표]는 사람의 가운뎃손가락을 영하 20도의 소금물에 담가 실험한 결과이다. 피부 온도와 프레치스모그래피(plethysmography, 혈류량측정기), 손가락 용적, 수온 등 4가지 변화를 냉각 시작부터 시간별로 기록했다.

> 실험 결과를 봐도 알 수 있듯이 가운뎃손가락에 프레치스모그래피를 장착하여 영하 20도 소금물에 담그면 냉각이 진행되면서 먼저 피부혈관 수축이 일어난다. 그러다 혈관에 마비가 생긴다. 따라서 프레치스모그래피가 수축되다가 작은 산 모양의 그래프를 그리게 된다. 한랭이 진행되면 피부 온도가 떨어져 손가락 용적이 작아지고 결국 피부 온도가 영하 이하로 떨어진다. 그런데 이게 어느 정도 진행되면 갑작스럽게 피부 온도가 올라가 손가락이 하얗게 굳어버린다. 용적도 일시적으로 늘어난다. 이러한 피부의 온도 변화는 가마에(釜江)가 동면중인 개구리와 죽은 토끼를 이용해 증명한 사실과 일치한다. 처음의 냉각은 조직의 과냉각기라고 할 수 있는데, 동결핵(凍結核)이 만들어지면서 이 과냉각시기가 끝나고 조직이 동결되면서 피부 온도가 어는점(氷點)에 도달하다가 갑자기 상승한다. 이때 발

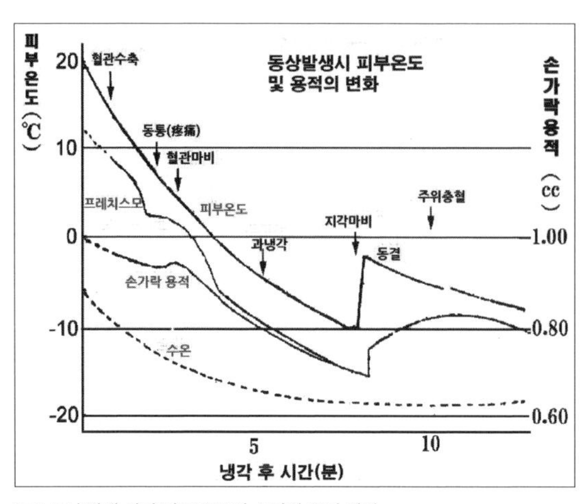

[표] 동상 발생 시의 피부 온도와 손가락 용적 변화
* 영하 20도의 소금물에 가운뎃손가락를 담가 그 변화를 기록한 그래프. 약 8분 후 조직 동결과 지각마비가 일어나 동상 시작을 알 수 있다. 원래 손 글씨였는데 필자가 활자로 바꿨다.

생하는 용적 팽창은 초반의 과냉각으로 조직 용적이 증대한 것으로 볼 수 있고, 그다음에 일어난 팽창은 가마에가 증명했듯이 주변 혈관이 충혈되어 일어나는 현상으로 생각된다. 즉 동상 발생 시 나타나는 조직의 물리적 변화는 전적으로 빙결(氷結) 현상에 해당하는 것이다.(밑줄은 필자가 넣음)

요시무라의 설명대로 그래프에 표시된 피부 온도 변화를 살펴보면 피부 온도가 영하 10도 안팎까지 떨어진 시점에서 갑자기 상승하는 것을 확인할 수 있다. 이때 손가락 조직에서 동결이 일어났음을 알 수 있다. 즉, 혹한지에서 동상이 일어나는 조건(조직 동결이 발생하는 조건)을 실제로 만들어 실험했고, 명백히 '동상을 만드는 실험'을 했던 것이다.

앞서 잔혹한 동상실험을 했다는 비판에 대해 그가 언론에 이야기한 "영하 4도 이상에서는 동상이 생기지 않기 때문에 0도에서 인체실험을 했다. 이는 위험성이 없어서 국제적으로도 허용돼 있다"는 발언을 소개했다. 다시 말해, 요시무라는 이 발언에서 만주의학회 강연 중 자신이 했다고 말한 영하 20도에서의 실험에 대해 의도적으로 숨긴 셈이 된다. 사실 요시무라는 같은 강연에서 영하 20도에서 한 동상실험과는 별개로 0도에서 실시한 다른 실험에 대해 자세히 설명했다. 그가 언론에 얘기한 것의 근거는 바로 이 다른 실험의 내용이라고 할 수 있으며, 전후 일본생리학회 영문지에 투고한 것도 그것이었다.[5]

그런데, 요시무라 히사토는 1941년 10월에 열린 만주의학회 강연에서, 요시무라반이 개발한 것으로 알려진 "조직 동결이 시작되었을 경우에는 동상에 걸린 부위를 섭씨 37도의 미지근한 물에 담근다"는 동상 예방방법에 대해 언급하지 않았다. 이 방법은 강연이 열린 이듬해인 1942년에 공표되었다고 알려져,[6] 만주의학회 강연 당시는 결론에 도달하지 못했을 가능성이 크다. 하지만 강연 이후 "미지근한 물에 동상 부위를 담근다"는 예방법을 개발할 때까지 그리 많은 시간이 걸리지 않은 것을 보면, 만주의학회에서 강연을 했던 그 무렵에 활발하게 연구가 진행되고 있었을 것으로 추정된다.

일본군 전범을 대상으로 작성한 재판기록에는 일본군 731부대 병사가 관여한 잔혹한 동상실험(생체실험)에 관한 내용이 피고인 자백으로서 기록되어 있다. 그중에는 "요시무라반 대원들은 조직 동결과 지각탈실이 제대로 됐는지 확인해야 했는데, 마루타(피험자)의 손발이 '완전히 동결'됐는지 판정하기 위해 각목으로 때려서 조사했다"는 내용도 포함돼 있다.[7] 다시 말해, 만주의학회 강연에서 요시무라 히사토가 소개한 가운뎃손가락 동상실험을 통해 알게 된 '조직 동결이 동상 발생의 기본'이라는 결론을 보다 큰 조직에서 확인하기 위해 야외 한랭지에서 마루타를 사용한 전신적(全身的) 조직 동결실험을 행한 것으로 보인다. 그리고 이 손발을 "완전히 동결"시킨 다음 치료법을 개발하는 비인도적인 동상실험은 짧은 기간 안에 많은 피험자를 사용하여 집중적으로 이루어졌을 것으로 추정된다. 그렇게 했기에 단시간만에 "우수한" 동상 예방법을 개발할 수 있었을 것이다.

3. 결론

요시무라 히사토는 731부대 연구실 내에서 동상이 일어나는 조건을 만들어 생체실험 즉 '동상실험'을 실시하였고, 그 성과를 바탕으로 마루타를 사용한 대규모 생체실험을 한 것으로 추정된다.

또한 동상실험실로 알려진 시설은 계절을 불문하고 실행 가능한 전신적 동상실험(인체실험)을 위한 장치였고, 동상 예방법을 개발하기 위한 목적 이외에도 요시무라 히사토 스스로 이야기했던 것처럼 "영하 70도에서도 사용 가능한 방한복 개발 실험"을 위해서도 사용되었던 것으로 보인다.

감사의 글 침화일군제731부대죄증진열관 왕펑(王鹏) 관장님을 비롯해 진열관 직원 여러분께서 귀중한 동상실험 계측도(복사본)를 보내주신 덕에 이 글을 집필할 수 있었습니다. 진심으로 감사드립니다.

인용·참고문헌

1. 国立政治図書出版所編,『細菌戦用兵器ノ準備及ビ使用ノ 廉デ起訴サレタ元日本軍人ノ事件ニ関スル公判書類』, 外国語図書出版所, 1950, pp. 29 - 30, 63 - 64, 354, 375 - 376, 465 - 466, 582 - 583
2. 森村誠一,『悪魔の飽食』, 角川文庫, 1997(初版 1983), pp. 69 - 78
3.「凍傷試験室結構図, 第731部隊罪証陳列館測定」No.41, No.48
4. 吉村寿人,「凍傷に就いて」, 田中明 · 松村高夫編,『15年戦争極秘資料集29 七三一部隊作成資料』, 不二出版, 1991, pp. 225 - 288
5. Yoshimura, H. Iida, T. : Studies on the reactivity of skin vessels to extreme cold. *The Japanese Journal of Physiology* 1, 1950, pp. 147-159
6. 常石敬一,『医学者たちの組織犯罪』, 朝日文庫, 1991, pp. 213-219
7. 国立政治図書出版所編, 위의 책, p.354

A리포트와 G리포트(더그웨이문서)

아자미 쇼조(莇昭三)

일본이 벌인 전쟁(중일전쟁, 태평양전쟁)에서 세균전 등을 연구하고 이를 실행한, 일본 육군 731부대의 실태는 연구자들에 의해 점차 밝혀지고 있다. 그러나 731부대에서 실시된 것으로 추정되는 실험을 자세히 분석한 의학 연구는 거의 없다.

이런 관점에서 탄저균[1] 감염실험을 기록한 A리포트와 비저균(鼻疽菌)[2] 감염실험을 기록한 G리포트'를 주목할 필요가 있다. 두 리포트에는 731부대에서 시행된 계획적인 실험내용과 피해자의 장기별 병리 변화가 상세히 기록되어 있다. 이러한 사실을 오늘날의 일본 의학계에 기록으로 남겨두고자 여기에 적어 본다.

1. 더그웨이문서

여기서 말하는 더그웨이문서는 다음과 같은 내력을 가지고 있다.

> 미국 유타주 더그웨이(Dugway)에는…미합중국군 화학 · 세균전 기지가 있는데, 이곳에는 일본 세균전연구의 흔적이 남아 있다.…이 광대한 극비 연구 센터 안에는…세균전과 관련된 다양한 최신 화학계의 출판물을 수집하는 전문도서관이 있다.…이곳에는 미국 과

1. 탄저균(Bacillus anthracis)은 사람과 동물의 공통감염증인 탄저병(炭疽病 anthrax)의 원인균이다. 탄저병에 걸리면 피부에 물집이 생기고 검은 딱지가 앉기에 탄저라는 이름이 붙었다. 주로 소, 말, 양 등 초식동물에 발병하는 전염병으로 크게 호흡기형, 피부형, 소화기형 세 가지다. 사람에 나타나는 피부형은 다른 동물에 나타나지 않는다. 이 중 호흡기형이 가장 치명적이며 초기에 치료 받지 않으면 90% 이상 사망률을 보인다. (지제근 엮음, 『지제근 의학용어사전』, 아카데미아, 2008 참조)

2. 비저균(Actinobacillus mallei)이란 마비저균으로도 불리는데, 이 균의 감염에 의한 전염병을 마비저(glanders)라 하며, 본래는 말이나 당나귀의 병이지만 사람에게도 감염될 수 있다. 증세는 코에 육아종이 생겨 점액성 고름이 나오고, 궤양이 형성되면 연골과 뼈 조직에 괴사를 일으키기도 한다. 급성과 만성이 있는데 사람에게는 급성으로 나타나는 경우가 많고 이 경우 90%가 2-3주 내 사망한다. (지제근 엮음, 『지제근 의학용어사전』, 아카데미아, 2008 참조)

By Capt. [illegible]
Grade and Org. [illegible]
Date [illegible] Subject Doctors who were interviewed

Fugu Toxin	Tomosada Masuda	Interim Report
Gas Gangrene	Shiro Ishii	Tab L, M.
Glanders	" " , Tachio Ishikawa	Tab A, J.
Influenza	" "	Tab N.
Meningococcus	" " , Tachio Ishikawa	Tab O.
Mucin	Masaki Ueda, Senji Uchino	Tab P.
Plague	Shiro Ishii, Tachio Ishikawa, Masahiko Takahashi, Koso Okamoto	Tab B, R.
Plant Diseases	Yukimasa Yagizawa	Tab S.
Salmonella	Kiyoshi Hayakawa, Kanau Tabei, Saburo Kojima	Tab Q, K, F.
Songo	Shiro Kasahara, Masaji Kitano, Tachio Ishikawa	Tab T, U.
Small Pox	Shiro Ishii, Tachio Ishikawa	Tab V.
Tetanus	Shiro Ishii, Shogo Hosoya, Kaoru Ishimitsu	Tab M, W, X.
Tick encephalitis	Shiro Kasahara, Masaji Kitano	Tab Y.
Tsutsugamushi	Shiro Kasahara	Tab Z.
Tuberculosis	Hideo Futagi, Shiro Ishii	Tab AA
Tularemia	Shiro Ishii	Tab AB
Typhoid	Kanau Tabei, Koso Okamoto	Tab K, AC
Typhus	Shiro Kasahara, Masayoshi Arita, Toyohiro Hamada, Masaji Kitano, Tachio Ishikawa	Tab AD, AE, AF, AG, AH, AI.
Index to Slides		Tab AJ

B. The pathological material submitted to us in Kanazawa was in a completely disorganized condition. It was necessary to arrange this material according to case number, tabulate the number of specimens and inventory the specimens.

C. Information furnished by people who were interviewed was given from memory except in the case of Dr. Shiro Kasahara, who had a record of temperature charts and pertinent clinical data in 3 subjects with experimental Songo Fever. (Tab T, U.)

2

TOP SECRET

[사진1] 펠이 심문한 의학자들(그들이 실험한 세균 및 독소들도 명시되었음)

학자들이 전쟁이 끝난 후 이시이와 기타노 그리고 살아남은 다른 731부대 간부들을 대상으로 실시한 인터뷰 내용을 담은 20편이 넘는 리포트가…상자 안에 보관돼 있다. 이 상자 안에는 3편의 특별한 해부에 관한 리포트도 있는데…마비저균과 페스트, 탄저균에 관한 연구 주제들을 망라한다.…한때 이 리포트들은 최고 기밀문서로 지정되었지만… 1978년 최고 기밀문서 지정이 해제되었다.[2]

다시 말해, 이 더그웨이문서 안에는 전후 731부대 관계자를 심문 조사한 샌더스리포트와 톰프슨리포트, 펠리포트, 힐리포트 등이 포함되어 있다. 이러한 리포트 가운데 "3편의 특별한 해부에 관한 리포트"라는 것은 A리포트와 G리포트, Q리포트를 말한다. 여기서는 A리포트와 G리포트를 다룰 것이다.

Q리포트는 1940년 "중국 신징 · 눙안(新京 · 农安) 지구에서 유행한 페스트에 의해 사망한 환자(3살부터 78세까지의 남녀노소) 39명에 관한 병리 진단 보고"[3]인데, 이에 대해선 다음 장 글에서 다루고자 한다.

2. A리포트와 G리포트 등이 작성된 경위

1947년 4월부터 6월에 걸쳐 일본을 방문해 731부대 관계자를 심문한 노버트 H. 펠(Nobert H. Fell)은 '일본의 세균전 활동에 관한 새로운 정보 요약'으로서 1947년 6월 20

일자로 GHQ 소속 '화학전부대 부대장'에게 문서를 제출하게 되는데 이것이 바로 펠리포트다.[4]

이 보고서 앞머리에는 "세균전 계획과 관련된 핵심인물 중 19명을 모아, 사람을 대상으로 행해진 세균전 활동에 대해, 60쪽에 달하는 영문 리포트를 거의 한 달가량 시간을 들여 작성했다"고 적혀 있다. 아울러 "세균전의 각종 병원체로 인해 사망한 200명이 넘는 피험자로부터 만들어진 현미경 표본 8,000장이 있다는 사실이 밝혀져…이 리포트는 8월 하순에 입수할 수 있을 것"이라고 언급했다.

또한 이 펠리포트 이후, 1947년 10월 15일 극동군 총사령관 명령으로 도쿄를 방문한 에드윈 힐과 조셉 빅터가 '731부대 관계자 조사 보고서'(1947년 12월 12일자로 발표)를 작성했는데 이것이 바로 힐리포트다.[4] 이 보고서에도 "세균전과 관련하여 하얼빈 또는 일본에서 연구한 아래 인물을 심문했다"며 "탄저균 : 오타 기요시"[3], "비저균 : 이시이 시로 · 이시카와 다치오"[4]와 같이 20여 명이 기술되어 있다.([사진1])

아울러 힐리포트에는 "가나자와(金沢)의 병리 표본은 하얼빈에서 이시카와 다치오가 1943년 들고 온 것으로 약 500증례에 달하는 사람 표본이다. 그중 400증례만이 연구에 적합한 표본이다", "마비저 : 적절한 표본 20, 총 22"와 같은 언급도 있다.

이상의 경위를 따져 유추해보면, 탄저균 감염실험을 기록한 A리포트와 비저균(鼻疽菌) 감염실험을 기록한 G리포트는 펠과 힐이 심문하는 과정에서 731부대 관계자 가운데 병리의사였던 사람 등을 추궁해 작성한 것으로 추정된다.

---

3. 오타 기요시(太田澄)의 경우 힐리포트에 "Kiyoshi Ota"로 기록되어 있어 여기에서는 부득이 '오타 기요시'로 명시했으나, 일본국회도서관에 있는 그의 박사 논문 기록을 보면 "太田澄(オオタ,スミ), 「脾脱疽菌の生物学的性状に関する実験的研究」, 岡山医科大学, 1943"로 되어 있다. 이 책에 나오는 일본인 성명은 대부분 일본국회도서관의 기록을 기준으로 하였기에 다른 장에서는 '오타 스미'로 번역하였다.
4. 이시카와 다치오(石川太刀雄)의 경우도 힐리포트에는 "Tachio Ishigawa"로 기록되어 있어 여기에서는 부득이 '이시카와 다치오'로 명시하였으나, 이 장의 쓰네이시 게이이치 책을 인용한 문장과 다른 장에서는 일본국회도서관의 기록을 기준으로 '이시카와 다치오마루'(石川太刀雄丸)로 번역하였다. '丸'이 붙어 있어 다른 인물로 추정할 수 있으나, 쓰네이시 게이이치를 비롯해 731부대를 연구하는 학자들은 '이시카와 다치오'(石川太刀雄)와 이시카와 다치오마루(石川太刀雄丸)를 동일 인물로 보고 있다.

3. A리포트(탄저균감염)—실험 계획과 병리 변화 기록

3.1 A리포트의 대상과 실험 계획

A리포트의 서두에는 "나는 서른 증례의 탄저병을 연구했는데, 이를 세 그룹으로 분류할 수 있다"며, 구체적으로 피부를 통한 감염(경피감염) 1례, 구강을 통한 감염(경구감염 · 경구살포) 9례, 비강을 통한 감염(경비감염) 20례, 총 30례라고 적혀 있다.([표1]) 그러나 투여된 세균 양 등에 대해서는 어떠한 언급도 없었다.

[표1] 감염 방식 증례 수

감염 방식	증례 수
경피감염	1
경구감염·경구살포	9
경비감염	20
합계	30례

3.2 각 증례 분석

서두에 이어 감염 방법별로 각 증례마다 나타나는 특이한 육안상의 병리 변화가 기술되어 있다.

우선 실험대상의 고유번호와 연령대, 그리고 사망까지 걸린 일수가 기재되어 있고, 다음에는 초기증상을 초래한 장기의 병변이 적혀 있다. 이어서 나타난 증상과 그것의 원인으로 추정되는 장기 병변에 관한 육안 소견이 기술되어 있다.

부검 소견들을 보면, 모든 사례에 고환의 병리적 변화가 기재되어 있어 피험자는 모두 남성이었음을 알 수 있다. 즉, 피험자는 25세에서 37세까지의 남성이었으며, 거의 전원이 감염 후 2~4일 안에 사망했다.

실험 대상자의 고유번호를 필자가 낮은 숫자부터 순서대로 정리해 [표2]로 작성해 보았다. 이 숫자들은 전혀 계통성이 없다. 추측해보건대, 이 번호는 각 증례에 미리 부여되었던 '고유번호'(일본군 헌병대에 체포되어 팡핑에 있는 731부대 '로(ロ)호동'에 수용되었을 때 부여받은 고유번호)로 추정된다.

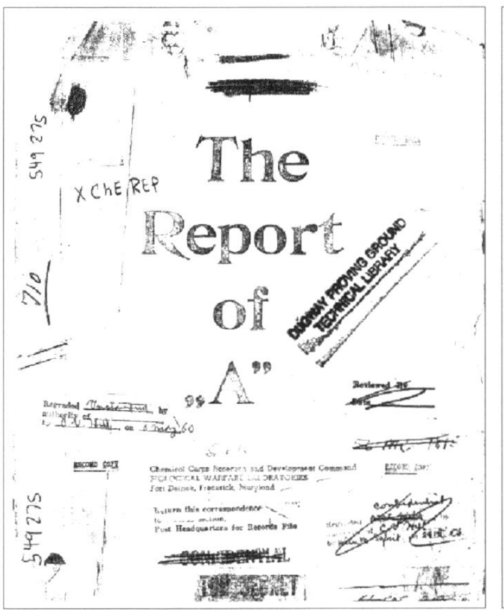

The Report of "A"

DUGWAY PROVING GROUND TECHNICAL LIBRARY

Chemical Corps Research and Development Command
Fort Detrick, Frederick, Maryland

Return this correspondence
Post Headquarters for Records File

[사진2] A리포트 표지

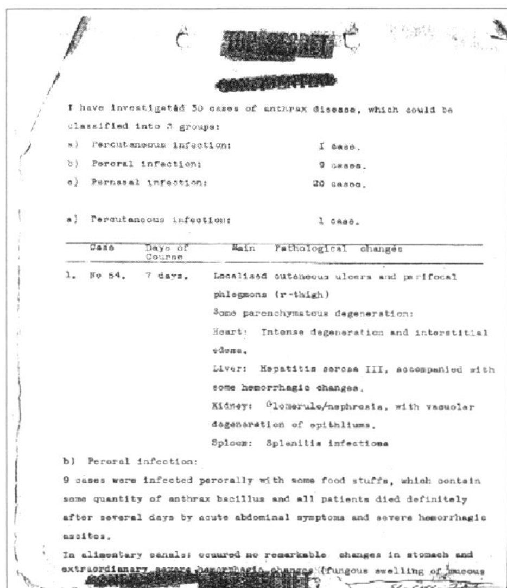

I have investigated 30 cases of anthrax disease, which could be classified into 3 groups:

a) Percutaneous infection: I case.
b) Peroral infection: 9 cases.
c) Pernasal infection: 20 cases.

a) Percutaneous infection: 1 case.

Case	Days of Course	Main Pathological changes
1. No 54.	7 days.	Localised cutaneous ulcers and perifocal phlegmons (r-thigh) Some parenchymatous degeneration: Heart: Intense degeneration and interstitial edema. Liver: Hepatitis serosa III, accompanied with some hemorrhagic changes. Kidney: Glomerulo-nephrosis, with vacuolar degeneration of epithliums. Spleen: Splenitis infectiosa

b) Peroral infection:
9 cases were infected perorally with some food stuffs, which contain some quantity of anthrax bacillus and all patients died definitely after several days by acute abdominal symptoms and severe hemorrhagic ascites.
In alimentary canals: occured no remarkable changes in stomach and extraordinary severe hemorrhagic changes (fungous swelling of mucous

[사진3] A리포트 앞부분

[표2] A리포트에 등장한 피험자 고유번호

17, 18, 26, 54, 225, 318, 320, 325, 328, 380, 383, 388, 389, 390, 393, 396, 397, 399, 400, 401, 403, 404, 405, 406, 407, 409, 410, 411, 412, 413, 414, 416, 417—총 33명

다음은 감염 양식과 사망까지 기간을 각 증례별로 정리한 것이다. 대부분이 2, 3일 안에 사망했다.

[표3] A리포트에 보고된 감염 양식별 증례 번호와 사망까지 걸린 일수

감염 양식	증례 수	증례 번호	사망까지 걸린 일수
피하주사	1	54	7
경구감염	6	318, 26, 320, 328, 325, 17	3, 3, 2, 2, 2, 2
경구살포감염	12	411, 407, 401, 400, 404, 417, 399, 393, 390, 403, 409, 388	4, 3, 2, 3, 3, 3, 3, 4, 3, 3, 2, 3
경비감염	4	380, 396, 412, 405	3, 3, 3, 3

3.3 장기별 병변 특징 기재

A리포트는 [사진3]처럼 증례마다 나타난 특징적인 병변이 기재된 후, [사진4]처럼 다시 각 장기별로 병변 특징이 정리되어 있다. 구체적으로 심장과 폐, 인두, 기관지, 간, 위, 소장, 신장, 췌장, 부신, 갑상선, 고환, 뇌하수체, 피부, 림프선, 그 밖의 장기(뇌, 대동맥, 근육, 기타)로 되어 있으며 각 장기별로 특징적인 병변 소견에 대해 기술되었다. A리포트에는 이 내용이 약 410쪽에 걸쳐 상세하게 기록되어 있다. 또한 전형적인 사례의 경우 그 병리 변화가 파스텔 칼라의 다채로운 색감으로 표시되어 있다.

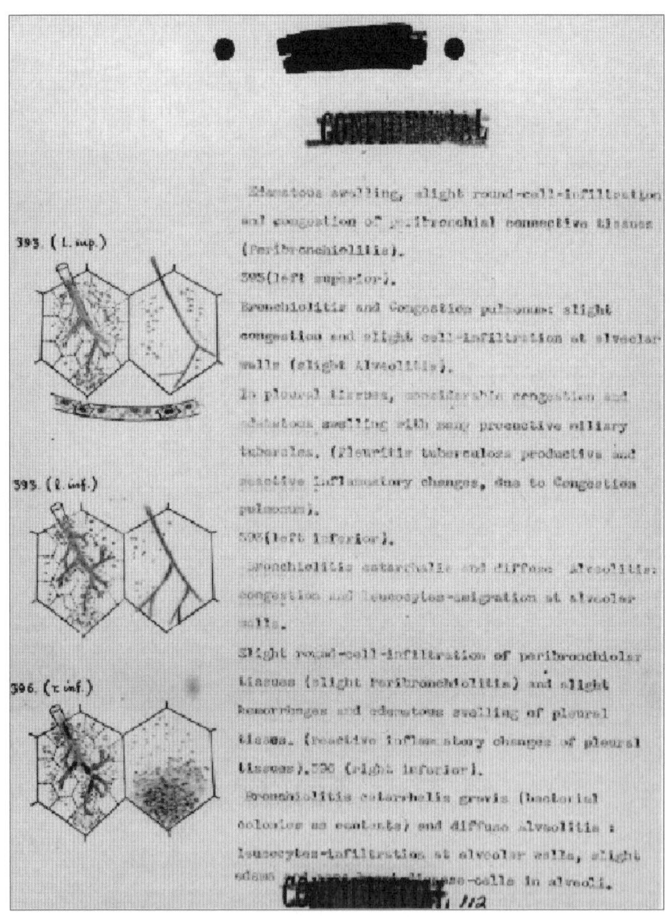

CONFIDENTIAL

Edematous swelling, slight round-cell-infiltration and congestion of peribronchial connective tissues (Peribronchiolitis).

395(left superior).

Bronchiolitis and Congestion pulmonum: slight congestion and slight cell-infiltration at alveolar walls (slight Alveolitis).

In pleural tissues, considerable congestion and edematous swelling with many productive miliary tubercles. (Pleuritis tuberculosa productiva and reactive inflammatory changes, due to Congestion pulmonum).

395(left inferior).

Bronchiolitis catarrhalis and diffuse Alveolitis: congestion and leucocytes-emigration at alveolar walls.

Slight round-cell-infiltration of peribronchiolar tissues (slight Peribronchiolitis) and slight hemorrhages and edematous swelling of pleural tissues. (Reactive inflammatory changes of pleural tissues).396 (right inferior).

Bronchiolitis catarrhalis gravis (bacterial colonies as contents) and diffuse Alveolitis : leucocytes-infiltration at alveolar walls, slight edema [illegible] -cells in alveoli.

CONFIDENTIAL 112

[사진4] 장기별 병리 소견에 관한 정리(A-폐)

4. G리포트(비저균감염)-실험 계획과 병리 변화 기록

4.1 G리포트 대상과 실험 계획

G리포트도 서두에 "나는 21증례의 비저병에 관한 현미경적 연구를 시행하였다. 이들 증례는 피부를 통한 감염과 비강을 통한 감염 두 그룹으로 분류할 수 있다"고 기술돼 있다. 하지만 A리포트와 마찬가지로 투여한 세균 양에 관해서는 언급하지 않았다.

[표4] G리포트에 나온 감염 양식별 증례 번호

감염양식	증례 수	증례 번호
경피감염	16	16, 50, 85, 146, 152, 167, 176, 180, 190, 193, 205, 207, 221, 222, 225, 254
경비감염	5	176, 178, 229, 727, 731

4.2 각 증례 분석

서두에 이어 감염 방법별로 각 증례에서 나타난 특징적 병변에 관한 기록이 있다. A리포트와 마찬가지로 실험 대상의 고유번호와 연령대, 사망까지 걸린 일수가 기재되었고, 그다음 초기증상을 초래한 장기의 병변이 적혀 있고, 이어서 나타난 증상의 원인으로 추정되는 장기 병변에 관한 육안 소견이 기술되어 있다.

피험자에게 비저균을 투여한 후 사망까지 걸린 기간은 다음과 같다. 10일 이내가 5례, 11~20일 이내가 7례, 21~30일 이내가 3례, 31~40일 이내가 2례, 41~90일 이내가 2례, 약 3개월이 2례였다.

[표5] (감염 후) 사망까지의 경과 분류

1. **급성**······························ -14병일
2. **아급성**··················· 14병일-28병일
3. 아만성················· 28병일-7주병일
4. 만성···················· 7주병일-수개월

[표6] 감염 양식과 사망 경과 분류

	급성	아급성	아만성	만성	합계
경피감염	5증례	7증례	3증례	1증례	16증례
경비감염	3증례	0증례	0증례	2증례	5증례

이상으로 G리포트 감염실험에 대해 정리하면, 경피감염 16례, 경비감염 5례, 총 21례였다. 실험 대상자는 23-40세의 남성이었으며, 감염 후 사망까지의 경과는 급성, 아급성, 아만성, 만성으로 나눌 수 있는데, 감염 후 4일에서 45일[5] 사이에 전원이 사망했다.

5. 실제 G리포트를 살펴보니 피험자에게 비저균을 투여한 후 사망까지 걸린 기간은 최장 105일(증례번호 727번)이었다. 필자

4.3 G리포트 병리 해부 소견에 관한 기술

G리포트는 A리포트와 마찬가지로 각 증례마다 장기별로 나타난 병리 변화 특징이 기재되어 있다.(A리포트는 약 410쪽, G리포트는 약 378쪽) 전형적 사례도 A리포트와 마찬가지로 병리 변화를 파스텔 칼라로 다채롭게 표시하였고 급성, 아급성, 아만성, 만성 순으로 정리하였다.

- 급성의 경우, 피험자 전원이 패혈증 증상으로 사망하였고, 눈에 띄는 장기 변화가 비교적 적었다며 8례의 증례에 대해 장기의 특징적 육안적 소견을 상세히 기술했다.
- 아급성 증례는 많은 장기에서 비저병 결절(Glanders knots)이 관찰되었고 특히 폐와 흉막 변화가 현저하게 나타났다며, 아급성 7례에 대해서도 각각 육안 병리 소견을 기술했다. 아울러 문장 마지막 부분에서는 증례별로 다른 장기로 어떻게 전이되었는지 차이점을 그림에 표시하고 비교하였다.
- 아만성 증례 항목에서는 폐와 간, 장, 림프선, 신장, 근육, 갑상선, 기타 장기로 광범위한 전이가 특징이라며, 3례의 각 증례에 대해 상세히 기술하였다.
- 급성 사망 사례와 만성 사망 사례에서 육안으로 본 장기별(심장, 폐 등) 변화를 비교하였다. 또한 만성 증례 3례에 대해서도 마찬가지로 그 특징을 기술하였다.
- 주요 장기별로 각 증례의 육안상, 현미경상 소견 차이를 비교 검토하였다. 예를 들어 신장의 경우, 증례마다 사구체와 세뇨관의 병적 변화를 비교해 병변을 그림으로 그려 표시했고, 현미경 소견을 통해 소견 변화와 차이점을 상세히 기술하였다.
- 마찬가지로 다른 장기 변화도 상세히 기술하였다.

이상의 A리포트와 G리포트 증례는 실험대상에 대한 증례번호 부여 방법, 청장년 남성만 대상이었다는 점 등을 볼 때, '특이급'이었을 가능성이 매우 높다. 또한 A리포트, G리포트 모두 투여한 세균량 등의 기재가 없었는데 아마 탄저균 및 마비저균 감염에 의한 감염경로별 사망시간과 임상증상 그리고 병리변화를 파악하기 위한 실험이었던 것으로 보인다.

도 위에서 "약 3개월이 2례"라고 언급했기 때문에 여기에 적힌 45일은 오타인 것으로 보인다.

5. A, G리포트의 현미경 표본 출처와 집필자

힐리포트에는 다음과 같은 기록이 있다. "…그러나 가나자와대학을 방문한 힐과 빅터는 이시카와가 소장하고 있는 표본이 전혀 정리돼 있지 않다는 것을 알았다. 약 500증례에서 채취한 인체 표본 목록을 만드는데, 조사할 만한 상태에 있는 표본은 400증례뿐이었고…다른 수많은 자료가 어딘가 숨겨져 있다는 사실도 밝혀졌다. 하지만 처음 제출된 것과 함께 약간의 압박만으로도 자료를 얻을 수 있었다."[5]

아울러 "가나자와에서 우리가 받은 병리 표본은 너무나도 무질서한 상태였다. 이 표본을 사례 번호순으로 정리하여 표본 일람표를 만든 다음 표본을 목록에 기입해야 했다"는 기술도 있다. 힐 등이 입수한 표본을 병명별로 정리한 것이 [표7]이다.

[표7] 힐리포트에 나온 제출된 표본 수[5] (질병 중 일부만 기재)

질병명	합계	양호 표본 수	'더그웨이문서' A, G, Q리포트에 보고된 증례 수
탄저병	36	31	A리포트-30증례
보툴리누스	2	0	
브루셀라	3	1	
일산화탄소	1	0	
콜레라	135	50	
적리	21	12	
비저병	22	20	G리포트-21증례
수막염	5	1	
머스터드 가스	16	16	
페스트	180	42	
페스트(유행성감염)	66	64	Q리포트-39증례
(기타 생략)			
합계	850	403	

이 [표7]을 봐도 알 수 있듯이 A, G리포트 표본은 모두 힐 등이 "약간의 압박을 가해" 이시카와 다치오 등으로부터 입수한 표본이 확실한 것으로 보인다. 즉, 이시카와 등이 일본으로 들고 온 표본을 제출하도록 하고 그들 스스로가 진단하게 해 만든 것이 바로 이 A, G리포트인 것으로 추정된다. 따라서 A, G리포트 서두 부분의 주어 "나(I)"는 이시카와 다치오 등임을 충분히 유추할 수 있다. 이는 힐리포트 뿐 아니라 펠과 빅터의 리포트[4]를 통해서도 확인된다.

* 이 세 편의 리포트(A, G, Q리포트)를 1947년에 보고된 미국 보고서 그리고 힐 및 빅터가 보고한 리포트와 대조

해보면, 다루고 있는 표본 수가 일치하기 때문에 731부대 병리학자와 이시카와 다치오마루가 정리한 보고서임을 알 수 있다.[6]

6. 고찰과 정리

6.1 『육군군의학교 방역연구보고』[6]로 알 수 있는 전쟁 전 인체실험 사례

15년전쟁 중 육군군의학교 방역연구실에서 발표한 논문은 947편인 것으로 확인되고 있다.[7] 이 중 『육군군의학교 방역연구보고 제2부』에는 1939년 5월 25일부터 1944년 8월 8일까지 801편에 달하는 논문이 수록되었다.

『육군군의학교 방역연구보고 제2부』에 실린 대부분 논문에는 '秘' 도장이 찍혀 있다. 이 '제2부'에 실린 논문 791편 가운데 명백히 '인체실험을 실시했다'고 기재된 논문 6편을 [표8]에 정리했다. 다만 이 실험들은 피험자의 생명을 위협하지 않는 정도의 실험이었던 것으로 보인다.

* 미국의회도서관이 소장한 『육군군의학교 방역연구보고 제2부』에는 791편의 논문이 게재된 반면, 후지출판사에서 나온 것에는 801편의 논문이 수록되었다. 이 추가 부분은 전후 일본 국내에서 발견된 논문이다. 또한 군의학교에서 작성된 논문 가운데 보다 기밀성이 높은 연구논문은 별도로 '제1부'에 정리된 것으로 알려져 있는데, 이 논문들은 현재까지 일부만 발견되었다.

---

6. 전쟁 전 일본군이 인체실험을 진행했음은 이미 여러 증거와 당시 관계자 증언을 통해 확인되었다. 그러나 731부대 등에서 행해지던 연구 내용을 구체적으로 파악할 자료는 거의 없었다. 그러던 중 후지출판사(不二出版社)가 미국의회도서관에 소장된 마이크로필름과 야마나카 히사시(山中恒) 씨 소장 자료를 수집해 『육군군의학교 방역연구보고 제2부』 복각본을 출판하였다. 2005년에 출판된 이 복각본에는 논문 801편이 실렸는데 대부분 731부대 및 관련 기관 연구자들의 논문으로 추정된다.(실제 수록된 논문 상당수에 연구 책임자로 이시이 시로 또는 그의 측근들을 기재하고 있음) 원래 이 『육군군의학교 방역연구보고』는 제1부와 제2부가 있는데, 제1부의 경우 현재까지 극히 일부만 발견되었다.(본 책 2부 '『육군군의학교 방역연구보고 제2부』 715호의 해제' 마지막 부분 참고) 이는 제1부에 세균전 및 전쟁 준비와 관련된 핵심 논문이 많이 게재되었기 때문인 것으로 보인다. 실제 제2부에는 ㊙ 표시가 된 문서와 그렇지 않은 문서가 혼재되어 있는 반면 제1부의 경우 보고 표지에 '군사기밀' 문구가 인쇄되어 있다. (渡辺延志, 「731部隊 埋もれていた細菌戦の研究報告-石井機関の枢要金子軍医の論文集発見-」, 『世界SEKAI』, 2012, p.317 참조)

[표8] 『육군군의학교 방역연구보고 제2부』 중 인체실험 내용이 포함된 논문

논문 번호	논문 연구 주제	연구자 이름	연구 목적	사용 대상	논문 부여 일시
제2부 36호	「초음파 콜레라 예방 접종액의 인체접종 후 나타나는 각종 증상 및 혈청학적 반응에 대하여」	육군군의학교 방역연구 촉탁: 와타나베 헨(渡辺邊), 기호인 아키오(貴宝院秋雄) / 군의 중위: 사라이 쓰네오(更井恒雄) / 촉탁: 야마우치 유키(山内豊紀)	초음파 콜레라 예방접종액(세균부유액에 초음파를 작용시킨 항원)과 보통 콜레라 백신(석탄산가균 부유액)의 항체생산능력과 감염력 방어력 비교·검토	접종인원은 총 80명이며 이를 2군으로 나누어 각각 40명씩 실시	1939.9.8
제2부 40호	「현행 육군 예방접종액 효과에 관한 인체실험-1」	군의 중위: 이치조 다이이치(一条泰一), 구시다 다다오(櫛田忠夫)	현행 육군 예방접종액(티푸스, 파라티푸스A·B, 게르트너균의 4가지 혼합예방접종액)과 다른 대표적 예방접종액과의 항원성을 비교 검토	본교 정종(丁種)학생 70명을 대상으로 부작용 및 면역력을 비교·검토	1940.6.27
제2부 67호	「예방접종액 효과에 관한 인체실험-2」	군의 중위: 이치조 다이이치, 도야마 고사부로(戸山幸三郎)	콜레라 예방접종액의 효력을 혈청학적으로 그리고 동물실험을 통해 비교·판정하기 위해	본교 정종학생 66명을 대상으로 실험을 집행	1940.11.23
제2부 252호	「겸상아포(鎌状芽胞)를 사용한 삼일열 말라리아의 인체감염 시험」	지도교관: 기쿠치(菊池) 대좌, 마스다 중좌 / 군의 소좌: 모노에 도시오(物江敏夫)	1942년 나가사키…한신(阪神) 지역에서 뎅기열 유행…그 면역에 관한 실험적 연구에 종사...	말라리아에 아직 감염되지 않은 임시 도쿄제1육군병원에 입원 중인 환자 두 명과 고노다이(国府台)육군병원에 입원 중인 환자 3명	1942.2.19
제2부 632호	「뎅기열 병원체와 면역에 관한 연구 제1편 뎅기열의 동물실험 및 배양에 관한 연구」	오사카제국대학 세균학교실·육군군의학교 촉탁: 다니구치 덴지(谷口腆二)	중국의 삼일열 말라리아 원충이 내지의 A. sinensisn 체내에 발육할지 여부와 아노펠레스를 사용한 감염 가능 여부에 대한 연구	뎅기열에 감염되었는지 여부는 인체 섭취 이외 방법이 없었기에 후지노 조교수와 공동연구자, 그리고 본학교 학생 11명에게 접종	1943.10.18
제2부 660호	「예방접종에 관한 연구-4가지 혼합예방접종에 의한 혈액상(血液像), 특히 백혈구 평균 핵 수의 변화와 여러 항체와의 관계에 대하여」	군의 소좌: 엔도 요시오(遠藤吉雄), 야마구치 소이치(山口壮一), 오류 요시카즈(尾龍吉一)	장티푸스 감염 발증과 체질적 사항 등을 둘러싼 관련성 규명(교토대 조교수인 다베이(田部井)가 하얼빈 731부대에서 이미 지적했던 건)	육군군의학교 정종학생 20명(25세 전후)을 대상으로 공시(供試)	1943.9.21

위의 논문 외에도, 제2부 332호 군의 대위 아리타 마사요시(有田正義)가 쓴 논문 「비타민제 응용 발진열 백신의 시제(試製) 및 동물 감염 방어력에 관한 실험적 연구」의 서론에는 "일본 원숭이"(和猿)를 사용한 실험 기록을 인용하고 있다. "일본 원숭이"라는 표현이 기이한 인상을 주는데 이것 역시 '인체실험'이 실시된 증거로 추정된다.

6.2 나치스 독일의 '인체사건'

지금까지 일본의 인체실험 사례에 대해 살펴보았다. 조금 시야를 넓혀, 나치스 독일이 시행했던 인체실험도 잠시 거론하고자 한다. 1946년 나치스를 심판하기 위해 열린 뉘른베르크 재판 중, 제1미국군사법정에 제출된 고소장과 해설을 바탕으로 실험내용을 추정해 정리하면 다음과 같다.[8]

- 고공 비행사 구출 실험(저압실 실험)
- 인체의 지속적 저온 실험
- 장시간 냉각 실험
- 바닷물의 식용수화 실험
- 발진티푸스 백신 접종 실험
- 전염성 간염 바이러스 연구 실험
- 술폰아미드 효과에 관한 특별 실험
- 뼈 이식 실험
- 독가스(이페리트 · 포스겐)투여 실험
- 안락사 프로그램(명백한 살인행위)
- 단종과 불임을 위한 실험(약품, X-ray, 자궁 내 자극)

이것들이 바로 나치스 독일이 행한 것으로 추정되는 '인체사건'의 주요 내용이다. 세균전을 의도한 731부대 실험과 비교해보면, 나치스의 경우 극한상태에서의 인간의 생리 변화에 관한 조사나 '열등 민족 말살'을 위한 실험이 주로 행해졌다.

6.3 731부대가 실시한 인체실험의 특이성

나치스가 시행한 인체실험과 비교해 731부대가 시행한 인체실험에는 다음과 같은 특이성이 있다.

- '제네바의정서'(1925)를 무시하고, 세균전의 필요성을 이유로 의식적으로 다른 민족을

체포하여 실험재료로 사용
- 특정 군의뿐 아니라 일반 의사와 의학자도 인체실험에 관여
- 처음부터 '사망'을 전제로 한 인체실험
- 일본의 의학계는 의학자 일부가 실험에 참여하고 있다는 사실을 알면서도 '제네바의정서' 위반과 비인도적 인체실험에 대한 문제 제기를 하지 않음
- 미국의 '점령정책'과 '동서냉전'이라는 명목으로 오늘날까지 여전히 '731부대'에서 실시된 실험에 대한 실태가 밝혀지지 않음
- 제2차 세계대전 후 독일에서는 나치스가 실시한 인체실험이 '범죄'로 재판에서 논의되었으나 일본에서는 731부대 문제가 오늘날까지 전혀 논의되고 있지 않음
- 독일 의학계는 전후 자신들이 의학범죄에 가담했다는 점을 공식 반성했으나 일본 의학계는 오늘날까지도 의식적으로 '모르쇠'로 일관

[731부대 문제를 조사하기 위해 일본을 방문한 미국 조사단 개요]

* 머리 샌더스(Murray Sanders), 1945년 9월-10월 일본 방문(1945년 11월 귀국), 731 방역급수부에 대한 개요를 파악
* A.T. 톰프슨(A.T. Thompson), 1946년 1-3월(1946년 봄 귀국), 세균폭탄의 구조 및 기타 정황에 대한 조사
* 노버트 H. 펠(Nobert H. Fell), 1947년 4월 일본 방문. 세균전에 관여한 보고자 19명을 조사해 각종 세균에 의한 인체실험(치사량 등)을 상세히 파악하고 표본을 확인
* 에드윈 V. 힐(Edwin V. Hill)과 조셉 빅터(Joseph Victor), 1947년 10월 28일 일본 방문. 펠의 조사에서 밝히지 못한 것들을 추가 조사. 세균전 전문가들을 추가로 심문. 병리학 자료 조사도 함께 시행

인용·참고문헌

1. 近藤昭二編, 『CD-ROM版—731部隊 · 細菌戦資料集成—DISC · 5』, 柏書房, 2003
2. S · ハリス, 『死の工場』(近藤昭二訳), 柏書房, 2003, p.126
3. 近藤昭二編, 『CD-ROM版—731部隊 · 細菌戦資料集成—DISC · 4』, 柏書房, 2003
4. 近藤昭二編, 『CD-ROM版—731部隊 · 細菌戦資料集成—DISC · 3』, 柏書房, 2003
5. 近藤昭二編, 『CD-ROM版—731部隊 · 細菌戦資料集成—DISC · 3』, 柏書房, 2003
6. 常石敬一, 『戦場の疫学』, 海鳴社, 2005, p.170
7. 常石敬一解説, 『陸軍軍医学校防疫研究報告』 解説 · 総目次, 不二出版, 2005, p.5
8. A · ミッチャーリッヒ, 『人間性なき医学』(金森誠也訳), ビング · ネット · プレス社, 2001, 6장 및 해설 부분

페스트균 살포 세균전 '성과'의 실상

_『육군군의학교 방역연구보고 제2부』에 게재된 다카하시 마사히코 논문을 중심으로(더그웨이문서 Q리포트와의 관련성도 함께 고찰)

아자미 쇼조(莇昭三)

15년전쟁[1] 중 일본군이 중국에서 세균전을 실시한 사실은 당사자 증언(마쓰모토 세이이치[1], 시노즈카 요시오[2]과 많은 피해자 측 증언(731부대세균전재판 손해배상청구사건 소장, 마쓰무라 다카오 감정서 및 1심 판결문)[2]을 통해 어느 정도 파악된다. 또한 당시의 '대본영'[3]과 '대륙지'[4] 그리고 관동군이 내린 '관작명'[5]으로도 확인되며,[3] 전후 중국과 일본 등의 연구자들에 의해 그 실태가 점차 밝혀지고 있다. 그러나 세균전 실시 직후 각 피해 지역에서 전면 역학조사가 이루어지지 않았기 때문에 지금껏 그 '피해', 즉 일본군의 '전과'(戰果)의 구체적 실태는 상당 부분 추측으로 남겨둘 수밖에 없었다.

그런데 나스 시게오(奈須重雄)에 의해 가네코논문(金子論文)[4]이 발견되면서 지금까지 단순히 일반적 '페스트 유행'이라고 여겨진 '쇼와 15년(1940) 능안 및 신징 지역 페스트 유행'이 731부대가 실시한 '세균 살포 작전'이었음이 드러났다.

이 페스트 유행에 대해서는 『육군군의학교 방역연구보고 제2부』[5]에 실린 「쇼와 15년(1940) 능안 및 신징지역에서 발생한 페스트 유행에 대하여」라는 논문을 통해 확인

---

1. '15년전쟁'이란 말은 1931년부터 1945년까지 15년에 걸친 일본 대외 전쟁을 통칭하는 말이다. 즉, 1931년 만주사변을 시작으로, 1937년에 벌어진 중일전쟁 그리고 1941년부터 1945년에 걸쳐 발발한 태평양전쟁을 연속해 바라보는 개념이다. 주로 일본 군국주의에 비판적인 진영에서 사용한다.
2. '731부대 세균전 국가배상 청구소송'에서 제출된 소장(訴狀)과 감정서 1심 판결문 등을 말한다. 1997년 8월 11일 도쿄지방법원에 제소된 이 소송은 1998년 2월 16일 첫 재판이 열렸다. 재판의 일단락은 2002년 8월 27일에 지어졌는데, 재판부는 원고(중국인 피해자 180명) 측 제소에 대해, 731부대 등 구 제국 육군방역급수부가 생물무기에 관한 개발을 위한 연구 및 동(同) 무기의 제조를 실시하여 중국 각지에서 세균무기의 실전사용(세균전) 실행 사실을 인정했다. 또한 재판부는 "세균전이 제2차 세계대전 전 맺어진 헤이그조약 등으로 금지"였음도 인정했다. 그러나 원고의 청구(사과와 배상)에 관해서는 국회 등 국가 차원에서 결정할 성격의 것이라며 전면 기각했다. (NPO법인 731부대 세균전 자료센터 홈페이지 참고_http://www.anti731saikinsen.net/saiban/1shin/index.html)
3. 대본영(大本営)은 전쟁 중 설치된 일본 제국 육군 및 해군의 최고 통수기관을 말한다.
4. 대륙지(大陸指)는 천황이 육군에 내린 명령인 대륙령과 관련해 참모총장이 내리는 지시를 말한다.
5. 관작명(関作命)은 관동군 작전 명령을 말한다.

할 수 있다.[6] 육군 군의 소좌 다카하시 마사히코(高橋正彦)가 쓴 이 6편의 시리즈 논문에는 페스트 유행에 대한 역학조사 결과가 명확하게 기술되어 있다. 이는 세균전을 벌인 당사자가 직접 작성한 '성과에 관한 극명한 기록'이며, 현시점에서는 지극히 귀중한 일본군 731부대의 '세균전 실시에 관한 증언'이기도 하다. 아울러 이 페스트균 살포 작전으로 당시 만주에 거주하던 일본 민간인까지 희생되었다는 점도 기억해둘 필요가 있다.

1. 페스트 유행과 다카하시논문

『육군군의학교 방역연구보고 제2부』에는 육군 군의 소좌였던 다카하시 마사히코 이름으로 「페스트균의 세균학적 연구」와 관련한 논문 20편과 「쇼와 15년(1940) 농안 및 신징 지역에서 발생한 페스트 유행에 대하여」와 관련한 논문 6편, 총 26편이 게재돼 있다. 전자는 페스트균에 관한 면역학적 연구와 세균전 전용 PX(Plague infected Xenopsylla cheopis Rothchild의 약자, 즉 페스트에 감염된 열대쥐벼룩을 의미)의 제조 및 증식과 관련된 논문이며, 후자는 농안 및 신징(지금의 창춘)지역에서 발생한 페스트 유행에 관한 역학 연구 논문([표1])이다.

[표1] 『육군군의학교 방역연구보고 제2부』에 게재된 다카하시논문
「쇼와 15년 농안 및 신징 지역에서 발생한 페스트 유행에 대하여」 6편

번호	논문	저자
2부-514	「쇼와 15년 농안 및 신징 지역에서 발생한 페스트 유행에 대하여」-제1편 유행의 역학적 관찰 (1) 농안에서의 유행	군의 소좌 다카하시 마사히코
2부-515	「쇼와 15년 농안 및 신징 지역에서 발생한 페스트 유행에 대하여」-제1편 유행의 역학적 관찰 (2) 신징에서의 유행에 대하여	군의 소좌 다카하시 마사히코
2부-525	「쇼와 15년 농안 및 신징 지역에서 발생한 페스트 유행에 대하여」-제2편 유행의 임상적 관찰부(観察附) 페스트 혈청 살균반응에 대하여	군의 소좌 다카하시 마사히코
2부-526	「쇼와 15년 농안 및 신징 지역에서 발생한 페스트 유행에 대하여」-제3편 유행에 대한 현검책(顕検策) 성적	군의 소좌 다카하시 마사히코
2부-537	「쇼와 15년 농안 및 신징 지역에서 발생한 페스트 유행에 대하여」-제4편 유행과 별도의 페스트균에 대하여	군의 소좌 다카하시 마사히코
2부-538	「쇼와 15년 농안 및 신징 지역에서 발생한 페스트 유행에 대하여」-제5편 유행과 관련된 방역 실시에 대한 개황	군의 소좌 다카하시 마사히코

6. 본론에서 자세히 다루겠지만, 가네코논문을 통해 다카하시 마사히코의 논문에 담긴 역학조사 결과가 자연발생적인 페스트 유행에 대한 것이 아니라 세균전에 의한 것임이 밝혀졌다.

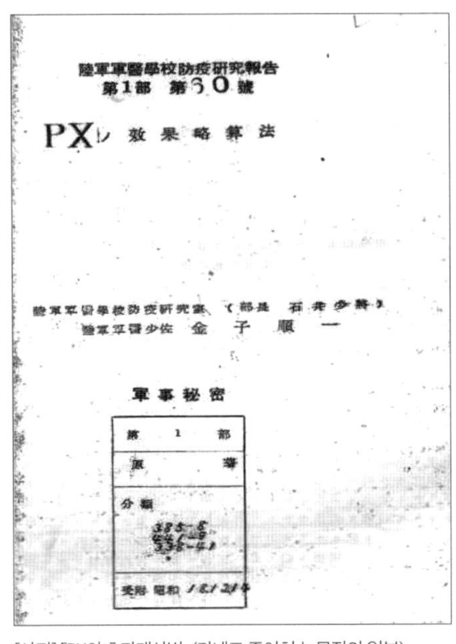
陸軍軍醫學校防疫研究報告
第1部 第30號

PXノ效果略算法

陸軍軍醫學校防疫研究室（部長 石井少將）
陸軍軍醫少佐 金 子 順 一

軍事秘密

第 1 部
原 簿
分類
受附 昭和 18.12.14

[사진] 「PX의 효과개산법」(가네코 준이치 논문집의 일부)

사실, 이 「쇼와 15년(1940) 농안 및 신징 지역에서 발생한 페스트 유행에 대하여」는 최근까지도 중국과 일본 연구자들 사이에서 상당한 논쟁을 야기했다. 페스트균 유행은 731부대에 의한 것이라는 모략설[6]과 당시 빈번하던 유행 중 하나에 불과하다는 주장[7]이 맞서온 것이다.

그러던 중, 연구자 나스 시게오가 2011년 10월 국립국회도서관 간사이관에서 731부대원이었던 가네코 준이치(金子順一)가 전후 박사 학위를 신청하기 위해 도쿄대학에 제출한 논문 8편을 발견했다. 8편 논문 중 하나인 「PX의 효과개산법」[7](『육군군의학교 방역연구 보고 제1부』 제30호, 1943년 12월 14일 접수)에는 1940년 6월 4일부터 1942년 6월 19일까지 731부대가 닝보와 창더 등에서 실시한 우천 시 저공 세균 공격에 관한 기록 6건이 담겼다.

第一表 既往作戰效果概見表

[illegible]	[illegible]	PX kg	效果 一次	效果 二次	1.0kg 當 Rp-r	1.0kg 當 R
15.6.4	[illegible]	0.005	8	607	1600	123000
15.6.4 / 7	[illegible]	0.010	12	2424	1200	245000
15.10.4	[illegible]	8.0	219	9060	26	1,159
15.10.27	[illegible]	2.0	104	1450	52	777
16.11.4	[illegible]	1.6	310	2500	194	1,756
17.8.19~31	[illegible]	0.131	42	0510	321	2,550

[표2] 기존 작전효과 개산표(概算表) (가네코 준이치 논문 「PX의 효과개산법」에 실린 표)

그 6건 중 첫 번째 사례로, 1940년 6월 4일에 눙안에서 세균을 살포한 내용이 [표2]와 같이 기재돼 있다. 이는 『육군군의학교 방역연구 보고 제2부』 514호, 다카하시 마사히코 논문에 기재된 1940년 6월 「눙안에서 발생한 페스트 유행에 관한 역학적 조사」 내용과 완전히 일

7. 약산법(略算法)이란 지나치게 복잡한 계산을 요하는 경우, 불필요한 계산을 줄이고 의미 있는 수를 얻을 수 있는 범위 안에서 계산해내는 방법을 말한다. [표2]에 나온 '개산'(概算)도 비슷한 뜻을 갖는다. 즉, 'PX의 효과개산법'이란 페스트에 감염된 열대쥐벼룩을 살포하고 그 효과를 검증하기 위한 대략적 셈법을 말한다.

치한다. 이 논문에는 “6월 중순…눙안의원(醫院) 부근에서 2, 3명이…원인 불명의 급성 질환으로 사망”이라고 기술되어 있다.

이로써 『육군군의학교 방역연구보고 제2부』에 게재된 「쇼와 15년(1940) 눙안 및 신징 지역에서 발생한 페스트 유행에 대하여」라는 다카하시논문 6편은 그야말로 731부대가 처음으로 실시한 PX살포작전(=세균전) 실태와 그 성과에 대한 극명한 기록임이 밝혀졌다. 다시 말해 이 논문들은 눙안에서 PX를 살포한 당사자가 세균 살포 후에 지역 그리고 주민들 사이에서 어떻게 전염되고 발병에 이르렀는지 조사한 기록이자, 당시 육군참모본부가 파악하려 애쓴 페스트균 살포[8] ‘효과’에 대한 기록임이 분명하다.

2. 다카하시논문의 재검토 필요성

15년전쟁 중 일본군이 실시한 ‘세균전’의 시행 정황에 대해서는 [표3]처럼 정리할 수 있고, 그 성과에 대해서도 대략 밝혀져 있다.(마쓰무라 다카오의 731부대와 세균전에 관한 감정서 등) 하지만 이러한 작전의 성과는 ‘적의 진영’ 안에서 발생하는 것이며, 바로 나타나는 성과(군인 · 주민의 발병 및 사망 수, 전염 범위, 작전으로 인해 생기는 전략적 경제적 사회적 영향 등)가 아니기 때문에, 작전 하나하나의 성과를 판정하는 것은 매우 어려운 일이다. 따라서 지금까지도 ‘세균전 성과’(가해 실태)에 대해 충분히 밝혀졌다고 말하기는 어렵다.

[표3] 15년전쟁 중 일본군이 실시한 세균전 (가네코논문, 731부대 세균전 재판 1심 판결문 등을 바탕으로 작성)

실시일	작전명	공격지역	무기 종류	추정되는 피해		기타
1939.8	노몬한 사건	할하강	티푸스균			『세균전』 p.306
1940.6.4	눙안	눙안	PX	615명		가네코논문
1940.6.4	눙안·다라이(大賚)		PX	2,436명		가네코논문
1940.10.4	취저우(衢州)작전	취저우	PX	9,279명	2차감염-**이우(义乌)**, 둥우(东乌), **둥양(东阳)**, 쑹산(嵩山) 등	가네코논문
1940.10.27	○닝보작전	닝보·진화(金华)	PX	1,554명	10.7부터 6차례 공격.	가네코논문, 이모토일지,[8] 진보고(金報告), 폴리투어 보고
1940.11.28		진화	PX			진보고

1941.11.4	창더(常德)작전	창더	PX	약 1만 명 (2,610명)		이모토일지, 『세균전』 p.53, 진보고
1942.6-8	장산(江山)지상전	장산	콜레라		(지상전)	이모토일지, 『세균전』 p.68
1942.8		위산(玉山), 진화, 푸장(浦江)	페스트, 콜레라, 티푸스균		(지상에서도 살포)	『세균전』 p.312 이모토일지 8월 28일
1942.8.19-21	저간(浙贛) 작전	저간, 리수이(丽水), 위산	PX, 티푸스, 콜레라	9,252명	일본군 콜레라 감염	가네코논문, 이모토일지, 『세균전』 p.66
1943	취저우작전	이우, 쑹산	벼룩(우천시 투여)			이모토일지

* 15년전쟁에서 일본이 실시한 세균전은 사용한 세균 종류와 살포, 투여 방법에 있어 매우 다양했던 것으로 추정된다. 이 표는 그 일부이다.
* 『세균전』은 731부대 세균전 손해 국가배상 청구소송 변호단에서 펴낸 『심판받는 세균전』(裁かれる細菌戦)을 말한다.
* 굵은 글씨로 표시한 부분은 세균전 재판의 원고 소장(原告訴状)에 언급된 피해 사건이다.
* 진보고는 진바오산(金宝善) 보고서[9]를 의미한다.
* 가네코논문은 「PX의 효과개산법」을 의미한다.

이러한 관점에서 봤을 때, 눙안작전을 조사하고 기록한 다카하시논문 6편은 PX살포작전 이후 경과와 결과(성과)를 여실히 보여주는 증거이자, 일본군이 실시한 PX살포작전 당시 상황을 알 수 있는 매우 귀중한 자료이다.

3. 다카하시논문의 특징적 기술과 그 결론(성과)

여기서는 눙안 및 신징 지역에서 발생한 페스트 유행을 다룬 다카하시논문 6편의 개

8. 이모토일지(井本日誌)는 1993년 요시미 요시아키(吉見義明) 등이 일본 방위청 방위연구소 도서관에서 우연히 발견한 이모토 구마오(井本熊男) 중좌의 업무일지 23권을 말한다. 이 업무일지에는 참모 본부 작전참모 입장에서 본 세균전 실시 상황이 상세하게 기록되어 있다. 때문에 1998년 세균전 재판에서 일본군 세균전 실시 증거로 제출되기도 했다.(吉見義明 · 伊香俊哉, 「日本軍の細菌戦」, 『季刊 戦争責任研究』, 93年 冬期号, p.8 참조)
9. 일본군 세균전을 고발하는 문서는 당시에도 있었다. 일본군 세균전 실시를 최초로 고발한 것은 1942년 3월 31일 중국 위생서 서장 진바오산(金宝善, Dr.P.Z.King)이 작성한 보고서다. 진바오산 보고서는 "지난 2년간 일본이 세균전 실시 가능성 실험을 위한 모르모트로 우리 인민을 사용하려고 시도했음을 보여주는 충분한 상황증거가 모아졌다. 일본은 비행기를 사용해 페스트 감염 물질을 살포하여 자유 중국에 페스트 유행을 일으키려 했다"고 주장하며, 여러 증거 정황을 기술한 보고서를 발표하였다. (松村高夫, 『7 3 1部隊と細菌戦に関する鑑定書』, 2001.2.5. 참조)

요를 소개한다.

3.1 다카하시논문 2부 514호[10]

3.1.1 페스트 발생 원인 및 전염 요인에 대한 분석

6월 중순, 농안의원 부근에서 2, 3명이 급성질환으로 사망하였고…다음으로 유행 발생 당시 쥐가 어떻게 죽었는지 정황을 조사한 결과, 6월 중순, 농안의원 부근…곡류 창고에서 죽은 쥐가 다수 발견되었음이 밝혀졌으며…이러한 사실과 앞서 언급한 환자 발생 상황을 감안해 볼 때 병독은 우선…농안의원 부근으로 유입되어 해당 지구에 서식하는 설치류 간 유행이 일어난 다음…병독이 거주지로 파급되면서 페스트 환자가 발생하였다.…병독이 사람에서 사람으로 직접 전파된 가능성도 있지만…먼저 설치류 간 페스트 유행이 발생한 다음 그로 인해 사람에게도 페스트가 전파되었다고 봐야 한다.

3.1.2 감염 상황 분석

이번 유행은 6월 중순에 발생하고 11월 하순 종식할 때까지 160일간…총 353명 환자가 발생하였고…이는 전체 인구의 1.5%에 해당한다.

환자 발생 수를 보면 그 계절에 따른 변동이 만주 전역에서 매년 관측되는 유행의 계절적 변동과 일치한다.…온도와 습도, 강수량과는…아무런 관련이 없는 것으로 보이며…기온의 변화가 설치류와 곤충류의 번식과 생활 환경에 영향을 미친 결과, 간접적으로 유행으로 이어진 것으로 보인다.…환자가 다수 발생한 지구에서 음식업에 종사하는 자가 많긴 했지만 이렇다 할 특별한 차이는 없어 보이며….

환자가 발생한 가정은 일반 민가와 비교해 가축이나 대형 동물을 다수 사육하고 있는 경우가 많았다.

이번 유행은 페스트가 자주 발생하는 지역에서의 유행과 동일했다.

사람에게 페스트균이 전파된 직접적인 원인은 시궁쥐 간 전염이다.

10. '논문 O부 O호'라는 말은 모두 『육군군의학교 방역연구보고』 O부 O호에 실린 논문을 의미한다.

3.1.3 농안에 살포된 PX 양

가네코논문 1부 60호「PX의 효과개산법」에 나온 앞의 [표2]를 보면, 목표는 "농안"이고 공격일은 "15 · 6 · 4"이며,[11] "PX"는 "0.005kg"이라고 되어 있다. 즉, 5g이 투하한 페스트 벼룩의 실제 중량이라 가정하면, 고사카이 노조무(小酒井望) 논문[9]을 바탕으로 계산할 경우 벼룩 약 12,200마리를 살포한 셈이다. 무라쿠니 시게루(村国茂) 논문[10]을 바탕으로 계산할 경우엔 벼룩 약 10,034마리를 살포했다고 추정할 수 있다.

3.1.4 논문에 나타난 세균전 성과

① 첫 발병자를 보면 6월 24일부터 29일까지 3명(원발성 유행), 7월 6일부터 14일까지 9명으로 기재돼 있다. PX가 살포된 것은 6월 4일이므로 살포되고 약 3주 후 제1차 성과를 얻은 셈이다.

② 즉, PX 5g을 사용해 얻은 1차 성과(발병)는 12명이었다.(가네코논문에도 "6월 24일-7월 13일 발병한 1차 발병자 12명"이라고 기재되어 있음)

③ 6월 중순에 발병하여 11월 하순 유행 종식까지 약 160여 일 동안 발생한 환자는 총 353명(전체 인구의 1.5%)이다. 2차 발병자에 신징에서 발생한 페스트 감염 환자 28명을 추가하면 총 369명이다.(단, 이 성과에서는 농안의 경우 7월 중순과 9월 상순, 그리고 10월 하순에 '예방접종'을 실시했다는 점을 염두에 둘 필요가 있음)

④ 주민 간 전파 근원이 시궁쥐인 것을 실증적으로 확인했다.

⑤ 전염 매체와의 관계를 볼 때 PX 작전 계절은 4월에서 11월이 가장 적절하다.

⑥ 공격 목표는 일반 지역보다 일본인과 만주인이 함께 거주하는 주택 지역, 특히 가축과 대형 동물을 다수 사육하는 지역이 적절하다.

⑦ 기타: 사용한 PX 용기의 질과 수, 그리고 PX를 방출한 장소와 방법 등에 관한 기술이 없어 자세하게는 알 수 없으나, 농안 지역에서의 경험을 통해 어느 정도의 지식을 얻은 것으로 보인다.(아래 *1, *2, *3 참조)

*1 무라쿠니 시게루 논문 1부 7호「절식(絶食, 먹이를 주지 않음) 벼룩의 군거(群居)가 그 생존에 미치는 영향에 관한 실험적 연구」에 따르면 벼룩을 나눠서 관리하면 생존율이 높다.

*2 히라사와(平沢)논문 1부 73호「살포 벼룩의 환경별 생존기간에 관한 연구」에 따르면 살포된 장소마다 벼룩의 생존기간이 다르다. 생존기간이 가장 길었던 경우는 평지에서 33일이었고 그다음은 잡초가 있는 곳이었는데 평균 14일 정도였다. 결론적으로 평탄한 평지면서 풀이 잘 자란 곳이 적당하다.

---

11. 쇼와 15년(1940년) 6월 4일을 의미하는 것으로 보인다.

*3 능안에서는 어떻게 PX를 살포했을까? 양이 불과 5g밖에 되지 않았기에 시험관 또는 비커에 넣어 지상으로 떨어뜨리거나, 타이머 조절로 뚜껑이 열리는 용기를 길가에 놓아둔 것일까? 나스 시게오가 발견한 『육군군의학교 방역연구보고 제1부』 82호 「화약력을 이용한 액체 비산(飛散) 정황」(가네코 준이치가 고사카이 노조무와 함께 작성)에 따르면, 당시 적지에 세균액(細菌液) 등을 살포하기 위한 연구가 활발히 진행되고 있었다고 한다.

3.2 다카하시논문 2부 515호

3.2.1 신징 페스트 유행 정황에 대한 기술

이 논문은 1940년 9월 하순 신징 지역에서 발생한 페스트 유행의 상황과 감염경로, 유행 정황 등을 조사하여 계절과 환경 위생과의 관계에 대해서도 언급했다.

- 능안과 깊은 관계가 있었던 신징의 동물병원에서 첫 번째 환자가 발생했다.(9월 23일)
- 동물병원 일대를 9월 30일 격리했으며, 10월 1일 방역본부를 설치했다.
- 11월 13일에 발생한 환자가 마지막 환자로 총 28명이 감염됐다.(26명 사망, 2명 치유)
- 신징 페스트 유행으로 인한 감염 및 사망자는 일본인 14명, 중국인 14명이었다.(2세-58세)[12] 이 28명의 이름과 주소, 국적, 성별, 연령, 감염기간, 병명(패혈증 5명, 선페스트 15명, 피부페스트 2명, 폐페스트 1명, 눈페스트? 1명, 페스트로 추정되는 사례 4명) 등이 명시된 일람표가 작성되었다.([표4])
- 이번 유행 정황은 페스트가 자주 발생하는 지역의 유행 방식과 동일하다. 따라서 어떤 이유에선가 신징으로 전염돼 유행한 것이며 원발성이 아니다.
- 또한 역학적 관점에서인지, 의식적으로 포획한 쥐의 균을 검사하였다. 포획한 시궁쥐 13,644마리의 균 양성률은 0.46%(신징 시내, '삼각지대'라 불리는 곳의 양성률이 높음)였던 반면 다른 지역의 쥐 양성률은 0%였다.
- 개, 고양이, 얼룩다람쥐, 족제비 등은 전염원이 아니었다.

---

12. [표4](2부 515호 논문에 기재된 '페스트 환자 일람표')를 자세히 보면 일본인 환자('日')는 15명이고 중국인 환자('滿')는 13명이다. 필자가 여기에서는 잘못 기재한 것으로 보인다. 뒷부분에서는 일본인 환자 15명 중국인 환자 13명으로 정확히 기술하고 있다.

[표4] 다카하시 마사히코가 작성한 '페스트 환자 일람표'(2부 515호 논문에 기재)

第1表 「ペスト患者一覽表

番號	發生場所	氏名	性	年齢	人種	轉歸	發病月日	轉歸月日	病名	摘要
1	東三條通44田島方	王 合	男	13	滿	死	9.23	9.25	推定「ペスト」	周圍ノ事情ニヨリ死後「ペスト」ト判定ス。
2	東三條通42	太田○夫	男	33	日	死	9.23	9.29	「ペスト敗血症	入院死亡
3	室町4丁目7寶昌ビル	蔡○君○	女	8	日	死	6.25	10.2	腺ペスト」(左鼠蹊腺)	入院死亡
4	〃	蔡○キ○子	女	5	日	死	9.26	9.30	推定「ペスト」	周圍ノ事情ニヨリ死後「ペスト」ト判定ス。
5	東三條通44田島方	田○忠○	女	2	日	死	9.26	9.29	推定「ペスト」	同上
6	〃	宋○德	男	23	滿	死	9.27	10.1	推定「ペスト」	同上
7	〃	韓○臣	男	25	滿	死	9.28	10.2	腺ペスト」(右鼠蹊腺)	入院死亡
8	〃	田○天○子	女	8	日	死	9.29	10.3	腺ペスト」(右頸腺)	同上
9	室町4丁目7寶昌ビル	福○鐵○	男	17	日	死	9.29	10.1	腺ペスト」(右鼠蹊腺)	同上
10	東三條通44田島方	井○和○	男	24	日	死	9.30	10.2	腺ペスト」(右鼠蹊腺)	同上
11	〃	松○正○	男	23	日	死	9.30	10.4	腺ペスト」(左腋窩腺)	同上
12	室町4丁目7寶昌ビル	高○眞○	女	3	日	死	9.30	10.20	腺ペスト」(頸腺)	同上
13	室町四丁目5金城アパート	矢○正○	男	21	日	死	10.2	10.7	腺ペスト」(右鼠蹊腺)	同上
14	室町4丁目7大成館	德○富○	女	12	日	死	10.2	10.4	腺ペスト」(右腋窩腺)	同上
15	東三條通44田島方	宋○山	男	56	滿	死	10.5	10.10	肺ペスト」	隔離中ニ發病患者ノ看護ニ服ス。
16	室町4丁目5金城アパート	俊○愛○	女	17	日	治癒	10.5	10.22	腺ペスト」?(左鼠蹊腺)	入院治癒
17	室町4丁目5金城アパート	李○金	男	10	滿	死	10.6	10.8	「ペスト敗血症	隔離中ニ發病
18	露月町4丁目滿○社宅	黃○氏	女	45	滿	死	不明	10.11	「ペスト敗血症	發生死亡 死體解剖ニ依リ發見
19	入船町2丁目雙盛泰	陳○玉	男	55	滿	死	不明	10.11	腺ペスト」(右鼠蹊腺)	同上
20	室町4丁目5金城アパート	顧○勉	男	27	日	死	10.9	10.11	腺ペスト」(右鼠蹊腺)	隔離中ニ發病
21	〃	蕭○源	男	18	滿	死	10.10	10.13	腺ペスト」(左鼠蹊腺)	同上
22	梅ヶ枝町3丁目23	蘇○田	男	37	滿	死	不明	16.13	皮膚ペスト」	發生死亡 死後解剖時發見
23	室町4丁目7大成館	土○■○	女	58	日	死	10.11	10.17	「ペスト敗血症	隔離中ニ發病
24	露月町行路病者	王○東	男	36	滿	治癒	10.12	11.2	眼ペスト」?	入院治癒
25	日本橋通75國都ホテル	桃○春○	男	31	日	死	10.17	10.22	皮膚ペスト」	入院死亡
26	日本橋通75廣木洋行	宋○林	男	40	滿	死	10.22	10.22	腺ペスト」(右鼠蹊腺)	
27	日本橋通62の1	張○俊	男	46	滿	死	11.8	11.12	「ペスト敗血症	
28	梅ヶ枝町4丁目14	尹○楨	男	19	滿	死	11.13	11.15	腺ペスト」(右鼠蹊腺)	

3.2.2 논문의 요점

1940년 9월 23일 신징에서 발생한 페스트 유행을 역학 조사했다. 유행과 계절과의 관계, 환경위생과의 관련성, 그리고 감염경로에 중점을 두고 조사하였다.

- 이번 유행에서 눙안에서 신징으로의 전염(62㎞ 거리)은 우선 신징의 삼각지대에 서식하는 쥐들이 페스트에 감염된 다음(눙안에서 신징의 동물병원으로 온 소나 말 등의

집에 페스트균을 가진 벼룩이 있었을 가능성이 큼) 점차 사람에게로 유행했을 것으로 보인다.

- 유행은 다지마 동물병원(田島犬猫病院) 근무자로부터 발생했다.(9월 23일) 11월 13일까지 52일간 총 28명의 환자가 발생했다. 환자가 많이 발생한 지역에서는 발생률이 인구의 2.6%였다. 추위와 함께 유행이 종식되었다.
- 페스트를 사람에게 전파하는 것은 열대쥐벼룩과 일본쥐벼룩(Monopsyllus anisus)이며 사람 몸에 사는 이(人虱, Pediculus humanus)도 매개체가 될 수 있다. 사람에서 사람으로 감염되는 경우는 없었다.
- 이번 유행은 사망에까지 걸리는 기간이 짧고 사망률이 높았다. 그러나 페스트가 자주 발생하는 지역과 마찬가지로 11월 추위와 함께 유행이 종식되었다.

3.2.3 논문을 통해 알 수 있는 세균전 성과

① 특정 지역에서는 설치류 사이 페스트 유행을 통해 상당히 멀리 떨어진 지역(62㎞)까지도 페스트 유행을 파급시키는 것이 가능했다.
② 페스트 예방접종을 하지 않은 지역에서는 패혈증 사망률이 높았다.
③ 쥐 페스트를 사람에게 전파하는 것은 열대쥐벼룩과 일본쥐벼룩이며 사람 몸의 이도 매개체가 될 수 있다. 또한 사람에서 사람으로 전염은 없었다.
④ 페스트 유행에 앞서 쥐 페스트가 먼저 발생한다는 것이 밝혀졌다.

3.3 다카하시논문 2부 525호

3.3.1 논문 내용

이 논문은 주로 페스트 유행의 임상 관찰을 기술했다.

- 눙안 페스트 환자 41례의 질병 유형은 선페스트 58.6%, 패혈증 19.5%, 피부페스트 14.6%, 폐페스트 7.3%였다.
- 신징에서 발생한 페스트 유행의 확산 및 사망자는 총 28명이었으나 임상 증상을 관찰할 수 있었던 것은 불과 18례였다. 병원 내 감염은 없었고 증상이 유사하지만 페스트균이 검출되지 않아 결정할 수 없는 경우도 있었다. 또한 2명의 치유된 환

자에게서도 페스트균은 검출되지 않았다.

- 페스트 감염자의 50%만 혈청검사에서 양성이 나오므로 혈청검사만으로 진단하기는 곤란하다.
- 과거 인도와 대만에서 발생한 페스트 유행과 비교해보면 능안 · 신징에서 발생한 페스트는 패혈증 환자가 많고 사망률이 높았다.
- 혈액 소견을 보면 림프구가 발병과 동시에 급격히 감소한 증례가 많았다.
- 환자의 혈청(20례) 가운데 페스트균에 대한 응집반응 양성자는 11례, 침강반응 양성자는 12례, 보체결합반응 양성자는 11례였다.
- 혈청의 페스트균에 대한 살균반응은 모든 환자 혈청에서 확인됐다.
- 치유율은 피부페스트와 선페스트가 높았고 연령대는 11~20세가 많았으며 남녀간 차이는 없었다. 치유까지 걸린 기간은 평균 6-8주였다.
- 아울러, '페스트 혈청 살균반응'도 조사했는데, 이는 페스트 환자에게 독특하게 나타났으며 게다가 발병 초기부터 100% 양성으로 나오기 때문에 진단적 가치가 크다.

3.3.2 논문을 통해 알 수 있는 세균전 성과

① 과거 페스트 유행과 비교할 때 능안 · 신징 지역 페스트는 패혈증 환자가 많고 사망률이 높았다.

② 치유까지 걸린 기간은 평균 6-8주였다. 치유율은 11-20세 연령대가 높았다.

③ '페스트 혈청 살균반응'도 조사했는데, 이는 페스트 환자에게 독특하게 나타났으며 게다가 발병 초기부터 100% 양성으로 나오기 때문에 진단 가치가 크다.

3.4 다카하시논문 2부 526부

3.4.1 논문 내용

이 논문은 신징과 능안 지역에서 발생한 페스트 환자와 사망자, 그리고 유행지에 서식하는 쥐와 기생하는 곤충의 세균검사 기록이다. 환자 시신에서 71개의 균주(菌株, 순수하게 분리하여 배양한 세균), 그리고 쥐 29종, 이 1종에서 확보한 균주 등, 총 119주의 페스트균을 분리, 검사하였다.

- 시신 124구의 세균검사 결과, 58구에서 페스트균이 검출됐다.
- 사망하기 전 림프선과 객담, 혈액 등에서 세균검사를 실시한 결과, 페스트 양성 반응이 나온 것은 불과 16명이었다. 페스트 환자에서 세균이 검출되는 경우는 많지 않으며 경과가 빨라 살았을 때 진단 내리기 어렵다.
- 회복된 환자 16명을 대상으로 혈액과 림프선, 객담, 소변 등에 대한 균 검사를 실시하였으나 균이 검출되지 않았다. 또한 회복기 환자는 균을 보유하고 있지 않았다.

3.4.2 논문을 통해 알 수 있는 세균전 성과

① 페스트균 양성은 28명 가운데 16명에 불과하였고 페스트 환자로부터 세균 검출은 쉽지 않았다.

② 회복기 환자는 균을 보유하지 않았다.

3.5 다카하시논문 2부 537호

3.5.1 논문 내용

이 논문은 눙안 및 신징 지역에서 유행한 페스트균의 세균학 검사를 담았다. 눙안 및 신징의 페스트 유행과 관련하여 해당 지역의 페스트 환자와 사망자, 쥐, 벼룩, 이로부터 분리한 페스트균 110주에 대한 생물학, 혈청학 검사를 실시하였다.

분석 결과, 각기 다른 보균체로부터 분리된 110주 페스트균은 모두 생물학, 혈청학적으로 동일성을 가진다는 것이 밝혀졌다. 단 하나만 비점조성 변이주(非粘調性変異株)였다.

3.5.2 논문을 통해 알 수 있는 세균전 성과

눙안에서 멀리 떨어진 신징에서 발생한 페스트 유행은 눙안 페스트와 동일한 균에서 유래했다는 것을 확인했다. 즉, 한 곳에 PX를 살포해도 상당한 범위까지 2차, 3차 감염 유행을 일으킬 수 있다는 것을 입증하였다.

3.6 다카하시논문 2부 538호

3.6.1 논문 내용

1940년 9월 하순에 발생한 신징 페스트 유행과 관련해, "중대한 사태를 염려하여" 10월 5일부터 군(가모부대)이 주체가 되어 방역체제가 마련되었다.(11월 중순까지) 그 체제에 대한 보고논문이다.

방역기관 편성의 정석이라 할 방역시설의 개요와 방역 실시 요강, 감염경로 규명, 전염원 규명, 전염원 소독, 전염경로 근절, 개인방어법, 방역실시 요원을 위한 교육 경험 등이 기록돼 있다.

3.6.2 논문을 통해 알 수 있는 세균전 성과

모순되게, 당초 예상과는 달리 PX 살포 지역 외에서 2차 유행이 발생한 점을 성과라 하겠다. 어쩔 수 없이 731부대를 포함한 관민이 힘을 합쳐 '방역체제'를 조직할 수밖에 없었지만, 그래도 이러한 경험들이 페스트 유행에 대한 방역훈련이 된 것으로 보인다.

4. 고찰

1940년 6월부터 눙안 및 신징 지역에서 발생한 페스트 유행과 관련하여 전후 중국과 일본 연구자 사이에는 많은 논쟁이 있었다. 간단히 말해, 731부대에 의한 작전설과 자연유행설의 대립 속에 최근까지지도 결론을 내리지 못한 상황이었다. 그러나 이번에 가네코 준이치 논문이 발견되면서 731부대가 실시한 'PX 세균 살포 · 세균전'이었음이 밝혀졌다.

따라서 『육군군의학교 방역연구보고 제2부』에 게재된 「쇼와 15년 눙안 및 신징 지역에서 발생한 페스트 유행에 대하여」라는 다카하시논문 6편은 그야말로 731부대가 처음 실시한 PX살포작전(세균전) 개요와 가해 상황을 여실히 보여주는 조사보고서이며 작전의 성과 기록이다.

눙안 PX살포작전을 통해 확보한 성과를 취합하면 다음과 같다.

① PX를 살포하고 약 3주 후에 제1차 성과를 확인했다.
② PX 5g으로 얻을 수 있는 1차 효과(발병)는 12명이었다.
③ 6월 중순에 발생하고 11월 하순 유행 종식까지 약 160여 일 동안 발생한 환자는 총 353명이었고 이는 발생 지역 인구의 1.5%에 해당했다.
④ 2차 유행이 상당히 멀리 떨어진 원격지(60㎞ 이상)에서도 발생했다.
⑤ 살포 후 사람 사이 전염원은 감염된 시궁쥐였다.
⑥ 전염 매체와의 관계상, PX살포작전은 4월-11월에 실시하는 것이 가장 적절하다.
⑦ 직접적인 공격 목표로는 일반 지역보다 가축, 대형동물을 다수 사육하는 지역이 더 적합하다.
⑧ 그외 사용한 PX 용기의 질과 수, 그리고 PX 방출 장소와 방법 등에 대해서는 기술이 없어 정확히 알 수 없으나 능안에서의 경험을 통해 적지 않은 지식을 얻은 것으로 보인다.
⑨ 페스트 환자 혈청의 페스트균 살균반응이 특이해 페스트 환자를 진단하는 데 유용하다.
⑩ 시신 124구 가운데 58구에서 페스트균이 확인되었고, 사망자 모두가 패혈증으로 죽었다.

아울러, 처음 PX살포작전에서 만주 거주 일본인 14명의 희생되었다는 점도 주목해야 한다.

5. 결론

이번에 국회도서관에서 발견된 가네코 준이치 논문 「PX의 효과개산법」을 통해 『육군군의학교 방역연구보고 제2부』에 기재된 「쇼와 15년 농안 및 신징 지역에서 발생한 페스트 유행에 대하여」라는 다카하시논문 6편이 731부대가 실시한 PX살포작전 후 발생한 페스트 유행에 관한 상세한 역학조사 결과임이 드러났다.

일본 육군은 이 작전에서 PX살포작전에 대한 적지 않은 성과를 파악한 것으로 보인다.

미국 육군이 소장한 '더그웨이문서'의 Q리포트는 이 눙안작전에서 사망한 사람들의 병리해부 소견 기록이며, 이 사건으로 사망한 일본인 14명의 기록도 포함돼 있는 것으로 추정된다.(맨 끝 주6 참조)

*4 PX의 생존기간과 관련해서는 『육군군의학교 방역연구보고 제2부』 32호 무라쿠니 시게루(村国茂) 논문이 있다. 이 논문에 따르면 실온습 환경에서 PX 생존기간은 약 10일이며 최대 15~30일까지 생존할 수 있다고 한다.

*5 실제 일본군은 "'세균전'에 대한 장기적 연구 결과를 통해, 그 방법으로 페스트균의 PX(페스트에 감염된 열대쥐벼룩) 형태 살포가 가장 효과적이라고 판단"했다.(「細菌戦用兵器の準備及び使用の廉で起訴された元日本軍軍人の事件に関する公判書類」, 外国語図書出版所, 1950, pp. 136-137)

UNCLASSIFIED CONFIDENTIAL

brief out-line of all investigated cases. (2)

No.	Name.	years.	sex.	days of course.	Disease form.	Entrance port.
S- 1.	K F	8	♀	8	G	l-inguinal
S- 2.	T T	8	♀	5	G-S	r-submaxill…
S- 3.	S.K	25	♂	5	G	r-inguinal
S- 4.	M H	23	♂	5	G	l-axillaris
S- 5.	M Y	21	♂	3	G	r-inguinal
S- 6.	F T	12	♀	6	G-S	r-axillaris
S- 8.	T L	10	♂	3	S	
S- 9.	G S	56	♂	6	L	
S- 10.	K K	45	♀	?	S	
S- 11.	H C	55	♂	18	G	r-inguinal
S- 12.	T F	27	♂	3	G	l-inguinal
S- 14.	T ?	37	♂	4	G	Phlegmon
S- 15.	U S	18	♂	?	G	l-inguinal
S- 19.	Y ?	58	♀	12	S	
S- 22.	M T	3	♀	21	G	l-submaxill…
S- 26.	H K	31	♂	7	G	Phlegmon
S- 25.	F S	44	♂	2	G	r-inguinal
S- 38.	Y O	33	♂	7	S	

CONFIDENTIAL

UNCLASSIFIE…

[표5] 신징 페스트 유행 때 페스트 사망자 부검 리스트('더그웨이문서' Q리포트에서 인용)

추기

'더그웨이문서'는 미군 더그웨이 세균전 실험장에서 셸던 H. 해리스(Sheldon H. Harris)가 발견했다고 알려진 문서이다. 종전 후 일본을 방문해 731부대 관계자를 조사한 에드윈 V. 힐과 요셉 빅터 등에게 배포된 문서로, A리포트(탄소균 감염 사망자 병리해부 소견록)와 G리포트(비저균 감염 사망자 병리해부 소견록), 그리고 Q리포트(페스트균 감염 사망자 병리해부 소견록)로 구성되어 있다.[11]

이 Q리포트 서두에는 '눙안 및 신징 지역에서 발생한 페스트 사망자의 병리해부 소견'이라며 N기호 39증례, S기호 18증례가 기재되어 있다.([표5]) 증례별로 각각 병리소견이 기술되어 있고 후반부에는 장기별로 관찰된 특이 병리소견이 정리되어 있다.

앞서 [표4]에서 다카하시논문 515호에 신징에서 발생한 페스트 사망자 28명에 대한 기록을 소개하였는데, Q리포트에는 다카하시논문에 나온 그 사망자들이라고 추정할 수 있는 각 증례별 병리해부 소견이 명확히 기록되어 있고, 일본인으로 추정되는 병리해부 소견도 있다.

즉, 만주에 거주하던 일본인도 PX살포작전으로 희생되었고 병리해부까지 당해 세균전 성과의 지표로 활용된 것이다.

*6 다카하시논문 515호에는 신징에서 발생한 페스트 유행으로 감염된 환자 28명의 '주소, 이름(약자), 성별, 연령, 인종, 사망여부(轉歸, 병의 결과), 발병일, 종료일, 병명, 적요(摘要)' 정보가 일람표로 기재되어 있다. ([표4]) 28명은 15명이 일본인, 13명이 중국인(滿人)이었다. 일본인 중에서 1명이 치유된 것으로 기록되어 있다.
한편, 위에 언급한 'Q리포트'에 실려 있는 페스트 사망자 부검 소견에는 신징 페스트 '사망자'의 부검 소견도 포함돼 있을 것으로 추정된다. 예를 들어 Q리포트의 증례 'S-1, KF, ♀, 8세'와 'S-22, MT, ♀, 3세' 등은 다카하시논문 515호의 '페스트 환자 일람표'에 나온 증례와 일치한다.[13]

13. 필자인 아자미 쇼조는 다카하시논문에 나온 감염 및 사망자 28명 중 18명이 선별되어 세세한 병리 소견까지 그림으로 그려져 Q리포트에 담긴 것이라고 추정하는 것이다. 그리고 이를 뒷받침하는 증거로 Q리포트에 나온 18명의 이름 약자, 성별, 연령이 동일한 증례를 다카하시논문에서 모두 찾을 수 있다고 말한 것이다. 일례로 'S-1, KF(이름 약자), ♀, 8세'라고 나온 사망자는 다카하시논문([표4]의 3번)에 나온 신징 사망자 '藤○君○, 女, 8세, 日本人, 死'와 동일 인물로 추정된다. 영어식 이름 약자도, 이름이 君O(Kimi-)이고 성이 藤○(Fuji-)이므로 영어로 하면 약자가 KF이다. 역시 Q리포트의 'S-22, MT, ♀, 3세' 사망자는 다카하시논문([표4]의 12번)의 '高○眞○, 女, 3세, 日本人, 死'와 동일 인물로 추정된다. 이름이 眞○(Ma-)이고 성이 高○(Taka-)이므로 영어이름 약자는 MT가 된다.

인용·참고문헌

1. 『朝日新聞』 2002年8月28日付
2. 731部隊細菌戦被害国家賠償請求訴訟弁護団編, 『裁かれる細菌戦』, 731部隊細菌戦被害国家賠償請求訴訟弁護団, 2002
3. 防衛省防衛研究所図書館所蔵
4. 国立国会図書館関西館, 金子順一, 東京大学へ提出の学位申請論文集; 西山勝夫, 『戦争と医学』, 文理閣, 2014, pp. 218-226
5. 『陸軍軍医学校防疫研究報告 第2部』, 不二出版, 2005
6. シェルダン · H · ハリス, 近藤昭二訳, 『死の工場』, 柏書房, 2001; 解学詩 · その他, 『戦争と疫病』, 本の友社, 1997
7. 常石敬一, 『戦場の疫学』, 海鳴社, 2005, p.157, 174, 210
8. 오쓰카 비망록(大塚備忘録, 1943.11.1.)에는 "기왕실적(既往実績), 능안현, 다나카(田中) 기사 이하 6명, 밀정에 의한 효과 있었음. 10unit 10마리(匹)"라는 기록이 있다.
9. 고사카이 노조무(小酒井望) 논문 「절식 열대쥐벼룩의 생존기간에 미치는 온도 · 습도의 영향에 관한 연구 보유」(絶食ケオビスネズミノミの生存期間に及ぼす温湿度の影響に関する研究補遺, 『육군군의학교 방역연구보고 제2부』 576호 수록)에 따르면 "50마리를 모리야제(守谷製) 화학 저울로 0.0001gr까지 칭량"이라고 되어 있다.
10. 무라쿠니 시게루(村国茂) 논문 「열대쥐벼룩에 관한 실험적 연구 제4편」(けおびすねずみに関する実験的研究 第4編, 『육군군의학교 방역보고 제2부』 192호 수록)에 따르면 "기아 직전 상태의 벼룩 1000마리는 498.3mg", "절식 5일째로 벼룩은 5분의 1까지 감소한다(한 마리 약 0.5mg)"고 되어 있다.
11. 近藤昭二編, 『CD-ROM版731部隊 · 細菌戦資料集成』, 柏書房, 2003

『육군군의학교 방역연구보고 제2부』 715호의 해제

니시야마 가쓰오(西山勝夫)

『육군군의학교 방역연구보고 제2부』[1]를 '15년전쟁과 일본의 의학의료연구회' 프로젝트팀이 분석한 결과는 '15년전쟁과 일본의 의학의료연구회' 홈페이지[2]에 공개돼 있다. 이 분석에서 밝혀진 700번대 논문은 702호, 706호, 707호, 710호, 711호, 714호, 723호, 725호, 736호, 741호, 744호, 754호, 763호, 767호, 768호, 778호, 780호, 787호, 788호, 789호, 790호 등이다. 이후 나스 시게오[3]가 발견한 가네코 준이치 학위논문에 나온 참고논문을 통해 791호도 있다는 사실이 밝혀졌다. 아울러 니시야마가 실시한 731부대 관계자 등의 교토의학부 박사논문 검증[4,5]을 통해 758호가 추가로 발견되기도 했다. 여기서는 새로 발견된 715호[6]를 소개한다.

1. 발견 경위

필자는 평소 NACSIS Webcat-CiNii Articles-국립정보학연구소 문헌 데이터베이스(현재는 http://ci.nii.ac.jp/) 등을 이용해 '육군군의학교 방역연구보고' 등의 키워드를 검색한다. 2013년 9월에 '육군군의학교 방역연구보고'로 검색하니 새로운 검색 결과(『육군군의학교 방역연구보고 제2부』 육군군의학교 방역연구실 육군군의학교 소장관 1관)가 나왔다.

소장 정보에는 "농림수산성 농림수산연구정보종합센터 1943-1943715"라고 적혀 있었다. 농림수산연구정보종합센터는 이바라키현 쓰쿠바시 간논다이 2-1-9(〒305-8601 茨城県つくば市観音台 2-1-9)에 위치했다. 센터 홈페이지에는 "농림수산연구정보종합센터는 농림수산성 시험연구기관 등의 문헌 정보 서비스 공동이용기관이며 국립국회도

서관 지부 농림수산성 도서관 분관으로서 일본 국내외의 농림수산 분야에 관한 학술 정보를 폭넓게 수집하여 제공 및 보존하는 작업을 합니다. 아울러 일본 각지의 농림수산성 시험연구기관 등(국립연구소 1곳 및 독립행정법인연구소 6곳 등 모두 합쳐서 56곳 연구 거점)에 설치된 도서관과 연계하여 종합 목록 구축과 문헌 복사, 상호대차, 레퍼런스 등 소속 연구자를 위한 정보 서비스를 제공합니다"라는 설명이 있었다.

홈페이지에 적힌 전화번호로 직접 문의하니 센터에는 『육군군의학교 방역연구보고 제2부』 중 715호만 있다고 했다. 시가의과대학(滋賀医科大学) 부속도서관을 통해 상호대차가 가능하다고 해서 도서관 도서과 정보 서비스과를 통해 도서 대출을 신청했다. [사진1]은 상호대차 서비스를 이용해 받은 문헌 표지다.

[사진1] 『육군군의학교 방역연구보고 제2부』 715호 표지

표지에는 표제 "혈청 등의 동결진공건조법", 저자 "육군군의학교 방역연구실(부장 이시이 소장) 나이토 료이치"라고 쓰여 있었으며 다른 대부분의 『육군군의학교 방역연구보고』와 마찬가지로 ㊙ 마크가 찍혀 있었다. 더불어 서지 정보에도 『육군군의학교 방역연구보고』 규칙에 근거하여 "제2부 ↩ 총설 ↩ 분류 ↩ 358-004 ↩ 374- ↩ 375- ↩ 395-001 ↩ 570-96 ↩ 접수 쇼와 18.11.22"가 인쇄되어 있었다. 표지와 목차를 포함한 총 페이지 수는 116쪽이었다.

표지 하단에는 '네이장서'(根井藏書)라는 도장이 찍혔고 도장 오른쪽에는 또 '㊍'라는 도장 하나가 있었다. 이는 개인 장서에서 소장처가 변경되었음을 의미하는 듯하다. 마지막 페이지에는 [사진2]와 같은 도장과 라벨이 있었다.

[사진2] 마지막 페이지에 있는 도장과 라벨

이 『육군군의학교 방역연구보고 제2부』 715호를 받은 후 다시 농림수산연구정보종합센터 레퍼

런스 서비스 담당자에게 센터가 해당 서적을 입수한 시기와 경위, 네이장서에 관한 정보와 다른 네이장서 책을 소유하고 있는지 문의했으나 "모르겠다"는 대답만 돌아왔다.

이제 이 논문 내용을 살펴볼 텐데 편의상 「방역보고2-715호」라 한다.

2. 「방역보고2-715호」 목차

「방역보고2-715호」 목차는 아래 [표1]과 같다. 목차로 보아 이 글은 성능 높은 동결진공건조 장치 제작을 위해 요구되는 물리학 기초부터 응용까지의 사항을 체계적으로 검토한 총설인 것을 알 수 있다.

[표1] 목차(오른쪽 숫자는 본문 페이지 수에 따라 필자가 매긴 페이지 번호임)

0.0.0	서문		6
1.0.0	개설(概説)		6
	1.1.0	일반 건조법 종류(一般乾燥方法ノ種類)	6
	1.2.0	동결진공건조법의 역사(凍結眞空乾燥法ノ歴史)	7
	1.3.0	동결진공건조 공정의 개요(凍結眞空乾燥行程ノ概要)	8
	1.4.0	동결진공건조의 이점(凍結眞空乾燥ノ興フル利益)	8
	1.5.0	장치 개요(装置ノ概要)	9
	1.6.0	동결진공건조법에 관한 본편 기술의 범위(凍結眞空乾燥法ニ関スル本編記述ノ限定)	9
2.0.0	건조 및 증발의 기초물리학(乾燥及蒸発ノ基礎物理学)		10
	2.1.0	기화 및 응결의 물리학적 정의(気化及凝結ノ物理学的定義)	10
	2.2.0	기화 장력과 증발 및 건조(燕汽張力ト蒸発及乾燥)	11
	2.3.0	건조의 결과는 무엇인가. '평형 물분자' 및 '자유 물분자' (乾燥ノ終末トハ何カ, 「平衡水分」及「自由水分」)	11
	2.4.0	건조 정도의 수치화 '함수율'(乾燥程度ノ數的取扱, 「含水率」)	13
	2.5.0	물과 얼음의 최대 기화 장력(포화압)과 온도의 관계 (水及氷の最大燕汽張力(飽和壓)及夫ト温度トノ関係)	14
	2.6.0	용액의 기화 장력, Raoult 법칙(溶液ノ燕汽張力, Raoultノ法則)	16
	2.7.0	증발 Process 비교(진공 환경과 공기 혼재 환경)(蒸発ニ於ケル「眞空」又ハ空気混在ノ意義)	17
	2.8.0	끓는점과 증기의 관계(沸点, 其ノ燕汽トノ関係)	18
	2.9.0	증발 잠열(蒸発ノ潜熱)	18
	2.10.0	건조 기구(乾燥ノ機構)	18
	2.11.0	건조 속도의 단계(乾燥速度ノ段階)	19

		2.11.1	항률 건조(恒率乾燥)	20
		2.11.2	감률 건조 제1단(減率乾燥第一段)	20
		2.11.3	감률 건조 제2단(減率乾燥第二段)	22
	2.12.0	용액의 액상 상태에서의 건조(溶液ノ液状ニ於ケル乾燥)		24
3.0.0	진공(眞空)			26
	3.1.0	기체 및 기체 분자의 성질(気體及気體分子ノ性質)		27
		3.1.1	기체의 압력, 체적 및 온도에 관한 기본 법칙 (気體ノ壓力, 體積並ニ温度ニ関スル基本法則)	27
		3.1.2	기체의 단위 체적 중의 분자 수(気體ノ単位體積中ノ分子數)	27
		3.1.3	기체운동설에 있어서의 압력과 온도(気體運動説ニ於ケル壓力ト温度)	28
		3.1.4	기체 분자의 운동 속도(気體分子ノ運動速度)	29
		3.1.5	기체 분자의 자유 행정(気體分子ノ自由行程)	29
		3.1.6	용기벽에 충돌하는 분자 수(容器壁ニ衝突スル分子數)	29
		3.1.7	점성(粘性)	30
		3.1.8	열전도율(熱傳導率)	30
		3.1.9	확산(擴散)	30
		3.1.10	기체 분자의 성질 일람표(気體分子ノ性質一覧表)	31
	3.2.0	진공의 개념 및 단위(眞空ノ概念及単位)		31
		3.2.1	진공의 개념(眞空ノ概念)	31
		3.2.2	기압 단위 (気壓ノ単位)	31
		3.2.3	진공도 표시 방법(真空度ノ表示方法)	32
		3.2.4	진공 중의 기체 분자 상태(眞空中ニ於ケル気體分子ノ状態)	32
	3.3.0	진공도 측정법(眞空度測定法)		33
		3.3.1	측정법의 종류(測定法ノ種類)	33
		3.3.2	단순한 수은주를 이용한 측정법(単純ナル水銀柱ニヨル測定法)	33
		3.3.3	Boyle 법칙에 따른 Me-Leod 진공계(Boyleノ法則ニヨルモノ Me-Leod 眞空計)	34
		3.3.4	기체 수송 현상 응용 사례(気體ノ輸送現象ヲ應用セルモノ)	35
		3.3.5	기체의 전기적 성질을 응용한 사례(気體ノ電気的性質ヲ應用セルモノ)	36
	3.4.0	'진공 펌프'(「眞空ポンプ」)		39
		3.4.1	'진공 펌프' 성능 표시(「眞空ポンプ」ノ性能表示)	39
		3.4.2	'진공 펌프'의 복합과 조합(「眞空ポンプ」ノ複合, 組ミ合ハセ)	40
		3.4.3	실용 진공 펌프의 종류(実用眞空ポンプノ種類)	40
		3.4.4	'동결진공건조에서의 진공 펌프' 선정(「凍結眞空乾燥ニ於ケル眞空ポンプ」ノ選定)	44
		3.4.5	Cenco형 회전 오일 펌프(Cenco型廻転油ポンプ)	46
		3.4.6	수은 증기 펌프(水銀蒸気ポンプ)	47
		3.4.7	오일 확산 펌프(油擴散ポンプ)	48
	3.5.0	진공상태에서 수증기 용적(眞空中ニ於ケル水蒸気ノ容積)		49

		8.4.1	건조 시간에 따른 남아 있는 수량에서 나이토계수를 계산한 표 건조 시간에 따른 남아 있는 수량에서 다른 임의시간의 잔수율(残水率)을 계산한 표 나이토계수 각종 수치에서 임의시간의 잔수율을 계산한 표 (某乾燥時間二於ケル残水準ヨリ内藤係數ヲ求ムル表, 某乾燥時間二於ケル残水率ヨリ他ノ任意ノ時間二於ケル残水率ヲ求ムル表, 並二内藤係數ノ各種ノ値ヨリ任意ノ時間二於ケル残水率ヲ求ムル表)	105
		8.4.2	향상 목적의 계산도(向上目的ノ計算絵圓)	105
		8.4.3	'염화코발트'를 이용한 건조도 개측(「鹽化コバルト」ヲ以テスル乾燥度ノ概則)	107
	8.5.0	마무리(仕上ゲ)		108
9.0.0	건조품의 성상 및 본 건조법의 효용 용도(乾燥成品ノ性状及本乾燥法ノ効用用途)			109
	9.1.0	건조품의 물리학적 성상(乾燥成品ノ物理學的性状)		109
		9.1.1	건조품의 형태(乾燥成品ノ形態)	109
		9.1.2	용해(溶解)	110
	9.2.0	본 건조법의 용도 및 효용(本乾燥法ノ用途及効用)		111
		9.2.1	건조 조작에 의한 효과 손실(乾燥操作ニヨル効價損失)	111
	10.1.0		기호표	112
	10.2.0		인용문헌	113
			삽화	42
			표	40
			수식	110

3. 「방역보고2-715호」 내용 개요

서론은 다음과 같다.

최근 세균학과 혈청학 영역에서 동결진공건조법이 널리 시도되면서 여러 이점이 인정되었다. 저자는 1939년 이후 본 동결진공건조법 연구에 종사하면서 그 원리와 설비, 효과 등 전반에 관한 연구 성과를 36편 보고했는데 최근 이 동결진공건조법 응용이 더 활발하게 이루어지므로 이를 총정리할 필요가 생겼다.

본 연구는 아직 완성에 이르지는 못했고 현재 진도도 저자가 기대하는 바의 절반에도 이르지 못했다. 그럼에도 불구하고 정리하려는 이유는 후속 연구자들의 편리를 위해서다. 본 보고에서는 주로 혈청에 관한 사항을 기술한다.

서론에서 저자 나이토는 자신의 "연구 성과를 36편 보고"했다고 언급했지만 인용문헌만 보면 저자에 나이토가 포함된 논문은 17편뿐이다. 그러나 『육군군의학교 방역연구보고』에 나온 논문을 확인하면 총 36편으로(12번 인용문헌은 2편이 하나로 묶였으니 2편으로 칠 수 있다) 나이토 주장과 일치한다. 즉, 본 총설은 『육군군의학교 방역연구보고』에 발표한 논문 36편의 집대성으로 보인다.

'1.2.0 동결진공건조법의 역사'에서는 해외 문헌 리뷰 결과에 대해 "대량 건조에 적합한 장치를 만드는 데 성공하였고 공업화 분야를 개척", "장치 개선에 성공하였으며"와 같은 문구가 나온다. 이 "공업화"는 "거의 모두 미국학파에 의해 추진되었으며 독일과 영국, 프랑스, 소련 등의 경우 지금까지 참고할 만한 문헌이 없었다"며 다음과 같이 이야기한다.(이하 단어 어깨에 붙은 열고 닫는 괄호 속 번호는 미주나 각주가 아닌 [표3]의 인용문헌에 나온 번호임)

일본의 경우, 무라카미(村上, 1938)(28)(29)가 혈청보체와 면역 혈청 및 약간의 세균에 관한 실험을 하여 그 우수성을 인정받았다.

그러나 위의 업적은 모두 "특정 방법으로 건조시키면 성과를 얻을 수 있다"는 언급에 그쳐 중간 과정이나 각종 기초 조건을 알 방법이 없었다. 하지만 나이토는 1939년 미국에서 관련 기술의 실제 진도를 눈으로 확인하고 마음이 편안해졌다.[1] 같은 해, 안도(安東)와 미타니(三谷), 히라노(平野), 구보타(久保田), 노구치(野口), 오카베(岡部), 와카쓰키(若月), 고이즈미(小泉), 가와마타(川叉) 등과 협동하여 본 건조법과 그 응용의 비약적 약진에 이바지하기 위해 기초적인 각종 조건에 관한 탐구에 힘썼고 그간 36편에 이르는 보고를 제출하였다. 이로써 기대했던 것의 대략 절반 정도를 달성하였다.

그간 적(敵) 미국은 순조롭게 진보를 거듭해왔으며 수혈 대용으로서 사람의 건조혈청을 대량 생산하여 각 전선에 보급해왔다. 특별히 우수한 기계 제작자와 협력하여 이를 촉진했다고 생각된다.

글의 요지는 다음과 같다.

① 문헌 리뷰에 따르면 해외에서의 진공건조 공업화는 미국이 가장 앞서 있다.

---

1. 아래 요지에서도 언급되지만 미국과 일본의 기술 차가 크지 않아 마음이 놓였다는 의미로 이해된다.

② 1939년에 실시된 미국의 진공건조 과정에 관한 실태조사에 따르면 당시 미국의 수준이 일본으로서는 안심할 정도의 수준이다.

③ 귀국 후 진공건조 공업화의 비약적 약진을 위해 힘썼으며 목표의 절반 정도를 달성하였다.

④ 미국에서는 벌써 사람 건조혈청을 대량 생산하여 각 전선으로 보급하는 데 이르렀다.

⑤ 진공건조 공업화를 추진하기 위해서는 우수한 기계 제작자와의 협력이 필요하다.

[사진3] 그림 제32 제1차 제조 소형품
제습기용량 0.38㎥, 제습제영량 CaSO4 24㎏, 마개 내경 1.5㎝, 마개 수 56개

[사진4] 그림 제33 제2차 제작 대형품
마개 수 480, 제습조 2개, 진공 펌프 3대

당시 일본 수준을 알 수 있는 것으로, 본문 '7.0.0 건조 장치 전반' 항목에 도쿄시 일본특수공업주식회사가 제작한 제1차 제조 소형품과 제2차 제작 대형품 사진이 게재되었다.([사진3] [사진4])

나이토는 본론을 다음과 같이 정리했다.[2] "본 건조법의 용도 및 효용"에 대해 말하자면 "모든 용도에 활용할 수 있지만 지금 시점으로는 주로 미생물과 혈청 영역에서 소규모로만 이용되는 상황이다. 이를 제40표로 제시한다."([표2] 참조)

2. 「방역보고2-715호」 72페이지의 단락 번호는 원래 3.5.5 및 3.5.6이어야 하지만 5.5.5 및 5.5.6으로 잘못 표시되었다.

[표2] 「방역보고2-715호」 제40표

	품종	저자	효용 등 기타
혈청	보체혈청	Boernor-Lukens[8]	장기간 동안 보존이 가능함
		무라카미[29]	
	진단용 (응집소) 혈청	나이토-히라노-와카쓰키[31]	
혈청항체	혈청 진정용(診定用) 표준 혈청	나이토-와타나베[30]	
	치료 (면역) 혈청	나이토-와카쓰키[41]	
		오타[58]	
	수혈 대용 사람 혈청	Karsner & Collins[20] Mudd, Flosdorf, Eagle[27] 나이토-무라타-구보[43]	
	혈액	나이토[35] 쓰야마-미타니[63][64]	용해성이 높은 것을 얻을 수 있었음
미생물	세균 (보존 균주)	히라노[12][13][14][15]	장기간 생존할 수 있었음
		Brown[4] Elser & Thomas[6]	
		구보타-고이즈미[22]	
		Morton-Pulaski[26]	
		무라카미[23] 노구치[47]-[52]	
		Rake[54] Rogers[55] 시타마[59]	
		Stark[60] Swift[62][61]	
	황열병독	Sawyer[57]	
		Gibbus[11]	
	천연두 종균(痘苗)	Rivers-Thomas-Ward[50]	
		안도[1] Kaiser[18]	
	기타 병균	Gibbus[11]	전염성 Laryngotracheitis virus의 양호한 보존
		Harris-Shackell[17]	광견병독
식품을 중심으로 한 생단백		고야마-모누키-무라카미[21]	

4. 인용문헌

인용문헌은 [표3]에 정리하였다. 인용문헌 번호는 75번까지이며 총 문헌 수는 12번에서 2개의 문헌이 하나로 게재되어 있기에 총 76개가 된다.

일본어 문헌은 총 47개이며 이중 『육군군의학교 방역연구보고』에 실린 논문은 총 36개다. 36개 논문 중에는 『육군군의학교 방역연구보고 제1부』의 논문도 있다. 제1부의 10호가 (36)번에, 18호가 (13)번에 그리고 93호, 142호가 (12)번에 적혀 있다. 이 논문들에 대해 현재까지 발견된 『육군군의학교 방역연구보고』(복각본)[1]와 선행 연구[4]를 바탕으로 검토해본 결과 지금까지 알려지지 않았던 것들이었다. 이번에 처음으로 저자와 표제, 발행연도를 확인하였다.[3]

[표3] 인용문헌

(1)	安東, 乾燥痘苗二關スル研究, 陸醫校防疫研究報告 第2部第198號, 昭16
(2)	**Bauel, J. H. & Pickels, E. G.,** Apparatus for freezing and drying virus in large quantities under uniform conditions, J. of exp. Med. Vol.71, 1940, p.83
(3)	**Boerner, F. & Lukens, M.,** The advantages of vacuum dried complement for use in the routine Wassermann reaction, Am. med. Ass. Vol.192, 1936, p.272
(4)	**Brown, J. H.,** The preservation of bacteria in vacuo, J. Back. Vol.23, 1932, p.44
(5)	**Dunoyer, L.,** Vacuum practice, G. Bell. & Sons Ltd. London, 1926, p.125
(6)	**Elser, W. J., Thomas. B. A. & Steffen, G. I.,** The dessication of sera and otherbiological products(including microorganisms) in the frozen state with the original qualities of product sotreated, J. of Imm. V.28, 1935, p.433
(7)	**Eyer, H. & Rohrmann. A.,** Zsch. Hyg. u. Inf. 122, 1940, p.584.
(8)	**Flosdorf, E. W. & Mudd, S.,** Procedure and apparatus for preservation in "Lyophile" form of serum and otherbiological substances, J. of. Imm. Vol.29, 1935, p.389
(9)	**Flosdorf, E. W. & Mudd. S.,** .An improvedprocedure and apparatus for preservation of sera, micro organisms and other substances. The Chryochem-Process, J. of Imm. 34, 1938, p.569
(10)	**Hammond, W. A., and Withrow, J. R.,** Soluble anhydrite as a Dessicating Agent, Ind. Eng. Chem. Vo1. 25,.1933, p.652
(11)	**Gibb, C. S.,** The dessication and preservation of infectious laryngotracheitis virus, J. Bact. 25, 1933, p.245
(12)	平野晟, 凍結乾燥二依ル保存法二關スル研究第1報, 陸醫校防研報 第1部93號第2報142號, 昭15
(13)	平野, 凍結乾燥二依ル保存法二關スル研究第5報鹽類ノ影響, 陸醫校防疫研究報告 第1部第18號, 昭16
(14)	平野, 凍結乾燥二依ル保存法二關スル研究, 陸醫校防疫研究報告 第2部第128號, 昭16
(15)	平野·小泉, 凍結乾燥二依ル保存法二關スル研究, 陸醫校防疫研究報告 第2部第325號, 昭17
(16)	星合正治, 眞空學学, 電気工學講座, オ ーム社, 昭11
(17)	**Harris, D. L. & Shackell, J. F.,** The effect of vacuum desication(ママ) upon the virus of rabies with remarks upon a new method. J. Amer. Pub. Health Ass. Voi. 52, 1911, p.1
(18)	**Kaiser, S. F.,** Zbl. Bakt. Ⅰ. (orig.) 139, 1937, p.405
(19)	亀井三郎, 空気ノ調濕·乾燥·抽出, 化学工學講座, 共立社, 昭10
(20)	**Karsnor, H. T., & Collins. K. R.,** The influence of dessication on certain normal immune bodies, J. of. Inf. Dis. Vol.25, 1919, p.427

3. 이 책의 2부 세 번째 글, 'A리포트와 G리포트(더그웨이문서)'에서 언급했듯이, 731부대 등에서 행한 연구를 추적할 수 있는 핵심 자료인 『육군군의학교 방역연구보고』는 1부와 2부가 있다. 현재까지 발견된 것은 대부분 2부이다. 학자들은 1부에 극비 자료가 많이 담겨 있을 것으로 예상하고 있다.

(21)	小山榮二·茂貫利次·村上忠夫, 流體物質ノ低温乾燥日新醫學 31年 6號, 昭17, p.419
(22)	久保田·小泉, 凍結眞空乾燥法ニ依ル生存保存ニ於ケル乾燥度ノ菌生存ニ及ボス影響, 陸醫校防疫研究報告 第2部第261號, 昭17
(23)	久保田·小泉, 凍結眞空乾燥法ニ使用スルニ, 三ノ器具, 陸醫校防疫研究報告 第2部第266蹴, 昭15
(24)	久保田·小泉·石崎, 凍結眞空乾燥法ニ於ケル冷却温度ト乾燥後ノ内部構造トノ開係, 陸醫校防疫研究報告 第2部第301號, 昭17
(25)	久保田·小泉, 凍結眞空乾燥菌ニ封スル無電極放電ノ影響, 陸醫校防疫研究報告 第2部第335號, 昭17
(26)	**Morton, H. E., Pulaski, E. J.,** The preservation of bacterial cultures, J. Bakt. 35, 1938, p.163
(27)	**Mudd, S., Flosdorf, E., W., Eagle. H.,** The preservation and concentration of human serums for c1inical use, J. Am. Med. As., Vol.107, 1936, p.956
(28)	村上廣子, 高度眞空ニオケル細菌ノ乾燥及乾燥ニヨル菌株保存ニ就テ, 日黴生誌 32巻1045號, 昭13
(29)	村上廣子, 高度眞空ニヨル補髄ノ乾燥及長期保存, 日本微生物誌 第32巻, 昭13, p.115
(30)	内藤·渡邊, 凍結乾燥法ニヨル人血型診断用乾燥標準血清ノ製造, 陸醫校防疫研究報告 第2部第5號, 昭14
(31)	内藤·平野·若月, 凍結乾燥法ノ研究(其ノ2) 凍結乾燥法ニヨル診断用乾燥免疫血清ノ製造, 陸醫校妨疫研究報告 第2部第22號, 昭14
(32)	内藤·若月, 凝集素血清ノ耐凍結性, 陸醫校防疫研究報告 第2部第25號, 昭14
(33)	内藤·山内, 凍結乾燥法ノ研究(其ノ1) 凍結乾燥法ニヨル乾燥血清ノ内部構造ニ就テ, 陸醫校防疫研究報告 第2部第21號, 昭15
(34)	内藤·若月·川叉, ゴム栓ヲ施シタル硝子瓶ノ眞空保持, 陸醫校防疫研究報告 第45號, 昭15
(35)	内藤, 水ニ封シ容易ニ且平等ニ溶解スル乾燥血ノ製造法, 陸醫校防疫研究報告 第2部第49號, 昭15
(36)	内藤, 凍結眞空乾燥法ノ研究(其ノ6) アンプラノ頸管及コツクノ内径ト蒸汽通過量トノ関係ニ闘スル計算, 陸醫校研究報告 第1部第10號, 昭15
(37)	内藤·若月·川叉, ゴム栓ヲ施シタル硝子瓶ノ眞空保持, 陸醫校防疫研究報告 第2部第45號, 昭15
(38)	内藤·若月, 凍結眞空乾燥法ニ於ケル脱水経過y=eax 昭15.陸醫校防疫研報告 第2部第69號
(39)	内藤·若月, 凍結眞空乾燥法ノ研究 第5報 凍結眞空乾燥用血清アンプラノ表面ヨリ内部ヘノ熱傳導, 陸醫校防疫研究報告 第2部第39號, 昭15
(40)	内藤, 凍結眞空乾燥法ノ研究 第7報 凍結眞空乾燥法ニ於ケル乾燥度早見表, 陸醫校防疫研究報告 第2部第117號, 昭16
(41)	内藤·若月, 凍結乾燥法ノ研究(其ノ6) 治療用血清ノ乾燥, 陸醫校防疫研究報告 第2部第133號, 昭16
(42)	内藤·苓野·小泉, 生存乾燥用アンプラノ規格決定, 陸醫校防疫研究報告 第2部第166號, 昭16
(43)	内藤·村田·久保, 米國及ソ聯邦ニ於ケル輸血用乾燥血清ノ研究製造竝ニ補給ノ趨勢(昭和11年12月), 陸醫校防疫研究報告 第2部第272號, 昭17
(44)	内藤, 凍結眞空乾燥ニ於ケル脱水経過ノ乾燥機構見地ヨリスル理論的考察, 陸醫校防疫研究報告 第2部第662號, 昭18
(45)	内藤·井澤, 血清等ノ含氷體成生温度, 陸醫校防研報 第645號
(46)	内藤·宮内, 低壓ニ於テ使用スル吸濕剤ノ選定, 陸醫校防疫研究報告 第2部第665蹴, 昭18
(47)	野口, 弱毒ペスト菌ノ凍結眞空乾燥法ニヨル生存保存法ノ研究 第1篇 好適メヂウムノ選定, 陸醫校防疫研究報告 第2部第208號, 昭17
(48)	野口, 弱毒ペスト菌ノ凍結眞空乾燥法ニヨル生存保存ノ研究 第2篇 各種凍結温度竝ニ乾燥温度ノ影響, 陸醫校防疫研究報告 第2部第216號, 昭17
(49)	野口, 弱毒ペスト菌ノ凍結眞空乾燥法ニヨル生存保存方法ノ研究 第3篇 乾燥菌ノ溶解ニ闘スル實験, 陸醫校防疫研究報告 第2部第262號, 昭17
(50)	野口, 弱毒ペスト菌ノ凍結眞空乾燥法ニ於ケ ル生存保存方法ノ研究 第5篇 乾操時間ト生菌数トノ閥係, 陸醫校防疫研先報告 第2部第444號, 昭17

(51)	野口, 弱毒ペスト菌ノ凍結眞空乾燥法ニヨル生存保存方法ノ研究 第6篇 分注菌液量ト乾燥後ノ生菌数トノ関係, 陸醫校防疫研究報告 第2部第445號, 昭17
(52)	野口, 弱毒ペスト菌ノ凍結眞空乾燥法ニヨル生存保存方法ノ研究 第7篇 保存温度竝ニ日光ノ凍結眞空乾燥菌ニ及ボス影響, 陸醫校防疫研究報管 第2部第464號, 昭17
(53)	太田[藤], 瓦斯壊疽血清ノ精製濃縮及凍結乾燥操作ニヨル抗毒素價ノ動揺ニ就テ, 陸醫校妨疫研究報告 第2部第481號, 昭18
(54)	**Rake, G.,** Variability and virulence of frozen and dried cultures of meningococcus, Proc. Soc. Biol. Med. Vol.32, 1935, p.975
(55)	**Rogers, L. A.,** The preparation of dried cultures, J. Inf. Dis. Vol.14, 1914, p.100
(56)	**Rivers, N. D.,** Thomas, M., Ward, S.M., Jennennean prophylaxis by means of intradermal injections of cultures vaccine virus, J. of exp. Med. Vol.62, 1935, p.549
(57)	**Sawyer, W. A., Lloyd, W., & Kitchen. S.F.,** The preservation of Yellow Fever Virus, J. exp. M. Vol.50, 1929, p.1
(58)	**Shakell. L. F.,** An improved method of dessication with some applications to biological problems, Am. J. physiol. Vol.24 p.325. 1909
(59)	舌間慶太郎, 冷凍乾燥法ニヨル菌株保存, 日本微生物誌 37巻, 昭18, p.475
(60)	**Stark, S. N. and Herrington, B. L.,** The drying of bacteria aud the viability of dry bacterial cells, J. Bact. 21, 1931, p.13
(61)	**Swift, H. F.,** Preservation of stock cultures of bacteria by freezing and drying, J. exp. Med. 33, 1921, p.69
(62)	**Swift, H. F.,** A simple method for preserving bacterial cultures by freezing and drying, J. Bakt. Vol..33, 1937, p.411
(63)	津山·三谷, 特殊乾燥血輸血ニ於ケル家兎血壓ノ消長ニ就テ, 陸醫校防疫研究報告 第2部第93號, 昭16
(64)	津山·三谷, 特殊乾燥血輸血ニ於ケル家兎赤血球·白血球·血色素·血液粘稠度竝ニ血液瓦斯等ノ消長ニ就テ, 陸醫校防疫研究報告 第2部第94號, 昭16
(65)	Chemical Engineers Handbook, Perry J. H., Mc Graw-Hill Co. New york, 1934, p.674
(66)	Chemical Engineers Handbook, J. H. Perry, p.1261(The drying of Gases)
(67)	機械工學便覧, 岩波書店, 昭12.
(68)	緒方·近藤, 化學實験操作法, 南江堂, 昭12
(69)	日本電球工業株式会社型録(東京. 銀座1ノ5), 昭和16年
(70)	Lndolt-Börnstein, BothScheel, Physikal-Chemisch Tabellen. Bd. I. S. 626. Kryohydrat, 1923
(71)	同上, II. S. 1315. Dampf. u. Sättigungsdruck d. Eis.
(72)	同上, Hw. I. S. 629. Schmelzwärme d. Kryohydrat
(73)	同上, Hw. II. S 1469 : Schmelzwärme des Wassers
(74)	同 I. S. Schmelzpunkte, Siedepunkte, u. enantiotrop Umwandlugspunkte n organischer Verbindungen(Polymorphis)
(75)	實用化學便覧, 工業化學, 化學工業時報社, 昭17

5. 네이장서(根井蔵書)

발견 경위에서 언급했듯이 「방역보고2-715호」는 네이장서가 이관된 것이라고 하지만 농림수산성 농림수산연구정보종합센터 레퍼런스 담당자도 '네이'가 누군지 모른다고 했다. 네이에 대해 이것저것 찾아본 결과, 홋카이도대학 저온과학연구소가 간행하는 *Low temperature Science* 학술지에서 네이 도키오(根井外喜男)란 사람이 쓴 「동결건조에 관한 문헌집」[7]을 발견할 수 있었다. 이 논문집의 22번째 문헌에 나이토 료이치의 논문인 「방역보고2-715호」가 있었다.[4] 또한 검색을 통해 저온생물공학회가 간행한 학술잡지인 『동결 및 건조 연구회 회지』(현재 계승 잡지는 『저온생물공학회지』) 제31권이 '고 네이 도키오 선생님 추모호'였다는 것도 확인할 수 있었다.[8] 그 제31권에는 네이의 약력이 담겨 있었는데 이를 정리하면 [표4]와 같다. 약력에서 보듯, 그는 1981년 4월에 농림수산성 가축위생시험장 객원연구원이 되었다. 즉, 이러한 관계로 「방역보고2-715호」가 네이장서로서 농림수산성 농림수산연구정보종합센터에 이관됐을 것이다.

[표4] (고) 네이 도키오 약력

1913년 5월	홋카이도 아시베쓰시(芦別市)에서 출생
1937년 3월	홋카이도제국대학 의학부 졸업
1937년 4월	홋카이도제국대학 부수(의학부 세균학교실)
1941년 5월	홋카이도제국대학 조수(의학부 세균학교실)
1943년 10월	의학박사(홋카이도제국대학)
1944년 2월	홋카이도제국대학 조교수(저온과학연구소)
1948년 12월	홋카이도제국대학 교수(저온과학연구소)
1956년 10월	홋카이도대학 저온과학연구소 소장(1959년 10월까지)
1959년 4월	동결 및 건조 연구회(창립) 간사(1969년 3월까지)
1969년 4월	동결 및 건조 연구회 회장(1975년 3월까지)
1969년 5월	세토상(瀨藤賞) (일본전자현미경학회상) 수상
1969년 8월	Doctor of Science 명예학위(Lewis and Clark College, U. S. A.)
1974년 4월	동결 및 건조 연구회 총무 간사(1984년 8월까지)
1976년 11월	홋카이도신문문화상 수상
1977년 4월	홋카이도대학 정년 퇴임, 홋카이도대학 명예교수
1977년 4월	히가시닛폰가쿠엔대학(東日本學園大學) 교수(약학부 미생물약품화학교실)
1977년 4월	일본전자현미경학회 회장(1978년 3월까지)
1977년 11월	자수포장(紫綬褒章: 학문·예술 등에 공적이 있는 사람에게 정부가 주는 상) 수상
1978년 4월	히가시닛폰가쿠엔대학 대학원 약학연구과 교수 병임
1978년 8월	국제저온생물학회(Society for Cryobiology) 제15회대회(도쿄) 회장
1978년	국립대만대학 객원교수(1979년까지)
1980년 5월	쓰쿠바대학 강사(의학전문학군) (1983년 3월까지)
1981년 4월	농림수산성 가축위생시험장 객원연구원
1983년 4월	국립공해연구소 객원 연구원
1984년 7월	일본세균학회 명예 회원

4. 네이의 논문에는 정확히 나이토 논문이 다음과 같이 기재되어 있다. "内藤良一 (1943) 血清等の凍結真空乾燥法. 陸医校防研報告 2, No.715"

1984년 8월	서거
1984년 9월	훈2등서보장(勲二等瑞宝章) 수상

* 이외 국제냉동회의(International Institute of Refrigeration) C1부회장, 일본전자현미경학회 고문, Cryobiology 편집위원, Cryo-Letter 편집위원 등을 역임

더불어, 「방역보고2-715호」를 네이가 저온생물학 전문가로서 우연히 수집 소장하였는지, 아니면 나이토 등과 깊은 인연을 가졌는지 추적해 보았다. 이를 위해 약력에 있는 '홋카이도제국대학 의학박사'를 단서로 학위수여 기록을 살펴보았는데, 그 결과 학위논문 표제는 「천연두 감염 조직의 항원성 기전에 대하여」(痘毒感染組織における抗原性機転に就いて)이며 국회도서관 간사이관이 소장(청구번호 UT51-57-A81)하고 있다는 사실을 확인하였다. 이 학위논문의 주논문은 네이가 홋카이도제국대학 의학부 세균학교실 소속으로 작성한 것이고, 참고논문은 동인회화중중앙방역처(同仁會華中中央防疫處) 소속으로 작성한 것이었다. 그런데 국회공문서관 디지털아카이브에서는 네이의 학위수여 기록을 찾을 수 없었다.(2014년 3월 31일까지) 네이의 학위논문에 대해서는 다른 기회에 자세히 논하고자 한다.

6. 고찰

『육군군의학교 방역연구보고 제2부』에 언뜻 순서와 무관하게 게재된 것처럼 보였던 논문들이 「방역보고2-715호」가 발견되면서 어느 정도 체계가 드러났다. 즉, 나이토가 진공동결건조 공업화 개발을 위해 연구를 진행하였고, 그 단계마다의 연구결과를 『육군군의학교 방역연구보고』에 게재하였으며, 이것의 중간보고서 형태로 '제2부 715호'가 출판된 것임을 확인하였다.[5]

또한 "모든 용도에 활용할 수 있지만 지금 시점으로는 주로 미생물과 혈청 영역에서 소규모로만 이용되고 있는 상황이다"라는 나이토의 언급을 반추해보면 이 연구에는

5. 나이토의 논문 2부 715호의 목차([표1])를 보면 각 챕터가 이미 『육군군의학교 방역연구보고』에 게재했던 자신과 동료들의 연구결과([표3] 참조)를 정리한 것임을 확인할 수 있다. 즉, 어떤 프로젝트로 일련의 연구를 진행했고 단계별 결과물을 공식 보고하고 공유하기 위해 사실상 의무적으로 『육군군의학교 방역연구보고』에 게재한 듯하다. 이런 방식으로 『육군군의학교 방역연구보고』를 분석하고 범주화해 보면 731부대 및 관련 기관에서 어떤 프로젝트들을 진행했는지 파악 가능할 것이다.

세균무기 개발을 위한 세균 진공동결보존도 포함돼 있었을 것으로 보인다.

한편, 「방역보고2-715호」를 보면 물리학 응용을 바탕으로 한 유기물의 대량 제조 장치 개발에 초점을 맞추고 있는데, 이상하게도 순도와 불순물 혼재 및 오염 등은 전혀 언급하지 않았다. 원래 또는 주요 목적이 세균무기 개발이라면 무기개발에 지장이 없는 한 순도나 불순물의 혼재, 오염은 애초 큰 문제가 아니었기 때문에 구상에는 없었을지도 모른다.

『육군군의학교 방역연구보고 제2부』에는 나이토의 「방역보고2-715호」가 발행된 1943년 11월 이후에도 진공동결건조에 관한 보고가 다수 등장한다.[9·10·11·12·13·14·15·16·17·18] 그후 나이토가 전쟁 중에 연구결과를 총정리하여 어딘가에서 또 발행했는지는 현재로서 알 수 없다.

나이토는 1946년 미국으로부터 세균전에 관한 면책을 받았으며, 1950년 주식회사 '일본혈액은행'을 설립했다.[6] 그런데 이 혈액은행은 사람 건조혈장을 판매하면서 수많은 환자를 간염에 감염시켰다. 이때 나이토는 혈액은행 전무이사이자 의학박사 자격으로 사과했다.19 이 사과문에서 나이토는 "일본에서는 쇼와 18년(1943)부터 미국을 모방해 육군군의학교에서 건조혈장 제조를 시작하였습니다. 제가 지은 죄라는 것이, 실은 육군군의학교 교관 신분으로 전쟁 직전에 미국 필라델피아에서 동결진공건조 기술을 배운 것을 계기로 일본에서 건조혈장을 제조 · 개발하게 된 것에 있습니다. 그 결과로 많은 환자분들을 간염에 걸리게 하였습니다"라고 썼다. 하지만 "그러나 사람 건조혈장의 이점은 남아 있다"는 주장을 덧붙이며 "일단 과감하게 사람 혈장(건조) 제조를 중단시켰다"고 했다.

또한 나이토는 사과문에서 건조혈장은 절대 수분이 들어갈 수 없기에 "채혈 시 잘못 들어온 세균이 증식해 세균오염을 일으킬 수 없으며, 그로 인한 심각한 부작용이나 사망사고도 일어날" 위험은 없다고 주장했다. 그러면서도 나이토는 사람 건조혈장으로 인한 간염 발생률이 수혈로 인한 간염 발생률보다 훨씬 높다는 점을 고백했다. 그가 제시한 참고문헌에는 스펄링(Spurling, 영국)이 1944년에 제시한 (건조혈장으로 인한) "간염 발생률이 7.3%"라는 데이터도 있었다. 즉, 나이토는 육군군의학교 시절부터 진공동결

6. 전후 731부대 소속이었던 후타키 히데오(二木秀雄)와 나이토 료이치, 일본특수공업 사장이었던 미야모토 고이치(宮本光一)가 모여 1950년 11월 '일본혈액은행'을 설립했다. 일본혈액은행은 일본 최초의 혈액은행으로 한국전쟁 시 미군이 혈액을 대량 구입하면서 사업이 크게 성장했다. 1964년에는 일본 녹십자로 명칭을 바꾸었다. 이 회사는 가열처리하지 않은 혈액응고인자제재 등을 판매했는데, 여기서 간염과 에이즈 감염자가 다수 발생했다. (加藤哲郎, 「飽食した悪魔」の戦後: 七三一部隊と二木秀雄 『政界ジープ-』, 花伝社, 2017, p.29 참조)

건조의 위험성을 알고 있었다고 추정된다.

나이토는 여기서 그치지 않고 사과문에서 "혈액은행의 모토는 '최선의 양심에 의한 봉사'이고, 수혈 발전을 위해 일본에서 처음으로 사람 혈장 단백질 분리공장을 설비비용 1억여 엔을 들여 완성시켰다"며 자사 제품을 홍보하는 듯한 발언까지 늘어놓았다. 그러나 '최선의 양심에 의한 봉사'를 표방했던 이 일본혈액은행은 회사 이름을 일본 녹십자로 변경한 후 에이즈 감염 사건을 일으켰다.

지금까지 발견된 『육군군의학교 방역연구보고』를 정리하면 다음과 같다. 제1부 보고는 영인본을 통해[1] 7 호, 64호, 65호, 73호, 74호가 확인되었다. 나스 시게오에 의해[3] 41호, 42호, 60호, 62호, 63호, 81호, 82호가 발견되었다. 그리고 본고에서 도서 정보뿐이긴 하지만 10호와 18호, 93호, 142호를 확인하였었다. 제2부 보고는 700번대, 900번대의 경우[7] 영인본을 통해[1] 702호, 706호, 707호, 710호, 711호, 714호, 723호, 725호, 736호, 739호, 741호, 744호, 754호, 763호, 767호, 768호, 778호, 780호, 787호, 788호, 789호, 790호, 918호, 929호, 933호, 947호가 확인되었고, 나스에 의해[3] 791호, 그리고 니시야마에 의해[4] 743호, 758호, 910호, 920호가 확인되었다. 또한 900번 이하 가운데 아직 확인되지 않고 있는 것은 8호, 18호, 19호, 95호, 116호, 124호, 139호, 191호, 321호, 351호, 364호이다.

아울러 제1차 제조 소형품과 제2차 제조 대형품 제조사로 추정되는 도쿄시 일본특수공업주식회사의 소재와 변천에 대해서도 조사해봤으나 자세한 내용은 알 수 없었다.

---

7. 일본 후지출판사(不二出版社)가 낸 영인본은 『육군군의학교 방역연구보고 제2부』에 해당하는 여덟 권이다. 1권은 1호부터 100호까지, 2권은 101호부터 200호까지, 3권은 201호부터 300호까지, 4권은 301호부터 400호까지, 5권은 401호부터 500호까지, 6권은 501호부터 600호까지, 7권은 601호부터 700호까지, 8권은 801호부터 900호까지다. 즉, 제2부에는 아예 700호대와 900호대가 없다. 필자가 마지막에 언급했듯 제2부의 8호 18호 19호 95호 116호 124호 139호 191호 321호 351호 364호도 없다. 때문에 많은 학자들이 영인본에 실린 논문의 본문이나 참고문헌 등을 통해 간접적으로라도 미발굴 논문의 저자, 제목, 내용 등을 확인하고자 노력하고 있다.

인용·참고문헌

1.『陸軍軍医学校防疫研究報告 第2部』(復刻版), 不二出版, 2004.5-2005.12

2. 15年戦争と日本の医学医療研究会
url:http://war-medicine-ethics.com/Seniken/JapanArmyMedicineReport/JapanArmyMedicineReportAuthorsIndex.htm

3. 奈須重雄,「新発見の金子順一論文を読み解く」, NPO法人731資料センター,『会報』第2号, 2011

4. 西山勝夫,「731部隊関係者等の京都大学医学部における博士論文の検証」,『社会医学研究』30(1), 2012, pp. 77-84(2014년 文理閣에서 출판한『戦争と医学』에도 실림)

5. 西山勝夫,「731部隊関係者等の京都大学医学部における博士論文の構成」,『15年戦争と日本の医学医療研究会会誌』13(1), 2012, pp. 9-40(2014년 文理閣에서 출판한『戦争と医学』에도 실림)

6. 内藤良一,「血清等の凍結眞空乾燥法」,『陸軍軍医学校防疫研究報告 第2部』第715号, 1943

7. 根井外喜男,「凍結乾燥に関する文献集」, Low temperature Science, Ser. B,『Biological Science』12, 1954

8. 低温生物工学会,『凍結及び乾燥研究会会誌』第31巻, 1985

9. 野口圭一・井上隆朝・内藤良一,「弱毒ペスト菌の凍結真空乾燥法による生存保存方法の研究 第12編 被乾燥菌の培養温度について(乾燥時におけるエンヴェローブ物質の影響)」,『陸軍軍医学校防疫研究報告 第2部』第787号, 1944

10. 同上「同上 第13編 凍結真空乾燥(保存)菌の生物学的ならびに免疫学的性状」,『陸軍軍医学校防疫研究報告 第2部』第788号, 1944

11. 同上「同上 第14編 全研究を通じたる総括」,『陸軍軍医学校防疫研究報告 第2部』第789号, 1944

12. 上床伝,「結核菌の凍結真空乾燥に依る生存保存法に関する研究 第1報 人型(F株)菌に於ける其のメヂウム凍結温度の好適条件」,『陸軍軍医学校防疫研究報告 第2部』第818号, 1944

13. 同上「同上 第2報 B.C.G.に於ける其のメヂウム凍結温度の好適条件」,『陸軍軍医学校防疫研究報告 第2部』第823号, 1944

14. 同上「同上 第2編 凍結温度及乾燥時間と病毒量との関係」,『陸軍軍医学校防疫研究報告 第2部』第831号, 1944

15. 同上「同上 第3編 乾燥各種リケッチア病毒の生存期間」,『陸軍軍医学校防疫研究報告 第2部』第833号, 1944

16. 林武夫,「B.C.G.ニ関スル実験, 的研究 第4編 乾燥ワクチンニ依ル免疫試験」,『陸軍軍医学校防疫研究報告 第2部』第843号, 1944

17. 同上「同上 第2編 免疫試験」,『陸軍軍医学校防疫研究報告 第2部』第846号, 1944

18. 帆刈喜四男,「凍結真空乾燥法によるリケッチア病毒(恙虫病毒)の生存保存法の研究 第1報 至滴メデウムの選定」,『陸軍軍医学校防疫研究報告 第2部』第881号, 1944

19. 内藤良一,「乾燥人血漿についての私のお詫び」,『日本産科婦人科学会雑誌』15(11), 1968, pp. 1-4

만주 731부대 옛터 조사 보고

양옌쥔(杨彦君)

1. 들어가며

'만주 731부대'(이하 731부대)는 하얼빈에 둔 본부와 기타 5개 지부를 통틀어 이르는 말이다. 하얼빈 본부는 731부대의 중심 기관으로 지금의 하얼빈시 핑팡구(平房区)와 난강구(南岗区)에 있다. 5개 지부는 다롄위생연구소(만주 제319부대)와 하이라얼지부(海拉尔支部, 만주 제543부대), 린커우지부(林口支部, 만주 제162부대), 쑨우지부(孙吴支部, 만주 제673부대), 무단장지부(牡丹江支部, 만주 제643부대)로 이루어졌다. 이외에 안다(安达) 야외실험장과 청쯔거우(城子沟) 야외실험장도 존재했다.

731부대는 1933년부터 건설되기 시작해 이시이부대와 가모부대, 나라부대, 도고부대, 관동군방역급수부 등의 이름으로 불리며 인체실험과 세균전 등 각종 범죄를 저질렀다. 패전 직전, 731부대원 대다수는 하얼빈에서 도주하여 1945년 8월 26일부터 9월 5일 사이에 한국 부산을 거쳐 센자키(仙崎)와 하기(萩) 등으로 입도해 귀국했다. 또한 일부 731부대원은 도주 과정에서 소련군의 포로가 되어 소련까지 연행되기도 했다.

소련은 1949년 12월 25일부터 30일까지 소련 하바롭스크시 극동국제군사재판소에서 세균전에 관여한 전범 12명을 공개 심판했다. 1954년, 731부대원을 포함한 일부 일본인 전범들은 소련에서 중국으로 이송돼 랴오닝성 푸순시(抚顺市)에 있는 푸순전범관리소에 수용되었다.

731부대는 퇴각 시 증거를 인멸하기 위해 본부 및 지부 건물, 그리고 시설 대부분을 폭파했는데, 이로써 현재의 옛터 기본 구조가 형성되었다.

1.1 개념 정의

'만주'란 '만주국'의 약칭이다. 1932년 3월 1일, 일본 관동군의 모략으로 꼭두각시가 된 청조(清朝)의 폐제(廢帝) 푸이(溥仪)가 집정하면서 랴오닝과 지린(吉林), 헤이룽장(黑龙江)의 3성에 만주국이 건립되었고 연호도 대동(大同)으로 바뀌었다. 같은 해 9월 9일, 일본 정부는 만주국을 정식으로 승인했다. 9월 15일에는 일만의정서(日滿議定書)가 조인되면서 만주국에서의 일본 기득권익이 한층 더 뚜렷해졌다. 무기한 군대를 주둔시킬 수 있는 주병권도 특별히 인정되었다. 이로써 일본은 만주국의 정치와 군사, 경제, 문화라는 대권을 장악하였고 만주국은 일본의 중국 침략 괴뢰정권이 되었다.

1934년 1월 20일, 만주국은 만주제국으로 이름을 바꾸고 연호도 강덕(康德)으로 지었다. 그러나 1945년 8월 15일 일본이 항복하고 8월 18일 황제 푸이가 퇴위하면서 만주국은 소멸하였다. 즉, '만주 731부대'의 '만주'란 허위 국가인 만주국이라는 지역 개념을 나타낸다.

'731부대'란 각 시기의 731부대를 일반적으로 가리키는 호칭이다. 다만, 731부대 각 시기의 통칭을 고려하지 않고 관습적으로 '731부대'라고 하는 것은 부대 명칭 변경이 갖는 의미를 가릴 수 있어 적절하지 않다. 1932년 일제는 일본 육군군의학교에 세균연구실을 설립하면서 통칭을 방역연구실이라 했다가 1933년 방역연구소로 이름을 바꾼다. 바로 이 방역연구실과 방역연구소가 731부대의 전신이라 하겠다.

1933년 8월 하얼빈으로 연구소가 옮겨지면서 '가모부대'라는 이름으로 불린다. 이와 동시에 지금의 우창시(五常市) 베이인허진(背阴河镇)에 부대 소속 세균실험장도 설치했다. 부대는 1936년 6월 핑팡으로 옮겨졌으며 이때부터 통칭 '도고부대'로 불린다. 1940년부터 '관동군방역급수부'를 정식 명칭으로 사용하였고, 그 후 '만주 659부대', 1941년에는 '만주 731부대', 1945년에는 '만주 25202부대' 등의 통칭도 사용하였다.

731부대 본부에는 제1부, 제2부, 제3부, 제4부, 총무부, 훈련교육부, 자재부, 진료부 등 총 8개 부가 있었고 이와 함께 감옥을 관리하는 특별반도 있었다.[1] 1945년 1월 1일부의 「관동군방역급수부 유수명부」[1]를 보면 당시 유수대원(731부대원을 의미)이 약

---

1. '유수명부'(留守名簿)란 일본군이 부대원 인사나 포상, 전 · 상사 통지 등 병사 및 가족의 원호 업무를 처리하고자 작성한 명부이다. 즉, 「관동군방역급수부 유수명부」는 731부대 부대원 명부를 의미한다. 이 명부에는 군의관 52명, 기사 49명, 간호사 38명, 위생병 1,117명 등의 실명과 연락처가 기재되어 있다. (一般社団法人共同通信社, 「731部隊」 隊員らの実名開示3607人分, 2018.4.15_https://this.kiji.is/358138461343188065 참조)

1,200명에 달하고 장교와 사관, 병사, 군속 등 네 신분으로 구성되었다. 이처럼 731부대는 여러 기관과 많은 사람을 거느렸다. 즉, 일본이 중국을 침략하면서 한 세균전부대 설치와 세균전 활동은 많든 적든, 직접적으로든 간접적으로든 731부대의 지도와 영향을 받았다. 731부대는 중국을 침략한 일본군의 세균전과 연구의 중추 기관이었다.

정리하면, 여기서 말하는 옛터란 731부대와 그 지부가 실시했던 세균무기 제조와 사용, 세균실험, 독가스실험, 인체실험의 흔적을 알 수 있는 유적을 뜻한다. 이 글은 비교적 완전한 상태로 남아있는 옛터에 대해 고찰하는 것이 목적이며, 구체적으로 본부 건물과 로(ㅁ)호동, 결핵균실험실, 바이러스실험실, 남문위병소, 황쥐사육실, 동물사육실, 동상실험실, 동력반(動力班)보일러실, 베이강 시체소각로(北崗死体焼却炉), 베이와디 시체소각로(北洼地死体焼却炉), 가스실험실, 가스저장실, 세균탄 장비실, 항공반, 급수탑, 병기반, 곤충배양실, 관사 구역, 세균탄창 제조공장[2] 등을 살펴보고자 한다.

1.2 연구 방법과 형식

731부대와 세균전의 역사를 연구하는 데 사용하는 자료는 총 3가지다. 하나는 옛터 그 자체, 또 하나는 731부대 유물, 그리고 731부대 관련 사료이다. 필자는 현지조사를 통해 얻은 자료를 주요 근거로 삼고, 현존하는 공문서와 증거 자료를 보조적으로 사용하면서 연구를 진행했다. 또한 731부대가 저지른 범죄의 결정적 증거가 된 유물 관련 정보도 중시했다. 아울러 유물의 보존 상황과 보존 범위, 주변 환경, 그리고 보존 기획 등도 고찰했다. 동시에 옛터에 관한 범죄 증거 문물과 문헌을 참고하였다.

이 글에서는 하얼빈에 현존하는 731부대 옛터를 주요 조사대상으로 하여 옛터의 역사적 기능, 실험 종류, 보존 과정, 보존 범위 등을 설명한 다음, 옛터에 대한 가치평가 보고와 보존 이용 제안까지 소개하고자 한다.

1.3 조사 범위와 기간 한정

조사의 공간 범위는 하얼빈 시내에 있는 모든 731부대 옛터다. 시간 범위는 1933년

2. 세균탄일 경우 일제는 탄창을 도자기로 제작하였다. 아울러 본문에 나오는 '탄창'은 원문의 '탄협'(彈莢)이란 말을 대체한 것임을 밝힌다.

부터 1945년 사이 731부대가 저지른 범죄의 역사로 한정했다. 즉, 731부대 전신인 일본 육군군의학교 방역연구실에 관한 내용은 다루지 않았다. 아울러 옛터 보존 상황에 대해서는 1950년부터 2012년 3월까지로 한정했다. 옛터가 형성된 1945년부터 1949년까지 기간은 관련 자료를 조사하지 못했기에 기술하지 않았다.

1.4 자료 출처

사료는 주로 침화일군제731부대죄증진열관(이하 731진열관)[3] 공문서실에 있는 공문서 자료와 하얼빈시 사회과학원 731문제국제연구센터의 도서자료, 그리고 랴오닝성 당안관에 있는 공문서 자료를 이용했다. 그 외 현장조사에서 직접 촬영한 사진과 측량 데이터 그리고 작성한 도면들이 매우 귀중한 참고자료가 됐다. 아울러 아직 공개되지 않는 대량의 공문서 자료도 참고했다. 자료 중에는 중국 중앙정부와 각 지방정부에서 나온 731부대 옛터 보존 이용 활동에 관한 공식문서나 옛터 조사보고서, 계량 데이터, 보존 기획 및 전국중점문물보존단위[4]의 문물기록 공문서 등이 포함됐다. 이것은 매우 귀중한 자료이며 학계에서 처음 사용된 것이 대부분이다. 필자는 이러한 새로운 자료와 증거를 현장조사 결과와 연결지어 연구하였다.

본 연구의 학술 가치는 주로 연구방법과 참고자료 활용에 있다. 실지 계량과 사진 및 동영상 촬영, GPS 정보 등 현대과학기술을 731부대 사료나 범죄 증거물과 대조함으로 731부대의 각 옛터에 대한 분류 조사를 실시했다. 아울러 각 옛터의 기능과 기본 정보, 보존의 역사, 보존 상황 및 계획을 종합 고찰함으로 옛터 규모와 구조, 상호 관련성을 밝혀내려 했다.

더불어 2005년 이후 필자는 731부대 옛터의 조사와 보존 및 이용 관련 작업에 참여하면서 많은 기관에서 관련 보고서 작성에 관여한 바 있다. 이들 보고서 대부분은 일반에 공개가 되지 않았는데 그 내용도 본 논문의 중요한 참고자료로 활용하였다.

참고할 보고서에는 헤이룽장성 고고연구소(考古研究所)가 편집한 『제731부대 옛터

---

3. '침화일군제731부대죄증진열관'은 뜻 그대로 중국을 침략한(侵華) 일본군 731부대의 전쟁범죄를 알리기 위한 기념관으로 731부대가 있던 옛터인 중국 헤이룽장성 하얼빈시에 건립되었다. 2001년 전시를 시작해 2006년 전국중점문물보존시설로 지정되었고, 2012년 세계유산 후보 명부에 등재되었다. (침화일군제731부대죄증진열관 홈페이지 참조 _http://www.731museum.org.cn/system/201402/101291.html)

4. 중국 국무원이 제정한 문화유산 보존제도 가운데 대표적인 것이 바로 '문물보존단위'이다. 이 문물보존단위는 국가급, 성급, 현급 세 단계가 있는데 이 중 국가급 문화유산을 '전국중점문물보존단위'라 한다. (황매희 편집부, 『국가급 중국문화유산총람』, 도서출판 황매희, 2010 참조)

조사 측량 보고』[2]와 중국국제공정자문공사(中国国际工程咨询公司)가 편집한 『제731부대 옛터 건설 기획 타당성 연구 보고』[3] 그리고 헤이룽장성 성시기획감측설계연구원(城市规划勘测设计研究院)이 편집한 『제731부대 옛터 적색여행 관광지구 핵심구 건설기획 방안』,[4] 시안건축과기대학(西安建筑科技大学)이 편집한 『제731부대 옛터 보존 기획』[5] 등이 포함되었다.

1.5 옛터 형성과 기능 분류

731부대 옛터는 종전 직후 시대적 상황 때문에 신속히 보존되지 못했고 주변 방역 작업도 이루어지지 않았다. 731부대 옛터 보존 작업은 중화인민공화국 건국 이후인 1950년부터 진행됐는데 중국 중앙정부와 각 지방정부가 함께 추진했다. 1982년에 하얼빈시 핑팡구 문물관리소가 설립된 후, 처음으로 옛터는 정부의 공식 보존 및 관리 아래 들어갔다. 2006년 5월에는 중국 국무원(중앙정부)이 전국중점문물보존단위로 지정했다.

이 731부대 옛터가 형성된 과정을 잠시 살펴보면, 1938년 6월 30일 관동군 제1539호령 '핑팡 부근에서의 특별군사지구 설치의 건'이 발령되면서 지금의 하얼빈시 핑팡구에 일본 공군 제8372부대와 육군 제731부대가 정식 설립됐다.[6] 이에 따라 양 부대와 그 주변 120㎢ 구역은 '특별군사구역'으로 지정되었다. 특별군사구역은 갑호구역과 을호구역으로 나뉘는데, 갑호구역은 '무인구'(無人区)로 설정된 731부대의 주변 반경 5㎞ 구역이다. 1938년 6월 30일경부터 731부대 본부는 난방과 온수공급, 전력공급, 각종 실험시설, 병영 등을 건설하기 시작해 1940년 8월에는 각종 시설이 거의 완성된다. 전체 부지 면적은 약 6.1㎢에 달하며 현재 80여 개의 건물이 존재한다.([사진1]) 일본군은 731부대 본부를 건설하며 본부 건물 주변에 길이 약 5,000m, 높이 약 2.5m, 폭 약 1m 되는 토담을 세웠다. 담 위에는 고압전기가 흐르는 철조망을 세웠고 담 주변에는 폭과 깊이가 각각 3m 되는 방호호(防護壕)를 만들었다. 그리고 길이 5,000m의 토담 바로 옆에는 위병소 5개가 설치되었다.[7]

본문에서는 731부대 옛터 가운데 22곳을 당시 설정된 기능에 따라 다음 다섯 부분으로 나누어 고찰하고자 한다.

[사진1] 1940년에 촬영된 731부대 본부 항공 사진[8]

① **본부 기초 시설** : 본부 건물과 남문위병소, 보일러실, 전용 선로, 항공반, 급수탑(6곳)
② **세균 및 독가스 실험 시설** : 로(ㅁ)호동, 결핵균실험실, 바이러스실험실, 동상실험실, 가스실험실, 가스저장실, 베이강 시체소각로, 베이와디 시체소각로(8곳)
③ **세균무기 연구 생산 시설** : 세균탄 장비실, 병기반, 세균탄창 제조공장 터, 청쯔거우 야외실험장(4곳)
④ **실험동물 사육시설** : 동물사육실, 황쥐사육실, 곤충배양실(3곳)
⑤ **731부대 관사 구역**

2. 본부 기초시설에 대한 조사

731부대 본부 중 남은 기초 시설은 본부 건물과 남문위병소, 보일러실, 전용 선로, 항공반, 급수탑 등 여섯 곳이다.

[사진2] 본부 건물 옛터(2011년 필자 촬영)

2.1 본부 건물

본부 건물([사진2]) 옛터에는 본부와 이어진 자재부와 병기고도 포함된다. 당시 본부 건물은 1동이라고 불렸으며 731부대 사무소였다. 자재부와 병기고는 2동이라 불렸다.

2.1.1 1동

본부는 벽돌과 철근 콘크리트로 만들어진 2층 장방형 건물로 가로 약 13m, 세로 약 170.8m, 높이 약 15m였다. 본부 건물의 사무실 배치([그림1])는 다음과 같다. 1층은 오른쪽에서 왼쪽으로 인사과, 숙직실, 공무관리과, 조사과 사진반, 조사과 과장실, 정문 입구, 창고, 헌병실, 총무부, 조사과 인쇄반, 진료부가 있었고 2층은 마찬가지로 오른쪽에서 왼쪽으로, 대장실, 부관실, 기획과, 영안실, 서무과, 회계과, 회의실, 표본 진열실이 있었다.

총무부는 731부대의 중심 부서로 731부대 관련 정보가 이곳으로 집결되었다. 총무부는 또한 인사와 회계, 사진반, 인쇄반, 병요지지반(兵要地誌班)[5] 등의 관리를 담당했다. 표본 진열실은 본부 건물 2층 왼쪽에 위치하며 면적은 약 200㎡였다. 인체실험에 이용된 인체의 각 부위가 진열되고 731부대의 의학 연구자가 연구 성과를 발표하는 곳이기도 했다. 영안실 정면에는 제단이 있었는데 세균전 준비와 연구, 사용 등으로 희생된 731부대원들의 사진을 모시는 곳이었다.[9]

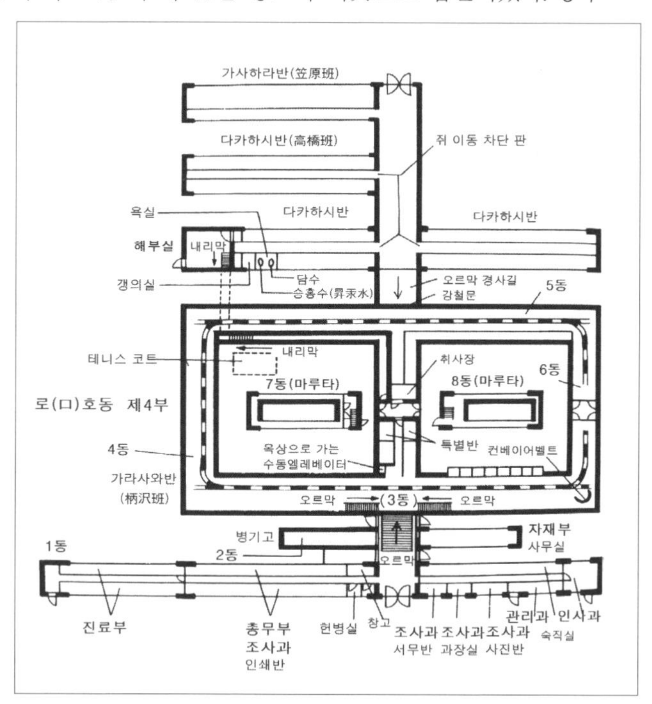

[그림1] 본부 건물과 로(ロ)호동 1층 평면도(모리무라의 책[10] 31쪽 도면을 바탕으로 저우옌周延 작성)

---

5. 병요지지(兵要地誌)란 토지나 지역을 군사 관점에서 전략 가치로 파악해 종합 기술하는 것이다. 일본 육군은 일찍이 1873년부터 『병요일본지리소지』(兵要日本地理小誌)를 발간하였으며, 1920년대와 1930년대 초는 주로 중국 다싱안링(중국 동북지구와 네이멍구 자치구의 경계를 이루는 산맥) 및 다싱안링 동쪽과 동부 국경 방면을 중심으로 병요지지 작업을 진행하였다. 1934년에는 관동군 측량대를 새롭게 편성해 만주지역에 대한 병요지지 작업을 시작하였다. (박선영, 「관동군사령부만주병요지도의 의미」, 『中國史硏究第』 79輯, 2012, p.294 참조)

2.1.2 2동

자재부와 병기고는 길이 134m, 폭 14m였다. 자재부는 731부대의 기재 조달을 담당했고 배전실이 부설되었다. 전후 해당 옛터는 위생건강공장(伟建厂) 소유였다가 그 후 재산권이 핑팡구 양식관리처(平房区粮食管理处)로 양도되어 식량 가공 공장으로 사용되었다. 중국 문화대혁명 시기, 옛터는 핑팡구 혁명위원회에 의해 높이 0.6m가 증설되어 회의실로 사용되기도 했다. 이 때문에 지금의 자재부 옛터는 원래 건물보다 0.6m 높다.

1987년 옛터는 핑팡구 건축공사(建筑公司)로 사용되었지만 재산권은 그대로 핑팡구 양식관리처가 가졌다. 같은 해 하반기에 731진열관이 사용권을 취득하였다. 해당 옛터는 약 702㎡ 규모이며 지금은 731국제자료센터로 사용되고 있다. 병기고는 칼과 총, 탄알 등을 보관하는 창고였는데 지금은 사용하지 않고 그대로 보존되고 있다.

2.1.3 현황

전후 본부 건물은 핑팡구 정부와 하얼빈시 제25중학, 그리고 하얼빈 항공공업집단이 사용하였다. 1984년 6월, 핑팡구 건설가도변사처(平房区兴建街道办事处)[6] 수선대(修缮队)가 지하 통로 입구의 보수 공사와 지면 포장, 쇠창살 및 저압 전등의 증설 등 지하실 복구공사를 진행하였다. 더불어 1985년 5월에는 수선대가 지하 통로 입구 보강 공사를, 6월에는 핑팡건축공사가 지하 통로 북쪽 출구 복구공사를 추진하였다. 2000년부터 2001년까지는 본부 건물 동쪽에 대한 대규모 보수 공사가 실시되었다. 2009년 여름에는 본부 건물 지붕 부분 보존 공사도 추진되었다.

현재 해당 옛터의 동쪽은 '731부대 죄증진열 전시동'으로 사용되며 총 13개 전시실이 있다. 서쪽은 '중국을 침략한 구 일본군 화학전 범행 전시동'이다. 일부는 직원 사무실이며 사용되지 않는 빈 방도 존재한다. 총체적으로 본부 건물 옛터의 외관과 전체 구조는 변화가 적고 1939년 준공 시 상황과 비슷하다. 다만 외벽은 색이 변하고 금이 간 부분이 있다. 지붕이 무너진 부분의 보수 공사도 했다. 창문과 내부 구조에도 약간의 보수 공사가 있었다.

---

6. 가도변사처는 중국의 '가도'(街道)라 불리는 향급(鄉級) 행정구인 도시기층정부의 파견기관이다.

2.2 남문위병소

[사진3] 남문위병소 옛터(2011년 필자 촬영)

남문위병소는 본부에 들어갈 때 위병 검문을 받는 곳으로 벽돌과 철근 콘크리트로 만들어진 평지붕 단층집([사진3])과 두 개의 네모난 굴뚝이 있다. 건물은 불규칙한 8각형 평면으로 되어 있으며 가로 8m, 세로 9m, 높이 3.7m, 굴뚝 부분 높이 7.1m였다. 부지 면적은 82㎡로 731부대에 있던 5곳 위병소 가운데 유일하게 남은 위병소다. 현재 남문위병소는 거의 완전한 상태로 보존되어 있다. 외벽은 보수되었으나 전체 구조 자체는 그대로 남아 이용되고 있다.

2.3 보일러실

보일러실은 731부대 본부에 난방과 전기를 공급하는 시설이었다. 731부대는 도주할 때 여기서 범죄 증거를 대량 파기하고 시설을 폭파하였다.([사진4]) 1958년 이전에는 보일러실 철골이 남았으나 1958년 이후 인위적으로 철거되었다. 현존하는 옛터는 벽

[사진4] 보일러실 옛터(왕즈쿤 王之堃 씨가 1956년에 촬영한 영상자료에서 잘라낸 사진, 731국제자료센터 소장)

[사진5] 보일러실 옛터(2011년 필자 촬영)

일부분과 굴뚝 2개([사진5]), 보일러실과 이어진 지하 배수지 1곳, 남은 담 2곳, 방열공(放熱孔) 옛터 39곳이다.

2.3.1 보일러실 배치와 기능

당시 동력반은 731부대 관리과에 속했으며 그 밑에 발전과 급수, 가스, 보일러 등을 관리하는 조가 편성되었다. 대원은 약 50명이었다. 731부대 난방은 당시로서는 최첨단 기술을 도입한 시스템이었다. 보일러실에서 사용된 다쿠마식(田熊式) 보일러는 일본의 발명가인 다쿠마 쓰네요시(田熊常吉)가 1912년에 설계한 자동 순환식 보일러로 두 대의 90마력 펌프와 한 대의 50마력 펌프가 달렸다.

동력반의 북쪽, 즉 현재 남아 있는 벽 바로 정면은 3층짜리 동력실이 있었다.([사진5] 참조) 동력실 1층에는 전동기와 탈의실, 욕실, 화장실, 그리고 창고가 있었고 2층에는 보일러 연소실과 열 교환기가 있었다. 3층은 석탄 저장실로 자동 석탄 배급 시설이 마련되었는데, 70톤의 석탄 저장능력을 보유한 깔때기 모양 석탄 배급기와 컨베이어 벨트가 설치되었다. 남은 벽의 남쪽은 발전실이었다.

2.3.2 지하 배수지 옛터

[사진6] 지하 배수지 옛터(2011년 필자 촬영)

지하 배수지 옛터([사진6])는 1999년 '성급중점문물보호단위'(省级重点文物保护单位)로 공표되었지만 사실 제대로 보호되지 않았다. 지상에는 주택 단지가 들어섰고, 주민들은 가정의 생활 쓰레기와 오수를 방열공을 통해 지하 배수지로 흘려보냈다.

2011년 4월과 8월 하얼빈시 사회과학원과 731진열관이 공동 조사단을 결성하여 지하 배수지와 방열공, 펌프실의 전면 조사를 진행하였다. 해당 지역 주민의 증언에 의해 지하 배수지 옛터가 1970년 전후에는 전쟁[7]을 대비해 야채를 저장하는 공간으로 사

7. 1970년 전후 긴장이 고조됐던 중소 국경 분쟁을 말하는 듯하다. 1969년 3월 중소 양국의 국경수비대 간 3백 명 이상 사상자가 발생한 진보도(러시아명 다만스키섬) 사건이 발생하였다. 중국에서는 한국전쟁 이래 대규모 전면전이 되거나 심지어 세계대전의 도화선이 될 위험성까지 있었다고 평가할 만큼 큰 사건이었다. (崔憲圭, 「중러 국경문제 해결과정 연구」, 『군사지』 제61호, 2006, pp. 136-137 참조)

[사진7] 필자가 관계자와 함께 방열공 옛터를 조사하는 장면(2011년 저우옌 씨 촬영)

[사진8] 1970년 전후 새로 만들어진 지하 통로(2011년 필자 촬영)

용되었다는 것이 밝혀졌다.([사진7])

지하 배수지 옛터의 벽도 개수(改修) 공사가 이루어진 상태였다. 아울러 80m의 지하 통로가 만들어져([사진8]) 지금의 가스저장실로 이어졌다는 사실도 조사로 알아냈다. 필자는 조사단원과 공동으로 실지 측량해 얻은 데이터에 기초해 지하 배수지 옛터 평면도를 작성했다.([그림2])

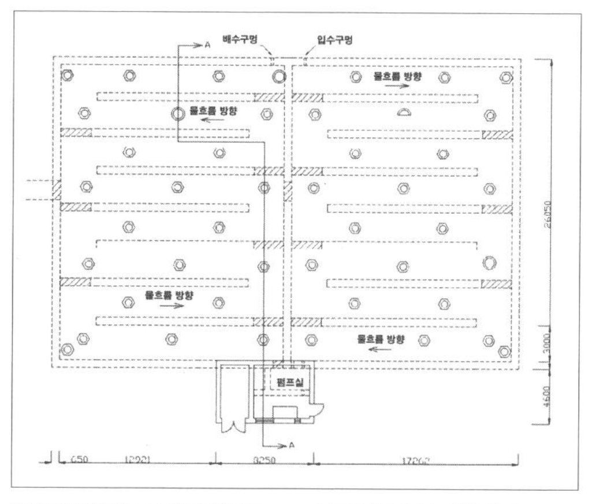

[그림2] 지하배수지 평면도(척도 1:100 / 빗금 친 부분은 개축하며 뚫음)

2.3.3 남아 있는 벽

2009년에 지하 배수지 옛터 주변 지역의 철거 및 개축 공사를 하던 중 보일러실 남쪽에서 벽 2개([사진9])가 발견되었다. 하나는 가로 2.6m, 세로 7m, 높이 3.2m이며 또 하나는 가로 2.7m, 세로 8.7m, 높이 2m였다. 그 외 방열공과 펌프실 옛터도 발견되었다.

[사진9] 보일러실과 남아 있는 벽(2011년 필자 촬영)

2.3.4 펌프실과 방열공

[사진10] 펌프실 옛터(2011년 필자 촬영)

조사단은 한 민가 조사를 진행하면서 다음 사실을 알아냈다. 지하 배수지 위에 위치한 가옥은 지하 배수지 펌프실([사진10])이었으며, 이 펌프실에서 주로 지하 배수지의 물흐름 속도를 조절했던 것으로 보인다. 지하 배수지 위에는 39개에 달하는 방열공이 있는데 지하 배수지 온도를 빠르게 낮추기 위한 장치였다.

2.4 급수탑

[사진11] 급수탑 옛터(2011년 필자 촬영)

급수탑([사진11])은 주로 731부대에 생활용수를 공급하던 높이 15.6m, 가로 5.7m, 세로 5.7m의 3층짜리 건물이며, 이 건물 역시 731부대원들에 의해 폭파되었다. 오랫동안 비바람에 침식되어 보수 공사도 이루어지지 않아 벽체가 상당히 손상된 상태였고 외벽과 창문도 상태가 좋지 않았기 때문에 건물 내부 개수 공사가 진행됐다. 해당 옛터 주변에는 상업 건축물이 많아 건물 자체의 보호와 전시에도 악영향을 미쳤다. 2002년 731진열관 측이 급수탑 보호 수리 공사를 진행하였으며, 건물 윗부분에 지붕을 증축하였고 문과 창문도 추가로 만들었다. 보수 공사 후 건물 외관은 거의 원래 모습을 되찾았지만 지금은 사용되지 않고 있다.

[사진12] 전용 선로 옛터(왕즈쿤 씨가 1956년에 촬영한 영상자료에서 잘라낸 장면. 731국제자료센터 소장)

[사진13] 전용 선로 옛터(2011년 필자 촬영)

2.5 전용 선로

전용 선로([사진12] [사진13])는 1935년에 만들어졌으며 핑팡역과 연결되어 주로 실험기재와 실험용 동물, 생활 물자 등을 수송하는 데 사용되었다. 731부대가 배양한 각종 세균과 동물, 전용 설비 등도 이 전용 선로를 통해 수송되었다. 전용 선로는 전체 길이가 약 4㎞, 폭이 약 1.57m이며, 철로 중간에 3곳 정도 임시 승강장이 있었다. 전용 선로는 레일과 침목이 새것으로 교체되어 지금도 사용되고 있다.

2.6 항공반 건물

항공반 건물은 벽돌과 철근 콘크리트로 만들어진 평지붕의 3층짜리 건물이며 남북으로 긴 장방형 모양이다. 건물은 세로 42.7m, 폭 15.5m, 높이 12.6m였다.

2.6.1 배치와 기능

항공반은 731부대가 야외실험과 세균전에 협력하기 위해 만든 부서로, 항공반 건물은 1938년에 건설되기 시작했다. 보유하던 비행기는 총 11대였다. 비행기 종류는 돈류식(呑竜式) 폭격기[8]와 97식 1형 중폭격기, 97식 2형 중폭격기, 99식 쌍발 경폭격기, 99

8. 일본 육군 폭격기의 OO식 명명은 일본의 '황기'(皇紀)의 끝 두 자리를 가리킨다. (제작연도가 아니며 공식적으로 채택 사용된 연도를 뜻함) 즉 97식 폭격기는 '황기' 2597년(1937년)을 뜻한다. (『日本陸海軍事典』 참조) 특별히 '황기' 2600년(1940)을 기념해 제작된 100식 폭격기의 경우 '돈류'라는 별칭을 갖는다. 참고로 '돈류'는 폭격기가 제작된 나카지마(中島) 비행기

식 단발 경폭격기, 99식 정찰기, 하야부사식(隼式) 전투기[9] 등이었다. 각종 폭격기 내부 설비는 개조되어 세균폭탄 적재장치 외에 세균분무기(噴霧械)와 세균투척기가 탑재되었다. 전투기는 주로 공중경계와 호위 목적으로 사용되었다. 수송기는 거의 731부대 상관 전용이었다. 이외에 피험자와 실험용 백신, 긴급 실험용 기재 등을 운반하는 전용 수송기도 있었다. 항공반 건물 남쪽에는 전용 '돈류 비행장'이 마련돼 있었으며 비행기 격납고도 3곳이 있었다.

격납고를 기점으로 활주로 두 개가 각각 동남 방향과 동북 방향으로 뻗어 있었다. 또한 동쪽 편에 동남 방향으로 길게 뻗은 폭 약 120m와 길이 약 1,200m 활주로가 하나 더 있었다. 아울러 비행장 북쪽에는 사격장과 관제탑, 기상대가 있었다.

[사진14] 항공반 건물 옛터(1956년 촬영, 731국제자료센터 소장)

[사진15] 항공반 건물 옛터(2011년 필자 촬영)

2.6.2 현황

731부대는 도주 직전에 항공반 건물을 폭파하였다. 이로 인해 항공반 건물 2층 오른쪽 부분이 파괴되었다.([사진14]) 현존하는 2층 오른쪽 부분은 새로 지어졌다. 또한 건물은 전쟁이 끝난 후 여러 생산 활동에 사용되어 손상을 입었다. 문과 창문의 구조, 재질, 그리고 내외벽 색깔이 달라진 것 이외에 벽 일부도 파손되었다.

항공반 옛터는 지금까지 핑팡구 교육과학기술국 관사와 하얼빈시 제88중학교 건물, 그리고 헤이룽장 애니메이션산업발전기지 관리사무실(黑龙江动漫产业基地管理办公室)로 사용되었다.

공장이 있던 군마현 오타시(群馬県太田市)의 유명한 다이코인(大光院) 사원(寺院)의 별명으로 추정된다. 실제 나카지마 비행기 공장은 '돈류공장'으로 불렸다. ('오타시 돈류공원 표시판'(太田市呑龍公園表示板) 참조)

9. '하야부사'는 매를 뜻하는 일본말이다. 육군 항공 본부 제2과 보도계 니시하라 마사루(西原勝) 소좌가 "외국에서는 군용기에 닉네임을 붙여 선전에 힘쓴다"며 태평양전쟁을 앞두고 1식 전투기(一式戰鬪機, '황기' 2601년에 채택됨)의 별명으로 붙인 것이 공식화되었다. (하야부사 전투기 연구소 사이트 참조_http://home.f04.itscom.net/nyankiti/ki43-About-Hayabusa1.htm)

위에서 언급한 6곳의 옛터는 그래도 원래 모습에 가깝게 보존된 본부 기초 시설이다. 건물에는 집무, 전기 공급, 급수, 배수, 수송, 통신 등이 완비되었다. 이 6곳의 옛터는 당시 무기장비와 실험시설, 연료공급, 야외실험 등의 기능을 한곳에 집약시킨 종합구역으로 철도, 자동차 도로, 항공 수송 시설까지 완비한, 세균실험실에 필요한 거의 모든 것을 갖춘 후방 근무지였다. 다시 말해, 이 구역은 일본군의 세균전 획책과 조직, 실행의 중심지였다.

본 조사를 통해 지금까지 발견되지 않았던 양어장 옛터와 지하 배수지 옛터가 새로 발견됨에 따라, 옛터에 대해 더 깊이 이해할 수 있었고, 731부대 전체 규모와 역사적 기능을 확인해주는 새로운 증거로 삼을 수 있었다.

3. 세균 및 독가스 실험시설에 대한 조사

이제 세균 및 독가스 실험시설을 살펴보고자 한다. 주요 세균 및 독가스 실험시설로서는 로(ロ)호동과 결핵균실험실, 동상실험실, 바이러스실험실, 가스실험실, 가스저장실, 베이강 시체소각로, 베이와디 시체소각로 등 8곳 옛터가 남았다.

[사진16] 1940년 촬영된 로(ロ)호동 항공사진[8]

3.1 로(ロ)호동

[사진17] 1940년 촬영된 로(ロ)호동 항공사진[8]

로(ロ)호동은 건물이 안뜰을 둘러싸고 일본어(가타카나) 'ロ'자 형태로 배치되어 있기 때문에 '로(ロ)호동'이라고 불렸다. 로(ロ)호동은 731부대가 세균실험을 하는 중심 구역이었다. 본문에서는 로(ロ)호동과 특설

감옥을 하나의 구역으로 보고 고찰할 것이다.([사진16] [사진17]) 해당 건물 크기는 가로 약 140m, 세로 약 170m이며 역시 도주 직전에 폭파되었다.

3.1.1 배치와 기능

로(ㅁ)호동은 세균실험실인 3동 4동 5동 6동과 특설감옥인 7동 8동으로 구성되었다.([그림1] 참조) 정남쪽 건물은 3동으로 불렸으며 시계 방향으로 각각 4동 5동 6동이 위치했다. 로(ㅁ)호동 건물에 대해서는 『악마의 포식』을 쓴 모리무라 세이이치가 731부대원 말을 인용해 "3층짜리 건물이었는데도 전체 높이가 지금의 5층짜리 주택단지만큼 높았다. 로(ㅁ)호동 외벽은 콘크리트 위에 유백색 타일을 붙인 것으로 하얼빈 시내에서 버스를 타고 오면 광대한 평야 속에 흙담으로 둘러싸인 백악 건물이 우뚝 솟아 있는 인상을 주었다"고 표현한 바 있다.

로(ㅁ)호동 1층 실험실([그림3])은 주로 세균 생산부, 즉 제4부 '가라사와반'이 있었던 곳으로(책임자 가라사와 도미오 柄沢十三夫) 세균 배양과 생산을 담당했다. 가라사와반의 세균 배양과 생산 때문에 로(ㅁ)호동은 항상 '악취'로 가득했다. 로

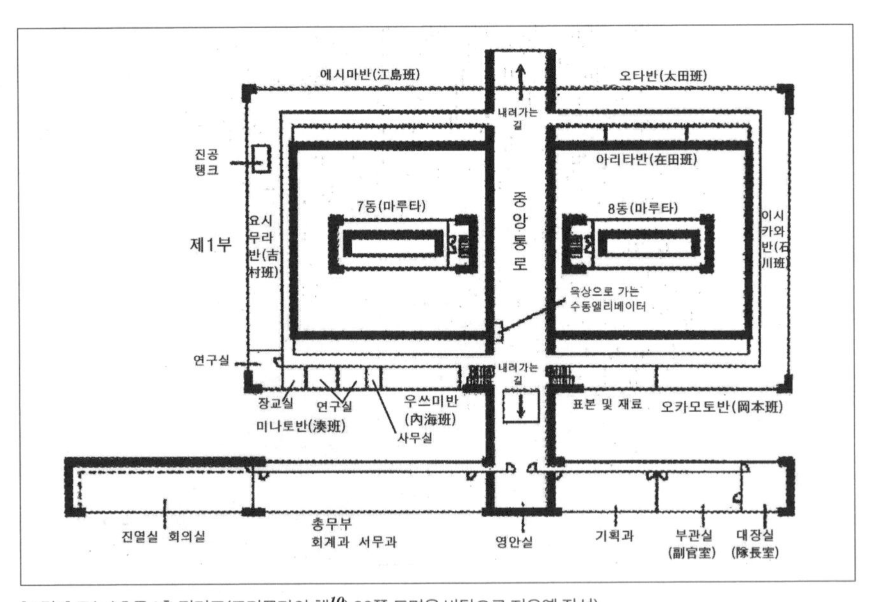

[그림3] 로(ㅁ)호동 1층 평면도(모리무라의 책[10]) 39쪽 도면을 바탕으로 저우옌 작성)

(ㅁ)호동 1층에는 특별반과 취사장, 테니스코트 등이 있었으며, 세균을 배양하고 생산하기 위한 냉각실과 배양실도 있었다. 복도에는 광차(鑛車) 레일이 깔렸다.

로(ㅁ)호동 2층의 배치 상황은 다음과 같다.([그림4]) 3동 2층은 동쪽에서 서쪽으로 병리 연구를 담당하던 오카모토반(오카모토 고조 岡本耕造) 연구실과 표본 · 재료실, 그리고 혈청 연구를 담당하던 우쓰미반(우쓰미 가오루 内海薫) 연구실, 콜레라 연구를 담당하던 미나토반(미나토 마사오 湊正雄) 연구실과 장교실이 있었다. 4동 2층에는 제1부 요시무라반(요시무라 히사토 吉村寿人) 동상연구실이 있어 진공탱크가 마련돼 있었다. 5동 2층에는 적리 연구를 담당하던 에지마반(에지마 신페이 江島真平) 연구실과 탄저균 연구를 담당하던 오타반(오타 스미 太田澄) 연구실이 있었다. 6동 2층에는 병리 연구를 담당하던 이시카와반(이시카와 다치오마루 石川太刀雄丸) 연구실이 있었다. 로(ㅁ)호동 3층 배치 상황에 관한 자료는 아직 발견되지 않았다.

로(ㅁ)호동 안뜰은 남북을 가로지르는 복도를 사이로 동서로 나뉘었다. 양쪽 마당

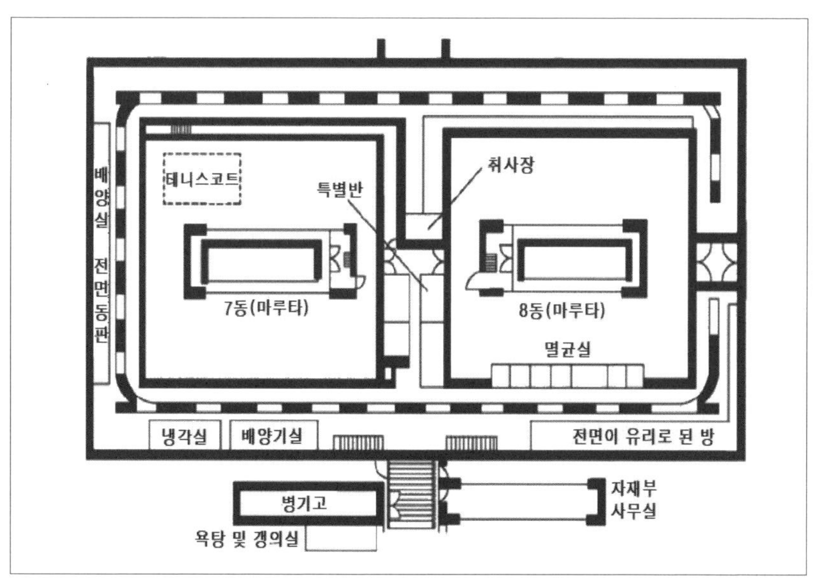

[그림4] 로(ㅁ)호동 2층 평면도(모리무라의 책[10]) 35쪽 도면을 바탕으로 저우옌 작성)

에는 각각 2층짜리 '특설감옥'이 있었다. 서쪽의 특설감옥 7동에는 주로 남성 마루타가, 동쪽에 위치한 특설감옥 8동에는 주로 여성 마루타가 수용되어 있었다. 7동과 8동의 감옥 내부 구조는 같으며 1층은 집단방과 물자창고였고, 2층은 독방이었다. 지하에는 세균실험실이 두 개 있었고 비밀 통로로 지상과 연결됐다. 특설감옥 건물은 세로 35~40m, 폭 약 20m이며 각층의 남북 양측에 방이 6개 있었다. 1층과 2층에 있는 감방을 합치면 총 24개, 7동과 8동을 합치면 총 48개였다. 감방 주변은 복도로 둘러싸였다. 감방 크기는 방마다 각각 달랐다. 감방 대부분이 집단방이며 독방은 적었다. 한 방에 4명 수용으로 계산하면 48개 감방의 수용인원은 약 200명이다. 특설감옥 서쪽에는 마루타를 감시하는 특별반이 있었다. 감옥 서쪽에는 공용 목욕탕이, 동쪽에는 공용 식당이 있었다.

[사진18] 로(ㅁ)호동 옛터(1956년 왕지쿤 씨가 촬영한 영상 자료에서 잘라낸 한 장면. 731국제자료센터 소장)

[사진19] 로(ㅁ)호동 옛터(2011년 필자 촬영)

3.1.2 현황

731부대는 도주 시 로(ㅁ)호동을 폭파하였다. 그래도 1956년 촬영 자료를 보면 3동과 6동 일부가 남아 있었다.([사진18]) 하지만 1982년에는 로(ㅁ)호동의 지상 부분 건물이 아예 없어지고 지하 구조만 남았다. 1987년 5월, 731진열관은 안후이성 추현(安徽省滁縣) 문물보호연구소와 공동으로 로(ㅁ)호동 지하 시설 조사를 진행했다. 이때 '로(ㅁ)호동 발굴 시안'도 작성되었으나 발굴 작업은 이루어지지 못했다. 이후 2008년 8월에 로(ㅁ)호동 발굴 및 정리 공사가 이루어지면서 지하 중앙 통로와 특설감옥 일부분의 기초가 드러났다. 이곳은 현재 보강 공사를 마치고 일반에게 공개되고 있다.([사진19])

3.2 결핵균실험실

결핵균실험실은 731부대가 결핵균 연구와 생산을 했던 곳으로 제1부 '후타키반'(결핵실험실 책임자가 후타키 히데오 二木秀雄)의 소재지였다. 남북을 가로지르는 건물은 철근 콘크리트로 만들어졌으며 지상 2층, 지하 1층이고 본동과 복도 부분으로 구성되었다. 본동은 평면이 장방형 모양이고 지상은 가로 6.44m, 세로 12.24m, 높이 5.6m, 지하는 가로 5.4m, 세로 5.4m, 높이 2.6m로 되어 있으며 17단의 계단이 있었다.

731부대는 도주 시, 결핵균실험실도 폭파했다. 실험실이 1957년까지 공중화장실로 사용되었다가 그 후 사용이 금지됐다. 1983년 5월에 건설가수선대(兴建街修缮队)가 실험실 보수 공사를 하면서 문과 창문, 철로 만든 지붕이 생겼고 길이 80m의 보호벽을 증축하여 벽 동서 양쪽에는 철문이 설치되었다. 결핵균실험실은 2001년 추가 보수 공사를 거쳐 일반인에게 공개되었다. 지금은 네 벽과 지붕만 남아 있다. 건물 내부는 1층, 2층의 마루청이 무너져 벽에 여러 군데 금이 가는 등 심하게 파손된 상태이며 바닥에도 항상 물이 고여 있어 습하다.

3.3 동상실험실

동상실험실은 인체 동상실험과 건조균을 생산했던 곳이다. 731부대는 '마루타'를 동상실험 재료로 이용하여 동상 치료법 연구를 했다. 동상실험실 옛터 건물([사진20] [사진21])은 부지 면적 328㎡이며 건물이 동쪽 부분과 서쪽 부분으로 나뉘어 있다. 건물 동쪽 부분은 평면이 장방형이며 벽돌과 철근 콘크리트로 만들어진 평지붕이었다. 크기는 가로 2.8m, 세로 20m, 높이 7.2m였다. 건물 서쪽 부분은 냉동실과 함께 사용되던 실험실이며 가로 7.7m, 세로 20m, 높이 3.8m였다. 동상실험실은 기밀성(氣密性, 공기나 가스 등의 기체가 통하지 않는 성질)이 우수했을 뿐 아니라 실내에 단열층과 냉동기, 저온용 에어컨이 있어 1년 내내 동상실험이 가능했다.

건물 천장 부근에는 작은 통풍구멍이 있었다. 건물 내벽에는 단열설비를 고정하기 위한 갈고리가 달렸고 실내 동북쪽 구석에는 냉동설비를 고정하기 위한 시멘트 받침대가 있었다. 전후 동상실험실 책임자였던 요시무라 히사토가 쓴 논문 「동상실험에 대하여」가 발견되면서 동상실험의 전 과정이 드러났다. 동상실험실은 731부대가 도주할

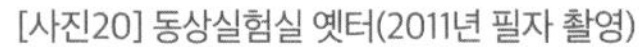

[사진20] 동상실험실 옛터(2011년 필자 촬영)

[사진21] 동상실험실 옛터(2011년 필자 촬영)

때 파괴되어 동서쪽 모두 심하게 손상되었지만 본체의 구조는 남았다. 동쪽의 경우 지붕이 남았지만 서쪽은 무너졌고 벽에도 여러 군데 금이 간 상태였다. 바닥 시멘트는 벗겨져 지금은 아무것도 남아 있지 않다.

3.4 바이러스실험실

[사진22] 바이러스실험실 옛터(왕지쿤 씨가 1956년에 촬영한 영상자료에서 잘라낸 한 장면. 731국제자료센터 소장)

731부대가 바이러스 실험을 했던 바이러스실험실은 당시 가사하라반이라고 불렸다.(실험실 책임자 가사하라 시로 笠原四郎) 바이러스실험실은 두 개 동의 뾰족한 철기와 지붕의 건물에 있었다. 두 동 모두 가로 약 4m, 세로 약 66m였으며 지하 통로로 로(ㅁ)호동까지 연결되었다. 731부대는 도주 시 바이러스실험실도 폭파했다. 전후 초기에는 벽 부분과 일부 실내시설이 남았지만([사진22]) 그 후 지상 부분은 흔적 없이 철거되었다. 2000년 주택 3채가 새로 지어지면서 옛터는 그 모습을 감추었다. 하지만 본부 옛터 구역 1구와 2구 사이에 있는 3동 건물은 지하의 기초가 아직 남아 있는 것으로 추정된다.

3.5 가스실험실

가스실험실([사진23])은 731부대가 가스 실험을 했던 곳이다. 731부대는 516부대와 결탁하여 이곳에서 여러 차례 마루타를 이용한 가스 실험을 했다. 가스 실험의 재료로 사용한 '마루타'는 대부분 다른 세균실험에서 이미 사용된 마루타였다. 가스 실험은 마루타의 사망 상황과 사망 시간을 관찰하기 위해 진행되었으며 마루타 외에 닭이나 개, 쥐, 비둘기 등 동물도 실험 대상으로 삼았다. 가스실험실 옛터는 현재 하얼빈시 화룽연필공장(華竜鉛筆工厂) 사무실로 사용되고 있어 구조 자체가 손상된 상태다. 원래 있었던 실내 계단은 실외 계단으로 개조되었으며 외벽도 색깔이 바뀌었다. 금이 간 곳이 여러 군데이고 내벽도 벗겨진 상태다.

[사진23] 가스실험실 옛터(2010년 필자 촬영)

3.6 가스저장실

가스저장실([사진24])은 가스실험실과 같이 지어진 부속 가스 저장시설이었다. 철근콘크리트로 만들어진 원통형 건물로 지상 1층, 지하 2층으로 구성되었다. 구조상 본체는 지하에 있었는데 깊이 5.3m, 직경 13m였다. 또한 필자가 실사한 조사를 통해 가스저장실 지하 부분에서 지하 배수지까지 이어지는 지하 통로가 있음이 밝혀졌다.

저장실 주변이 보호 구역으로 지정되지 않았기 때문에 환경이 열악하다. 허가 없이 울타리 등이 만들어져 건물 본체가 심하게 손상됐다. 특히 외벽은 금이 가 있어 손상이 심각하다. 또한 내부는 바닥 부분이 물에 잠겨 있다.([사진25]) 보수 공사가 시급한 상태라고 할 수 있다. 현재 이 옛터는 사용되지 않고 있다.

[사진24] 가스저장실 옛터(2011년 필자 촬영)

[사진25] 가스저장실 옛터(2011년 필자 촬영)

[사진26] 베이강 시체소각로 옛터 (2011년 필자 촬영)

3.7 베이강 시체소각로

베이강 시체소각로([사진26])는 731부대에 있는 세 군데 시체소각로 중 하나이며, '실험재료'를 은폐하기 위한 곳이었다. 주로 실험동물의 시체를 소각하는 용도로 사용되었는데 가끔 마루타 시신을 소각하는 경우도 있었다. 그 소각로가 위치한 지역이 '베이강'(北崗)이기에 베이강 시체소각로라고 불렸다. 현재 베이강 시체소각로 본체와 굴뚝에는 여러 군데 금이 갔고 손상이 심각해 보수 공사가 시급한 상황이다.

3.8 베이와디 시체소각로

베이와디 시체소각로([사진27])는 주로 일본인 사망자를 소각하는 용도로 사용되었으나 때때로는 실험재료도 소각했다. 소각로가 위치한 지역이 베이와디(北洼地)이기에 베이와디 시체소각로라 불렸다. 지금 베이와디 시체소각로의 화로 부분은 없어졌으나 굴뚝은 남아 있다. 높이 약 19m, 가로 1.73m, 세로 2.07m이며 약간 금이 간 부분이 보인다. 옛터의 주변 환경이 좋지 않아 정비가 시급한 상황이다.

[사진27] 베이와디 시체소각로 옛터(2011년 필자 촬영)

위에서 언급한 실험시설은 731부대가 실시한 각종 세균실험과 가스실험의 중심이 되는 구역이며, 731부대가 관동군 헌병대와 결탁하여 실시했던 '특이급'(特移扱)이 최종 도달하는 곳이기도 하다. 중국인과 소련인, 조선인 등 많은 항일지사가 '인체실험 재료'로 사용되어 이곳에서 희생당했다. 과거에는 731부대가 세균실험과 세균전연구만을 했다고 생각하여 731부대를 '731세균부대'라고 부르는 학자가 많았으나 이는 분명 잘못된 것이다. 731부대는 세균실험 외에 독가스실험도 했다. 가스실험실 옛터와 가스저장실 옛터는 이를 입증하는 확실한 증거라 하겠다.

옛터 조사 결과 다음과 같은 결론을 얻을 수 있었다. 현존하는 세균 및 독가스 실험시설은 731부대가 실시한 동상, 티푸스, 콜레라, 페스트, 결핵, 탄저 등의 실험 내용을 밝혀낼 수 있는 주요한 실물 증거를 제공한다. 아울러 시체소각로 시설에 대해 본론에서 기술한 이유는 소각로를 '실험재료'의 폐기 장소로 추정하기 때문이다. 보통 환경위생을 생각해 시체소각로를 중심구역 이외의 근교 지역에 마련하는 것이 일반적이지만, 731부대의 경우 소각로 자체가 3곳이나 있는 데다 모두 본부가 있는 중심구역 범위 안에 두었다. 이는 731부대가 빈번히 '실험재료'를 사용해 세균실험과 독가스실험을 시행했을 뿐 아니라 '실험재료'를 은폐했다는 역사적 사실을 충분히 보여주는 대목이다.

4. 세균무기 연구 및 생산 시설

세균무기 연구 및 생산 시설로는 현재 세균탄 장비실, 병기반, 세균탄창 제조공장, 이렇게 옛터 세 곳이 남아 있다.

4.1 세균탄 장비실

[사진28] 세균탄 장비공장 옛터(2011년 저우옌 촬영)

세균탄 장비실([사진28])은 731부대가 세균탄 조립과 보관을 했던 곳이다. 책임자 이름이 야마구치 가즈타카(山口一孝)였기 때문에 '야마구치반'이라 불렸다. 자재부가 관리하던 세균탄 장비실은 2층짜리 건물 5동을 사용했다. 지금은 벽돌과 철근 콘크리트로 만들어진 2층짜리 장방형 건물만 남은 상태인데, 동서로 길게 뻗은 이 건물의 크기는 가로 9m, 세로 33m, 높이 9.43m였다. 지하 저장실도 두 곳 있었는데 크기는 각각 85㎡와 24㎡였다.

1945년 5월에서 8월, 건설가도변사처(兴建街道弁事处) 수선대가 보수 공사를 했다. 731부대에서 노동자로 일했던 챠오스싱(乔世兴)씨는 세균탄 장비실에서 직접 본 광경을 떠올리며 "낡아빠진 상자 안에 탄약이 든 도자기(陶磁弹荚) 하나가 그대로 들어 있었다. 그 도자기로 된 탄창은 높이 90㎝, 직경 30㎝로 거무스름한 적갈색이었다. 주변에 또 하나 깨진 도자기 폭탄이 있었다. 폭탄 안쪽은 우윳빛깔을 띄었고 파편에는 빨간 액체가 묻어 있었다"고 증언한 바 있다. 전후 옛터는 기업 작업장으로 사용되었기에 건물이 적지 않은 손상을 입었다. 내외 벽과 창문에는 파손된 곳이 몇 군데 보였고 지하실은 완전히 덮인 상태였다. 지금은 하페이자동차주형부품유한책임공사(哈飛汽車铸型零件有限责任公司)가 사용하고 있다.

4.2 병기반

병기반(兵器班)의 주요 기능은 세균 폭탄과 세균 포탄 등의 공격용 무기 연구와 제조, 그리고 백신과 혈청의 예방연구 및 생산이었다.

병기반은 베이징의 전통 주택 양식 중 하나인 사합원(四合院) 양식[10]을 채택한 회(回)자 모양 건물이었다. 동쪽 건물은 말의 혈청 연구를 하는 연구실이었다. 남쪽 건물은 소형 세균무기를 제조하는 고온 실험실과 멸균실, 연구실이 있었다. 서쪽과 북쪽 건물은 자동차와 탱크 등 대형병기 격납고로 사용했다. 731부대는 도주 시 병기반도 파괴했다. 현재 병기반의 북쪽 지상 건물은 완전히 사라진 상태이며 지하의 기초시설도 덮여 있다. 남아 있는 옛터는 동쪽과 서쪽, 남쪽 세 방향에 분포해 있다. 동쪽 옛터는 장방형 단층집으로([사진29]) 크기는 가로 16m, 세로 91m이다. 비교적 양호한 상태로 보존되었으며 지금은 동북경합금가공공장(东北轻合金加工工厂) 창고로 사용된다. 병기반 남쪽 건물(그림34)은 철근 콘크리트로 만들어진 기초와 기둥만 남은 상태로, 전체 크기는 파악할 수 있으나(길이 36m, 폭 14.5m), 어떤 건물 구조였는지는 알 수 없다. 서쪽에는 벽 하나와 건물 기초만 남은 옛터가 있다. 남은 벽은 건물을 둘러싸는 담 같다. 보강 공사를 하지 않으면 언제 무너져도 이상하지 않은 상태다.

[사진29] 병기반 옛터(2011년 한후이광 韩慧光 촬영)

[사진30] 병기반 옛터(2011년 한후이광 촬영)

4.3 세균탄창 제조공장

세균탄창 제조공장은 731부대 제3부(방역급수부) 부설 기구로 주로 연구실, 공작과(工作課), 정비대(整備隊)가 있었으며, 도자기 탄창과 여수관을 굽는 것이 주요 임무였

---

10. 사합원(四合院)은 사합방(四合房)이라고도 하며, 한족 전통 합원식 건축 양식의 하나다. 사합원(四合院) 가옥 형태는 북방(正房), 남방(倒座房) 그리고 동서의 상방(厢房)이 사면을 둘러싸면서 네모 형태를 만들고 중간에 정원을 둔다.(베이징시 관광발전위원회 한글공식사이트_http://visitbeijing.or.kr/courtyard 참조)

[사진31] 세균탄창 제조공장 가마터1(2011년 한후이광 촬영)

[사진32] 세균탄창 제조공장 가마터2(2011년 한후이광 촬영)

다. 세균탄창 제조공장 옛터는 지금의 하얼빈시 난강구(南岗区) 핑신진(平新镇), 과거 '양마자쯔'(杨马架子)로 불리던 곳에 위치하며 본부 옛터에서는 10㎞ 떨어졌다. 현재 세균탄창 제조공장 옛터에는 7개 건물이 남았는데, 세균탄창 제조공장 사무실 옛터 한 곳과 가마터 두 곳, 굴뚝 네 곳이다.

세균탄창 제조공장 사무실 옛터는 벽돌과 철근 콘크리트로 만들어진 삼각지붕의 장방형 5층짜리 건물로 실외에 계단이 있었다. 전체 크기는 가로 7.1m 세로 26.6m, 높이 18m로 당시는 제3부의 본관이었다. 전후 복구공사를 거쳐 몇 군데가 개축되었다. 한때 하얼빈시 룽장(龙江)고무공장 작업장으로 쓰였으나 지금은 사용되지 않고 유지 보존되고 있다.

[사진33] 세균탄창 제조공장 굴뚝 옛터1(2011년 필자 촬영)

두 개의 가마터([사진31] [사진32])는 형태와 구조가 같으며, 평면상 장방형이고 철근 콘크리트로 만들어진 지상 건물이다. 가마의 윗부분은 아치 모양이다. 가마터는 전체 길이가 19.4m이며 내벽 윗부분에는 쇠로 된 갈고리가 남아 있다.

굴뚝 4개는 형태와 구조가 같으며 2개가 한 쌍이다. 세균탄창 제조공장 사무실 부근의 굴뚝 2개([사진33])는 보존 상태가 양호하며 지상 건물도 남아 있다. 굴뚝 중 하나는 높이가 33.2m, 굴뚝 아랫부분은 직경이 2.6m다.

또 하나는 높이가 42.2m, 아랫부분 직경은 2.6m다. 두 굴뚝의 거리는 가깝고 아랫부분은 연기가 빠져나가는 통로로 연결되어 있다. 일부 통로는 무너져 지상에 노출되어 있다. 또 다른 굴뚝 한 쌍([사진34])은 보존 상태가 좋지 않아 지상 부속 건물이 남지 않았다. 굴뚝 하나는 높이가 36.2m, 아랫부분 직경이 2.6m고, 나머지 하나는 높이가 43.7m, 아랫부분 직경이 2.6m다. 현재 이 굴뚝 4개는 모두 쓰이지 않고 보존되고 있다.

[사진34] 세균탄창 제조공장 굴뚝 옛터2(2011년 필자 촬영)

4.4 청쯔거우 야외실험장

청쯔거우(城子溝) 야외실험장([사진35])은 731부대가 야외 세균실험과 가스실험을 하던 곳이다. 해당 옛터는 지금의 하얼빈시 핑팡구 핑신진 핑르촌(平乐村)에서 남쪽으로 1.5㎞ 정도 떨어진 곳에 있다. 이곳은 요금시대(遼金時代)의 핑르고성(平乐古城) 옛터가 있는 곳이기도 하다. 청쯔거우 야외실험장 옛터에는 지상 시설이 남지 않았지만 사료를 통해 731부대가 이곳에서 세균 및 독가스 야외실험을 했다는 사실이 확인된다. 현재 해당 옛터는 농지로 사용되며 보호 범위에 지정되어 있지 않기에 보호 구역을 알리는 표시판도 없다. 보호와 관리 표준화가 시급하다.

위에서 언급한 시설은 세균무기 실험과 연구, 제조에서 저장, 운송에 이르기까지 완벽한 시스템을 구성하고 있었으며, 세균무기 실험을 실내 · 실외에서 할 수 있는 시설이 완비되어 있었다. 731부대는 '방역'과 '급수'라는 이름으로 비밀리에 활동하였지만 세균무기를 연구하고 개발했던 역사적 사실은 결코 숨길 수 없다. 조사에 따르면 731부대가 생산한 세균무기 가운데 도자기로 된 세균탄 수가 가

[사진35] 청쯔거우 야외실험장 옛터(2011년 쑹지칭 宋吉庆 촬영)

장 많았다고 한다. 세균탄창 제조공장 옛터의 규모와 전후에 발견된 대량의 도자기 파편을 보면 이곳에서 이루어졌던 세균무기 생산이 얼마나 대규모였는지 짐작이 간다. 이 증거들로 731부대가 세균전을 위해 세균무기 연구와 제조를 했던 특수부대였음이 충분히 증명된다.

5. 실험동물 사육시설

실험동물 사육시설로 동물사육실과 황쥐사육실, 곤충배양실의 옛터 3곳이 존재한다.

5.1 동물사육실

[사진36] 동물사육실 옛터(2011년 필자 촬영)

[사진37] 동물사육실 옛터 내부(2011년 필자 촬영)

동물사육실([사진36])은 주로 흰쥐와 곤충 사육을 위해 사용되었다.

사육실은 동서로 길게 뻗었고 출입구가 서쪽 방향으로 있다. 크기는 가로 1.8m, 세로 약 5.4m, 깊이 3m로 계단 12단이 있다. 지하에 있는 공간은 각진 모양이고 내부에는 방 3개가 있다. 주실(主室)은 장방형 모양으로 길이는 동서 약 6.4m, 남북 3.5m다. 주실 남쪽에는 가로 3.2m, 세로 10m의 장방형 부실이 두 개 있으며 천장이 높이 2.8m의 아치형이다. 벽 양쪽에는 사육장을 놓는 U자형 시멘트 관이 세 줄 설치되었고,([사진37]) 반원추형 천장 가운데에는 통풍구멍이 네 개 있다.

1985년 4월에서 5월, 핑팡구 설비안장공정공사(设备安装工程公司)와 핑팡건축공사가 잇따라 지하에 뚫린 구멍 보수 공사를 진행하였다. 이때 시멘트 바닥과 금이 간 벽, 통풍구멍을 보수하였고 출입구를 방수 처리하였으며 배수구도 마련하였다. 그러나 현재 동물사육실은 방호문이 없어져 지하의 구멍 뚫린 벽과 천장에 수평으로 금이 간 상태다. 벽에 설치된 시멘트 관도 떨어져 부실(副室) 벽에는 커다란 금이 생겼다.

5.2 황쥐사육실

황쥐사육실은 731부대가 황쥐[11]를 사육했던 곳이다. 황쥐는 731부대가 페스트 실험을 할 때 가장 중요한 실험동물이었다. 731부대가 '쥐 부대'라 불렸던 것도 바로 이 때문이다. 황쥐사육실은 부지 면적 약 110㎡이며 동서로 긴 장방형 목조 단층집이었다. 문은 동서 양쪽에 각각 하나씩 있었고, 남향으로도 네 개 있었다. 실내 바닥에는 시멘트로 만들어진 사각형의 사육조(飼育槽)가 100개 있었다. 사육조는 반 지하식이고 모두 4행 25줄로 총 크기가 길이 25.2m, 폭 4.3m였다. 시멘트 사육조 하나의 길이와 폭은 각각 0.83m와 1.05m이며 벽 두께는 0.17m였다.([사진38])

[사진38] 황쥐사육실 옛터 내부(2011년 필자 촬영)

[사진39] 황쥐사육실 옛터 외부(2011년 필자 촬영)

731부대가 도주 시 황쥐사육실 건물 자체를 폭파했기에 이 건물 외부는 불타 없어졌다. 게다가 주변 건물 점용과 압력에 의해 사육조 4개가 파괴되어 지금은 100개 가운데 96개만 남은 상태다. 1986년 11

11. 실제 731부대에서 황쥐(黃鼠)라는 말을 사용했는지, 황쥐가 정확히 어떤 종을 말하는지 단정하긴 어렵다. 황쥐에 대해 정확히 기술한 1차 사료는 찾을 수 없었다. 다만 필자가 중국인인 것을 감안해 중국어사전에서 '황쥐'를 찾아보면 얼룩다람쥐로 나온다.

월부터 1987년 5월 사이에 해당 옛터는 핑팡건축공사에 의해 보수 공사가 이루어졌다. 지금 있는 목조 건물은 731부대에서 일했던 사람들의 증언을 바탕으로 복원한 것이다.([사진39])

5.3 곤충배양실

곤충배양실은 731부대가 이와 빈대, 파리, 모기 등을 배양했던 곳이다. 이 곤충들은 주로 세균 감염 매개물로 각종 실험에 사용되었다. 곤충배양실로 사용된 건물은 네 군데였으며 주위에 벽돌로 만든 담이 있었다. 731부대는 도주 시 곤충배양실도 파괴했다. 지금은 남북 방향에 들어선 3개 건물만 남았다. 3개 건물 가운데 남쪽에 위치한 건물은 '皿'자형 단층집이며([사진40]) 중앙 건물은 'エ'자형 단층집이다.([사진41]) 북쪽에

[사진40] 곤충배양실1(2011년 저우옌 촬영)

[사진41] 곤충배양실2(2011년 필자 촬영)

[사진42] 곤충배양실3(2011년 필자 촬영)

[사진43] 곤충배양실4(2012년 필자 촬영)

는 '一'(일)자형 2층 건물이 있고([사진42]) 담 일부도 남아 있다.([사진43])

남쪽의 皿자형 건물과 중앙의 工자형 건물은 이와 빈대, 파리, 모기 등 감염 매개물을 배양하는 곳이었다. 皿자형 단층집은 부지 면적 약 1,950㎡로 벽돌과 철근 콘크리트로 만들어진 건물이었다. 지붕은 人자 모양이었다. 남북으로 길게 뻗은 건물의 전체 크기는 가로 36m, 세로 95m, 높이 6.8m이다. 중앙에 위치한 工자형 단층건물은 부지 면적 약 2,465㎡로 벽돌과 철근 콘크리트로 만들어졌다. 두 건물은 가로 12m, 세로 88m와 94m, 높이 5.6m이며 중앙부는 길이 88m, 폭 11.2m, 높이 3.6m의 통로로 연결되었다. 一자형 2층 건물은 부지 면적 1,160㎡로 벽돌과 철근 콘크리트로 만들어졌으며 박공지붕이다. 동서로 길게 뻗은 건물의 전체 크기는 가로 12.6m, 세로 약 91m, 높이 약 7.5m 이다.

현재 3곳 남은 곤충배양실 옛터는 비교적 양호한 보존 상태지만 주변 환경은 열악하다. 현재 중국항공공업공판하얼빈공사(中国航空工业共贩哈尔滨公司)와 하페이실업총공사(哈飞实业总公司)가 작업장과 창고로 사용하고 있다. 문과 창문은 보수 공사가 이루어졌지만 나머지 부분은 거의 그대로다. 하지만 공장으로 사용되는 만큼 적지 않은 손상을 입고 있어 환경 정비와 관리 표준화가 시급하다.

731부대는 이러한 시설을 이용해 세균실험과 독가스실험을 위해 필요한 실험용 동물을 대량 사육했을 뿐 아니라 세균무기 대량 생산을 위해 이와 빈대, 모기 등을 비롯한 감염 매개물을 제공하기도 했다. 실험동물은 주로 이와 빈대, 파리, 모기, 황쥐, 흰쥐, 토끼, 원숭이, 말, 소, 양, 낙타 등이었다. 이처럼 사육시설의 규모도 컸고 실험동물의 수량과 종류도 많았다. 이는 자연계의 동물 집단에 대한 인위적인 파괴행위였으며, 실제 실험지역의 생태 환경에도 큰 악영향을 초래했다. 이것이 직접적인 원인이 되어 핑팡구에서 광범위한 페스트 유행이 일어나기도 했다. 당시의 페스트 유행은 사망자 수백 명을 낳았을 뿐 아니라 사람들의 생활에도 큰 손실을 초래했다. 또한 핑팡구가 페스트 근원지가 되면서 오랜 기간 방역작업을 해야 했고, 이는 해당 지역 주민에게 심각한 심리적 부담과 사회적 압력으로 작용했다.

6. 관사 구역 조사

731부대의 관사 구역은 '도고숙사'(東鄕宿舍)나 '도고촌'(東鄕村), '사관동'(士官棟)이라는 이름으로 불렸으며, 부대 장교나 사관, 병사와 그 가족들이 생활하고 거주하는 공간이었다. 관사 구역 건물들은 부대 가족 관사와 독신 관사, 일반 관사, 그리고 급수와 온수, 난방 등을 관리하는 부속 시설로 구성되어 있었다. 더불어 학교와 병원, 운동장, 상점가, 오락시설, 음식점, 유곽, '도고신사'(東鄕神社)도 있었다.

본부에는 깊은 우물이 두 개 있었는데 그중 하나는 관사 구역을 위한 수원(水源)으로 사용됐다. 관사 구역과 세균실험 구역으로 가는 배수관은 모두 4개였는데 관의 길이는 2,200m, 직경 0.2m였다. 또한 관사 동쪽에는 보일러실이 있어 3,000m의 온수 배관을 이용해 관사 구역으로 난방을 공급하였다. 관사 구역에서 사용하는 전기는 1937년부터 1939년까지 북만전업주식회사(北滿電業株式会社) 하얼빈지사가 건설한 핑팡변전소로부터 공급을 받았다. 이후 일만전업주식회사(日滿電業株式会社)가 지린풍만(吉林豊滿) 발전소에서 하얼빈으로 전기를 공급하는 1차 변전소를 건설하여, 1943년 9월 이후에는 여기에서 전기를 공급받았다.

관사 구역은 지금의 하얼빈시 핑팡구 신장다가(新疆大街) 지역과 요우세다가(友协大街) 지역이 만나는 지점의 서남 방향에 위치한다. 총 서른네 동 건물로 구성되었으며 전체 부지 면적은 1.67ha였다. 모두 동서로 길게 뻗은 목조 벽돌 건물이다. 지붕은 사람 인(人)자 모양이고 복도와 계단은 옥외에 있었다. 731부대는 도주 시 건물들의 문과 창문, 지붕을 파괴했는데, 전후 보수 공사가 진행되어 하얼빈항공공업집단의 직원 주택 단지가 되었다. 이 보수 공사 과정에서 건물의 구조에 변화가 생겼다. 일부 시설이 증설되어 지붕과 난방, 바닥 부분이 크게 변했다. 하지만 건물의 전체 외관은 원래 모습에서 크게 바뀌지 않았다. 현재 서른네 동의 관사는 직원 주택으로, 표식이 총 17개 붙은 채 사용되고 있다. 순서대로 201호, 202호, 203호, 204호, 205호, 206호, 209호, 210호, 211호, 212호, 213호, 214호, 216호, 217호, 218호, 219호, 220호라는 이름으로 불린다.

201호부터 206호까지의 여섯 동 건물은 크기와 구조가 같으며 모두 동서 양쪽 건물로 구성되었으며 평면이 장방형이다. 건물 크기는 가로 7.8m, 세로 48.8m, 높이 14.1m이며 양쪽 건물은 중앙에 있는 실외 계단으로 이어져 있다.

209호는 장방형 주택단지인데 건물 열한 동으로 이루어졌다. 중앙의 건물 아홉 동은 4층 건물이고 양쪽의 건물 두 동은 3층이다. 4층 부분은 전후 증축된 것이다. 건물 전체 크기는 가로 7.7m, 세로 145.5m로, 4층 부분의 높이는 15.9m이며 3층 부분 높이는 11.4m이다.

[사진44] 관사구역 옛터(2012년 한후이광 촬영)

210호도 장방형 주택단지로 형태와 구조는 209호와 거의 비슷해 총 열한 동으로 이루어졌다. 건물 전체 크기는 가로 7.7m, 세로 145.5m, 높이 11.4m다. 해당 건물은 전후 하페이실업총공사 부속 유치원으로 사용되다가 지금은 일반 주택으로 쓰이고 있다.

211, 212, 213호([사진44])는 과거 731부대의 독신 관사로 사용되던 건물 세 동이다. 이 세 동은 남쪽에서 북쪽으로 교차하듯 배열되었으며 중앙의 복도로 이어져 있다. 세 동은 모두 형태와 구조가 같은 목조 벽돌로 된 장방형 3층 건물이다. 전후 추가로 지어진 부분이 많아 세 동의 세로 크기가 조금씩 다르나 대략 50m 정도다. 가로는 8.7m, 높이는 11.3m인데 굴뚝을 포함한 높이는 13.7m다. 212호 앞에는 단층집이 한 채 있는데 그곳은 과거 도고숙사 사무소로 쓰였다.

214호는 동서로 긴 장방형의 3층짜리 건물이며 크기와 구조가 같은 독립 건물 세 동으로 구성되었다. 세 동은 실외에 설치된 계단과 복도로 연결되었으며 건물의 전체 크기는 가로 8.4m, 높이 10.5m로 굴뚝을 포함한 높이는 11.26m다. 세 동 중 가운데 건물의 세로는 40.7m이며 양쪽 건물은 둘 다 세로가 34m다.

216호와 217호는 214호와 상당히 비슷하다. 216호와 217호도 214호와 마찬가지로 크기와 구조가 똑같은 독립 건물 세 동으로 구성되었다. 모두 목조 벽돌로 된 장방형의 3층 건물로 지붕은 人자 형이다. 건물 크기는 가로 8.4m, 세로 34m, 높이 10.5m이며 굴뚝까지 포함한 높이는 11.6m이다.

218호는 3층짜리 독립 건물 두 동으로 구성되었다. 두 건물은 중앙의 실외 계단으

[사진45] 관사구역 옛터(2012년 한후이광 촬영)

로 연결되었으며, 모두 전체 크기는 가로 8.4m, 세로 40.4m, 높이 10.5m이고, 굴뚝 부분을 포함한 높이는 11.2m다.

219호와 220호([사진45])는 크기와 구조가 같은 3층 건물로 218호와 비슷한 구조를 가진다. 219호와 220호 동 모두 독립 건물 두 동으로 구성되었으며 중앙의 실외 계단으로 연결되었다. 역시 박공지붕이 있는 장방형 건물이며 크기는 가로 8.2m, 세로 33.6m, 높이 10.5m이다. 굴뚝 부분까지 포함한 높이는 11.2m다.

현존하는 관사 구역 옛터와 급수 및 난방 전기공급 시설에 대한 기초 조사를 통해 731부대가 부대 건설 이전부터 이미 급수, 난방, 전기공급 시설에 대한 설비를 중요시했음이 드러났다. 또한 731부대 군사부속시설의 전체 규모와 기본 구조 및 배치도 파악할 수 있었다. 관사 구역은 규모가 상당히 컸음에도 부속 시설이 완비되어 있었다. 이는 다른 부대의 관사에서는 찾아보기 어려운 것이다. 이로써 731부대는 규모가 상당히 크고 경비도 넉넉하며 인원이 많은 특수부대였음을 다시 한번 확인할 수 있었다.

아울러, 731부대가 이른바 군의나 세균전문가, 실험수(實驗手)라고 불리는 부하들에게 정신적 위무와 군국주의 교육을 통해, 잔인하기 이를 데 없는 인체실험의 현실을 속이고 일반인과 다르지 않은 가식적 생활 모습을 만들어내려 애쓴 것도 엿볼 수 있었다.

7. 옛터의 전체 상황에 대한 조사와 분석

7.1 현재의 보존 상태와 보호 상황

731부대 옛터는 보존 상태에 따라 크게 네 분류로 나누어 고찰할 수 있다. 첫 번째는 비교적 보존 상태가 좋은 건물들이다. 건물구조 자체가 양호하며 대부분 철근 콘크리트이다. 거의 제2차 세계대전 이후 계속 사용되었고 그 과정에서 부분적 보수 및 보강 공사가 이루어진 건물들이다. 지하의 경우, 전후 사용되지 않은 채 그대로 남은 것도 있다. 본부 건물과 남문위병소, 동물사육실, 항공반, 곤충배양실, 관사 구역 등이 이 첫 번째 분류에 속한다.

두 번째는 시설이 심각하게 손상되어 외관만 남은 상태지만 남은 외관과 자료를 통해 역사적 기능을 알 수 있는 건물들이다. 이 건물들은 전쟁이 끝난 후 보수 공사가 이루어졌지만 전체 구조는 크게 바뀌지 않았다. 또한 현재는 사용되지 않고 유지 보존되고 있다. 급수탑과 동상실험실, 베이와디 시체소각로, 베이강 시체소각로가 이 두 번째 분류에 속한다.

세 번째는 거의 파괴되어 건물의 극히 일부분이나 부속 시설밖에 남아 있지 않으나 자료 등을 통해 역사적 기능을 알 수 있는 것들이다. 보일러실과 병기반 옛터 등이 여기에 속한다.

[사진46] 가모부대 옛터(1980년대 촬영, 731국제자료센터 소장)

[사진47] 일본영사관 옛터(1980년대 촬영, 731국제자료센터 소장)

[사진48] 안다 야외실험장(2011년 필자 촬영)

[사진49] 안다 야외실험장(2011년 필자 촬영)

네 번째는 지상 부분은 없어졌지만 옛터 위치와 범위를 특정할 수 있는 경우다. 양호한 상태로 건물이 보존되지 않았기에 영원히 그 모습을 볼 수 없게 된 것도 있다. 도고신사와 비행장, 운동장, 위(僞) 경찰 주재소, 가모부대([사진46]), 일본영사관([사진47]), 베이인허 실험장 등이 이 분류에 속한다.

그리고 또 한 가지, 정부의 보호 아래 들어가 보호 범위가 지정되어 표식이 세워진 옛터도 존재한다. 청쯔거우 야외실험장 옛터와 안다 야외실험장 옛터([사진48] [사진49])가 여기 해당된다. 아울러 731부대 옛터는 구조 형식에 따라 지상 건물과 지하 건물, 지상과 지하 모두 있는 건물, 세 가지로 나누어 고찰할 수 있다.

7.2 보호 범위와 구조의 안전성

앞에서 언급한 것처럼 본문에서 하얼빈시 핑팡구에 있는 옛터와 난강구 신핑진에 있는 세균탄창 제조공장 옛터에 대해 고찰했다. 핑팡구에 있는 본부 옛터의 규모는 지금의 솽용로(双拥路)라는 지역을 거점으로 남쪽은 젠원가(建文街), 서쪽은 신요가(新友街)와 신인가(新银街), 북쪽은 신우로(新五路)까지 뻗어 있다. 731부대 옛터는 대부분 전국중점문물보호단위로 지정되었는데, 731부대 옛터의 보호를 과학적으로 규정하기 위해 보호 상태와 분포 상황, 환경적 특징 등에 따라 이를 다시 '중점보호구'와 '일반보호구'로 나누어 관리한다. 731부대 관사 구역은 전국중점문물보호단위로 지정되지 않았기 때문에 관사 구역의 보호 범위와 건물 구조 안전에 대해서는 여기에서 논하지 않았다.

중점보호구란 유적 자체의 안전을 확보하기 위해 지정된 구역을 말하며 일반보호구는 만일의 경우를 대비해 위험을 미리 방지하고 핵심 부분의 안전을 보장하는 구역을 말한다. 아울러 옛터 주변의 건설제한 구역은 '환경협화과도구역'(环境和谐过渡区域)과 '도시도로제한구역', '도시건설제한구역' 등 세 구역으로 나눌 수 있는데, 이처럼 옛터 주변 환경의 상황에 따라 건설제한구역을 구체적으로 지정하는 것도 가능하다.

민간건축과 공업건축의 '안전성 감정 기준'에 근거하여 731부대 옛터에 있는 건축물의 안전성은 A, B, C, D의 4가지 등급으로 나눌 수 있다. A급에는 주요 항목이 국가의 현행 규범에 적합하지만 부차적인 항목에서는 국가의 현행 규범을 약간 충족시키지 못하는 경우에 해당한다. B급에는 주요 항목이 국가의 현행 규범에 적합하거나 다소 못 미치는 부분이 있으면서 부차적인 항목이 국가의 현행 규범에 적합하지 않은 경우가 해당한다. 이 경우 항목 전체의 안전과 기능 적용에는 영향이 없지만 적절한 조치를 취할 필요가 있다.

C급은 주요 항목이 국가의 현행 규범에 약간 못 미치거나 적합하지 않을 뿐 아니라 부차적인 항목도 국가의 현행 규범에 전혀 적합하지 않은 경우다. 이 경우 전체의 안전과 기능 적용에 심각한 영향을 초래하기 때문에 적절한 조치를 취해야 한다. D급은 주요 항목이 국가의 현행 규범에 전혀 맞지 않는 경우다. 이 경우 전체의 안전과 기능 적용에도 중대한 영향을 주므로 즉각 또는 가능한 빨리 조치를 취해야 한다.

8. 결론

위에서 언급한 것처럼 지금까지 역사 자료, 기술 수단, 관리 등의 부족으로 '731부대 옛터'에 대한 조사와 연구는 불완전하고 불충분했다. 이러한 불충분함 때문에 옛터에 '후타키반'(二木班)이나 '요시무라반'(吉村班)과 같은 잘못된 이름이 붙기도 했다.[12] 사실 옛터 관리부문이 옛터의 보호와 이용을 둘러싼 문제에 대해 역사적 기록과 학술 연구의 관점에 입각해 제대로 된 대응을 한 적이 많지 않았다. 사회 환경의 변화와 도시 개발 등으로 인해 옛터의 주변 환경은 크게 변했다. 이 때문에 바이러스실험실과 가모부대처럼 아예 상실된 옛터도 존재한다. 더불어 공장의 장기 점용으로 인해 일상적인 보수 공사와 검사를 신속하게 효과적으로 실시하지 못하고 있는 옛터도 있다.

옛터의 보호 상황, 이용 효과, 학술연구 상황을 전면적으로 파악하기 위해 필자는 731부대 옛터에 대한 조사를 실시했다. 본 조사를 통해 처음으로 731부대의 급수와 배수, 난방, 전기 공급 설비에 대해 고찰하여 가치 있는 정보 자료를 얻을 수 있었다. 이러한 정보는 731부대의 난방, 전기공급, 배수시설 등에 관한 연구를 진척시키는 데 중요한 근거가 되었다. 아울러 조사를 통해 오랫동안 지하에 묻혀 있었던 양어장과 지하 배수지 옛터도 새로 발견할 수 있었다. 새로 발견한 옛터에 관한 대량의 데이터를 바탕으로 도면도 작성하였다. 도면은 731부대의 전체 규모와 평면 배치, 역사적 기능을 파

12 건물의 기능에 따라 정확한 공식 명칭을 붙인 게 아니라 'OOO반'과 같은 일제가 쓰던 별칭을 그대로 사용한 것을 지적하는 듯하다. 실제 '후타키반'이나 '요시무라반'은 존재했다.

악하기 위한 귀중한 자료가 되었을 뿐 아니라 731부대에 대한 기존 문제의식을 심화시키는 데도 기여했다. 이러한 성과는 향후 조사와 발굴, 그리고 보호, 전시를 위해 큰 도움이 될 것이다.

본 연구의 의의는 731부대 옛터에 대한 현장조사와 종합 분석을 통해 731부대가 인체실험과 세균실험, 독가스실험, 세균전을 실행했다는 역사적 사실을 밝혀낸 것이다. 아울러 731부대 옛터의 역사적 가치와 사회적 가치, 그리고 현실적 의의에 대한 인식을 한층 더 심화시켰다. 이는 다음 여덟 가지 항목으로 정리할 수 있다.

① 옛터 건축물이 잘 보존되었다. 현존 731부대 옛터는 규모가 크고 인체실험 시설, 동물 사육시설, 세균무기의 연구 · 제조 · 저장 · 수송 시설 등 대부분이 완전한 상태로 남아 있고 기능도 상실되지 않았다. 옛터가 다양한 정보를 보여주기에 그 자체로 완벽한 증거물이다.

② 건축물 특징이 뚜렷하게 남았다. 현존 옛터는 기존 건축물의 물리적 구조와 핵심적 특징을 비교적 완전한 상태로 유지하고 있다. 비바람 등 자연 침식에 의한 손상도 비교적 잘 억제되었다. 게다가 옛터가 있는 지역의 자연 지형이 크게 변화하지 않았기에, 현재로서는 전체적인 규모와 구조는 기본적인 특징을 잘 유지하고 있다고 볼 수 있다.

③ 731부대 본부는 시설과 기능이 거의 완전한 상태로 존재한다. 731부대 본부는 실험연구와 장비제조, 야외 실전실험, 물자저장, 동물번식, 교통운수, 군사경계, 생활보장 등의 기능을 한 곳에 집약시킨 종합구역이었다. 이러한 환경이 세균무기의 실험과 연구 그리고 제조에서 저장 및 운반에 이르기까지 완벽한 시스템을 구축하였다. 이를 바탕으로 731부대는 일본군의 세균전 획책, 조직, 실행의 중심기구로 기능했다.

④ 731부대가 실시한 동상, 티푸스, 콜레라, 페스트, 결핵, 탄저 등과 관련된 실험은 인류와 자연환경에 위해를 초래하는 중대한 범죄 행위다. 731부대는 수많은 동물을 실험에 사용하였고 동물의 생태환경에도 큰 위해와 변화를 초래했다. 이것이 직접 원인이 되어 1946년 핑팡구에서 페스트가 광범위하게 유행했다. 핑팡구가 페스트 발생지가 되면서 지역에 많은 사상자와 재산손실을 가져왔고 주민들에게 심각한 심적 부담과 사회적 압력을 가했다.

⑤ 현존하는 옛터 시설에 대한 조사를 통해 731부대가 세균전을 실행하기 위해 비

밀리에 세균무기와 독가스무기를 연구 제조했던 특수부대였음을 충분히 증명할 수 있었다. 731부대는 국제조약을 위반하고 살아 있는 인간을 사용해 동상실험과 세균감염 및 위생방역 등의 실험을 시행했다. 이는 인류 발전 과정에서 가장 어둡고 추하며 야만적인 역사이다.

⑥ 옛터는 731부대가 실시한 세균무기 연구와 제조, 사용, 세균전 준비, 실행에 이르는 전 과정을 있는 그대로 간직하고 있다. 세균무기 연구와 제조를 했던 역사상 최대 규모의 시설이자 세균전을 일으킨 발상지이기도 하다. 옛터는 이에 대한 명백한 역사적 사실과 확실한 증거를 제시한다.

⑦ 731부대 옛터는 일본이 중국을 침략한 역사의 범죄 증거이자 구 일본군이 범죄를 은폐한 증거이기도 하다. 또한 옛터는 중국 내외 희생당한 수많은 항일지사나 죄 없는 민중들의 조난기념지(遭難記念地)로서 평화수호 및 전쟁반성 교육을 위해 더할 나위 없는 실증사례이다. 더불어 일본에 의한 중국 침략의 역사를 연구하고 구 일본군에 의한 폭행과 세균전, 독가스전에 대한 진실을 밝혀낼 증거이기도 하다.

⑧ 731부대 옛터는 특수 유적으로서, 애국주의 교육과 국방 교육을 위한 중요한 터전이며, 민족정신을 불러일으키는 곳이다.[13]

량치차오(梁啓超)는 '신사학'(新史学)에서 "역사는 국민의 거울(明鏡)이자 애국심의 근원"이라고 제창하며 단 한마디로 역사의 가치를 갈파했다. 필자와 같은 헤이룽장성 출신자에게 있어서 헤이룽장성의 근대사에 주목하는 것은 과거에 관한 문제일 뿐 아니라 현재와 미래에도 큰 연관이 있는 일이다. 지금도 세균무기를 생산했던 건물과 피 묻은 표본들을 보면 모골이 송연해진다. 이러한 역사 유적과 전쟁 유물은 격동과 고난의 과거를 말해주고 있다. 그렇기에 제2차 세계대전의 역사 유적을 보전하여 유적 스스로 '역사를 기록하는 책임'과 '평화를 기원하는 임무'를 다할 수 있게 해야 한다.

옛터를 양호한 상태로 보전하는 것은 역사를 기록하는 것과 마찬가지다. 우리 민족이 발전 과정에서 어떤 고난의 길을 걷게 되었는지, 어떻게 식민지 침략을 당하고 전쟁의 어려움을 겪게 되었는지, 또한 어떻게 저항하고 투쟁했는지를 기록하는 것은 현대 사람들에게 교훈을 주고 다음 세대를 교육하기 위함이다. 그러나 지금은 빠른 속도

13. 특히 이 부분을 비롯한 결론 부분은 필자가 중국 하얼빈시 사회과학원 731문제 국제연구센터 주임인 점을 감안하며 읽을 필요가 있다.

로 경제가 발전하는 새로운 시대를 맞이하고 있어 물질적인 풍요로움에 대한 이야기는 화제가 되지만 과거의 역사에 관한 기록은 점차 잊혀 가고 있다. 역사를 중요하게 여기기는커녕 역사에 대해 언급하려는 사람조차 거의 없다. 빛나는 번영의 역사가 잊혀가는 것은 그나마 용서가 되지만 굴욕의 역사가 무시되고 잊히는 것은 절대 용납할 수 없다. 우리가 과거사에 지나치게 얽매일 필요는 없지만, 굴욕의 역사를 기록해야 한다는 책임감을 가질 필요는 있다. 집단적 무의식의 망각에 저항하기 위해서라도 제2차 세계대전의 유적들을 양호한 상태로 보전하는 것이 필요하다. 이를 통해 국민들에게 교훈을 주고 다음 세대 사람들을 교육해야 한다. 피해자인 우리가 역사를 잊으면 가해자는 절대 그 역사를 기록하고 인정하려 하지 않기 때문이다.

731부대 옛터를 양호한 상태로 보전하는 것은 중국 침략의 역사를 부인하고 왜곡한 일본의 만행에 대해 이의를 제기하는 것이기도 하다. 일본 국민들에게 전쟁 범죄의 역사를 알려야 한다. 난징대학살을 둘러싼 논쟁은 지금도 여전히 '궤변과 항변', '부인과 증명', '역사 왜곡과 진상 옹호'라는 싸움을 반복하며 그 해결책을 내놓지 못하고 있다. 이는 유적 보호가 적절히 이루어지지 않은 것과 무관하지 않다.

731부대 옛터는 전쟁에 대한 책임감과 자기긍정감을 상실한 사람들을 각성시킬 수 있다. 또한 전쟁의 기억에서 멀어진 민중들에게 전쟁의 잔혹함을 상기시키는 역할도 할 수 있다. 이러한 역사적 교훈을 통해 반성과 계발을 이루고, 나아가 평화와 문명을 제창하며 인권과 자유를 지키는 것, 이것이야말로 옛터를 보존하고 역사를 기록하는 진정한 가치일 것이다.

감사의 말 이 자리를 빌려 번역자인 루단(魯丹) 씨와 일본어 번역 교정자인 나카노 마사루(中野勝) 씨께 깊은 감사의 말을 전합니다.

인용·참고문헌

1. 金成民著,『日本軍細菌戰』, 黒竜江人民出版社, 2008
2. 黒竜江省考古研究所編,『「侵華日軍第七三一部隊旧跡調査と勘測報告』, 未刊行資料, 2009
3. 中国国際工程諮問公司編,『侵華日軍第七三一部隊旧跡建議項目可行性研究報告』, 未刊行資料, 2010
4. 黒竜江省城市規画勘測設計研究院編,『侵華日軍第七三一部隊旧跡赤色旅行景区項目建設方案』, 未刊行資料, 2007
5. 西安建築科技大学編,『侵華日軍第七三一部隊旧跡保護規画』, 未刊行資料, 2010
6. 中央档案館・中国第二歴史档案館・吉林省社会科学院共編,『日本帝国主義侵華档案資料選 編・細菌戦と毒ガス戦』, 中華書局, 1989
7. 遼寧省档案館編,『罪悪的"七三一""一○○"档案選編』, 遼寧民族出版社, 1995
8. 森村誠一,『続・悪魔の飽食』, 角川文庫, 1983, 巻頭
9. 韓暁等,『日軍七三一部隊罪悪史』, 黒竜江人民出版社, 1991
10. 森村誠一,『悪魔の飽食』,, 光文社, 1982, p.31

731부대를 건설한 일본 건설업체

히로하라 모리아키(広原盛明)

731부대의 전모가 드러난 결정적 계기는 다음과 같다. 모리무라 세이이치(森村誠一)와 시모사토 마사키(下里正樹)에 의한 ①「극비 · 관동군방역급수부 본부 만주731부대 요도」(極秘 · 防疫給水部本部満州第73 1 部隊要圖)[1] 와 ② 731부대 항공반과 사진반이 공동으로 촬영한「건설 도중 및 완성된 731부대 전경 사진」,[2] ③ 전경 사진을 바탕으로 수정 및 보완한「보존판 · 관동군방역급수부 본부시설 전도」[2](731부대 총무부 조사과 병요지지반원이었던 요시다 다니오 吉田太二男 제작)의 발견이었다. 이러한 시설 배치도와 전경 사진은 731진열관이 편집한 공식 기록인『침략일군관동군731세균부대』[3]나 유적 옛터 게시판에도 공개되어 있다. 또한 그 후 실시된 중국 측의 측량과 발굴 작업으로 자세한 상황이 점차 밝혀지고 있다.

정확한 측량을 바탕으로 만들어진 시설 배치도는 향후 세계유산 등재작업을 진행하는 데 가장 중요한 기초 자료가 될 것이다. 배치도와 함께 각종 시설 설계도와 시공도만 입수할 수 있다면 더 정확한 복원이 가능할 것이다. 다만, 당연한 얘기일 수 있겠으나 모리무라와 시모사토가 남긴 저서와 노트에는 731부대 건설 공사를 맡은 일본 건설업체에 관한 기술이 많지 않다. 다른 731부대 관련 출판물도 조사했지만 건설 공사와 건설 조직(업체)에 관한 내용이 저자에 따라 다르다. 동일 저자의 출판물인데도 출판 시기에 따라 내용이 조금씩 다른 경우도 있다. 이러한 문제의 원인은 731부대 건설 공사 자체를 군사기밀로 취급해 관련 자료를 조직적으로 은폐하거나 폐기했기 때문일 것이다. 또한 731부대 관련 출판물을 집필한 저자의 대부분이 역사학자나 의학 관계자, 작가, 언론 관계자 등이기에 건설 공사에 대한 지식과 관심이 많지 않다는 점도 하나의 요인일 수 있다.

건축학과 출신인 필자는 우선 기존 출판물을 통해 731부대 공사를 맡았다고 추정되는 일본 건설업체들을 추리고, 해당 건설업체의 연혁과 공사 기록 등을 단서로 설계도와 시공도를 찾고 싶었다. 하지만 이는 결코 짧은 기간에 가능한 작업이 아니며, 관계자와 관련 기관에 대한 직접적인 면접 조사가 필요하다. 따라서 이번 작업은 어디까지나 단서를 얻기 위한 시도이며 첫걸음에 불과하다는 점을 미리 밝혀둔다.

1. 베이인허 세균시험소(도고부대) 건설 배경

지름길은 아니지만, 731부대 건설의 배경을 알기 위해 '베이인허 세균시험소'(도고부대)[1]에 대해 조사하는 것도 의미 있을 것이다. 도고부대는 731부대의 전신이라 할 수 있으며 시험소의 건설 계획이 그대로 731부대 건설에 반영됐을 가능성도 있기 때문이다. 하지만 도고부대에 대해 언급한 자료는 의외로 많지 않다.

1.1 셸던 H. 해리스의 경우

731부대 관련 출판물의 대부분은 각 저자의 전문 관심사를 중심으로 기술되었기에 내용이 난해하고 어렵다. 그중 비교적 알기 쉽게 731부대 전반을 설명한 책이 셸던 H. 해리스의 『죽음의 공장-은폐된 731부대』(이후 『죽음의 공장』)[4]이다.[2] 이 『죽음의 공장』에는 이시이 시로가 세균전연구시설에는 공격용 'A'와 방어용 'B', 두 가지가 있는데, "B 시설에서 백신 제조와 같은 작업을 하는 것은 일본 국내에서도 할 수 있지만 A는 해외에서만 가능하다"고 언급한 대목이 나온다. 아마 이러한 사정으로 만주에 'A 시설', 즉 '베이인허 세균시험소'(도고부대)가 탄생한 것으로 추정된다. 『죽음의 공장』에 나오는 한샤오(韩晓, 731진열관 전직 관장)를 비롯한 중국인 연구자들의 얘기를 좀 더 들어보자.

---

1. 도고부대(東郷部隊)라는 이름은 이시이 시로의 가명인 도고(東郷)에서 따온 것으로 추정된다. 이 때문에 731부대 전신인 베이인허 세균시험소도 도고부대라고 불렸으며, 이후 731부대에서도 대원들의 생활 장소를 도고촌(東郷村)이라고 부르는 등 731부대와 관련된 여러 명칭에 사용됐다.(王鵬, 七三一部隊等の被害国国民として, 『15年戦争と日本の医学医療研究会会誌』 第8巻2号, 2008, p.1 참조)

2. 이 책의 원제목은 *Factories Of Death: Japanese Biological Warfare, 1932-1945, and the American Cover-Up*(1994)이다. 한국에는 『일본의 야망 & 죽음의 공장』(2005)이라는 제목으로 번역되었다.

이시이는 난강지구(南崗地区)라 불리는 하얼빈의 산업구역에 처음으로 연구소를 마련했다. (생략) 그런데 얼마 지나지 않아 A 타입, 즉 대규모 인체실험을 하기 위해서는 또 다른 장소가 필요하다는 게 명확해졌다. 하얼빈은 이시이의 웅대한 계획을 실행하기에는 너무나 위험 요소가 많았고 눈에 띄는 곳이었기 때문이다. 이리하여 새로운 계획을 짜내게 되었는데,…그것은 반드시 하얼빈 이외의 장소여야만 했다. 1932년 여름, 이시이는 고립돼 있으면서도 교통편이 좋은, A 타입 주둔지로서 이상적인 장소라고 할 만한 베이인허라는 지역을 발견했다. (생략) 베이인허의 약 500m 사방에 이르는 구역이 일본군에 의해 강제로 접수됐다. 이시이는 이곳에 감옥과 실험 연구실이 하나가 된 복합시설을 건설하려 했다. 현장 공사에는 현지 중국인 농민들이 징용되었고 건설 작업은 도고부대 감독으로 이루어졌다. (생략) 현지에서 주마(中馬)[3] 포로수용소라는 이름으로 불린 이 세균전 실험기지는 높이 3m의 토담으로 둘러싸여 있었고 담 위에는 여러 줄의 철조망과 한 줄의 고압전선이 설치되어 있었다. 담의 네 구석에는 서치라이트 두 개가 설치된 거대한 감시탑이 있었고, 주마 포로수용소 주변 25만 제곱미터 구역에는 현지 주민도 출입이 통제되었다.

광대한 부지 내에 중국인 노동자들이 1년도 채 안 돼 약 100동이 넘는 벽돌 건물을 지었다. (생략) 대부분이 도고부대원들을 수용하기 위한 건물이었는데 병영구역 중앙부에 상당히 큰 건물이 추가로 건설되었다. 이 건물은 감옥과 인체실험실이 함께 있는 복합시설이었다. (생략) 주마 복합시설은 중앙부로부터 날개처럼 펼쳐진 두 동의 건물로 구성되어 있었다. 하나는 감옥, 여러 연구실, 인간과 동물의 사체를 처분하기 위한 소각로, 화약고가 있었고, 다른 하나는 사무실과 병영, 창고, 군 매점, 군용차 주차장으로 구성되어 있었다. (생략) 이곳에 보통 500명에서 600명 정도 포로가 수용되었는데 본래 1,000명까지 수용되도록 만들어진 곳이었다.

주마수용소는 1932년 후반에 복합시설이 아직 완성되지 않은 상황에서 가동되기 시작했다. 베이인허에서는 적어도 1934년 가을까지(또는 1936년 무렵까지) 포로 학살이 계속되었는데 이때 포로에 의한 폭동이 일어나면서 병영 내 일상 업무가 마비되었고 도고부대 작전의 기밀 보호가 어려워졌다. (생략) 이시이는 1935년 말, 베이인허 시설을 포기하기로 결정했다. 이시이는 비밀 유지를 위해 도고부대 토목공 병사들에게 시설 전반을 파괴

---

3. 시설의 관리 책임자였던 주마(中馬) 대위 이름을 딴 것이다.(シェルダン・H. ハリス, 『死の工場—隠蔽された731部隊』, 1999, p.75)

하도록 지시했다. 병사들이 철저히 이를 이행해 시설의 흔적은 극히 일부를 제외하고 모두 사라졌다.[4]

위의 『죽음의 공장』에 나온 증언들을 정리하면 다음과 같다. ① 도고부대는 세균전 연구를 위한 시설을 하얼빈 이외 교통편이 좋은 고립된 지역, 즉 하얼빈에서 동남으로 약 100㎞ 떨어진 라빈선(라파 拉法-하얼빈을 연결하는 철도)의 자그마한 역이 있는 베이인허에 건설했다. ② 병영의 면적은 500m 사방(25㎢)인 광대한 규모였다. ③ 주요 건물은 포로를 위한 감옥 · 인체실험실 · 관리부문으로 구성된 중앙동과 약 100동에 달하는 병영이었다. ④ 건설 공사는 도고부대 공병대의 감독 아래 중국인 농민과 노동자가 다수 징용되어 추진되었다. ⑤ 포로들의 폭동으로 인해 작전 임무의 기밀 유지가 어려워졌다. ⑥ 시설을 포기할 때 시설을 모조리 폭파하여 흔적을 남기지 않도록 했다.

1.2 쓰네이시 게이이치의 경우

쓰네이시는 이른 시기부터 731부대에 주목한 과학사 연구자이며 지금까지 수많은 관련 서적을 집필한 인물이다. 그중 도고부대 관련 비교적 상세한 기술이 있는 서적은 『의학자들의 조직범죄, 관동군 731부대』[5]이다. 이 책에서 관련 부분을 들여다보자.

엔도(遠藤)[4]는 작전참모에 취임한 이듬해인 1933년에 적어도 두 번 도고부대를 방문했다. 도고부대를 찾아갔을 때에도 그때 있었던 일이나 인상을 일기에 기록했다.(이하 엔도 일기)[6] …이시이와 다테(伊達)씨에게 환영을 받아 베이인허 세균시험소를 시찰했다. 사방 600m의 거대한 병영은 요새를 연상케 했다. 모두가 노력한 흔적이 역력했다. 20만 엔의 경비도 전혀 아깝지 않았다.

(도고부대의) 연구보조자 중 한 명이 구리하라 요시오(栗原義雄)였다. 구리하라는 1934년 5월, 가와시마(川島) 3등 군의정(軍醫正)과 함께 베이인허로 넘어갔다. (생략) 구리하라는 도고부대에 대해 다음과 같이 필자(엔도)에게 이야기했다. (이후 구리하라 증언) …베이

4. 엔도 사부로(遠藤三郎)는 일본 육군 군인으로 참모본부 작전참모, 관동군 주임참모 등을 역임한 인물이다. 엔도는 1932년 8월에 관동군 작전참모에 취임했기에 그가 남긴 일기에는 도고부대 등 이시이 시로의 만주 활동을 알 수 있는 기록이 남아 있다. (常石敬一, 「七三一部隊の簡単な歴史」, 『季刊中帰連』 第7号, 1998年12月 참조)

인허 시설은 부지 면적이 300평 정도였고 황야에 있었습니다. 수비대 인원은 스무 명이었고 그 외 헌병이 두 명 있었습니다. 시설 정면에는 높은 담이 있었고 총구멍이 뚫려 있었습니다. 토담 위에는 전류가 흐르는 전선이 설치되었습니다. (생략) 부대에서 200m 떨어진 곳에 베이인허역이 있었습니다. 피험자는 당시 이미 '마루타'로 불리고 있었습니다. 그들은 화물열차로 역까지 이송된 후 200m 정도를 차(트럭)에 실려 옮겨졌습니다. 부대에는 실험 대상자가 상시 100명 정도 수용되었습니다.

담 안 건물은 흙으로 만들어진 것이었습니다. 건물 정면의 폭은 약 5칸(間)에서 10칸 정도였습니다.[5] 담 앞에도 건물이 몇 개 있었는데 이는 1934년에 돈콘대(トンコン隊) 목수들이 만든 목조건물이었습니다. 돈콘대는 이시이의 고향인 지바현 산부군(山武郡)에서 온 사람들로, 부대에서 피험자를 감시하거나 목공일, 매점업무 등 기타 잡일을 담당했습니다. (생략) 피험자는 '로-쓰'(ローツ)[6]라 불리는 우리에 두 명씩 수용되었습니다. 로-쓰는 실험동마다 5-15개 정도 각각 설치되었습니다.

구리하라는 1936년에 귀국했다. 하지만 대부분의 군의와 돈콘대라 불린 사람들은 귀국하지 않고 그대로 중국에 남았다. 그들 대부분이 그대로 1936년 정식으로 출범한 이시이 부대에 참여하기 위해 하얼빈으로 향했다.

위 『의학자들의 조직범죄, 관동군 731부대』에 나온 엔도일기와 구리하라 발언 내용을 정리하면 다음과 같다. ① 엔도일기와 구리하라의 발언에 큰 괴리가 있다. ② "사방 600m[7]의 거대 병영은 요새를 연상케 했다"는 부분과 "300평 정도 부지에 흙으로 만든 건물이 여럿 있었다"는 부분에서 서로 표현이 크게 다르다. ③ 하지만 엔도일기 중에 나오는 "거대한 병영"이나 "요새"라는 표현들을 건물 하나하나가 아닌 부지 전체를 가리키는 말로 해석한다면 구리하라 발언과 크게 다르지 않다. ④ 구리하라 발언이 매우 구체적이라는 점을 감안했을 때 건물의 실제 규모는 비교적 작은 편이었음을 유추할 수 있다.

---

5. '켄'(間)은 일본의 옛날 길이 단위로 1칸이 1.818m에 해당한다. 따라서 5칸이면 약 9미터, 10칸이면 약 18미터가 된다.
6. '로-쓰'(ローツ)는 중국어 '롱쯔'(笼子)에서 온 말로 추정된다. 롱쯔는 새장, 또는 바구니를 뜻한다.
7. 사방600m은 한 변이 600m인 정사각형의 면적을 의미한다. 즉, 360,000㎡를 의미한다.

1.3 도고부대와 731부대의 연속성

도고부대 실체를 파악할 때 가장 큰 문제는 해리스와 쓰네이시가 정리한 내용에 엇갈리는 부분이 상당히 많다는 점이다. 이는 각자의 정보원인 한샤오와 엔도 · 구리하라의 증언에 큰 차이가 있기 때문인데, 특히 건물 구조와 규모에 관한 증언의 차이가 컸다. 예컨대, 벽돌과 흙 · 목조의 차이, 포로의 수용 규모를 1,000명과 100명이라고 기술한 점, 날개처럼 두 동의 건물이 딸린 큰 중앙동이 있었다는 내용과 10~30명 정도의 포로를 수용하기 위한 소규모 분산형 감옥동이 있었다는 내용 등 건축 형태에 관한 차이도 있다. 어떤 증언이 맞는지 판단할 수 있는 근거를 필자는 가지고 있지 않기에 상세하게는 알 수 없으나, 하나의 판단 근거로 도고부대 설립 경비가 당시 20 몇만 엔[6]이었다는 점은 참고할 만하다.

쓰네이시가 『의학자들의 조직범죄, 관동군 731부대』에서 밝혔듯이, 도고부대와 같은 시기인 1933년 가을 세워진 육군군의학교 방역연구동(근위기병연대용지 터에 연면적 1,795㎡의 철근 콘크리트로 만들어진, 지하실 있는 2층 건물)의 공사비 총액이 20만 엔이었다. 1933년 당시 중국인 노동자 임금이 일본인의 3분의 1에서 4분의 1 정도였던 만큼[7] 만주 공사비가 일본과 비교해 저렴했다 치더라도 고작 20 몇만 엔 정도의 예산으로 대규모 중앙동(연구기기와 설비도 포함)과 벽돌로 된 병영 100동을 건설하는 것은 불가능하다.

그리고 또 하나의 자료로 1932년 관동군 사령부 관사 신축 공사(신징 서부, 부지 66㎢, 벽돌로 된 건물 83동)를 맡았던 마쓰무라구미(松村組)의 공사비가 건물 하나당 약 1만 엔, 총공사비 82만 7,000엔이었다는 점도 참고할 만하다.[8] 물론 같은 관사, 병영이라 해도 사령부와 전선부대는 건설 단가 자체가 다를 수 있다. 그럼에도 불구하고 중앙동 공사비를 연구기기 정비(整備)까지 포함해 10만 엔 정도였다고 가정했을 때 나머지 10만 엔 정도 예산으로 벽돌로 된 도고부대의 병영 100동을 짓는 것은 아무리 생각해도 무리다. 도고부대의 병영 단가가 보통 건설비보다 저렴했다 해도 많아 봤자 열 동 정도의 소규모 건물이었을 가능성이 크다.

게다가 1932년부터 1933년 무렵은 만주 전역에서 건설 붐이 일던 시기였기에 건설 공사에 종사하는 직공과 쿨리가 절대적으로 부족했으며 관동군이라 해도 쉽게 건설업체를 확보할 수 있는 상황이 아니었다. 더욱이 도고부대와 같은 비밀 공사의 경우 외부

발주를 하기 곤란했기에, 관동군 공병대 또는 도고부대 대원들이 총동원되어 농민 징용공들을 이용해 공사를 추진했다고 생각하는 것이 타당하다. 특히 비밀이 반드시 지켜져야 하는 인체실험실과 감옥을 비롯한 내부 공사(목수/미장 공사/잡일)는 이시이의 고향 출신자로 구성된 돈콘대가 작업을 도운 것으로 추정된다.

이 판단에서 중요한 것은 시설 규모 차이보다 이시이부대가 건설된 맥락이다. 쓰네이시는 "한샤오는 (포로의) 탈주 사건이 핑팡 본부를 건설하게 된 직접적인 원인이라고 보는데 핑팡 본부 건설은 오히려 이미 계획된 방침으로 보는 것이 타당하다. 도고부대는 본격적인 연구기관인 이시이부대를 건설하기 위한 예비시설이었던 것으로 추정된다"[9]고 지적한 바 있다. 만약 쓰네이시의 지적이 맞다면 도고부대 건설을 통해 얻은 노하우를 731부대 건설에 활용했을 가능성이 크다. 이런 맥락에서 보면, 도고부대 건설에 종사한 '돈콘대'가 베이인허에서 철수한 후에도 계속해서 731부대 건설에 관여해 핑팡 본부 로(口)호동(7, 8동의 내부 공사) 건설에 종사한 것도 설명이 된다. 따라서 도고부대와 731부대의 건설 공사(특히 비밀이 반드시 지켜져야 하는 부분)는 이시이와 같은 고향 출신자로 구성된 돈콘대가 작업을 이어서 진행한 것으로 생각된다.

2. 당시 일본 건설업의 진출 상황

다음으로 731부대 건설 공사를 맡은 것으로 추정되는 건설업체의 범위를 좁혀가기 위한 예비 작업으로 1932년 만주국 '건국'을 계기로 만주로 진출한 일본 건설업체의 당시 활동 상황을 살펴보겠다. 이는 만주 건국을 계기로 수도 신징의 건설 공사가 급속도로 추진되었을 뿐 아니라, 만주 각 지역에 진출한 관동군을 위한 시설 건설과 만주철도 노선의 부설 공사가 만주 전역에서 일제히 시작되기 때문이다.

2.1 점과 선의 건설 공사

광대한 대륙에 식민지를 건설하는 데 있어, 도로 · 교량 · 철도 · 터널 · 항만 · 댐 · 수력 발전소 · 비행장을 비롯한 인프라 시설과 그것에 따른 각종 건축을 위한 건설 공사는 없어서 안 될 요소다. 구체적으로 (1) 정부, 군 · 경찰, 국책 회사 등에 의한 식민지

지배를 위한 행정시설(청사/관사/병원/학교 등), (2) 철도 및 항만 시설(철도/청사/역사/기관고[8]/조차장/창고/관사/부두 등), (3) 군사 시설(군사기지/청사/병영/병기고/군수공장 등), (4) 산업 시설(본사/지점/공장/원자재 창고/사택 등) 건설이 반드시 필요하다. 아울러 이 시설을 모두 마련하기 위해서는 방대한 토목건축 공사가 진행되어야 한다.

건설 공사비 추이를 자세히 살펴보면, 건국 전, 만주 전역의 토목건축 공사 비용 총액은 1930년도 1,483만 엔, 1931년도 1,300만 엔 정도였지만, 건국을 계기로 1932년도 5,757만 엔, 1933년도 1억 280만 엔, 1934년도 1억 5,463만 엔, 1935년도 1억 4,987만 엔, 1936년도 1억 4,598만 엔, 1937년도 약 1억 6,000만 엔, 1938년도 약 2억 6,000만 엔(기타 원자재비 2억 엔)으로 불과 10년도 안 된 사이에 무려 20배나 뛰어오른다.[9]

그중 특히 다롄과 펑톈, 신징 등의 주요 도시와 안산(鞍山), 푸순, 안둥을 비롯한 주요 공업 지역에 건설 공사가 집중되었다. 이와 만주 전역의 철도 신설 공사비를 합치면, 만주 전역에 투입된 건설 공사비 가운데 2분의 1에서 4분의 3이 이러한 주요 지역과 철도 인프라 건설에 집중된 셈이다.[10]

참고로 1932년도에 주요 지역 및 철도 신설에 투입된 건설 공사비 2,887만 엔에 대한 공사 주체별 내역을 살펴보면 만주철도 1,557만 엔(철도 신설 공사비 1,300만 엔, 토목건축 공사비 257만 엔, 전체 중 차지 비율 53.9%), 관동청 81만 엔(토목건축 공사비, 전체 중 비율 2.8%), 군부 275만 엔(전체 중 비율 9.5%), 만주국 164만 엔(전체 중 비율 5.7%), 민간 811만 엔(전체 중 비율 28.1%)으로 관공청 관련 공사 중에서도 특히 만주철도 관련 공사가 높은 비율을 차지했다.[11]

만주국이 건설된 당시인 1932년은 관동청과 만주국 정부에 대한 건설 공사가 주요 지역에만 한정된 상황이었으며, 민간공사도 그 외 지역에서는 거의 추진되지 않았기에 만주 전역에서 관동청과 만주국 정부가 실시한 토목 공사 이외 비용(5,757만 엔-2,887만 엔=2,870만 엔) 가운데 대부분은 만주철도와 군부 지출로 보인다. 다만 어디까지나 만주철도 관련 공사가 중심이었으며 군부 공사는 부수적이었다. 만주철도 주도로 만주 전체의 건설 공사가 추진되었다 해도 지나치지 않다. 왜냐면 만주의 일본 지배는 만주철도가 설치된 지역에 따라 전개되는 '점과 선'의 지배였는데, '점'은 만주철도 역을 중심으로 주변 시가지와 이를 수비하는 관동군 진지와 병영으로 구성되었고 '선'은 만주철도 노선 그 자체로 구성되었기 때문이다.

8. 기관고(機關庫)는 기관차를 넣어 두거나 수리하는 차고 또는 이와 관련된 종업원의 근무 장소를 뜻한다.

2.2 전쟁과 함께 성장해온 건설업

일본 건설업의 해외 진출은 러일전쟁(1904~1905년) 이전, 철도와 병영, 궁전, 은행 등 한반도를 지배하는 데 필요한 일련의 건설 공사를 진행한 것이 효시였다. 만주철도 설립(1906년)과 한일합병조약(1910년) 이후에는 만주철도의 노선 확대와 일본군의 군비 증강에 따라 단번에 대륙 전역에서 건설 공사가 전개되었다. 당시를 회고하는 건설업계 좌담회에서 도다구미(戸田組) 사장이 "아무래도 우리 업계는 전쟁이 있을 때마다 규모가 커지는 것 같다"[12]고 말한 것처럼, 일본 건설업은 말 그대로 일본군의 세력 확대와 함께 해외로 진출하여 군과의 밀접한 관계를 통해 발전해왔다.

건설업과 군의 밀접한 관계에 대해서는 도쿄건설업협회가 다음과 같이 언급한 바 있다. "오바야시구미(大林組)는 1894년, 러일전쟁 개전 기운이 높아지자 경성-부산 간 경부철도 본선 공사를 명령받아 이를 완성했고 경의선에서도 중간 63곳의 역을 만들었다. 물론 러일전쟁 중에도 계속해서 난해한 공사를 해나갔다. 이로써 오바야시구미는 천하에 이름을 떨치게 되었고 이후에도 군비 확장의 흐름을 타 도처에 사단과 연대 병영을 건설했다. 이런 것들이 인연이 돼서인지 2대 사장인 오바야시 요시오(大林義雄)의 부인은 후에 육군 참모장 원수가 되는 우에하라 유사쿠(上原勇作)의 딸이었다. 아울러 러일전쟁 당시 시미즈구미(清水組)는 건축을, 가지마구미(鹿島組)는 철도와 기타 토목 관련 공사를 담당하면서 한일합병 이전에 조선에서 실시된 주요 공사에 관여한 바 있다. 이외에도 러일전쟁 후 군비 확장을 위해 안도구미(安藤組)와 고노이케구미(鴻池組), 제니타카구미(錢高組), 마쓰무라구미(松村組), 후지타구미(藤田組) 등이 활약했다."[13] 이 업체들은 이후 만주에서도 주요 공사를 잇따라 독점했다.

또한 만주 지역에서의 건설업 활동 상황에 관해서는 어느 건설산업사(建設産業史)에 다음과 같이 기술되었다. 인용문이 약간 길지만 만주로 건설업이 진출하게 된 경위가 잘 정리되어 있어 소개한다.

> 만주국이 성립되자 만주국 정부에 의한 건국 사업은 방대한 공사 수요를 낳았다. 조선에 둔 지점과 영업소를 기반으로 만주 공사를 맡았던 건설기업과 신구 업체들은 모두 만주로 진출해 만주국에도 지점과 영업소를 지었다. 만주에서는 만주철도가 만주국이 입수한 중국철도 경영권을 맡아, 관동군의 대(對)소련 전략에 따라 만주 동쪽과 북쪽의 소련 국

경을 향해 새로운 노선을 부설하는 공사를 맡으면서, 건설업체들을 규합했다. 이에 업체들은 만주철도와 공사 계약을 맺고 대량의 쿨리를 고용해 관동군 지휘에 따라 공사를 추진했다.

1937년에는 일본의 전시경제(戰時經濟)를 보완하기 위해 만주국의 '산업 개발 5개년 계획'이 실시됨에 따라 만주의 공사가 다면화되었다. 1940년에 들어서자 만주 각지에 진출한 건설 기업들은 만주 정부의 환율 관리와 경제 통제에 따라 현지 법인화를 받아들였다. 실제로는 내지(일본) 본점의 지점 · 영업소와 다를 게 없었지만 지점과 영업소 이름을 없애고 주식회사 만주다케나카공무점(満州竹中工務店)이나 주식회사 만주시미즈구미(満州清水組), 만주오쿠라토목(満州大倉土木) 주식회사, 주식회사 만주니시마쓰구미(満州西松組)처럼 모두 만주국 법인으로 조직을 바꿨다.

건설업계는 만주에 방대한 공사량과 파격적인 수익을 꿈꾸며 '토목보국'(土木報国)의 슬로건을 내걸고, 토목 종사자는 '준(準) 병사'라는 신념 아래 전선의 기술병으로서 가혹한 공사 현장을 지켜냈다. (생략) 그러나 만주에서 그들을 기다리던 것은, 작전상의 필요로 생긴 군사 공사든 만주국의 사회적 경제적 기반이나 산업 시설을 위한 건설이든, 대부분이 속성공사, 강행공사였다. 특히 압도적으로 많았던 군 공사의 경우 질은 뒷전이었고 전선의 절박한 요구를 따르기 급급해 인재를 낭비 · 소모했다.

그것은 결국, 치열한 경쟁에서 기술과 공사 품질을 무기로 살아남아, 겨우 국내에서 기반을 다진 건설업체들을 만족시킬 수 있는 것이 아니었다. 1943년과 1944년에 들어서자, 내지 본사 중에는 만주 공사가 채산이 맞지 않게 된 데 놀라, 공사를 계속하는 것을 주저하는 업체도 나타났다. 그러나 건설과 전쟁에 바쁜 현지에서 철수하는 것은 결코 쉬운 일이 아니었다.[14]

이 건설산업사에는 만주 건설 공사의 성격과 실태가 잘 나타나고 있다. 만주 건설 공사는 실질적으로는 만주철도를 스폰서로 하고 관동군 지시와 경비 아래 추진된 군사 공사 그 자체였으며, 그것은 메이지 이래 계속된 '부국강병을 위한' 건설 공사가 극한에 다다른 것이었다. 당시는 건설업이 해외로 진출했다고 해도 실제로는 국가에 종속되어 군사 공사를 맡기 위해 진출한 것이었기에 그 활동 범위도 일본군 세력권 내에 한정되어 있었다. 이 시기의 건설업 해외 진출이 "결국 국책의 흐름을 탄 성과에 불과했다"고 평가받는 이유도 바로 이 때문이다.[15]

2.3 만주에 진출한 건설업체

당시 일본 국내외의 건설업계 상황이 "쇼와 초기의 불황과 그 후의 발전으로, 수많은 중소업체가 힘을 잃게 된 반면, 산업과 군사의 중심부에 가깝게 위치했던 대형업체들의 지위가 확고해졌다"고 정리되는 것처럼, 만주 시대는 전쟁을 통해 대형 · 준대형 건설업체에 공사가 집중되면서 업계의 과점화가 진행된 시대였다.[16]

이를 연간 공사비별로 보면. 1936년부터 1940년까지 전시 5년 간의 상위 10개사 연평균 공사 시공비는 (1) 오바야시구미 1억 1,800만 엔, (2) 시미즈구미 9,371만 엔, (3) 오쿠라토목 6,274만 엔, (4) 다케나카공무점 4,834만 엔, (5) 하자마구미(間組) 4,300만 엔, (6) 니시마쓰구미 3,471만 엔, (7) 가지마구미 2,804만 엔, (8) 고노이케구미 1,956만 엔, (9) 제니타카구미 1,955만 엔, (10) 히로시마후지타구미(広島藤田組) 1,787만 엔으로, 이 상위 10개의 회사가 전국 평균 연간 공사비(약 25억 엔)의 20%를 차지하는 상황이었다.[16]

이들 대형 건설업체는 물론 그 뒤를 잇는 대부분의 중대형 업체들도 자의로 또는 일본군 명령을 받고 만주로 진출했다. 1930년대 후반부터는 뤼순(旅顺), 다롄, 펑톈, 신징에 이은 주요 도시로서 하얼빈에서도 건설 공사가 활발히 이루어졌다. 1936년 당시 만주에서 활동하던 일본 건설업체 수는 대형·준대형 업체와 중소 업체를 모두 포함해 총 107개였으며, 이 중 하얼빈에 지점과 영업소를 가지고 있던 업체는 49개(45.8%)였다.[17]

만주에 진출한 수많은 건설업체 중에서 731부대와 관련이 있는 것으로 추정되는 업체를 찾아내는 것은 쉬운 일이 아니다. 하지만 기존에 출판된 자료에서 일단 이름이 언급된 적 있는 업체로는 대형 및 준대형 업체의 경우, 오쿠라구미와 시미즈구미, 이가라시구미(五十嵐組), 마쓰무라구미, 하자마구미, 오바야시구미가 있다. 또한 돈콘대와 관련해서는 지바현의 스즈키구미(鈴木組)의 이름이 거론되고 있다. 731부대 공병대 역시 언급되고 있다. 우선 이 중 731부대 건설 공사를 맡았다고 일컬어지는 마쓰무라구미, 오바야시구미, 스즈키구미 등 3개 업체, 그리고 직접 공사를 했을 것으로 추정되는 731

부대 공병대에 대한 타당성을 검토한 다음, 회사 연혁에 관동군과의 관계를 비교적 상세히 적어 놓은 하자마구미의 가능성에 대해서도 언급하겠다.

3. 731부대 건설에 관한 여러 가설

731부대 건설을 맡은 건설업체 또는 건설조직에 관해서는 최근까지 학자들 사이에서도 주장이 엇갈린다. 여기서는 우선 731부대 시설 개요를 설명하고, 관련 출판물에 등장하는 건설조직과 건설업체가 공사 담당 조직에 해당되는지 여부와 그 가능성을 검토하겠다.

3.1 731부대 입지 조건과 시설의 개요

모리무라는 731부대가 왜 핑팡구를 선택했는가 하는 의문에 현지 시찰을 근거로 다음과 같은 이유를 들었다.[18]

① 세균전 기지로서 그 비밀을 유지하기 좋은 입지
② 주변 인구가 많지 않아 만약 세균이 외부로 누출된다 해도 피해를 최소한으로 막을 수 있는 지형
③ 게다가 대도시 근교에 위치해 세균 제조에 필요한 인재와 원자재, 기술 설비, 노동력을 확보하기 쉬운 지역
④ 특별군사지역으로 지정하기 위한 충분한 토지가 있으며, 지형이 평탄하며 계곡과 산, 늪, 바위 등 자연 장애물이 없는 지역
⑤ 중국과 소련 국경에 인접해 소련 남하의 억제력이 되는 전략적 지점
⑥ 세균전의 주요 무기인 페스트를 연구하기 좋은 풍토
⑦ 실험 재료(쥐나 마루타)를 확보하기 쉬운 지역
⑧ 개발한 세균무기를 쉽게 실전에서 사용할 수 있는 지역

또한 모리무라는 기지 건설 과정과 시설 개요에 대해 다음과 같이 설명하기도 했다.[19]

731부대 본거지는 만주국(지금의 중국 동북부) 하얼빈시에서 남쪽으로 약 20㎞ 떨어진 지점의 핑팡이라는 마을에 마련되었다. 관동군이 핑팡에 악마의 세균전 비밀연구소를 건설하기 시작한 것은 1938년 6월 30일이다. 당시 방장성(浜江省) 핑팡이라 불리던 마을과 인접한 곳에 관동군 특별군사지역이 마련되었다. 출입금지 구역으로 지정된 약 6㎞사방[9]의 광대한 특별군사지역에 대규모 군사 시설—비행장과 약 3,000명이 생활하는 관사군, 발전소, 전용 선로, 교육 시설, 상시 200명 정도를 수용하는 감옥, 크고 작은 수많은 연구실과 교련용 승마장, 대강당, 운동장, 신사, 지하 연료 격납고—건설이 약 1년이라는 기간 동안 이루어졌다. 하얼빈시 방장역 부근의, 고압전기가 흐르는 전선을 둘러친 토담과 물 없는 해자로 둘러싸인 대규모 군사 시설에, 731부대가 들어선 것은 1939년의 일이었다.

모리무라는 731부대가 세균전을 위한 군사기지였다는 점에 주목하여 특히 (5), (6), (7), (8)의 입지 조건이 중요하다고 지적했다. 그러나 이것만으로는 핑팡구와 베이인허의 입지 조건이 거의 다르지 않기에 필자는 역시나 (3)이 가지는 의미, 즉 핑팡구와 하얼빈과의 위치적 관계(거리 20㎞)가 크게 작용한 것이 아닐까 생각한다. 가족과 자녀들을 포함해 3,000명이나 되는 거대 집단이 731기지만으로 생활하는 것은 불가능하며 근교에 위치한 하얼빈이라는 대도시의 유무형의 편익이 반드시 필요하기 때문이다.

예컨대 일본 교토와 도쿄 등 대도시에서 의학자와 기사, 그리고 그 가족들을 731부대로 다수 불러들이기 위해서는 소학교 · 중학교 · 여학교를 비롯한 교육 시설 정비가 필요했고 휴일의 쇼핑이나 오락 등 도시적 문화생활도 빼놓을 수 없었기 때문이다. 하지만 이러한 생활조건을 자체적으로 해결하는 것은 '황야의 한촌'(베이인허)뿐 아니라, '황야 속의 뉴타운'(핑팡구)에서도 불가능했다. 즉, 핑팡구에서 통근 및 통학 가능한 지점의 대도시, 하얼빈의 존재가 중요했던 것이다.

말할 것도 없이, 이시이부대장도 하얼빈의 러시아인이 살던 대저택에 머물며 전용 운전기사가 모는 차를 타고 731기지로 출퇴근했다. 사실 이 자체가 핑팡구에 부대를 설치하게 된 이유를 말해준다. 방탕한 생활로 유명했던 이시이에게 '료테이'(料亭, 일본의 전통 고급 식당)와 유곽이 없는 생활은 있을 수 없었고, 하얼빈을 비롯한 기타 대도시에서의 유흥 생활은 그에게 빼놓을 수 없는 인생의 일부였기 때문이다.

더불어 (4)의 평탄하고 충분한 토지를 확보할 수 있다는 점도 중요한 입지 조건이었

---

9. 6㎞사방은 6㎞X6㎞를 의미한다.

을 것이다. 이는 731부대에 전용 비행장이 마련되었던 점을 생각해봐도 알 수 있듯이, 중국이나 만주 각지에서 세균전을 실시하기 위해서는 731부대에 항공반이 반드시 있어야 했다. 또한 731부대 간부가 도쿄 육군성이나 군의학교 등을 빈번히 왕래하기 위해서도 비행장은 필요했다.

이와 동시에, 나중에 다시 언급하겠지만 731부대 인근에 관동군 제8372 항공부대가 세워진 것도 (3)과 (4)의 입지 조건이 매우 중요했음을 확인해준다. 제8372 항공부대는 731부대를 경호하고 하얼빈을 방위하는 역할을 맡고 있었기에, 하얼빈 근교에 기지가 있어야 하는 것은 자명한 일이었다. 이 때문에 관동군 사령부는 '핑팡 부근 특별군사지역 설정의 건'(1938)이라는 통첩(通牒)을 통해, 이시이부대 청사를 특별군사영조물(特別軍事営造物)로 지정해 비밀을 유지하는 동시에, 제8372 항공부대 비행대의 방해가 될 만한 2층 이상 건물을 근처에 짓지 못하도록 하고 특별군사지역 상공의 비행 또한 금지했다.

3.2 쓰네이시 게이이치의 731부대 공병대설

도고부대와의 연속성을 중요시하는 쓰네이시는 731부대의 건설 공사를 맡은 것은 공병대라는 가설을 제시하고 있다. 다음은 '공병대설'에 관한 주요 기술이다.

> 본부의 거대한 빌딩을 비롯해 핑팡에 있는 모든 건물을 건설한 것은 공병대였을 텐데 그렇다면 과연 그들에게는 건물에 대해 어떻게 설명했을까. 자신이 짓고 있는 건물이 어떤 시설인지 누구나 알고 싶었을 것이다. 만약 핑팡에 본부를 건설하기 이전부터 생체실험을 시행하던 곳이었다는 추측이 맞다면, 공병대 병사들도 피험자인 외국인 집단의 존재를 알아챘을 것이다. 그런 경우에는, 이곳이 외국인 전용 형무소라고 설명받았을 것이다. (생략) 적어도 세균전연구를 위한, 그리고 생체실험을 위한 본부 건설이라고 가르칠 수는 없다. 핑팡의 본부 건설을 맡은 공병대들에게는 감옥 건설로 설명했으리라는 추측은 본부 구조를 생각해보면 자연스럽게 떠올릴 수 있다. '마루빌딩의 3배 크기'[10]라고 일컬어졌던 본부는 겉만 보면 사각형의 거대한 빌딩이었다. 하지만 외부에서 보이지 않는 중심부나 안뜰에 해당하는 부분에는 생체실험 피험자를 수용하기 위한 감옥이 있었다.

---

10. 도쿄에 있는 '마루빌딩'(丸ビル, 마루노우치빌딩이라고도 함)을 말한다. 1923년 지어졌으며, 당시 동양 최대이자 최고의 빌딩으로 불렸다. 그 당시를 대표하는 거대 건축물이었으며, 현재도 도쿄의 랜드마크 중 하나이다.

핑팡 본부 건설은 1939년부터 시작되었으며 애초부터 생체실험과 이를 위한 피험자 수용을 전제로 만들어졌다. 때문에 감옥이 매우 견고해서, 소련이 참전한 1945년 8월 9일, 감옥을 파괴하기로 결정했으나 일반 다이너마이트로는 부술 수 없었다. 결국 트럭으로 50㎏에 달하는 대량의 폭탄을 반입해 겨우 파괴하여 증거를 인멸했다. 이 작업은 감옥의 존재를 비밀로 하기 위해 부대 부지 내의 공병대에게도 맡기지 않고 그 존재를 알고 있는 부대원만 동원해 진행했다. (생략) 이시이부대 본부에 있는 기타 건물은 가까이에 있던 부대 공병대에 의해 흔적 없이 파괴되었다고 한다.[20]

하지만 쓰네이시는 1990년대 이후 출판된 저서에서 공병대설에 약간의 수정을 가했다. 공병대가 핑팡에 있는 모든 건물을 공사한 게 아니라, 감옥 등 특정 부분은 이시이가 고향인 지바현에서 데려온 '돈콘대'가 공사를 맡았다고 수정한 것이다. 이는 쓰네이시가 실제로 건설 공사에 참여한 하기하라 히데오(萩原英夫)라는 증언자와 만나 지바현 출신자로 구성된 스즈키구미가 감옥 공사를 담당했다는 결정적인 증언을 얻었기 때문일 것이다. 다음은 하기하라 히데오의 증언과 관련된 부분이다.

감방에 대해 중국귀환자연락회 회원이자 헌병 출신인 하기하라 히데오는 지바에서 열린 731부대 전시회에 보낸 편지에서 다음과 같이 밝혔다. 그는 헌병이 되기 전에 731부대의 본부 건물을 건설한 스즈키구미 일원으로서 공사에 참여했다.(다음 하기하라 증언)

"7, 8동은 같은 설계, 같은 구조였고 입구, 그리고 안쪽에는 복도를 사이에 두고 방 네 개로 나뉘었습니다. 안쪽에 있는 네 개 방은 타일로 되어 있었고 생체해부나 기타 실험에 사용된 것으로 생각합니다. 멸균실이 설치된 방도 있었습니다. 1층과 2층 모두 건물 가운데의 약 25㎡ 정도는 아무 설비 없는 빈방이었습니다. 이 빈방에 인체실험에 사용할 이른바 '마루타'를 가두는 감금실을 만드는 것이 우리에게 주어진 중요한 업무였습니다."[21]

또 다른 저서에는 다음과 같은 기록도 있다.

제1진이 도착했을 무렵(1938년 봄) 핑팡의 건축물들은 아직 건설 중이었지만 본관 외관은 거의 완성된 상태였다. 하지만 내부는 아직 완성되지 않은 상태라 연구가 불가능했다. 피험자 수용 감옥도 이시이가 고향인 지바에서 데려온 사람들에 의해 건설 중이었다.[5]

그런데 쓰네이시가 주장한 공병대설은 수정 부분을 고려해도 여전히 무리가 있다. 원래 공병대는 주로 전쟁 수행에 필요한 진지를 구축하거나 도로, 다리, 철도, 통신 시설 등 긴급한 야전 공사를 현장에서 담당하는 공사 부대이지 항구적인 건물의 건물건축을 담당하는 조직이 아니기 때문이다. 따라서 '마루빌딩의 3배 크기'나 되는 규모에 공사비가 110만 엔이나 들어가는 731부대 본부의 건물건축을 일개 공병대가 맡았다고는 도저히 상상할 수 없다. 게다가 건설에 필요한 기술도 장비도 보유하고 있지 않았던 것으로 추정된다. 아울러, 731부대 건설 공사는 모리무라와 시모사토의 '시설 전도'를 봐도 알 수 있듯이 6㎢에 이르는 광범위한 부지 내에 80동 가까운 각종 건물을 불과 2~3년 만에 지어야 하는 집중 공사였다. 이 정도로 규모가 큰 건설 공사를 단독의 공사조직(공병대)이 진행하는 것은 불가능하다.

참고로 공사비 110만 엔 상당의 건축공사가 당시 어느 정도 규모였냐 하면, 일본을 대표하는 초대형 건설업체가 총력을 기울여야만 가능한 대규모 공사였다. 예를 들어 오바야시구미가 당시 만주에서 시공한 수많은 건물 가운데 "신흥 만주국의 수도인 신징을 대표하는 건축물"이라고 자부했던 관동군 사령부 청사(1934년 준공)의 공사비가 100만 엔, 그리고 만주국 국무원 청사(1938년 준공)가 150만 엔이었다. 이와 비교해보면 731부대의 공사 규모가 얼마나 컸는지 짐작할 수 있다.[22]

3.3 마쓰무라 다카오의 스즈키구미설

이시이의 고향인 지바현 출신자로 구성된 돈콘대가 도고부대 시절부터 건설 공사의 잡일이나 건설 후의 시설 관리를 맡고 있었다는 점은 쓰네이시 저서에 이미 소개되었다. 이 돈콘대 안에서 '스즈키구미'라는 건설업체가 탄생하였고 "부대 건설을 독점적으로 도맡았다"고 생각하는 것이 역사가인 마쓰무라 다카오가 주장하는 스즈키구미설이다. 관련 부분을 소개한다.

> 1935년 여름에는 핑팡의 황자워바오(黃家窩堡)라는 마을에 관동군 일부가 진주했다. 바로 이 지역에서 731부대 근거지를 건설하기 위한 측량이 시작되었다. (생략) 1936년 가을에는 부대 건설을 위한 공사가 황자워바오 서북부와 류자워바오(劉家窩堡)에 인접한 경지에서 시작됐으며, 공사는 점차 남동 방향으로 확장되었다. 1937년에는 부대 전용철도 선로

가 깔려 핑팡역과 연결되었다. 1937년 7월 7일, 중일전쟁이 발발하자 731부대 건설에 한층 속도가 붙었다. 이듬해인 1938년 6월 '핑팡 부근 특별군사지역 설정의 건'(관동군 참모부 훈령 제1539호)이 포고되었고, 이에 따라 황자워바오 농민들은 핑팡 경찰 주재소로부터 한 달 이내에 퇴거하라는 명령을 받았다. (생략) 아울러 731부대 본부의 북 · 동 · 서 세 방면 2~5㎞ 지점에 위치한 세 마을도 퇴거 명령을 받아 '무인구'로 지정되었다. (생략) 이리하여 확보된 토지에 731부대 본부 관사와 각종 실험실, 감옥, 전용 비행장, 소년대 관사, 대원 가족 관사 등이 건설되었다. 일본특수공업이 부대의 연구 기재를 마련하고 스즈키구미가 부대 건설을 도맡았다. 1938년 1월에 제1차 건설반 20명이, 그리고 같은 해 4월에 40명이 추가로 도착했는데 이들 모두 비밀 유지를 위해 이시이 시로 부대장의 고향에 인접한 지바현 산부군이나 가토리군(香取郡)에서 온 사람들이었다. 731부대 중심에는 로(口)호동이라고 불리는 약 사방100m 크기의 3층 건물이 건설되기 시작했고 1940년에 완공되었다.[23]

위 문장에서 알 수 있는 것은 731부대 건설에 종사한 스즈키구미 건설반은 제1진과 제2진을 합쳐도 고작 60명에 불과했다는 사실이다. 이 조직은 말하자면 '돈콘대'를 연장한 정도에 불과했다. 사실상 하청업체 규모밖에 안됐던 것이다. 아울러 나중에 다시 기술하겠지만 스즈키구미의 우두머리였던 스즈키 시게루(鈴木茂)는 이시이의 친척이었다고는 하나 그 전신은 '일용직 목수'에 불과했다. 또한 건설반으로서 핑팡구에 파견된 지바현 출신자들은 "가난한 소작인의 차남이나 삼남은 물론 15살의 소년부터 목수, 미장이, 타일 장인, 운전기사, 중국집 요리사 등 고향의 일손이 총동원된 것"이라 조직적인 건설집단이 아니었다.[24]

일용직 목수와 잡역 집단이 "사방100m"[11]의 거대한 철근 콘크리트로 된 3층짜리 빌딩을 건설할 전문 기술을 갖췄다고는 도저히 생각할 수 없기에, 마쓰무라의 스즈키구미설은 인정하기 어렵다. 하지만 여기서 중요한 것은 지바현 출신자들로 구성된 돈콘대가 스즈키구미로 재편되어 로(口)호동 내부 공사에 관여했음이 확인되었다는 점이다. 이를 통해 731부대 전체의 건설 공사를 맡았던 건설업체가 공병대가 아닌 것만큼은 확실해졌다.

11. 사방100m은 100mX100m를 의미한다.

4. 731부대 건설 공사를 둘러싼 정보의 타당성

지금까지 쓰네이시의 공병대설과 마쓰무라의 스즈키구미설에는 모두 난점이 있음을 지적했다. 이 판단을 하는 데 재료가 된 731부대 공사와 관련된 낙찰 정보와 관계자 증언의 타당성을 정리해보겠다.

4.1 마쓰무라구미의 낙찰 정보와 하기하라 증언

우선 유력한 정보로 들 수 있는 것은 준 · 대형 건설업체인 마쓰무라구미가 731부대 건설 공사를 "낙찰받은 것 같다"는 정보다. 이 정보는 모리무라의 『악마의 포식, 제3부』[18] 중에 인용된 것으로 출처는 잡지 『진상』(眞相)[25]이다. 해당 잡지는 이미 폐간되었지만 기사가 『잡지 진상 복각판』 제2권에 수록돼 있다. 관련 부분은 다음과 같다.

1938년 말 731부대가 만주국 빈장성(濱江省, 지금의 헤이룽장성) 솽청현(双城縣) 핑팡 지점에 대공사 입찰을 했다. 이시이부대장은 오쓰 가즈히코(乙津一彦) 헌병 조장(曹長)에게 신징에 각 지점을 보유하는 오쿠라구미와 시미즈구미, 이가라시구미, 마쓰무라구미, 하자마구미 등 쇄도하는 대형업체들의 움직임을 엄격하게 단속하도록 명령했다. 이때 오쓰 조장은 각 업체가 견적을 내는 현장에 헌병을 한 명씩 파견해 업체끼리의 결탁을 차단하고 '담합 입찰'을 막았다. 아마 마쓰무라구미가 낙찰됐을 텐데 이시이부대장은 잘됐다고 매우 기뻐하며 나에게도 금일봉을 주셨다. 이러했기에 생각보다 대공사도 저렴하게 끝난 것 같다.(현 제국흥신소 제1조사과 근무, 오쓰 가즈히코 증언)

이 정보대로라면 증언자의 신분도 밝혀져 있고 이야기도 상당히 현실감 있는 내용이라 헌병대가 "담합 입찰"을 막았다는 부분은 '충분히 가능한' 이야기로 느껴진다. 하지만 헌병이 직무상 입찰 업무에 관여하지 못하는 데다, "아마 마쓰무라구미가 낙찰됐을 텐데"라는 오쓰 씨의 발언이 사실인지 확인할 방법이 없다. 모리무라도 더 이상 이 부분에 대해서는 언급하지 않는다. 오로지 이러한 정보가 있었다는 차원의 소개에 불과하다.

그런데 마쓰무라구미 이름은 다른 중국측 자료에도 등장한다. 『일본 제국주의 침화

당안관 자료 선편』(日本帝国主义侵华档案资料选编) 제5권의 『세균전과 독가스전』(细菌战与毒气战), '제1부 일본군 세균부대와 그 범행'(日军细菌部队其犯行)을 보면 마쓰무라구미가 나온다.[26] 이 문헌 자료는 일본에서도 번역되어 『증언, 인체실험-731부대와 그 주변-』[27]으로 출판되었다.

여기 수록된 731부대의 본부 공사와 그 경위에 대한 하기하라 히데오의 자필 공술서(1953년 4월 15일)는 지극히 구체적이고 상세한 데다 전쟁이 끝나고 얼마 지나지 않은 시점에서 확보한 진술이기에 증언으로는 상당히 가치가 높다. 아울러 부속 자료로서 ① 지바 건설반 명단(주소, 이름, 나이, 직업 등) ② 이시이부대 평면도 ③ 이시이부대 건물 평면도 ④ 제7동과 제8동(생체실험소) 내부 구조가 첨부되어 있는 점 또한 증언의 가치를 한층 더 높여주고 있다. 하기하라의 공술은 쓰네이시나 아오키가 쓴 저서의 기반이자 731부대 건설 공사에 관한 원전이라고도 할 수 있다. 공술 관련 부분은 다음과 같다.

> ① 직접 참여한 범행 행위 : 이시이부대 생체실험소의 내부 설비와 연구 기재 수송 및 설치 ② 시간 : 1937년 1월부터 1939년 1월까지 ③ 장소 : 하얼빈 핑팡 ④ 지시자 : 이시이부대장, 군의 대좌 이시이 시로 ⑤ 작업 지시자 : 이시이부대 건축반 건축기술원 · 구도(工藤某), 청부자인 스즈키구미 책임자 · 스즈키 시게루[12] ⑥ 실시자 : 하기하라 히데오 등 약 60명

> 1934년 무렵, 우창(五常, 베이인허)에 연구소가 만들어졌을 때, 이시이의 고향인 지바현 산부군 지요다무라(千代田村) 가모(加茂) 사람들 약 20명이 이시이에 의해 동원되어 만주로 넘어왔고 이시이부대 직공으로 각종 업무 활동에 참여해 많은 재산을 손에 쥐었다. (생략) 이시이는 친척인 스즈키 시게루(당시는 일용직 목수)를 우창으로 불러 각종 건축 업무에 종사하게 했다. 스즈키도 많은 수익을 올렸다. 후에 스즈키는 기업을 서서히 확대하여 토목건축 청부 업체인 스즈키구미를 만들어 사장이 되었다. 그는 이시이부대의 건축공사 외에 다른 기업에도 투자하고 있었다.

---

12. 여기서 청부는 일을 완성하는 대가로 일정한 보수를 받기로 약속하고 그 일을 떠맡는 것을 말한다. 한국에서는 도급이라는 말을 주로 사용한다. 이는 수급인(受給人)이 맡은 일의 전부나 일부를 다시 제3자가 하수급인으로서 맡는 '하청'과는 구분되는 말이다.(표준국어대사전 참조) 즉, 여기서 청부는 하청보다 책임과 위상이 높은 업무로, 둘을 구분해야 한다.

1938년 우리 일행 20명은 만주로 도착했다. 모집 당시 계약으로는 모두 이시이부대 소속 직공으로 규정되었으나 하얼빈에 도착하자 20명 모두, 한 명도 빠짐없이 스즈키구미 소속이 됐다. 작업 현장인 핑팡으로 파견된 후엔 업무 준비와 임금 지급 등 모든 절차가 스즈키구미를 통해 이루어졌다.

당시 부대는 기본적인 외부 공사가 끝난 상태로, 역 승강장에 산더미처럼 쌓아 올려 있는 멸균기 등 기타 연구 기자재를 옮겨 내부 설비를 설치해야 하는 단계였다. 외부 공사는 마쓰무라구미가 맡은 모양이었다. 내부의 기밀 업무, 예를 들어 연구 기재 운반과 짐 정리, 설치, 특히 7동 · 8동(생체실험소) 등 각종 내부 시설 건설과 기자재 설치 등은 아무리 노동력이 싸도 절대 중국인을 고용할 수 없었다. 이시이가 우리와 같은 고향 사람들을 모집한 이유가 무엇보다 비밀이 새나가는 것을 막기 위해서였음은 두말할 것도 없다.

공사 현장에 도착했을 때, 건설반의 구도(工藤) 기술원에게서 이시이부대장의 명령이라며 다음과 같은 지시를 받았다. "7 · 8동 내부 공사는 올해(1938년) 안에 반드시 완공시켜야 한다. 업무에 대해서는 부대의 어떤 사람하고도 절대 이야기해서는 안 된다. 이야기한 사람은 엄벌에 처할 것이다." (생략) 제7 · 8동에 출입하는 자에 대해서는 출입할 때마다 보안반(保機班, 기밀 유지를 위해 만들어진 기구)이 신분증을 검사하고 신체검사를 했다. 아울러 목수와 미장 책임자는 매일 반드시 내부 설계도를 보안반에 반납해야 했다. 외삼촌인 아오야나기(青柳)는 우리 20명의 책임자였기에 매번 당일 현장에 온 인원수와 작업 종류, 장소를 보안반에 보고해야 했다.

핑팡 육군 관사 내 설비는 관동군 육군 관사 중에도 가장 좋은 시설이었다고 한다.(실제로는 나도 본 적 없음) 일본특수공업주식회사는 이시이부대에서 사용하는 연구 기자재를 생산해 막대한 수익을 올렸고 이시이의 친척인 스즈키 시게루 역시 무일푼인 일용직 목수였지만 이시이를 따라 만주로 가 1939년까지 불과 4-5년 만에 십여만 엔의 재산을 모았다.

하기하라의 공술은 ① 이시이부대에는 전문 건축기술원이 있어 건축 현장에서 공사를 관리했다, ② 7 · 8동 내부 공사를 맡은 청부업체는 스즈키구미였고 책임자는 스즈키구미 사장이었던 스즈키 시게루였다, ③ 7 · 8동 내부 공사는 보안반에 의해 엄중히 관리되어, 출입시 작업원에 대한 신체검사, 책임자의 작업 과정 및 인원수 보고, 설계도 반환 등이 매일 실시되었다, ④ 7 · 8동 외부 공사는 '마쓰무라구미가 맡은 모양'이다, ⑤ 핑팡의 육군 관사 내부 설비는 관동군 육군 관사 중에서도 가장 좋은 시설이었다, ⑥ 일본특수공업과 스즈키구미가 막대한 수익을 올렸다, 등 731부대 건설 공사에 실제로 종사한 사람 아니면 알 수 없는 내부 사정을 상세히 기록했다.

하기하라는 1956년에 석방된 후 중국귀환자연락회 일원으로 수많은 증언 활동을 하고 있다. 또한 이와 유사한 증언을 니시노 루미코(西野留美子)가 대표로 있는 731연구회/증언집편집위원회에서 편찬한 『세균전부대』[28]에서도 확인할 수 있다. 이 책에 담긴 증언은 1995년에 채록된 것으로 증언자 이름이 '시마다 미노루'(志摩田実)라는 가명으로 되었지만 증언자의 경력과 증언 내용을 봤을 때 하기하라의 증언임에 틀림없다. 다만 이 책에서는 마쓰무라구미에 관한 부분이 "외부 공사를 맡은 것은 마쓰무라구미였습니다"이다. 40년 전의 공술이 "-인 모양이다"라고 추측이었던 데 반해 여기서는 단정형인 "-였습니다"라는 표현으로 바뀐 것이다. 진술이 바뀐 이유에 대해서는 아무런 설명이 없다.

4.2 마쓰무라구미가 공사를 맡은 가능성에 대해

하기하라의 증언은 귀중하지만 특히 마쓰무라구미에 관한 증언에 대해서는 하기하라 스스로 확인한 사실에 근거한 발언이 아니라 주변 사람들로부터 전해 들은 정보(아마 공사 관리자나 스즈키구미 책임자 등을 통해)를 바탕으로 한 추측임을 염두에 둘 필요가 있다. 하기하라는 731부대 전체 공사 가운데 일부 건물의 내부 공사에 잡역부로 종사했던 것에 불과하기에 외부 공사, 나아가 전체 공사의 건설업체를 특정할 수 있는 입장이 아니었다. 따라서 하기하라의 증언은 귀중하지만 이 마쓰무라구미에 관한 증언에 대해서는 주변 사람들로부터 전해 들은 정보로서 이해하는 것이 좋을 것이다.

『마쓰무라구미 100년사』[29]의 관련 부분을 찾아보니 대략 다음과 같은 윤곽이 잡혔다. 마쓰무라구미와 관동군은 만주국이 건설된 1932년부터 상당히 깊은 인연을 맺은 것으로 보이며, 마쓰무라구미는 신징에 관동군 사령부 관사 여든세 동(1932~1933년) 건설을 시작으로 신징자동차대(1933년), 궁주링(公主岭) 고사포대(高射砲隊) 병영, 신징자동차대 병영, 관동군 싱안대로(兴安大路) 관사, 신징 위수병원(이상 1934년) 등 연이어

군 관련 공사를 수주했다.

1940년 주식회사 만주 마쓰무라구미를 설립한 마쓰무라구미의 당시 위세는 "관동군과의 두터운 신뢰를 바탕으로 만주 공사는 크게 발전했다. 특히 만주 동부 지역인 무단장(牧丹江)에서 소련과 만주 국경 일대까지 잇따라 대규모 병영 공사를 수주하여, 마치 홈그라운드처럼 느껴질 정도였다. 공사 수주액도 진출 후 2-3년은 연간 100만 엔에 못 미치는 수준이었지만 1936년에는 200만 엔을 돌파하고 1938년에는 400만 엔에 달하는 매출을 올리며 약진했다. (생략) 이 기세는 멈출 줄 몰랐고 1939년에는 만주방산회사(滿州房産会社, 주택회사)의 공사까지 맡아 매출이 연간 1,000만 엔에 달했다. (생략) 공사 지역도 북쪽은 다헤이허(大黑河), 남쪽은 진시(锦西), 동쪽은 핑양(平阳) · 펀양(芬陽), 서쪽은 하이라얼에 이르기까지 만주 전체로 확대되었다"는 언급이 있을 정도로 엄청났다.

그런데 아무리 찾아봐도 이러한 마쓰무라구미의 관동군 공사와 관련된 회사 연혁에서 731부대 공사에 관한 내용은 없었다. 그 이유로는 ① 애초에 마쓰무라구미가 731부대 공사를 담당하지 않았을 경우, ② 회사 연혁을 편집하는 단계에서 731부대 관련 공사는 특별히 비밀로 숨겼을 경우, ③ 당시 자료가 전쟁 중, 전쟁 후의 혼란 속에서 분실되었을 경우 등 여러 가지를 생각할 수 있다. 하지만 가장 가능성이 큰 것은 ④ 군에서 군사 공사에 관한 기밀 유지 명령이 내려지면서 건설 공사가 끝난 단계에서 관련 자료가 반납 또는 폐기되었을 경우이다.

이 가설의 근거로 1943년경 각 회사에 통보된 '전시 건설 공사의 비밀 확보에 관한 군 통달'을 들 수 있다. 여기에 시미즈구미 사보에 남아 있는 통달 내용을 소개한다.[30]

① 공사명과 공사 장소, 준공 기일, 기타 내용과 관련된 정보를 사외로 유출하는 것은 물론, 직원간이라 할지라도 비밀을 철저히 지킬 것
② 공사 장소와 전철, 기차, 증기선 등 이동 시에 공사에 관한 이야기를 나누거나 도면설명서 등을 펼치지 말 것
③ 도면과 설명서를 비롯한 공사 관련 서류는 엄중히 보관하고 잃어버리지 않도록 각별히 주의할 것
④ 전항(前項)의 서류가 필요치 않게 된 경우는 소각 또는 원형을 알아볼 수 없게 재단하는 등 만전의 조치를 취할 것

⑤ 도면설명서 등을 발행할 때는 상대방에게도 취지를 철저히 지키도록 할 것
⑥ 모든 직공과 사용인에 대해서도 이상의 취지를 반드시 지키도록 할 것
⑦ 각 항목 외에도 비밀을 지키는 데 필요하다고 판단된 사항에 대해서는 엄중히 단속할 것

이러한 결과, 회사 연혁 집필자는 다음과 같이 한탄할 수밖에 없었다. "이와 같은 급성장과 발전을 뒷받침해주는 기록과 자료가 이 시대에는 많이 빠져 있다. 대부분 군사 관련 공사였고 엄중한 군사기밀로서 취급된 것이 가장 큰 이유일 것이다. 공사 명칭도 도타에공사(トタエ工事), 도시공사(トシ工事)와 같은 암호로 불리거나 암호를 쓰는 것 자체를 꺼려 ○○공사로 불리기도 했다. 공사 기록도 아마 군이 관리하거나 처분한 것으로 보인다. 그래서 공사에 종사한 사람들의 기억과 개인이 남긴 메모 정도밖에 없다. 게다가 전쟁을 부정하는 패전 후 풍조 속에서는 각자 기억을 가슴속에 간직할 수밖에 없었을 것이다. 특히 전쟁 중의 일은 전후 '듣지 말고 말하지도 말자'는 분위기가 강했고 이 같은 분위기는 지금도 여전하다. 이렇게 세월이 흘러 당시 공사에 종사했던 분들 중에는 돌아가신 분도 계시고 기록도 기억도 모두 옅어져 버렸다. 당연한 결과로 이 시기의 회사 연혁은 겨우 남은 몇몇 자료에 의존한 징검다리 같은 기술이 될 수밖에 없었다."[31]

4.3 오바야시구미에 관한 정보

모리무라는 앞서 보았듯 마쓰무라구미에 대해 "낙찰받은 것 같다"고 언급했다. 반면, 오바야시구미에 대해선 731부대 건설 공사를 맡은 것은 "오바야시구미를 비롯한 군어용(御用) 업체"였다고 단정했다. 모리무라는 저서에서 그 근거를 제시하지 않아 판단 재료의 타당성을 검토할 수는 없지만, "731부대 시설은 당시 신징(지금의 창춘)에 있었던 관동군 사령부가 직접 감독하여, 공무 관련 부서의 엄밀한 설계와 일본특수공업, 오바야시구미를 비롯한 군 어용 업체의 시공으로 완성되었다"고 명확히 기술해, 분명 어떤 근거가 있었을 것으로 추정된다.[32]

아오키도 모리무라의 기술을 참고했는지, 마찬가지로 '오바야시구미'가 공사 맡은 것을 전제로 "시노즈카 등 소년대 제1회 후기의 소년들 29명이 핑팡에 도착한 1939년

5월은 7동과 8동 내부 공사가 끝난 시기였다. 연구소 등 큰 건물이나 비행장을 건설하는 대규모 공사는 오바야시구미가 맡았고 현지 중국인 노동자를 고용해 완성했다. 그러나 7동과 8동 내부 공사와 연구 기자재의 반입, 설치는 비밀 유지를 위해 오바야시구미나 현지 중국인도 제외되어 '가모'(이시이 고향)에서 파견된 노동자에게만 맡겨졌다. 공사는 비밀리에 진행되었으며 그 자세한 부분에 대해서는 오랫동안 베일에 가려진 채 밝혀지지 않았다"고 기술했다.[24]

아울러 셸던 H. 해리스[4]는 오바야시구미라고 단정하지는 않았지만 미국 공문서관 GHQ 문서 가운데 731부대 간부였던 나이토 료이치에 관한 조서(1947년 4월 3일 진술, 문서번호 29510)에 근거하여 다음과 같이 언급했다.

> 가끔 이시이가 의젓하고 배려심 많은 지휘관일 때도 있었다. 그는 부대원이 즐겁고 쾌적한 기분으로 지내기를 바라며 그러한 목표를 달성하기 위해 호탕하게 돈을 썼다. 설령 이시이가 핑팡에 죽음의 공장을 건설할 독점권을 일본의 한 건설회사에만 주고, 도쿄의 일본특수공업주식회사에 '부대에 필요한 모든 설비'의 공급을 허용하며, 그가 허가한 모든 부풀리기식 송장(送狀) 위조에 대한 리베이트를 받고 있었다고 할지라도 말이다.

> 핑팡을 일본인 과학자와 노동자, 무장 위병(衛兵)들이 견딜 만한 지역으로 만들기 위해, 이시이는 사려 깊게도 이 모범적인 죽음의 공장 부지에, 일본인 거주자를 위한 스물두 동의 최신식 관사, 도서관과 매점이 완비된 1,000명이 수용 가능한 대강당, 수영장, 정원, 작은 매점과 대원 식당, 목욕탕, 생선과 채소를 보관하기 위한 창고, 운동장, 일본인 직원 전용 매춘업소 등으로 이루어진 도시 안의 도시를 만들었다. 최신 의료기기와 의약품이 완비된 네 동의 방갈로가 일본군의 의료 수요에 부응하고 있었다. 커다란 신사는 직원과 그 가족들의 정신적 버팀목이 돼주었다. 더불어 초 · 중등 병합학교는 군속 및 군인들의 자녀에게 전통적인 일본식 교육을 제공했다.

일단 해리스[4]가 나이토의 진술을 정확히 재현했다는 전제를 하고 생각해보면, 나이토가 731부대 간부 중 한 명이었고 비교적 기밀성이 높은 정보를 가지고 있었는데도 불구하고, 건설업체 이름을 특정하지 않고 "핑팡에 죽음의 공장을 건설할 독점권을 일본의 한 건설회사에만" 주었다고 진술한 게 거슬린다. 나이토가 건설회사 이름을 몰랐다고는 도저히 생각할 수 없기에 그가 의식적으로 이름을 밝히지 않은 이유가 궁금하다.

그 단서는 나이토가 위의 진술에 이어 이시이가 일본특수공업으로부터 거액 리베이트를 받았다는 사실을 '부풀리기식 송장 위조' 방법까지 포함해 구체적으로 언급하는 데서 찾을 수 있다. 즉, 나이토는 일부러 건설회사 이름을 밝히지 않음으로써 이시이가 건설업체로부터도 같은 수법으로 거액의 수수료를 받았다는 것, 그것도 일본특수공업을 훨씬 뛰어넘는, 차원이 다른 거액의 뇌물을 받았다는 사실을 GHQ에 암시한 것은 아닐까? 왜냐하면 건설 공사의 '1개사 독점 체제'는 비밀을 유지하면서 이시이가 건설업체로부터 뇌물을 받기 위해 불가피한 요건이었기 때문이다.

참고로 여기서의 '1개사 독점 체제'란 반드시 모든 공사를 한 회사가 맡는다는 뜻이 아니다. 한 회사가 건설 공사의 총괄자 또는 도급인으로서 시공주로부터 공사를 독점적으로 맡아 금전 수수의 회계를 책임지며, 공사 자체는 각종 하청업체에 분배하는 시스템을 뜻한다.

그러고 보니 이 이야기는 하기하라의 증언 중, "일본특수공업주식회사는 이시이부대에서 사용하는 연구 기자재를 생산해 막대한 수익을 올렸고 이시이의 친척인 스즈키 시게루 역시 무일푼인 일용직 목수였지만 이시이를 따라 만주로 넘어가 1939년까지 불과 4, 5년 만에 십수만 엔이라는 재산을 모았다"[9]는 내용과도 부합한다. 스즈키 시게루도 일본특수공업과 마찬가지로 이시이와 결탁해 모든 공사비를 '부풀려' 불과 몇 년 사이에 막대한 재산을 모으는 데 성공했을 것이다. 스즈키가 당시 만주에서 얼마나 위세를 부리고 있었는지는 '대만, 사할린, 조선, 남양(南洋),[13] 관동주(關東州), 만주, 지나(중국) 등 해외에 주소지가 있는 모든 계급의 저명인사를 망라한' 인사록에 고급관리와 군 간부, 은행 및 대형기업 경영자 등과 함께 그의 이름과 경력이 수록돼 있는 것을 봐도 알 수 있다.

인사록[33]을 옮겨보면, 만주에 온 시기에 대해서는 약간의 오차가 있지만 '스즈키 시게루, 스즈키구미(주) 사장, 하얼빈시 다오리(道裡) 마이마이가(买卖街) 53, 전화 7590,

---

13. 남양은 남양군도를 뜻하며 현재의 팔라우공화국, 북마리아나 제도, 미크로네시아 연방, 마셜제도 등 4개 지역을 말한다. 1800년대 말부터 독일령이었던 이 지역을 제1차 세계대전을 틈타 1914년 일본이 점령했다. 이후 1919년 베르사유 강화조약을 거쳐 일본의 위임통치령이 되었다. 제2차 세계대전 종전 후, 샌프란시스코 강화조약에 따라 이 지역은 다시 미국의 신탁통치령이 되었다. 이후, 미국의 자치령인 북마리아나 제도를 제외하고는 팔라우공화국, 미크로네시아 연방, 마셜제도로 각각 독립하였다. (飯田晶子 · 大澤啓志 · 石川幹子, 「南洋群島 · 旧日本委任統治領における開拓の実態と現状に関する研究 -パラオ共和国バベルダオブ島の農地開拓とボーキサイト採掘の事例」, 公益社団法人日本都市計画学会 『都市計画論文集』 Vol.46 No.3, 2011 참조)

[이력] 지바현 출신, 1898년 9월 19일 지바현 가토리군 다코마치(千葉県香取郡多古町)에서 출생. 도쿄에서 이 방면의 사업을 습득한 후 1936년 만주로 와 현지에서 독립 창업함'이라고 쓰여 있다.

5. 결론

결론부터 말하자면, 각 회사의 연혁을 통해 731부대 공사를 맡은 건설업체를 특정하는 것은 물론, 설계도나 기타 자료의 존재 여부를 확인하는 것조차 하지 못했다. 하지만 731부대 관련 문헌을 검토함으로써 적어도 공병대설과 스즈키구미설의 문제점에 대해서는 지적할 수 있었다. 이제 마지막 가능성이 남은 모리무라의 '오바야시구미를 비롯한 군 어용 업체' 설의 타당성을 검토하고 이 글을 마무리할 생각이다.

5.1 유력한 오바야시구미설

필자가 모리무라가 주장하는 오바야시구미설이 유력하다고 보는 이유는 다음 세 가지다. 첫 번째는 731부대 건설 공사와 관련해 "관동군 사령부가 직접 감독하여, 공무 관련 부서의 엄밀한 설계와 일본특수공업, 오바야시구미를 비롯한 군 어용 업체의 시공으로 완성되었다"[7]고 쓴 것처럼, 모리무라가 건설 공사의 설계부문과 감독 관리의 역할에 대해 정확히 지적하고 있는 점이다. 두 번째는 이와 관련하여 당시의 일본 육군이나 관동군 사령부와 오바야시구미가 밀접한 관계였다는 근거가 존재한다는 점이다. 세 번째는 731부대에 관한 기존 문헌 가운데 오바야시구미의 관련을 보여주는 '자그마한 발견'이 있었다는 점이다.

우선 첫 번째 이유에 대해서는, 전쟁 전의 건설업체는 지금과 같은 종합건설, 즉 설계부터 시공까지 모든 공사를 실시하는 업체가 아니라 건설 공사만을 담당하는 문자 그대로 시공 청부업체였다는 점을 봐야 한다. 특히 관공청이나 군대가 시공주가 되는 대규모 공사의 경우 시공주의 설계부서가 직접 설계하거나 설계를 전문적으로 하는 대학교수, 또는 설계 사무소에 의뢰하는 것이 일반적이며 시공업체에 설계를 맡기는 경우는 지극히 드물었다.

그러나 당시 관동군 사령부나 출범한 지 얼마 안 된 만주국 정부에는 이러한 설계부서가 정비되어 있지 않아, 실제 설계업무는 만주철도에서 파견된 설계 기술자가 만주철도 직원이자 정부 직원으로서 업무를 수행하고 있었다. 당시 사정에 대해 식민지 건축 전문가인 니시자와 야스히코(西沢泰彦)는 다음과 같이 이야기한다.

> 이 시기, 정부청사와 직원 관사의 신축 설계를 맡았던 것은 만주철도 본사의 공사과에 소속된 아이가 겐스케(相賀兼介)였다. 그는 만주철도 직원 신분을 가지고 만주국에 파견됐다. 만주철도는 1932년 3월부터 8월에 걸쳐 아이가 등 161명을 직원 신분을 유지한 채 만주국 정부 직원으로 파견했다. (생략) 아이가가 신징에 도착해 가장 먼저 찾아간 곳은 만주국 정부 기관이나 요인 자택이 아닌 관동군 사령부였다. 그는 관동군 참모로부터 국도건설국의 건축 주임을 지시받았다. 이 국도건설국은 수도인 신징의 도시 건설을 총괄하는 조직이 됐다. 이 같은 아이가의 일련의 행적을 보면 만주철도가 만주국 정부에 직원을 파견한 것은 만주국의 요청이 아니라 실제로는 관동군 사령부의 요청이었다고 생각할 수 있다. (생략) 1932년부터 1939년에 걸쳐 국도건설국 기술처 건축과장(国都建設局技術処建築課長)과 수요처 영선과장(営要処営繕課長),[14] 영선수품국 영선처 설계과장(営繕需品局営繕処設計課長)을 맡은 아이가 겐스케는 실제로 만주국 건축조직의 책임자로서 그 활동을 주도했다. (생략) 건축조직의 기술자 수는 1932년 말 수요처 영선과와 국도건설국 건축과를 합쳐도 17명에 불과했지만 1939년 말에는 260명까지 늘어났다.[34]

당시 관동군 사령부의 건설 관련 부서에는 경리부 공무과가 있었지만 공무과의 역할은 주로 건설 현장(전쟁터)에서의 공사를 관리하는 일이며 설계 기능은 충분하다고 할 수 없었다. 따라서 모리무라가 말하는 "관동군 사령부가 직접 감독"했다는 부분과 "공무 관련 부서에 의한 엄밀한 설계"라는 부분의 의미는 관동군의 요청(명령)에 따라 만주철도에서 만주국 정부에 파견했던 설계 기술자들이 731부대 각종 시설을 "엄밀히 설계"하고 공사 현장의 관리는 관동군 사령부의 경리부 공무과(또는 그 위탁을 받은 정부 설계 조직)가 직접 맡았다는 의미일 것이다. 이는 731부대가 비밀조직이었던 만큼 관동군 사령부가 공사관리에 직접 관여했을 가능성을 시사한다.

---

14. 건축물 따위를 새로 짓거나 수리하는 것을 영선(營繕)이라고 한다.(표준국어대사전 참조)

5.2 관동군과 오바야시구미의 긴밀한 관계

두 번째 이유에 대해서는, 수많은 건설업체 중에서도 유독 오바야시구미가 일본 육군과 깊은 인연을 맺고 있었음을 주목할 필요가 있다. 원래 이 업계에서는 창업 시기가 에도 시대까지 거슬러 올라가는 시미즈구미(1804년)와 가지마구미(1840년) 두 회사가 '건축의 시미즈', '토목의 가지마'로 불리며 압도적 지위를 차지했다. 1892년에 창업한 오바야시구미는 후발 신흥 세력에 불과했다. 하지만 청일전쟁과 러일전쟁을 통해 일본 육군의 군사 확장이 대대적으로 진행되자 오바야시구미는 해외 공사는 물론, 일본 국내에서의 군 관련 공사를 잇따라 수주하며 급성장하였다. 러일전쟁 후에는 "오바야시구미의 경우, 도요하시(豊橋), 오카야마(岡山)의 2개 사단과 기후(岐阜), 시노야마(篠山), 쓰(津), 나라(奈良), 도쿠시마(德島)의 5개 연대 공사를 혼자 도맡아, 동업자로부터 불만이 제기될 정도로" 세력을 넓혔다.[15]

아울러 오바야시구미는 1931년 만주로 진출한 이래, 동업자들을 제치고 관동군 사령부 청사(1933년)와 만주국 국무원 청사(1934), 만주중앙은행(1934년) 등 만주를 대표하는 건축을 연달아 수주하였고, 그 후에도 만주국 궁정궁전, 신징 관동국 청사, 펑텐 만주철도 종합사무소, 관동군 야전 항공창(航空廠), 관동군 궁주링(公主嶺) 항공대 본부·병영 등 주요 공사에 관여했다.[22] 그 결과 1936년부터 1940년까지의 연간 평균 공사비만 놓고 비교했을 때, 오바야시구미가 1억 1,800만 엔을 기록하며 시미즈구미와 가지마구미를 제치고 1위로 뛰어올랐다.[16]

여기서부터는 어디까지나 필자 개인의 추측이지만 오바야시구미와 육군·관동군과의 긴밀한 관계는 오바야시 일가와 육군 최고 간부와의 인척 관계에 기인하는 바 크다고 생각한다. 1940년 주식회사 만주 오바야시구미 사장에 취임한 오바야시 요시오(大林義雄)는 창업자의 제3대 후계자인데, 그 부인은 '일본 공병의 아버지'라 불리며 공병 조직의 근대화에 이바지한 우에하라 유사쿠(上原勇作, 1856-1933)의 딸이었다. 우에하라는 육군대신·교육총감·참모총장이라는 '육군 3대 장관'을 모두 역임한 육군 굴지의 실력자이자 프랑스 육군에서 유학한 군사 토목 전문가이기도 했다.[35] 이러한 우에하라의 배경은 군 공사와 관계가 깊은 오바야시 일가와 인연을 맺는 계기가 되었고, 이를 바탕으로 관동군 사령부 청사를 비롯한 만주국 대표 건축 수주가 오바야시구미로 이어졌음은 쉽게 상상할 수 있다.

우에하라가 육군대신이었던 당시부터 오바야시 일가와의 친밀한 관계가 육군 내에 널리 알려져 있었음은 우에하라의 부관(副官)이었던 이마무라 히토시(今村均: 1886-1968년, 후에 육군 대장이 됨) 일기를 봐도 알 수 있다. 당시 연대장의 말을 인용했는데 "원수(元帥, 우에하라)가 오사카에서 도쿄로 돌아갈 때 사위인 오바야시구미 건축 사장인 요시오 군이 갓포(割烹)[15] 요리점인 나다만(灘万)에서 5단 찬합에 요리를 잔뜩 담아 점심때 드시라고 주었다"고 한다.[36]

또 하나의 판단 근거로 들 수 있는 것은 731부대 건설 공사가 구체화되는 1936년부터 1937년에 걸쳐 방금 언급한 이마무라가 관동군 참모 부장(副長)으로 사령부에 근무했다는 사실이다. 관동군 참모가 만주국 건축 사업에 큰 영향력을 지녔음을 감안하면 참모장 다음을 잇는 요직인 참모 부장의 영향력 역시 컸음은 쉽게 짐작이 간다. 물론 이마무라가 참모 부장이었을 당시 우에하라는 이미 세상을 뜬 후였지만, 우에하라의 부관이던 이마무라가 우에하라의 사위인 오바야시 일가를 위해 힘쓴 결과 731부대 공사가 오바야시구미 수주로 이어졌을 것은 전혀 이상하지 않다. 아울러 이마무라 스스로 행동하지 않더라도 두 일가의 관계에 기반한 주변의 부탁이나 오바야시구미의 암묵적 요구가 통했으리라는 추정도 가능하다.

5.3 8372부대 지도를 통해 얻은 '자그마한 발견'

세 번째 이유에 대해서는, 관청허(關成和)의 저서 『731부대가 들이닥친 마을』[23]에 게재된 지도로 설명하겠다. 관청허는 핑팡에서 태어나 731부대 강제 점거로 마을을 빼앗긴 주민 중 한 명이며 하얼빈시 도서관장과 하얼빈일보 부편집장, 하얼빈시 지방사연구소 주임 등을 역임하면서 731부대 추적에 심혈을 기울여온 역사가이다. 『악마의 포식』 중국어판을 번역한 인물이기도 하다.

『731부대가 찾아온 마을』에는 핑팡 특별군사지역의 한 모퉁이에 위치하며 731부대와 인접한 8372부대(항공부대) 지도가 게재되었다. 그리고 8372부대 지도에는 기지와 핑팡역 사이에 노무자 막사나 상점 등이 혼재된 지구가 있는데, 그 지구 내에 '오바야시구미(大林組) 창고'와 '후지타구미'(藤田組) 건물이 작게 기재된 것을 확인할 수 있었

---

15. 갓포(割烹) 요리는 한자 그대로 자를 할(割)자와 끓일 팽(烹)자를 써서 칼 쓰는 기술과 불 다루는 기술이 뛰어난 조리 실력으로 만들어낸 고급 일식 요리를 뜻한다. 이시이가 좋아했다는 '료테이'(料亭)와 다른 점은 료테이가 조용한 방에서 식사를 하는 형태라면 갓포 요리점은 꼭 그렇진 않다는 것이다.

다. 추측이지만 이 건물 두 채는 핑팡 특별군사지역 건설에 관여한 '오바야시구미를 비롯한 군 어용 업체'의 잔존하는 공사용 건물 일부가 아닐까 싶다. 참고로 '후지타구미'란 731부대 입찰에 참여했던 '히로시마 후지타구미'(広島藤田組)일지도 모른다.

지금까지 731부대 관련 지도라면 모리무라와 시모사토가 발굴한 「보존판 · 관동군 방역급수부 본부시설 전도」(保存版関東軍防疫給水部本部施設全図)[1]가 대표적이었다.(중국 측 시설도에서는 도고소학교 위치가 도고신사 옆으로 수정돼 있음) 그러나 핑팡 특별군사지역 안에 위치하면서도 731부대에 인접한 8372 항공부대에는 주목하지 않았다. 이를 보완한 관청허는 저서에서 핑팡 특별군사지역을 '17호 군사기지'와 '갑지역' '을지역', 세 가지로 구분하고 '17호 군사기지'와 '갑지역' 내 건설된 건물에 대해 귀속과 사용 목적, 성질에 따라 다음과 같은 네 가지 건축군으로 나누어 기술하였다.

① 부대 본부 · 실험시설 관련 건축군 : 관동군 731부대 총무부 · 진료부(제1동), 세균 실험 · 제조시설(로(口)호동), 피험자를 감금하기 위한 감옥(제7동, 8동), 세균배양실, 독가스실, 동물사육실, 헌병실, 소각로, 보일러, 항공지휘동 등의 건물이 있었으며 건축물 총면적은 약 8만㎡

② 도고촌(東郷村) 건축군 : 731부대 생활 구역이며 대부분이 3층짜리 건물. 군속용 관사와 독신 관사, 고등관 전용 관사, 신사, 소학교, 병원, 수영장, 일본인 전용 우체국, 식당, 클럽, 상점 등 건물이 총 22동 있었으며 총면적은 7만㎡

③ 관동군 8372부대 건축군 : 8372 항공부대 시설과 생활 구역. 총면적 약 5㎢(이중 2㎢는 비행장)이며 부대 주변은 철조망으로 둘러싸임. 비행장과 병영, 식당, 격납고, 휘발유 보관 창고, 주물 공장, 기계 수리 공장, 보일러, 고사포대, 시험장, 군속 관사, 고등관 관사, 신사, 병원, 소학교 등 서른 동 가까운 건물이 있었으며 건물 총면적은 8만㎡

④ 기타 건축군 : 대부분 흙으로 만든 초가집이었고 벽돌로 된 건물은 소수. 철도역의 동서 방향에 분포되었으며 서쪽에는 배급소나 식당, 상점, 세탁소, 경찰서, 헌병대, 핑팡 분구(分区) 사무소, 우정소(郵政所) 등이 있었고 동쪽에는 20여 동의 흙벽에 판자를 붙인 노무자 막사와 흙으로 만든 오두막집이 있었음. 건물의 총면적은 약 1만㎡

731부대 관련 건물은 부대 본부와 도고촌을 포함해 약 15만㎡였고, 8372부대와 주변 지역 건물은 약 8만㎡로 731부대의 절반이 조금 넘는 정도의 규모였다.(일본인 소학교로 추정되는 건물도 표시돼 있음) 이 두 기지가 인접하여 하나의 거대한 핑팡 특별군사지역을 이루었다. 같은 시기에 건설되었는지 여부는 둘째 치고 두 기지의 건설 공사를 맡은 건설업체 간에 어떤 관계가 있을 거라고 생각하는 것이 타당하다. 경우에 따라서는 같은 업체였을 가능성도 충분히 있다. 그런 의미에서 '오바야시구미 창고'와 '후지타구미' 건물을 확인할 수 있는 8372부대 지도는 731부대 건설 공사가 오바야시구미를 비롯한 군 어용 업체에 의해 진행되었음을 짐작케 하는 귀중한 자료이다.

또한 8372부대 지도에서 마쓰무라구미 건물은 발견하지 못했지만 마쓰무라구미도 후지타구미와 마찬가지로 오바야시구미 밑에서 하청업체로서 731부대 공사에 참여한 '군 어용 업체'의 일원이었을 가능성이 적지 않다. 731부대 공사와 같이, 복잡하고 규모가 크고 짧은 기간 안에 완공시켜야 하는 공사의 경우, 도급업체 밑에서 여러 업체가 하청업체로 참여하는 것이 일반적이기 때문이다.

5.4 후지타구미 등

부기(付記)로서 후지타구미(현재의 후지타)에 대해서도 간단하게 이야기하겠다. 후지타구미의 역사 기록인『후지타 80년의 궤적-건설업 혁신을 위해-』[37]를 보면, 전시체제 사업과 관련해 "군 관련 공사는 '토세 공사'(トセ工事)나 '사 공사'(サ工事)와 같은 암호로 표기되는 경우가 점차 많아져 실제로 어떤 공사였는지는 담당자 이외에 거의 알지 못한다"고 토로하면서도, 공사 연표에는 놀라울 정도로 상세한 군 관련 해외 공사명을 청부 금액과 함께 기재하고 있다. 이는 다른 회사 연혁에서는 볼 수 없는 특징인 데다 731부대와의 관계를 유추하는 데 도움이 될 것 같아 여기 소개해 둔다.

① 1932년, 관동군 하얼빈 마자거우(马家沟)병대 병영의 개축을 비롯한 기타 공사, 36만 엔(6월 착공, 12월 완성)

② 1933년, 관동군 하얼빈 원먀오(文庙)보병대 병영 신축 공사, 88만 9천 엔(5월 착공, 11월 완성)

③ 1934년, 관동군 하얼빈 철도대 본부 신축 공사, 83만 4천 엔(3월 착공, 10월 완성)

④ 1934년, 관동군 하얼빈 병기고 신축 공사, 37만 1천 엔(7월 착공, 이듬해 3월 완성)

⑤ 1935년, 관동군 하얼빈 철도본대 조립공장 신축 공사, 49만 3천 엔(4월 착공, 10월 완성)

⑥ 1935년, 관동군 하얼빈 병기지청(兵器支廳) 기재고 신축, 양말고(糧秣庫, 병사용 식량과 군마용 사료를 보관하는 창고) 신축 공사, 28만 5천 엔(4월 착공, 10월 완성)

⑦ 1936년, 관동군 무단장 보병대[16] 신축 공사, 240만 엔(4월 착공, 10월 완성)

⑧ 1936년, 관동군 하얼빈 테[テ] 공사, 11만 엔

⑨ 1937년, 관동군 쑨우(孫呉) 키[キ], 타[タ], 코[コ], 무[ム], 격리 공사, 74만 9천 엔(4월 착공, 10월 완성)

⑩ 1937년, 관동군 바오칭(宝清) 키이[キイ], 키[キ], 세[セ], 키키[キキ], 키타[キタ], 켄[ケン], 시우[シウ], 카[カ], 야[ヤ] 공사, 169만 9천 엔(9월 착공)

⑪ 1938년, 관동군 ○8○토[ト]8노[ノ]치[チ] 외 12곳 공사, 267만 6천 엔(4월 착공)

공사 기록을 통해 후지타구미는 하얼빈에서 관동군 관련 건설 공사를 연달아 수주하고 있었으며 그 공사들의 청부 금액 역시 상당히 거액인 것이 많았다는 사실을 알 수 있다. 특히 1938년에 추진된 관동군 관련 공사는 268만 엔 가까운 대규모 공사였음을 확인할 수 있다. 이것이 731부대 공사와 어떤 관계가 있는지 알고 싶을 따름이다.

마지막으로

이상과 같이, 오바야시구미가 731부대 공사를 맡은 가장 유력한 업체로 추정되기에 오바야시구미 오사카 본사 맞은편에 있는 '오바야시구미역사관'에 자료 열람을 요청했다. 하지만 전시된 자료 외의 열람은 불가능하다는 연락을 받았다. 담당자에게 재차 자료 검색을 의뢰했으나 후일 "관련 자료를 찾을 수 없다"는 답장이 왔다. 담당자의 말을 믿을 수밖에 없는 것이 아쉬웠지만, 만약 중국 대사관 등 공식적인 외교 통로를 통해 자료 검색 요청이 이루어질 경우 또 다른 가능성이 열릴지도 모른다.

16. 필자는 이 부분에서 '무단장棲稜 보병대'라고 기재하는데 '棲稜'(무린)이라는 지명은 찾을 수 없다. 아마도 헤이룽장성 무단장시의 행정구역인 '穆棱'(무린)을 잘못 기재한 것으로 보인다.

인용·참고문헌

1. 森村誠一,『悪魔の飽食』, 光文社, 1981
2. 森村誠一,『続・悪魔の飽食』, 光文社, 1982
3. 731陳列館編,『侵略日軍関東軍７３１細菌部隊』, 五州传播出版社, 2005
4. シェルダン・H・ハリス, 近藤昭二訳,『死の工場, 隠蔽された731部隊』５章 平房版地獄編, 柏書房, 1999(原著1994)
5. 常石敬一,『医学者たちの組織犯罪, 関東軍第七三一部隊』第２章 石井機関, 背陰河から平房へ移転, 朝日文庫, 1999
6. 吉田曠二,『元陸軍中将遠藤三郎の肖像―「満州事変」・上海事変・ノモンハン事件・重慶戦略爆撃』巻末付録所収, すずさわ書店, 2012(본 책 3부 '일본 육군 장군 엔도 사부로와 731부대' 참조)
7. 松村高夫・解剖詩・江田賢治編著,『満州労働史の研究』, 日本経済評論社, 2002
8. 100年史編纂委員会編纂, 小松錬平編,『松村組100年史』第４章 海外の軍需伸びる―満州事変と松村組, 松村組, 1996
9. 満州国史編纂刊行会,『満州国史各論』第十一編建設, 第４章建築, 第四節土建統制, 満蒙同胞援護会, 1971
10. 越沢明,『満州国の首都計画』５章 国都建設計画事業 1933~37年, 日本経済評論社, 1988
11. 土木工業協会・電力建設業協会編,『日本土木建設業史』第３編 第８節 満州への進出, 技報堂, 1971
12. 東京建設業協会編,『建設業の五十年』第１章座談会, 槙書店, 1953
13. 土持保・太田通,『建設業物語』彰国社, 1957
14. 玉城素,『産業の昭和社会史１２土木』, 日本経済評論社, 1993
15. 日本建築学会編,『近代日本建築学発達史』７章 建設産業 大陸への発展と戦時体制の道, 丸善, 1972
16. 古川修,『日本の建設業』２. 最近の建設事業の拡大, 岩波新書, 1963
17. 土木工業協会・電力建設業協会編,『日本土木建設業史年表』, 1968
18. 森村誠一,『悪魔の飽食, 第三部』第四章 悪魔の証言, 角川書店, 1985
19. 森村誠一,『〈悪魔の飽食〉ノート』ノートⅢ, 晩聲社, 1982
20. 常石敬一,『消えた細菌戦部隊』Ⅲ.平房―生体実験の地, 海鳴社, 1981
21. 常石敬一,『七三一部隊, 生物兵器犯罪の真実』第５章 朝鮮戦争, 講談社現代新書, 1995
22. 大林組,『大林組百年史』第４章 激動する国情のなかで, 大陸への進出, 1993
23. 関成和,『七三一部隊がやってきた村―平房の社会史』松村高夫「本書の研究視角」, こうち書房, 2000
24. 青木冨貴子,『731－石井四郎と細菌戦部隊の闇を暴く―』プロローグ 深い闇, 第三章 平房の少年隊, 新潮文庫, 2008
25. 雑誌『真相』四十号「内地に生きている細菌部隊, 関東軍七三一部隊を裁く」人民社, 1950年4月1日. 해당 잡지는 이미 폐간되었지만 기사는『雑誌真相復刻版』第二巻, 三一書房, 1981를 통해 확인 가능
26.『日本帝国主義侵華档案館資料選編』第５巻,『細菌戦与毒気戦』「第１部, 日本軍細菌部隊及其罪行」, 中央档案館・中国第二歴史档案館・吉林省社会科学院合編, 中華書局, 1989
27. 江田賢治他編訳,『証言, 人体実験―７３１部隊とその周辺―』, 同文館, 1991
28. 七三一研究会 / 証言集編集委員会編,『細菌戦部隊』晩聲社, 1996
29. 前掲『松村組100年史』第４章 海外の軍需伸びる, 満州事変と松村組
30.『清水組社報』1943年10月号(土木工業協会・電力建設業協会,『日本土木建設業史年表』, 1968, 昭和資料編に所収)
31. 前掲『松村組100年史』第４章 海外の軍需伸びる, 満州事変と松村組
32. 森村誠一,『新版・悪魔の飽食』, 角川書店, 1983
33.『第一四版, 大衆人事録, 外地, 満・支, 海外編』東京秘密探偵社, 1943年(『昭和人名辞典 第４巻』日本図書センター, 満州編, 1987年復刻)
34. 西澤泰彦,『日本の植民地建築―帝国に築かれたネットワーク―』河出書房新社, 2009. 보다 상세한 기술은 西澤泰彦「『満州国』の建設事業」(山本有造編著『「満州国」の研究』緑蔭書房, 1995年所収)를 참조할 것
35. 泰郁彦編,『日本陸海軍総合事典』第２版, 東京大学出版会, 2005
36. 今村均著,『私記・一軍人六十年の哀歓』, 芙蓉書房, 1970
37. 藤田組社史,『フジタ８０年のあゆみ―建設業の革新をめざして―』, 1994

731부대 비밀을 찾아서

_펑톈부로수용소에서는 무슨 일이 있었나, 60년 뒤 알게 된 사실

니시사토 후유코(西里扶甬子)

1. 731부대와의 만남

필자가 '731부대'를 조사하게 된 것은 해외 방송국에서 보도 및 다큐멘터리 프로그램의 리서치 코디네이터로 일하며 구 일본군의 잔혹한 전쟁 범죄와 침략 행위에 대해 취재하게 된 것이 계기였다. 취재하면서 '전쟁'의 비참함에 대해 알게 되었다. 제2차 세계대전 후 태어난 나로서는 학교에서 가르쳐주지 않았던 진실을 마주하는 것이 쉽지 않았다. 차마 눈 뜨고 볼 수 없는 사실의 연속이었다. 방송 취재에 몇 번 참여했던 그 경험은 내게 강렬한 인상을 남겼다.

결정적인 계기가 된 것은 영국의 방송국 TV South가 당시 세계적으로 주목을 받았던 모리무라 세이이치의 『악마의 포식』[1]에 자극받아 제작한 「731부대, 천황은 알고 있었는가?」(Unit 731, Did Emperor Know?)라는 프로그램이었다.<1> 이 프로그램은 약 3년이라는 제작기간을 거쳐 완성돼 1985년 ITV(영국 최대의 민간방송국)를 통해 방영되었다. 방송이 나가고 5년 뒤에는 이 다큐멘터리 제작을 위해 수집했던 방대한 자료와 인터뷰, 증언들을 담아 *Unit 731: Japanese Army's Secret of Secrets*[2]라는 책이 영국에서 출판되기도 했다. 오랜 시간이 걸리긴 했지만 필자는 이 책을 일본어로 번역하여 2003년 『731부대의 생물병기와 미국』[3]이라는 제목으로 출판했다.

이렇게 필자가 생물전과 화학전이라는 주제를 다루게 된 지 20년 이상이 지났다. 사실 이 주제에 관심 갖기 전에 BBC 종교방송 프로그램의 「Darkness of God」<2>이라는 다큐멘터리에 참여하여 '원폭문제'를 다루기도 했다. 이로써 나는 'ABC무기'(Atomic · Biological · Chemical Weapon)라 불리는 대량 살상 무기 전반에 깊이 관심

을 갖게 되었다. 이렇게 잔혹하고 비인도적인 인간의 어두운 본성이 가장 단적으로 드러나는 '전쟁' 연구가 내 일생의 업이 되었다.

2. 731부대와 연합군 포로

전쟁 범죄를 다룬 도쿄 재판을 통해 확립된 '인륜에 반한 죄'(crimes against humanity) 개념에 따르면, 세균전부대의 활동 그 자체가 중대한 '인륜에 반한 죄'이며, 그 구성원인 의학자, 과학자, 군의, 하급 병사에 이르기까지 모두가 전범에 해당한다. 그러나 누구 하나 고발되지 않고 전범 소추를 면했다.[1] 이는 살아있는 인간을 모르모트처럼 사용하는 '인체실험', 병변과 생체에 대한 영향을 관찰하기 위한 '생체해부', 그리고 '세균전 실전'에서 나온 귀중한 과학 데이터를 미군과 거래했기에 가능했다.

'마루타'로 불리던 인간 모르모트가 실제로는 '만주국 항일 게릴라나 간첩', '러시아 적군 병사', 중국에서 활동했던 '조선인 항일 독립운동가' 등이었음은 익히 알려져 있다. 하지만, 연합군 포로를 사용한 세균전 관련 인체실험이 행해졌는지에 대해서는 지금까지 수많은 연구자와 역사가 그리고 기자들이 조사했음에도 명확한 결론을 내지 못했다.

3. 일본 국내의 부로수용소

도쿄 재판 BC급 전범[2] 조사 과정에서 GHQ 법무부 소속의 닐 R. 스미스 중위는 연

1. 전범 소추를 면했다는 것은 전범으로 재판에 기소되어 심판을 받지 않았다는 얘기다. 실제 도쿄 재판(정식명칭 극동국제군사재판)에서 이시이 시로를 비롯한 731부대원들은 심판받지 않았다. 이에 대해 이 글의 필자를 비롯한 많은 관련 연구자들은 GHQ(연합군최고사령부, 최고사령관 맥아더)와의 밀약이 영향을 미쳤을 것으로 판단하고 있다. 심지어 소련 측에서 731부대원들에 대한 소추를 주장했으나 끝내 받아들여지지 않았다. 소추에 실패한 소련 측은 독자적으로 재판을 열었는데 이것이 바로 일명 하바롭스크 재판이다. 1949년 12월 25일부터 6일 동안 진행된 이 재판에서는 731부대 관계자 등 12명을 심판했다.(이에 대한 자세한 내용은 이 책 3부 '세균전부대에 관한 사료와 어느 장교의 최후'를 참고)

2. A · B · C급 전범은 연합국에 의해 선포된 국제군사재판소 조례 및 극동국제군사재판 조례의 전쟁 범죄 유형을 말한다. B급 전범은 '통상적 전쟁 범죄'(conventional war crimes)에 해당하는 자로 전시 국제법의 교전 법규 위반 행위를 의미한다. C급 전범은 '인도에 반한 죄'(crimes against humanity)에 해당하는 자를 가리킨다. 일반적으로 BC급 전범이라 함은 연합군 각국이 일본에게 빼앗겼던 식민지를 재점령하면서 진행한 군사재판에서 유죄판결을 받은 사람들을 가리킨다. (이학래, 『전범이 된 조선청년』, 민족문제연구소, 2017, pp. 245-249; '「日本人」としての罪 救済, 生きている間に 93歳, 朝鮮半島出身の元BC級戦犯', 朝日新聞 2018.12.21. 참조)

합군 포로를 대상으로 인체실험이 행해졌다는 밀고 투서를 접했다. 그리고 이를 바탕으로 의심 가는 9개 시설에 관한 파일을 작성하고 조사를 진행하려 했다. 그러나 1947년 4월 4일자 조사보고문서<3>를 보면, G-2(정보담당을 맡은 참모 2부)가 개입해 세균전 파일을 독점 관리하면서 스미스 중위의 조사는 완수되지 못한 것으로 보인다. 스미스 중위가 조사하려 한 9개 시설과 관련된 파일 내용은 다음과 같다.

① No.290[3] : 사가미하라육군병원(相模原陸軍病院)에 대해서는 토마스 퀸이라는 스코틀랜드 출신 포로의 선서공술서(宣誓供述書)에 기록되어 있다. 적리, 각기병 등을 앓아 중환자로 입원했다가 학대와 쇠약으로 죽은 7명의 미국, 영국, 캐나다 국적 포로들의 최후에 관한 내용으로, 부검서류도 함께 첨부되어 있다.

② No.330 : 일본 육군군의학교에 대해서는 1946년 11월 20일부의 GHQ 법무부 L. H. 바너드 정보 소좌가 작성한 보고서가 있으며, "중장 이시이 시로 파일(Lt. General Shiro ISHII, No.91)과 함께 관리할 것"이라고 기록되어 있다.

③ No.997 : 니가타의학전문학교(新潟医専)의 아리야마 노보루(有山登)에 대해서는 '인공 혈액 실험'에 주목했다고 기술되었다.

④ No.604 : 규슈제국대학에서 B29 조종사에 대한 생체해부가 이루어졌으며, 해당 사건 관계자들이 BC급 전범으로 심판받았다는 사실은 비교적 잘 알려져 있다. 하지만 이는 세균 '인체실험'이 아니었다.

이와 관련해 후쿠오카의 ⑤ 서부군 사령부(No.420)에 대해서도 조서가 있음을 시사하고 있다. 그러나 ⑥ 시나가와육군병원(品川陸軍病院, No.1873)과 ⑦ 도쿄제2육군병원(No.385), ⑧ 항저우육군병원(No.1387)에 대해서는 파일 내용뿐 아니라 그 파일이 어디 보관되었는지도 알 수 없다.

⑨ 도쿄대 전염병연구소(No.1117)와 관련해서는 제2차 세계대전이 끝난 후 일본 의학계의 중진이 된 고지마 사부로(小島三郎)를 포함한 4명의 세균학자에 대한 조사가 진행된 바 있다. 이들은 포로에게 잔혹 행위를 한 혐의로 조사를 받았다. 하지만 이 조사는 조사대상이던 4명 가운데 2명인 아시다 쇼조(芦田照三) 조교수의 독약 자살(1945년 6월 7일)과 오카모토 히라쿠(岡本啓) 조교수의 독가스 자살(1945년 9월 2일)에 대한 짧은 사망 확인서를 마지막으로 종료되었다.

두 명의 죽음으로 인해 진상규명이 어려워졌는지, 실제 인체실험을 한 사실이 있어

---

3. 파일 번호를 의미하는 것으로 보인다.

자살했는지, 기타 조사 내용은 아직 극비인지, 이 문서만으로는 알 수 없다.[4]

아울러 같은 문서에는 수역(獸疫)을 통한 세균전을 준비한 100부대(신징, 지금의 창춘에 있었음)에서 연합군 포로를 사용해 인체실험을 했다는 매우 직접적이고 구체적인 고발문이 2통 포함되어 있다.

효과적인 세균무기로서 현재까지도 연구 · 개발되고 있는 탄저균과 비저균, 유비저균(類鼻疽菌)은 사람과 동물 모두에게 전염력을 갖는다. 100부대에서도 이 균들을 다룬 것으로 보이는데 731부대와 비교해 밝혀지지 않는 부분이 많다. 특히 이시이 시로는 탄저균을 '가장 효과적인 세균무기'라고 불렀다. 아직도 우리 기억에 선명한 미국 911 테러 직후 발생한 '탄저균 편지 사건'은 이 탄저균이 현시대에도 생물무기로 사용될 수 있음을 보여주었다. 그렇기에 이시이 등이 제공한 탄저균 데이터가 지금도 극비자료로 은폐되어 있는 것일지도 모른다.

일본 국내의 수용소에 이송된 포로에 대해서는 세균전 인체실험과 관련이 있을 만한 일본 측 자료가 거의 없다.[5] 기록이 있었더라도 아마 바로 폐기되었을 것이다. 포로 학대로 인한 전범 소추를 두려워하는 일본 측 가해자 이상으로 미국 정부와 미군도 이러한 자료가 남는 것을 꺼렸을 것이다. 적국 포로가 된 자국군 병사들이 세균전 무기 개발을 위한 인간 모르모트가 된 것을 불문하는 대신 데이터 독점을 택했기 때문이다. 즉, 이러한 판단을 미국 국민, 특히 유가족이 알게 되는 것을 두려워한 미국 측 의향이 작용한 결과로 보이기도 한다.

이제 미국화된 일상생활을 보내는 일본의 젊은이들은 일본이 미국, 영국, 호주와 서로 죽이며 전쟁을 치렀다는 사실을 잘 알지 못한다. 더욱이 그들을 포로로 잡아 탄광이나 공항 건설에 혹사했다는 것은 상상조차 못할 것이다. 그러나 포로 문제를 조사하고 포로 체험자들의 증언을 기록하여 과거의 진상을 규명하는 일은 중요한 의미를 갖는다. 이를 사회적 기억으로 이어나가야 비극과 살육을 낳는 전쟁을 확실하게 거절할 수 있는 인식이 갖춰질 것이다.

필자는 2003년, POW(Prisoner of War) 연구회 설립 작업에 참여하면서 영국과 미국 그리고 호주의 수많은 포로 체험자들의 증언을 모아왔다. 특히 731부대를 추적해온 필자는 731부대와 동일한 만주 지역에 있었던 펑톈부로수용소에 대해 다른 수용소보다도 깊이 조사했다. 이를 바탕으로 펑톈부로수용소와 731부대의 접점에 대해 정리해보고자 한다.

4. 펑톈과 일본의 관계

펑톈은 현재 선양(沈阳)이라 불리며 중국 동북부에 위치한 랴오닝성의 최대 도시다. 이유는 알 수 없지만 영어로는 묵덴(Mukden)이라 불렸다. 1931년 9월 18일 밤, 펑톈 교외의 류탸오후(柳条湖) 부근에서 일어난 남만주 철도 폭파 사건(류타오후 사건)을 계기로 중일 15년전쟁이 시작되었다. 일본 관동군은 일방적으로 폭파 사건을 중국 동북군에 의한 파괴 활동으로 단정하고 단번에 펑톈을 비롯한 3개 도시를 점령하는 군사행동을 강행했다. 사람들은 이 사건을 '만주사변'이라 부른다. 현재 사건의 발단이 된 지역에는 9.18 역사박물관이 있어 중일전쟁 당시의 고난의 역사를 전시하고 있다. 바로 이 9.18 역사박물관이 있던 자리에 일본군은 1942년 중국 국민당군 북대영 병영 옛터를 이용해 부로수용소를 만들었다. 부로수용소는 후에 다른 곳으로 이전되지만 1942년부터 종전까지 3년 반 동안 미국과 영국, 네덜란드, 뉴질랜드, 호주 등의 포로 약 2,000명을 수용했다.

5. 펑톈부로수용소의 부로들

먼저 POW란 무엇인지 그 정의를 소개하고자 한다. 포로 문제 전문가인 자엔 요시오(茶園義雄)는 전쟁터에서 잡힌 사람을 '포로'라 하고, 일정의 절차를 거쳐 상대국의 보호 아래 억류된 사람들을 '부로'(俘虜) 즉 POW(Prisoner of War)라 불렀다.[4]

[사진1] 1945년 8월 해방 직후 펑톈부로수용소에서[4]

태평양전쟁 초기, 일본군은 예상치 못했던 대승리를 거두어 동

4. 자엔 요시오가 말한 것처럼 정의상으로는 포로와 부로의 의미가 다르다. 그러나 정치적인 의미에서 부로라는 용어가 포로와 구분돼 사용되었던 것으로 보이며 실질적으로는 크게 다르지 않았던 것으로 추정된다. 필자 역시 포로와 부로를 신경 써 구분하지 않는다.

남아시아와 서태평양 점령 지역에서 약 35만 명에 이르는 연합군 장병을 포로로 잡았다. 이들 포로를 관리하기 위해 일본 정부는 1941년 말, 육군성 내부에 '부로정보국'을 설치했다. 그리고 이들을 가둔 수용소를 '부로수용소'라 불렀다.

그렇다면 펑톈부로수용소에는 어떤 포로들이 수용되었을까? 처음 도착한 것은 싱가포르에서 잡힌 영국과 호주 출신 포로 100명과 필리핀에서 수송된 미군 포로 1,420명이었다.

진주만 공격부터 4시간 후, 일본군 폭격을 받은 필리핀에 있던 미군은 바탄반도와 코레히도르섬 요새까지 몰리게 된다. 결국 1942년 3월, 맥아더 사령관은 "I shall return"이라는 말을 남긴 채 가족과 함께 호주로 피신하였고, 4월 9일 바탄반도에 있던 미·필리핀 합동군 8만 8천 명이 일본군에 항복을 선언했다. 1만 2천 명의 미군과 6만 명의 필리핀군, 그리고 2만 명에 가까운 필리핀 시민들을 기다린 것은 '죽음의 바탄 행진'이었다. 이들은 바탄반도 남쪽 끝에 위치한 마리벨레스에서 약 120㎞ 떨어진 북쪽 내륙의 오도넬 수용소까지 5~6일간 물과 식량도 제대로 공급받지 못한 채 강제로 행진을 해야 했다.

일본군은 무기를 버리고 항복한 무방비 상태의 POW임에도 굶주림과 갈증으로 낙오할 것 같으면 가차 없이 총칼로 살해했다. 기력이 쇠해 사망한 사람까지 포함해 미군 1,522명, 필리핀 병사 2만 9천 명이 죽어나갔다. 이 연행이 '죽음의 바탄 행진'이라고 불리는 까닭이다. 약 한 달 뒤 일본군은 코레히도르섬 요새까지 점령했다. 그로부터 몇 달 지난 10월, 미군 포로 중 1,500명 정도가 '지옥선'(Hell Ship)이라 불린 돗토리마루(鳥取丸)를 통해 마닐라에서 부산으로 이송되었다. 이 중 약 500명은 이송 중간에 들른 대만 남부의 가오슝(高雄)에서 다시 일본으로 보내졌다. 나머지는 가오슝에서 부산으로 입항한 후 열차를 타고 육로로 만주 펑톈으로 보내졌다. 이들이 펑톈에 도착한 것은 11월 11일이었다.

1995년 보스턴에서 열린 ADBC(American Defenders of Bataan & Corregidor, 바탄·코레히도르 미군방위전사회) 대회에서 취재에 응한 그렉 로드리게스(Greg Rodríguez Sr.)는 이 '지옥선' 여정에 대해 다음과 같이 증언하였다.

나는 미 육군 제59연안포병대 소속으로 당시 18세였다. 카바나투안(Cabanatuan, 필리핀 제도 북부) 수용소에 수감돼 있던 3개월 동안 수많은 전우가 죽었다. 어느 날 아침, 우리는 대열을 지어 항구까지 행진하였고 항구에 대기하고 있던 돗토리마루에 태워졌다. 일본군은 우리에게 자그마한 빵을 한 조각씩 나눠주며 이것이 3일분 식량이라고 했다.(출항은 1942년 10월 7일) 항해 도중 하마터면 어뢰에 맞을 뻔한 적도 있었다. 30일 넘는 항해 끝에 대만의 가오슝에 도착했다. 가오슝에서는 항해 도중 죽은 동료의 시신을 배에서 내리고, 물을 실었다. 그리고 짠맛 나는 크래커 같은 음식을 배급받았다. 처음에 먹은 한 봉지는 비누 같은 냄새가 나서 나는 2~3개밖에 안 먹었다. 한 봉지를 한꺼번에 다 먹은 동료들은 바로 적리에 감염되었다. 그때부터 부산에 도착할 때까지의 여정은 설사 때문에 괴로워하는 사람들로 비참하기 이를 데 없는 상황이었다. 돗토리마루를 '적리마루'라고 부를 정도였다. 부산에 도착하자 하얀 옷을 입은 집단이 기다리고 있었다. 이들로부터 항문에 유리봉을 넣는 도포검사 등을 받았다.

종전까지 펑톈부로수용소에서 사망한 사람은 총 252명에 달했다. 부산에서 펑톈으로 이송된 후 수용소에서 첫겨울(1942년 11월부터 1943년 1월까지)을 넘기지 못하고 대부분 사망했다.

6. 왜 만주에 연합군 부로수용소를 만들었나

그렇다면 왜 만주에 연합군 부로수용소를 만들었을까? 여기에는 세 가지 가설이 존재한다. 세 가지 가설 중 첫 번째로 제시한 '이유1'은 펑톈부로수용소 위생병이었던 나메카타 다케지(行方武治)로부터 들은 것이다. 나메카타가 상관으로부터 직접 들은 얘기로 실제 그는 그 말을 믿고 있었다. 그러나 개인적으로는 두 번째와 세 번째 이유가 더 타당하다고 생각한다.

6.1 이유1. 본보기로 삼기 위해

만주 사람에게 일본에 저항하면 호되게 당할 수 있다는 본보기로 삼기 위해서였다고 한다. 다음 두 가지 사건이 이를 뒷받침한다.

• 탈주 사건

1944년 6월, 미군 포로 3명이 950㎞ 떨어진 소련 국경을 향해 탈주하는 사건이 발생했다. 11일 동안 계속 걸어 180㎞ 떨어진 몽골 마을에 도착한 포로들은 경찰관을 살해하고 마을 사람을 다치게 했고 결국 붙잡혀 펑톈으로 다시 이송되었다. 단편적인 증언들을 모아보면, 탈주한 3명은 수용소 사람들 앞에서 '탈주는 절대 성공할 수 없으니 하지 말라'는 연설을 강요받은 후 수용소 입구에 있는 말뚝에 3일 동안 묶여 있었다고 한다. 그리고 펑톈 시내를 끌려다니다 시민들 앞에서 총살되었다. 마지막에 총을 맞고는 그 직전 자신이 판 무덤으로 쓰러졌다고 한다.

• 격추당한 B29 탑승원

1944년 12월 7일과 21일, 펑톈은 미군 B29 편대의 폭격을 받았다. 펑톈은 비행기 군수공장과 탄광 등이 있어 군사적 요지이기도 했다. 남만주 철도도 폭격의 표적이 되었다. 7일에 펑톈에서 격추된 B29는 나선형으로 급하강하다 추락했다. 탑승원 10명이 즉사하고 한 명만 겨우 목숨을 건졌다. 일본군은 그 기체에서 모터를 분리해 펑톈 시내 공원에 전시했는데 아직 숨이 붙어 있었던 그 한 명을 모터에 묶어 두고 죽을 때까지 구경거리가 되도록 방치했다.(밥 브라운Bob Brown 증언)

6.2 이유2. 노동력

• 펑톈에는 전투기 공장이 있었다. 일본군은 기술을 가진 부로들이 그곳에서 일하기를 기대했지만 모두가 완강히 거부했다. 실제 제네바조약에서도 적국의 전쟁 수행을 위해 부로에게 강제 노역시키는 것을 금지하고 있었다. 그럼에도 펑톈부로수용소 부로들 대부분이 만주공작기계(MKK) 부품 제조공정에 투입되었는데, 그들은 교묘한 수법으로 일상적인 사보타주(고의적인 태업)를 벌였다. 제대로 만든 부품을 몰래 찌부러트리거나, 공작기계 부품을 보수 작업 중인 콘크리트 바닥에 일부러 넣는 등의 저항이었다. 모두 독자적인 행동이었고 조직된 저항은 아니었다. 목숨을 건 행위임은 충분히 알고 있었지만 군인으로서 불굴의 투지를 표현하기 위해 또는 삶에 대한 의지를 잃지 않고 스스로를 고무시키기 위해 감행한 것이었다. 그러나 사보타주 행위가 발각된 이들 중심으로 미군 병사 부로 150명이 1944년 5월, 기후현(岐阜県) 가미오카(神岡) 아연 광산

(이타이이타이병으로 유명한 곳_역자) 에 보내진 것으로 추정된다.

6.3 이유3. 세균무기를 위한 인체실험

이 가설에 대해선 다음과 같은 상황 증거가 있다. 세균전에 깊이 관여했던 것으로 추정되는 일본군 군의가 통솔하는 의료시설 두 곳이 펑톈에 있었다. 즉, 이 두 곳을 염두에 두고 연합군 포로들을 펑톈으로 데려간 것은 아닌지 검토해볼 필요가 있다. 태평양전쟁 개전 후 일본은 구미의 백인과 적대 관계가 됨에 따라 비밀 무기로서 중요시했던 세균무기를 백인종을 대상으로 실험해볼 필요가 있었다. 백인종에 대한 세균무기의 위력뿐 아니라 백인종 특유의 면역은 없는지, 있다면 어떤 면역을 가지고 있는지 분석할 필요가 있었던 것이다.

• 펑톈에 있던 의료시설1, 만주의과대학

이곳은 이시이 시로에 이어 731부대 부대장을 맡았던 기타노 마사지(北野政次) 군의 소장이 2년 반 동안 세균학 교수로 근무했던 곳이다. 현재는 중국의과대학이 되었지만,[5] 과거 이 대학에서는 중국인을 생체해부 및 인체실험한 데이터를 바탕으로 다양한 의학연구가 진행된 것으로 추정된다. 실제 이곳에는 엄청난 수의 병리해부통지서가 보존되어 있다. 해부학교실 스즈키 나오키치(鈴木直吉) 교수의 지도 아래 뇌에 관한 연구가 활발히 진행됐으며 현재 남아 있는 뇌 박편 표본도 상당하다.[5] 생체해부와 인체실험의 가능성을 보여주는 한 예로, 1943년 일본 해부학잡지에 발표된 만주의과대학 소속 다케나카 요시카즈(竹中義一)[6] 의사의 「북부 중국인 대뇌 피질, 특히 측두엽의 세포 구성학적 연구」를 보면, "재료는 장년(壯年), 특히 정신병과 같은 병력이 없는 건강한 북부 중국인의 대뇌를 사용하였고 사후 몇 시간 안 된 것을 채취하였다"는 언급이 있다.[6]

---

5. 중국의과대학(中国医科大学)은 중국공산당에 의해 설립된 중국 최초의 의과대학이다. 중국의과대학의 모체는 1931년 11월 루이진(瑞金)에서 개교한 중국공농홍군군의학교와 중국농공홍군위생학교다. 1940년 9월 마오쩌둥의 제안으로 학교명을 중국의과대학으로 개칭하였다. 그런데 1948년 11월 교사를 선양(沈阳)으로 옮기면서 국립선양의학원과 랴오닝의학원을 흡수통합하였다. 바로 이 국립선양의학원의 전신이 일본 남만주철도주식회사가 건립한 만주의과대학이다. (중국의과대학 홈페이지 참조_http://www.cmu.edu.cn/xqzl/xxzc.htm)
6. 다케나카 요시카즈는 나라(奈良) 출신으로 만주의과대학을 졸업하였으며, 위에 언급된 「북부 중국인 대뇌 피질, 특히 측두엽의 세포 구성학적 연구」(北支那人大脳皮質, 特に側頭葉の細胞構成学的研究)로 1946년 4월 28일 만주의과대학에서 박사학위를 받았다. (『일본박사록』, 1956년, p.411)

• 평텐에 있던 의료시설2, 평텐육군병원

증언 1 : 1943년 초, 평텐육군병원에 입원했을 때 731부대에서 적리를 연구했던 미나토(湊)가 찾아왔다. 미나토는 미군 부로의 면역성에 관한 문제 연구차 평텐에 와 있다고 했다. 미나토는 각종 전염병에 대한 앵글로색슨 인종의 면역성을 연구하기 위해 731부대에서 연합군 포로수용소로 출장을 온 것이었다.(731부대 세균제조반 반장이었던 가라사와 도미오 군의 중좌가 하바롭스크 재판에서 남긴 증언)[7]

증언 2 : 당시 731부대 미나토반에서는 적리균이 세균무기로서 사용 가능한지 여부를 조사하고 있었다. 미나토 군의는 박테리아 균종을 가지고 평텐부로수용소를 번질나게 드나들었다. 731부대에서는 인간 모르모트에게 세균으로 오염시킨 음료를 마시게 한 후 증상을 확인하기 위해 해부를 했다.(731부대 미나토반 소속 시마다 조지(嶋田常次) 대원이 필자와의 전화 인터뷰에서 증언한 내용)

증언들을 살펴보면, 당시 군인과 의학자들은 항일군 간첩이나 포로라면 '인간 모르모트'로 인체실험을 하거나 생체해부를 해도 된다고 인식했음을 알 수 있다. 규슈대학에서 일어난 B29 탑승원 생체해부 사건도 이러한 사고방식 속에서 일어난 것이다. 만주 각지에 있던 육군병원과 동인회(同仁会)라 불린 의사 및 의료기관 네트워크는 이러한 의학을 통해 식민지 지배를 추진했다. 더욱이 당시 만주는 관동군이 모든 것을 지배하는 상황이었다. 그러한 관동군이 '귀축영미'(鬼畜英米)를 내걸고 적대시했던 연합군 포로를 우대할 이유는 없었다.

7. 평텐부로수용소에 온 731부대

1984년에 방영된 다큐멘터리 「Unit 731」을 제작하는 과정에서 모았던 포로 체험자의 증언과 영국군 장교였던 로버트 피티(Robert Peaty) 소좌의 일기에는 1943년 2월 "다수 사망자가 나온 원인을 조사하기 위해" 평텐부로수용소를 방문한 "하얀 옷을 입은 사람들"이 등장한다. 대다수 연구자들은 그들이 731부대 관계자였다고 추정해왔다. 이는 도쿄 재판에 참여한 영국 검찰단이 증거 문서로 압수해 영문 번역까지 했으나 끝내 공개하지 않았던 관동군 사령관 명령서 영역본이 1995년 런던 공문서관에서 발견됨에 따라 '사실'로 확인되었다. 문서를 발견한 이는 영국군 포로로 펑톈부로수용소에 있었던 아서 크리스티(Arthur Christie)였다. 그는 영국인으로는 유일하게 1995년 보스턴에서 개최된 ADBC 대회에 참여했는데, 당시 니혼TV 취재팀으로 참가했던 필자에게 다른 두 보고서와 함께 그 명령서 영역본을 제공해주었다.

이 명령서의 원본은 후에 게이오대학의 마쓰무라 다카오(松村高夫) 교수가 직접 확인하였다.[8] 사실 이 명령서 원본이 발견된 것은 1984년이었다. 당시 도쿄 간다(神田)의 헌책방에서 731부대 군의가 작성한 '파상풍균 인체실험 논문'과 마루타(중국인)를 말뚝에 묶어 실험한 내용을 담은 '독가스무기 실험 보고서'[9] 등과 함께 발견되었다. 이 자료를 발견한 것은 게이오대학의 대학원생이었는데, 그의 은사인 마쓰무라 교수의 지시로 종이상자 채 구매되어 현재까지 게이오대학 도서관에 보관되었다.

그 종이상자는 원래 이노우에 요시히로(井上義弘) 군의 소좌의 유품이었다. 이노우에는 전쟁 중 독가스전 전문가로 활동했으며 패전 후 제1복원성(第一復員省)[7]과 후생성을 거쳐 자위대 위생학교장까지 역임한 인물이다. 1969년 그가 사망한 후 가족들이 유품을 정리하는 과정에서 헌책방에 넘긴 것으로 보인다. 한편, 마쓰무라 교수는 이것이 미국 워싱턴 공문서관에서 반환된 자료 중 일부일 것이라고 주장한다. 미국이 일본에 반환한 극비문서들은 일본 방위성 내부에 분산 보관되었는데 그중 일부는 자위대 위생학교처럼 접근이 어려운 곳에 옮겨졌을 것이고, 이러한 자료를 이노우에가 직무상 특권으로 빌린 후 반납하지 않은 채 그대로 사망했다는 주장이다. 좀 더 과감하게 예측해 보면, 이노우에가 은폐를 목적으로 자택에 보관했을 수도 있다. 이노우에는 전쟁 가담자인 데다 일본 정부와 GHQ 사이의 공식적 창구 역할을 했던 제1복원국(第一復員局) 및 후생성 일원이었다. 때문에 패전 후 이루어진 전범 면책거래를 포함해 독가스전, 세균전부대와 관련된 모든 비밀을 알고 있었다. 면책되긴 했지만, 증거를 토대로 '인륜에 반하는 범죄'를 적용할 경우 극형에 처해질 수 있음 또한 잘 알고 있었다. 따라서 반환받은 자료 안에서 극비의 세균전부대 관련 문서를 골라 자택으로 옮겼을 가능성도 배제할 수 없다.

이 명령서는 구체적으로 1943년 2월 1일부로 관동군 총사령관 우메쓰 요시지로(梅

---

7. 복원성(復員省)은 전후 구 육해군의 복원 업무를 담당한 행정기관이다. 1945년 12월 육해군 양성을 폐지하고, 제1복원성과 제2복원성이 설치되었다. 제1복원성은 구 육군의, 제2복원성은 구 해군의 복원 업무와 잔무 정리를 담당했다. 1947년 6월 제1복원성, 제2복원성은 하나의 복원청(총재, 총재관방, 제1복원국, 제2복원국)으로 축소되었다. 10월에는 제1복원국을 후생성으로 옮겼고(후생성 제1복원국이 됨) 12월 말에 폐지됐다. (ブリタニカ国際大百科事典 小項目事典 참조)

津美治郎) 대장이 관동군 군의 부장 가지쓰카(梶塚) 중장에게 보낸 '관동군작전명령 병(丙) 98호'와 이 명령에 따라 관동군 군의 부장이 731부대(관동군방역급수부)에 보낸 지시서로 구성되어 있다.<6> 아서 크리스티가 1995년에 발견한 증거 서류 3113호는 도쿄 전범재판 당시 영국 검찰단이 이 명령서와 지시서를 구해 영어로 번역한 것이다.[10]

명령서와 지시서를 보면 영국군 포로였던 피티 군의 소좌의 주장대로 '사인에 대한 조사'를 목적으로 조사단을 파견한 것처럼 보인다. 하지만 '작전명령'인 것을 간과해서는 안 된다.

관동군총사령부 작전명령 병(丙) 제98호 : 극비 관동군 명령 2월 1일 13시 신징

① 관동군 보급감(補給監)은 그 예하 지휘 하 부대에서 다음 열거하는 인원을 조속히 펑톈 부로수용소로 파견하여 해당 수용소 소장의 지휘에 따를 것 : 군의 1명, 위생하사관 2명, 위생병 10명

② 펑톈부로수용소 소장은 전항 인원을 동원해 위생 근무를 강화함으로 조속히 부로의 체력 회복을 꾀할 것 : 전항 인원의 원래 소속 부대 복귀 시기는 별도로 명할 것임

③ **관동군방역급수부** 본부장은 대략 다음 인원을 신속히 펑톈부로수용소로 파견하여 해당 수용소 방역업무를 지원 및 지도할 것 : 장교 5명, 하사관 5명, 병사 약 10명

④ 상세 사항은 군의부장을 통해 지시 내릴 예정이니 다른 관계부장과 상호 협정할 것

- 관동군 총사령관 우메쓰(梅津) 대장

하달법 인쇄 교부(보감 **관동군방역급수부** 본부 펑톈부로수용소 補監關東軍防疫給水本部奉俘)

배포처 차장, 차관, 부내(1. 군의)

관동군총사령부 작전명령 병(丙) 제98호에 의거해 군 군의부장으로서 다음과 같이 지시함

① 펑톈부로수용소 방역은 부로의 균 검색에 중점을 두고 우선 현재 유행 중인 만성 설사 환자의 장관계(腸管系) 전염병에 대한 병원체 검색(적리균, 아메바성 적리 등)을 실시한 다음, 말라리아 원충을 비롯한 기타 필요한 검색을 실시할 것

② 세균 검색 실시를 위해 필요한 자재는 **관동군방역급수부** 본부에서 마련할 것임

③ 전항 세균 검색 가운데 거액의 경비가 필요한 것은 사전에 신청할 것

- 쇼와 18년(1943) 2월 1일 관동군 군의부장 가지쓰카(梶塚) 중장

한편, 당시 펑텐부로수용소에 수감되어 있었던 로버트 피티 영국군 군의 소좌는 다음 증언을 남겼다. "'하얀 옷을 입은 집단'이 나타난 이래 예방주사가 1년에 18번이나 투여되었다. 그 731부대로 추정되는 집단이 이후 두 번, 총 세 번의 방문이 이루어졌지만, 어느 부로수용소도 식사와 의료가 제대로 나아지지 않았다. 전염병으로부터 부로를 지키기 위해 예방주사를 투여했다는 설명은 아무리 생각해도 설득력이 없다. 회충이 있는 사람 수까지 검사하면서도 구충제 한번 주지 않았다. 게다가 한겨울에 사망한 포로들의 시신은 땅이 얼어 무덤을 팔 수 없었기에 '천연냉동고'인 오두막 안에 그냥 쌓아놓았다."

로버트 피티 영국군 군의 소좌의 일기(필자가 번역본에서 발췌 정리함)[11]

연도	날짜	내용
1943년	1월 25일	일본 군의단 장관에 의한 검진
	1월 30일	전원 티푸스·파라티푸스 A형 혼합 0.5cc 예방주사를 맞음(주사1)
	2월 5일	티푸스·파라티푸스 A형 혼합 1cc 예방주사(주사2)
	2월 13일	약 10명의 일본 군의와 20명의 하사관이 다수 사망자가 나온 원인을 조사하기 위해 도착. 백신 주사(주사3)
	2월 15일	미군 병사 2명이 병원에서 사망. 조사단의 일본인이 시신을 해부. 땅이 얼어서 당분간 무덤을 팔 수 없고 시신은 모두 조잡한 목판으로 만든 관에 넣어져 밖에 있는 천연냉동고에 보관
	2월 18일	의학 조사가 여전히 계속됨. 군의 중장에 의한 검진. 그들이 검진한다고 특별히 달라지는 것도 없기에 목적은 단순히 호기심 때문인 것으로 보임
	2월 20일	적리균 보균자와 설사에 시달리는 자를 찾아내기 위해 전원 테스트 받음
	2월 23일	사망자 142명의 장례식이 치러짐. 150일 간 186명 죽음. 모두 미국인
	2월 24일	의학 조사 종료. 조사 결과는 "보통이라면 생명에 지장이 없는 지극히 일반적인 설사와 영양실조이나, 비위생적인 환경, 의료품 부족이 원인이 되어 치명적인 증상을 일으킴"
	5월 6일	플레쳐Y주(フレッチャーY株)가 함유된 적리 예방주사액 0.5cc 접종(주사4)
	5월 13일	플레쳐Y주(フレッチャーY株)가 함유된 적리 예방주사액 1cc 접종(주사5)
	8월 29일	파상풍 1cc와 적리 예방주사(주사6)
	9월 10일	결핵 검사를 위해 전원 X레이 촬영
	10월 10일	콜레라 예방주사 0.5cc(주사7)
	10월 17일	콜레라 예방주사 1cc(주사8)

연도	날짜	내용
1944년	2월 6일	수용소 전원에게 백신 접종(주사9)
	2월 20일	티푸스·장티푸스 혼합 백신 0.5cc(주사10)
	2월 27일	티푸스·장티푸스 혼합 백신 1cc(주사11)
	4월 14일	검변 결과 여러 종류 회충이 있었던 사람 500명, 아메바성 적리 3명, 선모충 기생 10명. 약이 언제 도착할지 전혀 정보를 알려주지 않음
	4월 18일	일본 육군 군의단 군의총독 시찰
	4월 19일	일본군에 의한 의학 조사가 다시 시작됨
	5월 21일	적리 예방주사 0.5cc(주사12)
	5월 24일	설사 환자가 계속 늘어남
	5월 28일	적리 예방주사 1cc(주사13)
	6월 4일	일본군에 의한 3번째 의학 조사 시작
	6월 8일	설사 환자가 여전히 늘어남
	6월 13일	적리 예방주사 두 번째 1cc(주사14)
	8월 20일	티푸스·장티푸스 혼합 백신 1cc 접종(주사15)
1945년	1월 28일	전원 백신 접종(주사16)
	2월 27일	전원 파상풍 0.5cc 예방접종(주사17)
	3월 6일	모두 파상풍 1cc 예방주사(주사18)

* 피티 군의 소좌는 부로수용소에서 자신만 알아볼 수 있는 암호를 이용해 몰래 일기를 씀

시신은 날씨가 약간 풀렸을 무렵 "정교한 칼 놀림"으로 해부되었다고 한다. 두 명의 포로가 시신을 해부대에 올려놓는 작업을 도왔는데, 그중 한 명이었던 미군 포로 프랑크 제임스(Frank James)는 『펜트하우스』(Pant House, 1999년 5월호)[8]에 다음과 같이 증언했다.[12]

다리에 달린 명찰을 보고 시신을 찾아내 해부 준비를 하죠. 그들은 먼저 가슴을 절개합니다. 그러면 뱃속이 보이는데, 밝은 분홍색을 한 고드름이 위 안에 녹지 않은 채 달려 있습니다. 소장 안은 아직 언 상태였습니다. 그리곤 끌로 정수리 부분을 부수고 뇌를 노출시킨 다음 뇌 샘플을 채취합니다. 몸의 다른 부위도 여기저기 잘라내죠. 내장을 잘라내서 굴을 운반

---

8. 원문을 찾아본 결과 『펜트하우스』 2000년 5월호였다. 오기로 보인다.

할 때 쓰는 것과 비슷한 철사로 된 손잡이가 달린 상자 안에 집어넣습니다.(필자 번역)

작업을 함께 도와야 했던 또 한 명의 포로는 영국군 출신 샘 브룩스였다. 샘은 1985년 ITV 방송 취재에 응할 때까지 40년간 자신이 펑톈부로수용소에서 겪은 일을 아무한테도 이야기하지 않았다. 그는 길을 걷다가도 차 문 닫는 소리에 놀라 걸음을 멈출 만큼 트라우마를 가지고 있었다. 꽁꽁 언 시신과 반해동 상태의 시신을 해부대에 올려놨을 때 들렸던 소리가 떠오르기 때문이라고 했다. 한편 아서 크리스티는 일본군의 해부 방법에 대해 다음과 같은 증언을 남겼다. "그들은 오자마자 곧장 우리들 모두에게 주사를 놓고는 시체 해부를 시작했다. 장과 뇌, 페니스, 방광 등을 잘라내 따로따로 용기에 넣어 들고 갔다."

8. 3개의 보고서와 임시 방역대의 진정한 목적

관동군 명령서와 함께 발견된 도쿄 재판 영국 검찰단을 위해 번역된 증거 서류 3114호는 펑톈부로수용소에 관한 보고서 2개로 구성되었다.

8.1 첫 번째 보고서

첫 번째 보고서는 「펑톈부로수용소 월례보고서 제2호 초록」으로 1943년 2월 21일자 '임시 방역대 활동보고서'(Report of work situation of the temporal prevention epidemics squad)라는 부제가 붙었다.[12] 보고서 내용은 '관동군 총사령관 작전명령 병(丙) 98호'에 의해 편성된 관동군방역급수부 임시 방역대의 활동보고다. 영어로 번역된 문서를 다시 일본어로 바꾼 후 요약한 것을 여기 소개한다.

- 현황 : 2월 14일 펑톈 도착. 실무 개시 15일. 대장과 대원의 노력, 그리고 펑톈육군병원의 적극적인 지원 덕에 일은 원활하게 진행. 격리된 환자의 내장기관 병원체 검사는 19일에 종료. 이와 마찬가지로 설사 환자와 모든 포로 환자의 병원체에 대한 검사 진행

• 환자 증상 : 포로 총 1,305명 가운데 설사 환자는 247명(19일에 3번 이상 설사 증상이 있었던 자) 이 중 수용소 군의에 의해 격리 병동으로 옮겨진 자는 모두 124명

8.2 두 번째 보고서

두 번째 보고서는 'The Chief of Medical Section Mr. Nagayama'가 2월 17일에 작성한 '펑톈부로수용소에서의 이른바 영양실조 환자에 대한 임상적 현황에 대하여'라는 제목의 문서다. 필자는 이 'Mr. Nagayama'를 731부대 진료부의 나가야마 다로(永山太郎) 대좌라고 확신한다. 731부대 진료부는 부대원이나 그 가족이 병에 걸렸을 때 진료와 투약을 받을 수 있는 부서지만, 731부대원이었던 시노즈카 요시오(篠塚良雄) 씨 증언에 따르면 세균전 현장에서 균 검색, 병원균 특정, 병리해부 등을 시행하는 것이 보다 주된 업무였다고 한다. 두 번째 보고서의 대략적인 내용을 요약하고 중요하다고 생각되는 부분은 밑줄로 표시했다.

• 바탄반도와 코레히도르섬에서 일본군 맹공격을 받아 항복한 영미군 장병은 절망적인 싸움과 식량 부족, 역병 등에 시달려 극도로 소모된 상태였다. 어떤 목적을 위해 1,485명이 펑톈부로수용소에 수용되었다.
• 현재 본 부대에서 치료를 받고 있는 자는 160명이며 펑톈육군병원에 수용된 전염병 환자(주로 A형 파라티푸스)는 8명이다. 건강하고 일상적으로 노동에 종사할 수 있는 자는 300명에 불과하다.
• 수용소 소장과 부하의 안내로 필자(Mr. Nagayama)는 도무라(戸村) 대장과 함께 진료소 상황을 시찰했다. 본 부대의 구와시마(桑島) 군의 중위와 오키(大気) 군의 소위, 그리고 고바야시(小林) 군의 소좌도 동행하였다. 연구를 위해 먼저 와 있던 사람들도 함께 참여했다.(이하 임상소견은 생략)

과연 보고서의 '어떤 목적'이란 무엇이었을까? 한편, 펑톈육군병원에 입원한 후 그대로 사망한 미군 포로 6명에 대해서는 그 이름이 밝혀졌다. 미군 사망자 명부에 기록된 그 6명의 사인은 적리와 장염뿐이며 파라티푸스로 사망한 사람은 없었다. 게다가 피티 일기에 의하면 포로들은 731부대가 오기 전인 1월 30일, 전원 티푸스 · 파라티푸

스 A형 예방접종을 받았다.

또한 펑텐부로수용소에서는 매달 한 사람당 50cc의 채혈이 실시되고 있었다. 적게 잡아 1,000명이라고 해도 5만cc나 되는 대량의 혈액을 도대체 무엇에 사용했을까? 전화 인터뷰한 731부대 미나토반 소속이었던 시마다 조지는 "펑텐부로수용소를 번질나게 드나들던 미나토 군의"가 미군이나 영국군 포로의 혈액을 채취했음을 인정했다. 더불어 "펑텐에는 풍선 폭탄 공장이 있었을 겁니다. 풍선 폭탄에는 콜레라와 장티푸스를 사용했습니다. 콜레라반은 연구를 위해 늘 혈액이 필요했습니다"라고 말해주었다.

당시 수용소 내에 마련된 '이름뿐인 병원'에서 일하던 아서 크리스티의 증언에 따르면 이 '하얀 옷을 입은 집단'은 병원에 있는 환자로부터도 혈액을 채취했지만 투약이나 치료행위는 하지 않았다고 한다. 그리고 가망 없는 중환자를 수용했던 '제로 병동'에 와서 미국인 포로 6명을 골라낸 다음 펑텐육군병원으로 데리고 갔다고 한다. '연구를 위해 먼저 와 있던 사람들'이 펑텐육군병원을 거점으로 일상적으로 '백인 포로'에 대한 '연구'를 진행한 것은 여러 증언으로 밝혀진 사실이다. 731부대 미나토반 소속 시마다 조지가 이야기한 것처럼 실험을 위해 부로들을 고의로 '적리에 감염시킨' 것이라면 펑텐육군병원과 만주의과대학이 있는 이곳에 굳이 멀리서 731부대를 파견한 이유와 그들이 시신을 해부한 이유, 병원균을 특정했는데도 아무런 치료행위나 투약도 하지 않은 이유가 다 설명된다.

8.3 세 번째 보고서

세 번째 보고서는 도쿄 재판에서 영국 검찰단을 위해 번역된 증거 서류 3112호이다. 보고서 제목은 '도쿄부로수용소 월례보고서 1943년 5월'이라고 되어 있다. 오래된 영문 문서로 글씨가 옅어져 내용을 정확히 파악하기는 어렵지만 육군군의학교가 본소(本所)[7]와 제1분소,[8] 제2분소,[9] 제5분소[10] 부로 보균자를 대상으로 검사를 실시한 결과, 아메바성 적리와 일반 적리, 파라티푸스 B형, 디프테리아, 말라리아 등의 감염자가 발견되었다는 내용이다.(정확한 수는 해석하지 못함) 그리고 다음 보고가 이어진다. "이러한 감염증에 걸린 부로는 즉각 격리하고 엄격한 예방 조치를 취했다. 더불어 감염된 부로의 증상을 체크하고 전염병 전파를 방지하려 했다. 하지만 전염성 질병의 보균자를 모든 수용소에서 격리하는 것은 의무관의 부담이 늘어날 뿐 아니라 예방시설과 건물, 설비 등이 불충분하기에 제대로 실행하기가 쉽지 않았다. 결국 충분한 예방 조치를 위해서는 전염병 보균자를 한곳에 모아 놓는 것이 최선이라는 결론에 이르렀다."

여기에 나오는 '육군군의학교'는 이시이 시로가 이끄는 '방역연구실'을 의미하는 것이 거의 확실하다. 그리고 도쿄 재판에서 이러한 문서를 증거로 정리했다는 자체가 세균부대가 감염증을 앓는 포로를 대상으로 어떤 일을 했는지, '군사의학범죄'를 저지른 것은 아닌지에 대해 당시 영국 검찰단이 상당한 의혹을 가지고 있었음을 의미한다.

• 이와 관련해 밥 필리프의 증언이 있다. 민다나오섬에서 포로가 되어 1942년 11월에 가와사키부로수용소(분소에 대한 상세한 정보는 불명)로 이송된 밥 필리프는 1943년 2월에 적리와 결핵에 걸려 작업을 하지 못할 정도로 쇠약해지자 제2도쿄육군병원<11>으로 이송되었다. 병원에는 영국과 미국, 스코틀랜드 출신의 부로 중환자들이 있었는데 밥은 다른 환자들로부터 격리되었다고 한다. 이곳에서 밥은 병원 쓰레기를 소각하는 작업을 했는데 쓰레기 안에 사람 신체 일부가 섞여 있었다고 증언했다. 그것은 해부된 사람의 팔다리와 같은 것이었으며 성별 등은 알 수 없었지만 수술실에서 나온 듯한 피로 더러워진 천이 같이 들어있었다고 한다.

밥은 6개월 후 시나가와부로병원으로 옮겨졌는데, 이곳에선 환자들의 식사가 반으로 줄어 일상적으로 사망자가 나왔다고 증언했다. 의료 면에서도 결코 만족할 만한 조치가 취해지지 않았으나, 전염병 환자는 격리시켜 전염을 방지하려는 것 같았다고 한다.

9. 인체실험이 의심되는 체험

• 하먼 카스티요 군조의 경우, 731부대로 추정되는 하얀 옷을 입은 집단 중 한 명이 ① 입안에 정체를 알 수 없는 무언가를 뿌리고 ② 깃털을 코앞에서 위아래로 움직인 다음 ③ 주사기로 무언가를 입안에 넣고 ④ 항문에도 유리봉을 넣었으며 ⑤ 마지막으로 하얀 액체를 주사했다고 한다. 이때 "너는 영원한 보균자가 됐다"는 말을 들었으며, 그리고 나서 철사로 된 우리에 2주 정도 동물처럼 갇혔다고 한다. 갇혀 있는 동안 발열과 오한, 구토 증상 등에 시달리고 설사로 바지가 더러워졌지만 우리에서 나가게 해주지 않았으며, 하얀 옷을 입은 일본인이 3번 정도 와서 주사만 놓고 한마디도 안 한 채

왔다가 갈 뿐이었다고 한다.

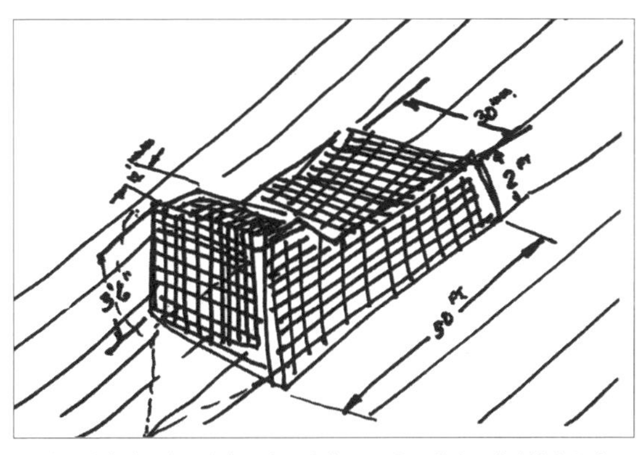
[그림1] 하먼·카스티요 씨가 그려준 펑텐부로수용소에서 그가 갇혔던 우리

카스티요 씨와는 1995년 미국 디트로이트에서 인터뷰를 했는데 시력이 매우 안 좋아 알이 두꺼운 안경을 쓰고 있었으며 하얀 맹인용 지팡이를 들고 있었다. 만주공작기계(MKK)에 동원되어 보호안경 없이 용접 일을 하다 시력을 거의 잃은 것이다. 그럼에도 카스티요 씨는 얼굴이 테이블에 닿을 정도로 상체를 구부려서는 종이에 자신이 갇혔던 우리를 치수까지 적어 그려주었다. 카스티요 씨는 공작기계 설계와 관련된 특허를 여러 개 보유하고 있었다. 카스티요 씨 이야기를 들으며 일본군 포로가 되어 시력을 잃지 않았다면 충분히 그 재능을 발휘할 수 있었을 텐데 하는 안타까움이 일었다. 카스티요 씨는 몇 년 전 돌아가셨는데 아들에게 자신이 죽은 다음에 읽으라며 포로 시절에 썼던 일기를 남겼다고 한다. 그 이야기를 듣고 필자는 우리에 갇힌 굴욕적 체험을 이야기하며 "설사로 더러워진 바지" 부분에서 차마 말을 잇지 못하고 머뭇거리던 그의 서러운 표정이 떠올랐다.

• 펑텐부로수용소와 관련된 다음 증언도 결코 간과할 수 없다.

* 비타민 부족 해소라며 배급받은 오렌지를 기뻐하며 먹은 후 수용소에 있던 부로의 절반 이상이 적리에 걸렸다. 그 감염된 부로 중 9명을 뽑아 막사로 데려가서는 예방주사라고 설명하고 말의 오줌으로 보이는 노란 액체를 주입했다.
* 새로운 건물로 이송되고 얼마 지나지 않아 대량의 벼룩이 발생해 치약을 뿌려 퇴치했다.
* 한겨울 겨드랑이 밑에 주사를 맞은 다음 상의를 벗고 추위로 실신할 때까지 달려야 했다.

설령 펑텐부로수용소에서 운 좋게 살아남았다 하더라도 건강이 완전히 회복되지 않는 경우도 많았고 원인 모를 주기적 발열 등으로 입원하기도 했다. 의사로부터 불임 진단을 받은 경우도 적지 않았다.

200곳에 달하는 일본군 부로수용소 가운데 어째서 그들만 유독 많은 횟수의 '예방주사'를 맞았는지, 도대체 무엇을 투여받은 것인지 모두가 궁금해한다. 주치의에게 당시 데이터를 보여줄 수만 있다면 더 적절한 진료를 받을 수 있다고 생각하기 때문이다.

10. 731부대 사진 발견

2007년, 필자는 일본군이 실시한 인체실험과 생체해부를 비롯한 '군의학 범죄'라는 주제로 시카고대학에서 박사 논문을 쓰던 수지 왕(Suzy Wang, 대만) 씨와 함께 '15년전쟁과 일본의 의학의료연구회' 회원이신 스에나가 게이코(末永惠子) 씨를 만나러 미야기현 센다이(宮城県仙台)로 향했다. 그때 스에나가 씨는 헌책방에서 발견했다며 『순국의 군의 대위』[13]라는 책을 선물해주셨다. 이 책은 펑텐부로수용소 관계자로 전범 심판을 받은 자 가운데 유일하게 사형된 구와시마 조이치(桑島恕一) 대위의 사촌이자 안과학 교수로 도호쿠대학에서 교편을 잡았던 구와시마 지사부로(桑島治三郎)가 1974년에 출판한 것이다. 지사부로는 수필가로 전쟁 전부터 의사들이 애독하던 잡지 『의사신보』(医事新報)에 에세이를 자주 투고하곤 했다. 1968년 8월 24일호에 '순국의 군의 대위'라는 제목으로 사촌인 구와시마 조이치에 관한 추모 에세이를 투고하였는데 관계자들 사이에서 큰 반향을 불러일으켰다. 지사부로는 5년 후 새로 알게 된 사실과 펑텐에서 조이치와 함께 있었던 사람들의 증언 등을 바탕으로 '속(續) 순국의 군의 대위'를 다시 『의사신보』에 투고했다. 이듬해인 1974년에는 이 두 편의 에세이와 『의사신보』에 투고한 다른 에세이들을 합쳐 책으로 출판했는데 그것이 바로 『순국의 군의 대위』이다.

이 책에는 조이치 사진첩에 있었다는 펑텐부로수용소의 부로나 동료들과 찍은 사진, 그리고 펑텐육군병원의 군의들을 찍은 사진 등이 담겼는데, 필자는 처음 이 사진들을 보고 눈을 뗄 수 없었다. 또한 1947년 2월 상하이에서 구와시마 조이치가 교수형에 처해진 후 유가족들에게 보내진 그의 옥중일기나 오키 요시로(大木壽郎) 군의의 편지(오키는 부로들의 증언에 여러 번 등장하는 인물로 부로들로부터 존경과 사랑을 받았음), 조이치의 밑에서 일했던 위생병이 쓴 '순국의 군의 대위에 대하여'라는 제목의 수기 등이 인용되어 매우 흥미로웠다. 아울러 조이치에게 남동생 두 명이 있었다는 것도 책을 통해

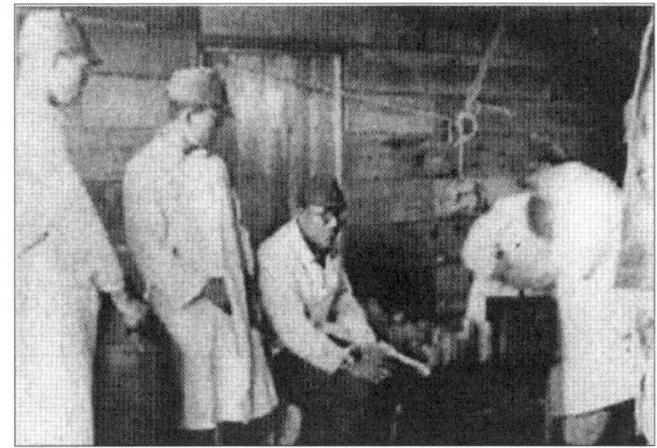

[사진2] 펑톈부로수용소에 온 731부대 임시 검색반(구와시마 씨 댁 앨범에서 가져옴)

처음 알았다. 지바현에 있는 둘째 남동생은 2006년에 사망했다고 한다. 야마가타현에 사는 또 한 명의 동생과는 연락이 닿았지만 아직 만나지 못했다.

책을 읽고 필자는 이 책에 언급된 인물들을 찾아 나섰다. 너무나 긴 세월이 지났기에 등장인물 가운데 과연 몇 분이나 살아 있을지 걱정이 앞섰다. 우선 센다이의사회에 연락해 지사부로 선생 소재를 찾아낸 필자는 모든 일을 은퇴하고 92세라는 고령으로 병상에 누워 계신 선생을 자택에서 만날 수 있었다.

제2차 세계대전이 끝난 후 태어난 지사부로 선생의 아가씨가 산더미 같은 자료 안에서 발견한 앨범을 보여주었다. '만주 731부대(방역급수부) 임시 검색반을 맞이하여'라는 문구가 붙은 페이지에 있는 10장 정도 사진을 보고 필자는 놀라움을 금치 못했다. 이 사진이야말로 명령서와 함께 731부대가 펑톈부로수용소에서 '균 검색 작업'을 했다는 확고한 증거였기 때문이다.

펑톈부로수용소 구성원들의 생활이 엿보이는 사진이나 펑톈육군병원의 군의들이 찍힌 사진들도 매우 흥미로웠다. 나중에 오키 군의의 편지와 나메카타가 씨가 쓴 수기 복사본도 받았다. 아울러 위생병이었던 나메카타 씨도 생존해 있다는 소식을 듣고 센다이 자택을 방문하기로 했다. 나메카타 씨와의 인터뷰를 통해 펑톈부로수용소가 만들어졌을 당시 상황이나 구와시마 조이치 전범재판의 실태 등을 알게 되었다. 이렇게 확보한 자료를 통해 그때까지 포로였던 사람들의 증언만으로 구성했던 펑톈부로수용소에 대한 필자의 이미지는 크게 바뀌었다. 여기에 펑톈부로수용소의 실상을 알 수 있는 내용 일부를 소개한다.

10.1 오키 요시로 군의의 편지

저는 1941년에 군의 예비원으로서 소집 영장을 받아 진현(錦县, 랴오닝성 서남부에 위치한 도시) 육군병원 산하의 병참병원에서 근무하게 되었습니다. 병참병원에서 근무하던 1943년 2월 10일, 관동군으로부터 업무 지원을 위해 펑톈부로수용소에 가도록 파견 명령을 받은 저는 그때 처음으로 그 고결하고 온화한 구와시마 대위님을 만나게 되었고 짧은 기간이긴 했지만 구와시마 대위님 밑에서 함께 일하게 되었습니다.

당시 펑톈부로수용소는 선생님이 쓰신 글에도 나와 있듯이 비참하기 짝이 없는 열악한 상황이었으며 수용자 대부분이 영양실조와 말라리아, 아메바성 적리를 앓고 있었습니다. 마치 고목이 쓰러지듯이 매일 사망자가 나왔습니다.

수용소에는 이름뿐인 의무실만 있었고 병영(兵營)이 거의 병동(病棟)과도 같은 상황이었습니다. 구와시마 대위님이 질병별로 격리 병동을 만들고 펑톈육군병원에서 인솔해 온 위생하사관 2명과 위생병 여러 명, 그리고 미국 군의 3명, 호주 군의 1명, 부로 위생병 30~40명을 지휘하여 이 어려운 사업을 해결하고자 나섰던 것입니다.

약품이나 위생 재료는 대위님이 힘써주신 덕분에 펑톈육군병원에서 보급 받을 수 있었던 것으로 기억합니다. 아울러 외과적 치료와 입원이 필요한 환자를 펑톈육군병원에 입원시키는 등 지극히 인도적인 입장에서 친절한 조치를 취하셨기에 대위님은 부로들에게 헌신적 노력을 기울여주신 생명의 은인이라 할 수 있으며, 감사받을 일은 있어도 증오를 살 만한 이유는 단 하나도 없었다고 저는 믿습니다.

당시는 부로에 대한 일반인의 비난이 심하게 가해졌던 시기였습니다. 따라서 이러한 인도적 조치를 취하는 것도 상당한 용기가 필요했다는 것은 말할 것도 없습니다. 저로서는 정말 머리가 절로 숙여지는 심정이었습니다. 펑톈에서 근무하게 된 지 얼마 지나지 않아 하얼빈의 이시이부대에서 방역급수부가 방역 지원을 위해 파견되어 방역과 세균검사 등을 실시하였는데 이 또한 구와시마 대위님의 배려에 의한 조치였다고 생각합니다.

이러한 대규모 방역이 효과가 있어 극성을 부리던 역병도 점차 줄어들기 시작했습니다. 인명을 살리는 데 성공하여 건강이 회복된 자도 점차 늘어났기에 1943년 4월 30일부로 저는 원래 있던 부대로 복귀하게 되었습니다.

그 후 저는 구와시마 대위님 후임으로 수용소 전속 군의로 명령받아 1944년 11월부터 종전 때까지 펑톈에서 근무하게 되었습니다. 새로 개장된 부로수용소는 일본에서 가장 뛰어난 시설이었으며 이 또한 구와시마 대위님 노고의 산물이었다고 생각합니다. 병상 수도 약 100개 정도였으며 소규모 병원 체제를 갖춘 시설이었습니다.

사진이나 보고서만 봤을 때 구와시마와 오키는 731부대에서 파견된 '하얀 옷을 입은 집단'과 함께 일했던 것으로 추정된다. 군의였던 만큼 731부대의 숨겨진 임무에 대해 몰랐을 리가 없을 텐데 펑톈에서의 임무를 '방역'과 '세균검사'로 인식하고 이 덕에 "극성을 부리던 역병도 점차 줄어들기 시작했다"고 이해하고 있었다. 그러나 '치료'나 '투약' 같은 용어는 사용하지 않았다.

10.2 위생병 나메카타 다케지의 수기

평톈육군병원에 근무하던 1942년 9월, 갑작스럽게 임시 부로수용소로 전근 명령을 받았다. 자재는 아무것도 없었고 소장에 임명된 마쓰야마 히데토모(松山季友) 육군 대좌는 패닉 상태에 빠져 회계 담당자인 후쿠시마(福島) 소위를 심하게 대해 권총자살로 내몰아 죽음에 이르게 했다. 그는 명함 뒷면에 "임무를 수행하지 못해 자결해서 사죄한다"는 유서를 남겼다.

1942년 12월 말, 그때까지 근무했던 군의 중위와 교대로 구와시마 조이치 군의 중위가 배속되었다. 위생군조 이하 위생병 8명의 응원 근무자도 와주어 마음이 든든했다.

이 시기를 전후해 북대영(北大営) 부로수용 가설병영을 다른 곳으로 옮기는 계획이 추진되었다. 옛 펑톈성 밖 동쪽으로 약 4km 떨어진 지점에 병영 신축이 결정되었다. 특히 의무실은 육군 병영으로는 유례없이 병원 시설에 버금가는 수준으로 만들 계획이었다. 구와시마 군의 대위도 이에 전력을 기울였다.

구와시마 군의가 신징의 우메쓰 관동군 사령관과 직접 논의해 의무실의 3등병원 승격을 성사시켰다. 적리 유행도 진정 국면으로 접어들어 살아남은 부로들은 일본군 기준을 넘는 4,000 칼로리의 급식을 받아 체력을 회복했다.

11. 『순국의 군의 대위』

[사진3] 구와시마 지사부로 수필집 『순국의 군의 대위』 표지

많은 포로가 구와시마 군의를 '잔인한 인간'으로 기억하고 있다. 마취 없이 충수염 수술을 하거나 난폭하게 수술하는 모습을 목격한 사람도 있다. 몸 상태가 안 좋아 그날 노동을 쉴 수 있게 허가 받으려 해도 항상 'Go Back!'이라고 소리치며 상대해주지 않았기에 '미스터 고-백'이라는 별명이 붙을 정도였다.

하지만 부로들로부터 '불'(Bull)이라 불렸던 소위처럼 평소 폭력을 휘두르는 사람은 아니었으리라 생각된다. 구와시마를 보면 군의로서 사명감이 넘치고 진취적인 나머지 때로는 격정적인 청년의 모습이 떠오른다. 봉건적인 야마가타(山形 일본 동북지방 남서부 현)에서 태어나 당시 일본 군국주의 교육을 받은 구와시마는 자신의 행동에 대해 아무런 거리낌이 없었을 것이다.

당시 상황에 대해 증언을 한 사람들은 모두 부로수용소가 신축 이전될 당시 구와시마의 활약을 얘기했다. 즉, 그가 의무실을 병참 병원급 시설로 정비하고 군의와 위생병 증원을 신징에 있는 관동군 군사령관 우메쓰 대장에게 직소한 결과 다른 부로수용소와 비교해 훨씬 좋은 의무실이 완성되었다는 것이다.

수용소에서 252명이라는 사망자가 발생한 책임을 누가 질지 결정하는 것은 결코 쉬운 일이 아니다. 결과적으로는 전쟁이 끝난 후 상하이에서 열린 미군 전범 법정에서 펑톈부로수용소 관계자 중 3명이 심판을 받았다. 마쓰다 모토하루(松田元治) 소장(대좌)은 징역 7년, 미키 도게루(三木遂) 부로 감시장교(중위)는 징역 25년을 받았고, 당시 30세였던 구와시마 조이치 대위는 가장 중한 사형 판결을 받았다.

구와시마의 행적을 복기해 보면, 사망자가 매일같이 발생하던 1942년 12월 그는 펑톈육군병원장의 펑톈부로수용소 시찰에 동행하게 된다. 차마 눈 뜨고 볼 수 없는 참상에 놀란 병원장 사이토 군의 대좌는 당시 중위였던 구와시마 군의에게 펑텐부로수용소 근무를 명령했다. 이에 따라 구와시마는 2년 동안 펑텐부로수용소에서 근무하고 1944년 12월에 대위로 승진한 후 베이징으로 자리를 옮겼다. 때문에 종전 시 펑텐에 있었던 오키 군의나 나메카타 위생병을 비롯한 수용소 근무자들처럼 소련군에 의해 무장해제되거나 시베리아로 억류되지도 않았다. 1945년 12월 29일경 무사히 고향으로 돌아온 구와시마는 한 살 넘은 아들과 처음으로 상봉했다. 1946년부터는 야마가타현 나가이시(長井市)에서 삼촌이 운영하던 안과의원 일을 도왔다.

하지만 1946년 5월 상황은 급변했다. 5월 8일 구와시마는 전범 용의자로 체포되었고, 6월 10일에는 스가모(巣鴨) 구치소에서 상하이 감옥으로 이송되었다. 구와시마는 6월 25일부터 3일간 총 3번의 조사를 받았다. 『순국의 군의 대위』를 쓴 지사부로는 이 조사에 대해 "전승국이 '부로 학대'를 기정사실화한 상태에서 증인이 그 증거를 확인해주기만 하면 '전범'이 되는 상황이었다"고 주장한다. 결국 구와시마 군의 대위는 사형 선고를 받았는데, 지사부로가 인용하는 구와시마 옥중일기와 미키 부로감시장교가 전쟁이 끝난 후 쓴 수기[14]를 종합해보면 그가 사형을 받게 된 결정적인 이유는 법정에서 나온 미군 포로의 증언 때문인 것으로 보인다. 마쓰다 소장과의 합동 재판이었기 때문인지, 구와시마에게 도움이 될만한, 환자였던 포로들의 구체적인 증상이나 치료 조치 등 의학적인 내용은 아예 언급되지 않았다. 제1회 공판에서 증인대에 선 미군 최고 선임장교 헌킹 중좌는 '바탄 죽음의 행진', 필리핀에서 펑텐까지의 이송, 그리고 이송 도중과 이송 후에 이루어진 열악한 급식과 학대, 환자 방치 등 다수의 사망자가 발생한 원인에 대해, 구와시마 군의와는 직접 관련이 없거나 그가 알 수도 없는 내용까지 열거해 이틀 동안 증언했다.

그리고 3일째 되는 날에는 갸그네트 하사관이 시각 장애인처럼 검은 안경을 끼고 아내 손에 이끌려 증언대에 섰다. 그는 "아무런 죄가 없는데도 불구하고 구와시마가 자신을 의자에 묶어 놓고 밤새 고문했다. 수용소의 열악한 식량 사정으로 영양실조까지 겹쳐 실명이나 마찬가지인 상태가 되었다"고 진술했다. 이 증언은 사진과 함께 당시 영자(英字) 신문에 크게 보도되었다. 하지만 갸그네트 하사관의 시력 장애는 그가 만주공작기계의 공업용 알코올을 마셔 생긴 것이었다. 구와시마의 옥중일기에는 "이 하사관은 메탄올을 훔쳐 마셔서 취했을 뿐 아니라 알코올 중독에 의한 급성뇌증까지 발생해 위세척 등 응급조치를 취해야 했다. 어떻게든 목숨을 건졌지만 시력장애가 남았다", "물

[사진4] 2007년 5월 중국 선양에서 재회한 미군 포로 9명. 오른쪽에서 두 번째가 할 리스 씨

은 뿌린 게 아니라 마시게 한 것이다"라고 쓰여 있었다.

공판 4일째부터 이틀간은 검사 측 증인을 미국인 변호사가 심문하는 형태로 이루어졌는데 이번 심문 역시 바탄섬에서 펑텐에 이르기까지 포로들이 겪은 고난을 되짚는 데 그쳤다. 일기에 따르면 재판 6일째와 7일째에는 마쓰다 소장이 증언대에 섰다. 이에 대해 구와시마는 일기에서 "진실을 명확하게 답변하셨다.…하지만 나는 증언대에 서는 것조차 허용되지 않았다. 이렇게 되면 유죄를 인정한 것이나 다름없다. 방법이 없다"며 포기한 듯한 모습을 보였다. 8일째 진행된 합동 재판은 일본인 변호인인 육군 대좌가 논변할 수 있는 유일한 기회였다. 하지만 구와시마 일기에는 이 날에 대해 아무 언급도 없다. 결국 마지막까지 구와시마 군의 대위가 공판 증인대에서 항변할 수 있는 기회는 단 한 번도 주어지지 않은 것이다. 1947년 2월 1일 상하이에서 구와시마에 대한 사형이 집행되었다.

12. 구와시마 군의 대위가 사형된 이유

2007년, 펑텐부로수용소에 대해 오랫동안 품고 있던 의문들이 풀렸다. 필자의 의문은, 펑텐부로수용소에서 근무했던 직원의 대부분이 소련에 억류된 반면, ① 마쓰다 소장과 미키 부로감시장교는 어째서 미군 상하이 법정에서 심판을 받게 되었는가 ② 왜 구와시마 군의 대위만 사형을 받은 것인가, 두 가지였다.

첫째 의문은 미군 포로들을 직접 인터뷰하며 실마리를 찾을 수 있었다. 전쟁이 끝나면 복수 당할지도 모른다는 생각에 신변의 위험을 느껴 도망간 '불'(Bull)이라는 별명의 일본군 소위처럼 마쓰다도 소련군이 펑텐에 도달하기 전에 도주한 것이라는 증언이 나왔다.

2007년 5월, 펑텐부로수용소 옛터를 박물관과 공원으로 만드는 계획이 진행 중이던 선양에서, 62년 만에 미군 부로였던 이들과 그 가족 및 관계자로 구성된 전우회(reunion) 모임이 개최되었다. 미국과 중국의 중개 역할을 맡아 전우회 개최를 기획한 재미(在美) 화교 그룹 그리고 포로였던 이들과도 친분이 있던 필자는 미군 포로 그룹의 일원으로 이 모임에 참여하였다. 이때 필자는 1945년 8월 16일에 포로 구출이라는 사명을 가지고 B24기에서 낙하산 강하해 펑텐에 도착한 OSS(Office of Strategic Service) 카디널 미션팀의 대장이었던 할 리스(Hal Leith) 씨를 인터뷰할 수 있었다. 할 리스 대장은 군 경력보다는 러시아어와 중국어를 자유자재로 구사하는 언어 능력을 인정받아 업무에 발탁된 인물이었다.

1945년 8월 18일, 할 리스는 웨인라이트 장군을 비롯한 연합군 고급 장교를 구출하기 위해 쓰핑성(四平省, 과거 만주국에 존재했던 성) 시안(西安)으로 향했다. 시안은 펑텐에서 북동 방향으로 240㎞ 떨어져 있었다. 그 무렵 부로수용소에 있던 일본군은 펑텐에 도착한 소련군에 의해 무장 해제되어 이미 시베리아로 끌려간 상태였다. 이후 정보 수집 업무를 맡아 펑텐에 남게 된 할 리스는 만주공작기계 부로담당 직원으로 일본계 2세인 가이 요시오(甲斐義雄)를 부하로 고용했다. 가이는 부로들로부터 누구보다도 친절한 일본인으로 기억되던 인물이었다. 펑텐에서 전염성 설사로 큰딸을 잃었던 가이는 천식이 있는 6살 아들을 걱정해 긴 여정이 필요한 미국으로의 귀국을 포기하고 펑텐에 머물고 있었다.[9] 바로 그가 어느 날 펑텐 시내에 숨어 있었던 마쓰다를 발견해 리스에게 신고를 했고, 때문에 마쓰다는 상하이로 이송되어 미군이 주도한 전범 재판을 받게 된 것이었다. 상하이에 도착한 마쓰다는 "혼자 힘으로는 걸음을 걸을 수도 없을 정도로 쇠약해진 상태였다"고 한다.

두 번째 의문은 왜 구와시마만 사형에 처해졌냐는 것이다. 필자는 이것이 '세균전 인체실험'과 깊게 연관된 문제라고 생각한다. 즉, 세균전부대 관계자들의 증거를 완전히 은폐하고 면책해주는 대신 데이터 독점을 결정한 미국이 희생양이 되어 줄 사람이 필요했던 데다 비밀유지를 위해 구와시마를 제거한 것은 아닐까?[10] 이러한 의문에 대한

---

9. 이 가이 요시오에 대해 짧게나마 나온 글은 필자인 후유코가 쓴 몇 편밖에 없다. 그 글에서 일본계 "2세"라고 표현하고 있는 점, 만주공작기계에서 "외국인"인 부로들을 담당했다고 하는 점, 미국으로 "귀국"하려 했다고 하는 점, 할 리스가 일본군을 체포하는 것을 도와줬다고 하는 점 등을 미루어 보면 영어가 가능한 인물이었고, 또한 그것을 넘어 미국에 어떤 연고가 있었던 것으로 추정된다. 필자인 후유코는 2003년 가이의 아들 부부를 만났는데 당시에 96세의 가이가 캘리포니아에서 건강하게 살고 있다는 얘기를 들었다고 한다. (2004년 12월 17일자 'Us-Japan Dialogue on POWs' 사이트 기사 참조_http://www.us-japandialogueonpows.org/news-J.htm)

10. 원문이 워낙 난해해 독자들이 글을 이해하기 어려울 듯하여 부족하나마 역자가 이해한 바를 덧붙인다. 이 글의 필자는 731

명확한 답은 아직 얻지 못했지만 구와시마를 추적하며 '전범 재판의 모순점', 즉 '승자가 패자를 심판'하는 것에 가려진 부당함을 구체적으로 실감할 수 있었다.

파시즘에 지배되어 '인도'와 '인명 존중'이라는 인식이 눈곱만큼도 없었던 일본 제국군 안에서는 자각 없는 '범죄'가 횡행했다. 자신의 생명조차 지배되어 폭력에 의해 인간이 예속되는 구조에서 '명령'에 조건반사적으로 따랐던 그들은 '전범 법정'에서 '유죄' 선고를 받아도 그 죄를 자각하지 못했다. 재판 과정에서 받았을지도 모르는 학대도 '자신의 소행'에 따른 '인과응보'라는 것조차 자각하지 못했다. 이에 더해 '승자의 정의'라며 전범 재판 자체를 의문시하는 움직임은 '일본의 제국주의'나 '파시즘', '천황 숭배와 그 강요'에 대한 반성과 자각이 없기에 일어나는 현상이라고 할 수 있다. 필자도 지금까지 그렇게 생각해왔다. 하지만 이번에 구와시마 재판에 대해 알아보면서 어쩌면 구와시마는 '감당할 수 없는 책임'을 일본군과 미군 양쪽에서 강요받은 '희생자'일지도 모른다는 생각이 들었다. 적어도 공개된 자료와 증언만 봤을 때 '세균전의 비밀'과 구와시마는 아무런 관계가 없었을 것 같다는 쪽으로 마음이 기운다.

필자 주

〈1〉 TV South는 다큐멘터리가 방영되고 몇 년 후 방송이 종료되었다. 이 다큐멘터리는 현재 '도호쿠신사'(東北新社)의 소유가 되었다.

〈2〉 BBC의 종교와 윤리 등을 주제로 한 다큐멘터리 프로그램인 Everyman에서 방영된 「The Darkness of God」은 미국인인 짐 개리슨(Jim Garrison)이 캠브리지대학 신학부 박사 논문으로 쓴 「The Darkness of God: Theology After Hiroshima」(신의 암흑 : 히로시마 원폭 이후의 신학)을 바탕으로 만들어진 작품이다. 짐 개리슨이 리포터로서 히로시마와 나가사키를 여행하며 피폭 피해자들에게 직접 인터뷰하는 방식이다.

〈3〉 Neal R. Smith 1st Lt., Legal Section GHQ, 4 April 1947 Title: Motoji YAMAGUCHI alias Honji YAMAGUCHI, Yujiro WAKAMATSU, YASAZUA (fnu), Yasutaro HOSAKA alias Yasutara HOZAKA, Shiro MATSUSHITA alias Shiro YAMASHITA, Shiro ISHII alias Hajime TOGO. RG 331, MFB, WNA

※〈3〉 보충설명. 위에 기재한 것은 GHQ 법무부에서 1947년 4월 4일부로 작성된 보고문서 제목으로 'alias'란 별명 또는 가명이라는 뜻이다. 'alisa' 앞에 있는 이름이 원래 이름이고 뒤에 있는 것이 가명이다. 'fnu'는 'first name unkown'

부대가 미군들을 비롯해 펑톈부로수용소의 부로들을 대상으로 인체실험을 했다고 주장한다. 이는 미국(또는 연합국)이 이를 면밀히 조사하고 그에 따라 731부대를 심판했어야 한다는 주장으로 연결된다. 하지만 주지하듯이 미국은 731부대의 데이터를 독점하는 조건으로 그들을 사면해주었다. 따라서 미국은 이에 대해 면밀한 조사를 진행할 수 없었고 설령 조사결과 펑톈부로수용소 부로들을 대상으로 한 731부대 인체실험이 사실로 드러난다 하더라도 731부대를 단죄할 수 없었다. 미국이 이런 모순적 상황을 빠져나가면서 부로들(특히 미군 포로들)과 자국 명예를 적절히 지키기 위해선 731부대원이 아니면서도 부로들을 학대한 다른 누군가(특히 의사)가 필요했다. 아마도 필자는 이러한 논리로 구와시마 조이치가 미국에 의해 '선별'되었다고 추정하며, 그렇기에 '희생양'이라고까지 생각하는 것으로 보인다.

이라는 뜻이다.

〈4〉 오카모토 조교수 자살의 진상은 아사노 도미조(朝野富三)가 1982년에 낸『세균전부대와 자살한 두 명의 의학자』(細菌戦部隊と自殺した二人の医学者) 참고

〈5〉 앞서 언급한 사가미하라육군병원과 시나가와육군병원, 도쿄제2육군병원 등에서 실시된 포로에 대한 치료 및 의료행위 등을 기록한 보고문이나 기록문이 아예 발견되지 않아 상세하게는 알 수 없다. 소각 처분되었거나 미국으로 건너가 여전히 극비자료로 보관되었을 가능성도 있다.

〈6〉 관동군 사령관 파견 명령서와 지시서 : 영어로 번역된 것을 다시 일본어로 바꾸었지만 본문에서는 마쓰무라가 제시한 원문을 참고하여 가능한 원문에 가까운 형태로 충실히 재현했다.

〈7〉 1943년 5월 당시 Tokyo P.O.W Camp라는 이름으로 불리던 것은 지금의 도쿄 시나가와구 히가시 시나가와 3초메(品川区東品川3丁目)에 위치했던 도쿄부로수용소 본소(시나가와 본소)로 추정된다.

〈8〉 가와사키시 오시마초(川崎市大島町) 가와사키 제1분소로 추정된다.

〈9〉 요코하마시 나카도리(横浜市中通り) 요코하마 공원에 있는 제2분소로 추정된다.

〈10〉 요코하마시 쓰루미(鶴見) 제5분소(쓰루미 조선)로 추정된다.

〈11〉 도쿄 세타가야구 오쿠라(世田谷区大倉)에 있었다. 지금은 국립세이이쿠의료센터(国立成育医療センター)이다.

인용·참고문헌

1. 森村誠一,『悪魔の飽食「関東軍細菌戦部隊」恐怖の実像』, 光文社(カッパノベルズ), 1981
2. Peter Williams et al, Unit 731:『The Japanese Army's Secret of Secrets. Hodder and Stoughton』, 1989(이하 Williams et al.)
3. ピーター・ウィリアムズ他,『七三一部隊の生物兵器とアメリカ』, かもがわ出版, 2003
4. Hal Leith:『POWs of Japanese PESCUED!』, On-dremand in cooperation with Trafford Publishing, 2003[사진4]는 Hal Leith 본인으로부터 원서에 수록된 사진 12장과 함께 필자가 디지털 파일 형식으로 제공받은 것임
5. 구(旧) 만주의과대학, 지금의 중국의과대학에서 2007년 11월 필자 촬영
6. 상세한 내용은 末永恵子,『戦時医学の実態』, 樹花舎(2005)를 참고
7. 『公判記録—七三一細菌戦部隊 原題 = 細菌戦用兵器ノ準備及ビ使用ノ廉デ起訴サレタ元日本軍軍人ノ事件ニ関スル公判書類』第二刷, 不二出版, 1993, pp. 321-322
8. 松村高夫,「七三一部隊と奉天捕虜収容所—関東軍司令官による派遣命令—」,『季刊 戦争責任研究』第13号, 1996年秋季号, pp. 74-76
9. '十五年戦争極秘資料集 29'로 나온『七三一部隊作成資料集』(不二出版, 1991)에 이때 발견된 논문들 모두 수록되어 있음
10. 西里扶甬子,「裁かれなかった石井部隊 part2 マルタにされた連合軍捕虜」,『季刊 戦争責任研究』第12号, 1996年夏季号, pp. 80-87
11. Williams et al: Chapter 5「PRISONERS IN MUKUDEN」, pp. 53-55
12. Ralph Blumenthal,「Human Lab Rats: Japan's Bio-war Secrets」. Penthouse, May 1999
13. 桑島治三郎,『メディカル・エッセイス 殉国の軍医大尉』, 日本医事新報社制作;『殉国の軍医大尉』및『続・殉国の軍医大尉』, 1974, pp. 328-361
14. 巣鴨法務委員会編,『戦犯裁判の実相』, 槇書房, 第二部上海米軍裁判 WORLD ROAD JAIL, 上海法廷手記, 1981年 復刻版, pp. 260-267

중국 저장성 취저우, 쑹산촌, 이우 지역 세균전 피해 실태조사보고

니시사토 후유코(西里扶甬子)·스에나가 게이코(末永恵子)·왕쉬엔(王选)

중국 저장성(浙江省) 취저우(衢州)와 쑹산촌(祟山村), 이우(义乌) 세 지역은 중일전쟁 시 일본군이 저지른 세균전 피해를 입은 곳이다. 실제 이 지역 피해자들과 유가족은 일본 정부를 상대로 세균전 피해 국가배상청구소송을 제기했다. 2007년 일본 대법원의 '기각' 결정이 났지만, 세균전 문제는 결코 재판 결과로만 판단할 문제는 아니다. 여전히 세균전의 역사적 사실은 많은 부분 드러나지 않아 계속 진실을 규명해나갈 필요가 있다.

이러한 취지로 필자들은 2010년 12월 25일부터 28일에 걸쳐 위의 세 지역을 방문해 피해 당사자들과 유가족을 직접 인터뷰했다. 이들의 증언은 한 지역사회 구성원으로서 전쟁 시대를 견뎌낸 삶의 결과물이어서 세균전뿐 아니라 전쟁 중 또는 전쟁이 끝나고서 듣고 보고 경험한 내용이 고스란히 담겨 있다. 물론 이러한 증언은 다른 문헌자료나 다른 증언과 대조하여 사실 확인 작업이 반드시 수반되어야 한다. 하지만 일단 본 글에서는 증언 내용을 충실히 정리해 기록으로 남기는 데 집중했다.

사실, 세균전 피해자와 유가족 세대는 이미 나이가 많아 그들의 체험에 근거한 증언을 얻을 수 있는 시간이 얼마 남지 않았다. 증언자들도 자신들이 죽으면 세균전 피해 역사가 묻힐까 하는 걱정에 조사에 매우 적극적으로 임했다. 그들의 염원대로 이 글이 사라져가는 역사를 되새기는 데 조금이나마 보탬이 되길 바란다. 이번 실태조사의 모든 과정에서 왕쉬엔 씨가 통역을 맡아주었다.

1. 2010년 12월 25일 저강성 취저우 차오징먼 호텔(朝京门大酒店)

1.1 양다팡(杨大方 731부대 세균전 피해 국가배상청구소송 취저우 원고 대표)

저는 1932년에 취저우에서 태어났습니다. 현재 취저우 지역 원고였던 12명 가운데 6명이 돌아가셨고, 한 명은 노쇠해져 의사소통이 어려운 상태입니다.

[사진1] 양다팡 씨

일본군이 처음 취저우를 공습한 것은 1937년 9월 26일이었습니다. 공습으로 취저우 철도역이 폭파되었고 126명의 사상자가 발생했습니다.

1940년이 되자 거의 매일 공습이 있었습니다. 제가 8살 때였는데, 공습 때문에 더 이상 수업을 진행할 수 없어 1년 동안 학교가 휴교했습니다. 공습을 피하기 위해 매일 아침 일어나면 강 건너 들판이나 밀밭에 숨어 날이 어두워질 때까지 기다렸다가 집에 돌아오곤 했습니다. 비행기 20대가 날아온 적도 있습니다.

아버지는 현성(县城. 지역의 행정 및 상업 중심지) 남쪽에 위치한 도시에서 시계방을 하셨습니다. 역병이 유행하여 봉쇄 지구가 생기거나 불태워진 집이 있다는 것도 알고 계셨지만 아버지는 '나는 괜찮다'며 대피하지 않으셨습니다. 그런 상태가 반 년 정도 계속된 후 1941년 아버지도 결국 페스트에 감염되고 말았습니다. 침대에 누운 채 아무것도 먹지 못하게 된 아버지는 닷새 만에 돌아가셨습니다.

아버지 시신은 관도 없이 방역대에 의해 하얀 천에 둘러져 살던 집 2층에서 밑으로 던져졌습니다. 시신은 취강(衢江) 건너편 화위엔강(花园岗)이라는 들판 어딘가 묻혔다고 하는데 유가족에게 정확한 장소를 알려주지 않았기에 아직도 아버지 무덤 위치를 모릅니다.

함께 살던 저와 어머니는 강에 띄운 작은 배에 2주 동안 격리되었습니다. 페스트 환자가 나온 집안마다 작은 배 한 척씩 배당되었습니다. 격리 기간이 끝나 집에 가보니 집 안에 있던 가재도구는 싹 다 없어지고 텅 비어 있었습니다.

제 형은 조금이라도 빨리 독립하고자 15살 때 국민당군 조종사가 되었습니다. 형은 그대로 국민당군과 함께 대만으로 갔습니다.

1949년 인민해방군에 의해 취저우가 해방되었을 때 저는 취저우 성문을 열고 군부대를 맞았습니다. 그리고 바로 인민해방군에 입대하였습니다. 그때가 17살, 고등학교 2학년 때였습니다. 덩샤오핑(邓小平)의 제2야전군에 배치되어 충칭(重庆)까지 행군한 다음 충칭을 해방시켰습니다.

인민해방군은 1949년 11월에 공군 부대 조직을 결성하고 선양과 창춘 등에 있는 6곳의 항공학교에서 폭격기 조종사를 양성했습니다. 저도 조종사 후보생으로 하얼빈 제1항공학교에 입학하였습니다. 교관은 소련인이었습니다. 항공학교에는 일본군으로부터 압수한 군용기가 99대 있었습니다. 연습에는 소련 군용기를 사용했습니다. 대만을 해방시켜주고 싶다는 심정으로 1년 동안 연습에 임하였고 1950년에 항공학교를 졸업했습니다.

1951년 베이징 톈안먼(天安门)에서 열병식이 열렸습니다. 그때 초대(初代) 공군 전투기 100대가 톈안먼 상공을 날았는데 그중 저도 있었습니다. 열병식 다음날, 공군 상관들은 마오쩌둥으로부터 식사대접을 받았으며 롤렉스 시계도 선물 받았습니다. 그 다음 날 우리는 저우언라이(周恩来)로부터 인민대회당에 초대받았습니다. 이후 베이징에서 휴가를 받아 평극(评剧)[1] 등을 본 다음 돌아왔습니다. 그러고 나서 바로 한국전쟁 지원군에 편입되어 총 세 번 전투에 참여했습니다. 한번은 중국 안둥(지금의 단둥시丹东市)에서 가까운 대화도(大和島, 평안북도 철산군 운산면에 속하는 섬)를 24시간 공격했습니다. 대화도는 미군 정보기관이 있던 곳인데 우리 폭격으로 정보관이 사망했다고 합니다. 어떤 전투에서는 전투기 여러 대가 대열을 지어 비행하다가 공격받아 그중 세 대가 추락한 적도 있었습니다.

1952년 한국전쟁이 사실상 휴전 상태에 들어가자 하얼빈 교외의 핑팡에 있는 공군 비행기 공장에서 공군기 시험 조종을 맡았습니다. 당시 핑팡의 731부대 터는 세균 오염 지구로 일반인 출입이 금지되었습니다. 우리도 긴 하얀 양말을 신고 주의하도록 지시를 받았습니다. 이후 저는 계속 공군에 있다가, 문화대혁명 때 형이 대만 국민당군 조종사였다는 이유로 그만두게 되었습니다.

---

1. 평극(评剧)은 청조 말기 허베이성 농촌에서 시작된 지방 극이다. 화북 및 동북 지방에서 흔히 볼 수 있다. 현대 베이징어를 사용하며 경극(京剧)과 월극(越剧), 황매극(黃梅剧), 예극(豫剧)과 함께 중국 5대 극에 꼽힌다. 1920년대, 30년대에 유행하여 발전을 이룩했다. 전후 1950년대에 더 발전하여 전국으로 확산되었다.(필자 주)

2. 2010년 12월 26일 저장성 취저우 차오징먼 호텔

2.1 예지저우(叶赛舟 731부대 세균전 피해 국가배상청구소송 취저우 원고)

[사진2] 예지저우 씨

저는 1930년생입니다. 1941년 봄에 큰아버지인 예쑹위안(叶松元)이 병에 걸려 고열에 시달리다 사흘인가 나흘 만에 돌아가셨습니다. 큰어머니는 매일 울며 지냈는데 그 당시는 페스트가 어떤 병인지 몰랐습니다. 큰아버지 장례식을 치르고 채 한 달도 지나지 않아 이번에는 큰어머니가 병으로 쓰러졌습니다. 방역대가 큰어머니 병상에 와서는 페스트 진단을 내렸습니다. 함께 살던 할머니도 페스트에 감염되고 말았습니다.

당시 큰아버지 집에는 자식이 네 명 있었는데, 한 명은 공장에 일하러 가서 집에서 멀리 떨어져 살았고 또 한 명은 강 건너편에 사는 한 가정의 양녀로 지내고 있었습니다.

제 어머니와 아버지는 남은 두 명의 아이, 즉 제 사촌 동생을 떠맡아 키우셨습니다. 어머니는 페스트에 걸린 할머니를 작은 배에 태워 취강 푸스두(浮石渡) 부근 강가에 정박시키고는 그곳에서 할머니와 함께 지내셨습니다. 아버지가 저와 사촌 동생 두 명을 돌봐주셨습니다. 일본군 공습이 심해지면서부터는 거의 매일 아버지가 만들어준 도시락을 들고 강 너머 5㎞ 정도 떨어진 곳으로 대피했습니다. 타스탕산(塔石塘山) 동굴에 숨었다가 날이 어두워지면 집에 갔습니다.

처음에 저는 할머니와 어머니가 어디 계시는지 몰랐습니다. 어느 날 타스탕산에서 집으로 가려고 강을 건너려던 찰나 강에 떠 있는 작은 배에 등불이 켜져 있는 것을 보았습니다. 아버지는 저 배에 할머니와 어머니가 있다고 알려주셨습니다. 할머니는 항상 저를 예뻐해 주셨습니다. 할머니와 어머니가 보고 싶다고 졸라봤지만 아버지는 저를 못 가게 막았습니다. 가다가 뒤돌고 또 가다가 뒤돌고 여러 차례 그 배의 등불을 보며 집에 돌아왔습니다.

그리고서 사흘이 지났을 무렵 강 건너편으로 대피하러 가던 중, 같은 곳을 지나가는데 배가 보이지 않았습니다. 대신 배가 있던 곳에 관 하나가 있었고 어머니가 관 옆에서 울고 있었습니다. 마침 그때 우리가 있는 쪽으로 또 다른 관 하나가 실려 왔습니다. 관에는 이불이 덮여 있었습니다. 같이 있던 사촌 동생은 이불을 보자마자 "우리 집 이불이다"라고 소리쳤습니다. 관은 바로 페스트로 누워계셨던 큰어머니의 관이었습니다.

하지만 이 관 두 개가 결국 어디로 옮겨졌는지 알 수 없습니다. 큰아버지 집은 바로 불태워졌습니다. 장송(葬送)할 때 고인에게 입히는 수의 만드는 재봉사도 페스트에 걸려 사망했다고 들었습니다.

사실 저는 저우(周) 씨 집안에서 자녀가 없는 예(叶) 씨 집안으로 입양 간 양녀였습니다. 고향의 저우 씨 집안에서는 세 명이 페스트로 죽었습니다. 큰언니는 이름이 저우밍샤(周明霞)였는데 고등학교 영어 교사였습니다. 언니가 저에게 저우 씨 집안에서 일어난 페스트 피해에 대해 이야기해 준 적이 있습니다.

당시 저우 씨 집안은 샤잉가(下営街)에 있었습니다. 어느 날 사오싱(绍兴)으로 시집간 저의 원래 작은어머니가 아이 두 명을 데리고 오랜만에 큰집인 저우 씨 집으로 내려왔다고 합니다. 그런데 당시 취저우에서는 일본군의 공습이 잦아 대부분 사람들이 피난 간 상태였고 남은 사람은 아주 적었답니다. 하지만 어린 아기가 있어서인지 작은어머니는 대피하지 않고 공습 내내 마을에 머물렀다고 합니다. 그 결과, 작은어머니는 페스트에 감염되어 돌아가셨답니다. 작은어머니의 딸과 아들도 숨이 끊어진 상태로 이웃들에게 발견되었다고 합니다.

2.2 샹진디(项金弟 1928년생)

[사진3] 샹진디 씨

8살 때 일장기가 붙은 일본 전투기가 날아와 역에 폭탄을 투하했습니다. 하필 당시 역에는 소집된 신병들이 모여 있었습니다. 역 주변 나뭇가지에는 폭격으로 날아간 사람의 머리나 장, 내장 등이 매달려 있었습니다. 그때 할머니가 다시마를 썰며 점심을 준비하고 계셨던 게 기억이 납니다. 사건 이후 방공경보가 발령되었습니다.

전투기가 많을 때는 1942년이었는데 한 번에 열여덟 대까지 날아왔습니다. 1942년에는 취저우에 일본 지상군까지 쳐들어왔습니다. 사람을 죽이거나 총검으로 찌르는 일도 있었고, 일반인을 잡아 짐 나르는 노동을 강요해 빨리 움직이지 않으면 때리기도 했습니다. 제 아버지도 잡혀서 강제 노동에 동원됐습니다. 살던 집은 공습으로 소실되었고 우리는 강 건너편으로 도망갔습니다.

15살에 시집간 언니는 16살 때 아들을 낳고 다음해에 딸을 낳았습니다. 22살이던 당시도 임신 중이었습니다. 하지만 언니는 페스트에 걸려 결국 세상을 떠났습니다. 형부는 당시 장사하느라 집을 비우고 있었습니다. 남겨진 형부의 어머니와 아들, 딸은 작은 배 안에 격리되었습니다. 사실 언니가 살던 집의 주인댁에서 2명이 페스트로 죽었는데 페스트 감염이 알려지면 집이 불태워 처분되기에 그 사실을 숨겼던 것입니다.

당시 저는 강 건너편 시골집에서 살고 있었습니다. 어느 날 제가 산에서 땔감을 구해 돌아왔는데 어머니가 안 계셨습니다. 주변 분들이 언니가 걱정돼 만나러 가셨다고 했습니다. 저도 언니가 보고 싶어 가려 했지만 가면 안 된다며 잡혔던 기억이 납니다.

2.3 팡스농(方石侬 1942년생. 731부대 세균전 피해 국가배상청구소송 취저우 원고)

[사진4] 팡스농 씨

저는 지금 취저우에서 동북 방향으로 3㎞ 떨어진 교외 농촌에 삽니다. 우리 집은 큰 농가였고 가족도 많았습니다. 남자는 농사일을 짓고 여자는 양잠을 했습니다. 제가 태어나기 전 해인 1941년 5월경 취저우 시가지에 페스트가 유행해 사망자가 잇따라 발생했다고 합니다. 우리 집안에도 피해자가 있었습니다. 어느 날 당시 15살과 16살이던 아버지의 여동생, 즉 고모 두 분이 논밭에서 버려진 옷과 침대 커버, 가구 등을 발견했다 합니다. 페스트로 죽은 사람이 쓰던 물건들이 버려졌던 것입니다. 고모들은 괴이한 느낌이 들어 만져보기만 하고 그대로 집으로 돌아왔다고 합니다.

하지만 그 후 고열이 나기 시작했고 밥도 물도 삼키지 못하게 되어 결국 고통에 시달리다 사흘 후에 죽었다고 합니다. 이후 할머니도 감염되어 돌아가셨고, 할머니를 돌봐주시던 아버지의 첫 번째 부인도 페스트에 감염되어 돌아가셨습니다. 촌민위원회(村

民委員會)는 우리 가족을 절 안에 격리했습니다. 할아버지는 그 네 분의 시신을 두 번에 나눠서 두 구씩 운반했습니다. 결국 얼마 안 가 할아버지도 돌아가셨고 아버지의 형과 누나도 돌아가셨습니다.

당시 국민당 정부는 살아남은 제 아버지와 아버지의 동생을 배에 격리했습니다. 1942년 새해를 배 안에서 맞았습니다. 사망자는 소독된 후 매장되었는데 가족들은 그 작업에 일절 관여할 수 없었습니다. 그럼에도 비용은 지불해야 했습니다. 총 7명의 매장비를 마련하기 위해 땅을 팔았습니다. 원래 약 3천 평이 있었는데 이 가운데 600평 정도만 남기고 전부 헐값에 처분했습니다. 집도 일본군에 의해 불태워졌습니다.

그 후 아버지는 재혼하셨고 제가 태어났습니다. 원래 아이를 낳으면 산후 한 달간은 영양가 높은 음식을 먹고 쉬어야 하지만 형편이 안 되어 제 어머니는 미숫가루나 풀박에 드시지 못했습니다. 남은 땅만으로 생활하는 것도 쉽지 않아 아버지는 남의 집 일을 돕기도 했습니다. 해방 후 아버지는 빈농 계급 판정을 받았습니다. 아버지는 1996년에 돌아가셨는데 생전에 자주 전쟁 중 있었던 이야기를 제게 들려주곤 하셨습니다. 1999년 저는 우리 집 희생자들을 대표해 소송에 참여하기로 했습니다.

2.4 쉬자셰(许家燮 1929년생)

당시 저는 취저우 도시부에서 7.5㎞ 떨어진 부둣가에 살고 있었고 술 담배 파는 가게를 운영했습니다. 집은 일본군 비행장 옆에 있었는데, 나무로 된 집들이 밀집한 곳이었습니다.

[사진5] 쉬자셰 씨

저는 1942년 시골에 있는 초등학교를 졸업하고 14살이 되었습니다. 그해 6월 일본군이 취저우로 침공해왔습니다. 그해 홍수 피해까지 있어 저는 큰 배를 만들어 쑹웬(松园)으로 대피하였습니다. 여기까지는 찾아오지 않을 거라 생각했는데 일본군은 쑹웬에도 침공해왔습니다.

우리는 마을에 있는 사당에 대피해 그곳에서 지냈습니다. 저는 과거 두 번 일본군에 잡힌 적이 있습니다. 처음에는 쑹웬에 온 일본 병사 한 명에게 잡혔습니다. 그때 그 병사는 "'화꾸냥'(花姑娘, 젊은 여자)을 데리고 오라"고 요구했습니다. 저는 명령에 따르지 않으면 죽을 수도 있겠다는 생각이 들었습니다. 마을 사람들은 대나무 숲속에 숨어 있었는데, 저는 마을 사람들에게 일본 병사의 요구를 전달했습니다. 이야기를 들은 할머니들은 상의하더니 당시 사오싱(绍兴)에서 마을로 내려와 있었던 18세 소녀를 일본 병사에게 넘기기로 결정했습니다. 그 소녀는 결국 일본 병사에게 강간당했습니다.

두 번째로 잡혔을 때는 제가 열이 나서 집에서 잠자고 있었는데 갑자기 일본 병사들이 들이닥쳤습니다. 노역을 강요받은 저는 한나절 걸려 수확한 채소를 2㎞ 떨어진 일본군이 주둔하던 곳으로 운반해야만 했습니다. 이때 같이 채소를 운반한 사람은 남장한 소녀였습니다. 다행히 그녀가 여자인 것은 아무한테도 들키지 않았습니다. 우리가 주둔지에 도착하니 5, 6명의 일본 병사가 있었습니다. 그들은 간지러운지 바지를 벗고 있었고 15, 16살 돼 보이는 소년이 그들의 하반신을 긁고 있었습니다.

홍수가 나고 며칠 뒤 집에 돌아왔는데 다리 두 군데에 빨갛고 작은 좁쌀 같은 점이 생겨 모기에 물린 것처럼 가려웠습니다. 일주일 정도 사이에 점 크기가 점점 커지더니 구멍이 생겼습니다. 구멍에서는 냄새나는 물과 고름이 나왔습니다. 구멍이 생긴 부분을 넝마 조각으로 감쌌는데 점점 구멍 수가 늘어났습니다.

취저우에서는 전쟁 당시 ① 개선(疥癬 옴) ② 악성 말라리아 ③ 난각병(爛脚病 다리에 생기는 염증성 질환) 세 가지가 3대 질병으로 불리며 유행하고 있었습니다. 어머니는 당시 미란성(糜爛性) 피부염을 앓고 있었습니다. 다행히 피부염은 가라앉았지만 세 살 되는 여동생은 머리에 궤양이 생겨 얼마 지나지 않아 죽었습니다. 그리고 대피하지 않고 집을 지키던 할아버지도 열흘 정도 지난 후에 돌아가셨습니다. 일본군 안에서도 옴이 유행했다고 들었습니다.

그 후 저는 2년 반 동안 취저우의 채지당(採芝堂)이라는 약국에서 수습으로 일했습니다. 그곳에서 몰래 약을 훔쳐 옴과 난각병을 스스로 치료하곤 했습니다. 해방 후에는 항저우(杭州)의 중학교에 입학했습니다. 이후 난각 증상은 어느 정도 호전되었지만 마흔 살 무렵 문화대혁명이 일어나 지식인 개조 일환으로 무논(水田)에서 강제 노동을 하면서 증상이 다시 악화됐습니다. 다행히 1988년 수술을 받고 반 년 동안 입원해 치료했습니다.

지금도 무릎에 통증이 있습니다. 난각병 증상이 심했을 때는 무릎 아래로 11개의 구멍이 나 있었습니다. 소독약을 직접 구멍에 주입하는 치료를 받았지만 지금도 완치되지 않았고 구멍이 두 개 남아 있습니다.

제 본가는 장스탄(樟樹谭)이라는 곳이었는데 그 옆집은 찻집이었습니다. 찻집에는 15살 되는 소녀가 있었는데 일본 병사에게 강간당한 것으로 추측됩니다. 당시 근처 동굴에 숨었던 소녀가 "할머니, 할머니"라며 소리치는 것을 제가 들었기 때문입니다. 그 후 그녀는 배에도 끌려가 열두세 명의 일본인 병사에게 강간당했다고 들었습니다. 그녀는 다시 집으로 돌아왔지만 집이 홍수로 떠내려가 살 곳이 없어 한동안 버드나무 밑에 돗자리 하나를 깔고 어머니와 지냈습니다. 그녀는 1년 내내 병든 상태였습니다. 그 후 그녀는 회복되긴 했지만 아버지가 돌아가시는 등 계속 어려움을 겪었습니다.

2.5 마오원야오(毛文耀 1932년생)

[사진6] 마오원야오 씨

저는 12남매 중 여섯째로 태어났는데 위 누나 두 명은 페스트로 죽었습니다. 집은 다난먼(大南门) 근처에 있었고 쌀장사를 했습니다. 집과 가게는 따로따로였지만 매우 가까운 곳에 있었습니다. 페스트 피해 이야기는 둘째누나한테서 자주 들었습니다.

1941년 3월 말, 14살이었던 누나가 죽었습니다. 고열이 나고 얼굴색이 보라색으로 바뀌더니 림프절이 부어 죽었다고 합니다. 어머니도 우리 남매도 모두 울었습니다. 시신은 한밤중에 매장꾼을 불러 매트에 감싸 성벽 밖에 매장했습니다. 누나가 페스트로 죽었다는 사실이 알려지면 집이 폐쇄되고 가족도 격리되기 때문에 비밀로 했습니다. 며칠 후 21살이던 큰누나도 페스트에 걸렸습니다. 둘째누나가 사흘 동안 쌀가게에서 큰누나를 돌봤는데 결국 둘째누나 품에서 죽었다고 합니다. 큰누나의 죽음에 대해서는 경찰에 신고했습니다. 당시 취저우일보에 십여 명의 페스트 사망자 명단이 실렸는데 그 안에 큰누나 이름도 있었습니다.

저희 집과 가게는 소독작업으로 봉쇄되었고 'X'가 적힌 종이가 부착됐습니다. 큰누나는 약혼한 상태였는데 약혼자는 누나 죽음을 매우 슬퍼했습니다. 준비해둔 누나의 혼수용 가재도구만 남았습니다.

가족 중 할머니와 아버지, 어머니, 남동생, 저 이렇게 5명은 짐을 꾸려 피난을 떠났습니다. 조상이 옛날에 살던 고향인 장산(江山)으로 일본군을 피해 도망간 적도 있습니다. 저장-장시 작전(浙江-江西作戰, 일본명: 浙贛作戰)[2] 때는 우스두(五十都)로 대피하기도 했습니다.

2.6 황위량(黃钰良 1938년생. 731부대 세균전 피해 국가배상소송 취저우 원고)

[사진7] 황위량 씨

저는 당시 수이팅가(水亭街)에 살고 있었습니다. 우리 집안은 향(香)을 만들어 팔았는데 장사가 아주 잘 됐습니다. 그러다 아버지가 병에 걸렸습니다. 아버지는 피부에서 피가 나고 림프절이 딱딱해졌습니다. 가게는 봉쇄되었고 아버지는 격리병원으로 쓰이던 '야오왕먀오'(药王庙)라는 절에 수용되었습니다. 그리고 결국 그곳에서 돌아가셨습니다.

아버지가 돌아가신 후 형도 병에 걸렸습니다. 어머니는 슬픔과 고통으로 힘든 나날을 보내셨습니다. 형과 어머니와 할머니, 그리고 저까지 배에 격리되었습니다. 그러나 형도 결국 사망했습니다. 아버지가 돌아가셨을 때는 간단한 관을 만들어 매장했지만 형이 죽었을 때는 국민당이 하얀 천으로 시신을 감싸 그대로 묻었습니다.

아버지와 형이 죽고 나서는 잘 되던 장사도 어려워졌습니다. 아버지의 남동생은 국

2. 1942년 4월 18일, 미군은 B25 폭격기 16대를 미항공모함 호넷호에서 출동시켜 도쿄 · 나고야 등에 공습을 개시했다. 미군에서는 이를 둘리틀 공습(Doolittle Raid) 또는 도쿄 공습(The Tokyo Raid)이라 부른다. 공습을 끝낸 B25는 항공모함으로 귀환하지 않고 중화민국 국민혁명군의 공조 하에 중국의 비행장을 이용할 예정이었다.(실제 중국 비행장에 안전하게 착륙한 B25는 거의 없었음) 실질적인 공습 피해는 크진 않았으나 역사상 처음으로 수도가 외국의 공습을 받은 것이었기에 일본군이 받은 심리적 타격은 컸다. 이에 일본 해군은 미드웨이 공략 작전을 발동하고 일본 육군은 미군이 착륙 기지로 삼았던 중국 비행장 파괴 작전을 감행했다. 이 일본 육군이 목표로 삼은 비행장이 중국 저장성과 장서성 부근에 있었기에 저장-장시 작전이라 한다. 피해자들은 이 저장-장시 작전 때 세균전이 이루어졌다고 주장한다.(HEADQUARTERS, ARMY AIR FORCES DIRECTOR OF INTELLIGENCE SERVICE, "T H E T O K Y O R A I D", Informational Intelligence Summary (Special) No. 20, October 5, 1942 문건; Jon Grinspan "April 18, 1942: Pearl Harbor Avenged", American Heritage People, 2007.4.18 _https://web.archive.org/web/20100506141317/http://www.americanheritage.com/people/articles/web/20070418-tokyo-doolittle-raid-jimmy-doolittle-pearl-harbor-battle-of-midway-world-war-II-japan.shtml 참고)

민당 군에 입대했습니다. 제가 8살 때 할머니는 위암으로 돌아가셨습니다. 어머니는 다른 향 가게에서 일해야 했습니다. 저도 13살 때부터 물엿 장사를 하며 돈을 벌었습니다. 삼촌은 일본이 저장-장시 작전을 펼 때 반챠오둥커우(板桥洞口)라는 곳에서 전투에 참여해 전사했습니다.

일본의 세균전으로 아버지와 형, 두 육친을 떠나보낸 저로서는 아무 일 없었던 듯 진실이 역사 속에 묻히는 것을 도저히 용납할 수 없었습니다. 저는 두 분의 원통함을 풀기 위해 소송에 참여했습니다. 세균전을 저지른 일본이 아무 책임도 지지 않는 것은 도리에 어긋납니다.

3. 2010년 12월 27일 취저우시 커청구(柯城区) 인민의원

3.1 추밍쉬안(邸明轩 의사. 취저우 세균전연구자)

과거 저장-장시 작전 지역(행정구역 중 최소 단위인 촌村 273개와 촌보다 한 단계 위 단위인 진鎭 40개)에서 실시한 조사에 따르면 주민 30만 명 가운데 9.5%가 페스트와 티푸스, 파라티푸스, 콜레라, 적리, 탄저에 의한 감염증을 앓고 있었습니다. 난각병을 앓는 사람도 적지 않았는데 이는 탄저균과 관련이 있을 것으로 추정됩니다.

3.2 모사오화(万少华 난각병 치료 담당 의사)

3.2.1 현황

우리 의원에서는 난각병 환자를 위한 의료 지원을 하고 있습니다. 2009년 3월 취저우시 커청구(옛날의 취현衢县) 민정국이 난각병에 대한 무료지원을 추진하라고 통지했습니다. 이에 따라 저장성 인민정부 정책으로 세균전 피해자에 대한 지원이 결정되었습니다. 현재 실험적인 제도로 의원장과 간호사 등으로 이루어진 의료팀을 꾸려 지원하고 있습니다.

커청구에 거주하는 환자 가운데 거민위원회(居民委員會)에 보고된 80명이 넘는 환자들의 집을 직접 방문하여 진료한 결과, 32명을 구제대상으로 선정하게 되었습니다. 한 사람 한 사람씩 차트를 작성해 매번 증상을 적고 사진을 찍어 기록으로 남기고 있습니다. 또한 증상별로 분류하여 각 분류에 따라 적절한 치료를 받을 수 있게 하고 있습니다. 중환자의 경우는 왕진 진료를 하고 있습니다.

[사진8] 모사오화 의사(왼쪽)와 취밍쉬안 씨(오른쪽)

이렇게 기본 치료는 제공하지만 현시점에서 탄저병을 앓고 있는 환자를 완치시킬 수 있는 방법은 없습니다. 청결을 유지하고 꾸준히 소독하며 항생제를 복용하는 게 최선입니다. 치료 시 나오는 의료 폐기물은 밀폐 포장하여 처리합니다. 이러한 조치를 취함으로써 일부 환자의 증상이 호전되었습니다. 증상이 비교적 가볍고 피부에 구멍이 없는 환자는 석 달에 한 번씩 전화로 증상을 물어보도록 하고 있습니다. 현재 한 명을 제외하고 모두 증상이 호전된 상태이고 두 명은 구멍이 메워졌습니다. 어떤 분은 처음에 상처가 없다가 상처 상태가 악화되었는데, 다행히 전화로 연결되어 더 이상 증상이 나빠지지 않게 대처할 수 있었습니다. 의료 지원은 정부 예산이 투입되기에 무상입니다. 환자들은 의료 지원을 높게 평가하고 있습니다. 오랫동안 방치되어 왔기 때문에 2009년부터 실시된 무상의료 제도에 환자들은 고마워하고 있습니다. 하지만 의료 지원뿐 아니라 생활 지원도 필요한 상황입니다.

3.2.2 원인 규명

난각병 환자의 피부 조직 등을 채취하여 탄저균 검사를 시도해봤지만 탄저균은 검출되지 않았습니다. 자연 속 세균이 작용한다고 생각됩니다. 하지만 질병 발생이 특정 지역에 집중 한정되어 분명 지역성이 보입니다. 게다가 완치가 어렵고 호전되어도 다시 증상이 재발하는 경우가 많습니다.

현재 다른 가능성도 염두에 두고 하나하나 배제하면서 연구를 진행하고 있습니다. 혈액 순환의 이상으로 생각되는 증례는 없었습니다. 전쟁이 끝난 후 발병한 사례는 증상을 보고 판단할 수밖에 없는 경우가 많습니다. 따라서 여러 원인을 가정합니다만 처음엔 사실 미란성 독가스의 가능성을 미처 생각하지 못했습니다. 증상은 모두 좁쌀 같은 점들이 생기는 것부터 시작됩니다. 비료 같은 것 때문에 생긴 염증이었다면 완치가 됐을 겁니다. 하지만 이 난각병은 완치되지 않는다는 점이 바로 일반 염증과 다른 특징이라 할 수 있습니다.

4. 2010년 12월 27일 쑹산촌

4.1 왕지쉬(王基旭 침화일군세균전이우전람관 부관장)

[사진9] 왕지쉬 씨

제 아버지와 할아버지, 그리고 할머니는 페스트로 인해 돌아가셨습니다. 시신은 매장꾼에 의뢰해 매장했습니다. 할머니는 린샨사(林山寺)에 보내져 일본군에 의해 해부되었습니다. 가장인 아버지를 잃은 우리 집은 생활이 어려워졌고 어머니는 밀밭, 감자밭에서 일하시면서 자식 4명을 키우셨습니다.

일본군은 페스트가 발생한 집을 불태웠습니다. 오리 등의 가축을 약탈하기도 했습니다. 제가 살던 마을만 해도 중일전쟁 중 페스트로 346명의 마을 사람들이 희생당했고 170여 개의 가옥이 불태워졌습니다.

이우시는 옛날에는 이우현이라 했습니다. 이우현 전체를 보면 페스트로 1,318명의 희생자가 발생했습니다. 쑹산촌 근교 린샨사에는 일본군 방역대가 주둔하고 있었는데 페스트 환자가 발생하면 그곳으로 이송해 해부했습니다. 저는 이러한 일본에게 사죄와 배상을 요구합니다.

진(镇)의 행정책임자였던 왕원거(王文格)는 일본군에 협력하고 있었습니다. 일본군은 쑹산촌 집들에 불을 질렀습니다. 왕원거는 해방 후 처형되었습니다. 할머니는 이들에 의해 목숨이 붙어 있는 상태에서 해부되었습니다. 할아버지는 일본군 군의가 치료해준다고 하니 할머니를 데리고 가보라는 이야기를 듣고 할머니를 린샨사로 모셨다고 합니다. 그런데, 다음날 할아버지가 할머니를 보러 린샨사에 갔을 때는 이미 해부된 상태로, 할머니 시신이 내장이 없는 채로 방안에 놓여 있었다고 합니다. 할아버지는 매일

우셨습니다. 할머니 시신은 이웃집에 사는 친구 아버지에게 부탁해서 매장했습니다. 그때 할머니가 생전에 입으셨던 옷도 같이 매장해달라고 맡겼는데 나중에 이웃집 사람이 할머니 옷을 몇 개 입고 있는 것을 봤다고 합니다.

5. 2010년 12월 28일 이우 진장지싱 호텔(锦江之星旅馆)

5.1 진쭈후이(金祖恵 92세. 이우 출생)

1941년 8월 말이나 9월 초 정도였을 겁니다. 낮에 감기에 걸린 듯한 오한이 느껴졌습니다. 저는 설마 페스트에 걸렸다고는 꿈에도 생각지 못했습니다. 밤에도 계속 열이 나 밤새 물을 마셨지만 열은 떨어지지 않았습니다. 온몸의 림프절이 딱딱해지고 부었습니다. 몸 상태는 좋지 않았지만 다음 날 아침에 일어나서 평소 하던 대로 친구와 함께 농구를 했습니다. 하지만 통증이 심해져서 결국 농구를 중단하고 술 가게로 가 소주를 사서 후추를 넣어 잘 섞어서 마셨습니다. 소주를 한 병 다 마신 저는 완전히 만취했습니다. 그대로 위생소로 끌려갔는데 위생소 직원들이 다 아는 사람이라 저를 관찰실에 넣어줬습니다. 관찰실에서 저는 저녁때까지 계속 잤습니다. 병원에서 숙취 약을 처방받아 먹었습니다. 약을 먹으니 갑자기 물 같은 침이 끊임없이 나와 둘렀던 목도리 두 개가 다 젖었습니다. 이후 딱딱해졌던 림프절 응어리가 사라지면서 신기하게도 증상이 나아졌습니다.

[사진10] 진쭈후이 씨

하지만 2주 후 이번에는 할머니가 병에 걸렸습니다. 할머니는 60세가 넘은 나이였지만 큰 양동이 두 개를 동시에 들 정도로 건강한 분이었습니다. 림프절에 응어리 같은 건 발견되지 않았지만 병상에서 갈증과 통증을 호소하다 결국 사흘 후에 돌아가셨습니다. 음력 10월 3일이 되는 날이었습니다. 할머니가 돌아가신 후 가족 중 아버지만 격리되었습니다. 집에 방역대가 왔을 때 다른 가족들은 농사를 지으러 모두 밖에 나가 있어 집에 없었기 때문입니다.

할머니가 돌아가신 지 2주 된 날 성묘를 하러 갔습니다. 그런데 그 날 어머니가 병에 걸렸습니다. 낮까지만 해도 멀쩡하게 식사 준비를 하시던 어머니가 갑자기 새벽에 돌아가신 겁니다. 돌아가셨을 때 어머니의 얼굴은 새까맸습니다. 아버지는 격리된 곳에서 친척 집으로 도망쳤다가 다시 집으로 돌아왔는데, 어머니는 그날 돌아가셨습니다. 음력 10월 17일이었습니다. 아버지와 젊은 삼촌은 사람을 써서 어머니 시신을 묻었습니다.

그리고 9살 된 여동생도 죽었습니다. 어머니가 돌아가신 지 열흘이 지난 저녁, 저녁밥을 먹고 얼마 안 가 한밤중에 죽었습니다. 여동생은 폐페스트였을지도 모릅니다. 물을 갖다 주러 갔을 때 본 여동생의 얼굴은 마치 귀신이 쓰인 듯한 힘겨운 표정을 짓고 있었습니다. 입에 거품을 물고 몸부림치며 고통 속에 죽었습니다. 음력 10월 28일의 일이었습니다. 여동생은 생전에 어머니와 같은 침대에서 잤습니다.

옆집은 보장(保長, '보'는 중국의 옛날 마을 행정 단위로 '보장'은 이 보의 대표를 말함) 집이었는데 우리 집과 사이가 좋아 친하게 지내고 있었습니다. 보장의 집에서도 사람이 죽어 할머니가 위로하러 가신 적이 있는데 그 후 병에 걸리셨습니다. 우리 집은 식구가 많아 큰 집에 살고 있었습니다. 삼촌 집에서도 사촌 동생이 두 명이나 죽었습니다. 그냥 역병인 줄 알았는데 동네에는 죽은 쥐가 여기저기 널려 있었습니다. 이우의 북문(北門)이 역 가까이에 위치해서 당시엔 진화(金华)에서 기차를 통해 쥐가 들어왔다고 생각했습니다. 일본군은 전염병 통제 때문인지 이우역을 폭파시켰습니다.

위생원은 죽은 쥐가 발견되었다며 주민에게 주의를 당부했습니다. 집 주변에는 석회가 뿌려졌습니다. 당시 동네에는 한간(汉奸, 여기선 일제에 협력한 자를 의미)의 모략에 의해 세균이 살포되어 전염병이 생겼다는 소문이 돌았습니다. 항저우 샤오산(肖山)에서 온 수상한 중국인 두 명이 북문에 있는 호텔 창문에서 정체 모를 무언가를 골목길을 향해 떨어뜨려 페스트가 확산됐다는 내용이었습니다. 이 두 명은 일본군이 이우에 들어온 후 곧바로 살해당했다고 합니다. 입막음을 위해 살해된 것 같습니다. 실제 투하물이 떨어진 부근에 살던 두 명이 죽었습니다. 방역대에 의해 두 명의 사인은 페스트로 판정되었습니다.

페스트가 발생했던 시기에는 기차가 이우역에 멈추지 않았습니다. 집 주변과 도로에도 석회가 뿌려졌습니다. 페스트 사망자가 나온 집의 가족들은 강제로 격리되었습니다. 일본군이 이우에 들어온 것은 페스트가 유행한 지 1년 정도 지난 무렵입니다. 이우에 주둔했던 일본군은 86연대였습니다. 저희 집은 일본 정보기관이 빼앗아 사용했습니다. 일본군은 앞서 말한 수상한 두 명을 살해한 다음, 페스트가 발생한 집을 불태웠습니다. 페스트의 발생 상황을 일본군은 정확히 파악하고 있었던 것입니다.

전쟁 중 저는 이우에서 일본군이 사람 죽이는 것을 직접 봤습니다. 일본 병사는 사복을 입고 정찰할 때가 종종 있었습니다. 어떤 사람이 자신의 아내 친정이 이우였던지라 처가댁 일을 도우러 우리 동네에 온 적 있었는데 일본 병사는 낯선 그 사람을 간첩으로 판단해 벨트로 묶어 칼로 죽였습니다. 아버지와 살해당한 사람은 아는 사이였기에 이 이야기를 다른 사람들에게 알렸습니다.

일본군은 이우고등학교에 주둔하고 있었습니다. 이우고등학교와 역 사이에는 한 마을이 있었는데, 일본군은 역을 감시해야 한다며 그 마을을 모조리 불태웠습니다. 그리고 도망치지 못하고 잡힌 노인을 죽였습니다. 어떤 사람은 마을에 있는 연못 안에 숨어 겨우 목숨을 건졌다고 합니다. 머리 몇 군데가 칼에 찔렸지만 살아남은 여성도 있었습니다. 이 여성의 두피는 상처가 곪아 구더기가 끓어 넘쳤는데 그녀 어머니가 항상 구더기를 떼줬다고 합니다.

아울러 일본군은 12살에서 13살 정도 되는 아이 세 명을 상대로 칼로 찌르는 연습을 했습니다. 물건을 훔쳤다는 이유로 잡힌 것 같습니다. 저는 그때 농사일을 하며 그 상황을 멀리서 지켜보았습니다. 두 명은 그들 칼에 찔려 죽었는데 한 명은 이미 그전에 죽은 것 같았습니다.

한번은 일본인 한 명이 중국인에게 살해당하는 사건이 일어났습니다. 그때는 반경 5㎞ 내 마을 총 20개가 불태워졌습니다. 일본군이 약탈하러 갈 때는 보통 화평군(일제에 협력했던 왕징웨이의 군대)이나 중국 주민들 뒤에 달라붙어 움직였기에 구별이 쉽지 않아 공산 게릴라들도 공격하는 데 애를 먹었다고 들었습니다. 약탈해서 물건을 조달하는 역할을 맡은 일본 병사들은 보통 군복을 입지 않았습니다. 커다란 녹나무 거목을 베어간 적도 있었습니다.

저장-장시 작전 때 저는 동쪽 시골마을로 도피했습니다. 상공에는 비행기가 날아다니고 있었습니다. 처음에는 왜 비행기가 날아왔는지 몰랐는데 역시 일본군 때문에 날아온 거였습니다. 일본군을 피해 저는 후베이성(湖北省) 이창시(宜昌市)로 갔습니다. 남동생은 국민당군 입대 후 황포군관학교(黃埔軍官學校)에 입학했습니다. 우리 집은 나중에 이우시 황포군관학교 동창회 사무소가 되었습니다.

5.2 왕빙홍(王炳宏 88세)

[사진11] 왕빙홍 씨

제가 중학교 2학년 때 전쟁 때문에 학교가 휴교했습니다. 1942년은 집에서 지냈고 공습경보가 울릴 때마다 도망가곤 했습니다. 1942년 5월 21일, 일본군이 이우로 들어왔습니다. 이우시 근교에 위치한 상톈촌(上田村)에는 경비를 위한 망루가 세워졌습니다. 일본군은 농가에서 약탈을 했습니다. 마을 사람들은 오리와 닭, 소금에 절인 고기 등 좋은 것들을 다 빼앗겼습니다. 일본군은 말을 타고 달리며 말 위에서 지나가는 사람들의 보따리를 뺏기도 했습니다.

여자는 강간당했습니다. 쑹산촌에는 소아마비를 앓아 한쪽 다리가 불편한 20살쯤 돼 보이는 여성이 있었습니다. 여성은 일본 병사로부터 도망가지 못해 그대로 강간당했습니다. 그녀의 할머니도 전족 때문에 빨리 걷지 못했습니다. 일본 병사가 여성을 강간하는 동안 할머니는 우산으로 손녀를 가려주며 '괜찮아, 괜찮아' 말하면서 서 있었습니다. 파렴치한 행위를 하늘에 계신 신이 보지 못하게 하려는 것 같았습니다. 저는 그때 콩밭에 있었는데 멀리서 그 상황을 지켜볼 수 있었습니다.

일본군은 마을의 남자들을 포탕진(佛堂镇)에서 이팅(义亭)까지 도로를 만드는 일에 동원했습니다. 마을 주변 언덕에 있던 소나무 숲도 몽땅 베어갔습니다. 일본군 비행기가 자주 날아왔습니다. 마을 사람에 의하면 9월쯤 일본군 비행기가 날아와서 기체 뒷부분에서 가루 같은 것을 살포했다고 합니다. 그 후 쑹산촌에서는 페스트가 유행했습니다.

제가 살던 집은 할아버지의 삼형제 식구들이 함께 살았는데 규모가 큰 집이었습니다. 페스트가 유행하자 할아버지 형제 두 분의 식구들은 모두 대피했습니다. 저도 따라나서려고 했으나 어머니가 저와 함께 있기를 원하셔서 좀처럼 대피하지 못했습니다.

이웃이었던 왕진취안(王锦泉) 식구는 6명이나 페스트로 죽었습니다. 어머니와 사이가 좋았던 왕진취안네 할머니가 9월 29일 찾아와서는 "우리 집 주변에 페스트 유행이 심하다. 당신네 집에서는 아직도 아이들을 대피시키지 않았느냐"고 물으셨습니다. 하지만 우리 어머니는 저와 남동생을 대피시키지 않았습니다. 우리 집에 찾아오셨던 그 할머니는 바로 다음날 돌아가셨습니다. 폐페스트와 비슷한 증상으로 출혈이 있었고 옷 단추를 풀어도 가슴이 답답할 정도의 고통에 시달렸다고 합니다. 소식을 듣고 그토록 대피를 꺼렸던 어머니도 우리 형제를 다른 마을로 대피시켰습니다.

우리는 우선 쑹산촌 근교에 있는 상진촌(上金村)으로 갔습니다. 상진촌에 여동생이 양녀로 가 있었기 때문입니다. 하지만 마을에 가보니 마을 입구에 사람이 서 있어 쑹산촌에서 온 사람을 못 들어오게 막았습니다. 쑹산촌에 들어가지 못한 우리는 4~5km 정도 떨어진 어머니 친정이 있는 바오차이촌(鲍宅村)으로 갔습니다. 하지만 이 마을에서도 쑹산촌에서 온 사람은 진입이 허가되지 않았습니다.

그래서 이번에는 더 멀리 떨어져 있는 진화(金华) 근교 마을에 위치한 이모네 집으로 갔습니다. 운 좋게도 이 마을에는 페스트에 대해 아는 사람이 별로 없어 우리는 이모 집에 머물 수 있었습니다. 하지만 어머니 친정집이 가장 형편이 좋았기 때문에 결국 다시 바오차이촌으로 가게 되었습니다. 쑹산촌에서 직접 온 게 아니라 다른 마을을 거쳐서 왔기에 이번에는 마을에 들어갈 수 있었습니다. 우리는 어머니 친정에 머물면서 마을 아이들과 놀거나 집안일을 도우며 지냈습니다.

어느 날 관개용 수차를 밟고 있다가 동쪽 하늘을 가득 메운 연기가 모락모락 나는 것을 봤습니다. 바로 쑹산촌이 있는 방향이었습니다. 걱정이 된 저는 마을에 돌아가려고 했으나 사람들이 말려서 결국 가지 못했습니다. 일주일 후, 저는 12살 된 남동생을 바오차이촌에 남겨두고 혼자 마을로 향했습니다.

마을에 돌아왔을 때 마침 쑹산촌 입구로 시신 3구가 실려 왔습니다. 시신은 모두 짚돗자리로 감싸여 있었습니다. 그리고 길 곳곳에 죽은 쥐가 널려 있었습니다. 광장에 가보니 마을 사람들이 돗자리를 깔고 누워 있었습니다. 여기저기서 울음소리가 들렸습니다. 뒷산이 있는 쪽에서 마을로 들어갔는데 예전에 마을에 있던 큰 집이 사라지고 없어졌습니다. 다행히 우리 집은 아직 남아 있어 저는 안에 들어가서 점심을 먹었습니다. 점심을 먹고 한 시간이 지났을 무렵, 갑자기 림프절이 부으면서 딱딱해지고 달걀 크기만 한 멍울이 생기더니 열이 났습니다.

어머니는 페스트 감염자가 발견되면 린샨사로 보내져 죽게 됨을 알고 계셨습니다.

그래서 그렇게 되지 않도록 2층의 장작 보관고 안에 침대를 만들어 저를 숨겼습니다. 그때 2층 창문에서 밖이 보였던 것은 기억이 나는데 의식은 몽롱한 상태였습니다. 목이 말랐지만 어머니는 물 대신 집에서 직접 만든 소주를 병째 들고 와서 저에게 먹였습니다. 그리고 바늘로 림프절을 찔러 피를 뺐습니다. 처음에 거무칙칙한 피가 나왔는데 나중에는 새빨간 피로 바뀌었습니다. 다음 날에는 열이 내려가면서 식욕도 돌아와 밥을 먹을 수 있게 되었습니다.

어머니가 하신 치료법은 이우에서 들은 이야기를 참고로 한 것이었습니다. 제 할머니의 남동생 되시는 분은 이우에서 찻집을 운영하셨습니다. 어머니는 그 가게에서 페스트 환자에게 소주를 마시게 하면 살려낼 수 있다는 이야기를 들었다고 합니다. 당시 이우 인구가 1만 명이었는데 찻집은 정보를 주고받는 교류의 장이었습니다. 어머니가 소주를 먹여준 덕분에 저는 겨우 목숨을 건졌지만 친척인 할아버지 삼형제 가운데 차남 일가는 2명, 삼남 일가는 3명이 페스트로 죽었습니다.

상황이 악화되자 일본군은 마을을 불태우기로 결정하고 한 가족 당 냄비 하나와 쌀 5*kg* 정도, 그리고 이불 하나만 들고 뒷산에 있는 광장에 모이라고 했습니다. 일본군은 이불에 약을 뿌려 소독했습니다. 그다음 마을에 불을 질렀는데 집에 돌아가려고 하는 사람은 총으로 쐈습니다.

페스트가 다 나은 후인 1944년 다시 학교를 다니게 되었습니다. 중학교는 진화 근교의 공산 게릴라가 본거지를 두는 시커우진(寺口镇)이라는 곳에 있었습니다. 쑹산촌에서는 12*km* 정도 떨어져 있었습니다. 학생 수는 총 300명 정도로 반은 6개였습니다. 학생들은 중학교에서 기숙하며 공부했습니다. 25*kg*의 쌀이 학비였습니다. 자신이 먹을 쌀만 있으면 학교를 다닐 수 있었습니다. 학교는 산기슭에 있었고 게릴라 병사들은 산 위에 있었습니다. 어느 날, 학생들이 장작을 많이 태운 적이 있는데 일본군이 밑의 마을을 깡그리 불태운 줄 알고 게릴라 병사들이 내려오기도 했습니다.

일본군은 1945년 투항할 때까지 이우에 있었습니다. 진화에서 온 국민당 정부가 일본군을 무장 해제하고 무기를 접수했습니다. 이우와 상양(尚阳)에 각각 100명씩 일본 병사가 있었는데 모두 취저우로 철수했습니다. 일본군이 철수한 날에는 폭죽을 터트렸습니다. 산속에 도망갔던 현정부(縣政府)도 돌아와서 승리를 축하했습니다. 이우 서쪽은 공산 세력의 영향권 아래 있었습니다. 일본군이 철수한 후부터는 국민당군과 공산당군에 의한 전투가 시작됐습니다. 국민당군은 주로 현성(縣城 시가지)을 장악했으며 쑹산촌과 같은 시골마을에는 별 영향을 미치지 못했습니다.

전쟁에 대해 지금까지 잊을 수 없는 것은 페스트 피해를 입은 것과 학교에 가지 못한 것입니다. 1학기도 채 끝내지 않은 상태에서 학교가 휴교해, 수학 과목에서 기하학 중간까지밖에 배우지 못한 것이 아쉬웠던 기억이 납니다.

5.3 왕페이건(王培根 침화일군세균전피해자협회 사무국장)

[사진12] 왕페이건 씨

전쟁에서 잊을 수 없는 일은 집이 불태워져 마을 사당에서 지내야 했던 것입니다. 당시 15살이었던 저는 학교에 다니지 못하고 진화에 가서 수습으로 일하며 햄 만드는 법을 배웠습니다. 할머니와 할아버지는 1943년 빈곤과 식량난 때문에 돌아가셨습니다.

우리 아버지와 옆집 부부는 사이가 좋아 저를 많이 예뻐해 주셨습니다. 시장에서 맛있는 음식을 사와 저한테 주시기도 했습니다. 어느 날, 옆집에 놀러 갔다가 부부가 쓰러져 있는 것을 발견했습니다. 놀란 저는 바로 집에 달려가 아버지에게 이를 알렸습니다. 그 후에도 밖에 놀러 나갔다가 쓰러져 있는 사람을 발견한 적 있는데 아버지는 거리를 싸돌아다니는 저를 보고 "마을에 지금 전염병이 돌고 있는 걸 모르냐"며 화를 내셨습니다.

일본군은 집마다 냄비 하나와 쌀 5*kg*, 이불을 한 채씩 들고 산 쪽 광장으로 모이도록 명령했습니다. 저는 일본군 몰래 숨어서 집 안에 있는 가구를 들고 나왔습니다.

일본군은 중국인 위안부 두 명을 항저우에서 데리고 왔습니다. 여성은 22살로 헌병대장(아오모리현 사람) 전용 위안부였습니다. 헌병대장은 한간에게 "일본에 같이 가지 않겠느냐"는 제안을 했는데 한간은 이를 거절했다고 합니다. 그는 1949년에 국민당군 재판에서 심판을 받아 형무소에 수감되었고 공산당 집권 후에도 20년 금고형에 처해졌다고 합니다.

* 취저우와 쑹산촌, 이우에서 조사할 때 가오치앙(高强) 씨께서 큰 도움 주셨습니다. 깊이 감사드립니다.

100부대에 대하여

가리타 게이시로(刈田啓史郎)

731부대에 대해선 그래도 어느 정도 진상이 드러나고 있으나 같은 세균부대였던 100부대(관동군군마방역창 関東軍軍馬防疫廠)에 대해서는 여전히 불투명한 점이 많다. 100부대의 실태를 알 수 있는 자료는 하바롭스크 재판 공판서류와 그 후 나온 증언들이 거의 전부였다. 최근 에다 이즈미(江田いづみ)가 100부대에 대해 정리한 보고서를 발표했지만[1] 여전히 그 전모는 모호하다.

2006년 여름에 우리 4차 중국방문단은 지린성의 사회과학원에서 일본 세균전을 연구하시는 셰쉐즈(解学志), 정훙마오(郑洪茂), 리리(李力) 세 분을 만나 연구 성과에 대해 들었다. 다양한 자료를 제공해 주셨고,[2] 100부대 옛터까지 직접 안내해주셨다. 100부대 옛터는 지금의 중국 지린성 창춘시 멍자툰(孟家屯)에 위치했으며 유적 일부가 현재 중국 '제일 자동차' 공장으로 사용되고 있었다.

본문에서는 옛터 정황과 이번 조사를 통해 얻은 자료, 기존 연구 보고 등을 바탕으로 100부대 실상을 소개한다. 에다 이즈미의 보고와 하바롭스크 재판 사료를 내용별로 정리해 소개할 것이다. 특히 수의사 중심으로 군마와 가축에 대해 연구하던 부대가 사람 대상 생체실험을 하게 된 이유에 주목했다.

1. 100부대 성립 경위

100부대 전신인 관동군임시병마수용소(臨時病馬収容所)는 1931년 11월, 창춘 콴청쯔(寛城子)에 설립되었다. 초대 소장은 오노 노리미치(小野紀道)였다. 그리고 1933년 4월에는 세균전에 관여하는 직접 계기가 된 세균연구실이 와타나베 다다시(渡辺中) 수의

총감 지시로 만들어졌다. 같은 해 8월 관동군임시병마창으로 명칭이 바뀐 다음 1936년 8월에 다시 관동군군마방역창으로 명칭이 바뀌었다. 이때 100부대라는 별칭도 처음 등장했다. 군마 치료와 방역(특히 비저균), 그리고 백신 제조와 세균전연구가 100부대의 주요 목적이었다. 100부대는 1939년에 시설을 멍자툰으로 옮긴 후 1945년 패전 때까지 그곳에 존재했다. 1941년에는 관동군 사령관으로부터 비저균 대량생산을 비롯한 가축 세균전 준비를 명령받았다. 그후 부대 안에서는 본격 세균전 준비를 했지만 대외적으로는 '수역예방부'(獸疫予防部)를 표방했다.

한편 731부대는 1932년 도쿄에 이시이 시로를 수장으로 하는 방역연구실과 하얼빈의 베이인허에 설치된 방역반에서 시작된다. 1936년에는 관동군방역부로 명칭이 바뀌고 같은 해 가을부터는 핑팡에 새로운 연구소를 건설하기 시작했다.(1939년 무렵 완성) 이처럼 100부대와 731부대는 시설 건립 및 기능 확대가 거의 같은 시기에 이루어졌다. 따라서 세균전 준비 역시 두 부대에서 같은 시기에 진행됐을 가능성이 크다.[1·3]

2. 100부대의 규모와 구성

100부대는 패전 때까지 중국 지린성 창춘시 멍자툰에 있었으며 그 규모는 동서 500m, 남북 1,000m로 일본인 800명과 중국인 300명(사람 수는 신페이린辛培林 · 한샤오韓暁[4]의 추정으로, 다른 자료와는 차이가 있음)이 부대에 복무했다. 부대는 관동군 사령부 직속 관할이었으며 주요 부서는 다음과 같았다.

* 서무부(庶務部):

제1부 검역

제2부 시험연구

(제1과 균과, 제2과 병리학과, 제3과 실험용 동물 관리, 제4과 유기화학과, 제5과 식물과, 제6과 세균전 준비)

제3부 혈청 제조

제4부 자재 보급

제5부 교육부

아울러 100부대는 라구역(拉古站)과 다롄에도 지부를 두었다. 제2부 제6과는 1943년 만들어졌는데 세균전을 연구하고 세균을 대량생산하는 것이 주요 임무였다. 제5부는 군의 수의 교육을 담당하는 부서이며 일본군 군마방역대 중견 간부 양성을 담당했다.[1·3·4·5·6]

100부대 운영 비용은 크게 두 경로를 통해 지급되었다. 근무원 유지와 관동군 내에서 이루어지는 방역 사무에 드는 비용은 일본 육군성이 지급했으며, 세균무기 연구 및 제조는 관동군 사령부 기밀비를 통해 이루어졌다.[5·7]

3. 100부대에서 연구 생산된 세균 종류 및 생산량

관동군 수의부장인 다카하시 다카아쓰(高橋隆篤)는 100부대에서 제조 가능한 연간 생산능력을 당초 탄저균 1000*kg*, 비저균 500*kg*, 적수병균(赤穗病菌) 100*kg*이라고 관동군 사령관 우메쓰(梅津) 대장에게 보고했다. 1943년 3월 말 시점에 실제 제2부가 생산 가능한 세균량은 탄저균 200*kg*, 비저균 100*kg*, 적수병균 20~30*kg*였다.[4·8]

4. 100부대 안의 연구자

100부대에는 군수의관(軍獸醫官)과 수의사 이외에 육군 기사(技師)가 연구자로 있었는데, 그들은 모두 화학과 식물학 등 순수 기초과학 전공자였다. 또한 육군수의학교와 도쿄대 전염병연구소에도 100부대를 지원하는 관계자가 다수 있었다.[1·4]

부대 주요 구성원으로는 다카하시 다카아쓰(도쿄제대 출신 수의사)와 나미카와 사이조(並河才三, 모리오카농림전문학교 출신 수의사), 와카마쓰 아리지로(若松有次郎, 도쿄제대 출신 수의사), 이다 기요시(井田清, 홋카이도제대 출신 기사), 쓰지 요시카즈(辻嘉一, 홋카이도제대 출신 수의사) 등을 들 수 있다. 동창생 위주로 구성원이 선정되었기 때문에 100부대 구성원은 도쿄제대와 홋카이도제대 관계자들이 다수였던 것으로 추정된다. 또한 100부대에 선발된 수의사는 각 대학의 수재들이었다고 한다.[3]

5. 100부대 협력기관

100부대의 활동, 특히 세균 제조에 협력했던 기관으로서 다음 4개 기관을 들 수 있다.[1·3]

① 마저연구처(馬疽研究処) : 대륙과학원 산하 기관으로 100부대와 가까운 곳에 연구 시설이 있었다. 관동군 참모부의 요청으로 1938년부터 100부대에 균주(탄저균, 비저균 등)와 탄저백신, 탄저혈청 등을 제공했다. 균주는 균 자체의 독성을 강화하는 방식으로 제조되었으며 100부대는 늘 독성 강한 세균을 요구했다고 한다. 마저연구처는 전자현미경 대여 등 세균배양에 필요한 연구 기구 제공 업무도 맡았다. 아울러 인력지원도 맡아, 홋카이도제대와 도호쿠제대, 도쿄제대, 모리오카농림전문학교 등에서 졸업생 300명(1934년-1940년 7년 간)을 모집해 100부대를 비롯한 각 행정기관으로 보냈다.

② 위생기술창(衛生技術廠) : 중국 창춘에 있던 기관이며 탄저백신을 만드는 공동연구를 수행했다.

③ 도쿄대 전염병연구소

④ 육군수의학교

이러한 기관들이 100부대와 공동연구를 수행하거나 인적 네트워크를 통해 교류했을 가능성이 크다.

6. 100부대의 세균전연구

100부대는 과연 어느 시점부터 세균전연구를 시작하고 인체실험을 했을까. 관동군 임시병마창이 설립되기 직전인 1933년, 와타나베 다다시 수의총감은 "관동군은 세균 연구에 착수해 세균전에 대비해야 한다. 세균연구실을 마련하도록 하라"며 연구실 설치를 명령했다.[3]

그리고 1941년 9월에 내려진 관동군 사령부 명령을 통해 본격적으로 세균전 준비가 시작되었다. 당시 이를 명령한 관동군 사령부 수의부장 다카하시 다카아쓰는 하바롭스

크 재판에서 다음과 같이 증언했다.[9]

> 세균전 준비 계획에 대해서는 1941년 9월에 열린 회의 자리에서 당시 관동군 사령관이었던 우메쓰로부터 직접 들었다.

이 두 번의 시기야말로 바로 100부대가 세균전에 관여하는 결정적 계기가 된 시점이라 하겠다. 1943년 12월에 제2부 제6과가 신설됨에 따라 그 기능이 크게 발전했고 세균무기의 대량생산이 가능해진 것으로 추정된다. 군속 히라자쿠라 젠사쿠(平櫻全作)는 제2부 제6과와 관련해 다음과 같은 증언을 남겼다.[10]

> 1943년 관동군 수의부장이었던 다카하시 중장이 부대 실험실을 시찰하러 왔는데 일주일 후 100부대 제2부에 제6과를 신설하라는 명령이 내려졌다. 당시 제2부 제1과가 맡았던 기능과 다른 과 기능 일부를 합치고 새로운 인원도 투입해 제6과가 만들어졌다. 제1과 관할이었던 지하실도 모두 신설된 제6과가 관리하게 되었다. 신설된 제6과가 필요한 시설들도 1944년에 이르기까지 계속해서 지어졌다.(필자 요약)

하바롭스크 재판 공판서류에도 명령을 내린 다카하시의 "세균무기 증산을 위해 관동군 사령부 제2부와 논의한 후, 제 지시에 따라 1943년 12월 제100부대 제2부 내에 세균무기 대량생산을 임무로 하는 제6과가 편성되었습니다"라는 증언이 담겼다.[11]

이처럼 여러 증언을 통해 1943년 12월 제2부 제6과가 신설되면서 세균전을 위한 본격 준비가 시작된 듯하다. 미토모 가즈오(三友一男)와 히라자쿠라 젠사쿠가 증언한 100부대에서 이루어진 생체실험 역시 제6과가 신설된 후인 1944년에 일어난 일이었다. 이 미토모와 히라자쿠라가 증언한 생체실험의 직접적인 목적이 세균전을 위한 연구였는지에 대해서는 아직 의문점이 많이 남았는데 이에 대해 다음 절에서 자세히 검토한다.

7. 100부대에서 실시된 세균전 준비를 위한 야외실험과 생체실험, 그리고 목적

먼저 하바롭스크 재판에서 피고인이 증언한 내용 가운데 100부대가 관여한 세균전 예행연습 내용과 사용된 세균 종류, 그리고 생체실험 등에 대해 간단하게 소개하겠다.

7.1 세균전 예행연습

[히라자쿠라 젠사쿠의 증언][12]

1942년 7월, 하계 연습에 참여했다. 연구원과 장교, 기술원 모두 합쳐 총 30명 정도가 참여했고 무라모토(村本) 소좌가 지휘를 했다. 고무보트를 타고 소련 국경에 있는 더불강(river Derbul)에 약 100m 간격으로 비저균을 투하하여 오염시켰다.(필자요약).

이 연습에는 미토모 가즈오도 참여했다. 히라자쿠라와 미토모 모두 100부대 제2부 제6과 소속이었다.

7.2 100부대에서 실시된 세균전연구를 위한 생체실험에 관한 증언

[미토모 가즈오의 증언][13]

살아 있는 인간을 사용한 실험은 1944년 8, 9월에 실시되었다. 피험자가 눈치채지 못하게 수면제나 독약을 타 실험했다. 나는 100부대에서 러시아인과 중국인 7, 8명을 대상으로 독약 효과에 대해 실험했다. 실험에 사용한 약품으로는 흰독말풀과 헤로인, 피마자 씨앗 등이 있었다. 이들 약품을 음식에 섞어서 줬다. 국에는 주로 흰독말풀, 죽과 담배에는 헤로인 등을 섞었다. 흰독말풀을 넣은 국을 마신 피험자는 30분 내지 한 시간 후 잠들었고 한 번 잠들면 5시간은 깨지 않았다. 피험자는 2주가 지나면 실험으로 인해 쇠약해져 쓸모가 없어지기에 모두 살해되었다. 러시아인 한 명은 내가 청산가리를 주사해 죽였다. 내가 헤로인 1g을 넣은 죽을 먹은 중국인도 의식불명 상태가 몇 시간 계속되더니 그대로 죽었다. 다른 피험자는 비밀 유지를 위해 헌병에게 총살당했다.(필자 요약)

[히라자쿠라의 증언][14]

1944년 9월, 마쓰이(松井) 연구원이 채소나 과일 같은 것이 들어있는 식기를 들고 있었다. 어디로 들고 가냐고 물었더니 그는 "살아 있는 인간으로 실험하기 위해 격리소로 들고 간다"고 대답했다.(필자 요약).

[하타키 아키라(畑木章)의 증언][15]

100부대에서 실시된 세균 효력 시험은 가축과 살아 있는 인간을 사용했다. 그래서 100부대에는 말과 소, 기타 가축들이 있었고 격리소에는 사람이 유치되어 있었다. 나는 이를 직접 봐서 안다.(필자 요약)

[후쿠스미 미쓰요시(福住光由)의 증언][16]

이들 독약의 효력을 검증하기 위해 가축과 살아 있는 인간을 대상으로 실험했다.

100부대에서 강제노역을 한 한위(韩蔚)라는 인물도 100부대 참관 시 수술 차량에서 사체를 봤다고 증언한 바 있다.[4,5] 1950년 100부대 옛터의 가축 매장지에서 말뼈와 함께 인골이 여럿 발굴되기도 했다. 생체실험을 한 미토모 가즈오가 이곳을 "실험 후 시신을 묻은 곳"이라고 증언한 바 있다.[1,4,5] 부대에 있는 대형차로 강생원(康生院 마약 중독 환자 전용 수용소)에 수용된 환자 4명을 실어 갔다는 증언도 있다.[1]

이처럼 여러 증언을 통해 100부대 내에서 세균전을 위한 야외실험과 살아 있는 인간을 사용한 생체실험이 있었음을 확인할 수 있었다. 대부분의 생체실험은 마취약 등 약물 독성을 검증하기 위한 실험이었고 정작 대량생산된 탄저균 독성을 실험하기 위한 생체실험이 있었다는 확실한 증거는 없다. 때문에 100부대에서 이루어진 생체실험이 세균무기 개발을 위한 것이었는지는 의문의 여지가 있다.

세균전을 준비하면서 반드시 인간을 이용한 생체실험이 과연 필요했을까 하는 의문도 가져 본다. 100부대에서 배양했던 탄저균이나 비저균과 같은 균주는 가축에게는 강한 독성을 보이지만 사람에게는 그리 높은 독성을 갖지 않기 때문이다. 페스트균, 콜레라균과 같은 사람에게 독성이 강한 균이 이미 있는데, 굳이 높은 독성을 가진 탄저균과 비저균을 만들기 위해 인간을 사용한 생체실험까지 했을 것 같지는 않다. 731부대에서 페스트균과 콜레라균을 사용해 강력한 균주를 만들기 위한 생체실험이 추진되었던 점과는 근본적으로 다르다. 100부대에서 페스트에 관한 본격 연구는 이루어지지 않았다고 보는 연구자도 있다.[17]

100부대에서 생체실험을 진행한 목적에 대해서도 고민해볼 필요가 있다. 생체실험이 세균전 준비를 위해서만 시행됐다고 단정할 필요는 없다. 설령 세균무기를 사용하는 경우라 할지라도 전쟁에서는 다양한 형태의 정보전이 이루어진다. 상대(이 경우는 중국 병사나 주민들)로부터 정확한 정보를 얻기 위해 약물을 이용해 착란상태에 이르게 한 다음 자백을 유도하는 일이 그 당시 빈번히 이루었던 것으로 추정되는데 이러한 정보전을 위해서도 더 효과적인 약물이 필요했을 것이다.

물론 세균전 준비를 위해 생체실험을 했을 가능성을 배제할 수 없다. 세균전 무기개발은 국제조약에 위배되는 행위였기에 이러한 실험을 하려면 비밀이 철저히 지켜지는 공간이 필요했다. 내부 정보가 유출될 걱정이 없는 100부대가 이에 이상적인 생체실험 공간으로 활용되었을 수 있다.

8. 패전 시 100부대 처리

패전 직전인 1945년 8월 10일, 와카마쓰 부대장의 명령으로 증거 은폐를 위해 100부대 건물과 기재는 일제히 불태워졌고 사육하던 가축도 모두 방사되었다. 100부대 대원이었던 구와하라 아키라(桑原明)의 증언에 따르면 "비저균을 섞은 귀리를 먹인 말 60마리를 방사했다"고 한다. 그 후 부대장 이하의 부대원 전원과 가족들이 전용 열차를 타고 조선으로 도주했다.[3] 이러한 일련의 움직임은 731부대의 은폐 방식과 동일하다. 관동군 사령부의 명령에 따른 공통된 조치였다고 추정된다.

마지막으로

100부대는 731부대와 마찬가지로 세균전을 수행하는 데 있어 중요한 구실을 했으며 그 과정에서 잔인한 생체실험이 이루어졌다. 하지만 가축에 타격을 주기 위한 세균무기 개발이 주요 목적이었기에 아무래도 731부대와는 다소 성격이 다른 부분이 있지 않았을까 싶다. 주요 실험을 보면 731부대와 100부대의 차이가 확연히 드러난다. 독성이 강한 병원균(페스트균과 콜레라균)에 중국인 병사와 주민을 감염시키는 것을 목적으로 인체실험을 했던 731부대와 달리 100부대는 탄저균과 비저균을 비롯한 가축에게 독성이 강한 병원균을 이용해 군마 등의 가축에 타격을 주어 군 기능을 마비시키는 것이 실험의 주요 목적이었다.

100부대가 야외실험을 많이 했던 것도 바로 가축 대상 실험을 많이 했기 때문이다. 사람을 이용한 잔인한 생체실험이 100부대에서 이루어졌던 것은 틀림없는 사실이지만 어디까지나 세균무기를 개발하기 위해서가 아니라 정보전에서 필요한 약물개발을 목적으로 실험이 이루어졌던 것으로 추정된다. 물론 그렇다고 해서 100부대에서 이루어졌던 생체실험이 용납되는 것은 절대 아니다. 731부대의 생체실험보다 결코 덜 잔인했다고도 할 수 없을 것이다.

아울러, 731부대의 경우 군의가 중심이 되어 활동했던 반면 100부대는 수의사가 중심이 되어 활동했다는 특징이 있다. 일본의 의학자와 의사를 둘러싼 '15년전쟁' 참여와 책임 문제와 더불어 수의학자 및 수의사가 몸담고 있는 수의사계 그리고 100부대의 연구자를 공급한 관련 대학들의 역할에 대해서도 앞으로 연구할 필요가 있다.

인용·참고문헌

1. 江田いづみ,「関東軍軍馬防疫廠」, 松村高夫他,『戰争と疫病』, 本の友社, 1997, pp. 41-71
2. 第4次訪中調査録,『15年戰争と日本の医学医療研究会会誌』 7 (1), 2007, pp. 22 - 29
3. 江田憲治 · 児嶋俊郎 · 松村高夫編訳,『証言 : 人体実験七三一部隊とその周辺—』, 同文館, 1991, pp. 229 - 250
4. 辛培林 · 韓暁,「日軍七三一部隊罪悪史」, 黒龍江人民出版社, 1991(100部隊(関東軍獣類防疫部)の実像,『七三一部隊』, 老田裕美訳, 東方出版, 1994, pp. 162-168)
5. シェルダン · ハリス, 近藤昭二訳,『死の工場』, 柏書房, 1999, pp. 152 - 172
6.『細菌戰用兵器の準備及び使用の廉で起訴された元日本軍人の事件に関する公判書類』, 外国語図書出版所, 1950, pp. 415 - 416
7. 위 6. 책, p. 72
8. 위 6. 책, pp. 418 - 419
9. 위 6. 책, pp. 414 - 415
10. 위 6. 책, pp. 394 - 395
11. 위 6. 책, p. 67
12. 위 6. 책, pp. 395 - 396
13. 위 6. 책, pp. 408 - 410
14. 위 6. 책, p. 395
15. 위 6. 책, p. 28
16. 위 6. 책, p. 28
17. 常石敬一,『戰場の疫学』, 海鳴社, 2005, pp. 168

3부 731부대원의 전말

秘

凍傷ニ就テ

昭和十六年十月二十六日

満洲第七三一部隊

陸軍技師 吉村壽

Tosho ni tsuite

Interdepartmental Committee for the Acquisition of Foreign Publications

Nil Book on climatic conditions Manchuria

1941

M3

Yoshimura Toshi

누구나 알지만
아무도 모르는
731부대

세균전부대에 관한 사료와 어느 장교의 최후

곤도 쇼지(近藤昭二)

일본의 의학자와 의사들이 저지른 전쟁범죄를 추적하는 연구는 지난한 노력이 필요하다. 특히 731부대 및 세균전에 대해 검증하는 작업은 일본 정부가 관련 자료를 공개하지 않고 있어 더욱 그렇다.

1986년 9월에 열린 제99회 미국 의회공청회에서 미국 정부 측 관계자는 압수했던 관련 자료를 1958년 4월 일본 정부에 반환했다고 발언했다. 하지만 일본 정부는 1997년 일본 국회에서 진행된 관련 논의에서 사토 겐(佐藤謙) 방위청 방위국장의 입을 통해 다음과 같이 답변했다.[1]

> 미국이 압수한 구 육군 자료를 반환받아 전쟁사(戰史)에 관한 조사 연구에 활용하고자 현재 방위연구소에서 약 4만 건에 달하는 자료를 보관하고 있습니다. 하지만 그 가운데 지적하신 731부대, 정식 명칭 관동군방역급수부의 활동 상황이나 해당 부대와 세균전의 연관성을 보여주는 자료는 없는 것으로 알고 있습니다. 다만 반환된 자료 가운데 관동군 부대 편성 등을 기술한 자료에서 관동군방역급수부를 언급한 것이 총 4건 있었습니다. 하지만 해당 부대의 활동 상황이나 세균전과의 연관성을 알 수 있는 자료는 없었습니다.

2년 후 열린 국회 질의에서도 노로타 호세이(野呂田芳成) 방위청 장관은 "확인된 사료는 없다"고 잘라 말했다.[2]

현재까지 공개된 방위성 보관 자료 가운데 731부대와 관련된 것은 "4건"보다 늘어났지만 불과 약 30점으로 총 100쪽도 안 된다. 게다가 대부분 자료는 부대 편제와 부대 약력에 관한 내용이며 실제 731부대가 했던 연구 내용이나 활동 상황을 알 수 있는 것은 없다. 중요한 정보가 담겨 있을 만한 자료들은 현재 '조사 중' 혹은 '확인 중', 아니면 '사생활 침해 우려가 있어 공개할 수 없음' 등을 이유로 전부 비공개 처리되었다.

따라서 일본 세균전부대의 실태를 밝히기 위해선 미국, 중국, 러시아에 남아 있는 관련 문서를 직접 발굴하고 그 단편들을 퍼즐처럼 맞춰가야 한다. 그리고 사료와 실제 사이 간극은 생존한 부대원이나 관계자를 만나 그들의 증언을 통해 메우는 수밖에 없다.

1. 미국 측 사료

다행히 미국에서는 1960년대부터 많은 관련 문서가 국립공문서관 등을 통해 공개되고 있다. 칼라로 된 인체 해부도와 현미경 사진이 있는 것으로 유명한 탄저균 실험 보고서(A리포트), 그리고 중국 능안 및 신징 지역에서 발생한 페스트 유행과 관련된 보고서(Q리포트)는 이미 1960년 5월에 기밀 해제되었다.

1981년에는 존 파웰 Jr.가 수많은 공문서 자료를 연구해 「일본의 생물무기 : 1930-1945 은폐된 역사의 1장」[3]이라는 논문을 발표했다. 파웰은 미국 정부가 공개한 자료, 즉 GHQ와 미국 국무부 · 육군부 · 해군부 조정위 극동소위원회(State – War – Navy Coordinating Subcommittee for the Far East) 사이에 오간 기밀전보와 미국의 생물전 전문가가 731부대원을 조사한 제4차 보고서(힐리포트) 등을 분석했다. 그는 이 논문을 통해 미국이 소련을 의식해 국익 차원에서 731부대 연구 성과를 얻고자 했으며, 이를 위해 전범 면책을 대가로 제공하였다는 경위를 처음으로 밝혀냈다. 731부대의 인체실험 진위 여부에 대한 본격적인 검토 역시 이 논문을 통해 이루어졌다. 그 후 미국의 생물전연구소인 포트디트릭(Fort Detrick)이 보관하던 제2차 조사 보고서(톰프슨리포트) 등이 쓰네이시 게이이치(常石敬一)와 모리무라 세이이치(森村誠一), 시모사토 마사키(下里正樹)에 의해 발굴되었다.

그런데 미국에서 발견된 자료들은 공문서관과 군 기지 등 각지에 분산되어 있었기에 연구자들이 접근하는 데 많은 불편이 따랐다. 이에 대한 문제의식을 가졌던 필자는 1989년 2차대전 후 세균무기를 둘러싼 미일 공조에 관한 방송 프로그램을 제작한 것이 계기가 되어 731부대 관련 자료를 수집하게 되었다. 그 후 14년 동안 10편이 넘는 731부대 관련 프로그램을 제작하면서 워싱턴공문서관, 의회도서관, 맥아더기념관, 포트디트릭, 포트미드(Fort Meade), 더그웨이실험장 등의 육군기지, 런던공문서관 등을 방문하여 약 6천 쪽에 가까운 문서를 모았다.(다른 연구자들이 발견한 것 포함) 그리고 2003년, 모았던 자료들을 정리해 『731부대 세균전자료집성』(CD-ROM 판)을 출판했다.[4]

이 세균전자료집성에는 2003년까지 발굴된 731부대와 관련된 거의 모든 자료가 망라되었는데 주요 내용은 다음과 같다.

- 미국이 일본과 전쟁을 시작했을 무렵, 추축국[1] (일본, 독일, 이탈리아) 측의 세균전을 의심하기 시작했다는 내용의 문서
- 중국에서 발생한 페스트 유행에 관한 보고 서류
- 점차 731부대로 초점이 맞춰지는 경과를 보여주는 자료
- 일본의 생물전에 관한 미군의 전선(前線) 정보
- 일본군의 세균무기 제조 및 사용에 관한 미군 조사 보고
- 731부대에서 이루어진 인체실험에 관한 논문
- 731부대가 전쟁 중 그리고 전쟁 후에도 생체실험 사실을 계속 은폐해 왔다는 증거 자료
- 일본군이 종전을 전후해 기밀문서를 소각하여 증거 인멸을 꾀했다는 증거 자료
- 종전 후 4차례에 걸쳐 미군이 731부대원을 대상으로 진행한 신문 조서
- 일본군 및 일본 정부 고위관급 관계자가 731부대의 생체실험과 공격용 세균무기 개발 사실을 은폐해 왔다는 증거 자료
- 731부대원들이 전범 면책을 요구한 사실, 그리고 미국이 이를 수용하는 대신 연구 데이터를 받았고 이로 인해 731부대 범죄가 은폐되었다는 사실 등을 확인할 수 있는 문서

하지만 미국에도 기록상 분명 존재하나 여전히 비공개인 자료가 적지 않다. 예를 들어 제3차 731부대 조사 시 작성된 펠리포트에서 언급된 데이터와 보고서들도 소재가 불분명하다.

한편, 미국에서는 1998년에 나치스전쟁범죄정보공개법(PL 105-246)이, 2000년에 일본제국정부정보공개법(PL 106-567)이 통과됨에 따라 IWG(The Interagency Working Group)에서 일본 전쟁범죄에 관한 문서 공개 심사가 진행되었다. 심사 결과는 2007년

---

1. 추축국(樞軸國)은 본래 제2차 세계대전 때 일본, 독일, 이탈리아가 맺은 삼국 동맹을 지지하여 미국, 영국, 프랑스 등의 연합국과 대립한 여러 나라를 말한다. 1936년에 무솔리니가 '유럽의 국제 관계는 로마와 베를린을 연결하는 선을 추축으로 하여 변화할 것이다'라고 연설한 데서 유래한 말이다. (표준국어대사전 참고)

에 공개되었는데, 7년간 무려 800만 쪽에 달하는 문서를 검토했다고 한다. 2007년 1월, IWG는 세 종류의 가이드라인과 약 10만 쪽분의 문서 목록을 공개했다. 세균전과 관련된 자료도 포함되었는데 주요 목록은 다음과 같다.

- 일본의 전쟁범죄와 관련 기록 : 국립공문서관 기록 가이드 (Japanese War Crimes and Related Records: A Guide to Records in the National Archives compiled by Greg Bradsher. 1,700쪽 가량)
- 일본의 전쟁범죄 기록 탐구 (Researching Japanese War Crimes Records Introductory Essays by IWG. 230쪽 가량)
- 일본의 전쟁범죄와 생물전 기록 선집 (Selected Documents on Japanese War Crimes and Japanese Biological Warfare 1934-2006 compiled by William H. Cunliffe. 170쪽, 1,250건)

2. 중국 측 사료

다음으로 중국 측 자료에 대해 살펴보고자 한다. 세균전 피해 당사국인 중국에는 피해 당시 기록도 남아 있다. 대표적으로 일본이 중국의 11개 도시에서 시행한 세균 공격에 대해 당시 중국 위생처가 조사하여 영국 대사관에 제출한 보고서가 있다.[2]

하지만 중국 측의 731부대에 대한 조사는 전쟁이 끝난 후인 1950년 3월에서야 비로소 시작되었다. 1950년 2월 스탈린과 마오쩌둥이 '중소우호동맹상호원조조약'을 맺은 것이 조사의 발판이 됐다. 일본 천황과 이시이 시로 등을 전범으로 심판하려 했던 소련 측 요청을 받아들여 731부대 본거지와 야외실험장, 100부대에 대한 실태 조사를 시작했다.

당시 중국공산당 동북인민정부 위생부가 실시한 이 조사 결과는 『핑팡 세균공장 실태조사 기록』(平房细菌工厂纪实), 『안다-주지아야오 세균공장 실태조사 기록』(安达鞠家

2. 이 보고서는 천원구이(陈文贵) 등이 작성한 것이다. 천원구이는 1936년 유엔위생부 초청으로 인도에 있는 연구소에 가 페스트를 연구했던 세균학자이며 당시는 중국 군정 전시 위생요원훈련총소(中国軍政戦時衛生要員訓練総所) 검사학반(検査学班) 주임을 맡고 있었다. (松村高夫, 「731部隊による細菌戦と戦時 · 戦後医学」, 『三田学会雑誌』 106(1), 2013, p.55 참고)

窑细菌工厂记实) 등으로[5] 정리되었다. 이 조사를 통해 731부대가 증거 은폐를 위해 시설을 파괴할 때 실험실에서 빠져나간 쥐들로 인해 페스트가 유행했다는 사실과 안다에 있던 야외실험장의 건물 배치가 새롭게 밝혀졌다.

그 후 한국전쟁이 격화되면서 미군이 세균전을 실시했다는 의혹이 제기됐고, 이에 대해 국제과학위원회가 조사를 진행하는 과정에서 731부대 문제가 또다시 도마 위에 올랐다. 731부대 문제가 재조명되면서 중국 측 조사에도 속도가 붙어, 1952년 11월에는 『731부대와 100부대의 죄악활동 보고』(731和100细菌部队的罪恶活动进行了调查报告)[6]가 작성되었다. 이것은 중국에서 작성된 최초의 731부대에 대한 체계적 조사 보고서라 하겠다.

같은 시기 하얼빈 감옥과 랴오닝성의 푸순전범관리소에서는 소련에서 이감된 포로 969명을 대상으로 과거 이력 등을 조사하였다. 조사 결과 관동군 헌병대 사령부 소속이었던 요시후사 도라오(吉房虎雄)를 비롯해 세균전 및 731부대 관계자 다수가 포함되어 있었다. 이들을 조사한 김원(金源)[3] 푸순전범관리소 소장에 따르면 1956년 석방 때까지 총 4년 동안 이들로부터 나온 조서와 자필 수기 양이 무려 철도 화물차 4칸 분량이었다고 한다. 그 방대한 자료는 베이징 중앙 당안관으로 옮겨져 분야별로 정리되었고, 핵심 내용은 『일본제국주의 중국침략 당안자료 선집』(日本帝国主义侵华档案资料选编) 시리즈의 한 권으로 『세균전과 독가스전』[7]이라는 이름으로 간행되었다.

이 중 세균전과 관련된 부분은 『증언 생체해부--구 일본군의 전쟁범죄』[8]와 『증언 인체실험-731부대와 그 주변』[9], 『증언 세균작전-BC병기의 원점』[10]이라는 제목으로 일본에서도 출판되었다. 구체적이고 생생한 가해 사실이 담긴 이 획기적인 자료는 중국뿐 아니라 일본에도 상당한 자극을 주어 보다 폭넓은 연구 활동의 촉매제가 되었다.

아울러 마치 『세균전과 독가스전』 출판에 맞춰 땅속에서 솟아올라온 듯, 1989년 7월 일본 육군군의학교 방역연구실(세균전연구의 중추) 옛터 주변에서 인골이 여러 점 발견됐다.[4] 그리고 이때 피해자 유가족이 처음 모습을 드러냈다. 중국 측 피해자 유가족인

---

3. 김원은 일제 강점기인 1926년 4월 8일 경상북도 봉화군 봉화읍 황전동에서 태어났다. 1930년경 만주 지역으로 건너갔다. 1945년 해방을 맞았으나 중국 내전으로 귀국하지 못하고 아예 중국에 정착했다. 1946년 3월 중국 인민해방군에 입대했으며, 1950년 7월부터 푸순전범관리소에 근무했다. 푸순전범관리소에 일하며 청조 마지막 황제 푸이와 일본군을 '교화'시키는 데 앞장선 것으로 알려져 있다. (김원, 『기구한 인연』, 한울, 1995 참조)

4. 1989년 7월 22일, 도쿄도 신쥬쿠구의 도야마(戸山)에 국립예방위생연구소(현 국립감염증연구소) 건설 현장에서 100구가 넘는 인골이 발견됐다. 신쥬쿠구의 의뢰를 받은 사쿠라(佐倉朔札, 형질인류학자) 교수는 감정 결과 그 대부분이 몽골로이드의 것이며, 일본인이라고 특정할 수 없다고 했다. 더욱이 발견된 곳이 옛 육군군의학교 부지였기에 731부대 등의 전쟁범죄와 관련이 있는 것이 아닌가 하는 의혹을 낳았다. 당시 발견된 인골은 현재 국립감염증연구소 부지 내 별도의 보관시설에 보존되고 있다. ('軍医学校跡地で発見された人骨問題を究明する会' 홈페이지 참고_http://jinkotsu731.web.fc2.com/)

징란즈(敬兰芝)와 장커다(张可达)가 발견된 유골이 731부대에 의해 희생된 친척 유골일 수 있다며 일본변호사연합회에 인권구제신청을 했다. 이어 이들은 1995년 8월 일본 정부의 사죄와 배상을 요구하며 일본 정부를 도쿄지방법원에 제소했다.(원고 8명) 2년 후인 1997년 8월에는 세균전으로 목숨을 잃은 피해자 유가족 180명이 마찬가지로 일본 정부를 상대로 소송을 제기했다.

이러한 흐름 속에서 앞서 언급한 『세균전과 독가스전』 그리고 나중에 자세히 다룰 하바롭스크 재판 공판서류 중국어판을 바탕으로 다른 당안관에서도 사료 발굴과 현지 조사에 나섰다. 이러한 결과물로 『일군 731부대 죄악사』가 만들어졌으며,[11] 731부대에서 강제노동에 동원되었던 중국인 노무자와 일본인 부대원 등 관계자들의 증언을 모은 『일군 731부대 죄행 견증 제1, 2부』,[12] 『죽기 전에 진실을-침략 일본군 731부대의 범죄 상 · 하』[13]도 간행되었다.

중일 연구자 간의 협력 사업도 추진되었다. 1992년부터 게이오대학 경제학부가 지린성 사회과학원 일본연구소 등과 공동연구를 진행해 『전쟁과 역병-731부대가 초래한 것』,[14] 『731부대가 들이닥친 마을-핑팡의 사회사』[15]를 출간했다.

한편, 중국의 세균전 피해자들이 1997년 8월 일본 정부를 상대로 제소하고 약 두 달 후 731부대가 저지른 전쟁범죄의 결정적 증거라 할 만한 중대한 사료가 발견됐다. 관동군 헌병대 사령부 경무부가 맡아 관리했던 '특이급'(특별이송취급)[5] 기록 원본이 발견된 것이다. 특이급 기록은 포로나 일반 시민을 마루타로서 특별히 731부대로 이송할 때 작성했던 품의서(稟議書)와 명령서로 구성되었다. 이 기록은 원래 1969년 11월, 헤이룽장성 당안관이 헤이룽장성에서 만주국 관련 자료를 정리하고 검증했던 청사적위당안사무실(清查敌伪档案办公室)로부터 넘겨받은 문서였다. 빛을 보지 못한 채 그대로 방치되다가 1997년 10월 헤이룽장 TV 방송국과 '침화일군제731부대죄증진열관'이 TV 프로그램을 제작하는 과정에서 발견돼 진가를 드러냈다.

이때 발견된 자료는 일본 관동군 헌병대에서 특이급으로 처리된 사람들의 상황을 기록한 총 66건의 문서였다. 이 문서는 『'731부대' 죄행철증-관동헌병대 '특이급'문서』[16] 및 『'731부대' 죄행철증-특이급 · 방역문서편집』[17]으로 복각 출판되어 731부대 연구가 한걸음 나아가는 데 큰 도움을 주었다. 아울러 『'731부대' 죄행철증-특이급 ·

---

5. '특이급', 즉 특별이송취급은 헌병대에서 사용하던 용어로, 1938년 1월 26일에 공포된 '특이급에 관한 건 통첩'(特移 (特別移送) 扱ニ関スル件通牒, 관동헌병대사령부경찰부 58호 문서)에 근거하여, 체포된 자를 "재판을 거치지 않고 사건 송치도 하지 않고" 일본 헌병과 경찰 등이 731부대로 연행할 수 있는 특수수송조치를 의미한다.

방역문서편집』에는 특이급에 관한 문서 외에도 지린성 당안관이 소장하던 「관동군 임시 페스트 방역대 관련 문서」와 눙안 및 신징 지역에서 발생한 페스트 유행과 731 방역대에 관한 기록도 수록되었다.

헌병대의 증거 인멸을 면한 이 자료를 통해 약 300명에 달하는 '마루타'가 어떻게 검거되고 어떤 절차를 밟아 731부대로 이송되었는지 상세히 알게 되었다. 그리고 연구자들을 통해 앞서 언급한 『세균전과 독가스전』에 수록된 자료와 비교 검토되어 특이급 제도가 731부대와 헌병대에서 얼마나 조직적으로 행해졌고 또한 무법적으로 운영되었는지 밝혀졌다.

세균무기는 눈에 보이지 않으므로 공격과 피해의 인과관계를 밝혀내기가 쉽지 않다. 더욱이 자연적으로 발생했을 가능성도 있기에 체계적으로 접근하지 않으면 입증할 수가 없다. 이러한 이유로 전쟁이 끝나고도 오랫동안 피해 조사가 진행되지 못했으나 앞서 말한 두 건의 소송으로 전기가 마련되었다. 특히 원고가 거주하는 피해 지역에 조사위원회가 구성되면서 본격적인 조사가 이루어졌다. 피해 지역에서 활동하는 연구자가 당안관에 쌓여 있던 방역 관련 원자료를 분석하고 당사자와 인터뷰를 진행하며 당시 상황을 재현해 나갔다.

이러한 작업을 통해 닝보(宁波) 지역 피해는 『전대미문의 세균전 참상—1940년 닝보 지역 페스트 유행의 역사적 진실』[18]과 『닝보지역 페스트 유행의 역사적 진실—중국침략 일본군의 세균전 범죄증거』[19] 등으로 정리되었다. 취저우(衢州) 지역에서 발생한 피해는 『범죄증거-중국침략 일본군의 취저우지역 세균전에 관한 역사적 진실』[20]로, 창더(常德) 지역의 피해는 『신사년 재앙—1941년 창더지역 세균전에 관한 기록』[21]과 『베일을 벗기다-중국 창더 지역 세균전 죄행에 관한 국제학술대회 논문집』,[22] 『세균전 피해 대소송』[23] 등으로 정리되었다. 녜리리(聶莉莉)의 저서 『중국 민중의 전쟁 기억』[24]에도 창더 마을 피해 상황이 담겼는데, 색다르게 피해자들의 이야기를 문화인류학적 관점에서 분석했다.

하지만 이러한 노력에도 불구하고, 일본 정부를 상대로 제기한 두 건의 손해 배상 소송은 모두 원고 패소로 끝났다. 재판소는 법적 해석을 이유로 일본 정부에 대한 사죄 및 배상 요구를 인정하지 않았다. 그럼에도 사실관계에 대해서는 상당히 의미 있는 판결을 내렸다. 즉, "731부대 등이 인체실험을 통해 개발한 세균무기를 중국 각지에서 실전 사용한 것이 원인이 되어 페스트와 콜레라 역병이 유행하였으며 이로 인해 저장성과

후난성(湖南省)에서 1만 명이 넘는 일반 시민이 희생된" 사실을 처음으로 인정했다. 또한 법률적으로도 "731부대 등이 저지른 세균전은 국제법(1925년 제네바의정서 등)에 위반되므로 일본은 '헤이그 육전 조약 제3조'[6]에 따라 국가 책임이 성립된다"고 인정했다.

아울러 재판소는 일본의 국가차원 보상 등에 대해 "국회에서 고차(高次)의 재량에 따라 결정되어야 하는 성격의 문제"라고 답했다. 하지만 일본 정부는 현재에 이르기까지 여전히 아무런 움직임도 보이지 않고 있다.

재판이 패소로 끝나면서 중국의 조사 연구에 대한 열기가 한풀 꺾이긴 했지만, 연구 대상을 731부대뿐 아니라 731부대와 관련 있는 타 부대로 넓히면서 일본에서도 많이 진행되지 않았던 난징 세균전부대인 1644부대[25]와 광동 8604부대,[26] 베이징 1855부대[27]에 관한 연구가 추진되었다. 연구 참여자의 층도 넓어져 대학생들 사이에서 조사팀이 결성되었다. 닝보에서는 '닝보대학 세균전조사회'와 '저장성 공상대학 법학원 세균전문제연구회' 등에 의해 조사가 계속되고 있다. '1943년 가을의 루시작전'(一八秋魯西作戰, 일명 콜레라작전)[7]이 문제가 됐던 산둥성(山東省)에서도 '산둥대학 세균전연구회'가 피해 지역에 대한 조사연구를 활발히 이어가고 있다. 이 지역의 '루시세균전 민간조사취증조'(魯西細菌戰民間調查取証組)라는 조사 그룹에서 『루시세균전 대도살의 비밀을 밝히다-수정판』[28]을 출간하기도 했다.

기세가 꺾인 듯했던 연구도 2013년 시진핑 체제가 구축되면서 크게 달라졌다. '중국 전승 70주년'을 앞두고 항일전쟁 시절의 자료 발굴 및 재검토가 독려되면서, 각 연구기관에 방대한 연구 자금이 투입되었다. 1차 자료를 보관하는 각 지역 당안관이 조사를 주도적으로 추진하고 있는데, 이미 지린성 당안관은 일본군 범죄 자료집이라고 할 수 있는 『철증여산』[29] 시리즈를 출판하기 시작했다. 제목이 '국가사회과학기금 특별위탁 중대항목'인 제1권에는 '지린성에서 새로 발견된 일본 침략 자료 연구'라는 부제가

---

6. 헤이그 육전 조약은 '陸戰의 法및 慣習에 관한 협약'을 말하며 1899년 7월 29일 헤이그에서 처음 체결된 후 1907년 개정 대체되었다. 이 조약은 육전 시 교전 자격, 포로, 해적(害敵) 수단, 간첩, 군사, 항복, 휴전, 점령 등에 관하여 규정하고 있는데, 여기서 말하는 제3조는 1940년대 당시 것으로 "조항을 위반하는 교전 당사자는 배상이 요구되는 경우 배상의 책임을 진다. 교전 당사자는 그 군대의 일부를 구성하는 사람이 행한 모든 행위에 대해서도 책임을 진다"는 내용을 담고 있다.
7. 산둥성을 점령 지배하던 제12군 군의부장 가와시마 기요시(川島清)는 1943년 1월 휘하의 제59사단 방역급수반에 그해 8월 이후 콜레라균을 사용한 세균전을 시행할 것이라며 준비를 지시했다. 실제 1943년 가을 세균전부대인 제남지부대(濟南支部隊, 1875부대)가 북지나방면군 방역급수부(1855부대, 본부 베이징)의 지도 아래 산둥성 서부의 루시 지역에 콜레라균을 살포했다. 콜레라균이 들어간 통조림을 비행기에서 투하하는 방식으로 살포했다고 한다. 당시 루시 지역에는 수해와 기아로 허덕이고 있던 상황에서 콜레라 유행까지 더해져 약 3만여 명이 사망했다고 한다. 일본군이 쇼와 18년(1943년) 루시에서 콜레라를 퍼뜨린 이 사건을 '일팔루시작전'(一八秋魯西作戰) 또는 '콜레라작전'이라고 부른다. (笠原十九司, 『日本軍の治安戰と三光作戰』, 環日本海研究年報18, p.25 참조)

붙었으며 일본 헌병대 문서가 대부분을 차지한다. 난징 대학살과 위안부 관련 문서와 함께 특이급 관련 문서가 53쪽에 걸쳐 수록되었다.

한편 중앙 당안관은 예전에 복각 출판된『일본침화전범필공』총 10권[30]을 디지털화해 일본군이 저지른 잔학한 전쟁 행위를 보여주는 증거 자료라며 인터넷에 공개하기 시작했다. 이 자료에는 과거 선양군사법정에서 심판된 피고들의 자필 진술서가 수록되었는데, 731부대 린커우(林口) 지부장이었던 사카키바라 히데오(榊原秀夫)의 진술서를 비롯해 세균전 관련 자료도 포함되었다.

앞으로도 중국에서 자료 발굴 및 정리 그리고 공개가 활발하게 추진될 것으로 보인다.

3. 러시아 측 사료

이어서 러시아 자료를 살펴보고자 한다. 사실 일본군의 세균전과 직접 관련된 국가 중 러시아가 연구 측면에서 가장 뒤처졌다. 자료의 존재 인식은커녕, 러시아인이 일본 세균전부대에 의해 인체실험 피해를 입었다는 사실조차 거의 알려져 있지 않다. 구 소련 시절부터 공개된 1차 자료는 1950년 5월, 모스크바에서 출판된『세균전용 병기의 준비 및 사용 건에서 기소된 전 일본 군인 사건에 관한 공판서류』(이하 하바롭스크 공판서류) 단 한 권뿐이다.

소련군은 이미 전쟁 직후부터 각 지역에 마련된 일본군 포로수용소에서 세균전부대 관계자에 대한 색출 작업을 시작했으며 1년에 걸친 수사 끝에 731부대의 전모를 거의 다 파악했다. 이러한 정보를 바탕으로 소련은 1947년 초 당시 진행 중이던 도쿄 재판에 731부대원들을 세우기 위해 애를 썼다. 도쿄 재판 국제검찰국 소련 대표를 통해 GHQ에 부대장 이시이 시로와 기타 부대 간부 2명의 심문을 요구한 것이다. 아울러 미국과 회의를 열어 731부대가 실시한 인체실험과 야외실험, 세균무기 대량 생산에 대해 소련측 포로였던 731부대 전 세균제조부장 가와시마 기요시(川島清)와 가라사와 도미오(柄沢十三夫) 과장을 통해 얻은 진술(1946년 9월)을 근거로 심문의 필요성을 호소했다.

소련으로부터 731부대의 인체실험 사실을 처음 확인한 미국은 4개월에 걸쳐 비밀리에 재조사와 협의를 진행했다. 그리고 결국 이시이를 비롯한 731부대 관계자들과의 거래를 통해 연구 데이터를 독점하고 은폐하는 데 성공했다. 이후 소련 검찰관이 이시이 등을 심문할 기회를 얻었지만 겉핥기 수준에서 끝나고 말았다. 병상에 누워 있는 것처럼 가장해 요리조리 발뺌하는 이시이의 태도에 화가 난 소련 검사 스미노프는 "이놈의(세균) 폭탄 새끼!"라고 욕하며 뛰쳐나갔다고 한다.(동석한 일본계 통역사 요시하시 다로 吉橋太郎의 증언) 도쿄 재판에 731부대원들을 세우는 데 실패한 소련은 일본군이 저지른 세균전 사실을 전 세계에 널리 알리기 위해 독자적 심판을 추진했다.

범죄 행위가 광범위하게 조직적으로 이루어졌다는 사실을 증명하기 위해 소련은 관동군 총사령관이었던 야마다 오토조(山田乙三)와 군의 부장 가지쓰카 류지(梶塚隆二), 수의 부장 다카하시 다카아쓰(高橋隆篤), 731부대 본부장이었던 가와시마 기요시, 과장 가라사와 도미오, 지부장이었던 니시 도시히데(西俊英)와 오노우에 마사오(尾上正男), 일병이었던 기쿠치 노리미쓰(菊池則光)와 구루시마 유지(久留島祐司), 그리고 1644부대 책임자였던 사토 슌지(佐藤俊二), 100부대 부대원이었던 히라자쿠라 젠사쿠(平桜全作)와 미토모 가즈오(三友一男)를 포함한 당시 밝혀낸 100명 넘는 관계자 중 각 영역 대표자 12명을 선정해 재판을 진행했다.

재판은 1949년 12월 25일부터 6일간 하바롭스크시 셰우첸코 거리의 장교회관에서 진행되었다. 소련군이 압수한 증거와 수사 단계에서 얻은 서면 증거가 제출되었고 관련 증인도 12명이 법정에 섰다. 이 하바롭스크 재판의 공판 기록은 이듬해에 『하바롭스크 공판서류』로 모스크바에서 출판되었으며 출판과 동시에 6개국어(일문 · 영문 · 중문 · 조선문[8] · 독문 · 불문)로 번역되어 각국에 배포되었다.

『하바롭스크 공판서류』에는 부대 편성과 안다 야외실험장에서 세균폭탄을 투하한 생체실험, 부대 본부에서 행해졌던 세균 감염실험과 동상실험, 세균 대량생산, 중국 중부 지역인 닝보와 창더에서 실시된 세균 살포, 특이급 규정, 헌병대 및 특무기관에서의 수송 상황, 부대 부근 군사 지역 설정, 100부대에서 행해진 인체실험, 세균에 감염된 말을 이용한 유행병 공작 등에 관한 내용이 담겨 있다.

하바롭스크 재판 당시 세균 대량생산법과 목적을 조사하기 위해 특별히 세균학 전문가로 구성된 감정위원회도 소집되었다. 이들은 731부대 연구가 과연 피고인들 주장

8. 참고로 "조선문"으로 된 1차 사료의 제목은 "細菌武器 準備使用罪로 起訴된 前日本軍務者事件 公判材料"이고 간행한 곳과 연도는 "외국문서적출판사 모쓰크와 一九五○년"이다. 그리고 첫 페이지 설명에 "본 조선문판은 모쓰크와 국립정치서적출판사 1950년 발행 로문판을 번역한 것이다"라고 쓰여 있다.

대로 백신과 예방약 개발을 위한 것이었는지 검증하였는데, 그 결과 731부대에서 살포에 적합한 세균 현탁액 양을 확정하기 위한 실험 등이 이루어졌다는 사실을 찾아내 인공적 전파를 위한 연구였음을 밝혔다.

그러나 당시 서구에서는 하바롭스크 재판에 관한 상세한 내용을 확인할 수 없었기에 소련의 움직임에 대해 부정적으로 반응했다. 더욱이 미국은 도쿄 재판 수석 검찰관을 맡은 키넌(Joseph Berry Keenan)을 앞세워 "세균전 증거는 없었다"고 반박했다. 아울러 연합국 대일이사회 대표였던 시볼드(William Joseph Sebald)는 소련이 시베리아 일본인 억류 문제가 불거지자 화제를 바꾸려고 수작 부리는 것이라며 성명까지 발표해 세균전 사실을 묵살했다.

이러한 정치적 상황 속에 『하바롭스크 공판서류』는 점점 잊혀갔다. 그런데 출판된 지 약 30년이 지난 1984년, 일본에서 '제3차 이에나가(家永) 교과서 소송'[9]이 일어나면서 『하바롭스크 공판서류』가 다시 이슈로 떠올랐다. 교과서에 731부대를 기술하는 데 있어, 이 공판서류를 과연 기초 자료로 삼을 수 있는지를 놓고 논쟁이 벌어진 것이다.

국가 측 증인으로 법정에 선 역사학자 하타 이쿠히코(秦郁彦)가 공판서류는 "내력을 알 수 있는 데이터가 전혀 없다", "기재돼 있는 내용에 대해서는 지극히 신중한 태도로 접근해야 하고 이를 학술적으로 이용하는 것은 사실상 불가능하다"고 증언함으로써,(1987년 11월 30일) 애초에 일반인이 방청했다는 하바롭스크 재판 자체가 존재했는지에 대해서도 의혹이 일었다.

그것이 인정받게 된 것은 1990년 2월에 「아사히신문」(朝日新聞)이 하바롭스크 재판의 법정 방청석 상황을 촬영한 사진을 공개했을 때였다. 그리고 1992년 4월에는 NHK가 「731세균전부대」라는 방송 프로그램을 제작하면서 구 KGB에 보관되어 있던 하바롭스크 재판 수사 단계 기록 26권을 발견해 보도함에 따라 더 이상 하바롭스크 재판의 존재를 부정할 수 없게 됐다. 당시 필자도 스태프 일원으로 제작에 참여했고 이후에도 계속 관심을 가져 자료를 수입해 왔는데, 현재 관련 파일 156권이 보관되어 있음을 직접 확인하였다.

---

9. 1965년 6월 역사학자 이에나가 사부로(家永三郎)는 자신이 집필한 고교 교과서 『신일본사』가 문부성의 부적격 판정을 받자 교과서 검정 제도가 교육기본법 제10조 및 헌법 제21조에 위배된다며 위헌 소송을 냈다. 『신일본사』에서 난징대학살, 731부대 등 침략행위가 기술된 것을 정부가 문제 삼자 이에 반발해 제소한 것이다. 일부 승소, 일부 패소 판결이 엎치락뒤치락했지만 끝내 위헌판결을 얻어내지는 못했다. '이에나가 교과서 재판'은 일본 사법 역사상 최장기간 진행됐던 민사소송으로 기록돼 있다. 1965년 1차 소송에 이어 1967년 2차 소송이, 1984년에는 3차 소송이 제기됐다. 마지막 소송 상고심 판결이 나온 게 1997년 8월 29일이었으니, 재판 종결까지는 무려 32년이 걸린 셈이다. ('교과서에 거짓말 쓰는 나라', 「경향신문」 2015년 4월 12일자)

'페레스트로이카' 시절과 달리 러시아에서 정부 보관 자료를 열람하기 어려워졌지만 구 KGB가 보관하고 있는 자료만으로도 731부대에 관한 많은 사실을 확인할 수 있다. 『하바롭스크 공판서류』로 이미 공개된 서류 외에 피고 12명을 수사하는 단계에서 작성한 방대한 진술 조서와 야마다 오토조 일기, 특이급을 소관했던 요시후사 도라오(관동헌병대사령부 경무부장), 기무라 도쿠요시(木村德由. 하얼빈헌병대본부 부관) 등 86명의 심문조서 약 150통, 그리고 1995년에 일본 정부를 상대로 소송을 제기한 원고 징란즈의 남편 주즈잉(朱之盈) 등이 '특이급'으로 처리된 것을 보여주는 기록인 '상황보고무단장헌병대'(狀況报告牡丹江宪兵队), 그밖에 경찰 · 특무기관 · 분실(分室) 조직도 등 귀중한 기록들이 남아 있다.

아울러 원칙적으로 비공개이긴 하나 체포된 한 사람 한 사람에 대해 정리한 개인 파일도 남아 있다. 체포 당시 찍힌 본인 사진부터 시작해 열 손가락 지문표와 서명, 신체적 특징, 영치(領置) 사물 목록, 구류장 이동 기록, 심문일 기록, 일본 고향의 가족관계와 이력을 적은 문서, 교신기록, 차입물 내용 리스트, 수령증까지 구류 중의 모든 동향을 알 수 있는 파일이다.

4. 어느 세균전 전범 장교의 삶

이처럼 다른 나라에 보관된 자료들 덕분에 여태까지 일본 국내 자료로는 확인하기 어려웠던 세균전 관계자 개개인 모습, 즉 어떤 환경에서 자란 인물이 어떤 경위로 세균전부대에 관여하였고 어떤 이력을 거치게 되었는지 파악할 수 있게 됐다. 지금까지 당시 소년병이었거나 젊은 하사관이었던 관계자의 이력을 알 수 있는 증언은 몇몇 있었지만 731부대 군의장교나 군속 의학자의 이력을 파악할 자료는 거의 없었다. 이번 기회에 의학을 전공하고 731부대에서 연구의 중심에 있었던 평균적 인물을 선정해 그 인물상과 이력을 한번 정리해보고자 본다.

가라사와 도시오 군의 소좌는 731부대 제4부 세균 제조 과장이었던 인물이다. 그는 부대 간부이면서도 하사관부터 병사에 이르기까지 부대원들과 직접 접촉하는, 이른바 중간 관리직으로 근무하고 있었다. 세균 배양의 중심에 있었기에 페스트와 콜레라를 비롯한 각종 세균반과도 교류가 있었을 것이다.

패전 직후인 1945년 9월 5일 밤, 하얼빈시 부시장 관사에서 대본영의 아사에다 시게하루(朝枝繁春) 작전주임참모가 "회합을 가질 예정이오니 모두 집합해주시기 바란다"며 연금(軟禁) 상태의 관동군 간부들을 비밀리에 모았다.

이날은 신징에서 소련군에 의해 포로가 된 일본군 총사령부 장관 약 스무 명이 하바롭스크로 연행되던 중, 비행기에 기름을 넣기 위해 하얼빈에 하루 머문 날이었다. 아사에다는 육군 중앙 공작 임무를 맡아 긴급히 관동군에 잠입하려다 연행된 상태였다.[10] 소련군에 압수되었던 하얼빈 부시장 관사에서 이번이 마지막 기회가 될지도 모른다고 생각한 아사에다 참모는 간부들과 말 맞출 계획을 세웠다. 아사에다는 대본영에서 파견된 참모총장 특명 군사(軍使) 자격으로 관동군 총사령관 야마다 오토조 대장과 하타 히코사부로(秦彦三郎) 총참모장, 세지마 류조(瀬島龍三) 참모 등을 앞에 두고 모의를 주도했다. "오래전부터 소련의 표적이 되어온 방역급수부-이시이부대에 대해서는 반드시 조사가 진행될 텐데, 그 내부 사실이 발각되면 국제문제가 됩니다. 나아가서는 폐하께서…(전범 혐의를 받게 됩니다). 따라서 그 부대는 통수 계통 부대가 아닌 군정계 부대였으며 육군성 의무국 관리 아래 있어 참모본부와 관동군 사령부는 자세한 사정에 대해 모른다는 것으로 (합시다). 다만 전혀 모른다고 하면 오히려 의심을 받게 될 테니 간접적으로는 들어본 적이 있다 하고 누구한테 들었냐고 따져 물으면 태평양에서 죽은 사람의 이름을 대는 것으로…."

아사에다는 약 한 달 전인 8월 9일 오전 4시 무렵, 소련군의 만주 침공 소식을 듣고 바로 731부대가 머릿속에 떠올랐다고 한다. 통수대권(統帥大權, 천황이 군대를 통수하는 권한)에 기반한 천황 칙령에 따라 국회의 승인 없이 회계 검사원(檢査院)도 거치지 않고 연간 1,000만 엔에 달하는 국비를 사용할 수 있는 부대, 그런 731부대 존재가 세상에 알려지면 천황에게까지 피해가 갈 거라고 생각한 것이다. 아사에다는 곧장 문안을 작성해 참모총장 이름으로 이시이 시로에게 "귀하 부대의 처치에 관해서는 아사에다 참모를 통해 지시할 예정이니 10일에 신징 군용 비행장에서 대기할 것"이라는 전보를 쳤다. 아울러 육군성 교통과장이었던 다케이(武居) 대좌를 통해 육군성 명령을 다롄 만철

---

10. 아사에다는 8월 19일 오전 김포에서 신징의 군용 비행장으로 갔다. 군사(軍使) 신분으로 관동군 사령부를 만나 731부대 기밀 유지 등에 대해 논의하기 위해서였다. 그러나 소련의 공병부대가 이미 신징 군용 비행장을 접수한 상태였다. 아사에다는 비행장에서 바로 연행됐고, 하얼빈시 부시장 관사로 연행된다. 본문에서와 같이 이 하얼빈시 부시장 관사에서 일본군 총사령부 장관 스무 명 정도와 함께 연금되는데, 아사에다는 이 틈을 노려 731부대 기밀 유지 지시를 전달한다. 다들 포로 상태였지만 계급이 높아 소련군도 함부로 다룰 수 없었기에 그 안에서 회합이 가능했다고 한다. (三根生久大, 『参謀本部の暴れ者』, 文藝春秋, 1992, pp. 313-339)

총재에게 전달해 731부대 철수를 위한 특별 급행열차를 준비하도록 했다.

아사에다는 전보대로 신징 군용 비행장 격납고 안에서 이시이와 만나 약 한 시간 가량 선 채로 이야기를 나누었다. 제일 먼저 마루타가 몇 명 있는지 물어본 다음 상세히 지시를 내렸다. 모든 증거를 말소하고, 마루타는 뼈와 재로 만들어 트럭으로 운반해 폐기할 것, 53명의 의학자는 부대 폭격기로 가장 먼저 일본 본토로 이송할 것, 부대원은 하사관병과 간호사에 이르기까지 한 명도 빠짐없이 열차로 철수시킬 것, 미리 수배해 놓은 149사단 공병 1개 중대를 동원해 시설을 모두 파괴할 것 등이 주요 지시 내용이었다. 이시이는 비행기가 떠나기 직전까지 연구 데이터만이라도 어떻게 가져갈 수 없냐며 집요하게 물고 늘어졌다고 한다.<1>

다음날 11일에는 731부대 전용 선로에 33량의 열차가 들어와 도고촌 관사의 호동(号棟) 순으로 탑승해 제1진이 철수했다. 12일 오전 중에 마루타 처리를 모두 끝낸 다음 저녁에는 공병대가 건물을 폭파하였으며 14일 오후 7시, 마지막 열차로 교육부 병사들이 핑팡역을 출발했다. 이시이는 대본영에 보고하기 위해 파괴한 부대 터를 상공에서 촬영했다. 다롄 출장소에 달려가 필름을 인화한 이시이는 17일 급히 도쿄에서 귀환한 마쓰무라 도모카쓰(松村知勝) 참모부장을 평양에서 만나 최종 상황을 보고했다.

731부대 제4부 세균제조과장이었던 가라사와 도미오 소좌는 1944년 8월부터 제3방면군(方面軍) 제44군에서 복무했다. 관동군의 모든 부대에 세균학자를 두고 방역과 세균전 네트워크를 구축하겠다는 사령부 계획을 따른 배치였다. 제3방면군은 1945년 8월 17일 다케다노미야(竹田宮, 황족이며 군에서는 미야타 宮田 참모로 불림)로부터 지시를 받고 무장해제되었으며 가라사와 소좌는 9월 1일 펑톈에서 소련군 포로가 되었다.

관동군 수뇌들과 마찬가지로 가라사와도 하바롭스크로 이송되었다. 9월 5일에 있었던 아사에다 참모의 '모의'에는 참여하지 못했지만 731부대의 처리에 대해서는 얻어들은 것이 있어 비밀 엄수의 뜻에 따라 행동했다.

> 이시이부대는 관동군이 항복하기 전에 조선 방면 특별 열차를 타 하얼빈을 떠난 것으로 알고 있다. 그들이 어디로 철수했는지는 모른다.<2>

소련군은 도쿄 재판에 세균전 문제를 제기하기 위해서인지 731부대에 이상하리만치 특별한 관심을 보였다. 이는 아사에다 시게하루의 기억에도 인상 깊게 남았다.

> 소련에 도착하자마자 우리는 헤이룽장 연안에 위치한 공산당 고위관 별장에 40일 정도 연금되었다. 귀찮게 불러대서 자나 깨나 이시이부대에 대해 따져 물었다. 하지만 관할이 다르다고 이야기하는 우리의 주장이 모두 딱 맞아떨어지자 결국 포기했다. 이렇게 입을 맞춘 덕분에 (사실이 발각될 때까지) 2년은 시간을 벌 수 있었다.[<1>]

하지만 그 후 소련 내무성이 시간을 들여 광범위하게 수용소를 조사하였고 간첩까지 동원해 대(對)소련 정보 관계자, 파괴 모략 및 세균전연구에 종사했던 자를 찾아냈다. 이들을 하바롭스크에 있는 스물네 곳의 수용소에 모았는데, 당시 세균전 관계자로 지목된 사람은 무려 100명에 달했다. 731부대와 유사하게 수의사들이 세균전 실험을 했던 100부대 소속의 미토모 가즈오가 '7분소'로 옮겨졌을 당시 장관수용소에 야마다 총사령관과 가지쓰카 류지 군의 부장, 다카하시 다카아쓰 수의 부장 등도 체포되어 수감돼 있었다고 한다.[31]

가라사와 도미오도 상기한 장관들이 있는 '45분소'에서 조사를 받았다. 처음에는 관계가 없는 척 위장했지만, 멀리 떨어진 쿠릴 열도 우루프섬에서 과거 자신의 부하였던 가라사와반 창고 담당 사사키 고스케(佐々木幸助)마저 체포되자 자신의 신분을 더 이상 숨길 수 없었다.

당시 34세(1911년 7월 18일생)였던 가라사와는 나가노현의 한적한 마을에서 태어났다. 아버지는 초등학교 교원이었는데, 농사일을 해온 집안인 데다 가족도 많아 형편이 좋지 않았다. 장남이 어린 나이에 세상을 떠나 다시 아들을 원했지만 잇따라 딸만 낳다가 겨우 13번째 만에 태어났기에 '도미오'(十三夫)라는 이름이 붙여졌다. 대를 이어 가라사와 일가를 이끌 아들이라며 부모와 누나들은 무슨 일이든 도미오를 가장 우선해 키웠다고 한다. 가족의 기대를 한 몸에 받은 도미오는 매우 성실하고 학구열 넘치는 학생으로 성장했으며 1929년에는 도쿄의학전문학교(도쿄의과대학의 전신)에 입학해 군의부문(軍醫部門) 학생이 되었다. 1933년 학교를 졸업하고 육군 소위에 임명되었을 때는 집안은 물론 마을 전체의 희망이었다.

그리고 1936년 4월, 도미오는 인생의 큰 전환기를 맞이한다. 육군군의학교에 입학한 것이다. 이곳에서 도미오는 2년 동안 군진위생학(軍陣衛生学)과 군진방역학, 전상학(戦傷学), 군대병학, 선병의학(選兵医学), 전술 및 전쟁사, 군진위생요무(軍陣衛生要務), 임상의학, 국제법, 외국어, 마술(馬術)과 같은 대략 11개 과목을 수료했다. 물론 '황군작전의 인적요소 완성에 이바지하는 직능을 양성하는 것'을 목적으로 교육이 이루어졌으며, 1934년 2월에 공포된 군령육 제2호 군대교육령(軍令陸第 2号軍隊教育令)으로 제시된 '확고한 군인 정신을 함양(涵養)한다'<3> 등의 사상이 반영된 교육을 받았다고 한다.

군진방역학교실에 배정된 가라사와는 세균학 일반 · 전문과정을 공부했다. 교실 주간(主幹)은 후에 관동군 군의 부장으로서 하바롭스크 재판에서 피고인이 될 가지쓰카 류지였다. 아울러 3년 선배로 후에 731부대 제3부장이 될 에구치 도요키요(江口豊潔)와 린커우지부장이 될 아라세 세이이치(荒瀬清一)가 있었다.<4>

이듬해인 1937년 7월, 중일전쟁이 일어나면서 가라사와는 학교 재학 중임에도 검역부 일원으로 동원되어 기쿠치 사이(菊池齊) 중좌(후의 731부대 제1부장) 지휘로 톈진(天津)으로 가게 되었다. 그곳에서 북지나파견군(北支那派遣軍) 관리하에 배치되어 부대 곳곳에서 유행하던 발진티푸스와 콜레라, 적리에 관한 조사 및 예방을 담당하였다. 가라사와는 그 후 방역급수부 칭다오지부 책임자가 되어 전선에서 실제 검역 활동을 체험하였다.

전쟁터로 떠나기 반년 전, 가라사와는 결혼해서 딸 하나가 있었다. 부인 도요코(豊子)는 인터뷰에서 남편인 가라사와에 대해 다음과 같이 증언했다. "남편은 오로지 성실 하나로 살아온 사람이었습니다. 외동아들이어서 그런지 언제나 친가를 생각했고 자신이 집안을 일으켜야 한다는 마음을 가졌습니다. 특히 어머니를 생각하는 마음은 각별했습니다. 말주변이 없어서 그런지 과묵했지만 말보다 행동으로 보여주는 타입이라고 해야 할까요, 착한 사람이었습니다."

또한 부인은 다롄백화점에서 있었던 일을 매우 남편다운 일이라며 회상했다. 친척 댁에 축하할 일이 있어 일본 본토로 돌아가는 도중 다롄백화점에서 남편과 장을 보았다고 한다. 부인은 남편이 데리고 있던 부하 한 명을 상대로 이런저런 품평을 늘어놓으며 오비지메(帯締め, 기모노 띠가 풀리지 않게 조이며 멋을 내기 위해 두르는 끈)를 고르고 있었다. 뭘 고를까 고민한 끝에 부인은 옆에서 입을 꾹 다물고 기다리던 남편에게 "이건 어때요?"라고 물었다고 한다. 그 순간 가라사와는 백화점 전체에 울려 퍼질 만한 목소리로 "남자인 내가 그런 걸 어떻게 아냐"며 고함을 쳤다고 한다.<5> 부인의 이야기 속 가라사와는 당시 전형적인 농촌 출신의 성실하고 학구열 넘치고 꾸밈없고 말수가 적은 중견 군인의 모습을 떠오르게 한다.

1939년 전쟁터에서 군의학교로 복귀한 가라사와는 그해 9월 학교를 졸업했다. 성실하고 강직한 성품의 가라사와는 이시이 시로의 신임을 얻었다. 가라사와는 그해 12월 군의 대위로서 부인과 자식을 데리고 핑팡 731부대에 착임했다. 가라사와가 배속된 제4부는 당시까지만 해도 세균배양과와 세균건조과 두 개밖에 없었는데(후에 백신과, 혈청제조과 증설) 가라사와는 세균배양과에서 근무했다.

731부대는 3년 전 정식으로 천황의 허가를 받았으며 전년부터 교토제국대학과 교토부립의과대학 소속 의학자들이 기사(技師) 및 기수(技手)로 파견되었다. 이시이 네트워크이기도 한 중국의 3개 방역급수부(1855 · 1644 · 8604부대)도 같은 해 5월까지 모두 편성을 완료하였으며, 핑팡에도 연구자들이 점차 충원되어 광대한 시설이 순조롭게 정비되어 갔다. 한편, 기사들은 실내 연구에 그치지 않고 이시이부대장 지휘로 노몬한사건에도 출동했다. 그곳에서 무라카미 다카시(村上隆) 중좌와 하야카와 마사토시(早川正敏) 군의 소좌와 함께 전염병 감염 상황을 직접 보고 귀환했다.

가라사와가 처음 세균전 준비에 대해 안 것은 2년 전인 1937년 12월 731부대를 방문했을 때였다. 이제 731부대에 임명되어 세균 배양 담당자 입장이 된 가라사와는 제1부의 각 연구 내용과 기본적인 세균전 방식에 관한 지식을 습득했고,<6> 마루타 실험에도 직접 관여하게 되었다. 가라사와 도미오의 방은 로[ㅁ]호동 2층에 있었다.

> 내 방 창문에는 쇠창살이 있고 유리는 간유리였다. 창문을 여는 것이 금지돼 있었지만 더울 때 우리는 규칙을 어겨 창문을 열곤 했다. 그때 창문 너머로 감옥과 마당을 산책하는 죄수가 보였다. 어떤 죄수는 수갑을 차고 있었다. 죄수는 모두 어두운 파란색의 중국식 죄수복을 입고 있었다.<7>

인체실험에 대해 알게 된 가라사와는 과연 어떤 심정이었을까? 인체실험에 대한 거부감 때문에 부대를 떠난 기사(사이토 고이치로 斉藤幸一郎 등)도 있었지만 가라사와의 성격을 미루어 보아 '근엄하고 강직하게' 업무에 임했을 것이다. 나라를 위해 군무를 수행하는 것이야말로 마을을 위해 집안을 위해 더 나아가서는 가족을 위해 도움이 된다고 생각했을 것이다.

제4부 직속 상사였던 가와시마 기요시(川島清) 군의 소장은 가라사와의 근무 태도에 대해 후에 하바롭스크 심문에서 "가라사와는 제 지휘 아래 있으면서 우수한 근무자로 인정받았으며 권위자로서 업무 실적 또한 양호했다"고 평했다. 가라사와 본인 역시 스

스로에 대해 "소관 부대에서 근무했을 때 일본군 장교로 자신의 세균 생산 임무를 수행하려고 전력을 다했다"며 러시아 내무국 소속의 이와노프 소좌와 시마킨 군사검사(軍事檢事) 앞에서 당당히 진술하였다.<8>

그런데 인체실험을 비롯한 731부대 실태에 대해 처음으로 온전히 털어놓은 사람은 바로 이 '근엄하고 강직한' 가라사와였다.

> 저는 이 연구에 참여하여…실은 아무것도 이야기하고 싶지 않으나, 이야기하지 않으면 정신적으로 큰 부담이 될 것 같습니다. 이 연구와 실험에 대해서 일본 군인 중 누군가는 꼭 설명해야 할 의무가 있다고 생각합니다. 지금 제가 박애를 위해 의술에 종사하는 한 명의 의사로서 그 역할을 하고자 합니다.<6>

하바롭스크 재판에는 연일 1,000명이 넘는 방청객이 몰려들었으며, 법정 상황에 대해서는 모스크바 방송 등을 통해 전세계에 보도되었다. 재판에서 결국 가라사와는 교정노동수용소 금고 20년이라는 판결을 받았으며 모스크바에서 북북동 방향으로 250㎞ 떨어진 이바노보시 체른치(Cherntsy, Черницы) 마을에 있는 '제48장관수용소'에 수용되었다.

2년의 형기를 마치고 먼저 귀국한 기쿠치 노리미쓰(菊池則光)가 나가노현 민생부를 통해 가라사와의 생존 소식을 전할 때까지 7년 동안, 가족들은 가라사와에 관한 소식을 아무것도 듣지 못했다. 생존 소식을 처음 전해들은 지 5개월이 지난 1952년 6월 16일에 처음으로 엽서통신이 허가되었고 이후 매달 한 번씩 가라사와로부터 부인에게 엽서가 갔다.

법정의 최후 본인진술에서도 "일본에는 지금 팔순이 된 제 어머니가 계시고 아내와 아이가 둘 있습니다"라며 피고인 가운데 유일하게 가족에 대해 언급했던 가라사와였던 만큼 부인에게 보내는 엽서 내용 역시 대부분 어머니에 대한 걱정과 아이들의 교육에 관한 것이었다.

> 36번째 편지의 후미오(文夫 아들)가 만든 새해 오시에(押絵 헝겊공예의 일종) 상당히 잘 만들었네요. 37번째 편지의 아키코(明子 딸)가 답장해준 것 중 학교 성적이 올랐다는 얘기, 좋네요.

이렇게 가족과 엽서를 주고받은 지 반년이 지났을 무렵 소일공동선언이 이루어지면서 가라사와는 특별사면으로 귀국할 수 있게 되었다. 하지만 그 직전에 가라사와는 세상을 떠났다.

귀국 명령이 오늘 내일 중 발표될 예정이라던 10월 20일, 가라사와가 있던 수용소는 여느 토요일처럼 정례 영화 상영을 했다. 수용소 사람들은 영화가 끝나고 점호시간이 되어서야 가라사와가 없다는 사실을 알아차리고 난리가 났다. 약 한 시간에 걸친 수색 끝에 가라사와는 세탁실 기둥에 끈을 묶어 목을 맨 채로 발견됐다.

수용소 내에서 본토의 어머니와 가족에 대한 애정으로 유명했던 가라사와였기에 모두 놀라움을 금치 못했다. 가라사와는 무엇 때문에 자살했을까? 유서 하나 남기지 않았고 누구에게도 이야기하지 않아 귀국을 포기해야만 했던 이유가 무엇인지 명확히 알 수 없다.

전쟁 중 지은 죄에 양심의 가책을 느꼈기 때문일까? 아니면 '의사의 양심을 걸고' 모두 이야기한 것에 대해 선배와 동료에게 책임을 지겠다는 것일까? 도요코 부인은 다음과 같이 해석했다.

> 본토에 돌아와 뻔뻔하게 살아갈 수 있는 성격의 사람이 아니었어요. 전우 여러분께 죄송해서라기보다는 자신이 한 일에 대해 일본인들이 절대 용서해주지 않을 거라 생각했을 거 같아요. 아무리 전시 중 책무를 다했을 뿐이고, 나라를 위해 한 것이라 해도 변명할 수 있는 문제가 아니라고…(생각하지 않았을까요).

체른치 마을의 부로수용소에 오랫동안 매장돼 있었던 가라사와의 유골은 그 후 도요코 부인에 의해 인수되어 지금은 고향에 묻혀 있다.

가라사와의 최후를 이번에 다룬 이유는 그를 옹호하기 위해서가 아니다. 그저 지극히 평범한, 자식을 끔찍이 사랑하는 아버지이자 당시 군의로서 당연한 길을 걸었던 한 남자의 삶을 보여주고 싶었기 때문이다. 그는 결코 '악마'가 아니었으며, 의사의 세계를 들여다보면 어디에든 있을 법한 평범한 한 명의 의사였다.

러시아에는 가라사와 자료를 포함해 하바롭스크 재판 관련 자료가 대량 남아 있다. 하지만 안타깝게도 이에 관심 갖는 연구자가 손가락으로 꼽을 정도밖에 없어 이렇다 할 연구가 이루어지지 못하고 있다.

다행히 생명윤리학 분야의 전문가인 뉴질랜드 오타고대학교 생명윤리센터의 니 진 바오(Jin-Bao Nie) 박사와 모스크바대학교의 유딘 보리스(Boris Yudin) 교수가 하바롭스크 재판과 관련하여 발표한 논문 몇 편이 최근 주목 받고 있다.[32]

필자 주

〈1〉 1994.5.28 아사에다 시게하루(朝枝繁春)와의 인터뷰
〈2〉 1946.10.07 가라사와 도미오 심문조서(원문 러시아어)
〈3〉 1934-1942 '육군군의학교교육요강'
〈4〉「쇼와 8년(1933) 8월 7일 현상 보고 군진방역학교실 · 방역부」(昭和八年八月七日現況報告軍陣防疫学教室 · 防疫部)
〈5〉 1992.4.26 가라사와 도요코와의 인터뷰
〈6〉 1946.9.26 가라사와 도미오 심문조서(원문 러시아어)
〈7〉 1946.12.27 가라사와 도미오 '자필서'
〈8〉 1949.10.30 가와시마 · 가라사와 대결 심문 조서

인용·참고문헌

1. 衆議院決算委員会会議録第 2 号, 栗原君子議員質問, 1997年12月17日
2. 衆議院予算委員会第一分科会 2 号, 田中甲議員質問, 1999年 2月18日
3. John W . Powell, Jr., "Japan's Biological Weapons: 1930-1945, A Hidden Chapter in History", *Bulletin of Atomic Scientists* (1981.10)
4. 近藤昭二編,『(CR-ROM版) 7 3 1部隊 · 細菌戦資料集成』, 柏書房, 2003.11
5. 小林英夫 · 兒嶋俊郎編,『七三一細菌戦部隊 · 中国新資料』, 不二出版, pp. 125-154, 일어번역 pp. 22-30, 1995.10
6. 同前, pp. 1-84, 일어번역 pp. 3-21
7. 中央档案馆他編,『細菌戦与毒気戦』, 中華書局, 1989.9
8. 江田憲治他編訳,『証言生体解剖—旧日本軍の戦争犯罪』, 同文館出版, 1991.7
9. 江田憲治他編訳,『証言人体実験—731部隊とその周辺』, 同文館出版, 1991.9
10. 江田いづみ編訳,『証言細菌作戦—BC兵器の原点』, 同文館出版, 1992.12
11. 韓暁 · 辛培林,『日軍731部隊罪悪史』, 黒竜江人民出版社, 1991.9
12. 韓暁 · 金成民,『日軍七三一部隊罪行見証(第一 · 二部)』, 黒竜江人民出版社, 1995.4
13. 韓暁 · 金成民,『死ぬ前に真実を—侵略日本軍七三一部隊の犯罪 上 · 下』(中野勝訳), 青春出版社, 1997.5-8
14. 松村高夫他,『戦争と疫病—七三一部隊のもたらしたもの』, 本の友社, 1997.8
15. 関成和他,『七三一部隊がやってきた村—平房の社会史』, こうち書房, 2000.7
16. 黒竜江省档案馆他編,『「七三一部隊」罪行鉄証—関東憲兵隊「特移扱」文書』, 黒竜江人民出版社, 2001.12
17. 吉林省档案馆他編,『「七三一部隊」罪行鉄証—特移扱 · 防疫文書編集』, 吉林人民出版社, 2003.9
18. 黄可泰他編,『惨绝人寰的细菌战—1940年宁波鼠疫史实』, 東南大学出版社, 1994.3
19. 黄可泰他編,『宁波鼠疫史实-侵华日军细菌战罪证』, 北京中国文連出版公司, 1999.12

20. 邸明軒,『罪証一侵華日軍衢州細菌戦史実』, 北京中国山峡出版社, 全211頁, 1999.11
21. 陳大雅他編,『辛己劫難一一九四一年常德細菌戦紀実』, 中共中央党校出版社, 1995.5
22. 細菌戦罪行研究所編,『揭開黒幕 2002 · 中国 · 常徳 · 細菌戦罪行国際学術研討会論文集』, 中国文史出版社, 2003.8
23. 劉雅玲他,『細菌戦受害大訴訟』, 湖南人民出版社, 2004.9
24. 聶莉莉,『中国民衆の戦争記憶一日本軍の細菌戦による傷跡』, 明石書店, 2006.12
25. 高興祖,『南京大屠殺与日本戦争罪責』, 南京大学出版社, 2005.7
26. 沙東迅,『揭開"8604"之謎』, 中国文史出版社, 2005.8
27. 謝忠厚他,『日本侵略華北罪行档案 5 細菌戦』, 河北人民出版社, 2005.6
28. 窪維志他編,『魯西細菌戦大屠殺揭秘(修訂版)』, 人民日報出版社, 2003.07
29. 庄厳他編,『鉄証如山』, 吉林出版集団有限責任公司, 2014.4
30. 中央档案馆整理,『日本侵華戦犯筆供』, 中国档案出版社, 全10巻, 2005.6
31. 三友一男,『細菌戦の罪一イワボノ将官収容所虜囚記』, 泰流社, 1987.4
32. 예를 들어 Jin-Bao Nie. The West's Dismissal of the Khabarovsk Trial as "Communist Propaganda": Ideology, Evidence and International Bioethics. *Journal of Bioethics Inquiry 1* (1), 2004

전쟁·범죄·속죄

_요시무라 히사토의 경우

후치가미 데루오(淵上輝夫)

요시무라 히사토(吉村寿人)는 세상을 떠나기 전 77세 때 자신의 연구 궤적을 되돌아보며 『희수회고』(喜寿回顧)[1]라는 자서전을 남겼다. 그는 이 자서전의 '전쟁 참여'와 '마음속에 남아 있는 사람들'이라는 장에서 은사와의 추억을 떠올리며 731세균전부대 참여에 대해 어쩔 수 없는 일이었다는 변명을 늘어놓았다. 이 『희수회고』와 관련하여 쓰네이시 게이이치가 저서 『의학자들의 조직범죄』[2]에서 지적한 바가 있다. 이 글에서는 쓰네이시의 지적과 『희수회고』를 통해 알게 된 사실을 소개하고자 한다.

요시무라 히사토가 처음으로 전투에 참여한 곳은 중국 동북부(일제의 괴뢰정부였던 만주국)와 몽골인민공화국이 국경을 마주하는 다싱안 산맥(大兴安岭) 모퉁이에 펼쳐진, 후룬베이얼 초원 일대에 위치한 노몬한 지방이었다. 이미 사람들 기억에서 잊힌 지 오래지만 이 지역은 소련과 일본이 처음으로 교전을 벌인 노몬한사건(1939)[1]이 일어난 곳이다.

요시무라는 자서전에서 자신이 속했던 731부대는 세균전연구를 진행했지만, 생리학자 출신인 자신은 그들과는 다른 연구를 했다고 당시를 회상했다. 여기서 말하는 다른 연구란 혹한의 추위 속에서 일어나는 동상이 인체에 어떤 영향을 미치는지 알아내는 연구였다. 그가 이러한 인체실험을 감행한 데는 노몬한에서의 경험이 결정적이었던 것으로 보인다. 그는 노몬한 할하강 전투에서 일본군이 당한 괴멸적 패배를 떠올리며 다음과 같이 술회했다.

---

1. '할힌골 전투'(Battles of Khalkhin Gol), 혹은 '할하강 전투'로 불린다. 러일전쟁(1904-1905년) 이래 동북아의 잠재적인 라이벌인 러시아와 일본 간의, 혹은 양국의 괴뢰국인 외몽골과 만주국 간의 소규모 국경분쟁들이 고조되며 발발했다. (한석정, 「러일, 만몽, 몽몽의 대결-노몬한(할힌골) 전투 70주년 기념 학회 참관기」, 『만주연구』 9, 2009 참조)

포탄에 쓰러져 죽어가는 병사들을 보고 잔혹함을 느낀 동시에 전쟁터에서는 내가 해온 pH 연구는 아무런 도움도 되지 않음을 뼈저리게 느꼈다. 우선은 어떻게든 살아남아야 한다. 살아남지 못하면 학문이든 활동이든 아무것도 하지 못한다. 생리학은 자연의 위협을 어떻게 견뎌내고 살아남을지를 먼저 연구해야 한다는 생각이 강하게 들었다.

전쟁 속에서 한 병사로서 혹은 생리학자로서 어떻게 하면 살아남을 수 있을까, 냉정하게 바라보는 요시무라의 모습을 엿볼 수 있다. 하지만, 사실 이것은 전투에 참여한 731부대의 인텔리 병사가 자기중심적 자아를 토로한 것에 불과하다. 생체실험 희생자에 대한 속죄 의식이나 과학자로서 자신을 되돌아보고 반성하는 모습은 전혀 보이지 않는다. 이때쯤이면 요시무라는 이시이부대가 일본 육군 중 지극히 특이한 목적을 가진 전술 세균전부대였음을 충분히 인지하고 있었을 것이다. 그럼에도 그의 글에서 인체실험으로 희생당한 피해자들에 대한 애도의 마음은 찾아볼 수 없다. 단지 생리학자로서 연구에 평생을 바쳤으며, 전시에도 학문에 대한 결의를 다지는 모습만 보인다.

이는 731세균전부대에서 활동했던 의학자들 보통의 모습일 것이다. 그들 대부분은 여전히 침묵을 고수하고 있기에 사실 속마음을 알 수 없다. 겉표현과 속마음을 구분해 사용하는 일본인 특유의 태도 때문일까? 『희수회고』를 읽으면서 궁금했던 것은 학자로서 최고 자리에 올랐고 교수로서 평생 의학도 양성에 종사해 우수한 인재를 배출해 온 요시무라의 내면을 어떻게 이해해야 하는가였다.

요시무라는 1981년 모리무라 세이이치(森村誠一)의 『악마의 포식』[3]으로 731세균전부대가 저지른 전쟁 범죄행위가 비판을 받고 자기 이름까지 도마 위에 오르자, "(사회의 관심을 끌려고 신문 등 언론이) 나와 전혀 관련 없는 일을 마치 내가 책임자였던 것처럼 쓰는 것은 명백한 날조"라고 일축했다. 하지만 모리무라 세이이치의 비판은 근거 없는 날조가 아니었다. 『세균전용 병기의 준비 및 사용 건에서 기소된 전 일본 군인 사건에 관한 공판서류』(이하 하바롭스크 공판서류)[4] 등 제대로 된 자료를 바탕으로 쓰였기 때문이다.

요시무라는 「아카하타」(赤旗 일본공산당 기관지)에 연재된 『악마의 포식』 초판본도 베스트셀러가 된 가도카와문고(角川文庫) 출판본도 읽지 않았을 가능성이 있다. 물론 그는 『희수회고』에 "악마의 포식에 등장하는 나에 관한 부분에 상당히 심각한 오해를 불러일으킬 수 있는 허구로 가득 찬 내용이 많음을 여기에 분명히 밝혀둔다"고 썼다. 그러나 그가 쓴 비판도 신문 등 언론이 낸 『악마의 포식』에 관한 글을 대충 보고 쓴 것처럼 느껴진다.

고인을 재차 공격하는 것 같지만, 정작 관동군방역급수부 제1부 요시무라반에서 근무한 적 있는 지다 히데오(千田英男)[5]는 전혀 다른 증언을 한다. 그는 그곳에서 본 고통에 시달리며 죽어가는 피해자 모습이 평생 지워지지 않는다고 했다. 그의 말을 직접 들어보자. 지다는 1942년 봄 동상 연구를 담당하던 요시무라반에 배정됐다. 요시무라반에서 열사병에 관한 생체실험이 한창 추진되던 시기였다.

> 위생병 교육을 받았을 때 이 부대는 방역급수가 주요 목적이며 여수기(濾水機) 제조 보급이 나의 임무라고 들었다. 단단한 유리로 만든 상자에 옷을 벗긴 사람을 넣어 상자 아랫부분에서 증기를 주입했다. 이렇게 인공적으로 갈병(暍病, 열사병과 유사)에 걸리기 쉬운 조건을 만들어 병 들게 하고, 임상적, 병리적으로 관찰하여 병인을 규명했다.
>
> 시간이 지나자 온몸이 붉어지고 비 오듯 땀을 흘렸다. 아무리 괴로워도 몸이 묶여 있어 꼼짝 못 했다. 얼마 안 있어 땀이 멈추며 고통스런 얼굴로 필사적으로 몸부림쳤다. 고통을 견디지 못해 애원이 분노, 욕설, 광기로 변해가는 처참한 단말마의 표정이 지금도 뇌리에서 떠나지 않는다. 피해자의 죽어가는 모습을 차마 제정신으로는 보고 있을 수 없었다.

이 기록은 1974년, '전쟁 체험을 기록하는 모임'이 편집한 『구름은 돌아오지 않는다』[6]에 수록된 지다 히데오의 '평생의 무거운 짐'이라는 글의 일부다. 이 글에서 지다는 '이런 실험을 제정신으로 할 수 있는 인간은 도대체 어떤 사람일까'라는 의문을 던졌다. 1974년이라고 하면 731세균전부대의 실태를 규명하려는 운동이 전국적으로 확산되던 시기다. 이미 요시무라를 비롯한 731세균전부대에 관여했던 의학자들이 미국으로부터 전범 면책을 받은 지 20년이 지났을 때였다. 요시무라가 강경한 발언을 할 수 있었던 것 또한 이 면책 때문이었을 것이다. 부대장 명령에 따라 부대를 동상과 동사로부터 어떻게 지켜낼지 연구했을 뿐 양심을 잃어 악마가 된 것은 아니라고 요시무라는 주장하지만, 이는 '부대장 명령'을 변명 삼은 책임회피에 불과하다.

요시무라는 어째서 과거를 반성하려 하지 않았을까? 적어도 그의 말과 글에서는 731부대에서 저지른 악행에 대한 개인적 죄책감을 전혀 느낄 수 없다. 전범으로서 처벌받지 않은 이유에 대해 스스로 되짚어 본 적도 없는 듯하다. 심지어 요시무라는 "전쟁 중이었잖아요. 모르면 공부나 하세요"라며 마치 남의 일처럼 말하곤 했다. 이러한 발언은 요시무라 내면을 고스란히 보여주고 있다. 사실 이는 전쟁에 참여한 대다수 일본인들의 공통된 인식이기도 하다. 죄의식을 느낄 만한 일은 모두 전쟁이라는 상황과 상관의 명령 탓으로 돌리고 만다. 아마 자기방어적 본능 때문일 것이다.

요시무라는 중국에서 귀환한 후 1956년 홋카이도 도후쓰호(濤沸湖)에서 실시된 빙상내한훈련(氷上耐寒訓練)에 참여했다. 남극지역관측대 일원으로 의학 지도를 맡는다는 명분이었다. 그러나 이는 731세균전부대에서 했던 동상 인체실험의 연장 실험을 남극 관측이란 명목 아래 국가사업으로 행한 것이나 마찬가지다.

당시 「아사히신문」[7]을 보면 "일본학술회의의 남극특별위원회는 13일, 의학위원회 첫 회의를 열어…이 날 의학위원회는 오전 10시 반부터 가야 세이지(茅誠司) 위원장과 니시호리(西堀) 월동부대장, 하세가와(長谷川) 도쿄대 전염병연구소 소장, 도다(戸田) 가나자와대학 학장을 비롯한 10명의 위원들이 출석하였으며 우선 탐사에 참여할 의사와 휴대용 약품 등에 대해 도쿄대학 우치무라 유시(内村祐之) 위원과 전직 관동군 군의 중장 기타노 마사지(北野正次) 위원 등이 의견을 말했다"고 되어 있다. 당시 남극특별위원회 의학전문위원이었던 멤버를 파악하기 위해 『남극관측25년사』[8]를 살펴보았으나 남극특별위원회에 의학 전문 분야가 있었다는 사실 외 특별한 내용은 확인하지 못했다. 『학술동향』[9]이나 『과학자명감』[10]도 찾아봤으나 이와 관련된 구체적 기술은 없었다.

사회평론가인 다카스기 신고(高杉晋吾)가 일본학술회의 자료에 의학전문위원으로서 교토부립의과대학 생리학 교수 요시무라 히사토의 이름이 나온다고 주장하고 있어, 이 사실을 확인하기 위해 일본학술회의에 문의도 해보았으나 그런 기록은 남아 있지 않다는 답변만 돌아왔다. 일본학술회의가 의도적으로 의학전문위원회에 관한 기록을 지운 것인지 모르겠으나 현재로서는 진실을 알아낼 방법이 없다. 그러나 다카스기는 이와 관련해 남극특별위원회 위원장이었던 가야 세이지에게 물었더니 "좋은 일은 계승해야 한다"거나 "지나치게 이 일에 개입하지 않는 것이 좋겠다"는 이야기를 들었다고 밝힌 바 있다.[11]

이러한 발언이 사실이라면 다카스기 주장은 상당한 신빙성을 갖는다. 당시 신문을 통해서도 731세균전부대에 있던 기타노 마사지나 요시무라 히사토가 국가기관이 추진하는 노리쿠라(乗鞍) · 도후쓰호에서의 남극월동훈련을 통해 전쟁 중 얻은 성과를 확인하려 했음을 알 수 있다. 일본학술회의가 연구 활동에 아무런 차별 없이 '좋은 게

좋은 거'라는 식으로 원칙도 사려분별도 없이 그들을 초청한 데에는 힘 있는 사람에게는 거역하지 않고 순종하는 것이 득이라 생각하는 일본인 특유의 사고방식이 작용했을 것이다.

요시무라 히사토는 "전시체제에서 개인의 자유의사로 양심에 따라 행동할 수 있는 군대가 어디 있겠냐"며 자신을 정당화했다. 즉 군대에는 절대복종이라는 수직 체계가 있고 더욱이 자신의 경우 군속과 군인 간의 신분격차였기 때문에 개인 양심에 따라 행동할 여지가 없었다고 주장한다. 하지만 이는 전쟁 때는 무엇을 해도 괜찮다고 말하는 것과 같다. 그의 개인으로서의 양심은 어디 있었는가? 과학자로서, 그리고 의학교육자로서의 양심은 어디 있었는가?

주지하듯이, 맥아더 사령관과 이시이 시로 사이 거래로 세균전 극비 정보를 미국에 제공하는 대신 관련 전범은 면책됐다. 그러나 이 면죄부는 전쟁범죄 뿐 아니라 의학자들의 죄의식도 함께 소멸시켜 주었다. 그렇기에 의학자들은 활개 치며 의학계에 복귀할 수 있었을 것이다. 요시무라가 강경한 태도를 고수하고 변명을 되풀이했던 것도 이러한 '면죄'에서 비롯된다.

731세균전부대 면책에 대한 연구를 진행한 오타 마사카쓰(太田昌克)[12]는 니이즈마 세이이치(新妻清一)의 극비 파일(「특수연구처리요강」, 「니이즈마 세이이치 중좌 심문 요강」, 「마쓰다 도모사다 대좌 심문록」, 「다나카 아쓰오(田中淳雄) 소좌 심문록」, 「마쓰다 도모사다 대좌 서간」, 「기타노 중장에게 전하는 연락사항」)을 상세히 검토하여 연합군 조사관과 그들이 어떤 대화를 주고받으며 면책을 얻어냈는지 밝혔다. 특히 오타는 통역을 맡아 샌더스 조사관의 심문조사에 함께 참석한 나이토 료이치(内藤良一)의 두드러진 존재감에 대해 탁월하게 분석했다. 요시무라가 상세한 부분까지 몰랐을 수 있지만 미국의 면책에 대해선 분명 통보받았을 것이다. 의학자들의 면책 시점은 1945년 10월이었다. 이는 연구자들 사이에서 소문났던 것보다 훨씬 빠른 시기였다.

요시무라는 1945년 9월, 교토대에 아오키 구이치로(青木九一郎) 교수가 운영하는 항공의학교실 강사가 되었다. 그 후 아오키 구이치로 교수가 공직에서 추방되고 교실 자체가 정리되면서 요시무라는 1946년 5월 효고현립의과대학 생리학 교수가 된다. 그리고 이듬해 9월에는 은사인 쇼지 린노스케(正路倫之助)의 후원으로 교토부립의과대학 생리학교실 교수가 되어 학계에 성공적으로 복귀하였다. 물론 학술 업적이 있었기에 복귀한 것이겠지만, 731세균전부대 경력이 문제되지 않은 채 의학자로 복귀하고 연구자로 평생을 살았다는 것은 짚고 넘어갈 필요가 있다.

"전쟁이었잖아요. 어쩔 수 없는 일이었어요"라며 만사를 전쟁 탓으로 돌리고 자기 책임마저도 지우려는 무책임한 사회 풍조는 달리 만들어진 것이 아니다. 일본 현대사에서 누락된 천황의 전쟁 책임과 731세균전부대에 관여한 의사들의 면책에 대해 과연 후세 역사가들은 뭐라 할까? 일본인의 전쟁 책임은 여전히 끝나지 않았다.

그 후 의학계에서 '의료윤리'가 종종 논의된 적은 있지만, 731세균전부대에 관한 것은 금기시되었다. 1952년 10월에 열린 일본학술회의 제13회 총회에서 벌어진 일이 이를 단적으로 보여준다. 이 총회에서 히라노 요시타로(平野義太郎)와 마쓰우라 하지메(松浦一), 후쿠시마 요이치(福島要一) 등은 '세균무기 사용 금지에 관한 제네바의정서 비준을 국회에 요구한다'는 안건을 제출했다. 그런데 이때 제7부회의(의학계)에서 선출된 기무라 렌(木村廉)과 도다 쇼조(戸田正三) 등이 반대를 제기했다. 이들은 이시이 시로와 깊은 연관이 있는 인물들이었다. 직접적으로 이시이 세균전부대와 관련된 의학자들의 전쟁 책임을 묻는 안건이 아니었음에도 의학계는 자신들에게 불똥이 튈까 두려워했다. 이 비준 촉진과 관련된 제안은 결국 제7부회의 학회 회원들 반대로 부결되었다.

이후 의학자들의 전쟁 책임은 일본 사회에서 더 이상 거론되지 않게 됐다. '선배가 끌어주고 동료가 버텨주고 후배가 밀어주는' 의학계의 유별난 인간관계가 영향을 미쳤을 것이다. 방역연구실, 이시이 731세균전부대와 관련 있던 의학자 중에는 당시 의학회에서도 저명했을 뿐 아니라 후대 의학계의 중진이 될 것으로 여겨진 인물들이 많다. 그들 대부분은 침묵을 고수하고 과거를 숨김으로써 범죄 책임을 회피한 채 세상을 떠났다. 또한 의학계 전체가 그들을 감싸주고 지지하고 후원하며 사실을 은폐하는 데 일조했다.

이러한 가운데 요시무라처럼 731부대에서의 체험을 글로 남긴 사람은 드물다. 대부분은 과거에 눈을 감고 역사에 등을 돌리는 방식을 택했기 때문이다. 따라서 설령 요시무라가 남긴 기록이 감정적이고 역사에 대한 비방과 자기옹호에 그친다 해도 이를 단서로 의학자들의 내면으로 들어가보는 작업은 작지 않은 의미를 갖는다. 또한 의학계와 거리가 먼 일반인들에게 731세균전부대에서 활동했던 의학자들이 어떤 수단과 과정을 거쳐 의학계에 복귀했는지 설명할 때 요시무라 사례는 여러모로 도움이 될 것이다.

요시무라를 이야기할 때 빼놓을 수 없는 사람이 그에게 큰 영향을 준 쇼지 린노스케

(교토대학 의학부 교수, 효고현립의대 교수, 효고현립의과대학 학장, 제1기 학술회의 회원)이다. 1930년, 요시무라는 교토대학 생리학교실에 입실하여 혈액 pH 측정법에 관한 주제로 연구 생활을 시작했다. 그런데 그는 교실에 입실한 지 얼마 지나지 않아 『생물물리화학』[13]을 쇼지 린노스케와 공동으로 출판한다. 요시무라는 본인 스스로 얘기하듯이 책 읽고 정리하는 것이 특기였다. 4개월 만에 책을 완성한 걸 보면 확실히 재주가 좋았던 것 같다. 아무리 그래도 연구실에 입실한 지 얼마 안 돼 주임교수와 책을 낸다는 것은 당시 분위기에서 상상하기 어려운 일이었다. 그만큼 그는 쇼지 린노스케로부터 절대적 신임을 받았다.

당시 요시무라 집안은 아버지가 세상을 떠난 후 막대한 빚을 안고 있었는데 어머니와 함께 재판소와 은행을 돌아다니며 유산으로 빚을 갚아내는 등 놀라운 솜씨를 발휘했다. 훗날 학장직에 있었을 때 그 솜씨의 편린을 보이기도 했다. 이처럼 가정 사정이 어려웠는데도 불구하고 요시무라는 "혈액 pH 측정용 유리전극을 작성하는 데 성공하였고 유리전극의 전위 차가 발생하는 구조에 관한 연구를 발전시켜 알칼리 오차가 나트륨이온 활량의 'Dose responsive'에 의해 생긴다는 사실을 발견하였고 'Na sensitive'한 전극을 만드는 것도 가능하다"는 결론을 도출하는 데 이르렀다. 요시무라는 이와 같은 학술적 성과를 한층 한층 쌓아 『pH 이론과 측정법』[14]이라는 책을 마루젠(丸善)에서 출판했다. 요시무라의 실적이 꽤나 높이 평가되고 있었다는 점을 알 수 있다. 그러나 곧 요시무라는 쇼지 린노스케로부터 731부대로 가라는 명령을 받게 된다. 그 과정은 쓰네이시 게이이치가 『의학자들의 조직범죄』에서 상세히 기술한 바 있다. 쓰네이시 책을 보면 당시 교실원의 인사권을 주임교수가 쥐고 있었음을 알 수 있다. 지금도 사정은 크게 다르지 않을 것이다.

요시무라의 『희수회고』 중 '쇼지 선생님의 응용생리학 전향과 중일전쟁' 부분을 보면, 쇼지 린노스케가 시국에 맞는 생리학의 필요성을 깨닫고, 원론적이고 생물학적인 생리학에서 임상의학 기초로서의 생리학으로 연구방향을 바꿨음을 알 수 있다. 요시무라도 그 영향을 받아 한기생리학(寒氣生理學)이나 항공생리학을 비롯한 응용생리학으로 연구 주제를 바꿨다. 의학 연구의 방향 전환이라고만 하면 그럴싸하게 들리지만, 이는 당시 국책에 부합한 선택이었을 뿐 만주괴뢰국 건설이 무엇을 뜻하는지 생각하지도 않고 시대를 살아온 의학자의 모습밖에 보이지 않는다. 이토록 사회를 보지 못하고 눈앞의 것에만 매몰된 의학자도 드물 것이다. 그러나 결국 이러한 자들이 전쟁 후에도 의학계를 이끌었다.

요시무라는 자서전의 '마음에 남아 있는 사람들'이란 장에서 "전쟁에 휩쓸린 인간의 극한 상황이란 평화로운 시대에는 생각조차 할 수 없는 것이며 상상을 초월한다"고 썼다. 참 단순하게 생리학자의 관점으로만 전쟁을 바라보고 있다. 때문에 자신이 경험해야만 했다는 그 생체실험에 대해 한 번도 왜 그것을 해야만 했는지 스스로에게 묻지 않았던 것이다.

인용·참고문헌

1. 吉村寿人,『喜寿回顧』, 吉村先生喜寿記念行事会, 1984
2. 常石敬一,『医学者たちの組織犯罪—関東軍第七三一部隊—』, 朝日新聞社, 1994
3. 森村誠一,『悪魔の飽食』, 角川文庫, 1983
4. 『公判記録七三一細菌戦部隊 細菌戦用兵器ノ準備及ビ使用ノ 廉デ起訴サレタ元日本軍軍人ノ事件関スル公判記録 完全復刻版《普及版》』, 不二出版, 1982
5. 731研究会編,『細菌戦部隊』, 晩声社, 1996, pp. 106-107
6. 戦争体験を記録する会編,『雲はかえらず』, 1984
7. 「朝日新聞」 1956(昭和31)年 2月14日 付
8. 文部省,『南極観測25年史』, 文部省, 1982
9. 学術の動向編集委員会,『学術の動向』
10. 『科学者名鑑』, 日本学術会議ハンドブック2000年度, 1999
11. 高杉晋吾,『にっぽんのアウシュビッツを追って』, 教育史料出版会, 1984
12. 太田昌克,『731免責の系譜』, 日本評論社, 1999
13. 正路倫之助・吉村寿人,『生物物理化学』, 日本評論社, 1931
14. 吉村寿人,『ｐＨの理論と測定法』, 丸善, 1948

731부대원이었던 어느 의사의 전쟁 중 전쟁 후 언행

_의사 및 의학자의 전쟁 책임

다케우치 지이치(竹内治一)·**하라 후미오**(原文夫)

들어가며, 오사카부보험의협회의 총회 결의

오사카에서 활동하는 개업의들을 중심으로 구성된 6,200명 규모의 의사단체인 오사카부보험의협회(大阪府保険医協会)는 2000년 9월에 열린 제39회 정기총회에서 20세기를 되돌아보고 다음 세기를 전망하며 아래와 같이 결의했다.

…20세기 일본이 저지른 침략전쟁에 의사들도 관여하였으며 비인도적 범죄를 저지른 의사마저 있었다는 사실을 우리는 깊이 반성하여, 21세기를 핵무기와 전쟁 없는 평화의 세기로 만들기 위해 노력해 나갈 것을 결의한다.

오사카부보험의협회[1]는 패전 직후인 1947년, 개업한 의사들이 서로의 생활과 경영을 돕고 국민 의료를 지키고 개선하기 위해, 건강보험을 통해 양질의 의료를 제공하고자 자립적인 운동을 통해 탄생했다.(처음엔 '보험의연맹'이라는 이름을 사용) 따라서 이 단체가 전쟁에 직접 관여한 적은 없고 책임이 존재하는 것도 아니다.

하지만 당시 보험의협회 회원 의사들 거의 대부분이 일본의료단[2] 총재를 회장으로

1. 보험의란 쉽게 말해 공적 보험체계에 등록돼있는 의사로, 환자가 건강보험증을 가지고 진료받을 수 있는 의사 · 치과의사를 말한다. 지금은 대부분이 보험의지만 과거에는 보험체계에 들어오지 않은 '자유진료' 의사가 더 많았다.
2. 일본의료단은 1942년에 설립된 특수법인이다. 관제일본의사회의 상위 조직은 아니나 육해군병원을 제외한 국공립병원을 산하에 두었으며 전쟁터로 간 의사들의 병의원 흡수도 진행했다. 의료단 총재로는 도쿄제대 의학부 출신의 세균학자인 이나다 류키치(稲田龍吉)가 취임했으며 관제일본의사회 회장도 겸임했다. 이 관제일본의사회와 일본의료단은 전쟁 수행을 위한 국가조직의 중요한 일익을 담당했다. (有岡二郎, 『日本医師会創立記念誌 - 戦後五十年のあゆみ』, 日本医師会創立50周年記念事業推進委員会記念誌編纂部会, 1997, p.7)

받들었던 관제일본의사회(官制日本医師会)[3] 출신으로 '성전'(聖戰) 수행을 위해 동원됐던 사람들이었다. 군의로 전쟁터를 전전하고 시베리아 등에 억류된 후 가까스로 귀환한 사람도 적지 않았다.

전쟁 중 의사 및 의학자들은 천황제 지배와 군국주의 체제에서 꼭두각시가 되어 대부분 본인의 의사와 상관없이 전쟁에 동원되었으며, 결과적으로 다른 국가와 민족을 지배하는 데 중요한 구실을 했다. 그리고 관동군 731부대로 대표되는 생화학무기 개발과 인체실험, 규슈대학에서 발생한 미군 포로의 생체해부,[4] '종군위안부' 관리, 중국침략을 위한 아편정책 등 비인도적 범죄에 깊이 관여한 의사 및 의학자들도 있었다.

이제 '전쟁의 세기'였던 20세기가 끝나고 새로운 세기로 접어들었다. 광기어린 시대의 의사와 의학자들, 나아가 의사단체의 대응을 되돌아보며 전쟁 책임을 명확히 할 필요가 있다.

우선 이 글에서는 전직 731부대원이었던 어느 개원의의 삶을 추적하여 731부대를 둘러싼 문제를 재조명해 본다. 그리고 독일의사회가 전쟁이 끝난 후 어떤 대응을 했는지 검토하여 일본의사회의 전쟁 책임 문제를 논의하고자 한다.

1. 731부대원이었던 한 개업의의 발자취

일본에서 의사와 의학자의 전쟁 책임이라 하면 관동군 731부대와 의사들 문제가 가장 먼저 떠오를 것이다. 이것은 단순히 과거 문제가 아니다. 이 문제의 진상규명은 그야말로 앞으로의 과제라 하겠다. 일본이 패전했을 때 수많은 자료들이 소각되었고, 그나마 남은 자료도 미군과의 면책거래로 은폐되었다. 당사자들은 침묵을 지키고 있으며, 정부나 의사단체들도 책임은커녕 부대의 존재조차 언급하지 않고 있다.

---

3. 일본의사회의 역사는 세계적인 세균학자 기타사토 시바사부로를 초대 회장으로 1916년에 만들어진 대일본의사회(大日本医師会)에서 시작된다. 이후 태평양전쟁이 시작된 직후인 1942년 2월, 국민의료법이 제정되면서 의사회는 "국민체력 향상에 관한 국책에 협력하는 것을 목적으로" 하는 국가 별동기관(別働機関)이 되었다. 이와 함께 현역 군의관을 제외한 모든 의사를 의사회에 강제 가입시켰으며, 의사회 임원도 모두 관선이 됐다. 이 기간 동안의 의사회를 '관제일본의사회'라 한다. 이후 일본의사회는 전쟁이 끝난 후 GHQ 통치시대를 거쳐 1947년 11월 1일, 사단법인으로 새로 설립되었다.(有岡二郎, 앞의 글 참조)
4. 1945년 일본 규슈대 의학부와 군부 관계자가 구마모토(熊本)현과 오이타(大分)현 경계에서 격추된 미군 B29 폭격기 탑승자 8명을 생체해부한 사건

1.1 731부대에서 행한 인체실험

1983년 가을, 도쿄 간다(神田)의 헌책방에서 『관동군방역급수부 연구보고』를 비롯한 731부대 관련 자료가 우연히 발견되었다. 이 발견은 언론에 보도되어(「마이니치신문」 1984년 8월 15일부) 일본 사회에 큰 충격을 주었다. 원자료 가운데 6개 실험 기록에는 육군 군의 소좌 이케다 나에오(池田苗夫) 이름이 기재되어 있었다. 이케다 나에오는 오사카부보험의협회(이하 협회로 생략)와 오사카부의사회 회원이자 협회 기관지인 「오사카보험의신문」과 오사카부의사회 회보인 「오사카보험신문」에 자주 글을 기고했던 개업의였다. 1989년도판 『일본의적연감』(日本医籍年鑑)에는 다음과 같이 기록돼 있다.

> 이케다 나에오(池田苗夫), 의학박사. 피부 · 성병 · 항문과 이케다진료소. 오사카시 이쿠노구 가쓰야마미나미 4-1-5(大阪市生野区勝山南4-1-5). 시가현(滋賀県) 출신. 1902년 3월 25일생. 1929년 니가타의대(新医大) 졸업. 등록 제60248호. 1958년 개업. 오사카부의사회 간호전문학교 강사. 1959년 11월 학위 수령(니가타의대). 주논문 '유행성출혈열의 임상적 연구'. [취미] 유채화, 도예. [가족] 장남 오사카의대 졸업 비뇨기과의

그는 1990년 5월 24일 88세로 별세했다. 필자는 최근 들어 처음으로 이 『관동군방역급수부 연구보고』 등에 실린 이케다 나에오 보고와 아사노 도미조(朝野富三) · 쓰네이시 게이이치(常石敬一)가 쓴 저서 『기병 · 유행성출혈열』(奇病 · 流行性出血熱) 등의 자료를 접했으며, 추가 조사를 통해 개업의이자 보험의협회 회원이던 이케다 나에오라는 전직 731부대원을 자세히 알게 되었다.

731부대원이었던 이케다 나에오의 존재가 세간에 알려진 것은 1981년 10월 16일부 「마이니치신문」 석간에 "생체실험, 나는 했다-세균부대 전직 군의의 고백", "미국과의 면책협상도 인정", "'원숭이' 취급으로 생체실험-관동군 세균부대, 전직 군의 '전시의 상식'이라며 태연하게 주장, 전범 추궁만이 유일한 두려움"과 같은 표제를 달아 인터뷰 내용이 보도되었을 때부터였다. 다만 이때는 실명이 아니라 'A 전직 군의'로 소개되었다.

이 취재가 가능했던 것은 미국 저널리스트 존 파웰의 논문 때문이었다. 파웰은 정보공개법을 이용해 입수한 극비문서를 바탕으로 미국이 거래를 통해 731부대의 생체실

험 데이터를 제공받는 대신 부대와 부대원들의 전범 소추를 면책했다는 사실을 논문으로 발표했다. 「마이니치신문」은 논문에 기재된 군의 이름을 단서로 오사카 시내에 거주하는 개업의 A를 찾아내 인터뷰하는 데 성공했다.(이틀간 총 6시간 인터뷰) 이 개업의 A가 바로 이케다 전직 군의 중좌였다.

1981년에는 쓰네이시 게이이치의 『사라진 세균전부대』(5월)와 모리무라 세이이치의 『악마의 포식』(11월)이 잇따라 출판되었다. 이것이 계기가 되어 731부대의 전체상이 국민에게 널리 알려졌다.

그리고 1983년 가을에는 앞서 언급한 도쿄 간다의 헌책방에서 발견된 731부대 극비자료에 이케다 나에오가 집필자인 문서가 여러 개 있음이 밝혀졌다. 게이오대학 태평양전쟁연구회가 자료를 분석하여 그 결과를 1984년 8월 15일부 「마이니치신문」에 발표했다. 당시 상당한 반향을 일으켰으나 여전히 이케다는 '군의 소좌 A'로 남아 있었다.

『일본의적연감』에는 그의 전쟁 전 경력이 없다. 하지만 마쓰무라 다카오(松村高夫)가 쓴 『731부대 작성 자료』 해설에는 이케다가 직접 작성했다는 약력이 다음과 같이 소개돼 있다.

> 1930년-1945년까지 만주사변, 지나사변, 대동아전쟁에 군의로 참전. 그간 만주 각지와 북지, 중지(中支), 쿠릴 열도, 홋카이도, 우지나(宇品. 히로시마현 중부 지역)에서 제1선 군의로서 항공대, 선박대, 연구기관에서 군진의학 연구에 종사하며 귀중한 체험을 했다.

이케다가 쓴 약력에 관동군방역급수부라든지 731부대 등에 대한 언급은 일체 찾아볼 수 없다. 아사노 도미조와 쓰네이시 게이이치의 조사를 통해 밝혀진 바에 따르면 이케다 군의는 1941년 가을 731부대로 소속이 바뀐다. 관동군특종연습(관특연)[5] 등으로 731부대에 인원 보충이 필요했기 때문이다. 731부대원이 된 이케다는 1942년 1월 10일 만주국 헤이허성(黒河省) 산선부(山神府)에 위치한 헤이허육군병원(黒河陸軍病院)으로 가 인체실험을 진행한다. 구체적으로 1월 14일 유행성출혈열로 진단받은 병사로부터 채취한 혈액을 중국인 두 명(이케다는 이 중국인들이 쿨리였다고 설명함)에게 주사하여 감염시켰다. 며칠 뒤 출혈열 환자의 피를 빨아먹은 이를 사용해 다른 쿨리 4명도 감염

5. 관동군특종연습(関東軍特種演習)은 관동군특수연습이라고도 하며 1941년 여름에 일본군이 실시한 대 소련전 준비를 뜻하는 말이다. 연습(演習)이라는 이름으로 소련과 만주 국경 지대에 관동군 병력 70만 명을 동원했다. 하지만 결국 개전까지는 이르지 못했다.(일본 小学館 *デジタル大辞泉* 설명 참고)

시켰다. 벼룩을 사용해 동일한 실험도 진행했다. 인터뷰에 응한 이케다는 당시를 떠올리며 “이시이 대장에게 벼룩으로도 감염에 성공했다는 소식을 보고했더니 기뻐했다. 페스트 벼룩처럼 세균무기로 이용할 수 있을 거라 생각한 것 같다”고 말했다.(『기병 · 유행성출혈열』)

전쟁이 끝난 후 그는 만주에서 진행한 실험과 관련해, 「만주 유행성출혈열의 임상적 연구」(『니가타의학잡지』 74권, 1960년, 학위 취득 논문)와 「유행성출혈열의 이와 벼룩을 이용한 감염시험」(『일본전염병학회지』 42권, 1966년)이라는 논문 두 편을 발표했다.

또한 앞서 언급한 「마이니치신문」과의 인터뷰에서 “전쟁 중에 중국인들에게 유행성출혈열 바이러스를 주사하거나 해서 감염시키는 생체실험을 직접 수행했다”고 고백하기도 했다. 생체실험을 당한 사람들이 이후 어떻게 되었냐는 질문에 대해서는 “제가 관여한 실험에서도 중증환자가 나왔는데 모두 목숨은 건졌다. 동료였던 육군 기사는 이러한 환자들을 생체해부할 것을 원했지만 나는 거부했다”, “페스트균 등을 연구하던 다른 반이 생체해부했다는 이야기는 들었지만 자세한 내용은 잘 모른다”고 답했다. 731부대가 인체실험한 것을 원숭이나 토끼 등의 동물을 사용한 것으로 속여 군의단잡지나 학회에 발표했던 것은 원숭이 체온이 원래 사람보다 8도 정도 높기 때문에 “공표할 때는 사람을 사용해서 얻은 데이터의 숫자를 바꾸어야 했다”고 털어놓았다. 하지만 생체실험을 한 것에 대해선 “이봐, 전쟁 중이었다고. 그리고 전쟁 후 분명 도움이 되고 있지 않나”라며 책임을 회피했다. 그러면서도 “사실 미군이 전범 추궁하러 찾아올까 봐 전쟁이 끝난 후에도 늘 두려웠어. 내 이름 내면 안 돼”라고 말했다.

1.2 『731부대작성자료』를 통해서 본 이케다 군의 소좌의 ‘업적’

간다 헌책방에서 발견된 자료를 분석해 게이오대학 태평양전쟁사연구회가 간행한 『731부대작성자료』에는 이케다가 이시이 시로와 기타노 마사지 부장 등의 지도 아래 731부대에서 진행한 실험과 그 ‘성과’가 업적으로 소개되어 있다.

이 중 하나인 「유행성출혈열 조사보고서」에는 당시 만주 후린(虎林)과 얼다오장(二道崗), 쑨우(孙吴) 등지에서 유행한 바이러스성 ‘기병’(奇病)에 대해 기술되어 있다. 북만(北滿) 지역에서 치사율이 15%에 달해 관동군에서도 수만 명의 환자가 나와 큰 위협이었던 유행성출혈열의 병원체와 그 감염경로를 조사한 것이다. 이시이 시로의 뒤를 이어 731부대 부대장이 된 기타노 마사지는 그 병원체와 감염경로를 찾아내기 위해 새로운 연구반을 꾸리고 직접 지도했다. 그리고 이케다 나에오는 새로 마련된 이 연구반에 배치되었으며 보고서 기안도 담당했다.

기타노 마사지는 1944년, 병원체를 찾아냈다며 「유행성출혈열 병원체의 결정」이라는 논문을 『일본병리학회회지』 제34권에 발표했다. 이 논문에는 출혈열 환자의 피를 빨아먹은 비단털쥐좀진드기(Laelaps jetmari Vitzthum)를 갈아 넣은 식염수 유제(乳劑)를 원숭이의 대퇴피하에 주사했다고 적혀 있다. 이 '원숭이'가 '마루타'였음은 앞서 소개한 1981년 10월 16일자 「마이니치신문」 석간 보도를 통해서도 확인할 수 있다. 이 보도에서 오사카에 거주하는 731부대 군의였던 개업의 A, 즉 이케다가 여러 논문을 보여주며 "부대에서는 중국인 죄수들을 '마루타'라고 부르며 실험에 사용했어. 논문에는 원숭이라고 썼지만 그것은 '마루타'야. 그런 건 누구나 아는 상식이잖아"라고 증언했다.

이케다 나에오는 패전과 동시에 공직에서 추방되긴 했으나 그 이상의 책임을 추궁받지 않았다. 그리고 그는 32년간 개업의로 살다 88세에 생을 마감했다.

그가 개업의로서만 활동한 것은 아니다. 오사카부간호전문학교 강사도 맡았으며, 자신이 속한 학회(일본전염병학회) 회지와 오사카부의사회, 그리고 보험의협회 기관지 등에 논문을 왕성하게 기고했다. 그 글 중에는 육군 군의 · 관동군 731부대원으로서 한 인체실험을 포함한 '연구'이거나 그 '연구'를 바탕으로 한 것이 적지 않았다.

2. 의사 및 의학자의 윤리와 의사단체의 책임

2.1 소감

이케다를 보면, 전쟁에 세뇌당한 의사 및 의학자가 그릇된 공명심에 사로잡혀 인명을 지킨다는 본래의 역할을 소홀히 한 채 생명을 말살하는 선봉대로 변해 간다. 전쟁이 끝난 후에도 자신의 잘못에 대한 반성도 없이 세월만 흘려보냈다. 현대사회에서 과학자의 비윤리적 행태가 줄곧 문제가 되어 왔지만, 그 문제의 원점은 바로 여기 있는 것 같다.

그리고 의학회를 비롯한 의사회 등 의사단체가 의사의 전쟁 책임 문제에 대해 여태까지 침묵으로 일관하면서 거의 아무런 언급도 하지 않았다는 점 또한 악순환을 낳은 원인이라고 할 수 있다. 예를 들어, 일본전염병학회가 731부대에서 행한 인체실험이라고 짐작할 수 있는 '연구'를 당당히 학회지에 실어준 것은 그 집단 전체가 얼마나 인권과 윤리에 무감각한지 보여준다. '과학 연구'를 위해서라면 그런 것은 사소한 문제에 불과하다고 인식하는 것인지 참으로 놀라울 따름이다.

참고로, 과거 731부대 간부였던 사람들은 전쟁이 끝난 후 죄를 심판받기는커녕 , 부대에서 행한 '연구'를 발판 삼아 대학 학장이나 의학부장, 연구소장 등의 자리에 올랐다. 나이토 료이치처럼 제약회사(일본혈액은행. 나중에 일본 녹십자로 명칭이 바뀜)를 설립해 사장이 된 인물도 있다.

한편, 1972년 일본학술회의 남극특별위원회에 731부대 부대장이었던 기타노 마사지와 요시무라 히사토(요시무라는 731부대에서 동상 인체실험한 것으로 알려져 있는 인물. 후에 교토부립의대 학장 등을 역임)가 위원으로 선정된 것에 대해 학술회의 유지들이 책임을 추궁했다.(1972년 10월 24일부 「아사히신문」) 1982년에는 요시무라의 인체실험이 문제가 되어 일본생기상학회(日本生気象学会)[6]가 학회 설립에 공을 들인 요시무라를 학회 간사직에서 해임하는 일이 일어나기도 했다. 1972년 학술회의 유지들의 책임 추궁은 결국 다수결로 부결되었고 전쟁 책임에 대해 언급하는 것 자체를 조직적으로 차단했다. 일본의 의학회는 오늘날에 이르기까지 여전히 731부대와 부대에 관여한 의사 및 의학자들의 문제에 대해 침묵을 고수하고 있다.

2.2 의사회와 보험의협회의 경우

일본의사회도 731부대에 관해 의학회와 같은 태도를 고수한다. 사실 의사회 자체가 전쟁 중 관제의사회로서 전쟁 수행을 위해 중요한 구실을 했음에도 이에 대한 반성은 지금까지도 이루어지지 않고 있다. 각 지역 의사회도 마찬가지다. 물론 오사카부의사회 회보에 이케다 의사의 글이 게재되던 시점엔 아직 731부대의 실체가 잘 알려져 있지 않았기에 이케다의 경력 또한 제대로 파악하지 못했을 가능성이 있다.

보험의협회 역시 이케다 의사의 글을 기관지에 게재했을 당시 오사카부의사회와 마

6. 생기상학(Biometeorology)은 기상 현상이 인간을 비롯한 생물에 미치는 영향을 연구하는 학문이다.(일본생기상학회 사이트 참조_http://seikishou.jp/about.html)

찬가지로 731부대에 대한 인식이 없었고 이케다 의사의 경력 등을 알지 못했다. 하지만 그 후 새로운 사실이 밝혀지고 731부대에 대한 인식이 확산되면서, 글 앞머리에 소개한 '결의'처럼 의사단체로서의 책임을 가지고, 과거를 반성해 미래의 교훈으로 삼으려는 노력이 이루어지고 있다.

이야기가 나온 김에 덧붙이면, 보험의협회의 원류는 1946년 1월 22일에 결성된 '간사이의료민주화동맹'(関西医療民主化同盟)이다. 병역에서 소집 해제돼 돌아왔거나 재해로 피해를 입은 의료인들이 주축이 되어 만든 조직이었다. 이들은 "새로운 일본 민중의 보건과 복지 구축을 위해, 포츠담선언의 취지에 따라, 일체의 구식 제도, 즉 군국주의적이고 관료주의적이며 이윤추구에 편중된 의료제도를 타파하고, 일체의 구세력, 즉 전쟁 범죄자를 의료계로부터 일소하여, 진정 명랑한 민주주의적 의료제도 확립과 의료의 대중화를 약속한다"는 '강령'을 바탕으로 활동을 시작했다. 초대 간사장은 후에 개업의 분야의 조직으로서의 보험의협회 창설을 주도한 구와바라 야스노리(桑原康則)가 맡았다.

2.3 일본의사회와 전쟁 책임

2.3.1 신생 일본의사회 설립 과정

서두에도 언급했듯이, 전시 하의 일본의사회는 모든 의사들이 단결하여 '성전 수행'과 '대동아공영권 확립', 그리고 그것을 위한 '건민건병(健民健兵) 만들기'라는 국책에 협조하도록, 조직을 개편하여 강제로 설립된 단체다.

한편, 1942년 '국민의료법'이 제정되면서 일본의료단이라는 별도 법인이 출범하였다. 이어 '의사회 및 치과의사회령'이 공포되면서 후생대신(厚生大臣)[7] 권한으로 일본의료단 총재에 이나다 류키치(稲田龍吉)를 앉히고 1943년 1월 28일에 정식 설립 허가를 내주었다. 일본의료단은 사실상 '의사'단체로서의 주체성은 없었고 오로지 전쟁 수행을 위한 임무를 담당했다.

패전 직후 일본의사회와 각 지역 의사회는 망연자실할 수밖에 없었다. 이러한 상황에서 일본의료단 총재이자 일본의사회 회장이었던 이나다 료키치는 다음과 같은 훈계

7. 당시의 후생대신은 고바야시 지카히코(小泉親彦)였다. 그는 일본에서 독가스 연구와 개발의 아버지로 불린 인물이다. 육군군의학교 화학무기 연구실 및 군진위생학교실 주간(主幹)을 맡았으며 군의감, 군의총감을 거쳐 육군성 의무국장 자리까지 올랐다. 731부대장 이시이 시로와의 친분도 두터웠다.(필자 주)

를 내렸다.

> 종전 칙서를 보건대, 천황께서 결단을 내리신 이유는 무엇보다 민족애호의 거룩한 마음 때문이었다. 민족애호야말로 의사 본래의 사명임을 깨달아 내일을 향해 용감하게 조직을 출범시켜야 한다. 향후 일본은 많은 시련을 겪게 될 것이다. 게다가 전쟁 후 세상을 떠들썩하게 했던 사회문제는 의료 위생에 관한 것이 많다. 우리는 이러한 때에 끝까지 천황의 뜻을 받들어 각자의 임무 달성을 위해 매진해야 한다….

패전후 GHQ(점령군 총사령부)로부터 위생 관련 법규 정비와 의사의 자질 향상에 관한 지시가 내려져 1946년 8월 '국민의료법'이 개정되었다. 당시 의사들도 전시(戰時) 입법이었던 '국민의료법'을 개정하는 것은 지극히 당연한 일이라고 생각했으나 의사회라는 조직을 어떻게 개편해 나갈 것인가에 대한 특별한 구상이 없었다. 이러한 상황 속에서 의사회 기존 간부들이 중심이 되어 '민주화 흐름'에 따라 개편을 모색하기 시작했다.

1946년 2월, 이나다 류키치가 의료단 해체와 동시에 일본의료단 총재직과 관제일본의사회 회장직을 사임하게 되었으며 일본의사회는 임시총회를 통해 나카야마 도시히코(中山寿彦)를 회장으로 선출하였다. 이어서 의사회 개편을 위한 심의회를 마련해 검토를 시작했다. 심의회가 정리한 일본의사회 개편 요강을 보면, 개편 목적을 "…사회 복지와 공중위생의 향상 그리고 증진을 위해 의학 및 의술의 향상과 발달을 꾀하는 것"에 두었다. 그리고 개편 이유를 "정부의 어용기관적 성격을 근본적으로 불식하는 것은 물론…진정한 과학자집단으로서의 권위와 명예를 스스로 확립하기" 위한 것이라고 밝혔다. 아울러 "의사회는 새로운 헌법 주지에 따라 자주적으로 운영하기 위해 의도(醫道)의 게양과 의학 및 의술의 발달, 보급과 공중위생 향상을 꾀하며 사회복지를 증진할 것"이라고 덧붙였다.

그런데 이러한 개편 작업이 진행 중이던 1947년 8월 29일, 나카야마 도시히코 일본의사회 회장을 비롯한 간부 13명은 GHQ 공중위생복지부로부터 호출을 받는다. 불려간 자리에서 GHQ 공중위생복지부 수장이던 샘스(Crawford F. Sams) 대좌는 의사회 임원들의 사퇴를 지시했다. 그 요지는 '구체제 이념의 잔재를 불식하고 오점 없는 깨끗한 마음으로 새로운 의사회를 성립하기 위해, 구체제에서 활동했던 의사회 임원에 대해서는 그 자격을 재검토하기로 한다. 국민의료법 개폐령이 머지않아 공포될 예정이니 그때까지 말단 회원에 이르기까지 이러한 뜻이 충분히 전달되도록 신경 쓰고 업무에 지장이 없도록 하라. 개폐령 공포와 함께 일단 모두 사직하고 의사회를 새로운 출발점에서 다시 출범시키기 바란다'는 것이었다.

이에 따라 일본의사회는 제1회 대의원회를 열어 '일본의사회 신생의 의의를 명확히 하기 위해 봉건 잔재를 일소하고 명실공히 민주주의적 의사회가 건립되기를 기대한다'는 성명을 발표하고, 새로운 의사회 준비를 위한 특별위원 15명을 선정했다. 이 특별위원회는 1947년 9월 위원장인 사카키바라 도오루(榊原亨) 이름으로 '신생의사회 설립 상의 주의사항에 관한 건'을 모든 대의원에게 통보했다. 과거 의사회 임원을 맡은 자는 자발적으로 사퇴함이 바람직하다는 내용이었다. 1947년 10월 31일에는 의사회와 치과의사회, 일본의료단 해산에 관한 법률 및 정령이 공포되었다. 11월 1일에는 새로운 일본의사회가 사단법인으로서 설립 허가를 얻었고, 같은 달 19일에는 일본의사회 임시대위원회에서 구(旧) 의사회가 공식 해체되었다. 이듬해인 1948년 3월 8-9일, 각 지역 의사회에서 선출된 새로운 대의원이 참가한 정례 대의원회에서 다카하시 아키라(高橋明)를 의사회 회장으로, 다미야 다케오(田宮猛雄)를 의학회 회장으로 선출하면서 새로운 의사회 설립을 매듭지었다.

지금까지 전후 일본의사회 설립 과정을 살펴보았다. 그 과정에서 GHQ의 지시에 의해 전쟁 가담의 선두에 섰던 간부들이 경질되기도 했다. 그럼에도 기존 의사회의 전쟁 가담에 대한 반성과 비판, 그리고 자주적인 평가 등은 이루어지지 않았다. 이후에도 의사회는 잇따라 드러나는 관동군 731부대의 잔혹 행위를 비롯하여 규슈대학에서 발생한 미군 포로 생체해부 사건 등 많은 의사와 의학자들이 관여한 비인도적 범죄에 대해 침묵으로 일관했다. 게다가 비인도적 범죄에 관여한 의사와 의학자의 대부분을 회원으로 받아들였고, 여러 공직에 앉혔으며, 학술 '업적'까지 높이 평가했다.

이러한 사실을 통해, 의사회라는 단체의 근간이 결국 제국대학을 중심으로 하는 인적 계보와 의학회 인맥으로 겹쳐져 사실상 전쟁 전과 다르지 않은 모습으로 오늘날까지 이어짐을 알 수 있다. 지금까지 일본의사회가 보여준 모습은 전쟁 책임을 인정하지 않고 더구나 국가 정책에 따라 일본군과 일본 기업들이 강제동원한 '종군위안부'와 노동자들에 대한 보장(保障)을 거부하는 일본 정부와 다를 바 없다. 이는 각 지역 의사회도 마찬가지다.

2.3.2 부(府)·현(縣) 의사회의 경우

과거 일본의사회와 오사카부의사회 대의원을 오랫동안 역임한 필자(다케우치 지이치)는 1995년 3월 오사카부의사회 대의원 회의에서 퇴임 인사를 겸해 다음과 같이 발언하였다.

> 전쟁이 끝나고 50년이라는 세월이 지났습니다.…최근 한 역사 관련 단체로부터 '전쟁과 의료'라는 주제로 이야기해 달라는 요청을 받아, 저도 메이지 초기부터 현재까지 의료 역사를 한번 정리해보았습니다.…그곳에서 다른 발표자분도 지적하셨습니다만 일본 의사들은 1945년에 아무런 반성도 하지 않았습니다. 독일(의사회)에서는…마지막에는 모든 의사회가 나치즘에 가담했고, 의사들이 이에 협력했습니다. 유대인을 대량 학살한 아우슈비츠와 BCG 인체실험 같은 것들이 의학의 진보에 마이너스가 되었을 뿐 아니라 의사로서의 직능을 생각했을 때도 심각한 문제였음을 반성했습니다. 일본의사회는 이러한 반성을 하지 않았습니다. 그뿐 아니라 1947년 10월 31일 법률에 따라 해체된 굴욕의 역사를 가지고 있습니다. 자신들이 스스로 반성하지 않았기에 진주군이 정지 명령을 내린 것입니다.…의사회는 11월 1일을 설립기념일로 삼고 있습니다만 어째서 이날이 기념일이 되었는지 이젠 이사들조차도 제대로 설명하지 못하는 상황입니다.…의사회는 왜 윤리규정이 없는 걸까요.…우리는 폐쇄된 사회에서 평화롭게 살아왔지만 벌써 전쟁이 끝난 지 반세기라는 세월이 지났습니다. 반성할 기회를 잃은 과거는 바꿀 수 없지만, (의사회로서) 여기서 한 발짝 나아가려면 이 문제를 다시 생각해야 한다고 봅니다.

행사장에 있던 참가자들은 발언을 듣고 필자에게 많은 욕설을 퍼부었다. 회장은 "윤리의 문제에 관해서는 상당히 어려운 점이 많습니다.…역사 인식은 여러 가지 있다고 생각합니다…"고 답변하는 데 그쳤다.(「제231회 오사카부의사회 정례 대의원 회의 기록」에서 인용)

2.3.3 독일 의사와 의사회의 경우

나치스 체제의 독일에서는 다른 인종과 민족에 대한 홀로코스트와 각종 인체실험이 자행됐다. 뿐만 아니라 같은 독일인이라도 '치료 불가능'으로 판정된 환자나 '정신적 사망자' 또는 '쓸모없는 인간', '결함 있는 인간'으로 판정된 장애인들을 '살아 있을 가치가 없는 생명'으로 여겨 학살했다. 이 희생자들은 2-3만 명에 이를 것으로 추정된다. 아울러 '유전병 자손 예방법'(Gesetz zur Verhütung erbkranken Nachwuchses) 등을 만들어 30-40만 명에게 불임 및 단종 수술을 시행했다. 수많은 의사와 의학자들이 여기에 관여했다.

하지만 나치당 간부급 등 뉘른베르크 재판에서 유죄를 받은 극히 일부를 제외하고 의사 및 의학자들 대부분은 심판받지 않았다. 그들 중 전쟁이 끝난 후 의학회 등에서 중진이 된 사람도 적지 않다. 이처럼 전후 독일 의료계의 상황은 어중간한 '비나치화'가 시도된 것에 불과했다.

1970-80년대에 접어들어 상황이 달라졌다. 전 국민 차원에서 '과거에 대한 극복'이 제기되면서 베를린 의사들 중심으로 과거 나치즘 속에서 의사들이 한 역할에 대해 의사단체 역시 비판적 입장을 내놓아야 한다는 목소리가 높아졌다. 독일의사회는 이를 수용해, 1989년 「인간의 가치-1918년부터 1945년까지의 독일 의학(Der Wert des Menschen: Medizin in Deutschland 1918-1945)」 전시를 개최하여 나치즘과 의학, 의료에 관한 방대한 자료를 공개하였다. 이어 베를린의사회도 같은 해에 1934년부터 1939년까지 간행되었던 『국제의사연보』 복각본을 출판하여 잊힌 망명 의사들에 관한 자료를 공개했다.[8]

더불어 베를린의사회는 '1938년 11월 9일을 생각하다'라는 제목의 성명을 발표했다. '1938년 11월 9일'은 '수정의 밤'(Kristallnacht)이라고도 불린다. 파리에서 나치스 외교관이 습격당한 사건을 빌미로 이날 나치스는 독일 유대인 거주지와 상점을 일제히 습격해 7,500곳의 상점을 파괴하고 171곳의 유대인 교회를 불태웠다. 91명의 유대인이 살해되고 2,600명이 강제수용소로 보내졌다. 살아남은 유대인들에게는 10억 라이히스마르크[9]의 벌금이 가해졌다. 이 사건을 계기로 유대인에 대해 폭력과 박해가 공공연하게 이루어졌다. 동네 곳곳에 유대인 상점의 산산조각 난 유리파편이 어지럽게 흩어져 있어 마치 수정과도 같았기에 사람들은 이날을 '수정의 밤'이라고 부르며 기억하려 했다.

베를린의사회 성명은 "나치즘 속에서 의사들이 한 역할과 잊을 수 없는 희생자의 고통에 대해 떠올려본다. 의사 조직을 결성하는 우리는 우리 스스로의 과거와 나치즘에

---

8. *Internationales ärztliches Bulletin* 1934–1939. Reprint (Beiträge zur nationalsozialistischen Gesundheits-und Sozialpolitik Band 7) Rotbuchverlag, Berlin 1989

9. 라이히마르크(Reichsmark)는 1948년 독일 화폐개혁 이전에 사용되던 통화 단위다.

관여한 의사들의 책임을 묻지 않을 수 없다"는 말로 시작했다. 이어 나치스가 정권을 장악하기 몇 해 전부터 사회적 차별을 조장하는 사상을 퍼뜨린 점, 그리고 그것이 인간을 파멸의 길로 치닫게 했다는 점, 신체장애인에 대한 불임 및 단종 수술을 실시했다는 점, 전문가로서 선별을 맡아 강제수용소로 보내는 등 학살에 협력한 점, 강제수용소 등에서 잔혹한 인체실험을 행한 점 등을 언급했다. 그리고는 극히 일부 의사만이 기독교적, 사회주의적, 공산주의적 세계관에 따라 이에 저항했다며 "베를린의사회는 과거의 책임을 지겠다. 우리는 슬픔과 수치심을 느낀다"는 말로 끝맺었다.

참고로 독일의사회가 주최한 「인간의 가치-1918년부터 1945년까지의 독일 의학」 전의 골자는 1993년 출판된 일본어 번역본을 보면 알 수 있다.[10] 이 책의 서문은 베를린의사회 이사회를 대표하여 헬무트 베커 박사(Dr. Helmut Becker)와 엘리스 후버 박사(Dr. Ellis Huber)가 썼는데, 서문 말미에 "나치즘 시대의 의학을 상기함으로써 오늘날의 의료윤리 문제에 더 민감하게 접근할 수 있을 것이다"는 말을 남겼다.

나가며, '종군위안부'와 의사들

1983년 무렵이었을 것이다. 오사카시 니시나리구(大阪市西成区)에 나가사와 겐이치(長沢健一)라는 이비인후과 개업의가 있었다.

어느 날 필자(하라)는 이 나가사와 의사로부터 책 한 권을 받았다. 『한커우 위안소』(漢口慰安所)라는 제목의 자서전이었다. 그는 "제2차 세계대전 때 중국 대륙에 군의로 갔는데 세월이 지날수록 자꾸 머릿속에 맴돌아 떠나지 않는 것이 있다. 그것은 위안부다. 그들이 참으로 안쓰러웠다. 사실 나는 한커우라는 곳에서 군 위안소 위안부들의 검진 등을 담당한 적이 있다. 그들이 그 후 어떻게 되었는지, 지금은 어떻게 지내는지 잘 모르지만 그곳에서 내가 목격한 것을 어떻게든 남겨둬야겠다는 생각이 들어 늦게나마 책을 쓰게 되었다. 꼭 읽어주었으면 한다"는 말과 함께 책을 건네주었다.

그 당시만 해도 '종군위안부'라는 용어와 그 존재 자체가 일반적으로 잘 알려져 있지 않았기에 나는 이러한 사실이 있었다는 것만으로도 큰 충격이었다. 나가사와 의사

10. 「인간의 가치-1918년부터 1945년까지의 독일 의학」 전은 1989년 개최되었으며, 이에 관한 책자가 나온 건 1991년이고, 일본에서 번역본이 나온 건 1993년이다.

는 오랜 소원을 이뤄 안심한 듯 『한커우 위안소』를 발간한 지 3년이 지난 1986년 10월 7일 세상을 떠났다. 향년 75세였다.

'종군위안부'라는 말이 세간에 널리 알려진 것은 센다 가코(千田夏光)가 『종군위안부』와 『속 종군위안부』를 1984년과 1985년에 연이어 출간하면서였다. 센다의 집념이라고도 할 수 있는, 관계자에 대한 추적 및 취재를 통해 베일에 가려졌던 일본 정부와 구 일본군의 역사적 치부가 드러난 것이다. 그러나 일본 정부는 그 후에도 '종군위안부'는 민간업체가 모집해 군대를 따라 데리고 다녔던 것이라며 군은 물론 일본 정부의 공식적 관여를 인정하려 하지 않았다.

그 후 역사학자와 여성단체, NGO 등에 의한 독자적이고 끈질긴 조사가 이루어지고 한국에서 '종군위안부' 피해자가 일본 정부를 상대로 사죄와 보상을 요구하는 운동이 점차 확대되어 갔다. 1992년에는 일본 주오대학(中央大学)의 요시미 요시아키(吉見義明) 교수 등이 일본군이 군 위안소 설치를 지시한 공문서를 방위청 방위연구소 도서관에서 발견함에 따라 일본 정부도 더 이상 직접 관여한 사실을 부정할 수 없게 되었다.

일본 정부는 독자적으로 일정한 '조사'를 실시한 다음 1993년 8월 4일 그 결과를 공표하였으며, 고노 요헤이(河野洋平) 전직 관방장관의 담화를 통해 일본군 및 관헌의 관여와 징집, 사역에서의 강제성을 인정하고 문제의 본질이 중대한 인권침해였다는 사실을 시인했다. 다만 '종군위안부' 피해자들에 대한 정부의 보상에 대해서는 응하지 않았다.

요시미 교수 등이 발견한 자료는 일본군이 패전 직전에 공습을 피해 도쿄 하치오지(八王子)에 있는 지하창고로 옮겼던 공문서이다. 연합국군이 도착하기 전에 소각 처분을 하지 못했기에 간신히 남아 있었다. 이 자료에 의하면 '종군위안소'는 ① 군인의 지기진흥(志氣振興)과 군기 유지 ② 약탈 · 강간 · 방화 · 포로학살 등의 범죄 예방 ③ 성병 예방을 위해 군의 지시로 설치되었다고 한다. '위안부'는 정확히 말하자면 일본군의 '성적 노예'였으며 대부분 조선 등에서 속이거나 강제로 모은 가난한 젊은 여성들이었다.

센다 가코의 『종군위안부』와 요시미 교수 등이 발굴한 '종군위안부' 관련 각종 자료에는 의사들 이름이 적지 않게 등장한다. 아울러 일본군 점령지에서 병사들이 현지 여성을 빈번히 강간하거나 성병이 만연되는 것을 우려해, 점령지에 사는 여성을 강제로 끌어모아 '군위안소'를 설치하자고 의사들이 직접 제언한 경우도 있어, 군 '위안부' 정책에 의사들이 일정하게 관여했다는 점은 부정하기 어렵다.

2000년 12월 8일부터 12일까지 도쿄 구단시타회관(九段下会館)에서 한국과 북한, 중국, 대만, 필리핀, 인도네시아, 동티모르, 네덜란드, 말레이시아 9개 나라에서 64명의 피해 여성을 포함한 2천 명이 모여 '일본군 성 노예제를 심판하는 2000년 여성국제전범법정'이 개최되었으며, 이후에도 생생한 피해 사실이 잇따라 보고 · 고발되었다. 향후 이 문제는 국제적으로 더 큰 화두가 될 것이다.

위안부 문제뿐 아니라, 여러 이유로 과거 도쿄 재판 등에서 언급되지 않은 채 지금까지 베일에 가려졌던 역사적 범죄들은 분명 재조명 받게 될 것이다. 뉘른베르크 재판에서 적용된 '인륜에 반하는 죄'(Crimes against humanity)는 인간이 저지른 죄 중에서도 가장 무거운 죄이므로 시효가 없다. 현재 일본 의사들은 과거 선배 의사 및 의학자들, 그리고 의사단체의 전쟁 책임을 어떻게 대처해 나갈 것인가 하는 과제를 안고 있다. 진지하게 과거를 직시하고 그 잘못을 인식하여 교훈으로 삼는 것이야말로 미래의 원동력이 될 것이다.

추기

1986년 9월 19일부 「아사히신문」 보도에 따르면 이시이 시로 등을 면책하는 대신 미국으로 건너간 731부대 관련 자료는 1950년대 후반에 일본으로 반환되었으며 현재 방위청 전사실(戰史室)에 보관되어 있다고 한다. 따라서 이 관련 자료를 공개하고 진실을 밝히는 책임은 일본 정부에 있다. 현재 필자를 비롯해 여러 곳에서 자료공개를 요구하고 있다. 의사단체도 마땅히 함께 나서주길 기대한다.

인용·참고문헌

1) 莇昭三,『戦争と医療—医師たちの15年戦争』, かもがわ出版, 2000
2)『15年戦争と日本の医学医療研究会誌』創刊号, 2000
3) 常石敬一,『医学者たちの組織犯罪—関東軍第７３１部隊』, 朝日文庫, 1999
4) 朝野富三 · 常石敬一,『奇病 · 流行性出血熱』, 新潮社, 1985
5) 関成和,『731部隊がやってきた村—平房の社会史』, こうち書房, 2000
6) 上坂冬子,『生体解剖』, 中公文庫, 1982

7) 秋元寿恵夫,『医の倫理を問う一第731部隊での体験から』, 勁草書房, 2000
8) 吉開那津子・湯浅謙,『消せない記憶—日本軍の生体解剖の記憶』, 1981
9) 田中明・松村高夫,『731部隊作成資料』, 不二出版, 1991
10)「朝日新聞」1972年 10月24日, 1988年 8月21日
11)「朝日新聞」1981年 10月16日, 1984年 8月15日, 16日, 8月20日
12)「朝日新聞」1986年 9月19日
13) 大阪府保険医協会,「大阪保険医新聞」1964年-
14) 大阪府医師会,「大阪保険新聞」1963年-
15) 尾崎祈美子,『悪夢の遺産』, 学陽書房, 1997
16) 宮田親平,『毒ガスと科学者』, 光人社, 1991
17) 歩平,『日本の中国侵略と毒ガス兵器』, 明石書店, 1995
18) 江口圭一,『日中アヘン戦争』, 岩波新書, 1988
19) 藤瀬一哉,『昭和陸軍“阿片謀略”の大罪』, 山手書房新社, 1992
20) 大阪府医師会,『新制大阪府医師会２５年史』, 1972
21) 野村拓,『昭和医療史』, 野村拓先生定年退官記念実行委員会, 1991
22) 野村拓,『日本医師会』, 勁草書房, 1976
23)『大阪府医師会会報』, 1995
24) 大阪府保険医協会,『大阪府保険医協会の歩み』, 1984
25)「日本医師会雑誌」1942年 11月号
26)「日本医師会雑誌」1947年 9月号
27)「日本医事通報」1947年 3月25日, 7月25日, 1948年 1月25日, 3月25日
28) Ch．プロス・G．アリ,『人間の価値—1918年から1945年までのドイツの医学』, 林功三 訳, 風向社, 1993
29)『季刊 戦争責任研究』創刊号(特集・従軍慰安婦問題を検証する), 1993年秋
30) 千田夏光,『従軍慰安婦』, 講談社文庫, 1984, 同『続・従軍慰安婦』, 1985
31) 吉見義明,『従軍慰安婦』, 岩波新書, 1995
32)『世界』2001年 3月号(女性国際戦犯法廷が裁いたもの), 岩波書店

이케다 나에오 학위논문

다케우치 지이치(竹内治一)·하라 후미오(原文夫)

1. 학위논문 발견과 논문 제목

『일본의적연감』(日本医籍年鑑)에는 이케다 나에오(池田苗夫)가 1959년, 니가타의대(新潟医大)에서 「유행성출혈열의 임상적 연구」로 학위를 취득했다고 쓰여 있다. 그런데 이 제목으로 이케다가 쓴 논문은 존재하지 않는다. 대신 이케다의 직속 상관이자 학문적 지도자이기도 했던 기타노 마사지(北野政治. 1920년 도쿄대학 의학부 졸업, 세균학 전공, 1942년 제2대 제731부대 부대장, 패전 시 군의 중장, 전직 만주의대 교수)가 쓴 「유행성출혈열에 관한 연구」라는 비슷한 제목의 논문이 1944년도판 『군의단잡지』에 실려 있다.

필자는 이케다의 연구를 추적하기 위해 그가 『일본전염병학회잡지』에 투고한 「유행성출혈열의 유행학적 조사연구」(제41권 제9호, 1967년 12월)와 「유행성출혈열의 이와 벼룩을 이용한 감염시험」(제43권 제5호, 1968년 8월)을 분석했다. 이 논문에는 유행성출혈열을 앓는 일본 군인 환자의 피를 빨아먹은 이와 벼룩을 이용해 중국인 쿨리를 감염시켰다는 내용이 있다. 이는 분명한 '인체실험'이다. 아울러 이 논문에서 참고문헌으로 자신의 또 다른 논문인 「만주 유행성출혈열에 관한 임상적 연구」(『니가타의학회잡지』 제74권 제3호)를 언급하고 있는데, 니가타대학 의학부 의학과 기록을 통해 확인한 결과 이 논문이 바로 이케다의 학위논문이었다.

유행성출혈열은 1962년 오사카시 기타구 우메다(大阪市北区梅田)와 간사이(関西) 지역의 사립 의과대학에서 발생한 적이 있지만, 본래 일본에서는 대학 연구실 외에는 없는 병원균이었다. 때문에 이케다는 '만주'라는 말을 붙이지 않으면 학위논문 통과가 쉽지 않으리라 판단했을 것이다. 하지만 『의적연감』 같은 일반인이 쉽게 찾아볼 자료에서는 이 만주를 뺀 것이 아닐까 추정해본다. 아울러 앞서 말했듯이 1962년 오사카 우메다와 간사이 지역의 의과대학에서도 이 질병이 발생했는데, 이 지역의 대학에 과거 731부대에 종사했던 연구자들이 다수 있었다는 점이 관계있을지도 모른다. 예를 들어 오사카대학에서 근무하던 세균학자인 다니구치 덴지(谷口腆二)[1]는 1914년 도쿄제국대학을 졸업한 후 도쿄대 전염병연구소에서 근무하다 전쟁 중 오사카대학으로 자리를 옮겨 미생물학연구소를 만들었다. 다니구치는 1955년까지 오사카대학에서 교수로 근무했는데, 전쟁이 끝난 후 기사(技師) 등 상당히 많은 731부대 출신 관계자를 고용했다.

이케다는 오사카에서 유행성출혈열이 발생한 바로 그 무렵, 기다렸다는 듯이 유행성출혈열에 관한 논문을 투고했다.

2. 학위 취득을 둘러싼 수수께끼

1960년은 구식 제도하에서 학위가 인정되는 마지막 해였기 때문에 학위 청구자가 폭발적으로 늘어났다.[2] 어느 대학이든 심사와 업무 처리로 분주했다.

당시 박사학위를 받기 위해선 반드시 해당 전문학회에서 발표를 하고 동시에 권위 있는 학술지에 미리 학위논문을 게재해야 했다. 이 때문에 각 분야 학술지들도 기하급수적으로 증가한 투고 논문을 처리하기 위해 쪽수를 대폭 늘리거나 임시 증간을 했다. 그럼에도 학위심사 기일에 맞추지 못한 경우가 다수 있었다고 한다. 그래서 특례를 만들어 심사 후 1년 안에 게재된 논문이라면 인정하기로 한 대학들이 많았다.

이케다도 예외가 아니었다. 학위 취득은 1959년 11월로 되어 있으나 잡지에 논문이 게재된 것은 이듬해인 1960년 3월이었다. 이케다 논문에만 국한된 것은 아니어서 특별히 문제 삼을 생각은 없다. 다만 이때 혼란을 틈타 막바지에 꽤나 '수상쩍은' 논문들이 적지 않게 통과되었는데, 이케다 역시 이러한 상황을 교묘하게 이용한 것으로 보인다.

---

1. 주로 731부대 관계자의 논문이 실렸던 『육군군의학교 방역연구보고』(陸軍軍医学校防疫研究報告)에는 다니구치 덴지의 논문도 게재되었다. 제2부 제632호로 실린 논문 제목은 「뎅기열 병원(病原) 및 면역에 관한 연구-제1편 뎅기열의 동물시험과 배양에 관한 연구」이다. 이 논문에 다니구치의 소속은 '오사카제국대학 의학부 세균학교실 및 미생물병연구소'와 '육군군의학교 촉탁'으로 기재되었다.
2. 일본에서는 의학 및 치의학의 경우 1960년 3월 말까지만 구제도에 따른 박사학위를 수여했다(다른 과의 경우 62년 3월 말까지). 구제도의 경우 대학 졸업 이후 별도의 대학원 교육과정을 이수하는 것이 아니라 특정 분야에 대한 연구를 하고 그 결과를 논문으로 제출하여 심사에 통과하면 박사학위를 받을 수 있는 형태였다. 즉, 새로운 학위제도에서 가장 크게 달라진 점은 석사과정이 새로 생긴 것이며, 석사 및 박사의 교육기한과 이수학점이 정해진 것이다.(일본문부과학성 사이트에 게재된 「学制百年史」 중 '大学院の整備' 참조_https://www.mext.go.jp/b_menu/hakusho/html/others/detail/1317821.htm)

사실, 이케다 논문 제목에 붙은 만주라는 지명부터 문제가 있다. 본래 만주는 청 태조 누르하치(努爾哈赤)가 17세기 초에 자신들을 '滿州人'(만저우런), 나라를 '滿州'(만저우)라고 부른 데서 기원한다. 중국인들이 이 발음에 맞게 한자를 붙인 것이다. 하지만 누르하치가 1610년 나라를 만들었을 때는 그 이름을 금(金)이라고 정했다.

1911년 신해혁명이 일어나면서 청나라가 멸망하자 새로 건국된 중화민국은 이 지역을 만주라 하지 않고 중국 동북부라고 불렀다. 즉 만주라는 지명을 의식적으로 사용하지 않았던 것이다. 따라서 1932년부터 1945년까지의 중국 동북부를 말할 때는 '위만주국'(僞滿州國)이라는 용어를 쓰는 게 맞다. 일본군이 1931년에 이 지역을 침략하면서 중국인의 역사 인식을 무시하고 만주라고 부르며 1932년 만주국을 만들었기 때문이다.

실제 만주국은 전 세계 어느 나라도 정식으로 승인하지 않았다. 나치스 독일과 파시스트 이탈리아가 승인했지만 두 나라 모두 일본보다 앞서 패망했다. 따라서 1945년 일본의 패전과 함께 이러한 칭호도 사라졌다. 만약 이 말을 학위논문 제목으로 제시하려면 누구나 납득할 만한 설명을 달아야 한다. 그런 설명도 없이 이런 제목으로 어떻게 학위 청구가 가능했는지 의문이다.

게다가 이 논문에는 '지도 : 전직 관동군방역급수부장 기타노 마사지'라고만 되어 있을 뿐 지도교수가 없다. 지도교수가 없는 것 자체를 불법이라고 따지려는 것은 아니다. 기타노 마사지는 과거 만주의과대학 세균학 교수이기도 했기에 지도 자격이 아예 없지 않다. 하지만 관동군방역급수부라는 타이틀에는 큰 문제가 있다. 관동군방역급수부는 731부대를 의미한다. 부대가 창설되면서 3,000명 안팎으로 추정되는 사람들이 희생당했으며, 생체실험한 데이터를 미군에 제공함으로 이시이 시로를 비롯한 수많은 간부와 의학 연구자들이 전범 면책을 받았다. 하지만 면책받았다고 해서 생체실험이라는 범죄 행위가 없어지는 건 아니다. 이는 일본 의학계 스스로가 판단해야 하는 문제다.

다음으로 이 논문이 생체실험과 어떤 관계가 있는지 살펴보고자 한다. 논문에서 생체실험을 했다는 노골적인 기술은 찾아볼 수 없으나 글 앞머리에 "1943년 기타노 박사의 실험을 통해 유행성출혈열의 감염경로가 밝혀졌으며 이에 따라 병원체가 결정되었다"는 구절이 있다. 여기서 병원체는 바이러스를 뜻한다. 당시 바이러스는 인체실험을 통해서만 증명할 수 있었다. 이케다가 생체실험을 했음은 서두에 기술한 이케다의 다른 논문(「유행성출혈열의 이와 벼룩을 이용한 감염시험」), 중국인의 증언, 그리고 본인 스스로 기자에게 말한 "중국인에게 유행성출혈열 바이러스를 주사했다"와 같은 발언 등을 통해서도 확인할 수 있다. 당시 신문기자에게 '생체실험'에 대해 추궁당한 이케다는 처음에 원숭이로 실험했다고 얼버무렸으나 결국 중국인에게 유행성출혈열에 걸린 관동군 병사의 혈액을 주사했다고 자백했다.(「마이니치신문」 1981년 10월 16일자 석간 제1면과 사회면)

아울러 이케다는 1946년 이 질병의 진단법을 제시한 「유행성출혈열 피부 반응에 대하여」란 논문을 발표했다. 이 논문에는 "정형적인 유행성출혈열 환자 시신에서 간과 비장, 신장을 무균상태로 채취한 다음, 금강사(金剛砂)를 넣고 멸균한 막자사발에서 충분히 빻아, 이에 10배량의 식염수 또는 링거액을 추가해 장기유제(臟器乳劑)를 만들어, 샹벨랑형 세균 여과기(Chamberland filter)로 걸러내고, 여액에 0.4% 비율로 석탄산을 추가한 것을 항원으로 하여 사용했다"고 적혀 있다. 이것을 보더라도 당시 생체실험이 얼마나 체계적으로 이루어졌는지 잘 알 수 있다.

이케다가 관여한 생체실험은 이것만이 아니다. 미국에서 반환된 자료 가운데 일부 시중에 유출된 것이 『731부대작성자료』(간다 헌책방에서 입수한 자료)라는 이름으로 출판되었는데, 이 자료 중에는 '노란 폭탄'(きい弾)이라 불리는 독가스탄(이페리트, 루이사이트 등으로 만듦)을 울타리 안에 가둔 중국인(마루타) 십수 명에게 여러 차례 발사하여 임상적 증상과 피부 상태를 조사한 것도 있다. 이 문서 표지에는 이케다 소좌 담당이라고 쓰여 있다. 이 문서에 대해서도 신문기자가 추궁했는데 그는 당황하며 부정했다고 한다. 아울러 파상풍균 독소와 아포(芽胞)를 십수 명의 마루타에게 주사하여 크로낙시 반응[3]에 대해 조사한 문서도 있다. 이 실험에서도 많은 마루타가 희생된 것으로 추정된다.

이케다가 학위논문 심사를 받았던 1959년 시점에는 아직 여러 가지 불투명한 점이 많았다고 여길지 모르겠다. 그러나, 하바롭스크 재판(1949)을 통해 관동군방역급수부(731부대)의 악행이 폭로되었기에 의학계에서도 교토대와 도쿄대를 중심으로 분명 관련된 얘기가 돌고 있었을 것이다. 니가타의과대학만 이에 대해 몰랐다는 것은 말이 안 된다. 따라서 이케다의 학위논문이 아무런 문제없이 통과된 것은 심사가 대량으로 몰린 시대적 혼란 때문만이 아니라 또 다른 이유가 있었다고 생각한다. 필자는 그것을 학

---

3. 크로낙시(chronaxie)는 근육과 같은 조직에 역치(閾値)의 두 배가 되는 자극을 짧은 시간 동안 줄 때, 그 자극에 비로소 반응이 나타나는 최소한의 시간을 말한다. 자극을 가하는 시간이 아주 짧으면 반응이 나타나지 않으므로, 차차 시간을 연장하여 비로소 반응이 나타난 시간상의 점을 가지고 측정한다. 반응이 느린 근육은 크로낙시가 큰 것이다. 프랑스의 생리학자 라피크(Lapicque, L.)가 제창하였다.(표준국어대사전 참고)

벌에 의한 압력으로 추정한다.

니가타대학 의학부는 1910년 관립니가타의학전문학교에서 출발했다.(전문학교 이전에 존재했던 의학교에 대한 설명은 생략) 전문학교가 설립된 후, 도쿄제대 의학부를 1905년에 졸업한 가와키타 겐조(川北元三)가 부임해 의화학과 위생학, 세균학을 담당했다. 이리하여 니가타의학전문학교 세균학교실은 이른바 도쿄제대의 식민지가 된다. 그 후 역시 1908년 도쿄제대를 졸업한 미야지 시게쓰구(宮路重嗣)가 1914년부터 가와키타의 뒤를 이어 위생학과 세균학을 강의했다. 1922년 니가타의학전문학교는 관립니가타의과대학으로 승격되었다. 이는 지바(千葉)와 가나자와(金沢), 오카야마(岡山), 나가사키(長崎), 구마모토(熊本)의 관립의학전문학교(의전)가 승격된 것과 같은 시기였다.

여기서 주목할 것은 후에 제3대 니가타의과대학 세균학 교수로 취임하게 될 이토 다이이치(伊藤泰一)다. 그는 니가타의전을 졸업하고 나서 승격된 니가타의과대학에 재입학했다. 1926년 니가타의과대학을 졸업한 이토는 바로 니가타의과대학 세균학교실에 입실해 조수가 된다. 그리고 은사들이 도쿄제대 출신이었던 만큼 도쿄대 세균학교실과 교류가 있었을 것이다. 당시 기타노 마사지는 1920년 도쿄제대 의학부를 졸업하고 도쿄제대 세균학교실에서 연구하고 있었다. 이토가 조수로서 도쿄제대 세균학교실과 교류하는 과정에서 기타노 마사지와도 면식이 생겨 친해졌을 가능성이 크다.

1929년, 니가타의과대학에서는 세균학이 위생학과 분리 독립되면서 미야지 시게쓰구 교수가 세균학을 전문으로 지도하기 시작했다. 이때 이토는 니가타의과대학 세균학 조교수가 됐다. 아울러 같은 해인 1929년에는 이케다 나에오가 니가타의과대학을 졸업해 세균학교실에 입실했다. 이케다는 이듬해인 1930년에 군의가 되었으니 세균학교실에 있었던 기간은 1년도 채 안 되지만 이토와는 분명 면식이 있었을 것이다. 이토는 1943년 미야지 교수가 정년퇴임하면서 니가타의과대학 제3대 세균학 교수가 된다. 이 과정에서 미야지-기타노-이토-이케다 사이 관계는 더욱 두터워졌을 것이다.

이케다는 자신의 학위논문 말미에 "이 논문을 발표하면서, 이토 다이이치 교수님의 지도와 노고에 깊은 감사를 표한다"고 썼다. 이토는 그의 논문 심사 주관자이기도 했다. 이토는 행정적으로는 1959년 3월에 정년퇴임했지만, 이케다의 논문 심사 주관자였으므로 그해 말 논문이 통과되고 학위가 수여될 때까지 관여했을 것이다. 이케다에게 박사학위를 준 것은 이토가 퇴임하면서 건넨 선물 같은 것일지도 모른다.

3. 이케다의 학위논문 내용

1938년 무렵부터 소련과 만주국 국경에 주둔하던 관동군 병사들 사이에서 고열과 전신 출혈, 발진이 수반되는 기병이 유행했다. 이때부터 1945년에 패전할 때까지 대략 10만 명이 넘는 병사가 이 병에 걸린 것으로 추정된다. 관동군에는 최대 85만 명, 상시 60만 명이 넘는 병사가 있었는데 그중 10만 명이 병에 걸렸기 때문에 당시 국방상 매우 심각한 문제로 여겨졌다. 부대 부속 군의와 임상의밖에 없는 육군병원에서는 실태를 정확히 파악하는 것이 불가능했다. 즉각 세균학과 병리학, 생리학, 위생학, 의화학, 동물학을 비롯한 기초의학자가 다수 있는 731부대에 조사 명령이 내려졌다.

이리하여 731부대 다롄지부장이었던 안도 고지(安東洪次) 기사를 조사반장으로 해당 지역 조사가 진행된다. 안도는 1919년에 도쿄제국대학 의학부를 졸업한 인물로 기타노 마사지 군의 대좌보다 1년 선배였다. 세균학자였던 안도는 전쟁이 끝난 후 도쿄대 전염병연구소 교수가 된다. 아울러 병리학자였던 도코로 야스오(所安夫) 역시 유행성출혈열과 관련된 논문을 안도와 함께 낸 적이 있어 당시 안도와 함께 움직였던 것으로 추정된다. 도코로는 1935년에 도쿄제대를 졸업하였으며 전쟁이 끝난 후 도쿄대학 병리학 교수와 데이쿄대학(帝京大学) 교수를 역임했다. 안도와 도코로 모두 731부대에서의 활약을 높이 인정받은 것으로 보인다.

731부대에서 실험적 당뇨에 관한 기초연구를 했던 오카모토 고조(岡本耕造)도 유행성출혈열 환자의 시신을 해부한 바 있다. 오카모토는 1931년 교토제대를 졸업한 인물이다. 장기 안에 존재하는 금속 물질을 측정하는 연구를 했었기 때문에 마루타의 병리해부를 맡은 것으로 추정된다. 전쟁이 끝난 후 오카모토는 모교인 교토대학을 비롯해 여러 대학에서 교수직을 역임했다. 1972년에는 「당뇨와 고혈압의 기초 연구」로 학사원상(学士院賞)을 수상하기도 했다. 이케다 나에오는 1972년 3월 29일 「오사카부의사회신문」에 글을 투고하면서 부러움을 담아 오카모토를 칭찬했으며 만주에서부터 잘 아는 사이라고 썼다.

이 731부대 유행성출혈열 조사의 총 책임자는 기타노 마사지 군의 대좌였으며, 이케다 나에오 군의 소좌도 조사에 함께 참여했다. 이케다의 학위논문은 바로 이때 조사한 내용을 정리한 것으로 추정된다. 기타노 마사지가 학위청구를 이케다에게 권유하고 이토 교수에게 편의를 봐주도록 부탁했을 가능성이 크다.

이케다는 학위논문에서 7명의 중증환자와 2명의 사망 사례를 언급했다. 특유의 발열 유형과 출혈 시간, 시간별 혈압측정, 각종 혈액 성분 등을 표로 정리했다. 환자가 수만 명 있었던 것치고는 증례 수가 약간 적은 듯한 느낌도 들지만, 패전 혼란 속에 들고 올 수 있는 자료에 한계가 있었을 테니 전형적 증례만 언급했을 수도 있다.

이케다의 기술에 따르면 북쪽부터 순서대로 산선부(山神府 제57사단)와 파벨라(法别拉 제14국경수비대), 헤이허(黑河 제7국경수비대), 아이후이(爱珲 제6국경수비대), 호르모진(霍尔莫津 쑨우 교외 지역=제5국경수비대), 쑨우(孙吴 제1사단), 후린(虎林 제11사단), 둥안(东安 제24사단), 린커우(林口 제25사단), 바미엔통(八面通 제8사단), 얼다오강(二道岗 제12사단), 제1, 제2 국경수비대, 무단장(牡丹江 제9사단) 등지에서 질병이 발생했다고 한다. 모두 동부 국경 아니면 그 주변 지역이었으므로 소련 측에서도 분명 병이 크게 돌았을 것이다. 사실 소련과 유럽, 미국에서는 유행성출혈열이 예전부터 존재했기에 특별히 새로운 질병이 아니었다. 이미 서구에는 유행성출혈열에 관한 문헌도 있었다. 다만 진위 여부는 확실치 않지만, 서구의 'Epidemica'라는 말을 이시이 시로가 처음으로 '유행성'이라고 번역해 부르면서 유행성출혈열이라는 병명이 생겼다고 이케다는 주장한다.

질병의 정체가 밝혀지기 전 관동군 군의관들은 이 질병을 발진티푸스나 장티푸스, 적리, 성홍열 등으로 진단했으나, 후에 이 질병이 원래 일본에 있던 것이 아니라 특유의 발열과 전신 출혈, 혈액 성분 이상, 신장 · 간 장해 등이 수반되는 새로운 병이며 등줄쥐에 기생하는 비단털쥐좀진드기에 의해 매개되는 바이러스성 질환임을 알게 되었다고 한다.

아울러 유행성출혈열이 문제가 되면서 쑨우(만주 제673부대)와 린커우(林口 만주 제162부대), 무단장(만주 제643부대) 등지에는 제731부대 지부(支隊)가 특별히 설치되었다고 한다.

4. 마무리

전직 731부대원이었던 이케다 나에오 학위논문과 관련하여 몇 가지 문제점을 확인할 수 있었다. 학위논문으로서 제목이 부적절했다는 점, 학위를 취득하는 데 기타노 마사지를 중심으로 한 도쿄제국대학 세균학교실 인맥이 작용했다는 점, 논문 내용을 성립시키기 위한 요건으로 '인체실험'이 있었다는 점 등이다. 더불어 일본의 침략전쟁을 수행하기 위해 존재했던 관동군방역급수부, 즉 만주 731부대가 저지른 범죄 행위에 대해 전쟁이 끝난 후 의학박사 학위를 부여한 것은 의학계와 의과대학이 침략전쟁을 간접 용인한 것이나 다름없음을 강조하고 싶다.

이케다의 학위논문 내용은 9명의 유행성출혈열 환자에 대한 증례 보고에 불과하며 학위를 부여할 만한 새로운 지식은 찾아볼 수 없다. 일본인으로서 처음 명확한 감별 진단을 했다는 데 의의를 두는 것일까? 그렇게 이해할 수밖에 없다. 이는 731부대에서의 연구를 통해 대학교수나 학장, 여러 연구소의 간부가 되어 학사원상까지 수상한 것과 같은 맥락에서 볼 수 있다.

이러한 문제는 일본 의학계가 15년전쟁을 침략전쟁으로 인정하지 않고 자신들의 행동을 전쟁이었으니 어쩔 수 없었다는 식으로 끝까지 변명하는 태도와도 연결된다. 독일 의학계의 사례처럼 최소한의 역사적 반성을 이뤄내기 위해선 이런 문제를 결코 간과해서는 안 된다.

마지막으로 일본 방위청에 미국에서 반환된 731부대 문서 전체와 2001년 4월부터 개최되고 있는 '생물무기 대처에 관한 간담회'(방위성 · 자위대) 내용 모두를 공개할 것을 요구한다. 이를 통해 전쟁 전 731부대가 저지른 범죄 행위를 총체적으로 반성하는 계기를 만들어야 한다.

인용·참고문헌

1) 池田苗夫,「満州に於ける流行性出血熱の臨床的研究」『新潟医学会雑誌』74(3), 1960

2) 池田苗夫,「流行性出血熱の流行学的調査研究」『日本伝染病学会雑誌』41(9), 1967

3) 池田苗夫,「流行性出血熱のシラミ, ノミによる感染試験」『日本伝染病学会雑誌』42(5), 1968

4) 池田苗夫 · 楠本健二,「満州ニ於ケル流行性出血熱ノ発生並ニ分布(其ノ三)」昭和18年発表『731部隊作成資料』, 不二出版, 1991, p.362

5)「毎日新聞」1981(昭和56)年10月16日付夕刊, 第1面と社会面

6) ハル · ゴールド,『証言 · 731部隊の真相』, 廣済堂出版, 1997

7) 常石敬一,『医学者たちの組織犯罪』, 朝日新聞社, 1997

8) 朝軒富三 · 常石敬一,『奇病流行性出血熱』, 新潮社, 1985

9) 竹内治一,「魔力に取り憑かれて」,『月刊保団連』No.714, 2001年8月号, 全国保険医団体連合会, 2001, pp. 27-31

10) 関成和,『七三一部隊がやってきた村』(松村ほか訳), こうち書房, 2000

11) Ch , プロス · G , アリ編, 林功三訳,『人間の価値-1918年から1945年までのドイツの医学』風向社, 1993

12) 外山操ほか,『帝国陸軍編成総覧』, 芙蓉書房出版, 1993

731부대원이었던 이케다 나에오의 전후 행적

하라 후미오(原文夫)

필자는 앞장에 이어 이케다 나에오(池田苗夫)의 발자취를 따라 가보기로 했다. 그는 과거 731부대원으로서 그리고 전선에 투입된 군의로서 관여한 의학실험 및 연구 등을 기록으로 남겼다. 이것을 전쟁이 끝난 후 그가 취한 의사로서의 언행과 연결지어 검토해본다. 이를 위해 이케다의 발자취를 연도별로 확인할 수 있도록 별도의 표로 정리해 보았다. 아울러 과거 침략전쟁에 가담하여 의학범죄 등에 관여한 일본의 의학 · 의료계, 그리고 이케다가 활동했던 의학 및 의사단체의 태도와 입장에 대해서도 다시 한번 살펴본다.

1. 전직 이케다 나에오 군의가 731부대에서 관여한 일

이케다 나에오가 731부대에서 혹은 그 연장선 상에서 행한 각종 실험에 대해서는 이케다 이름으로 기록된 보고서와 학위논문 등을 통해 어느 정도 파악이 가능하다. 또한 지금까지 다나카 아키라와 마쓰무라 다카오가 쓴 『731부대작성자료』(도쿄 간다의 헌책방에서 발견된 극비자료 등이 포함돼 있음)[1]와 이케다를 직접 인터뷰한 1981년 10월자 「마이니치신문」의 보도, 그리고 이 보도를 바탕으로 쓴 아사노 도미조와 쓰네이시 게이이치의 『기병-유행성출혈열』 등을 통해 이케다의 행적이 소개돼 왔다.[2] 아울러 위에 언급된 자료와도 일부 겹치긴 하지만 2011년 정보공개청구를 통해 공개된 일본 방위성 전사자료실(戰史資料室)에 보관된 이케다의 문서도 참고할 만하다.[3]

예를 들어 전사자료실 보관 자료 중에는 다음과 같은 문서들이 포함되어 있다.

① **「노란 폭탄 사격에 의한 피부 상해 및 일반 임상적 증상 관찰」** 이페리트 가스탄을 사람을 겨냥해 발사한 실험 보고. 육군 용전(用箋, 편지지)에는 '극비' 도장과 함께 '가모부대(加茂部隊, 731부대 별칭) 이케다 소좌 담당'이라고 쓰여있다. 다만 본인은 자신이 집필한 적이 없다며 부정했다. (『731부대작성자료』 마쓰무라 다카오 「해설」 인용)

② **「파상풍 독소 및 아포 접종 시의 근육 '크로낙시 반응'에 대하여」** 파상풍 독소와 아포(芽胞)를 사람 발등 부분에 접종하여 증세가 발생했을 때의 근육 전위 변화를 측정한 실험 보고서다. (14명에게 시술하여 전원 사망한 것으로 추정됨)

③ **「폭풍압에 관한 실험적 연구」** 교외에서 실시한 폭약 폭파 실험을 통해 각종 동물에 폭풍압이 미치는 영향을 관찰한 논문이다.

④ **「항공체질에 관한 연구, 혹한기 항공의 인체에 미치는 영향」** 12월부터 2월에 걸쳐 치치하얼과 하이라얼에서 실시된 연구로 고도 비행 시 항공기 탑승자의 인체가 겪게 될 영향에 관한 내용이 담겨 있다.

⑤ **「발진열의 작업실 감염사례」** 부대 내에서 벼룩과 쥐를 사용해 발진티푸스 연구를 했던 연구자 사이에서 원인 불명의 열성 질환자가 급증하여 이를 조사한 보고서다.

⑥ **「'클로로피크린'(chloropicrin) 훈증법을 이용한 일정 농도 하에서의 동물 생존시간 등에 관한 관찰」** 병영에서 빈대를 퇴치하기 위해 클로로피크린 훈증제를 사용했을 때, 각종 동물의 사망시간(생존시간)과 중독 증상, 그리고 내장 변화가 어떻게 되는지 관찰한 보고서다.

⑦ **「만주 유행성출혈열 발생 및 분포에 대하여,(3) 바미엔통 부근 부대에서 발생한 유행성출혈열에 관한 조사 보고」** 무단장성 바미엔통 부근에 위치한 부대에서 자주 발생했던 유행성출혈열을 조사한 보고서다. 1943년 3월 21일부터 29일까지 현지에서 조사를 진행했다.

⑧ **「난징공략전에서 부상당한 중국군 병사의 혈액형에 대하여」** 1937년 12월 일본군의 난징 공격 당시 중산먼(中山门) 밖, 중화먼(中华门) 안팎, 슈이시먼(水西门) 밖, 샤오링위안(孝陵园), 그리고 시산(西山) 부근에서 벌어진 전투로 인해 부상당한 중국군 191명과 포로 20명, 그리고 민간인 25명을 대상으로 연령과 본적, 직업, 부상 종류와 함께 트라코마 환자와 혈액형의 관계에 대해 조사한 자료다.

전쟁이 끝난 후 발표한 이외 각종 논고에 대해서는 이 글의 후반부에서 자세히 다루겠다.

2. 히로시마 원폭 피해 실태조사 참여와 그후

앞서 언급한 방위성 전사자료실에 보관된 자료 중에는 '극비' 도장이 찍힌 「쇼와 20년(1945) 8월 6일 히로시마 공습 시 전재 구호에 관한 보고」(昭和２０年８月６日 広島空襲時 戦災救護に関する報告)」라는 문서가 있다. 그리고 이 보고서의 집필자 란에는 "육군선박연습부 이케다 나에오"라고 적혀 있다.

이케다의 자필 '이력서'에 따르면 그는 1943년 8월 '만주' 731부대에서 제3선박단 사령부로 전임되었으며, 1945년 2월 육군선박연습부 소속 겸 선박연구부 부원이 되었다. 그리고 1945년 8월 6일 히로시마에 미국의 원자폭탄이 투하되었을 때 이케다는 육군선박연습부 위생과장 직에 있었으며, 나카지구(中地区, 히로시마의 행정구역 중 하나) 경비대장이었던 요시무라 노부요시(吉村信義) 중장 지시에 따라 나카지구 위생대장으로 피폭 피해자 치료를 담당했다.[4]

앞서 언급한 이 '극비 보고'는 8월 12일부터 23일까지 실시된 전쟁 피해 구호에 관한 기록 보고서이다. 내용은 ① 구호 실시 개요 ② 보급 상황 ③ 부상자 상황 ④ 외래 이동 치료에 관한 개요 ⑤ 증상 치료법 개요 ⑥ 특이사항으로 구성되었다.

이케다가 히로시마에서 이 보고서를 작성하게 된 경위를 보다 자세히 정리하면 다음과 같다. 미군이 원자폭탄을 투하한 직후 일본군 제2총군사령관이었던 하타 슌로쿠(畑俊六) 원수가 히로시마 구호에 관한 총지휘를 맡게 되었으며, 중국 군관구 사령부(軍管区司令部)와 선박사령부, 구레 해군진수부(呉海軍鎮守府) 등이 파견되었다. 이러한 가운데 이케다는 육군선박연습부 나카지구 경비대장인 요시무라 노부요시 중장의 지시를 받아 '구호' 활동에 나서게 된 것이다. 보고서가 '극비'로 되어 있는 것은 본래 미국에 맞서 결사항전을 벌이기 위해 작성한 것이고 일본군에 제출할 문서였기 때문이다. 그러나 8월 15일 일본이 패전하면서 당초 계획과 정반대로 점령군에 제출되어 관리 보관된 것으로 추정된다.

그 후에도 일본군(대본영과 쇼와 천황)은 이미 패전한 후였지만 육군군의학교 관계자 등 1,300명에 이르는 조사단을 조직해 원폭 피해에 관한 실태조사에 나섰다. 그리고 1945년 11월 15일 일본 정부는 이 조사 결과를 181권, 총 1만 쪽에 달하는 영어로 된 '보고서'를 만들어 미군에 제출하였다. 이 안에 이케다가 작성한 보고서가 포함되어 있는지는 확실하지 않다. 필자는 이 보고서의 일본어 원본으로 추정되는 1951년부터

1953년에 걸쳐 일본학술회의 원자폭탄 재해조사 보고서 간행위원회가 발간한 『원자폭탄 재해조사 보고집』[5]을 찾아보았지만 결국 이케다 나에오라는 이름도, 앞서 소개한 '쇼와 20년(1945) 8월 6일 히로시마 공습 시 전재 구호에 관한 보고'라는 표제도 찾지 못했다.(후반부에서 자세히 다룰 예정이지만 이 보고서 말고도 육군군의학교 「보고」와 구레 해군진수부가 작성한 「히로시마시에서 실시한 원자폭탄에 관한 조사《일반적 조사》쇼와 20년 9월」 등에도 이케다 이름은 없었음) 여하튼 1945년 시점에는 미국 점령군의 허락 없이 개인이 외부에서 원폭 피해에 관한 내용을 발표하는 것이 불가능했던 것으로 보인다.

그런데 1954년 미국이 비키니 환초에서 실시한 수소폭탄 실험으로 시즈오카현의 참치잡이 배인 제5후쿠류마루(第五福竜丸)가 피폭당하자 일본 국내외에서 원수폭(원자폭탄 · 수소폭탄) 반대 운동이 크게 벌어졌다. 이러한 분위기에 편승해 이케다는 1955년에 열린 '방사선 영향에 관한 국제학술간담회'(약칭 세계방사능회의)에서 1945년 히로시마에서 조사한 '극비' 자료를 바탕으로 과거 '체험'을 보고했다.

세계방사능회의 간사이회의(関西会議)는 5월 30일부터 2주간 진행됐다. 6월 4일 신오사카호텔에서 열린 일본 측 학자에 의한 '임상보고' 첫 연자로 아이코쿠병원(愛国病院) 외과의장이었던 이케다 나에오가 섰다. 그는 전직 히로시마육군병원 소속 · 육군대좌 자격으로 '히로시마시에서의 원자폭탄증 체험'(広島市における原子爆弾症の体験)이라는 제목으로 보고를 했다.(1955년 6월 10일 「중앙보험의신문」 간사이판 참고) 이 보고 내용은 같은 해 8월 10일자 『일본임상』 제13권 제8호에 게재되었는데, ① 원자폭탄증 환자의 응급실 보급 상황 ② 원자폭탄증 응급실 완성 상황 ③ 외래 이동치료 개요 ④ 증상 및 치료 개요와 구호소에서의 구호 상황 ⑤ 총괄적 소견 ⑥ 향후 대응에 관한 의견 등으로 구성되었다.

아울러 이 보고 내용은 1964년에 열린 일본피부과학회총회에서도 개별증례와 고찰을 보충해 발표되었으며, 같은 해 11월에 나온 『니가타의학회잡지』 제78권 제11호에 '히로시마시에서의 원폭증 임상적 경험'(広島市における原爆症の臨床的経験)이란 제목으로 다시 게재되었다.(논문 저자는 전직 히로시마 선박연습부 소속 이케다 나에오·와다 조사쿠和田長作)

2.1 원폭 피해조사를 둘러싼 문제

2010년 8월 6일에 방영된 NHK 특집 「봉인된 원폭 보고서」[6]는 히로시마와 나가사키에 원폭 투하된 직후 일본군에 의해 실시된 '원폭 피해조사'와 그 데이터 취급에 관한 의혹을 소개해 큰 반향을 일으켰다. 앞서 언급한 내용과 약간 겹치는 부분이 있긴 하지만 여기서 개요를 소개한다.

미군이 1945년 8월 6일에 히로시마, 9일에 나가사키에 원자폭탄을 투하한 직후부터 일본군의 원폭 피해조사와 구호 활동이 시작됐다. 조사 및 구호 활동에는 육해군과 대본영이 나섰으며 교토대학과 도쿄대학, 오사카대학 등에서도 관계자들이 파견됐다. 육군성에서는 육군군의학교(731부대 등의 중추가 되는 기관) 군의들을 동원해 재빨리 조사에 나섰는데, 이는 원폭의 위력을 파악하고 적과 맞서 싸우기 위해서였다.

그러나 8월 15일 쇼와 천황의 항복 선언으로 전쟁이 끝남에 따라 8월 18일 복귀 명령이 내려졌다. 그런데 복귀 명령은 이행되지 않았고, 오히려 육군을 중심으로 히로시마와 나가사키에서 피폭자들에 대한 더 큰 규모의 조사가 기획되었다. 육군군의학교를 비롯해 일본 전역의 대학 및 연구기관에서 의사와 연구자들을 소집해 2만 명이 넘는 사람들을 대상으로 방대한 조사를 시작한 것이다. 이는 일본을 점령한 GHQ가 미국 측 조사에 협력하라는 지령을 내렸기 때문이다. 이 조사 결과는 181권, 총 1만 쪽에 달하는 영문 극비보고서로 정리되었고, 1945년 9월 3일에 일본 정부로부터 미군에 전달됐다.(사사모토 유쿠오笹本征男의 『미군점령하의 원폭조사』米占領下の原爆調査 참고. 육군 「보고서」에 적힌 날짜는 11월 15일이지만 사사모토는 이보다 이른 9월 3일 미군에 전달한 것으로 지적함)

안타까운 것은 이 정보가 일본의 피폭자 의료에 활용된 적이 없다는 사실이다. 지금은 미국 국립공문서관에 보관 중이다. 또한 이 조사 활동은 1947년 2월에 출범하게 되는 원폭상해조사위원회(ABCC)와도 연결된다.

NHK 특집의 핵심 주제는 일본 정부 및 군이 왜 그토록 적극적으로 원폭의 위력 등을 조사하여 미국에 제공했는가 하는 문제였다. 이에 대해 당시 관계자들의 증언이 방영됐다. 여기서 방송 내용을 간단하게 소개한다.

원폭 조사를 이끌었던 것은 고이데 사쿠로(小出策郎) 육군성 의무국 군의 중좌였다.[7] 고이데 중좌는 육군과 관련된 전후 처리를 담당하던 인물이다. 중좌에게 내려진 극비

명령은 "적군이 증거를 파악했을 때 불리해질 것으로 판단되는 특수연구에 대해서는 일제히 증거를 없애라"는 것이었다. 포츠담회담에서 전쟁 중에 저지른 전쟁범죄에 대해 엄격하게 처리하겠다는 결정이 있었기 때문이다.

당시의 고이데 중좌를 아는 미키 데루오(三木輝男, 종전 시 대본영에 소속돼 있었음) 전직 소좌는 육군 간부들이 동요하는 모습이 지금도 생생하다고 했다. 미키 전직 소좌는 고이데 중좌가 적극적으로 원폭 조사 보고서를 미국에 전달하려 한 이유에 대해 "어차피 (미국이) 요구할 텐데 되도록 빨리 주는 것이 좋은 인상을 줄 수 있어 미국이 요구하기 전에 들고 간 것"이라고 설명했다. 기자가 무엇을 위해 좋은 인상을 줄 필요가 있었느냐고 묻자 잠시 침묵에 빠지더니 "731 같은 거겠죠", "원폭(조사 데이터)은 매우 강력한 카드였어요"라고 증언했다. 즉, 천황을 비롯한 전쟁 책임자들의 소추를 막기 위해 제출된 것으로 추정된다.

당시 이케다 나에오가 원폭 조사를 명령받아 히로시마에서 그토록 자세한 기록까지 남긴 것은 그가 마침 히로시마에서 육군선박연습부에 소속되어 있었기 때문이다. 물론 출동명령이 내려진 배경에 731부대원으로서의 역할이 있었는지는 아직 밝혀진 바 없다. 하지만 1981년 「마이니치신문」과의 인터뷰를 보면 그는 이미 이시이 시로가 731부대에서 얻은 '연구' 데이터로 미군과 거래했음을 알고 있었다. 즉, 전쟁이 끝난 후에도 731부대원들은 긴밀한 관계를 유지하고 있었던 것으로 보인다.

2.2 원폭영향조사라는 '마지막 공무'

일본학술회의 원자폭탄 재해조사 보고서 간행위원회에서 간행한 『원자폭탄재해조사보고집』에는 육군군의학교 임시도쿄제1육군병원이 1945년 11월 30일에 낸 「원자폭탄 히로시마 전재에 대한 의학적 조사보고」가 수록돼 있다. 서문에는 '전직 육군군의학교장 이부카 겐지'(井深健次)가 쓴 보고서 작성 경위가 담겨 있다.

이 글에 따르면 1945년 8월 7일 육군성 의무국 명령으로 6일에 히로시마에 투하된 원자폭탄 대응을 위해 육군군의학교에서 직원들이 파견되었으며 ① 폭탄 피해 정도 확인과 ② 피해자 진료를 둘러싼 지도 방침 결정 ③ 향후 방어책 수립을 명령받았다고 한다. 그런데 8월 15일 종전을 맞으면서 "정세가 급격히 변함에 따라, 조사 연구 방침을 변경하여 부상자에 대한 의료 지원과 충실한 의학적 조사에 중점을 두기로 했다. 더 이상 전쟁을 계속할 수 없으니 부상자 진료가 우리의 주된 임무가 되었다. 더불어 원자 폭탄과 같은 특수한 무기에 의한 전상(戰傷) 연구가 우리 의학자와 군의가 이바지할 수 있는 최대의 봉사이자 순직한 동료들을 기리는 일이라고 생각했다"고 한다.

하지만 이 조사는 결국 피해를 입은 부상자 진료에 활용되지 않았다. 9월 초순에 원폭 효력과 영향을 조사하기 위해 일본을 방문한 미군 패럴(Thomas Francis Farrell) 준장을 돕고, 10월에 일본을 방문한 미군 제2조사반에 결과를 '제시'하는 데 바빴다. 그 후에 이루어진 미군 측 조사에도 적극 협력했다.

이부카는 서문의 끝을 "조사 연구 및 진료 보고를 작성하는 데 있어 간바야시(神林) 의무국장과 이데쓰키(出月) 위생과장, 고이데(小出) 고급과원, 히라이(平井) 육군군의학교 간사, 고니시(小西) 고급부관 등의 지도 획책과 더불어, 각 교관 및 직원들의 헌신적 노력과 동포 사랑이 있었기에 비로소 달성할 수 있었다. 아울러 이것이 육군 군의단이 할 수 있는 마지막 봉공(奉公) 중 하나라고 생각한다"고 맺었다.

여기 나오는 고이데 고급과원이란 앞서 언급한 NHK 특집에 등장하는 고이데 사쿠로(小出策郎) 육군성 의무국 군의 중좌가 맞을 것이다. 말 그대로 그들이 "지도 획책하여" 전쟁 중 행한 "특수연구에 관한 증거를 은폐"하고 "면책 거래"를 해온 것으로 추정된다. 그리고 육군 군의단의 '마지막 공무'는 미군을 도와 원폭 영향 조사라는 대규모 인체실험 데이터 수집에 나선 것을 의미하는 것으로 보인다.[8]

3. 학위 취득을 둘러싼 문제[9]

여기서는 정보공개를 통해 얻은 이케다의 학위신청 서류와 대학 학위수여 허가서 등을 바탕으로 그의 학위 취득 문제에 대해 몇 가지 더 얘기해보고자 한다.

이케다의 논문심사를 담당한 것은 당시 니가타대학 학장이자 병리학 교수를 맡았던 이토 다쓰지(伊藤辰治)와 내과학 교수였던 가쓰라 시게히로(桂重鴻), 그리고 세균학 교수였던 이토 다이이치(伊藤泰一, 논문심사 주관자)였다. 이 중 이토 다이이치는 니가타의과대학 출신인데 역대 도쿄제대 졸업자들이 교수직을 차지했던 니가타의과대학 세균학교실에 입실해 은사인 미야지 시게쓰구(宮路重嗣) 교수 지시로 도쿄제대 세균학교실을 드나들던 인물이다. 기타노 마사지(北野政次)와도 면식이 있었던 것으로 추정된다.

아울러 가쓰라 시게히로 교수는 전쟁이 끝난 1945년 쯔쯔가무시병을 연구하기 위해 니가타정신병원 입원 환자에게 병원체인 리케치아를 주사했다는 의혹이 보도된 바 있다.[10·11]

이케다의 학위 청구논문 심사요지를 보면 "본 논문은 유행성출혈열과 관련하여 특히 임상 근거를 부여했다는 점에서 그 가치를 인정한다"고 되어 있다. 또한 문부성에 논문과 함께 제출된 니가타의과대학 학장 마쓰다 가쓰이치(松田勝一) 명의의 「인격, 사상 조사 및 의견서」에는 "인격 원만, 사상 온건, 의견 : 연구상의 공적이 현저하며 학회에 신안을 제공하여 의학 진보에 큰 기여를 했으며 그 인격과 사상 모두 학위의 명예를 부여하는 데 충분한 자격을 갖춘 자임을 인정한다"고 적혀 있다.[12]

4. 이케다의 투고 글

앞 장과 일부 겹치는 내용이 있지만 약간 다른 관점으로 이케다 글에 대해 몇 가지 내용을 추가하겠다. 앞서 언급했듯 1955년 6월 10일자 「중앙보험의신문」 간사이판에는 세계방사능회의에서 히로시마 체험을 보고한 이케다 관련 기사가 실렸다.[13] 하지만 그가 직접 쓴 글이 신문(기관지) 등에 게재되기 시작한 것은 1960년대부터다.

필자가 확인한 이케다의 글은 ① 「오사카보험신문」(오사카부의사회) ② 「오사카부보험의신문」(오사카부보험의협회) ③ 『오사카보험의잡지』(오사카부보험의협회)에 실렸는데, 1963년 2월부터 1981년 8월까지 18년 동안 총 58차례나 실렸다. 세 곳에 게재된 횟수는 각각 ① 12번 ② 42번 ③ 4번이었다. 이것을 표로 정리하여 뒷부분에 실었다.[14]

4.1 유행성출혈열

이케다 글이 처음 게재된 것은 「오사카보험신문」 1963년 2월 27일자다. '유행성출혈열 증상'이라는 제목으로 신문 1면에 크게 실렸다. 이케다는 1962년 5월에 오사카 우메다(梅田)에서 일본으로선 처음으로 유행성출혈열 환자가 발견돼 30여 명의 환자가 발생했기 때문에, "만주에서 수많은 유행성출혈열 환자의 진료에 종사했기에 참고를 위해 본 질병의 증상 경과에 대해 설명하기로 했다"고 글의 목적을 밝혔다. 또한 그는 이 글에서 유행성출혈열 병원 매개체가 등줄쥐에 기생하는 비단털쥐좀진드기의 일종이라고 밝혀낸 기타노 마사지(전직 731부대장)의 업적도 소개했다. 아울러 병원체는 바이러스이며 방역을 위해 쥐와 집쥐진드기, 이, 벼룩을 박멸하는 것이 중요하다고 강조했다.

유행성출혈열은 앞서 언급했듯 이케다가 731부대에서 다른 곳에서는 절대 하지 못할 인체실험을 반복하며 연구했던 주제다. 학위논문 주제이기도 했기에 강한 애착을 가졌을 것이다.

1966년 12월 1일자 「오사카보험의신문」에 투고한 '피부과학의 과거, 현재, 미래'에서는 『일본의사신보』에 실린 의학계 중진들의 좌담회 내용과 관련해 시대 흐름과 함께 의학이 진보하며 각 과가 세분화한 경위를 소개했다. 아울러 "나도 만주 유행성출혈열을 연구하면서 감별진단을 위해 전형적 환자의 시신 장기(간, 비장)에서 얻은 여과액을 항원으로 사용해 피내반응을 관찰한 경험이 있다. 향후 피부과학은 기초분야에서는 미생물학(면역학)과 생리학, 의화학, 임상에서는 내과학과의 연계가 더욱 중요해질 것으로 보인다"며 자신의 경험과 생각을 밝혔다.

1975년 4월 16일자 「오사카보험신문」에 기고한 '저명한 해리슨 내과학 교과서, 유행성출혈열을 상세히 다루다'라는 글에서는 "자금 미국과 일본에서 호평을 받고 있는 해리슨 내과학 교과서의 감염증 부분에 닥터 슈마델(Dr. Schmadel)이 집필한 유행성출혈열에 대한 설명이 있다"며 그 내용을 소개했다. 또한 그는 "1941년 일본의 고 이시이 박사(731부대장 이시이 시로)가 명명하신 'Epidemic Hemorrhagic Fever'라는 병명을 명시하고 있어 이 병명(유행성출혈열)이 학술적으로 인정될 것으로 기대한다. 일본인이 이름 지은 병명이 학명이 되는 것은 매우 명예스러운 일"이라고 했다.[1]

1977년 4월 27일자 「오사카부의(大阪府医) 뉴스」에 게재된 '바이러스성 출혈열(호리타 학설), 뎅기열과 확연히 구별'에서는 "내가 과거 치료해 본 경험이 있는 다수의 유행성출혈열과는 증상이 다르다고 생각돼 뎅기열 연구로 저명한 고베대학 호리타 스스무(堀田進) 교수님께 의견을 구했다", "원래 뎅기열은 비교적 증상이 가벼운 것으로 여겨져 왔는데, 출혈을 동반한 뎅기열은 갑작스럽게 증상이 악화된 대표적인 사례라고 할 수 있다"며 자신의 과거 경험에 비춘 견해를 밝혔다.

이케다는 1981년 8월에 간행된 『오사카보험의잡지』 특집, '나의 전후사'에 '예나 지

1. 이케다는 '유행성출혈열'이라는 병명을 이시이 시로가 지었다고 주장한다.(3부 세 번째 글 참고)

금이나 유행성출혈열'이라는 글을 기고했다. 이 글에서 그는 "나는 만주사변 후기와 지나사변(중일전쟁) 초반에 군의로 전투에 참여하였다. 특히 난징공략전에서는 중산먼(中山门)에서 점령군 사령관 경비대로서 한 달간 체류한 후 남하부대로서 쉬저우회전(徐州會戰)에 참전했다. 그 후 중국 동북부(옛 만주) 소련과의 국경 지대에서 유행해 다수의 사망자를 냄으로 소련 · 일본 양군의 골칫거리였던 유행성출혈열 연구와 방역에 몰두했다"고 회고했다.

아울러 1964년 8월 11일자 「오사카보험의신문」에 실린 '자가면역성질환 진단'에서는 "나는 과거 자가면역성질환을 진단하기 위해 정형적 장티푸스 환자의 혈청을 항원으로 삼아 전염병 입원 환자를 대상으로 피내반응을 관찰한 적이 있다", "유행성출혈열로 사망한 환자 장기를 갈아 걸러내 만든 여액(濾液)을 이용해 피내반응을 관찰했다"며 자신의 경험담을 바탕으로 면역에 대한 의견을 제시했다.

4.2 동상

1964년 1월 8일자 「오사카보험신문」에 투고한 '동창(凍瘡) · 동상(凍傷) · 동호(凍冱) 구호법'에서 이케다는 동창과 동상, 동호 각각의 병태에 대해 설명하며 "과거 만주사변 때 마잔산(马占山) 토벌에 나섰던 다몬지대(多門支隊)에서 3도 동상 환자가 다수 발생했다. 최근 사례로는 한국전쟁 시 미국 해병대에서도 다수의 환자가 발생했다", "추위로 인해 피부가 백랍처럼 얼었을 때 육상에서는 즉시 바람을 피해 환부를 장갑이나 양말로 감싸준 다음 마른 헝겊 또는 맨손으로 따뜻해질 때가지 계속해서 문질러 온도를 유지하는 것이 중요하다. 37도의 따뜻한 물에 부상 부위를 담그면 더 효과적이다", "내가 홋카이도에서 경험한 바에 따르면…"이라고 언급하였다.

여기서 소개된 동상 대처법은 731부대에서 요시무라 히사토(吉村寿人)가 중국인 등 마루타를 이용한 실험 '성과'이다. "홋카이도에서 경험한 바"도 요시무라 이론의 실천 결과일 것이다.

4.3 혈액 및 이형(異型) 수혈

이케다는 1964년 9월 1일자 「오사카보험의신문」에 '보존 혈액에 대하여'라는 글을 썼다. 이 글에서 그는 수혈에 의한 혈청간염(B형간염) 문제와 보존 혈액을 수혈할 수 있는 기간을 연구하는 것이 얼마나 중요한지 언급하며 자신이 직접 "실험한 바를 제시"했다. 건강한 남성의 O형 혈액을 세 종류로 나누어 각각 일정한 처치를 한 후 경과를 관찰했는데, 수혈에 사용할 수 있는 기간은 채혈 후 18일 정도였다는 것이다.

이케다는 1966년 1월 21일자 「오사카보험의신문」에 기고한 '혈액형 부적합 수혈의 위험' 글에서는 일본에서 보고된 사례에 대해 언급하며 "나의 경험으로는 A형 혈액을 O형 수혈자에게 100cc 수혈했을 경우, 수혈 전에는 맥박 87, 체온 35.4도였던 것이 30분 후 체온 38.6도를 기록하고 가벼운 경련이 관찰됐다. 60분 후에는 맥박 106, 체온 39.4도를 기록했다. 2시간 후에는 체온이 37.7도로 내려갔으며 3시간 후 상태가 회복됐다. 아울러 AB형 혈액을 O형 수혈자에게 120cc 수혈했을 경우는…"이라며 실험을 설명했다. 그리고 결과로 수혈에 대해서는 같은 혈액형끼리 수혈하는 것이 가장 이상적이며 어쩔 수 없는 경우에는 O형 혈액을 가진 자를 만능공급자로 하는 것이 상식이라 했다. 아울러 같은 해 6월 11일자 「오사카보험의신문」에 기고한 '전쟁터에서 혈관 부상이 초래할 운명'이라는 글에서는 자신이 야전병원에서 진료한 77개 사례를 소개했다.

1968년 8월 1일자 「오사카보험의신문」에 기고한 '혈액형을 통해 본 중국인 청년의 기질'에서도 경험담을 언급했다. "나는 1937년 12월 난징성 점령 후 중산먼(中山门) 밖과 중화먼(中华门) 안팎, 샤오링위안(孝陵园), 그리고 시산(西山) 부근에서 벌어진 전투에서 부상당한 중공군 하사관 병사 191명과 포로 20명, 그리고 민간인 25명, 총 236명에 대해 중국 공산당 청년 의사들의 협력을 얻어 혈액형을 조사했다. 조사 결과 O형이 51.3%로 압도적으로 많았고 B형 22.9%, 이어서 A형 8.4% 순이었다"고 썼다. 이 글은 1943년 7월 9일자 『관동군방역급수부 연구보고』 제1권 제3호 별책에 자기 이름(이케다 나에오 육군 군의 소좌)으로 발표한 「난징공략전에서 부상당한 지나군 병사의 혈액형에 대하여」라는 논문에 바탕을 둔 것으로 보인다.

긴급히 수혈해야 할 경우 대체할 수 있는 혈액 또는 수액에 대한 연구는 전쟁 당시 중요한 주제였다. 1945년 5월에 규슈대학에서 발생한 미군 포로 생체해부사건에서도 혈액을 바닷물로 대체하는 실험이 행해졌다. 731부대에서는 다른 혈액형끼리 수혈하거나 말을 비롯한 동물 혈액을 사람에게 수혈하는 생체실험이 이루어졌다고 하는데, 이케다의 "나의 실험"을 보더라도 그와 같은 실험이 있었을 것으로 추정된다.

더불어 주목할 것은 이케다가 1937년 12월, 난징공략전이 한창이었을 때 수많은 중국인 포로를 관리하였다는 점이다. 많은 여성과 아이를 포함해 20만-30만 명이 죽은 것으로 추정되는 이른바 난징대학살이 바로 이때 일어났으며, 특히 포로가 된 중국인 병사들은 여지없이 살해당했다고 한다. 식량을 비롯한 물자를 "현지에서 조달"하고, 민간인인지 군인인지 판단하기 어려우니 포로는 "현지에서 처리"하라고 명령이 내려졌기 때문이다. 전쟁의 혼란 속에서 '처분'되는 포로를 이용해 혈액 등에 관한 '조사' 또는 '실험'이 이루어진 것 아닐까 생각한다.

4.4 731부대에서 얻은 연구 성과에 대한 애착

이케다는 1972년 3월 29일자 「오사카보험신문」에 '에바시, 오카모토 두 교수의 업적에 경의를 표한다-학사원상(자연과학계열) 수상'이라는 글을 썼다. 이 글에서 그는 1972년 자연과학계열에서 학사원상[2]을 수상한 에바시 세쓰로(江橋節郎, 도쿄대 약리학) 교수와 오카모토 고조(岡本耕造, 교토대 병리학) 교수를 축하하며 그들의 업적을 소개했다. 또한 "오카모토 씨의 당뇨병과 고혈압에 관한 기초연구에 대해서는 개인적으로 특별한 추억이 있다. 만주에서 근무할 때 그는 육군 기사(技師)였는데 이미 그때부터 독자적으로 고안한 조직화학적 증명법으로 인체의 각 장기 내에 함유된 금속물질을 염색하는 데 주력했다. 그는 연구실에서 나에게 직접 염색액을 보여주기도 했다. 일본병리학회에서 주목할 만한 연구로 높게 평가받았다는 이야기도 들었다"며 자신과의 연관성을 언급했다.

오카모토 고조는 731부대에서 주로 페스트와 장티푸스 연구를 담당한 인물이자 직접 수많은 해부를 했던 병리학자다. 전쟁 후에는 교토대학과 긴키대학(近畿大学)에서 의학부장을 역임했다. 앞서 언급한 해리슨 내과 교과서 사례와 마찬가지로, 이케다는 731부대에서 '연구'했던 사람들이 이후 여러 방면에서 활약하고 있다는 게 너무도 기쁘고 부러웠던 모양이다. 이렇게 자기 감상을 글로 발표하지 않을 수 없을 정도로 말이다.

---

2. 일본학사원은 일본의 관공서 중 하나로, 문부과학성의 특별 기관이다. 이곳에서 수여하는 학사원상(日本學士院賞)은 1910년에 만들어졌으며 학술상 특히 뛰어난 논문이나 저서, 기타 연구 업적에 대해 상을 부여한다. 1947년 제37회까지 명칭은 '제국학술원상'이었다. (일본학사원 사이트 참조_http://www.japan-acad.go.jp/japanese/activities/)

4.5 원폭상해조사

이케다는 1966년 8월 21일자 「오사카보험의신문」에 '21년 전 원폭 상해에 관한 기록'이라는 글도 썼다. 이 글에서 그는 "20년 전 히로시마에서 내가 경험한 것 중 가장 핵심적인 것을 얘기하자면…우리는 히로시마에서 다음과 같은 사실을 알게 되었다. 폭심지에서 150m 이내 지점에서는 순간적으로 지면 온도가 섭씨 1,200도에서 2,000도에 달했다. 부상자의 85%는 기계적 상해와 열상이었으며 오로지 15%만이 방사능으로 인한 것이었다.…히로시마와 나가사키 사람들의 신체와 다른 사물들에 남았던 방사능은 그후 인체에 중대한 영향을 미쳤다. 1964년 2월 발표된 히로시마대학 시미즈 기요시(志水清) 교수 연구에 따르면 히로시마 시내에서 시체를 처리하거나 불에 탄 지역에서 정비 작업에 종사했던 사람들은 혈액질환과 간질환, 악성신생물(암)에 걸릴 확률이 직접 피폭당한 사람들보다 더 높게 나타났다. 따라서 직접 피폭은 물론, 간접 피폭자에 대해서도 위생 관리가 시급히 이루어져야 한다"고 주장했다.

또한 같은 해 10월 21일자 「오사카보험의신문」에 기고한 글 '원자폭탄과 생식작용'에서는 히로시마 원폭 피해자의 생식기 조직에 방사능이 미치는 악영향을 다룬 미국 「타임지」 기사를 소개했다. 남성의 경우 고환, 여성의 경우 난소에만 악영향이 발견되었으며, 영구적인 불임 가능성은 양쪽 모두 낮다는 내용이었다. 그는 이 기사에 대해 "믿기 어려운 조사 결과이며 지속적으로 연구할 필요가 있다"고 평했다.

이케다는 1975년 8월 『오사카보험의잡지』에서 특집으로 다룬 '나의 전후사'에 '한 늙은 의사의 술회'라는 글을 기고하기도 했다. 그는 이 글에서 "나는 1945년 8월 6일 히로시마시에 원자폭탄이 투하되었을 때 육군선박연습부 고급군의 직에 있었다. 나카지구 경비대장이었던 요시무라 노부요시 중장의 지도하에 나카지구 위생대장으로서 2천 수백 명에 이르는 비참한 원폭 부상자를 밤낮으로 치료했던 것은 평생 잊지 못할 슬픈 추억이다"라고 회고했다.

이케다에게 히로시마에서 목격한 끔직한 참상과 자신이 필사적으로 임한 치료 체험은 731부대 '연구'와는 또 다른 의미로 가슴에 새겨진 모양이다.

5. 나가며, 전쟁의학범죄에 대한 인식과 대응

5.1 끝까지 반성 한마디 없었던 이케다 전직 군의

뒤의 표를 보면 알겠지만, 이케다는 1981년 8월 『오사카보험의잡지』에 '예나 지금이나 유행성출혈열'을 끝으로 더 이상 글을 쓰지 않았다. 글 앞머리에서 말한 것처럼 1981년은 쓰네이시 게이이치의 『사라진 세균전부대』와 모리무라 세이이치의 『악마의 포식』 등이 출판된 해이다. 특히 모리무라의 저서는 일본뿐 아니라 해외에서도 큰 반향을 일으켰다. 10월에는 「마이니치신문」이 '오사카 시내에 거주하는 전직 관동군 731부대 군의 중좌'인 'A 의사', 즉 이케다의 인터뷰를 보도하여 사회에 큰 충격을 주었다.

이어 1983년 10월에는 도쿄 간다 헌책방에서 731부대가 생체실험한 사실을 보여주는 '극비 자료'가 발견되었고 1984년 8월 「마이니치신문」이 이에 대해 크게 보도하였다. 이 자료 속에 이케다의 이름으로 작성된 것도 있었기에, 게이오대학 마쓰무라 다카오 조교수와 「마이니치신문」 기자 두 명은 사실 확인을 위해 시가현(滋賀県)의 장남 집에서 요양 중이던 이케다를 찾아갔다. 하지만 결국 이케다를 만나지 못했고, 장남을 통해 몇 가지 질문을 건네는 것에 만족해야 했다.(『731부대작성자료』 마쓰무라 '해설' 참고)

이케다는 1990년 2월 88세로 세상을 떠났다. 「마이니치신문」 인터뷰를 봐도 알 수 있듯이, 그는 731부대 등에서 생체실험에 관여한 사실을 인정하고 수많은 글을 생전에 남겼으나 그것에 대해 반성하거나 참회한 내용은 찾을 수 없다.

5.2 의사단체의 경우

마지막으로 이케다가 전쟁이 끝난 후 오랫동안 활동했던 의사단체와 학회가 731부대 그리고 이케다 등 관련자에 대해 어떻게 대응해 왔는지, 또한 앞으로 어떻게 대응할 계획인지 살펴보고자 한다.

오사카부보험의협회는 「오사카보험의신문」 등 이케다에게 가장 많은 활동 공간을 제공한 곳이다. 회원인 이케다가 731부대에서 생체실험 등에 관여한 사실을 오사카부보험의협회가 알게 된 것은 2000년에 들어서였다. 오사카부보험의협회는 종전 50년을 맞이한 1995년 8월 의사단체로서는 일본에서 처음으로 이사회 성명을 통해 과거 선배

의사들이 침략전쟁에 가담한 사실을 사죄한 바 있다. 또한 몰랐다고 하더라도 기관지에 생체실험을 통해 얻은 '의학 데이터'와 관련된 글이 계속해서 게재돼 왔다는 사실이 밝혀진 만큼, 의사 및 의학자에 의한 전쟁 책임을 묻는 검증작업을 주요 과제로 삼았다. 지금까지 731부대 문제와 관련된 국제심포지엄을 개최하거나 중국의 731부대 옛터를 방문하여 현지 관계자들과 교류하는 등 많은 노력을 기울이고 있다. 아울러 2012년에 발간한 『오사카부보험의협회 50년의 궤적』에서 731부대에 대해 언급하며 하나의 매듭을 지었다.[15] 한편, 보험의협회의 전국 조직인 전국보험의단체연합회도 의료계의 과거 전쟁 가담 문제에 대한 역사적 해결을 위해 나서고 있다.

그러나 이케다에게 또 다른 활동 공간을 제공했던 오사카부의사회에서는 이러한 움직임이 전혀 보이지 않는다. 일본의사회, 그리고 이케다가 회원으로 기고까지 했던 일본전염병학회를 비롯한 다른 여러 학회들도 마찬가지다. 의학과 의료, 그리고 의사단체가 과거의 전쟁 가담 문제를 진솔하게 마주하는 것은 단순히 그 조직만의 과제가 아니다. 이는 일본이 가진 국제적이고 역사적인 과제다.

덧붙이는 글 이케다 나에오 의사의 자필 '이력서'를 포함한 학위신청 및 수여에 관한 자료를 제공해주신 '15년 전쟁과 일본의 의학의료연구회' 니시야마 가쓰오(西山勝夫) 사무국장께 감사드립니다.

[별표] 731부대원 이케다 나에오 전직 군의 궤적

● 및 ○는 731부대 등에서 한 생체실험을 포함한 실험에 관련된 것으로 추정되는 논고

▲는 히로시마에서 발생한 원폭 재해와 구호활동에 관한 기록 보고 관련

* 오른쪽 열의 '자필 이력서'는 인용 · 참고문헌의 4)임

날짜	주요 이력·활동·논고·게재지 등	출처·주요 내용·관련사항 등
1902.03.25	시가현 출생	
1929.	니가타의대 졸업 4월 의적 등록	
1929.6	육군 2등 군의, 치중병(輜重兵) 제3대대 소속	자필 이력서
1929.8	-1930년 7월까지 육군군의학교 을종 학생으로 재적 내과·외과 외에 세균학과 방역급수학 등도 배움	자필 이력서
1931.8	육군병기본창(陸軍兵器本廠) 소속	자필 이력서
1931.9.18	만주사변(류타오후사건 柳條湖事件)	
1932.8	도쿄제1육군병원 겸직	자필 이력서

날짜	주요 이력·활동·논고·게재지 등	출처·주요 내용·관련사항 등
1932.9	-같은 해 12월까지 도쿄제대 전염병연구소로 파견. 일반세균학과 공중위생학을 배움	자필 이력서
1933.5.31	관동군 중국 동북부 점령. 군의로 참전	
1933.8	육군 군의 대위가 됨. 육군조병창화공창(陸軍造兵廠火工廠)에서 근무	자필 이력서
1933.12	만주파견비행 제10대대 소속	자필 이력서
1935	「공장 노동자의 혈액형에 관한 연구」(工場労働者ノ血液型ニ関スル研究) 제1보, 제2보	『육군군의단잡지』(陸軍軍医團雑誌) 제272, 273호 게재
1936.3	교토 마에즈루요새(舞鶴要塞) 사령부 소속	자필 이력서
1936.4	「북만 병영에 대한 위생학적 고찰」(北満兵営ニ対スル衛生学的考察)	『도쿄의사신지』(東京医事新誌) 별책 게재
	「산업 위생을 통해 본 공장 재해의 원인에 대하여」(産業衛生ヨリ見タル工場災害ノ原因ニツイテ)	『도쿄의사신지』 별책 게재
1936.4	「북만 병영에 대한 위생학적 고찰」	『도쿄의사신지』 제2979호 게재
1937.7	루거우차오사건(盧溝橋事件) 중일전쟁으로 발전	
1937	상하이사변	
1937	● 난징공략전(난징사건). 이케다 군의도 경비대로 한 달 간 난징에 머묾	『오사카보험의잡지』 기고문
1938.1-	난징에서 남하부대로 쉬저우회전에 참가, 쉬저우 입성	『오사카보험의잡지』 기고문
1938.6.13.-1939	베이인허의 이시이부대를 하얼빈 교외 (핑팡)로 이전, 특별군사지역으로 지정	
1938.8	후쿠치야마(福知山)보병 제20연대 소속으로 중국 북부 출정	자필 이력서
1939.8.1	핑팡 이시이부대를 관동군방역급수부로 개칭	
	이케다 군의도 만주의 소련 국경 지역으로 이동.(관동군 731부대?) 이후 이곳에서 유행성출혈열 연구와 방역에 몰두?	『오사카보험의잡지』 기고문
1939.9.1	-1940년 8월 1일까지 육군 군의학교 갑종학생으로서 세균학과 피부 비뇨기과학을 전공	자필 이력서
1939.9.7.-10	●「노란 폭탄 사격에 의한 피부 상해 및 일반 임상적 증상 관찰」(きい弾射撃ニ因ル皮膚傷害並一般臨床的症状観察), 육군 용전에는 '극비' 도장과 함께 '가모부대(加茂部隊, 731부대 별칭) 이케다 소좌 담당'라고 쓰여 있음. 다만 본인은 자신이 집필한 적이 없다며 부정함(『731부대작성자료』 마쓰무라 다카오 「해설」 인용)	1940년 9월 7일부터 1940년 10월에 걸쳐 실시된 치사율 높은 맹독의 이페리트 가스탄을 사람을 겨냥해 발사한 실험(야외에 배치한 21명에게 약 1만 발을 발사)과 이페리트 및 루이사이트 수용액을 사람에게 마시게 한 실험 등 5개 종류 실험 결과 보고. 총 20명을 대상으로 30가지 실험함
	●「파상풍 독소 및 아포 접종 시의 근육 "크로낙시반응"에 대하여」(破傷風毒素並芽胞接種時ニ於ケル筋『クロナキシー』ニ就イテ), 육군 용전 표지에 육군 군의 소좌 이케다 나에오와 육군기사 아라키 사부로 이름 적혀 있음	파상풍 독소와 아포(芽胞)를 사람 발등 부분에 접종하여 증세가 발생했을 때의 근육 전위 변화를 측정한 실험 보고. 731부대 진료부 나가야마(永山) 중좌 지도로 육군 군의 소좌 이케다 나에오와 육군기사 아라키 사부로(荒木三郎)가 실시. 대상자(마루타)는 14명으로 실험 후 전원 사망 추정
1940.3	육군 군의 소좌	자필 이력서

날짜	주요 이력·활동·논고·게재지 등	출처·주요 내용·관련사항 등
1940.5	「공장 노동자의 혈압 및 고혈압자에 관한 연구」(工場勞働者ノ血壓竝高血壓者ニ關スル研究)	『북월의학회지』(北越医学会誌) 55(5)
1940.8.1	하얼빈 제1육군병원 겸직 -1943년 7월 30일까지 관동군방역급수부 본부원으로 연구부에서 방역학과 방역급수 세균학, 혈청학, 전염병학을 연구하며 시험, 제조, 보관을 담당	자필 이력서
1940.11	핑팡 육군병원장	자필 이력서
1941년 말	● 쑨우(孙吴)에서 처음으로 유행성출혈열에 관한 생체실험 실시(「마이니치신문」 1981년 10월 16일 석간)	유행성출혈열에 걸린 일본인 병사의 혈액을 '중국인 쿨리에게 주사하여 감염 확인'
1941.4	「Achorion gypseum에 의한 독창(禿瘡)의 일례」	『피부와 비뇨』 9(2)
1941.8	「만성유취상궤양성농피증의 일례(慢性乳嘴狀潰瘍性膿皮症の一例)」	『피부와 비뇨』 9(2), (4)
1942.1-	● 731부대 내에서 '마루타를 사용한 유행성출혈열 생체실험'을 반복 실시. 피험자는 적어도 7명으로 추정. 공표된 논문에서는 인간을 '원숭이'로 속여 체온 등의 데이터를 조작(「마이니치신문」 1981년 10월 16일 석간)	「마이니치신문」 1981년 10월 16일 석간
1942.5	● 「폭풍압에 관한 실험적 연구(爆風圧に関する実験的研究)」-관동군방역급수부 이케다 나에오(일본 방위성 방위연구소 전사연구센터 자료실 소장)	"1942년 5월, 만주 하얼빈 교외에서 실시한 폭약 폭파 실험을 통해 각종 동물에 폭풍압이 미치는 영향을 관찰"
1943.7	● 「항공체질에 관한 연구, 혹한기 항공의 인체에 미치는 영향(航空体質ニ関スル研究·寒気航空ノ人体ニ及ホス影響)」, 『관동군방역급수부 연구보고』 제1권 제1호 별책(육군 군의 소좌 이케다 나에오)	치치하얼과 하이라얼에서 실시된 조사를 정리한 논문. 고도 비행 시 항공기 탑승자의 인체가 겪게 될 영향이 주된 내용. 1942년 4월 군진의학회총회(軍陣医学会総会)에서 발표
1943.8	제3선박단사령부 소속(고급군의)	자필 이력서
1943.7.9	● 「난징공략전에서 부상당한 중국군 병사의 혈액형에 대하여」(南京攻略戦ニ於ケル支那軍負傷兵ノ血液型ニ就テ), 『관동군방역급수부 연구보고』 제1권 제3호 별책(육군 군의 소좌 이케다 나에오)	1937년 12월 일본군의 난징 공격 당시 중산먼(中山门) 밖, 중화먼(中华门) 안팎, 슈이시먼(水西门) 밖, 샤오링위안(孝陵园), 그리고 시산(西山) 부근에서 벌어진 전투로 인해 부상당한 중국군 191명과 포로 20명, 그리고 민간인 25명을 대상으로 연령과 본적, 직업, 부상 종류와 함께 트라코마 감염자와 혈액형과의 관계 조사
1943.11	● 「클로로피크린(chloropicrin) 훈증법을 이용한 일정 농도 하에서의 동물 생존시간 등에 관한 관찰」('クロールピクリン'燻蒸ニ依ル一定濃度下動物生存時間等ノ観察), 『관동군방역급수부 연구보고』 제1권 제5호 별책(육군 군의 소좌 이케다 나에오)	1937년 5월 28일 병영에서 빈대를 퇴치하기 위해 클로로피크린 훈증제를 사용했을 때, 각종 동물의 사망시간(생존시간)과 중독 증상, 내장 변화 관찰 보고서. 토끼와 고양이, 닭, 십자매, 뱀, 개구리, 진디, 도마뱀, 지네, 빈대, 잠자리, 모충 등을 실험에 사용
1943.11	● 「발진열의 작업실 감염사례」(発疹熱ノ業室感染例), 『관동군방역급수부 연구보고』 제1권 제5호 별책(육군 군의 소좌 이케다 나에오)	1940년 6월 무렵부터 동 부대 내에서 벼룩과 쥐를 사용해 발진티푸스 연구를 했던 연구자 사이에서 원인 불명의 열성 질환자가 급증하여 이를 조사

날짜	주요 이력·활동·논고·게재지 등	출처·주요 내용·관련사항 등
1943.12	●「만주 유행성출혈열 발생 및 분포에 대하여(3), 바미엔통 부근 부대에서 발생한 유행성출혈열 조사 보고」(満州ニ於ケル流行性出血熱ノ発生並ニ分布(其の三)八面通付近部隊ニ於ケル流行性出血熱調査報告), 『관동군방역급수부 연구보고』 제1권 제6호 별책(만주 제731부대장 기타노 군의 소장 지도, 육군 군의 소좌 이케다 나에오와 육군 기사 구수노키 겐지楠木健二 연명)	1942년 가을 이래 무단장성 바미엔통 부근에 위치한 부대에서 자주 발생했던 유행성출혈열을 조사하기 위해 1943년 3월 21일부터 29일까지 현지에서 실시한 조사 내용 보고서
1944.2	육군 군의 중좌	자필 이력서
1944.5	제5선박수송사령관 소속	자필 이력서
1945.1	「폭풍 폭발의 상해효력에 관한 고찰」(爆風爆発の傷害効力の考察) 기타(육군 제5선박수송사령부 육군 군의 중좌 이케다 나에오)	일본 방위성 소장 자료 「어뢰 명중 시 발생하는 폭풍이 인체에 미치는 영향」(魚雷命中時に於ける爆風の人体に及ぼす影響), 「선박 위생 근무에 관한 연구」(船舶衛生勤務に関する研究), 「대나무통 보존식 고찰」(竹筒保存食の考察), 「아스페르길루스 푸미가투스를 이용한 미이용 자원의 식료화에 관한 연구」(アスパラギルス·フミガートスによる未利用資源の食料化に関する研究), 「지시마 지방 급성 전염병 환자 발생 통계」(千島地方急性傳染病患者発生統計)
1945.2	육군선박연습부 소속 겸 선박연구부 부원	자필 이력서
1945.8.6	(히로시마 원폭 투하)	
1945.8.6	▲ 히로시마에 원자폭탄이 투하되었을 때 육군선박연습부 위생과장 직에 있었으며, 나카지구(中地区) 경비대장이었던 요시무라 노부요시(吉村信義) 중장 지시에 따라 나카지구 위생대장으로 피폭 피해자 치료를 담당	『오사카보험의잡지』 이케다 나에오 기고문
1945.8	▲「쇼와 20년(1945) 8월 6일 히로시마 공습 시 전재 구호에 관한 보고(昭和２０年８月６日 広島空襲時 戦災救護に関する報告)」, 육군선박연습부 이케다 나에오(일본 방위성 전사실 보관 자료. '극비' 도장)	8월 12일부터 23일까지 실시된 전쟁 피해 구호에 관한 기록 보고서. 내용은 ① 구호 실시 개요 ② 보급 상황 ③ 부상자 상황 ④ 외래 이동 치료에 관한 개요 ⑤ 증상 치료법 개요 ⑥ 특이사항으로 구성됨
1945.8.15	패전	
1945	▲ 구레시(呉市)에 진주해온 스펜서 미군 군의 대위와 함께 히로시마시 방역 활동 종사	『오사카보험의잡지』 이케다 나에오 기고문
1945.11	칙령으로 의무국 의관이 되어 국립오사카병원에서 근무	자필 이력서
1946.4	칙령으로 후생 기관(技官)이 됨	자필 이력서
1946.4.20.-7월 초	▲ 미 진주군 명령으로 가나가와현 우라가항(浦賀港)에 정박중이던 미군 환자 수송선인 찰스 스미스호를 '병원선'으로 삼아 위생반장으로 중국대륙(특히 광동지구)에서 돌아온 복원자(復員者) 중 콜레라에 걸린 환자 진료와 치료	『오사카보험의잡지』 이케다 나에오 기고문
1946.7	공직 추방됨	
1946.8	○「유행성출혈열 피부반응에 대하여」(流行性出血熱皮膚反応について)	『의학과 생물학』 잡지 제9권 제2호 게재
1947.5	국립오사카병원 바바초(馬場町) 분원장이 됨. 6월에는 국립오사카병원 피부과의장이 됨	자필 이력서
1948.5	국립오사카병원 퇴직	자필 이력서

날짜	주요 이력·활동·논고·게재지 등	출처·주요 내용·관련사항 등
1948.8	재단법인 아이코쿠병원(愛国病院) 외과 비뇨기과 의장	자필 이력서
1954.3.1	미국의 비키니 환초 수소폭탄 실험으로 제5 후쿠류마루 피폭	
1955.6.4	▲ 세계방사능회의 간사이회의(関西会議)는 5월 30일부터 2주 동안 진행됨. 6월 4일 신오사카호텔에서 열린 일본 측 학자에 의한 '임상보고' 모두에서 아이코쿠병원(愛国病院) 외과의장이었던 이케다 나에오가 전직 히로시마육군병원 소속·육군 대좌 자격으로 '히로시마시에서 체험한 원자폭탄증(広島市における原子爆弾症の体験)'이라는 제목으로 보고(1955년 6월 10일 「중앙보험의신문」 간사이판 참고)	보고 내용은 같은 해 8월 10일자 『일본임상』 제13권 제8호에 게재되었는데 ① 원자폭탄증 환자의 응급실 보급 상황 ② 원자폭탄증 응급실 완성 상황 ③ 외래 이동치료 개요 ④ 증상 및 치료 개요와 구호소에서의 구호 상황 ⑤ 총괄적 소견 ⑥ 향후 대응에 관한 의견 등으로 구성됨(1945년 8월에 조사한 '극비' 보고서를 정리)
1955.8.10	「히로시마시에서의 원자폭탄증 체험」(広島市における原子爆弾症の体験)	『일본임상』 제13권 제8호 게재
1956	「페니실리움과 크리소게늄의 항균성에 대하여」(ペニシリュウム, クリソゲニウムの抗菌性に就いて)	『피부과성병과잡지』 제66권 제8호 게재
1958.12	아이코쿠병원의 관리 권한이 오사카시로 옮겨져 복지회관이 되면서 이케다도 퇴직. 오사카시 이쿠노구(生野区)에서 피부, 성병, 항문과 진료소를 개업	자필 이력서
1959.11	● 모교인 니가타대학에서 박사학위(7월10일자 학위 신청) 「만주 지역에서 발생한 유행성출혈열에 관한 임상적 연구」(이케다 나에오 학위 논문) 『니가타의학회잡지』 제74권 제3호에 게재	심사위원은 병리학 이토 다쓰지(伊藤辰治)와 내과학 교수 가쓰라 시게히로(桂重鴻), 세균학 교수 이토 다이이치(伊藤泰一)가 맡음. 제출된 학위 논문 심사 요지에는 "본 논문은 유행성출혈열 독립과 관련하여 특히 임상적 근거를 부여했다는 점에서 그 가치를 인정한다"고 되어 있음
1963.2.27	○ 「오사카보험신문」(제1차보험의협회 기관지였지만 1954년 오사카부의사회에 흡수되면서 '보험의회'가 되었고 그 기관지가 됨. 지금의 「오사카부의 뉴스」의 전신)에 '유행성출혈열의 증상'을 기고	1962년 5월에 오사카 우메다(梅田)에서 일본으로선 처음으로 유행성출혈열 환자가 발견돼 30여 명의 환자가 발생, "만주에서 수많은 유행성출혈열 환자의 진료에 종사했기에 참고를 위해 본 질병의 증상 경과에 대해 설명하기로...북만 유행지와 오사카 시내 발생지에는 모두 꽤 많은 쥐가 서식하고 있었다. 기타노 마사지 박사는 유행성출혈열 병원 매개체가 등줄쥐에 기생하는 비단털쥐좀진드기의 일종이라고 밝히셨는데 병원체는 '바이러스'다….따라서 유행성출혈열 방역을 위해서는 쥐를 비롯한 설치류와 이에 기생하는 집진드기, 이, 벼룩 구제(驅除)에 중점을 둬야 한다"고 기술
1964.1.8	○ 「오사카보험신문」에 '동창(凍瘡)·동상(凍傷)·동호(凍冱) 구호법' 기고	이케다는 동창과 동상, 동호 각각의 병태에 대해 설명하며 "과거 만주사변 때 마잔산(马占山) 토벌에 나섰던 다몬지대(多門支隊)에서 3도 동상 환자가 다수 발생했다. 최근 사례로는 한국전쟁 시 미국 해병대에서도 환자가 다수 발생했다", "추위로 인해 피부가 백랍처럼 얼었을 때 육상에서는 즉시 바람을 피해 환부를 장갑이나 양말로 감싸준 다음 마른 헝겊 또는 맨손으로 따뜻해질 때가지 계속해서 문질러 온도를 유지하는 것이 중요하다. 37도의 따뜻한 물에 부상 부위를 담그면 더 효과적이다", "내가 홋카이도에서 경험한 바에 따르면…"이라고 언급
1964.6.21	「오사카보험의신문」(오사카부보험의협회 기관지)에 '사람의 암과 바이러스(人癌とウイルス)' 기고	사람의 암과 바이러스와의 연관성에 대한 글을 소개

날짜	주요 이력·활동·논고·게재지 등	출처·주요 내용·관련사항 등
1964.8.11	○「오사카보험신문」에 '자기면역성질환 진단'(自己免疫性疾患の診断) 기고	"나는 과거 자가면역성질환을 진단하기 위해 정형적 장티푸스 환자의 혈청을 항원으로 삼아 전염병 입원 환자를 대상으로 피내반응을 관찰한 적이 있다", "유행성출혈열로 사망한 환자 장기를 갈아 걸러 내 만든 여액(濾液)을 이용해 피내반응을 관찰했다"며 자신의 경험담을 바탕으로 면역에 대한 의견을 제시
1964.9.1	○「오사카보험신문」에 '보존 혈액에 대하여'(保存血液に就て) 기고	수혈에 의한 혈청간염(B형간염) 문제와 보존 혈액을 수혈할 수 있는 기간을 연구하는 것이 얼마나 중요한지 언급하며 자신이 직접 "실험한 바를 제시"함. 수혈은 가능한 한 빨리 신선한 혈액을 사용하는 것이 좋으며, 20일 이상 지난 혈액은 효과가 현저히 떨어질 수 있기에 수혈에 사용할 수 있는 기간은 채혈 후 18일 정도라고 소개
1964.10.11	○「오사카보험신문」에 '이토 반응과 프라이 반응'(伊東氏反応とフライ反応) 기고	성병 진단법인 이토 반응과 프라이 반응을 소개. 자신이 했던 동물(?) 실험을 바탕으로 쓴 글인 듯
1964.11.1	「오사카보험신문」에 '산업재해 원인과 그 대책'(産業災害の原因とその対策) 기고	중공업화가 빠르게 진행됨에 따라 산재를 당하는 공장 노동자가 급증하고 있는 문제에 대해, 미국 노동국 조사를 바탕으로, 공장 노동자의 산재 원인에 대해 다양한 각도로 조사한 결과를 소개. 글에서는 향후 대응책을 제안하기도 함
1964.11	▲『니가타의학회잡지』 제78권 제11호에 「히로시마시에서의 원폭증 임상적 경험(広島市における原爆症の臨床的経験)」 게재(전직 히로시마 선박연습부 이케다 나에오, 와다 죠사쿠 이름으로 기고)	"1955년 8월 10일 일본임상지에 발표했다. 이번에는 제가 주관한 나카지구 경비대 근무자의 백혈구수 산정 성적과 피폭 후 2주 내지 4주간 입원한 원폭증자에 대한 임상적 관찰, 즉 예후 및 혈액검사, 혈압측정 및 치료에 대해 보고한다"
1965.1.1	○「오사카보험신문」에 '위생관리의 중요성'(衛生管理の重要性) 기고	각종 감염증과 그 대책으로서의 개인위생, 공중위생, 그리고 위생관리의 중요성과 자신의 경험을 언급함. "1944년 북방 방위를 위해 다수의 관동군 장병 및 노무자가 홋카이도와 지시마로 이동했는데, 이때 만주의 풍토병인 발진티푸스가 군인과 홋카이도 도민들 사이 유행해 치료를 담당한 의사들도 많이 희생됐다. 종전 직후 전쟁터에서 귀환한 사람들 사이에서도 발진티푸스, 파라티푸스, 콜레라, 천연두가 돌아 국립병원 의사들은 방역과 치료에 분주했다. 나도 당시 천연두에 걸린 사람을 치료했는데 다행히 이 환자는 완치됐다"
1965.2.1	「오사카보험신문」에 '치핵 진단과 치료'(痔核の診断と治療) 기고	각종 치료법 해설
1965.3.1	「오사카보험신문」에 '치핵 진단과 치료(痔核の診断と治療)' 기고	2월 1일 기고문의 속편
1965.5.1	「오사카보험신문」에 '평화와 전쟁의 의료(平和と戦争の医療)' 기고	제2차 세계대전 경험을 바탕으로 다음과 같이 언급. "심장과 폐, 대장, 소장, 구강(치아), 때로는 신장도 전쟁이라는 격동 속에서 악영향을 받는다. 특히 기관지염과 장카타르는 질병의 증상을 악화시켰다. 결정적으로 영향을 주는 합병증도 빈번히 발생했다. 전쟁이 원인으로 추정되는 사망 사례가 적지 않았다. 명백히 질병으로 판단되는 것 외에도 육체 및 신경과로, 영양불량, 영양부족 등 전쟁이 개인의 면역력에 미치는 일반적 영향 또한 결코 과소평가되어서는 안 된다", "그러나 위생 재료 부족 상황이었음에도 일본의 전쟁 부상자를 위한 치료 성과는 비교적 양호했다"
1965.7.21	「오사카보험신문」에 '남화 도래와 긴키 화가'(南画の渡来と近畿画家) 기고	중국에서 남화가 도래한 경위에 대해 언급하면서 교토와 오사카 화가의 그림체를 설명함
1965.10.11	○「오사카보험신문」에 '말초신경 상해의 기전'(末梢神経傷害の機転)	제1차 세계대전 시 보고된 말초신경 손상 사례와 자신의 경험으로 추정되는 총탄에 의한 총창(銃創) 및 좌창(挫創)에 의한 말초신경 형상(形狀), 그리고 치료 등을 언급
1965.11.1	「오사카보험신문」에 '오사카의 의성, 오가타 고안'(大阪の医聖緒方洪庵) 기고	오가타 고안에 대해 소개함. 오가타 고안을 '의도의 본의를 관철한 의성'이라고 평가
1965.12.11	「오사카보험신문」에 '동·정맥류와 동·정맥루'(動·静脈瘤と動·静脈瘻) 기고	동정맥류(動静脈瘤)와 동정맥루(動静脈瘻) 설명

날짜	주요 이력·활동·논고·게재지 등	출처·주요 내용·관련사항 등
1966.1.21	○ 「오사카보험신문」에 '혈액형 부적합 수혈의 위험'(血液型の不適合輸血の危険) 기고	"나의 경험으로는 A형 혈액을 O형 수혈자에게 100cc 수혈한 경우, 수혈 전에는 맥박 87, 체온 35.4도였던 것이 30분 후 체온 38.6도를 기록하고 가벼운 경련이 관찰되었다. 60분 후에는 맥박 106, 체온 39.4도를 기록했다. 2시간 후에는 체온이 37.7도로 내려갔으며 3시간 후 상태가 회복되었다. 아울러 AB형 혈액을 O형 수혈자에게 120cc 수혈한 경우에는 1시간 후 양쪽 다리에 냉감과 권태감 보였다. AB형 혈액을 B형에게 100cc 수혈한 때는 아무 부작용도 확인되지 않았다"
1966.3.1	「오사카보험신문」에 '사람의 암 독소와 혈액 변화'(人癌毒素と血液の変化) 기고	암 환자 체내 발생 톡소호르몬(toxohormone) 설명
1966.611	○ 「오사카보험신문」에 '전쟁터에서 혈관부상이 초래할 운명'(戦場で血管負傷のたどる運命) 기고	야전병원에서 진료한 77개 사례 소개
1966.7.1	「오사카보험신문」에 '건강보험조합연합회(건보련)의 의료보험제도 개선책에 대한 비판'(健保連の医療保険制度改善策批判) 기고	건보련이 주장하는 '지역보험 및 직역보험(職域保険) 병행책'과 '요양비지불방식 병용', '본인·가족 90 퍼센트 급부'와 같은 개선책과 관련하여 의료에 대한 국가의 책임과 부담 강화, 현물급부 견지 등을 주장
1966.7.1	「오사카보험신문」에 '의료보험 위기와 의사들의 단결 강화'(医療保険の危機と医師の団結強化) 투서	의료보험 재정의 적자 개선책으로서 정부가 내놓은 보험 지도 강화 등에 대해 반대함. 아울러 물가 상승에 대응한 의료수가 인상을 도모하기 위해 의사단체의 단결 강화를 호소함. "(일본의사회 내에서) 보험의협회 집행부를 좌파 취급해 일의뉴스(日医ニュース) 등에서 신랄하게 비판하고 있는 것은 참으로 곤란한 일"이라고 함
1966.8.21	▲ 「오사카보험신문」에 '21년 전의 원폭 상해 기록'(二十一年前の原爆傷害の記録) 기고	"20년 전 히로시마에서 내가 경험한 것 중 가장 핵심적인 것을 얘기하자면…우리는 히로시마에서 다음과 같은 사실을 알게 되었다. 폭심지에서 150m 이내 지점에서는 순간적으로 지면 온도가 섭씨 1,200도에서 2,000도에 달했다. 부상자의 85%는 기계적 상해와 열상이었으며 오로지 15%만이 방사능으로 인한 것이었다.…히로시마와 나가사키 사람들의 신체와 다른 사물들에 남았던 방사능은 그 후 인체에 중대한 영향을 미쳤다. 1964년 2월 발표된 히로시마대학 시미즈 기요시(志水清) 교수 연구에 따르면 히로시마 시내에서 시체를 처리하거나 불에 탄 지역에서 정비 작업에 종사했던 사람들은 혈액질환과 간질환, 악성신생물(암)에 걸릴 확률이 직접 피폭당한 사람들보다 더 높게 나타났다. 따라서 직접 피폭은 물론, 간접 피폭자에 대해서도 위생 관리가 시급히 이루어져야 한다"고 주장
1966.10.1	「오사카보험신문」에 '일본의 종두 역사와 종두 면역'(我国種痘の歴史と種痘免疫) 기고	1790년 지쿠젠 아키즈키번(筑前秋月藩, 지금의 후쿠오카현) 번의(藩医)였던 오가타 순사쿠(緒方春朔)가 처음으로 두창에 걸린 사람에게 생긴 딱지를 빻아 가루로 만들어 코 구멍에 불어넣는 방법으로 인두접종을 했다는 점을 비롯하여 일본의 종두 역사와 과제에 대해 설명
1966.10.21	「오사카보험신문」에 '원자폭탄과 생식작용'(原子爆弾と生殖作用) 기고	히로시마 원폭 피해자의 생식기 조직에 방사능이 미치는 악영향을 다룬 미국 「타임지」 기사를 소개했다. 남성의 경우 고환, 여성의 경우 난소에만 악영향이 발견되었으며, 영구적인 불임 가능성은 양쪽 모두 낮다는 내용이었다. 이케다는 이 기사에 대해 "믿기 어려운 조사 결과이며 지속적으로 연구할 필요가 있다"고 평함
1966.11.11	「오사카보험신문」에 '정부의 공해기본법에 대한 요망'(政府の公害基本法に対する要望) 기고	요쓰카이치시(四日市)를 비롯해 사카이(境)와 와카야마(和歌山), 오카야마현 미즈시마(岡山県水島) 등 공업지대에서 발생한 대기오염과 구마모토현 미나마타(熊本県水俣)와 니가타현 아가노강(新潟県阿賀野川) 유역에서 발생한 유기수은 오염, 기타 신칸센 및 비행장 소음 등 경제성장에 따라 각종 공해가 잇따라 발생하고 있는 상황에서 정부가 내세운 공해기본법을 일단 높게 평가하면서도 실효성 있게 철저히 대책에 나설 것을 당부함

날짜	주요 이력·활동·논고·게재지 등	출처·주요 내용·관련사항 등
1966.12.1	○「오사카보험신문」에 '피부과학의 과거, 현재, 미래'(皮膚科学の過去, 現在, 将来) 투서	10월 23일자 『일본의사신보』에 실린 의학계 중진들의 좌담회 내용과 관련해 시대 흐름과 함께 의학이 진보하며 각 과가 세분화한 경위를 소개함. 아울러 "나도 만주 유행성출혈열을 연구하면서 감별진단을 위해 전형적 환자의 시신 장기(간, 비장)에서 얻은 여과액을 항원으로 사용해 피내반응을 관찰한 경험이 있다. 향후 피부과학은 기초분야에서는 미생물학(면역학)과 생리학, 의화학, 임상에서는 내과학과의 연계가 더욱 중요해질 것으로 보인다"며 자신의 경험과 생각을 밝힘
1967.1.21	○「오사카보험신문」에 '전쟁터에서의 위생기관 운용과 부상병의 수용 및 치료'(戦場における衛生機関の運用と負傷兵の収容と治療) ① 기고	'서문'에서 "세계대전 때 나는 만주와 중국 북부 지역 제1선 군의로 참전. 그 후 위생대장 또는 야전병원장으로 부상자 수용과 치료, 그리고 위생기관을 운영. 후일 나는 제1차 세계대전에 참여한 독일군 군의가 쓴 저서를 번역, 전쟁터에서의 위생기관 운용과 부상병 수용 및 치료 부분이 내가 참전한 만주와 중국 북부 지역 상황과 유사한 점이 많아 매우 흥미로워…이번에 발표", "…의사가 무균상태를 유지시킬 수만 있다면 지극히 빈약한 환경이라 할지라도 수술 결과는 양호함을 경험을 통해 확인"
1967.2.11	「오사카보험신문」에 '전쟁터에서의 위생기관 운용과 부상병의 수용 및 치료' ② 기고	
1967.2.15	「오사카보험신문」에 '학위제도를 논하다'(学位制度を論ず) 기고(여러 차례 나눠 함)	"일본의 의학 학위제도를 논하려면 우선 역사를 되돌아봐야 한다"
1967.3.1	「오사카보험의신문」에 '전쟁터에서의 위생기관 운용과 부상병의 수용 및 치료' ③ 기고	
1967.3.11	「오사카보험신문」에 ④ 기고	
1967.3.21	「오사카보험신문」에 ⑤ 기고	
1967.4.21	「오사카보험신문」에 ⑥ 기고	
1967.6.11	「오사카보험신문」에 ⑦ 기고	
1967	●「유행성출혈열의 유행학적 조사 연구」(流行性出血熱の流行学的調査研究) 를 『일본전염병학회잡지』 제41권 제9호에 게재	
1968	●「유행성출혈열의 이와 벼룩을 이용한 감염시험」(流行性出血熱のシラミ, ノミによる感染試験)을 『일본전염병학회잡지』 제42권 제5호에 게재	
1968.5.15	「오사카보험신문」에 '일본의 경제 동태와 의학의 변천(わが国経済の動態と医学の変遷)' 기고	"의학을 사회에 적용하는 의료분야에서도 국민개보험(国民皆保険)이라는 경제적 사회문제가 화제가 되고 있으며 보험 재정은 더 이상 임시방편적인 대책으로는 해결할 수 없는 과제가 되었다. 정부 당사자는 지혜를 모아 과학적이고 합리적인 대책을 수립하여 일본의 의학교육과 의학연구, 의료제도를 건전하게 발전시킬 수 있도록 주력해 나갈 필요가 있다"
1968.8.1	○「오사카보험의신문」에 '혈액형을 통해 본 중국인 청년의 기질'(血液型から見た中国青年の気質) 기고	"나는 1937년 12월 난징성 점령 후 중산먼(中山门) 밖과 중화먼(中华门) 안팎, 샤오링위안(孝陵园), 그리고 시산(西山) 부근에서 벌어진 전투에서 부상당한 중공군 하사관 병사 191명과 포로 20명, 그리고 민간인 25명, 총 236명에 대해 중국 공산당 청년 의사들의 협력을 얻어 혈액형을 조사했다. 조사 결과 O형이 51.3%로 압도적으로 많았고 B형 22.9%, 이어서 A형 8.4% 순이었다"
1968.8.11	「오사카보험신문」에 '근세 일본의 경제 동태와 의학제도 변동의 역사적 고찰-의학 혁신의 필수성을 파악하기 위한 역사적 고찰'(近世日本経済動態と医学制度変動の歴史的考察-医学革新必至性の把握のための歴史的考察) 기고(1)	제1절: 국가 위력 지도 시대-자본주의 건설기, 화난의방(和蘭医方) 발전기(막부 말기의 의학에 대해 정리)
1968.8.21	「오사카보험신문」에 (2) 게재	제2절: 사회 세력 증장 시대(자본주의 발전기, 서양 의방 부흥기)

날짜	주요 이력·활동·논고·게재지 등	출처·주요 내용·관련사항 등
1968.9.1	「오사카보험신문」에 (3) 게재	-자본주의 혁신기의 독일 의학, 미국 의학기, 메이지시대부터 쇼와 시대에 걸친 의학 변천 상황을 설명
1968.12.1	「오사카보험신문」에 '일본의 문화 동태와 의학제도 변천에 관한 역사적 고찰'(我国の文化動態と医学制度変遷の歴史的考察) 기고(1)	"일본 의학의 역사는 문화 동태와 뗄 수 없으니 인류사회의 문화 변화에 따라 시대를 구분, 경험의학이던 것이 지금의 과학적 의학이 된 과정을 역사적으로 살펴본다" 1. 고대(원시공동체시대-기원전-), 2. 기원후 2, 3세기(부민제部民制 시대 한의방韓医方 전래기)
1968.12.21	「오사카보험신문」에 (2) 게재	3. 국가 위력 발현 시대(다이카개혁(大化の改新), 당의방(唐医方) 대보령기(大宝令期)
1969.1.1	「오사카보험신문」에 (3) 게재	4. 지방분권 발생 시대(나라, 헤이안시대의 당의방唐医方 발전기) 5. 지방분권 창설 안정 시대(가마쿠라시대, 중국 송의방宋医方 시대)
1969.1.1	「오사카보험신문」에 '개발이 진행 중인 인공내장'(開発進む人口内蔵) 기고	의학, 특히 치료의학은 이번 세기에 들어서면서 장족의 발전을 이루었다고 회상, 향후 유전자 합성과 장기이식, 인공장기 등이 실현될 것으로 전망
1969.1.11	「오사카보험의신문」에 '일본의 문화 동태와 의학제도 변천에 관한 역사적 고찰' 게재(4)	6. 지방분권 혼란 시대(무로마치·아즈치모모야마시대, 명의방明医方 시대)
1969.1.21	「오사카보험신문」에 '일본의 문화 동태와 의학제도 변천에 관한 역사적 고찰' 게재(5)	7. 지방분권 집중 안정 시대(상업 자본 완성 시대, 김원의방(金元医方), 고법의학(古法醫學), 난학의방 시대)
1969.7.1	「오사카보험신문」에 '다케미 일본의사회 회장이 주장하는 병원 위기와 대책-강연 요지와 그 내용에 대한 비판'(武見日医会長の病院危機と其対策-講演要旨と其批判) 기고	다케미 다로(武見太郎) 일본의사회 회장이 전일본병원협회에서 한 강연 내용을 비판적으로 검토. "다케미 씨는 앞서 지적한 자유경제 사회에서의 진료소 적자 해소에 중점을 두고 즉각 의료 수가 시정에 힘써야 한다"고 주장
1970.6.1	○「오사카보험신문」에 '사람 암의 면역 요법은 가능한가'(人癌の免疫療法は可能か) 기고	"과거 다른 의사 의뢰로 중증 결핵 환자에게 자가 냉동 피부이식을 해본 경험이 있다. 피부 이식 후에는 체온이 떨어져 해수(咳嗽) 및 객담(喀痰) 증상이 점차 감소. 일주일 정도는 상태가 지극히 양호했으나 10일째쯤부터 점차 그 증상이 원래 상태로 돌아가기 시작했다", "나는 모든 항암제와 소염제 투여, 주사는 물론, 코발트조사요법을 체력의 한계까지 충분히 받은 하악암 환자로부터 혈액 20cc를 채혈한 다음 구연산 소다를 2% 추가해 정치(靜置)하고 그 웃물을 56도로 30분 가열하고 냉동보존한 다음 그 0.1cc를 하악암 환자 위팔 바깥쪽에 접종하여 관찰했다. 그날 밤 환자가 하악부에 격렬한 자극통과 발열이 있음을 호소했기 때문에 관찰한 결과 주사 부위에 종창과 발적이 확인되었다...애초에 암 환자의 항체 생산 능력에 대해서는 제암제(制癌劑) 투여와 방사능조사가 환자에 남아 있는 면역기능을 더 저하시킬 위험성이 있다는 사실을 말하지 않을 수 없다"
1970.7.21	「오사카보험신문」에 '유전자 형질 전환과 유전자의 인공 합성'(遺伝子による形質転換と遺伝子の人工合成) 기고	DNA와 RNA의 최신 지식을 언급. "향후 유전자 합성 기술은 더 발전하여 인간에게서 나쁜 유전자를 제거하는 것도, 암 발생을 막는 것도 가능해질 것이다. 하지만 건강한 사람의 세포 내 DNA에 다른 DNA가 추가됨으로 새로운 질병이 나타날 위험성도 있음. 분자생물학의 의학 연구는 항상 생명의 존엄을 염두에 두고 인간의 나쁜 유전자를 제거하고 나쁜 질병을 치료하는 일에만 한정해 이루어져야 한다"
1970.9.9	「오사카보험신문」에 '미래의학에 대한 희망-정치에 관여하는 의학'(未来医学への希望-政治に関与する医学) 기고	봄에 교토에서 열린 국제미래학회에서 논의된 내용을 바탕으로 자신의 생각을 기술. "미래의학 영역에 들어가는 분자생물학과 유전자학을 비롯하여 방사선과 레이저, 광선, M·E, 필(ピル)과 같은 전자공학기기는 과연 인간의 생명 구제와 사회 행복에 도움이 되는가, 공해 대책이 뒷전이 되고 있는 오늘날의 정치 현상은 실로 우려스럽기 짝이 없다. 미래의학은 단순한 의학이라는 틀 안에 한정되지 않고 정치에 관여하는 의학이 될 필요성이 생겼다"

날짜	주요 이력·활동·논고·게재지 등	출처·주요 내용·관련사항 등
1971.11.3	「오사카보험신문」에 '현행 건강보험법의 모순을 해결하기 위해 의료전문위원회 마련이 시급'(現行健保法の矛盾解決に医療専門委員会の設置を) 기고	"1971년에 일어난 '보험의총사퇴' 사건의 발단이 된 현행 건강보험법의 모순에 대해 언급하면서 의료의 기본은 어디까지나 국민 모두를 상해와 질병으로부터 지키고 건강을 유지, 또는 증진시키는 데 중점을 둬야 한다. 이를 실현하기 위해서는 의사로 구성된 의료전문위원을 확립하여 그 권한과 전문위원 운영을 강화함으로써 건강보험법 의료를 국민을 위한 진정한 의료로 만들어나갈 필요가 있다"
1972.3.29	○「오사카보험신문」에 '에바시, 오카모토 두 교수의 업적에 경의를 표한다- 학사원상(자연과학계열) 수상'(江橋·岡本両教授の業績を讃える-学士院賞(自然科学系)受賞) 기고	이 글에서 그는 1972년 자연과학 계열에서 학사원상을 수상한 에바시 세쓰로(江橋節郎, 도쿄대 약리학) 교수와 오카모토 고조(岡本耕造, 교토대 병리학) 교수를 축하하며 그들의 업적을 소개함. 또한 "오카모토 씨의 당뇨병과 고혈압에 관한 기초연구에 대해서는 개인적으로 특별한 추억이 있다. 만주에서 근무할 때 그는 육군 기사(技師)였는데 이미 그때부터 독자적으로 고안한 조직화학적 증명법으로 인체의 각 장기 내에 함유된 금속물질을 염색하는 데 주력했다. 그는 연구실에서 나에게 직접 염색액을 보여주기도 했다. 일본병리학회에서 주목할 만한 연구로 높게 평가받았다는 이야기도 들었다"며 자신과의 연관성을 언급함
1974.1.11	「오사카보험의신문」에 '항공기 소음과 그 대책'(航空機騒音とその対策) 기고	정부가 기존 공항에 대해 항공기 소음 환경 기준의 기준치 달성 기한을 5-10년까지 연기한 점을 비판. 오사카국제공항 주변의 소음 실태도 언급하며 소음이 생체에 미치는 영향 실험 결과 소개. 소음 예방법으로서 항공기 규제와 음원의 격리 및 흡음, 진동 방지와 방음공사의 필요성 등을 강조함
1974.3.6	「오사카보험신문」에 '예상되는 매독의 현재화-필요한 유행 대책 준비'(予想される梅毒の顕在化—必要な流行対策の準備) 기고	"과거에 나는 도쿄대 전염병연구소에서 노구치 히데요 박사가 창안한 시험관 배지를 직접 봤는데…카르디오리핀은…매독에만 특이 반응하는 것이 아니라 나균과 전신홍반루푸스, 원발성비정형폐렴, 류머티스 관절염, 그리고 우리가 발견한 유행성출혈열도…양성으로 나오는 경우가 있다" 현성 매독은 최근 일반 진료소에서는 거의 찾아볼 수 없으며 잠재 매독 아니면 불현성 매독일 경우가 대부분이다. 많은 항생제를 남용한 결과 매독 환자가 많아졌다는 가정을 바탕으로 매독검사에 관한 경위를 소개했다. 향후의 유행에 대비할 필요가 있다는 점을 강조함
1974.8	『오사카보험의잡지』에 '시즈가타케 전투'(賤ヶ岳の戦い) 기고	1582년에 벌어진 하시바 히데요시(羽柴秀吉, 후의 도요토미 히데요시)가 시바타 가쓰이에(柴田勝家)를 이긴 전투를 회상하며 히데요시의 승리 비결과 가쓰이에의 패배 원인에 대해 분석
1974.12	『오사카보험의잡지』에 '복부 침치료 시 유의해야 할 점'(腹に針刺す時の注意) 기고	아이코쿠병원 근무 때 내장에 아무 이상이 없는데 극심한 통증을 호소하며 쇠약해진 여성을 수술한 경험 소개. 원인은 복부 침 치료를 받았기 때문
1975.4.16	○「오사카보험신문」에 '저명한 해리슨 내과학 교과서, 유행성출혈열을 상세히 다루다'(評判のハリソン内科教科書流行性出血を詳述) 기고	"지금 미국과 일본에서 호평을 받고 있는 해리슨 내과학 교과서의 감염증 부분에 닥터 슈마델(Dr. Schmadel)이 집필한 유행성출혈열에 대한 설명이 있다", "본 질병은 지금으로부터 20여 년 전 일본의 연구자에 의해 만주에서, 그리고 소련의 연구자에 의해 시베리아에서 확인되었다. 극동지역에서 유행성출혈열을 연구한 소련과 일본의 의학자는 환자의 혈액 또는 뇨를 건강한 사람에게 주사함으로써 사람이 이 질병에 감염된다는 사실을 밝히는 데 성공했다"며 그 개요를 소개. "1941년 일본의 고 이시이 박사(731부대장 이시이 시로)가 명명하신 'Epidemic Hemorrhagic Fever'라는 병명을 명시하고 있어 이 병명(유행성출혈열)이 학술적으로 인정될 것으로 기대된다. 일본인이 이름 지은 병명이 학명이 되는 것은 매우 명예스러운 일"
1975.8	▲『오사카보험의잡지』 특집 '나의 전후사'(私の戦後史)에 '한 노의(老醫)의 술회' 기고	"나는 1945년 8월 6일 히로시마시에 원자폭탄이 투하되었을 때 육군선박연습부 고급군의 직에 있었다. 나카지구 경비대장이었던 요시무라 노부요시 중장의 지도 아래 나카지구 위생대장으로서 2천 수백 명에 이르는 비참한 원폭 부상자를 밤낮으로 치료했던 것은 평생 잊지 못할 슬픈 추억이다"

날짜	주요 이력·활동·논고·게재지 등	출처·주요 내용·관련사항 등
1977.4.27	○ 「오사카부의뉴스」(「오사카보험신문」이 「오사카부의뉴스」로 개명)에 '바이러스성 출혈열(호리타 학설(堀田学説))-뎅기열과 확연히 구별' 기고	"내가 과거 치료해 본 경험이 있는 다수의 유행성출혈열과는 증상이 다르다고 생각돼 뎅기열 연구로 저명한 고베대학 호리타 스스무(堀田進) 교수님께 의견을 구했다", "원래 뎅기열은 비교적 증상이 가벼운 것으로 여겨져 왔는데, 출혈을 동반한 뎅기열은 기존의 것과 명확히 구분된다"며 자신의 과거 경험에 비춘 견해를 밝힘
1981.5	쓰네이시 게이이치 '사라진 세균전부대'(消えた細菌戦部隊)	
1981.11	모리무라 세이이치 『악마의 포식』(悪魔の飽食) 제1부 발간. 「아카하타」(赤旗) 연재 후 고분샤(光文社)에서 11월 출판, 베스트셀러가 됨	
1981.8	○ 『오사카보험의잡지』 특집 『나의 전후사』(私の戦後史)에 '예나 지금이나 유행성출혈열'(今も昔も流行性出血熱) 기고	"나는 만주사변 후기와 지나사변(중일전쟁) 초반에 군의로 전투에 참여하였다. 특히 난징공략전에서는 중산먼(中山门)에서 점령군 사령관 경비대로서 한 달간 체류한 후 남하부대로서 쉬저우회전(徐州會戰)에 참전했다. 그 후 중국 동북부(옛 만주) 소련과의 국경 지대에서 유행해 다수의 사망자를 내, 소련일본 양군의 골칫거리였던 유행성출혈열 연구와 방역에 몰두했다"고 회고함
1981.10.16	관동군 731부대가 미군에 생체실험 데이터를 제공하는 대신 면책 받았다는 사실을 담은 당시 극비자료를 다룬 논문이 미국에서 발표. 이 자료를 참고로 「마이니치신문」 기자가 이케다 의사를 취재. 10월 16일 석간에는 'A의사'라는 익명으로 '생체실험, 나는 했다-세균부대 전직 군의의 고백', '미국과의 면책 협상도 인정', '원숭이 취급으로 생체실험-관동군 세균부대, 전직 군의 전시의 상식이라며 태연하게 주장. 전범 추궁만이 유일한 두려움' 제목으로 인터뷰 내용 보도	
1984	오사카시 이쿠노구 진료소를 닫고 시가현으로 거처 옮김	
1984.8.15	관동군 731부대가 중국인 포로 등을 이용해 생체실험 했음이 드러나는 자료(『관동군방역급수부연구보고』 등)가 도쿄 간다의 헌책방에서 발견. 자료에는 집필자로 '육군 군의 소좌 이케다 나에오' 이름 기재. 이 자료를 게이오기주쿠대학 태평양전쟁사연구회가 입수했음을 「마이니치신문」이 보도	
1990.5	88세로 서거	

위 논고들 외 일본방위성 보관 자료들 중 집필 시기가 불투명한 글들
「우리 부대에서 발생한 '이페리트' 가스 부상자에 대하여」(我隊ニ発生セシ'イペリット'瓦斯傷者ニ就テ) 육군1등군의 이케다 나에오
「증발 진공 건조를 이용한 건조 혈장과 건조 사람 표준 혈청, 바닷물을 이용한 소금 제조및 식용수 제조에 관한 실험적 연구」(蒸溌眞空乾燥による乾燥血漿, 乾燥人標準血清, 海水製塩及び飲料水製造に関する實験的研究) 육군선박연습부 이케다 나에오, 와다 죠사쿠
「유행성출혈열 실태에 관한 실험적 연구」(流行性出血熱の本態に関する實験的研究) 이케다 나에오
(秘)북방위생근무에 대한 참고」(北方衛生勤務の参考) 육군 군의 중좌 이케다 나에오
「가스 부상자를 위한 치료법」(瓦斯傷者の治療法) 이케다 나에오
「내가 경험한 만주의 질병」(私の経験した満州の疾病) 이케다 나에오 등

인용·참고문헌

1. 田中明 · 松村高夫編/解説,『七三一部隊作成資料』, 不二出版極秘資料, 1991
2. 朝野富三 · 常石敬一,『奇病 流行性出血熱」新潮社』, 1985
3. 池田苗夫論文, 防衛省防衛研究所戦史研究センター資料室資料
4. 国立公文書館 学位授与認可 · 昭34年11月 · 第86冊[要審査]件名番号：072新潟大 · 池田苗夫（要審査）本館-3A 024-04 昭49 文部-00624-100, 特定歴史公文書
5. 日本学術会原子爆弾災害調査報告書刊行委員会,『原子爆弾災害調査報告集』, 不二出版復刻版, 全5冊 2011.8-11
6. 封印された, 「原爆報告書」 2010年8月6日 NHKスペシャル写真 · 資料等（NHKテレビ等より） ① 小出中佐への極秘命令書 ② 三木輝男元少佐の証言 ③ 原爆調査報告書ほか
7. 고이데 사쿠로(小出策郎) 군의 중좌, 1930년 도쿄제국대학 의학부 졸업. 외과 전공 군의로 당시 육군성 의무국 의사과(醫事課) 재적. 이 의사과는 일본 국내외의 육군병원이나 중국, 아시아에 있는 각군 방역급수부를 관할. 고이데는 1944년 5월 23일자 육군성과장회보에 731부대 사찰 결과를 보고. 이 보고에는 ① 페스트균액을 넣은 '8탄(ハ彈)'이라고 불리는 유산탄(榴散弾)을 폭발시킨 실험으로 피험자 가운데 10%에서 30%가 감염됨 ② 도자기로 만든 우지형폭탄(ウジ型爆弾)을 사용한 실험에선 마루타 20명 가운데 10%가 감염됨 등의 내용이 담김. 고이데는 1925년 6월에 조인된 화학무기와 함께 생물무기 사용을 금지하는 '제네바의정서'에 대해서도 분명 알고 있었을 것. 즉, 731부대에 대해 잘 알던 고이데는 패전 당시 국제법에 따라 전범대상이 될 비밀무기에 관한 증거를 은폐하는 일에 안간힘을 씀(太田昌克,『731免責の系譜一細菌戦部隊と秘密にファイル』, 日本評論社, 1999)
8. 笹本征男, 「米軍占領下の原爆調査』, 新幹社, 1995
9. 『15년전쟁과 일본의 의학의료연구회 회지』 13(1) (2013년 5월호)에 실린 니시야마 가쓰오(西山勝夫)의 논고, 「가네코 준이치, 이케다 나에오의 의학박사 학위수여 과정」(金子順一, 池田苗夫の医学博士の学位授与過程)에 니시야마 씨가 국립공문서관에서 입수한 이케다의 학위 수여 기록과 자필 이력이 상세히 나옴
10. 1956년 9월 2일 니가타대학 의학부 내과 교수였던 가쓰라 시게히로(桂重鴻)가 쯔쯔가무시병균을 정신병 환자에게 주사해 인체실험했음을 「요미우리신문」이 크게 보도. 가쓰라 교수는 예전부터 쯔쯔가무시병을 연구하고 있었는데 1952년부터 1955년에 걸쳐 내과 의국원을 총동원해 의료법인 아오야마신아이카이(青山信愛会)와 니가타정신병원(新潟精神病院)에 입원했던 149명(118명이라는 자료도 있음)의 환자에게 쯔쯔가무시병 병원균을 주사. 이 인체실험으로 환자 8명이 사망하였고 한 명이 자살. 게다가 환자 8명(9명?)의 주사 부위 피부를 절개해 연구에 사용했다는 사실도 추가로 밝혀짐. 이 연구는 미군으로부터 지원금을 받아 진행된 실험이었다고 함. 일본변호사연맹이 설치한 '특별위원회'가 인체실험 사실을 확인하였으며 가쓰라 의사와 동 병원에 엄중 경고하고 관계 기관에 신고. 가쓰라 교수는 인체실험 사실을 인정하면서도 의료에는 어느 정도의 희생이 필요하다는 점과 희생 없이 의학이 진보할 수 없다 등 발언. 결국 가쓰라 교수는 아무 법적 처벌도 받지 않음
11. 다카스기 신고(高杉晋吾)의 『731부대 세균전에 관여한 의사를 추적하라-지금도 여전히 계속되는 공포의 인체실험』(七三一部隊細菌戦の医師を追え一今も続く恐怖の人体実験, 徳問書店, 1982)에 실린 「미국 모략 자금과 쯔쯔가무시병 인체실험」(米謀略資金とツツガ虫病人体実験) 참고. 이 글에서는 미군(샘스)-도쿄대학전염병연구소(다미야 다케오 田宮猛雄)-국립예방위생연구소(기타오카 마사미 北岡正見) · 아사누마 야스시(浅沼靖)로 이어지는 쯔쯔가무시병 연구 자금(기원은 731부대) 의혹을 다룸. 쯔쯔가무시병 생체실험은 미군이 베트남전쟁을 수행하기 위해 필요한 실험이었다는 점 그리고 유사한 인체실험이 전국의 정신병원에서 실시됐다는 점에 대해서도 고발
12. 미주 4) 참고
13. 「중앙보험의신문」이란 당시 일본 전역의 보험의를 주요 독자로 삼아 보험의료문제를 둘러싼 문제를 다루던 신문으로 그 발행 모체는 중앙보험의료연구회. 자발적으로 보험의들이 모여 만든 연구회. 이 신문 발행으로 각 광역자치단체에 보험의협회가 만들어지기 시작. 1969년 출범한 전국보험의단체연합회(보단련)의 전신이 되기도 함. 당시 「중앙보험의신문」의 주요 집필자는 시라이 다다시(白井正志). 시라이는 1969년에 보단련 결성과 동시에 초대 사무국장이 됨. 아울러 1954년 12월에는 일본 긴키 지방의 보험의들이 자발적으로 「중앙보험의신문」 간사이지국을 오사카에 만들어

긴키 지방 독자들을 대상으로 단체 가입을 촉구. 간사이지국 초대 국장은 도미이 기요시(富井清 당시 교토부 보험의협회이사장. 후에 교토부의사회 회장과 교토시장을 역임)가 맡았으며 구와하라 야수노리(桑原康則 오사카부의사회 이사. 후에 오사카부보험의협회 이사장 역임)와 나카노 노부오(中野信夫 후에 교토부 보험의협회 이사장과 보단련 초대회장 맡음) 등이 임원

14.『大阪保険新聞』各年度合本（大阪府医師会発行）,『大阪保険医新聞』各年度合本（大阪府保険医協会発行）,『大阪保険医雑誌』各年度合本（大阪府保険医協会発行）.「오사카보험신문」은 1947년 8월 출범한 일본 최초의 보험의 조직 '오사카부보험의연맹'을 발전 해소하고, 1949년 5월에 출범한 '오사카부보험의협회'의 기관지. 1954년 1월 보험의협회가 해체되고 오사카부의사회에 흡수됨으로 오사카부의사회 내에 마련된 보험의회 신문이 되었고 사실상 부의사회 기관지가 됨. 후에 이름이「오사카부의 뉴스」로 개칭

15. 大阪府保険医協会,「反核平和一医師たちの過去の戦争荷担の問題をめぐって」,『大阪府保険医協会50年の歩み一平和を守り医療福祉の充実を求めて』, 2019

731부대와 닛세키의약학연구소를 둘러싼 의혹

다이나카 가쓰히토(田井中克人)[1]

'마루타를 오염시킨 벼룩이 십자가까지 침범했다', 어느 부대원의 글[2]

모리무라 세이이치(森村誠一)의 『속 · 악마의 포식』(続 · 悪魔の飽食)*1*에는 사진 한 장이 실렸다. 사진 속 방독면과 방호복으로 몸을 감싼 731부대원의 모습은 마치 악마처럼 보인다. 아니, 보인다는 표현은 정확하지 않다. 수많은 문헌과 증언을 통해 드러난 부대원의 모습은 그야말로 악마 그 자체였다. 그 비인간적 만행의 잔재 또한 적지 않았다. 일본 녹십자(일본혈액은행의 후신)의 비가열 혈액제제 사용으로 발생한 에이즈 감염 사건이 대표적이다.[3] 이 사건은 제약업체와 일본 후생성의 유착, 그리고 이윤에 눈이 먼 기업의 비인간성을 적나라하게 보여주었다.

수많은 의학 및 약학 관계자들뿐 아니라 731부대 연구자들 스스로도 전쟁이 끝난 후 731부대 관계자들이 백신 제조업에 뛰어들었다고 증언한다. 하지만 구체적인 사실로 검증된 것은 많지 않다. 실제 대다수 문헌에는 전쟁이 끝난 시점부터 일본혈액은행이 설립될 때까지의 역사가 잘 드러나지 않는다. 이 글에서는 1948년 교토 · 시마네(京都 · 島根)에서 발생한 디프테리아 예방접종 사건을 살펴봄으로 그 공백을 조금이나마 메워보고자 한다.

---

1. 필자인 다이나카 가쓰히토는 '교토 디프테리아 예방접종 사건'의 피해 당사자로 현재 사건의 진상규명을 위해 활동하고 있다. (軍医学校跡地で発見された人骨問題を究明する会, 『人骨ニュース』 131号 참고)
2. 이 글에는 아주 많은 인물과 사건이 등장한다. 때문에 부득이 역자로서 독자들의 이해를 돕기 위해 몇 개의 단어와 몇 개의 문장을 삽입하였음을 밝힌다. 반대로 너무 지엽적인 인물과 사건에 대한 필자의 설명은 미주로 뺐다.
3. 혈액을 가열처리 해야 바이러스가 비활성화하는데, 일본 녹십자가 혈우병 환자들에게 비가열 혈액제제를 사용해 많은 HIV 감염자가 발생한 사건이다. 1982년부터 1986년까지 이 비가열 혈액제제를 수혈받은 혈우병 환자 약 2,000명이 HIV에 감염됐다. 그런데 이 일본 녹십자는 731부대에서 페스트를 연구했고 731부대 중추기관인 육군군의학교 교관으로 근무했던 나이토 료이치(内藤良一)가 창업한 일본혈액은행의 후신이다. 또한 이 일본 녹십자에는 다수의 전직 731부대원들이 고용됐다. (도쿄보험의협회의 「약해 에이즈 재판과 731부대」 설명 참고_https://www.hokeni.org/docs/2017040500122/)

자세한 사건 개요에 대해서는 필자가 『교토 디프테리아 예방접종 사건』[2]에서 다룬 바 있다.[4] GHQ 점령체제에서 성급히 제정된 예방접종법 그리고 조잡한 백신을 통한 강제 접종에 대해서는 와케 마사요시(和気正芳)가 『1948년 디프테리아 사건 원인론』[3]과 『왜 예방접종은 강제되었는가』[4]에서 자세히 다루었다. 아울러 보상문제에 대해서는 구리하라 아쓰시(栗原敦)가 「조사보고1. 교토 · 시마네 디프테리아 예방접종 사건」[5]과 「조사보고2. 교토·시마네 디프테리아 예방접종 사건」[6]에서 역사적으로 검토하였다.

사건 자체와 사건 이후 일어난 일들은 현재까지 어느 정도 밝혀졌으나 정작 디프테리아 백신을 제조한 오사카닛세키(日赤)의약학연구소에 대해서는 여전히 밝혀지지 않은 것들이 많다.

1. 오사카닛세키의약학연구소

오사카닛세키의약학연구소는 1946년 9월에 설립된다. 소장인 아키야마 세이이치(秋山静一)와 제조 주임인 구도 다다오(工藤忠雄)가 핵심 인물로 추정된다. 연구소 설립에 관해 아직 불투명한 부분이 많다. '교토 디프테리아 예방접종 사건' 재판에서 증거로 제출된 자료 중 당시의 연구소 내부 상황을 알 수 있는 사진이 있다. 사진 속에는 낡은 목조 건물로 된 마치 학교 과학실과 같은 제조현장이 보이는데, 이 건물은 원래 육군보병 제8연대 병영이었다. 육군보병 제8연대 병영 자리에 오사카닛세키의약학연구소가 세워진 것은 우연이라고 보기 어렵다. 과연 이 둘을 연결시킨 것은 무엇이었을까. 제조 주임이던 구도 다다오의 경력을 먼저 살펴보자.

구도 다다오(工藤忠雄) 1911년 9월 5일생 | 오사카시 아베노구 기타타나베초 350(阿倍野区北田辺町350)	
1934년	도쿄수의학교 졸업
1934년	시가현립종축장(滋賀県立種畜場) 근무
1935년 1월	도쿄에서 수의사로서 개업

4. '교토 디프테리아 예방접종 사건'은 1948년 11월 교토시 및 시마네현 동부에서 실시된 디프테리아 예방접종으로 인해 84명의 유아가 사망하고 1,000명 규모의 피해가 발생한 예방접종사상 세계 최대의 희생자를 낳은 사건이다. 필자가 본문에서도 다루지만 백신 사업 총괄 주체라 할 후생성, 백신 제조업체인 오사카닛세키(日赤)의약학연구소, 관리감독관기관인 교토부 위생부 등 사건과 관련된 기관에 731부대 관계자들이 있었고 이들끼리의 짬짜미가 사건 발생에 영향을 준 것으로 추정된다. (栗原敦, 『1948 年京都 · 島根 ジフテリア予防接種禍事件 (その 1) 』 참조)

1939년 9월	만주 제25201부대(731부대)에 육군 기수(技手)로 입대
	각종 예방액 제조 연구에 종사
	종군기장(従軍記章) 및 기술유공장(技術有功章) 수상
1946년 9월	오사카닛세키의약학연구소 입소

모리 세이이치가 쓴 『속 · 악마의 포식』에도 구도 다다오에 대한 언급이 나온다.

『일본병리학회지』 제34권(1944)에는 「삼림진드기 뇌염」 실험 논문이 실렸다. 필자 이름이 적혔는데 기타노 마사지(北野政次), 기쿠치 히토시(菊池斎), 가사하라 시로(笠原四郎), 사쿠야마 겐지(作山元治), 가나자와 겐이치(金澤謙一), 네즈 나오미쓰(根津尚光), 요시무라 수미오(吉村済夫), 구도 다다오 등이었다. 모두 731부대에 속한 의학자였다.

위에 언급된 구도 다다오와 공동연구를 했던 사람들의 약력도 살펴보자. 기타노 마사지는 1920년 도쿄제국대학 의학부를 졸업하고 1932년 육군군의학교 교관이 된 후 1936년 만주의과대학 교수가 된 인물이다. 그 후 731부대장인 이시이 시로가 일시적으로 해임되었을 때 731부대장을 맡았다.(1942년 8월 13일-1945년 3월) 1945년 8월 상하이병원 총대장이었던 기타노는 1946년에 귀국해 백신회사를 차렸으나 얼마 안 가 도산했다. 장티푸스와 파라티푸스의 혼합백신을 만들었으나 불량품이 많아 제품화가 불가능했고 교토 디프테리아 예방접종 사고로 접종이 중단되는 등 악재가 겹쳤던 것으로 보인다. 그 후 오사와실험치료학연구소(大澤実験治療学研究所) 세균면역학부장을 맡은 기타노는 1949년 나카무라타키제약주식회사(中村滝製薬株式会社) 공중위생연구소 고문 겸 제조부장이 되었으며, 1955년 4월 나카무라타키제약주식회사를 퇴직한 후 1956년 3월 나이토 료이치(内藤良一)가 만든 일본 녹십자의 전신인 일본혈액은행 도쿄지점(도쿄플랜트) 소장으로 부임했다. 이후 일본 녹십자 이사직까지 역임했으며, 일본학술회의 남극특별위원과 문부성백일해연구회원으로도 활동했다.

기쿠치 히토시는 731부대 제1부장으로서 세균연구를 했던 육군 군의 소장이다. 가사하라 시로는 결핵연구소에서 근무하다 731부대에 들어간 인물이다. 제1부에 자기 이름을 딴 가사하라반을 꾸리고 바이러스를 연구했다. 전쟁이 끝난 후 기타사토연구소 부소장을 역임했다. 가나자와 겐이치는 다롄위생연구소 소속이었다. 이 연구소는 후에 731부대에 흡수된다. 전쟁이 끝난 후 가나자와는 다케다약품(武田薬品) 병리연구부장을 맡았다. 네즈 나오미쓰도 731부대에서 활동한 인물인데, 전후 기타노 마사지가 근무했던 나카무라타키제약주식회사 공중위생연구소로 자리를 옮겼다. 연구소가 폐쇄된 후에는 도쿄도립위생연구소에서 활동했다. 사쿠야마 겐지는 게이오대학 의학부를 졸업한 후 1939년 731부대 제1부 가사하라반 소속으로 입대했다. 당시 군의 소좌였던 사쿠야마는 이후 군의 중좌로 승진하며 오사카 중부군 관구 방역부로 자리를 옮겼다. 끝부분에서 거론하겠지만 오사카에서 근무했던 이 사쿠야마가 오사카닛세키의약학연구소 설립에 깊이 관여한 것으로 추정된다.

또한 「오사카 731부대전」 팜플렛에는 「유행성출혈열의 병원체 결정」[7]이라는 논문이 실렸는데, 이 논문의 작성자로 구도 다다오와 함께 가사하라 시로, 기타노 마사지, 기쿠치 히토시, 사쿠야마 겐지, 가나자와 겐이치, 네즈 나오미쓰, 요시무라 수미오의 이름이 적혀 있다.

오사카닛세키의약학연구소 제조 주임이었던 구도 다다오에 대해 조금 더 살펴보면, 그는 고등수의학교를 졸업한 후 731부대에서 육군 기수(技手)가 된 인물이다. 처음에는 기수라고 해서 지위가 낮은 사람인 줄 알았으나 기타노 마사지와 함께 논문을 발표할 만한 위치였음이 밝혀졌다. 물론 고등수의학교를 졸업한 기수가 도쿄제국대학교나 교토제국대학 출신 의학자들과 함께 논문을 발표하는 것은 흔치 않은 일이었다. 그만큼 그는 이를 매우 명예스럽게 생각했을 것이고, 전쟁이 끝난 후에도 이러한 경력을 잘 활용했을 것이다. 실제 구도 다다오와 뒤에 언급할 기호인 아키오(貴宝院秋雄) 등이 오사카닛세키의약학연구소에 731부대의 디프테리아균주와 백신 제조기술을 들여온 것으로 추정된다. 참고로 교토와 시마네에서 사용된 디프테리아 백신은 기타사토연구소의 베이징계열 균주였다.

이제, 구도 다다오와 함께 오사카닛세키의약학연구소의 핵심 인물이었던 소장 아키야마 세이이치의 경력을 살펴본다.

아키야마 세이이치(秋山静一)

1902년 9월 4일생
주소 오사카부 미시마군 돈다초(三島郡富田町)
본적 시즈오카현 요시와라시 혼초 122(静岡県吉原市本町122)
경력 게이오대학 의학부 졸업
시미즈시립전염병원장, 오사카적십자병원의장
1946년 9월 오사카닛세키의약학연구소 설립, 오사카적십자병원의장 겸무 그의 경력을 보면 '일본적십자', '오사카적십자병원', '오사카닛세키의약학연구소'의 연관성이 어렴풋이 보인다. 필자는 이러한 연관성의 기원을 추적해 보았다. 기원을 찾다가 1945년 9월 14일자 「아사히신문」 기사 「도조(東条) 내각 후생대신 고이즈미 지카히코(小泉親彦)의 할복자살」이라는 글이 눈에 들어왔다. 이 기사 바로 옆에는 고이즈미 지카히코와 일본적십자의 관계를 설명한 기사도 있었다. 참고로 고이즈미 지카히코의 경력은 다음과 같다.

고이즈미 지카히코(小泉親彦)

1902년 9월 4일생. 후쿠이현(福井県) 출신.
도쿄제국대학 의학부 졸업
1914년 육군군의학교 교관
1932년 근위사단(近衛師団) 군의부장
1933년 육군군의학교 교장
1934년 군의총감 겸 육군성 의무국장. BCG예방접종 실시. 후생성 설치에 주력
1937년 육군 군의 중장
1941년 제3차 고노에 후미마로(近衛文麿) 내각 후생대신
1941년 도조 히데키(東条英機) 내각 후생대신. 일본적십자사 이사
1945년 연합군의 취조를 거부, 할복자살

『육군군의학교50년사』[8]에는 "근위사단 군의부장이던 고이즈미의 지원으로, 인접한 근위기병연대 부지 5천여 평을 군의학교 부지로 양도받아, 방역연구실 신설에 착수"했다는 기록이 있다. 이에 대해 오타 마사카쓰(太田昌克)는 자신의 책 『731면책의 계보』[9]에서 "여기서 말하는 고이즈미 군의부장이란 후에 육군성 의무국장과 도조 내각 후생대신에 오르는 고이즈미 지카히코 총감을 말한다. 종전 직후 자결한 고이즈미는 이시이 시로의 강력한 지원자이자 세균무기 신봉자였다"고 언급했다.

또한 쓰네이시 게이이치는 『사라진 세균전부대』[10]에서 고이즈미가 후생성과 국민건강보건법을 만든 경위에 대해 자세히 다루었다.[5] 즉, 731부대의 중추기관인 육군군의

5. 원래 일본에는 후생성에 해당되는 중앙관청도 각 지역의 보건소에 해당되는 기관도 존재하지 않았다. 중앙에 내무성 위생국 그리고 지방에 각 광역자치단체 경찰부 위생과가 있을 뿐이었다. 그런데 1920년대 후반 징병검사 성적이 눈에 띄게 떨어지자 고이즈미 지카히코가 개혁을 요구하고 나섰다. 고이즈미는 우선 '국군의 인적 증강과 국가산업 예비군 확보, 종합적 국방계획의 기반'을 정비하기 위해서는 국민의 건강 증진이 필수라며 보건성(당시 가칭) 신설을 주장했다. 끈질긴 요구 끝에 제1차 고노에 후미마로(近衛文麿) 내각 시절인 1938년 1월 11일 후생성이 탄생했고, 이어 일본 전역에 보건소가 설치되었다. 고이즈미는 여기에 만족하지 않고 농촌 청년들의 체력 저하를 근거로 국민건강보험법 입법을 요구했다. 결국 1938년 4월 1일 국민건강보험법이 공포되었다. 더불어 같은 날 국가총동원법도 공포되었다. 이러한 개혁을 주도한 고이즈미는 1941년 제3차 고노에 내각이 출범하였을 때 후생대신에 취임했다. 이후 1944년 7월 도조 내각이 붕괴될 때까지 후생대신을 맡았으나 패전후 연합군이 자신을 취조하려 하자 이를 거부하고 할복자살했다. (常石敬一, 『消えた細菌戦部隊—関東軍第731部隊』, 海鳴社, 1981, pp. 41-43 참조)

학교 방역연구실이 만들어지는 데 결정적인 역할을 했고 일본군의 전쟁 준비를 위해 각종 보건의료 자원을 조정했던 고이즈미가 전쟁이 끝날 무렵 일본적십자에 관여한 것은 시사하는 바가 크다. 아래에 제시할 사례는 이러한 연관성이 단순한 우연이 아니었음을 보여준다.

'도시바'(東芝, TOSHIBA)는 전기기기 제조 회사로 알려졌지만 전쟁 중 그리고 전쟁 후 상당 기간 백신과 전자현미경을 만들었다. 회사 이름은 '도시바생물이화학연구소'(東芝生物理化学研究所)였다. 이 회사의 니가타지소(新潟支所)는 원래 1944년 4월 개설된 육군군의학교 니가타출장소였다.[6] 육군군의학교 니가타출장소에서는 페스트와 콜레라, 티푸스 혈청 제조와 세균 배양, 폭탄 제조가 이루어졌다. 『니가타시사』(新潟市史)[11]를 봐도 "1945년 4월부터 다이고촌(大郷村) 시나노강(信濃川) 가운데에 있는 모래톱에다 페스트균 배양 시설을 짓기 시작했으나 5월에 중단되었다"고 쓰여 있다.

전쟁이 끝나며 이 육군군의학교 니가타출장소의 모든 것이 도시바생물이화학연구소 니가타지소로 이어졌다. 즉, 도시바생물이화학연구소 니가타지소는 종전과 동시에 육군군의학교 니가타출장소의 토지와 건물, 연구실험시설을 그대로 받아 사용했다. 뿐만 아니라 육군군의학교 교관 나이토 료이치(内藤良一)가 그대로 도시바생물이화학연구소 니가타지소 지소장이 되었으며, 육군군의학교 소속 대원 약 600명 가운데 180명이 전쟁 후에도 계속 남아 작업을 했다. 기사장(技師長) 자리에는 나이토 료이치의 오른팔이라고 불리던 가네코 준이치(金子順一) 군의 소좌가 앉았다. 도쿄의 육군군의학교 방역연구실에 근무하던 가네코는 나이토와 풍선폭탄에 대해 의논하기 위해 니가타출장소에 자주 왔다고 한다. 전쟁이 끝난 후 가네코는 '예방접종리서치센터'의 핵심 인물로 활동했다.

다시 말해 당시 육군군의학교 방역연구실의 중추를 이뤘던 건물과 인물이 전쟁이 끝남과 동시에 그대로 옮겨져 도시바생물이화학연구소가 된 것이다. 이것을 유착이라는 말로 정리하기에는 너무 부족한 것 같다.

한편, 도시바는 이시이 시로와도 직접 연관이 있다. 바이러스와 세균을 분리하기 위해선 전자현미경이 필요했는데, 당시 731부대는 전자현미경을 갖추지 못했다. 대신 세균여과기에 의존하여 세균과 바이러스를 구별했다. 세균여과기는 규조토(珪藻土)라 불

---

6. 도쿄에 있는 육군군의학교는 1944년 공습을 대비해 산하 기관 시설을 지방으로 옮기는데 이 중 방역연구실 시설을 옮긴 것이 바로 니가타출장소다. (軍医学校跡地で発見された人骨問題を究明する会, 『人骨ニュース』 168号 참고)

리는 흙의 소결(燒結)온도에 따라 바이러스만 여과하는 기계다.[12] 그런데 당시 독일 지멘스사(Siemens)는 이미 전자현미경 개발을 끝낸 상태였다. 이시이는 이 지멘스사의 전자현미경을 구하려고 안간힘을 썼지만 소련과 독일이 교전 중이었으므로 쉽지 않았다. 이시이는 방향을 바꿔 도시바에 전자현미경 시제품 제작을 의뢰했다. 도시바는 이시이에게 1945년 5월 완성 예정이라는 통보까지 했으나 결국 납품하지는 못했다. 아울러 전쟁이 끝난 후 육군군의학교 방역연구실이 도시바로 이관된 데는 육군군의학교 방역연구실 촉탁이었던 도쿄대학 교수인 미야가와 요네지(宮川米次)가 도시바의 고문을 맡고 있던 것도 영향을 주었을 것이다.

이 이외에 오사카닛세키의약학연구소가 이어받은 육군보병 제8연대 병영 안에 균주배양기(菌株培養基)가 있는 디프테리아 혈청 제조 연구실이 있었을 가능성도 있다.

2. 일본혈액은행 설립과 731부대

1948년도에 일어난 '교토 디프테리아 예방접종 사건'의 핵심은 731부대와 백신 업체 사이의 관계를 규명하는 것이다. 이를 위해, 시기적으로는 1948년 사건 이후 만들어졌지만 사건의 연장선상에 있고 비교적 밝혀진 것이 많은 '일본혈액은행'에 대해 좀 더 살펴보자.

'일본혈액은행'은 오사카시 조토구(大阪市城東区)에서 탄생했다. 설립 과정은 다음과 같다.

1950년 5월 18일 오사카시 히가시쿠(東区 지금의 중앙구)에 위치한 한 요정에서 발기인총회가 열렸다. 참가자는 11명으로 이름과 직업은 아래와 같다.

오카노 기요히데(岡野清豪) 국무대신, 전직 산와은행(三和銀行) 은행장
하시모토 쇼고(橋本章吾) 다이고영양화학(大五栄養化学) 이사
니혼스기 긴이치(二本杉欣一) 오사카부의사회 이사
와타나베 다다오(渡辺忠雄) 산와은행 은행장
오카자키 쥬(岡崎忠) 고베은행 은행장
고바야시 요시오(小林芳夫) 고베은행 부은행장

고쿠분 세이지로(国分政次郎) 산와은행 상무이사
마에다 마쓰나에(前田松苗) 일본적십자 평의원
나이토 료이치(内藤良一) 의사, 전직 육군군의학교 교관
후타키 히데오(二木秀雄) 의사, 정계지프사(政界ジープ社, 정치잡지) 사장
미야모토 고이치(宮本光一) 일본특수공업 사장

자본금은 3,000만 엔이었으며 발행주식은 60만 주였다. 발기인이 4만 3천 주를 보유하고 나머지 55만 7천 주는 연고자들에게 팔았다. 산와은행과 고베은행, 일본흥업은행, 그리고 대형 전기철도회사 등이 지원했으며 국내 유수 대기업들이 주요 주주가 됐다. 이외 100명이 넘는 개인 주주들이 지원했는데 그중에는 731부대 관계자도 포함되었다. 이시카와 다치오마루(石川太刀雄丸)는 100주, 오타 스미(大田澄)는 300주, 노구치 게이이치(野口圭一)는 400주를 사들였다. 이시카와는 '가나자와대학 이시카와병리학교실 동문' 명의로 100주를 추가로 지원했다.

1950년 11월 20일에는 오사카상공회의소에서 일본혈액은행 설립총회를 열어 임원진을 정했다. 이사장 오카노 기요히데, 대표이사 나이토 료이치, 상무이사 고야마 에이지(小山栄二), 이사 후타키 히데오, 미야모토 고이치로 구성됐다.

이후 각 지역으로 확장하며 시설 책임자를 뽑았는데, 도쿄플랜트 소장에는 기타노 마사지. 나고야플랜트 소장에는 노구치 게이이치, 교토플랜트 소장에는 오타구로 이이치로(大田黒猪一郎)가 임명됐다. 이사회장부터 플랜트 소장에 이르는 이 핵심 간부 8명 가운데 오카노 기요히데와 미야모토 고이치를 제외한 나머지 6명은 모두 이시이 기관(육군군의학교 방역연구실과 각 지역 방역급수부)에서 근무했던 인물이었다. 그럼 일본혈액은행의 임원진과 주요 주주들의 약력에 대해 간단하게 살펴보자.

일본혈액은행 이사 중 한 명인 미야모토 고이치는 이시이 기관에서 직접 일하진 않았지만, 일본 정부로부터 독점권을 부여받아 '이시이식 여수기'를 생산했던 일본특수공업 사장이었다. 미야모토는 전쟁 당시 이 이시이식 여수기 덕에 막대한 수익을 올렸으며, 이시이가 고안한 우지식 폭탄(宇治式爆弾)이라 불리던 세균전용 도자기폭탄을 제조하기도 했다.

일본혈액은행 대표이사 나이토 료이치는 오사카부 이바라키시(大阪府茨木市) 출신 의사로, 전쟁 기간 동안 731부대와 육군군의학교의 핵심 인물이었으며, 전쟁 직후엔

앞서 언급한 '도시바생물이화학연구소' 니가타지소장을 맡았다. 이후 이바라키시에서 자신의 이름을 내건 나이토의원을 개원했는데, 미국이 731부대를 조사할 때 통역을 담당하는 등 의사로서의 본업 이외에도 다양한 일에 관여했다. 그리고 1950년 한국전쟁이 발발하자 육군군의학교에서 연구했던 건조인간혈장 기술을 토대로 일본혈액은행 설립을 주도했다.

일본혈액은행 상무이사 고야마 에이지는 도쿄제국대학 농학부를 졸업한 후 "양말본청(糧秣本廳)이라는 군사기관에서 일했는데, 시설 관할 지역인 다네가시마(種子島)에서 깜부기균(黒穗菌)을 연구했다. 깜부기균은 곡물을 말려 죽이기 때문에 적군 식량에 타격을 주기 위한 비밀무기였으며 나이토 료이치가 공들여 개발한 풍선폭탄에 넣을 계획도 있었다."[9] 또한 고야마는 전쟁 당시 회계 및 급여 등을 관리하는 주계대위(主計大尉)이기도 했다. 이러한 배경이 있었기에 나이토 료이치가 고야마를 일본혈액은행 상무이사에 앉힌 것으로 추정된다.

일본혈액은행 나고야플랜트 소장 노구치 게이이치는 교토제국대학 의학부를 졸업했다. 노구치는 교토제국대학 의학부 교수였던 기무라 렌의 권유로 731부대에 갔다. 그는 731부대에서 자신의 이름을 딴 제4부 노구치반 반장으로, 페스트균, 비탈저균(脾脫疽菌)의 동결건조 및 백신 연구 제조의 핵심 인물이었다. 노구치는 전쟁이 끝난 후 나고야에서 개업의로서 활동하던 중 나이토 료이치의 제안을 받고 나고야플랜트 소장으로 부임했다. 그는 당시 나이토에게서 1953년 한국전쟁 휴전으로 전쟁터에 납품하던 건조혈장이 남아도니 "혈액(건조혈장)을 팔아달라"고 부탁받았다 한다. 하지만 이름만 빌려주고 실무에는 관여하지 않았다. 노구치는 731부대 핵심 인물로 증언 기회가 있었으나, 전쟁 후 모교인 교토대학으로 돌아가 산부인과 임상의였던 것과 나고야에서 개업했던 것만 언급하고 731부대에 대해서는 한마디도 하지 않았다.

일본혈액은행 이사장 후타키 히데오는 가나자와의과대학을 졸업 후 731부대에 들어가 본인 이름을 딴 제1부 후타키반에서 주로 결핵 연구를 했다. 제4부 4과 과장도 겸임하며 투베르쿨린과 백신 제조, 성병에 관한 연구 검사에도 종사했다. 그는 "전쟁이 끝난 후 고향인 가나자와로 돌아가 잡지 『흥론』(興論)을 발행했다. 1946년에는 도쿄로 상경해 잡지 이름을 『정계지프』로 개명했다. 1953년 참의원 선거 지방구(地方区)에 출마했으나 낙선했다. 그 후 1953년부터 1956년에 걸쳐 노무라증권 및 은행 등 19개 회사로부터 6,435만 엔을 횡령한 혐의로 체포됐다. 이 사건으로 기소되어 1969년 대법원에서 징역 3년 형을 받았다."[13]

일본혈액은행 주요 주주 중 한 명인 이시카와 다치오마루는 교토대학 강사로 활동하다 1938년 3월 731부대에 들어간 인물이다. 그는 제1부 이시카와반(병리)을 이끌었으며 다롄위생연구소에서도 근무했다. 그는 1943년 7월 일본에 돌아와 가나자와의과대학(지금의 가나자와대학 의학부) 교수직을 맡았는데, 전쟁 중 만주에서 확보한 850 증례의 표본을 몰래 숨겨 귀국한 것으로 알려졌다. 참고로 이시카와 다치오마루의 아버지인 이시카와 히데쓰루마루(石川日出鶴丸)는 교토대학 명예교수였다.

역시 주요 주주 중 한 명인 오타 스미는 관동군방역급부가 만들어지기 시작하는 단계부터 참여했던 초기 멤버로 이른바 서열 2위에 있었던 인물이다. 731부대가 핑팡 지역에 터를 잡은 후 인체실험을 했다는 사실은 많은 문헌을 통해 알려졌는데, 그보다 앞선 1935년과 1936년에도 하얼빈 교외에서 두 차례 생체실험을 했다. 첫 번째 실험은 중국인 포로 10명을 대상으로 청산가리를 마시게 한 다음 사망시간을 측정하는 실험이었는데, 오타 스미는 이 실험의 실행지휘관을 맡았다. 두 번째 실험은 러시아인 포로 10명을 대상으로 같은 방법으로 이루어졌는데, 이때 실행지휘관은 북지나방역급수부의 니시무라 에이지(西村英二) 군의 대좌였다.

그 후 오타 스미는 731부대 제2부장과 제4부장, 사카에(栄) 1644부대장을 역임했다. 그가 이끌던 제2부에서는 실전연구를 한다며 탄저균을 이용한 인체실험도 진행했다. 1947년 미국 측 조사관이었던 노버트 펠(Norbert H. Fell)이 작성한 '펠리포트'에는 이 탄저균 실험에 관한 기록이 들어있다. 그는 전쟁이 끝난 후 고향인 야마구치현 하기시(山口県萩市)로 돌아가 개업했으나 두 명의 딸이 죽고 난 후 자살했다.[14]

나이토 료이치가 일본혈액은행 교토플랜트 소장에 앉힌 오타구로 이이치로에 대해선 좀 더 자세히 다룰 필요가 있다. 그는 전쟁 후 교토부 위생부 방역과에 입사하였다가 1955년에 퇴직한 것으로 알려졌다. 그가 교토부 위생부 방역과를 퇴직하고 일본혈액은행 교토플랜트 소장을 맡게 된 이유가 싱가포르방역급수부에서 함께 일한 나이토의 제안을 거부하지 못해서인지, 아니면 교토부 위생부 방역과 업무에 진력이 나서인지 자못 궁금하다.

사실 필자는 교토부 위생부가 작성한 『교토 디프테리아 예방접종 사건 기록』[15]을 보고 책 뒤 판권지에 표기된 "발행자 오타구로 이이치로, 발행소 교토부 위생부"라는 글자가 머리에서 떠나지 않았다. 원래 '발행자'는 마땅히 교토부 위생부 또는 당시 위생부 부장이던 쓰치야 다다요시(土屋忠良)여야 한다. 실제 편집한 것이 오타구로 이이치로였더라도 발행자가 아닌 편집자로 쓰는 게 맞다.

이에 대해 필자는 다음과 같이 추론해본다. 현재 필자를 포함해 많은 사람들은 이 자료의 발행 자체에 의문을 가진다. 백신 사업을 추진했던 후생성과 교토부, 검사기관인 오사카부, 백신을 제공했던 오사카닛세키의약학연구소 관계자 가운데 그 누구도 자신들이 저지른 잘못에 대한 기록을 후세에 남기고 싶지 않았을 것이다. 하지만 '교토 디프테리아 예방접종 사건'이 발생한 1948년은 GHQ 점령기였다. 즉, GHQ의 지령으로 작성되었을 가능성이 있다. 그럼에도 후세에 남길 기록은 반드시 나중에 누군가가 내용을 검증할 것을 염두에 두고 쓰기 마련이다. 아마 사건에 직접 연루된 당사자들은 모두 망설였을 것이다. 결론적으로 『교토 디프테리아 예방접종 사건 기록』이 작성되었을 당시 오타구로 이이치로는 교토부 직원이 아니었다는 것이 필자의 추측이다. 그럼 이쯤에서 오타구로의 경력을 살펴보자.

오타구로 이이치로(大田黒猪一郎)

남방군방역급수부(싱가포르방역급수부) 육군 군의 대위
연구논문 「탄저에 관한 연구 보충·제1보-제5보」(炭疽菌ニ関スル研究補遺·第一報～第五報) (『육군군의학교 방역연구보고』에 실림)

- 제1보 「탄저균의 점액성 변이주에 대하여」(炭疽菌ノ一粘液性変異株ニ就テ) (『육군군의학교 방역연구보고』 285호)
- 제2보 「균체 추출물을 이용한 탄저균감염방어시험에 대하여」(菌体抽出物ヲ以テスル炭疽菌感染防禦試験ニ就テ) (『육군군의학교 방역연구보고』 286호)
- 제3보 「탄저 아포의 저항에 관한 연구」(炭疽芽胞ノ抵抗ニ関する研究) (『육군군의학교 방역연구보고』 308호)
- 제4보 「탄저 아포의 저항에 관한 연구」(炭疽芽胞ノ抵抗ニ関する研究) (『육군군의학교 방역연구보고』 273호)
- 제5보 「탄저균과 유사 세균의 용혈작용 및 '케라티나아제'에 대하여」(炭疽菌並ニ同類似菌ノ溶血作用及「ゲラチナーゼ」ニ就テ) (『육군군의학교 방역연구보고』 307호)
- 「규조토 주체 경질 제균 여과기의 성질 및 그 원료조합 및 소성온도와의 관계에 관한 연구」(珪藻土主体硬質除菌濾過機ノ性質, 其ノ原料調合及焼成温度トノ関係ニ関スル研究)

의학박사. 교토부 위생부 방역계장(係長)
1950년 교토부 의무과 과장. 교토부 환경위생과장
1957년 일본혈액은행 교토플랜트 소장. 일본 녹십자(ミドリ十字) 상무이사
1964년 교토미생물연구소 이사

이것이 필자가 파악한 오타구로의 주요 경력과 연구실적이다. 그런데 후에 조사를 진행하면서 중요한 경력이 빠져 있음을 알았다. 그것은 바로 『교토 디프테리아 예방접종 사건 기록』 안에 적혀 있었는데, 그의 직위는 '후생기관'(厚生技官 후생성의 기술직 공무원)이었다. 즉, 오타구로는 후생성에서 예방접종을 추진하기 위해 교토로 파견되었

던 것이다.

오타구로의 행적을 좀 더 따라가 보자. 남방군방역급수부(만주 제9402부대)는 1942년 3월 26일에 설치되었다. 일본 육군은 싱가포르를 점령하고 영국이 운영하던 '킹 에드워드 7세 의과대학'을 접수, 세균전을 대비해 남방군방역급수부를 설치했다. 당시 기타가와 마사타카(北川正隆) 군의 대좌가 부대장을 맡고 있었으나 1943년 5월 21일에 일어난 비행기 사고로 사망했다. 그 후임으로 하야마 요시키(羽山良樹)가 취임하는데 이때 총무부장이었던 사람이 바로 나이토 료이치였다. 즉, 나이토 료이치는 이때 남방군방역급수부에서 근무하던 오타구로 이이치로와 기호인 아키오를 만난다.

기호인 아키오(貴宝院秋雄)

1934년 교토부립의과대학 졸업. 교토부립의과대학 강사.
종전 후 육군군의학교 방역연구실 촉탁
연구논문 「초음파 콜레라 예방접종액 인체접종 후 각종 증상 및 혈청학적 반응에 대하여」(超音波コレラ予防接種液ノ人体接種後に於ケル各種症状及ビ血清学的反応ニ就テ) 『육군군의학교 방역연구보고』[7]
1939년 1월 육군 기사(技師), 731부대
1942년 2월 싱가폴방역급수부(남방군방역급수부)
1944년 10월 귀국
1945년 야마나시(山梨)의학전문학교 교수. 요코하마위생연구소
1945년 교토미생물연구소 소장
1964년 교토미생물연구소 이사

기호인 아키오는 731부대 제1부에서 천연두를 담당했던 인물이다. 그가 소장으로 있던 교토미생물연구소(교토부 공인 전염병연구소)는 전쟁이 끝난 후 백신 제조와 혈청 검사를 주요 업무로 삼았다. 1948년 '교토 디프테리아 예방접종 사건'이 일어난 당시 교토미생물연구소는 디프테리아 백신을 만들고 있었다.[16]

이밖에 기호인 아키오의 친구이자 육군군의학교 방역연구실에서 교토부 위생부로 온 또 한 명의 인물이 있다. 1950년 당시 교토부 위생부 위생통계과장이었던 가쓰야 슌이치(勝矢俊一)다. 가쓰야 슌이치는 교토제국대학 의학부 출신의 세균학자로, 1934년 학위 부정 수여 사건에 연루되면서 나가사키의과대학을 사직한 바 있다. 이후 이시이 시로가 육군군의학교 방역연구실에 자리를 마련해주어 기사로서 이시이식 여과

7. 초음파 예방접종액은 세균부유액에 초음파를 작용시켜 얻은 항원을 말한다. (『陸軍軍医学校防疫研究報告 第 2部』 第36号, 1939, pp. 1-16 참조)

기 개발에 관여했다. 쓰네이시 게이이치(常石敬一)가 쓴 『의학자들의 조직범죄』를 보면 "기호인은 방역연구실에서 의외의 인물과 만나게 된다. 그는 그곳에 '가쓰야 슌이치 씨가 있어서 깜짝 놀랐다'고 이야기했다"는 대목이 나온다.[17] 즉, 가쓰야와 기호인은 오래전부터 알고 지내던 사이로 추정된다. 한편, 기호인은 이시이 기관과의 관계에 대해 다음과 같이 증언한 바 있다.

> 저는 1934년 교토부립의대를 졸업하고 세균학 연구를 계속하고 있었습니다. 그러던 중 이시이 시로가 교토에 와서 도쿄의 육군군의학교에서 일해 달라는 제의를 했습니다. 이시이는 오카모토 고조(岡本耕造)도 이미 설득한 상태였습니다. 이래저래 사람을 모으긴 했는데 바이러스 전문가가 없었습니다. 이시이와 함께 동행한 사람들 중엔 제 선배도 있었는데 저에게도 육군 중위에 해당하는 월급과 지위를 보장하겠다 해서 결국 육군군의학교 방역연구소 촉탁으로 들어갔습니다. 1939년 1월에 육군기사로 임관했습니다. 그리고 곧 하얼빈으로 부임해 관동군방역급수부로 배속받았습니다. 1942년 2월에는 함락 직후의 싱가포르에 들어가 남방군방역급수부 설치를 준비했습니다. 1944년 10월 일본으로 귀국하여 문부성으로 이관된 후 야마나시의학전문학교 세균학 교수에 임명됐습니다.[16]

1944년 무렵부터 일본의 전쟁국면은 악화일로에 접어들었다. 패전을 면해보려고 마지막 준비한 궁여지책이 바로 이시이가 주도한 세균전이었다. 특히 이시이가 주목한 것은 페스트 벼룩 폭탄과 탄저균 폭탄이었다. 이시이는 일반 폭탄을 사용하면 폭발할 때 발생하는 고온으로 벼룩이 다 죽기 때문에 도자기를 이용한 폭탄을 고안했다.[18] 그런데 이 우지식 도자기에도 약점이 하나 있었다. 도자기 재질상 운반할 때 깨지기 쉽다는 점이었다. 그래서 고안해낸 것이 고온에 강한 유산탄(榴散弾)이었다. 유산탄은 원래 구식무기인데 "탄환 안에 탄저균을 묻힌 납으로 된 탄알을 넣어 파열 시 부상 부위로 균이 들어가게" 변용했다. 우지식 폭탄과 유산탄 모두 인체실험을 마친 상태였다.[19]

그런데, 오타구로 이이치로는 『육군군의학교 방역연구보고』에 「탄저에 관한 연구 보충」(炭疽ニ関スル研究補遺)이라는 시리즈 논문을 게재한 바 있다. 한편, 731부대의 자매부대인 중지나방역급수부 산하 연구회에서 1940년 4월 24일 발행한 기사에는 "제1과의 무라카미 요시오(村上仁男)와 무라타 료스케(村田良介), 야마나카 모토키(山中太木), 사토 다이유(佐藤大雄), 무라카미 준(村上醇)은 탄저균 연구를 했다"는 언급이 나온

다.[20] 하지만 오타구로와 비슷한 시기 탄저균에 대해 연구했던 이들과의 관계에 대해서는 아직 밝혀지지 않았다. 그러나 이 중 한 사람이었던 무라카미 료스케가 1948년 디프테리아 예방접종 사건이 일어났을 당시 백신검정 검사관으로 독성검사 등의 업무에 종사했음은 기억할 필요가 있다.

물론 오타구로 이이치로의 이름이 731부대 자료에는 등장하지 않는다. 하지만 지금까지 언급한 내용을 봐도 알 수 있듯이 731부대와 상당한 연관을 가졌으며 여러모로 중요한 인물이었음을 알 수 있다. 이런 오타구로가 『교토 디프테리아 예방접종 사건 기록』에 기술된 대로 후생성에 들어갔다고 가정하면, 이는 후생성과 육군군의학교 방역연구실과의 강력한 연관성을 보여주는 하나의 증거라 하겠다. 오타구로 이외에도 이러한 사례는 적지 않았을 것이다. 실제 오타구로 이외에 밝혀진 사람으로 앞서 언급한 교토부 위생부 위생통계과장이던 가쓰야 슌이치, 오사카부 위생부 및 오사카시립대학 의학부 교수로서 활동했던 다나카 히데오(田中英雄), 미야기현 위생부의 마쓰이 시게루(松井蔚), 후생성 약무국 심사과 및 홋카이도청 위생부장, 홋카이도 부지사를 역임했던 나가토모 나미오(長友浪男) 등을 들 수 있다.

후생성에서 교토부 위생부로 파견된 오타구로는 초반부터 큰 시련을 겪게 된다. 오타구로도 본인 의사와 무관하게 이 일을 맡게 된 것은 아닌가 싶다.[8] 나이토 료이치로부터 일본혈액은행 교토플랜트 소장 자리를 제안받았을 때 그야말로 절호의 기회라고 생각했을 것이다.

당시 일본에는 41개사의 백신 관련 업체가 있었다. '교토 디프테리아 예방접종 사건' 재판기록에 따르면 오사카에만도 18개나 되는 회사가 있었다. 다음은 그 백신 회사 일람이다.

회사명	사장명	주소
아리마연구소(有馬研究所)	아오야마 게이지(青山敬二)	오사카시 후쿠시마구 에비에1-57(大阪市福島区海老江1-57)
이시가미연구소(石神研究所)	이시가미 히토시(石神等)	오사카부 센보쿠군 다카이시초 하고로모 585(大阪府泉北郡高石町羽衣585)

8. 필자는 오타구로가 '교토 디프테리아 예방접종 사건' 뒤처리를 맡은 것이 사건을 적당히 마무리하려는 상층부의 작업이었다고 보는 것 같다. 일각에서는 이 사건이 731부대 관계자와 후생성은 물론 GHQ까지 연루된 것으로 본다. (軍医学校跡地で発見された人骨問題を究明する会, 『人骨ニュース』 1 3 1号 참고) 즉, 필자는 오타구로가 이 사건에 직접 책임은 없으나, 731부대 관계자들과 인맥이 있고 후생성에서 백신 사업을 추진하면서 오사카닛세키의약학연구소의 백신 수주에 간접적으로 도움을 주었으니, 사건을 '제대로' 정리할 수 없으리라 보고 상층부가 그를 활용했다고 추측하는 듯하다.

오사카혈청약원 (大阪血清薬院)	사타 아이히코(佐多愛彦)	오사카시 후쿠시마구 후쿠시마 2-24 (大阪市福島区福島2 - 24)
오사카세균연구소	요시즈 와타루(吉津度)	오사카시 후쿠시마구 후쿠시마 1(大阪市福島区福島 1)
(주) 구로다제약 (黒田製薬(株))	구로다 주헤이(黒田重平)	오사카시 히가시구 이마바시 2-11(大阪市東区今橋2 - 11)
(주) 대일본제약 (大日本製薬(株))	다키노 이사무(瀧野勇)	오사카시 히가시구 도쇼마치 3-25(大阪市東区道修町3 - 25)
도리카타면역연구소 (鳥潟免疫研究所)	도리카타 다카나리 (鳥潟高成)	오사카시 아베노구 아베노수지 2(大阪市阿倍野区阿倍野筋 2)
(주) 다케다약품공업 (武田薬品工業(株))	다케다 조베에 (武田長兵衛)	오사카시 히가시구 도쇼마치 2-27(大阪市東区道修町2 - 27)
(주) 후지사와약품공업 (藤沢薬品工業(株))	후지사와 도모키치 (藤沢友吉)	오사카시 히가시구 도쇼마치 2-1(大阪市東区道修町2 - 1)
메구로연구소(目黒研究所)	메구로 야스오(目黒康雄)	이케다시(池田市)
(주) 메이지유업 (明治乳業(株))	미야자키 미치히토 (宮崎道人)	오사카시 니시요도가와구 가시마초 642 (大阪市西淀川区加島町642)
대일본비타민 (大日本ビタミン)	다키자와 닷페이 (瀧沢達平)	스이타시 가타야마초 1-486(吹田市片山1 - 486)
다케치페니실린연구소 (武智ペニシリン研究所)	다케치 요시로(武智芳郎)	오사카시 아사히구 신모리쇼지 1-486 (大阪市旭区新森小路1 - 486)
결핵백신제조소 (結核ワクチン製造所)	이마무라 아라오 (今村荒雄)	오사카시 후쿠시마구 도지마도리 3(大阪市福島区堂島通3)
(주) 이시즈제약 (石津製薬(株))	이시즈 사쿠지로 (石津作次郎)	오사카시 도조구 쓰루미마치 615(大阪市城東区鶴見町615)
오사카대학미생물연구소	다니구치 덴지(谷口腆二)	오사카시 기타구 도지마 니시마치 7(大阪市北区堂島西町7)
(주) 야마우치제약 (山内製薬(株))		
오사카닛세키의약학연구소 (大阪日赤医薬学研究所)		

지바현혈청제조소(千葉県血清製造所 1946년 개설)와 화학 및 혈청 요법연구소(化学及血清療法研究所 1945년 12월 개설), 재단법인 혈청학진흥회((財)血清学振興会 1948년 3월 개설), 기타사토연구소(北里研究所 1914년 11월 개설), 우지화학(宇治化学 1950년 폐쇄), 규코약품주식회사(九鉱薬品株式会社 1947년 1월 개설), 일본제약(日本製薬 1921년 개설), 야마노우치제약(山之内製薬)에 대해서는 현재 조사 중이다.

이 중 731부대와 관련 있는 것으로 알려진 업체는 오사카대학미생물연구소와 다케다약품공업, 메구로연구소, 오사카닛세키의약학연구소다.

오사카대학미생물연구소는 1934년 6월 6일 다니구치 덴지에 의해 개설되었다. 다니구치는 동인회(同人会) 화중지부(華中支部)에 있던 인물이다. 또한 오사카대학미생물연구소에는 남방방역급수부에서 활동했던 후지노 쓰네사부로(藤野恒三郎)도 있었으며, 오사카대학미생물연구소 간논지(観音寺) 분소에는 만주의과대학 이와타 시게루(岩田茂)와 731부대의 와타나베 시게리(渡辺栄)가 있었다. 메구로연구소는 당시 두 개였는데 하나는 메구로 마사히코(目黒正彦)에 의해 창설되었다. 메구로 마사히코는 1942년부터 다렌위생연구소 총무부장과 제조부장을 역임한 약제 소좌(薬剤少佐)다. 다음은 메구로가 남긴 증언이다. 필자의 추측을 뒷받침하는 솔직하고 중요한 증언이기에 여기 소개한다.

제가 마지막으로 이시이를 본 것은 1945년 8월 10일 무렵 다렌에서였습니다. 부대 시설을 파괴하기 위한 폭파요원 4~5명만 남기고 모두 철수한 후였습니다. 이시이는 육군성에 제출하기 위해 건물 폭파 후의 현장 사진이 필요하다고 말했습니다. 이시이는 사진을 대량으로 찍어 현상한 후 도쿄로 떠났습니다.

전쟁이 끝난 후에도 전직 대원들에게 고액의 돈이 지불되었습니다. 200만 엔을 받은 사람도 있습니다. 1948년 또는 1949년 당시 이렇게 많은 돈이 지불되었다는 것은 참으로 믿기 힘든 일입니다. 아마 미군이 돈을 지불한 것으로 추정됩니다.

731부대 관계자는 거의 예외 없이 어느 정도의 돈을 받았습니다. 731부대는 가장 돈을 많이 버는 직업이었습니다. 특히 후생성 간부와 같은 상층부에서 활동했던 사람이나 백신 관계자는 모두 이시이부대와 관련 있었습니다. 관계자는 모두 굳게 입을 다물고 있지만 부대에서 행한 연구로 보수를 얻은 것입니다. 그들이야말로 지금의 일본의 기초를 닦은 것입니다.[21]

앞서 설명한 바와 같이 오사카닛세키의약학연구소는 1946년 9월에 설립되었다. 설립 당시엔 당연히 백신 제조 실적이 없었다. 그런데 이듬해인 1947년 후생성으로부터 50 lot(1000l)[9]의 생산 수주를 받게 된다. 50 lot는 5만 바이알에 해당한다. 1 바이알은 20명분이므로 이때 100만 명분의 백신을 주문 받은 셈이 된다. 즉, 연구소는 후생성으로부터 3개월 안에 백신 100만 명분을 생산해 달라는 주문을 받은 것이다.

그런데 실제로 생산할 수 있었던 것은 41 lot에 불과했다. 게다가 절반인 19 lot는 검정 불합격으로 불량품 판정을 받았다. 야마다와 이토가 검사한 바에 따르면 제품번호 lot 1-22 가운데 검사에 합격한 것은 6 lot에 불과했으며 검사를 통과한 6 lot조차 그 절반이 독성이 남아 있었다고 한다. 얼마나 검사가 부실하게 이루어졌는지 짐작해 볼 수 있는 대목이다.

후생성이 이처럼 어떤 실적도 없고 제품을 본격적으로 생산한 적도 없는 오사카닛세

9. lot라 함은 동일한 조건에서 제조되고 균일한 특성 및 품질을 갖는 완제품, 구성부품 및 원자재 단위를 말한다.

키의약학연구소에 생산을 맡긴 이유는 과연 무엇일까? 그 답은 바로 재판기록에 있다.

재판기록을 살펴보면, '교토 디프테리아 예방접종 사건'에서 표면적으로 그다지 거론되지 않았던 사쿠야마 겐지가 뒷배경에 존재했음을 알 수 있다.[10]

사쿠야마는 전쟁 중 731부대에서 오사카사단 방역부로 자리를 옮기는데, 이 오사카사단 방역부가 바로 육군보병 제8연대 건물을 사용했던 것으로 추정된다. 그리고 전쟁이 끝난 후 그는 자신이 머물던 이 육군보병 제8연대 건물을 오사카닛세키의약학연구소로 사용하기 위해 후생성에 설립 허가 신청을 낸다. 총 5권으로 된 '교토 디프테리아 예방접종 사고' 관련 『형사참고확정기록』을 보면 증언자명까지는 나와 있지 않지만 "사쿠야마 씨라면 후생성도 순순히 제조 허가를 내줬을 것"이라는 증언을 확인할 수 있다.

사쿠야마는 원래 발진티푸스 백신을 제조했다. 그런데 디프테리아 백신 제조가 필요해지자 과거 731부대 부하였던 구도 다다오를 호출했다. 사쿠야마 겐지와 아키야마 세이이치는 서로 잘 아는 사이였다. 오사카닛세키의약학연구소 소장을 맡은 아키야마는 다하타 마사수미(田端正純)를 불러 구도와 함께 디프테리아 백신 연구 및 제조에 종사하게 했다. 구도는 후에 다하타의 학위논문 연구 조수를 맡은 적이 있다고 증언했다. 오사카닛세키의약학연구소에는 이외에도 자재를 담당하던 가타다 슌(堅田竣)과 마쓰모토 다다오(松本忠夫) 기수, 세키네 히코키치(関根彦吉) 조수, 하야시 데이조(林禎三) 조수를 비롯해 잡역부 38명이 있었다.

재판기록 증언에 있는 마쓰모토 다다오와 세키네 히코키치, 하야시 데이조의 당시 직함은 오사카적십자병원 고원(雇員 고용인)이다.

마쓰무라 다다오(松村忠夫)

1896년 9월 3일생
주소 오사카시 아베노구 아베노스지 3-73(大阪市阿倍野区阿倍野筋3-73)
본적 고베시 스미구 기누가케초 5-56(神戸市須磨区衣掛町5-56)
경력 1932년 다이코운수(大興運輸) 근무. 1934년 중부23부대

10. 앞에서 언급된 사쿠야마 겐지에 대한 내용을 다시 모아보면, 그는 게이오대학 의학부를 졸업한 후 1939년 731부대 제1부 가사하라반 소속으로 입대한 인물이다. 기타노 마사지(제2대 731부대장), 기쿠치 히토시(731부대 제1부장), 가사하라 시로(731부대 제1부 가사하라반 반장), 구도 다다오(731부대 기수, 오사카닛세키의약학연구소 제조 주임) 등 731부대 핵심 관계자들과 논문을 함께 썼다.

세키네 히코키치(関根彦吉)

1940년 만주하이라얼육군병원 위생병
1943년 하얼빈위생연구소

세키네는 "사쿠야마의 소개로 오사카닛세키로 왔다"고 증언했다. 이처럼 오사카닛세키야말로 731부대원이 직접적으로 관여한 백신 업체라고 할 수 있다. 이 연구소의 백신 구입을 추진한 사람이 기호인 아키오(당시 교토부 공인 교토미생물연구소 소장)였고, 예방접종 추진을 위한 행정 업무 담당이 오타구로 이이치로(당시 후생성 소속)였다. 실제 사건이 일어난 후 이루어진 재판에는 야마나카 모토키와 호소야 세이고(細谷省吾), 무라타 료스케, 다니구치 덴지, 나가토모 나미오 등 전직 731부대원들이 대거 증인으로 소환되었다.

이 글에 등장하는 이들은 모두 이미 세상을 떠난 지 오래다. 이들의 무덤 앞에는 꽃이 아닌 마루타가 등에 진 나무 십자가를 두는 것이 맞을 것이다. 그리고 그 나무 십자가에는 반드시 '속죄'라는 두 글자를 새겨놓아야 한다.

인용·참고문헌

1. 森村誠一,『続・悪魔の飽食』, 光文社, 1982
2. 田井中克人,『京都ジフテリア予防接種禍事件』, 新風舎文庫
3. 和気正芳,「1948年ジフテリア禍事件の原因論」,『社会医学研究』, 2005, p.23, pp. 23-28
4. 和気正芳,「なぜ予防接種は強制されたか」, http://ltcopa.kek.jp/~diph/forcing.pdf (2015年3月27日現在)
5. 『月刊むすぶ』 №421, ロシナンテ社(2006年 第2号) 게재. 후에 추가 집필해서 「1948年京都・島根ジフテリア予防接種禍事件(その1)」로 『新しい薬学をめざして』 36, 2007, pp. 47-52에 수록
6. 『月刊むすぶ』 №422, ロシナンテ社(2006年 第3号) 게재. 후에 추가 집필해서 「1948年京都・島根ジフテリア予防接種禍事件(その2)」로 『新しい薬学をめざして』 36, 2007, pp. 80-84에 수록
7. 笠原四郎・北野政次・菊池斎・作山元治・金澤謙一・根津尚光・吉村済夫・工藤忠雄,「流行性出血熱の病原体の決定」,『日本病理学会会誌』 34(1, 2), 1944, pp. 3-5
8. 陸軍軍醫學校,『陸軍軍医学校五十年年史』 復刻版, 不二出版, 1988
9. 太田昌克,『731免責の系譜ー細菌戦部隊と秘蔵のファイル』, 日本評論社, 1999
10. 常石敬一,『消えた細菌戦部隊ー関東軍第731部隊』, 海鳴社, 1981
11. 『新潟市史』
12. 세균여과기는 규조토(珪藻土)라 불리는 흙의 소결(燒結)온도에 따라 바이러스만 여과하는 기계다. 이 규조토 연구는 가와시마 지히로(河島千尋)와 구마자와 지로키치(熊沢治郎吉), 이이다 사다오(飯田貞雄) 등이 진행했다. 가와시마는 이 분야의 권위자로 도쿄공업대학에서 근무하다 방역연구실로 부임했다. 구마자와도 도쿄공업시험소 제3부장을 역

임하다 방역연구실로 왔다. 아울러 이이다의 규조토에 관한 논문은 『육군군의학교 방역연구보고』에 38편이나 실려 있다. (陸軍軍醫學校, 『陸軍軍医学校防疫研究報告』 復刻版 全8巻, 不二出版, 2004)

13. 吉永春子, 『七三一追撃－そのとき幹部達は』, 筑摩書房, 2001

14. 탄저균을 이용한 인체실험은 다른 부대에서도 이루어졌다. 관동군에는 731부대와 함께 '군마방역창(軍馬防疫廠)', 일명 만주 제100부대라고 불리던 생물전부대가 존재했다. 원래 가축과 곡물을 관리하던 부대였지만 1941년부터는 정식으로 생물전 연구를 시작했다. 부대장은 와카마쓰 유지로(若松有次郎) 수의소장이었다. 이 만주 제100부대 제2부 제6과에서 탄저균 제조에 직접 종사했던 미토모 가즈오(三友一男) 군조(軍曹)는 소련군 포로가 되어 하바롭스크 재판에 섰는데, 그는 여기서 "중국인, 러시아인에 대한 인체실험이 있었다"고 증언했다. 가라사와 도미오(柄沢十三夫)와 후루이치 요시오(古都良雄)도 "안다(安達)실험장에서 탄저균과 페스트균을 이용한 인체실험이 있었다"고 증언하였다. 미토모는 1987년 출판사 다이류샤(泰流社)에서 『세균전의 죄』(細菌戦の罪)를 출판했다. (三友一男, 『細菌戦の罪』, 泰流社, 1987)

15. 『京都ジフテリア予防接種禍記録』, 京都府衛生部

16. 고사카이 노조무(小酒井望) 역시 육군군의학교 방역연구실 출신으로 후에 준텐도대학 우라야스병원(順天堂大學浦安病院) 병원장이 되었다.

17. 常石敬一, 『医学者たちの組織犯罪－関東軍第７３１部隊』, 朝日文庫, 1994

18. 약간 상스러운 뒷이야기긴 하지만 이 우지식폭탄이라고 불리는 도자기식 폭탄의 탄생비화를 소개하자면 이 폭탄은 밤마다 펼쳐진 이시이의 음탕한 생활 속에서 탄생했다고 한다. 막대한 군사기밀비와 제약회사 헌금을 받았던 이시이는 낮에 자고 밤에 유곽에서 노는 것이 일과였다. 어느 날 창기가 발로 찬 돗쿠리가 떨어지면서 산산조각난 것을 보고 영감을 얻었다고 한다. 진위여부를 떠나서 참으로 이시이다운 일화다.

19. 니시 도시히데(西俊英) 군의 대위(731부대 교육부장)는 기타노의 명령을 받아 이 실험을 견학했다. 후에 니시는 소련 포로가 되어 '하바롭스크 재판'에서 유죄 판결을 받았으며 강제노동수용소에서 18년의 강제노동 형벌을 받으며 옥고를 치렀다. 하바롭스크 재판에서 피고가 된 사람은 니시를 포함해 총 12명이었다.

20. 松村高夫 · 解学詩 · 郭洪茂 · 李力 · 江田いづみ · 江田憲治, 『戦争と疫病－731部隊がもたらしたもの』, 本の友社, 1997

21. ハル · ゴールド, 濱田徹訳, 『証言 · 731部隊の真相―生体実験の全貌と戦後謀略の軌跡』, 廣済堂出版, 1997

일본 육군 장군 엔도 사부로와 731부대

요시다 히로지(吉田曠二)

서론, 만주국은 어떤 국가였을까

'만주국'이 일본 육군 정예부대인 관동군에 의해 건국된 것은 1932년 3월 1일이다. 만주국은 1945년 8월 15일 제2차 세계대전에서 '대일본제국'이 붕괴할 때까지 중국 동북 사성(四省)에 존재했다. 하지만 만주국은 당시 일본 정부가 국내외에 발표했던 독립국이 아니었다.<1> 표면적으로는 청조의 마지막 황제 아이신기오로 푸이(愛新覺羅溥儀)를 왕좌에 앉혔으나, 일본 천황이 실질적 지배자였다. 그리고 일본 천황에 절대적 충성을 맹세하는 관동군 사령관이 천황의 대리인으로서 만주국의 모든 통치기구를 지배했다. 이러한 사실을 보여주는 한 장의 기밀문서[1]가 최근에 발견되어 소개한다.([그림1])

〈보충설명 1〉 만주국의 실제 지배자는 일본 천황이었다. 만주국은 1945년 8월 15일, 대일본제국의 패배로 막을 내렸다. 그런데 푸이가 퇴위를 선언한 것은 8월 18일이다. 18일까지의 사흘 간은 마치 현실감 없는 뻔한 연극과도 같았다. 18일 상황에 대해 푸이는 자서전 『나의 반생』[2]에서 다음과 같이 회상했다. "그날 장징후이(張景惠 만주국의 총리대신)와 다케베 로쿠조(武部六藏), 그리고 '대신'(大臣) 및 '참의'(參議)들이 나를 찾아왔다. 연기해야 할 연극 장면이 또 하나 남아 있었던 것이다. 그들은 여느 때처럼 한학자(漢學者)가 준비한 새로운 원고-나의 '퇴위조서'-를 들고 왔다. 나는 집 잃은 개 같은 대신과 참의들 앞에 서서 원고(조서)를 그대로 한 번 읽었다." 푸이는 이 의식이 만주국의 종말을 알리는 연극의 한 장면이었음을 그 누구보다 잘 알고 있었다.

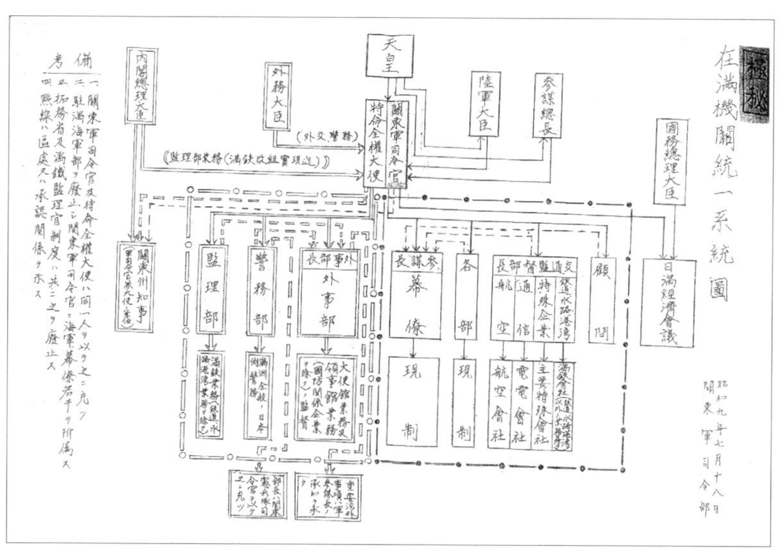

[그림1] '재만기관통일계통도' 1934년 7월 18일, 관동군사령부 작성[1]
* 엔도 사부로 파일, 「대만요강」(對滿要綱)에 삽입된 관동군 극비문서. 1934년 7월 18일, 관동군 사령부가 작성했다고 한다. 이 만주국 통일계통도에서는 황제 푸이의 이름을 찾아볼 수 없다. 1934년 에드거 스노(Edgar Snow)가 보도한 것처럼 만주국 정점에 군림한 것은 푸이가 아닌 일본 천황이었다.

이 문서는 1934년 7월 18일에 관동군 사령부가 작성한 극비문서이다. 당시 관동군 작전주임참모였던 엔도 사부로(遠藤三郎)가 전쟁이 끝난 후에도 계속 자택에 보관했던 자료다. 이 문서는 히시카리 다카(菱刈隆) 관동군 사령관 이름으로 공포되었다. 일본에는 여전히 "관동군 내부 기밀자료라서 문서에 푸이 이름이 없을 뿐"이라거나, "실제로는 푸이가 만주국 황제로 있는 별도의 통치기구가 존재했다"고 믿는 사람들이 존재한다.

하지만 필자는 그렇게 생각하지 않는다. 그림 속 만주국 통치기구의 정상에는 분명 '대일본제국' 천황이 지배자로 군림하고 있고 그 아래 관동군 사령관이 천황 대리인으로 모습을 드러낸다. 필자는 이 문서가 단순한 관동군 내부문서가 아니라 '만주국' 그 자체를 보여주는 자료라고 생각한다.

만약 푸이가 지배권을 행사하는 입장이었다면 반드시 그 이름이 그림에 있어야 마땅하다. 실제 푸이는 당시 신징(新京, 지금의 창춘(长春)의 황궁 안 한 편에 마련된 허울뿐인 왕좌에 앉아 신하들 앞에서 권력을 행사했으나, 황궁에서 한 발짝만 나가도 실제 통치자인 관동군 사령관의 장식품에 불과했다. 푸이의 자서전 『나의 반생』에 따르면,

푸이는 황궁 집무실에 있을 때마저 요시오카 야스나오(吉岡安直)라는 관동군 앞잡이에게 일거수일투족을 감시당했다고 한다. 요시오카가 관동군 사령관의 명령을 푸이에게 전달하는 '고압전선' 같은 역할을 한 것이다.

이 국가는 '만주국'이라는 이름이 붙었지만 사실상 대륙판 '대일본제국'에 불과했다. 웅대한 영토는 일본의 대륙 군사 거점지였다. 북서쪽에 위치한 후룬베이얼(呼伦贝尔) 초원부터 북쪽은 다싱안링(大兴安岭), 북동쪽에 위치한 헤이허(黑河), 동쪽의 우수리장(乌苏里江) 강가에 위치한 후터우(虎头), 남쪽의 둥닝(东宁)에 이르기까지 전체 길이 총 2,000여㎞에 달하는 지역이 소련 영토와 접해 있었으며 북만주 지역 전체가 소련과의 군사적 긴장관계에 놓여 있었다. 이것만 봐도 알 수 있듯이 만주국은 일본제국의 제2의 대(大) 병참기지였다. 즉, 유사시 만주국에서 관동군이 소련 영내로 일제히 진공 작전을 펼치기 위한 전선 기지 역할을 맡고 있었다.

당시 천연자원이 부족한 섬나라 일본은 세계공황의 여파로 도시에선 실업자가 넘쳐나고 농촌 지역은 빈곤에 허덕이고 있었다. 일본 정부는 이러한 국내 어려움을 해결하기 위한 신천지로 만주를 주목해 대규모 개척민을 이주시켰다. 관동군이 부족한 지방에는 무장 개척민이나 청년 의용군을 보내 국방을 맡기기도 했다. 하지만 내지(일본)의 3배가 넘는 광활한 영토를 방위하기 위해서는 결국 막대한 군사비와 방대한 전쟁자원을 산출할 수밖에 없었고, 그 상황은 1936년에 들어서며 결국 한계에 다다랐다. 한편, 소련은 시베리아철도의 수송력을 강화하고 시베리아에서 연해주에 걸친 수비 병력을 증강시켜 나갔다. 그 결과 일본과 소련의 군사력 격차는 해가 갈수록 벌어졌다. 사실 만주국 건국 이래 신징의 관동군 사령부는 소련군이라는 강적을 상대로 늘 긴장상태였다. 근대식 군사작전에서 승리하려면 항공기와 전차를 확보하고 성능을 향상시켜야 했다. 보병 장비를 포함한 강력한 파괴력을 가진 무기의 근대화도 필요했다. 하지만 더 이상 관동군도 어찌할 도리가 없었다. 관동군은 이 어려운 상황을 극복하기 위한 해결책으로 영구지하요새 건설과 세균무기 개발에 기대를 걸었던 듯하다.

1932년 만주국 건국 이후 관동군 작전주임참모로 부임한 엘리트 군인 엔도 사부로는 1920년대 후반 일찍이 프랑스육군대학에 유학해 독가스를 비롯한 특수무기 개발과 연구에 종사한 인물이다. 이러한 경력을 가진 엔도는 관동군 작전주임참모로서 만주국에 부임하자마자 바로 731부대와 관계를 맺는다.

엔도는 임무를 충실히 수행했으며 매일 일지에 자신이 겪은 일들을 기록했다. 일지에 따르면, 그는 1932년 여름 만주국에 부임하자마자 선배인 이시하라 간지(石原莞爾) 참모로부터 731부대의 계획 추진과 관리를 의뢰받았다. 아울러 엔도는 대 소련전과 관련해서도 상세한 계획을 제시했으며, 1933년 9월 이후는 북만 지역의 영구지하요새 건설 계획에도 참여했다.

이에 주목하여 본론에서는 엔도가 남긴 기록을 중심으로 대 소련전을 상정한 북만 영구지하요새 구축과 731부대의 세균무기 개발실험과의 연관성을 살펴볼 것이다. 이 두 군사시설의 개발은 비슷한 시기에 관동군 사령부 관리하에 추진되었으며 '만주국 방위'와 '미래에 있을 소련전 대비 병참기지 건설'을 위한 것이었다. 엔도 사부로 일기와 만주국 운영과 관련된 당시의 군사기밀자료를 통해 관동군 작전주임참모였던 엔도가 이 두 군사시설을 어떻게 관리했는지, 그리고 이 시설들이 어떤 기능을 하게 되는지 검토하고자 한다.

본론에 들어가기에 앞서 우선 일본 육군의 엘리트 참모 엔도 사부로라는 인물을 간단히 살펴보자.

1. 일본 육군 엘리트 참모, 엔도 사부로

엔도 사부로는 1893년 1월 2일 일본 도호쿠 지방의 야마가타현 오키타마군(山形県置賜郡)의 상인 집안에서 태어났다. 아버지는 포목점을 하였는데 러일전쟁 후 닥친 불황 때문에 장사가 잘 안 돼 엔도가 철들었을 무렵부터는 항상 적자였다고 한다. 아버지의 그러한 모습을 보고 자란 엔도는 수업료가 무료인 학교에 가겠다며 센다이육군지방유년학교에 지원했다. 부모에게 경제적 부담을 주기 싫었던 것이다. 엔도의 자서전에 따르면, 소년시절 그는 성격이 상냥하고 사람한테 맞은 적은 있어도 절대 주먹질 한 번 해본 적 없는 아이였다고 한다. 그런 마음씨 착한 아이가 사람을 죽이는 군인이 되는 길을 택했으니 참 아이러니한 상황이 아닐 수 없다. 일본의 경제불황과 가난이 14살 소년을 군인으로 이끈 것이다.

원래 명석하고 성실했던 엔도는 센다이육군지방유년학교 입학시험에 1등으로 합격했다. '센다이육군지방유년학교생도고과서열표'(仙台陸軍地方幼年学校生徒考科序列表)를 보면 그해 47명이 합격했는데, 엔도는 특히 수학에서 우수한 성적을 거두었다. 독서와 작문, 지리, 역사 등을 합친 총점은 130점으로 2위인 126점과 4점 차가 났다. 졸업할 때도 "성적이 우수하고 품행이 방정하여" 황태자(후에 쇼와 천황이 됨)로부터 은시계를 하사받았다. 17살이 되자 엔도는 육군중앙유년학교 본과로 진학했고 1912년 5월 수석으로 졸업했다. 같은 해 12월에는 꿈에 그리던 육군사관학교에 입학한 후 1914년 21세 나이로(26기) 졸업하였다.

1914년 12월 엔도는 중포병 제1연대 소속으로 포병 소위에 임관했다. 그 후 1915년 육군포병학교에 입학해 2년 동안 재적한 다음 1919년 26세 때 육군대학에 입학, 3년 후인 1922년 34기로 졸업했다. 1923년에는 야중포(野重砲) 제1연대 중대장이 되었으며, 같은 해 9월 관동대지진 때는 계엄령이 선포된 상황에서 약 6천 명의 조선인을 보호하는 활동에 힘을 쏟았다. 1923년 11월부터는 참모본부 작전과에서 활동했다. 1926년부터 1929년 12월 말까지 엔도는 주재 무관(駐在武官)으로서 프랑스에 파견되어, 메츠방공학교(약 반년 간)와 프랑스육군대학(약 2년 간)에서 공부했다. 이때 엔도는 때마침 프랑스를 방문 중이던 육군 군의정(軍醫正) 이시이 시로와 만나게 된다. 당시 제1차 세계대전이 끝난 직후였던 프랑스육군대학에서는 이미 독가스무기에 관한 강의가 개설돼 있었다. 엔도가 그 강의를 듣고 있었기에 이시이 시로와 만났을 가능성도 있다.

엔도는 프랑스에 유학할 때도 처음에는 소르본느대학에서 문학을 공부하고 싶다고 상사에게 부탁하거나(전쟁이 끝난 후 엔도가 남긴 회상, 녹음테이프 참고) 프랑스혁명의 3대 정신인 자유, 평등, 박애란 무엇인지 프랑스인에게 직접 질문하는 등 일반적인 군인과 사뭇 다른 의식과 인간적인 면모를 보였다.

엔도에게 3년 남짓한 프랑스 유학은 분명 시야를 넓힐 수 있는 절호의 기회였을 것이다. 그 한 예로 제1차 세계대전의 격전지가 되었던 베르됭(Verdun) 전쟁터 방문 에피소드를 들 수 있다. 그는 격전지 터에서 안내인으로부터 근대식 무기에 희생된 프랑스 병사들의 실상을 들었는데, 제1차 세계대전 당시 사용된 전차와 전투기, 기관총 같은 대량살상무기가 얼마나 무서운 무기인지, 또한 전쟁 피해가 얼마나 처참한지 알게 된 엔도는 눈물 흘리며 가슴 아파했다고 한다.

엔도는 1929년 12월 프랑스 생활을 마무리 지으며, 호화객선을 타고 뉴욕과 워싱턴 등 '자유와 독립의 근대국가' 미국을 둘러본 후 조국으로 돌아왔다. 귀국하자마자 참모본부 작전과로 복귀한 엔도는 궁극적으로 세계 각국의 군비(軍備)를 없애야 한다는 「평등체감식군축구상」(平等逓減式軍縮構想)[2]을 작성해 제출했다. 이러한 완전군축구상이라는 기발한 착상을 하게 된 배경에는 프랑스 유학 시절 몸소 느낀 근대식 무기에 대한 공포와 제네바군축회의에 참여하면서 깨달은 '서양 열강의 군사적 이기주의를 어떻게 극복할 수 있을까' 하는 문제의식이 자리잡고 있었다. 그는 용기를 내, 군비 확장 경쟁을 끝맺기 위해서는 장래에 세계각국이 군비를 제로로 하는 평등체감식군축안을 국제연맹(런던군축회의)에 제기해야 한다고 참모본부 상관에게 호소한 것이다.

〈보충설명 2〉 1931년 봄에 엔도 사부로가 작성한 평등체감식완전군축안을 보면, 일단 제1회 회의에서는 실질적인 군축을 추진하지 않겠다고 제시한다. 대신 세계 각국이 현재 보유하고 있는 군비를 각 영역마다 공개한 다음, 그 최대량을 각국이 공통적인 권리로서 보유할 수 있는 최대치로 정하고, 모든 국가가 그 이상으로 군비를 개발, 생산하지 않도록 약속하자는 것이 엔도가 제기한 군축안의 요지다. 최대량을 정한 후 매년 세계회의를 여는 것도 군축안 내용에 포함돼 있다. 즉, 각국의 군비 소모를 보충하지 않으면 강국들이 보유하는 군비 역시 자연스럽게 해마다 줄기 때문에, 수년 후 또는 수십 년 후 세계 각국이 거의 동시에 군비를 없앨 수 있다는 구체적인 계획이다.

하지만 일본 참모본부에서 이 군축안은 물의를 빚었다. 군비를 완전히 없애겠다는 이 기발한 군축안은 결국 승인되지 못하고 기각됐다. 게다가 1931년 9월 18일 관동군의 음모로 만주사변이 발발하면서, 일본 국내에서 더 이상 군축을 논할 상황이 아니었다. 이러한 가운데 엔도는 참모본부에서 하시모토미션(橋本ミッション)이라 불리는 임무 수행단의 일원으로 만주 관동군 사령부에 사태 불확대 방침을 전달하기 위해 파견된다.[3]

〈보충설명 3〉 하시모토미션에서 단장은 참모본부 제2부장 하시모토 도라노스케(橋本虎之助) 소장이었다. 수행원으로 참모본부 작전 통수(統帥) 관계자인 엔도 사부로 소좌, 군정 관계자 니시하라 잇사쿠(西原一策) 소좌, 기타 암호담당인 참모본부 지나과(支那課) 소속 이마이 다케오(今井武夫) 대위가 함께 펑톈으로 파견되었다. 그런데 하시모토 단장은 이시하라 간지가 늘 '고양이자식'(猫之助)이라 놀릴 정도로 관동군 폭주를 막을 깜냥이 안 되는 인물이었다.

하시모토미션 수행단 일행은 임무 완수를 위해 최선을 다했지만, 펑톈 관동군 임시 사령부는 도쿄(중앙)에서 파견된 엔도 사부로 등을 처음부터 반기지 않았다. 결국 관동군이 저지른 철도폭파사건의 진상조차 추궁 못했다. 이미 관동군 안에서는 음모를 극비로 취급하기 위한 내부 통제체계가 구축되었으며, 사령부의 혼조 시게루(本庄繁) 사령관도 모략에 관여하고 있었다. 당시 관동군에서는 꼭두각시 만주국 건설을 위한 음모, 즉 ① 당시 텐진에 망명중인 청나라 황제 푸이를 비밀리에 남만주로 탈출시키고 ② 모략적 방법으로 관동군이 북만주로 출병하는 계획들이 검토되고 있었다. 이러한 관동군의 물밑작업을 하시모토미션 수행단도 이윽고 알아차리게 되는데, 엔도는 이 계획이 실현되는 과정을 일기에 남겼다. 아울러 관동군의 기밀정보에 대해서도 엔도가 만주에 체류하면서 남긴 「만주사변중도만일지」(満洲事変中渡満日誌. [사진1])[3]에 그 흐름이 기록되었다.[<4>]

〈보충설명 4〉 이 일지는 1931년 9월 18일 만주사변 발발 이후인 9월 28일, 펑톈에 도착한 엔도가 기회 있을 때마다 혼조 시게루 관동군 사령관이나 참모들과 나눈 논의 및 대화를 기록한 것이다. 사변 직후에도 관동군 측이 추가적 군사모략을 계획하였다는 점 등 그 내막과 전개 과정에 대해 11월 3일까지 상세히 기록을 남겼다. 일기 전문은 필자가 쓴 『전직 육군중장 엔도 사부로의 소상』(元陸軍中将遠藤三郎の肖像) 부록에 수록돼 있다.

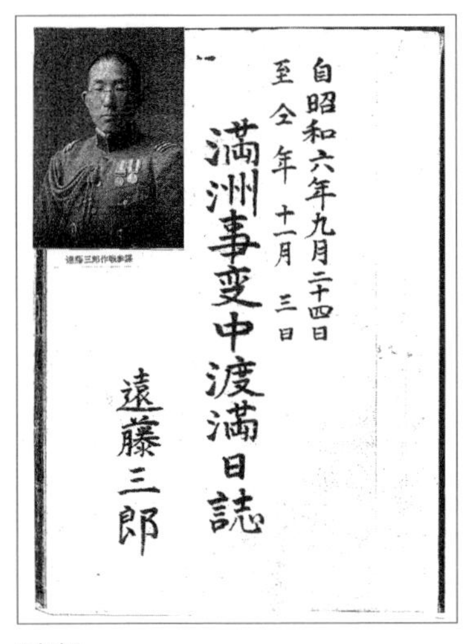

[사진1]
1931년 9월 24일부터 11월 3일까지 하시모토미션 조사단 일원으로 도쿄에서 만주로 출발한 엔도가 남긴 일지 표지

일지를 보면, 당시 관동군이 이미 중앙 참모본부의 통제망을 피해 자유롭게 움직이고 있었다는 것과 그들이 비밀리에 추가 모략을 꾸미면서 만주국 건국을 어떻게 획책해 나갔는지 알 수 있다. 게다가 사태 불확대 방침을 전달하기 위해 파견된 엔도 등이 모략에 관여하게 되면서 점차 그 흐름을 따르게 되는 모습도 고스란히 기록되었다.

만주사변이 발발한 1931년 9월 18일부터 만주국 건국을 공포한 이듬해 3월 1일까지, 그리고 1933년 봄에 시작된 러허성공략작전(热河省攻略作戰)에 이르기까지 관동군의 군사적 행동은 계속되었다. 당시 쇼와 천황과 그 측근인 시종무관장(侍從武官長) 나라 다케지(奈良武次) 대장 등은 냉정한 시각으로 관동군의 폭주를 막으려고 했다. 실제 쇼와 천황은 스위스 제네바에 본부가 있는 국제연맹의 움직임을 고려해 초기에는 관동군의 진저우(錦州) 침공과 만리장성을 넘은 군사작전을 중지시키려고 했다. 하지만 이러한 행동도 결국 일시적인 것에 불과했으며, 결과적으로 관동군의 추가적 군사 행동이 천황의 사후 승인으로 추진되었다. 엔도는 이러한 격동의 시대에 관동군 작전주임참모로서 각종 군사작전을 계획했으며, 1932년 9월 15일에는 신징에서 조인된 '일만의정서'(日滿議定書) 체결 계획에도 관여했다. 이처럼 전쟁의 흐름은 한 번 시작되면 활시위를 떠난 화살처럼 되돌릴 수 없었다.

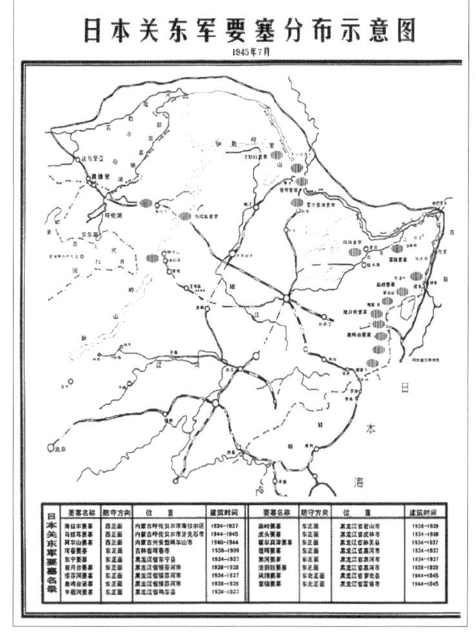

[그림2] '일본관동군요새분포도'(1945년 7월, 쉬잔장(徐占江), 리마오제(李茂杰) 편집, 『관동군 요새』(關東軍要塞) 상, 헤이룽장성 인민출판사, 2006년 간행)

그렇다면 1932년 8월 이후 엔도 사부로가 관동군 작전주임참모로서 어떤 활동을 했는지 살펴보자.

> 1932년 제가 관동군 작전주임참모로 만주에 부임했을 때 전임인 이시하라 간지로부터 "극비로 이시이 시로 군의정(軍醫正)에게 세균전연구를 명령해놨으니 잘 관리하길 바란다"는 부탁을 받았습니다. 잠시 짬을 내어 연구소를 시찰하러 갔는데 그 연구소는 하얼빈에 가까운 베이인허(背阴河)라는 한촌에 있었습니다.

이 부대는 당시 도고부대(東鄕部隊)라고 불렸으며 중국인과 몽골인, 러시아인 등을 한 사람 한 사람씩 견고한 우리에 가둬 각종 병원균을 투여해 병상 변화를 검사하는 극비부대였다. 또한 엔도의 일기에는 부대 연구비가 당초 20만 엔이었다는 언급도 있다. 물론 1934년 북만 영구지하요새를 건설하는 데 연간 616.6만 엔의 건설비용이 들었다는 점을 생각하면 이 예산은 비교적 저렴한 금액이라고 볼 수 있다. 1932년 당시 작전주임참모로서 만주국 방위 책임을 지던 엔도는 실제 이 20만 엔이 매우 합리적인 가격이라고 생각했던 것 같다.

이듬해 1933년 9월에는 중앙 참모본부에서 작전 과장인 스즈키 요리미치(鈴木率道) 대좌가 대 소련 작전요령을 검토하려고 육군성과 참모본부의 우수 장교들을 데리고 신징을 찾았다. 관동군 사령부에서는 바로 중앙부의 스즈키 작전 과장을 중심으로 작전 회의가 열렸으며, 향후 추진할 대 소련 작전의 중요 거점을 선정하고 그곳에 영구지하요새를 건설할 방침이 검토되었다.(9월 20일자 엔도 일기) 이때 엔도는 계획 전반을 담당하는 기획 주임으로 선출되었다.

이 때문에 한동안 엔도는 731부대 프로젝트에 신경 쓸 여유가 없었다. 연일 지하요새의 건축 계획을 세우는 데 몰두해야 했다. 틈틈이 사령부 정찰기로 하이라얼과 둥닝 등 지하요새 건설 예정지를 직접 시찰했으며, 신징에 복귀하면 바로 회의를 열거나 건설 예산을 조율하기 위해 관계기관과 미리 교섭하는 등 분주한 나날을 보냈다.([그림2] '일본관동군요새분포도')

2. 북만영구지하요새 구축계획과 그 목적

그렇다면 1933년 여름 중앙 참모본부가 북만 방위를 위해 대규모 요새 건설 계획을 관동군에 요청한 이유는 무엇일까? 극동소련군이 군사력을 강화해 나가면서 연해주를 포함한 국경지대에 약 10개의 사단 병력을 배치한 것도 하나의 이유일 것이다. 게다가 이 막강한 소련군 병력에 비해 관동군 병력은 약 6개 사단에 불과했으며, 병사 수뿐 아니라 항공기와 전차 보유 대수, 장비 면에서도 갈수록 불리해지는 상황이었다.<5>

〈보충설명 5〉 1936년 일본 육군성이 발표한 일소육군평시병력비교표(日ソ陸軍平時兵力比較表)에 따르면 소련군은 총병력 약 160만 명, 비행기 4천 기 이상, 전차 4천 대(台) 이상, 기계화사단 대부대 약 10, 소부대 10, 장갑자동차 1천 대 이상을 보유한 상태였다. 한편 일본은 총 병력 약 25만 명, 비행기 약 1천 기, 전차부대 2대(隊)였다.[4]

참모본부도 관동군과 마찬가지로 최대 적군이 될 수 있는 소련군에 대항하기 위해서라면 앞뒤 가릴 때가 아니라는 입장이었다. 중국 각지에서 수많은 노동자를 동원해 가혹한 중노동을 강요하며 연일 공사를 강행했다. 참고로 지하요새가 분포된 지역을 3개로 나눠 간단히 소개하면 하나는 북부국경지대로 중심지는 헤어허(黑河)였다. 아무르강을 사이에 두고 소련과 대치하고 있는 지역이다. 두 번째는 서부국경지대다. 하이라얼 지하요새가 중심을 이루며 이 지역의 북쪽과 서쪽은 소련과 접경한다. 일부 지역은 서쪽으로 돌출되어 외몽골과도 닿는다. 나머지 하나는 동부국경지대다. 둥닝 지구와 쑤이펀(綏芬) 지구, 둥닝부터 북쪽으로 약 *600km* 떨어진 곳에 위치한 후터우 요새 등이다.(여기서 언급한 전쟁 유적에 대해서는 중일공동조사팀의 발굴 조사 보고서로 일본에서도 발간됨)[5]

3. 1933년 10월-12월, 이시이부대의 세균실험에 큰 문제 발생

이야기를 다시 엔도 사부로로 돌리면, 1933년 가을 이후 엔도는 바쁜 나날을 보내고 있었다. 10월 21일 일기에는 "밤에 교육총감부 제1과장인 야마와키(山脇) 대좌를 모셔 대 소련작전 계획을 연구했다"고 쓰여있다. 다음날인 22일 일기에도 "이른 아침부터 작전 준비를 위해 관동군 병력 내실화에 관한 의견 초안을 만들었다"고 썼다. 이처럼 그는 작전주임참모로서 대 소련전 준비에 온 힘을 쏟았다. 그런데 같은 달 엔도가 담당했던 731부대 세균무기 개발에 문제가 발생한다. 엔도는 부대장인 이시이 시로로부터 세균시험 준비에 큰 문제가 생겼다는 보고를 받았다. 이때 731부대에서 어떤 사태가 벌어졌는지 당시의 엔도 일기를 살펴보자.

> [1933년 10월 28일] 이시이(시로) 군의정으로부터 전화가 와 세균시험 준비에 큰 차질이 생겼다는 이야기를 들었다. 실정을 조사하기 위해 오전 9시 반에 출발해 하얼빈으로 간 다음 이시이 군의와 함께 라린(拉林)으로 가 설비 전반을 보고 상황 설명을 들었다. 여러 장애를 극복하고 작업에 다시 매진할 수 있겠다는 결론을 내고 오후 3시 숙소로 귀가했다.

이 기술에서 작전주임참모로서 임무를 충실히 수행하는 군인의 모습은 엿볼 수 있으나, 사고 원인이 무엇이었는지는 알 수 없다. 아마도 731부대 인체실험실에서 지옥과 같은 처참한 피해가 발생했을 것으로 짐작된다. 엔도는 이러한 피해자에 대해 과연 어떤 감정을 갖고 있었을까. 일기에는 피해자에 관한 내용이 한 줄도 없다. 일단 전쟁터라는 환경에 놓이게 되면 엔도와 같은 이성적인 사람도 그 의식부터 인간성이 소멸되고 만다는 것을 보여주는 듯하다.

엔도는 자신의 임무를 충실히 수행하며 이시이가 지도하는 실험 성과에 기대를 걸었다. 12월 8일에는 다시 눈 내리는 머나먼 길을 비행기로 이동해 라린에서 이시이 시로와 만났다. 그날 일기에는 다음과 같이 쓰여있다.

> [1933년 12월 8일] 금요일 눈 내림. 오전 8시, 눈 속 비행. 지린 라파(拉法)를 지나 오전 10시 15분 라린 도착. 이시이와 다테(伊達) 씨가 마중을 나와줘서 베이인허의 세균시험소를 시찰했다. 600미터 평방의 대규모 병영으로 언뜻 보기에는 요새를 방불케 하는 건물이었다. 모두가 노력한 흔적이 뚜렷하게 보였다. 20여만 엔의 경비도 결코 불필요한 지출이 아니었다. 상세한 설명을 듣고 점심식사를 함께한 후 오후 2시에 출발하는 자동차를 타고 귀가했다. 오후 6시, 어두운 황야를 여러 번 헤매긴 했지만 나카지마 대위의 안내에 따라 무사히 하얼빈에 도착했다. 이시이는 피로 때문에 열이 났다. 한 시간 문병하고 7시에 숙소 나고야관(名古屋館)으로 돌아왔다.

이날은 신징 비행장에서 비행기와 차를 갈아타며 먼 길을 이동해야 하는 강행군이었던 만큼 엔도에게도 힘든 여정이었을 것이다. 정력 넘치는 인물로 알려진 이시이 시로도 연일 쌓인 피로 때문에 저녁에 열이 나 엔도의 문병을 받을 정도였다. 일기에도 나와 있듯 엔도는 이시이가 만든 대규모 병영과 마치 요새 같은 세균시험소의 위용에 감격했다. 20여만 엔의 경비도 어쩔 수 없는 것으로, 경비 면에서 봤을 때 효율이 좋다며 감탄까지 했다.

4. 1936년 3월-6월, 육군대학에서 진행된 엔도의 대 소련 작전 강의

엔도는 1934년 8월 만주국에서 일본으로 귀국해 도쿄에서 육군대학 교수에 취임했다. 엔도는 교수 시절 관동군 작전주임참모였던 경험을 살려, 1936년 3월부터 극비리에 육군대학 3학년을 대상으로 관동군이 향후 직면하게 될 대 소련전의 '방어와 퇴거', 그리고 '조우전(遭遇戰) 및 추격'(러시아영토 침공) 작전안을 강의했다.

엔도가 집필한 강의록을 보면, 그가 질문을 통해 학생들이 의견을 제시하도록 한 다음 교관으로서 의견에 답하는 방식으로 수업을 진행했음을 알 수 있다. 또한 강의록을 통해, 엔도의 대 소련 작전안이 적의 정세를 얼마나 정확히 파악하고 있었으며, 지형을 이용해 아군 병력을 얼마나 효율적으로 활용하려 했는지, 그리고 특기인 수학을 이용해 작전 시간과 작전 적용 범위, 병력의 집중 속도, 병참기지로부터의 수송 능력, 결전장의 선정법과 같은 것들을 얼마나 세밀하게 여러 각도로 분석했는지 알 수 있다.

강의 내용을 좀 더 살펴보자. '방위와 퇴거' 강의에서는 미래의 소련전에 대비해 소련군이 대거 국경을 넘어 만주국 영내로 침공해올 경우 관동군이 광대한 만주국 영토를 활용해 일단 퇴거하면서 반발력을 유지한 다음 어떻게 반격에 나설지를 설명했다. '조우전 및 추격' 강의에서는 북만 지하요새를 거점으로 헤이허 방면에서 관동군이 시베리아 및 연해주로 밀어닥쳐 시베리아를 관통하는 헤이룽철도를 차단해 상대 병력과 전략물자 보급로를 막은 다음 서방 치타(Чита)와 연해주 블라디보스토크항을 점령하는 전술을 설명했다. 강의에서는 관동군이 소련전에서 승리하려면 기습작전과 총력전이 필요하고, 승리할 수 있는 제한 시기는 1937년 초반까지이며, 기습작전 시작 후 2주 이내에 승부를 봐야 가능성이 있다고 예측했다.

제한 시기는 1936년 당시의 극동소련군 병력과 관동군 병력을 검토해 추산하였으며, 일본군에게는 정신력뿐 아니라 '군대 수송선 약 100만 톤'과 '중국산 말 50만 마리'가 필요하다는 등 구체적인 수치로 양측의 전력을 비교했

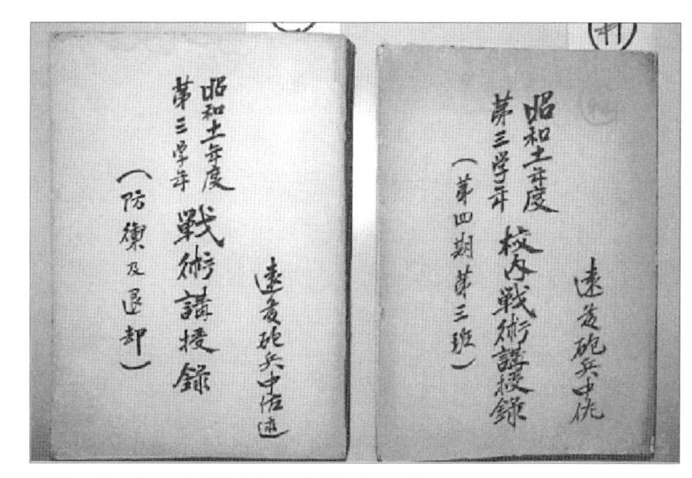

[사진2] 엔도 사부로의 자필 강의록 표지(엔도 가문 소장)

다. 또한 작전 개시의 정치적 목표로서 소련의 스탈린 사회주의 체제 타도를 내세웠다. 더불어 엔도는 "국지적인 국경분쟁을 해선 안 된다. 하려면 총력전을 해야 한다. 일본 병사는 '국가의 보물'이니 함부로 국경분쟁을 벌여 병사를 소모시켜서는 안 된다"고 역설했다. 하지만 아무리 관동군이 기습공격에 성공하더라도 양측의 병참기지로부터의 수송력을 고려하면 소련군이 점차 유리해질 수밖에 없으며 개전 후 2주가 지나면 양군 수송력에 격차가 생기면서 소련군이 유리해지므로 장기전으로 가면 관동군이 승리할 가능성은 적다고 지적했다.

사실상 이 강의에서 엔도가 말하고 싶었던 것은 관동군이 소련과 전쟁을 벌이려면 지금 당장 해야 한다는 것이었다. 즉, 나중으로 미루면 일본군이 승리할 가능성이 없다는 점을 강의를 통해 암묵적으로 제시하고 싶었던 것 같다. 참고로 이 두 강의 내용은 『전직 육군 중장 엔도 사부로의 초상』(元陸軍中将遠藤三郎の肖像)에 상세히 설명돼 있다.[3]

이처럼 극비리에 대 소련 작전안을 구상하긴 했으나 강의가 끝나도록 참모본부 수뇌부의 마음을 움직이진 못했다. 엔도는 강의로 한참 바쁠 때 사랑하는 어머니를 잃었다. 한 번 병문안을 갔지만 도쿄에서 강의를 해야 했던 그는 끝내 어머니의 임종을 지키지 못했다. 강의가 끝난 후 엔도는 육군대학 교수직을 박탈당했다. 이후 규슈의 고쿠라(小倉)에 있는 야전중포병부대 연대장으로 발령됐다.

그런데, 그로부터 약 1년 후 베이징 교외의 루거우차오(蘆溝橋)에서 중일 양군이 충돌하는 사건이 벌어졌다. 이는 엔도도 전혀 예상치 못했던 사건이었다. 당시 참모본부 작전부장을 맡고 있던 선배 이시하라 간지도 중국의 광대한 영토에서 전면전을 벌이는 데 반대하였으며 불확대 방침을 취해야 한다고 주장했다. 하지만 일본 육군의 상층 간부와 참모들은 기세를 주체하지 못하고 진격을 외쳐댔으며 결국 참모본부 작전부장 이시하라 간지를 고립시켜 추방하는 데까지 이르렀다. 그의 후배 엔도도 고쿠라에서 갑작스럽게 베이징으로 파견되어 9월에는 야전중포병부대를 이끌고 북지전선 전투에 참가하게 된다. 일본은 결국 전혀 예상치 못한 중일 전면 전쟁이라는 진흙탕 속으로 빨려 들어갔다.

5. 노몬한사변, 세균무기를 중시한 엔도 사부로

루거우차오사건이 일어난 지 2년이 지난 1939년 5월 북방에서 또다시 예상치 못한 국경분쟁이 노몬한에서 일어났다. 이 사건은 외몽골군 기마병이 노몬한 초원을 흐르는 할하강(哈拉哈河)의 물을 말에게 마시게 하려고 국경을 넘은 것이 발단이 됐다. 노몬한 초원 지대는 그야말로 끝이 보이지 않는 공간이다. 초원에 발을 들여놓으면 360도 어느 각도에서도 지평선이 보인다. 관동군은 그 초원에 국경표식([사진3])이랍시고 표석을 세워 만주국, 즉 제2대 일본제국의 방위선을 구축했던 것이다. 하지만 이 노몬한 초원에서 벌어진 전투는 단순히 일본의 괴뢰 만주국군과 소련의 괴뢰 외몽골군 사이에 일어난 전투가 아니었다. 곧 그 배후에 있는 관동군과 소련군에 의한 전투로 발전했다.

[사진3] 관동군이 노몬한 초원에 세운 '만주제국' 국경 표석. 지금은 노몬한전쟁박물관 1층에 전시

1939년에 시작된 노몬한사변의 첫 전투는 공군 병력 덕분에 일본군이 우위를 점하는 듯했다. 하지만 지상전에서는 초반부터 고전을 면치 못해, 관동군 장병과 전차부대는 들이닥치는 소련군에게 반격을 당했다. 공방은 8월까지도 계속되어, 8월 20일 3번째 총공격 때 일본군은 육탄전으로 수많은 병사를 잃었다.<6> 패배가 확실시된 9월 상순, 관동군 참모부장(副長)으로 발탁된 엔도 사부로는 또다시 관동군의 폭주를 막기 위해 창춘 관동군 사령부와 노몬한 전쟁터로 파견되었다.

〈보충설명 6〉 미국의 군사역사가인 앨빈 D. 콕스(Alvin D. Coox)의 저서 『노몬한: 1939년 초원에서의 일소전』(Nomonhan. Japan against Russia 1939, 일본어판)[6] 부록1을 보면 노몬한전투에 참가한 일본군의 부대별 사망자 수가 통계로 정리돼 있다. 부록에는 전체 전사자 8,629명, 부상자 9,087명인데, 이 숫자에 괴뢰 만주국군, 소련군과 괴뢰 외몽골군 사상자 수를 더하면 4만 명이 훨씬 넘을 것으로 추정된다. 필자는 2009년 9월 노몬한 초원을 직접 방문한 적이 있다. 그곳에서 웅대한 초원을 바라보며 국경이라는 개념에 사로잡혀 전쟁을 유발한 관동군 작전참모 쓰지 마사노부(辻政信) 등의 흉폭함에 아연해질 수밖에 없었다. 그들은 진정한 애국자가 아니라 그저 말뿐인 애국자였다.

1939년 9월 8일 신징의 관동군 사령부에 도착한 엔도는 밤에 전현직 관동군 사령관과 참모장, 참모부장을 모아 회식을 가졌다. 다음날에는 우메쓰 사령관과 함께 관동군 참모 핫토리 다쿠시로(服部卓四郎) 중좌가 눈물을 흘리며 읽어주는 업무보고를 들었다. 10일에는 비행기로 치치하얼로 이동해 열차를 타고 하이라얼로 향했다. 열차 안에서 관동군 야전중포병 제1연대 이리에(入江) 중좌로부터 관동군이 절반의 장병을 잃었다는 정보를 입수했다. 11일에는 하이라얼에서 땅 위를 기어 다니듯 낮게 비행하며 겨우 노몬한 초원의 제12비행장에 도착했다. 엔도는 참모본부에서 천황 칙령(공격중지명령)을 관동군사령부, 구체적으로 현지 제6군 사령관인 오기수(荻洲) 중장에게 전달하기 위해 전선에 파견되었다. 전선 사령부에 도착하자 오기수 중장은 눈물 섞인 목소리로 인사하며 엔도를 환영했다. 엔도는 일기에 오기수 중장의 그러한 모습이 "너무 불쌍했다"고 썼다.

당시 엔도는 노몬한 초원에 도착해 아군 병사들의 시신이 여기저기 널브러져 있는 차마 눈 뜨고 볼 수 없는 광경을 마주했을 것이다. 엔도는 초원에 도착하자마자 소련군과 정전협정을 맺기 위해 안간힘을 썼다. 16일 정전협정을 맺으면서 엔도는 관동군이 더 이상 대 소련작전을 지속해선 안 된다고 역설했다. 그러나 관동군의 젊은 참모와 중앙참모본부 작전부장 도미나가 교지(富永恭次) 등은 여전히 기세등등하여 추가적 소련전 실행을 요구했고 급기야 반대하는 엔도를 고립시켰다. 이 시기(9월-12월) 엔도는 '극비 관동군 지도 요강'을 비롯한 네 가지 의견서를 작성해 상사에게 건의하는 등 소련전 반대를 끈질기게 주장하였다. 하지만 엔도의 이러한 이성적 의견에 귀 기울일 사람은 많지 않았다. 어쩔 수 없이 엔도는 중앙의 힘을 빌려 추가 공격을 막으려 했으나 오히려 관동군 상층부로부터 '소련 공포증'에 걸린 겁쟁이 장군이 있다는 험담을 들어야 했고, 도미나가 등의 획책으로 결국 관동군에서 추방당했다.

이때 엔도는 거의 사면초가에 몰린 상황이었다. 마지막 시도로 엔도는 12월 22일과 23일, 신징 군사령부와 상의해 소련전을 대비한 도상연습을 진행하도록 하고 중앙 참모본부 작전부장 도미나가를 만주로 초대했다. 이 도상연습을 통해 관동군 부대가 해상과 지상을 이동하는 도중 상공에서 소련군 전투기에 폭격당해 패배할 수밖에 없음이 증명되었다. 하지만 도미나가 등은 엔도 추방을 포기하지 않았다. 필자는 궁지에 몰린 엔도가 관동군을 기사회생시킬 수 있는 수단으로 731부대 세균무기에 기대를 건 것은 아닌지 의심하고 있다. 이 시기 엔도는 직접 이시이 시로를 찾아가 731부대에서 실험 중이던 세균무기를 실용화할 수 있는지 상담한 것으로 추정된다. 엔도가 이시이를 찾아간 정황이 기록된 [1939년 12월 10일]자 일기를 보자.

[1939년 12월 10일] 맑음. 영하 21도. 이시이 대좌 안내로 핑팡에 있는 가모부대(加茂部隊 731부대)를 시찰했다. 쇼와 8년(1933년) 베이인허 시절과는 비교할 수 없을 정도로 그 모습이 완전히 바뀌었다. 이시이 대좌의 위대한 힘에 경의를 표할 수밖에 없었다. 점심때 고등관 일동에게 부탁해 베이인허 시절의 고원(雇員 고용원) 들을 접견했다. 비행기를 이용한 연습(演習)까지 실시한 다음 5시 반 하얼빈으로 귀가했다. 저녁에 후쿠다 씨와 회식한 다음 10시 무렵부터 12시까지 이시이 대좌와 만났다. (이시이 대좌는) 중앙부(참모본부)로부터 세균을 이용한 공격을 실행하도록 명령받았으나 방어법 연구가 아직 미흡한 상태여서 실행에는 동의하지 않는다는 뜻을 내비쳤다. 나도 이 부분에는 동의한다. 작전 계획이 안고 있는 문제와 관련하여, 나는 대 소련전 개전의 열쇠는 당분간 소련 측이 쥐게 될 것이며 우리는 이에 대응해야 하는 상황이라고 본다. 현재 계획 중인 시설들이 겉보기만 화려할 뿐 허술하기 짝이 없다는 사실을 빨리 인지하고 개선할 수 있도록 설득하기 위해 여기까지 왔건만 중앙부는 전혀 도와주지 않았다.

이 일기에 기록된 이시이와 엔도의 대화가 의미하는 바는 무엇일까. 일단 이시이의 발언을 봐도 알 수 있듯이 731부대의 세균실험은 아직 미완성으로 실용 단계가 아니었음을 알 수 있다. 그런데 "현재 계획하고 있는 시설들은 겉보기만 화려할 뿐 허술하기 짝이 없"으니 잘 개선해야 한다고 엔도가 예리하게 지적하는 점을 주목해야 한다. 여기서 엔도가 지적한 "현재 계획 중에 있는 시설들"이란 어떤 시설을 말하는 걸까. 어디까지나 추측에 불과하지만 이시이 시로가 이끄는 731부대 세균무기 실험시설도 여기에 포함시켜 언급했을 가능성이 크다. 그 이유는 엔도가 노몬한 전쟁터를 시찰하러 가기 직전인 9월 1일, 노몬한에서 비밀리에 세균을 사용한 실험이 이루어졌기 때문이다. 실험이 3번에 걸쳐 반복적으로 이루어졌음에도 불구하고 세균무기로서의 효력이 전혀 확인되지 않았으며 실험이 결과적으로 실패로 끝났다.[<7>]

〈보충설명 7〉 731부대 곤충반 소속이었던 지바 가즈오(千葉和男)와 소년대 소속이었던 미성년 군속 쓰루타 가네토시(鶴田兼敏), 이시하시 나오카타(石橋直方) 등 전직 관동군 병사 세 명은 전쟁이 끝난 후 당시 실험에 대해 다음과 같이 증언했다.

① 관동군이 전쟁터에서 처음으로 세균을 살포한 것은 노몬한전이 막바지에 접어들었을 무렵이었으며 ② 작전 시 관동군이 사용한 세균은 장티푸스균이었다. ③ 1939년 8월 31일부터 9월 1일 이른 아침에 호르스텐강 상류([그림3])에 균이 투입된 것으로 추정된다. ④ 작전은 총 3번에 걸쳐 실시되었으며 첫 번째와 두 번째는 새벽에, 세 번째는 이른 아침에 이루어졌다. ⑤ 장티푸스균은 18리터짜리 석유통에 넣어 2대의 트럭으로 3번에 걸쳐 살포지점에 옮겨졌다. 첫 번째와 두 번째는 실패했고 세 번째에 겨우 강에 투입하는 데 성공했다고 한다. 이 실험에 대해 쓰네이시 게이이치 가나가와대학 교수는 "장티푸스균은 강에 투입해도 1미터 정도 흘러내려가면 그 효력이 없어진다. 세균의 효력에 대해서는 이시이 부대에서도 당연히 파악하고 있었을 것이다. 본격적으로 세균전을 했다기보다 훈련을 겸한 선전과도 같은 것이었을 가능성이 크다"고 「아사히신문」에서 이야기했다.[7] 아울러 장티푸스균을 강으로 투입한 것은 엔도 사부로가 노몬한 전쟁터에 도착하기 열흘 전이었으므로 이시이 시로한테 정보를 받았을 가능성도 있다. 하지만 실험이 결국 실패로 끝났기에 이시이는 엔도에게 실전 사용에는 "동의하지 않는다"고 통보한 것으로 보인다.

이 시기 관동군에게 세균무기는 그 군사적 열세를 역전시킬 수 있는 비장의 카드이자 눈에는 보이지 않는 강력한 신식 무기였다. 이것을 폭탄이나 포탄과 함께 소련군에 발사하면 소련군의 군사거점을 포함해 광범위하게 괴멸적 타격을 줄 수 있었다. 하지만 그 무기가 아직 실용 단계에는 이르지 못했음을 이시이로부터 들은 엔도는 '이제 다 틀렸다'고 판단했을 것이다. 다시 말해, 관동군이 기사회생을 꾀할 수 있는 신식 무기가 없다는 사실을 파악한 엔도는 또다시 용기를 내어 대 소련전을 피하자며 군인으로서의 정치생명을 걸고 저항했던 것이다.

엔도는 전쟁을 할 거면 총력전으로 해야 한다고 생각했다. 경솔한 판단으로 국경분쟁을 계속하다 아군의 생명을 소모시키며 패배를 맞고 싶지 않았을 것이다.

실제 이러한 종류의 국경분쟁이 소련과의 전면전으로 발전할 경우 일본군이 승리할 확률은 1936년 이후 계속 낮아지고 있었다. 게다가 1939년 엔도는 매우 고립된 상황에 놓여 있었다. 이듬해 3월이 되자 그는 신뢰하는 중앙 참모본부 차장인 사와다 시게루(沢田茂) 중장에게 장문의 편지를 보냈다. 새로 소련전을 전개할 경우 일본군 간부의 소질 향상과 사단 병사 충원을 꾀할 것, 그리고 공격을 받았을 때는 지형과 진지를 이용해 적의 진격 구역을 한정해 무모한 소모전을 피할 것, 국력 내실화를 꾀하고 동아건설을 우선시해야 한다는 내용이었다. 하지만 때는 이미 늦어, 엔도는 관동군 참모부장 지위에서 내려와야 했다.

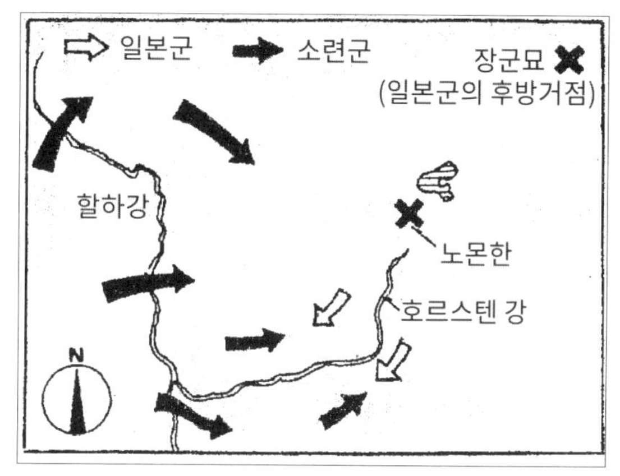

[그림3] 노몬한 전쟁터. 관동군이 세균을 살포한 호르스텐강이 동서로 흐름

마무리, 옥중에서 성경을 읽으며 죄를 인정한 엔도 사부로

1939년 12월 관동군 사령부에서 죽 줄을 선 장군과 참모들이 진행했던 극동소련군 상대 도상연습은 일본 군사 역사상 중요한 분기점이었다. 도상연습에서 패배한 관동군이 현실적으로도 소련군을 이길 수 없다는 것은 누가 봐도 분명한 사실이었다. 일본 내지에서 증원부대가 바다를 건너 대륙으로 이동해야 하는데, 제해권(制海權)과 제공권(制空權) 모두를 장악하고 있는 소련군에 노출될 수밖에 없기 때문에 결국 승산이 없다는 사실이 도상연습을 통해 명백히 드러났다. 이는 보는 시각에 따라서는 엔도가 만든 시나리오였다고 생각할 수도 있다. 하지만 열세를 뒤엎을 수 있는 강력한 세균무기가 아직 실험단계여서 실용화할 수 없었다는 점도 엔도가 대 소련전을 발동하지 못하게 한 추가적 요인 중 하나였을 것이다.

군대가 얼마나 괴물과 같은 무서운 조직인지 엔도 일기는 말해준다. 고립된 엔도는 기사회생의 카드로 이시이 시로의 세균무기를 실전에 활용 가능한지를 놓고 심각하게 고민했다. 엔도가 이러한 행동을 취하게 된 배경에는 관동군이 노몬한전투에서 패배했다는 심리적인 압력도 분명 작용했을 것이다. 그러나 엔도의 그러한 행동 자체가 한 번 전쟁이 시작되면 아무리 양심적인 군인이라 할지라도 그 양심이 흔들릴 수밖에 없음을 보여준다. 전쟁터에서 아군이 패배하면 군인은 천사로 있을 수 없기 때문이다.

전쟁이 끝난 후 엔도는 자서전에서 이시이 시로에 대해 "그는 부처님과 악마를 품고 있었다"고 비판했다.(엔도의 자서전 『중일 15년전쟁과 나』日中15年戦争と私, 164쪽) 하지만 전쟁이라는 죽느냐 사느냐의 처참한 갈림길에서 엔도 역시 결국 악마의 속삭임에 넘어가고 말았다. 전쟁이 끝난 후 그가 모든 전쟁(무력행사)에 대한 반대를 선언하게 된 데에도 이러한 경험이 작용했을 것이다. 설사 방위를 위해 어쩔 수 없이 치르는 전쟁이라 할지라도, 한 번 전쟁이 시작되면 군인의 판단력은 마비될 수밖에 없음을 몸소 느꼈기 때문이다.

1945년 8월 일본의 패전은 엔도 인생에 큰 전환점을 만들었다. 당시 엔도는 육군 항공 무기 총국장 겸 대본영 막료(중장) 지위에 있었는데, 이제 새로운 인생을 전망할 수 있는 기회가 주어진 것이다. 엔도는 군대라는 거대 조직과 구속에서 벗어나 남은 인생을 자유인으로 살고자 했다. 실제 자유의 몸이 된 엔도는 두 번 다시 조직에 몸담지 않았다. 한때 전쟁 지도자로서의 책임감 때문에 자살을 생각한 적도 있었지만(엔도의 차남, 엔도 주자부로 씨의 증언) 가족과 함께 사이타마현의 미개척지로 거주지를 옮겨 농장을 꾸리며 참회의 나날을 보냈다.

그러나 1947년 2월 엔도는 인생에서 두 번째 시련을 겪게 된다. GHQ 명령으로 2월 12일, 전범 용의자로 스가모구치소(巣鴨拘置所)에 갇히게 된 것이다. 그 옥중생활은 『일지 스가모시대』(日誌 巣鴨時代)[8]에 상세히 기록돼 있다. 일기를 읽어보면 엔도가 구치소를 본인 의식을 개조하기 위한 '학교'처럼 생각했던 것 같다. 엔도는 하루하루 규칙적인 옥중생활을 보내면서 많은 생각을 하였고 성경도 읽었다. 2월 16일자 옥중일기에는 누가복음 제11장 17절의 "예수님께서는 그들의 생각을 아시고 이렇게 말씀하셨다. '어느 나라든지 서로 갈라서면 망하고 집들도 무너진다'"는 구절이 적혀 있다. 사상을 점차 변혁시켜 왔음을 알 수 있는 대목이다.

약 1년 후 전범 혐의가 풀려 무죄로 석방된 엔도는 날이 개면 논밭을 갈고 비가 오면 글을 읽는다는 청경우독(晴耕雨讀)의 삶을 실천하며 새로운 자신을 발견했다. 엔도는 '군사가 강하면 나라가 망한다'는 중국 격언과 '칼을 쓰는 사람은 칼로 망하는 법'이라는 성경 문구에 자극을 받아 절대적인 전쟁 반대 평화주의자로 전향했다. 아울러 엔도는 자서전에서 이처럼 사상이 바뀐 것은 결코 하룻밤의 변화가 아니었다고 강조했다. 앞서 보았듯 그는 만주사변이 일어나기 직전, 세계열강들의 군비를 없앨 수 있는 '평등체감식군축구상안'을 제안한 바 있다. 즉, 본래 그의 밑바탕에는 세계의 군비를 없애고 전쟁 없는 미래사회를 구축하고 싶다는 궁극적인 이상이 깔려 있었다.

엔도의 이러한 사상은 헌법 9조로 연결됐다. 전후 일본은 전 세계의 선구자로 무장을 포기하고 평화국가로 탈바꿈한 것이다. 스가모에서 출옥한 엔도는 새로 만들어진 헌법 9조를 통해 전쟁을 하지 않는 국가로 다시 태어난 일본의 모습을 환영했다. 하지만 이 같은 엔도의 사상 전향은 전직 군인들로부터 반감을 샀다. 집중 공격을 당한 엔도는 또다시 고립되었다. 그러나 엔도는 동료들의 공격에 굴하지 않고, 중일우호와 평화헌법 옹호를 위해 노력을 아끼지 않았다. 집에 찾아오는 친구와 지인들로부터 글을 써달라고 부탁받으면 기꺼이 '재군비백해무익'(再軍備百害無益), '군비망국'(軍備亡國)과 같은 글을 써서 신념을 전파했다.

전후 엔도의 대외 활동은 1950년 전반부터 시작됐다. 아울러 일본 정부가 신중국(중화인민공화국)을 적대시하며 국교 정상화가 실현되지 않자, 어떻게든 새로운 중국 정부와 국교를 정상화시키려고 선구적 활동에 나섰다. 중화인민공화국 정부로부터 5번에 걸쳐 초대를 받은 엔도는 1956년 전직 군인들을 인솔해 푸순전범관리소(抚顺戰犯管理所[사진4])를 방문하기도 했다. 가짜 만주국을 지배했던 관동군 지도자와 고위관료들에게 스스로 배우고 그 죄를 인식하는 기회가 주어진 것이다. 엔도는 동료들을 위로하며 자신들이 저지른 죄가 용서받을 수 있도록 당시 중국 총리인 저우언라이(周恩來)와 대화를 나누었다. 일본으로 귀국한 엔도는 다시

[사진4] 푸순전범관리소 옛터와 기념비
* 신중국 정부는 전직 관동군과 만주국 고위급 관리들을 이곳에 데리고 가서 자발적으로 배우며 죄를 자각하기를 기대했다.

한 번 전쟁 책임이라는 '죄를 인식'하며 전쟁에 반대하는 평화주의자로서의 길을 쉬지 않고 달린다. 이러한 전향의 배경에는 731부대에서 한 세균무기 인체실험을 알고도 용인한 자신의 잘못을 반성하는 마음도 있었을 것이다.

필자는 2010년 9월, 일본에 유학 온 중국인 제자 장홍펑(张鸿鹏) 군과 함께 하얼빈 교외 침화일군제731죄증진열관을 견학했다. 그날 731부대 본부 건물 2층이었던 곳에서 어깨부터 가슴에 걸쳐 참모견장을 단 엔도 사부로 사진과 대면했다. 사진 속 엔도는 진열관을 찾은 내외 방문객에게 마치 '지금도 이곳에서 전쟁을 지휘한 죄를 반성하고 있다'고 말하는 것 같았다.

전쟁 후 일본의 언론사들은 전직 육군 중장인 엔도 사부로의 드라마틱한 사상 전환에 주목하며 평화주의와 헌법 9조를 옹호하는 그의 이론과 활동을 크게 보도했다. 신문 및 잡지 기사에 등장한 엔도는 나이가 많이 들었으나 기골이 장대했으며, 우수한 두뇌를 활용해 당당하게, 비전평화(非戰平和) 논객으로 본인의 이론을 전개하는 전도사의 모습이었다. 기사에 담긴 전직 장군 엔도의 사상은 그의 육성으로, 무게감이 느껴졌다. 그 격조 높은 이론은 지금도 필자의 머릿속에 깊이 남아 있다. 그는 제2차 세계대전에서 폐허가 된 일본이 더 이상 무력행사를 하지 않는 평화국가로서 그 존엄을 유지할 수 있길 바라며 1984년 10월 11일 91세의 나이로 세상을 떠났다.[9]

지극히 안타까운 일이지만, 엔도처럼 전쟁의 역사를 직시하는 넓은 시야를 가진 인물을 지금 일본의 정계에서는 거의 찾아볼 수 없다. 88세 때 엔도는 도쿄에서 자서전 출판을 기념하기 위해 모인 많은 지인들과 지식인, 정치가들 앞에서 "노병은 사라질 뿐"이라고 인사했다. 필자는 노병은 사라졌지만 그 빛나는 사상은 지금도 일본인들의 마음속에 뿌리 내려 살아있다고 믿는다. 전쟁은 절대 좋은 결과를 가져다주지 않는다. 이는 세계의 역사가 말해주는 교훈이다. 엔도는 "군인에게 무기를 주면 안 된다. 무기를 주면 군인은 그것을 쓰고 싶어진다"(요시다 고지가 소장한 녹음테이프)고 했다. 세균무기 실전 사용을 검토할 수밖에 없었던 자신의 쓰라린 경험에서 나온 솔직한 말일 것이다.

인용·참고문헌

1.「在満機関統一系統図」, 遠藤三郎所蔵　昭和9年　「対満要綱」収録
2. 溥儀自伝,『我が半生』(上), 筑摩書房, 1977, p.77
3. 遠藤三郎日誌「満洲事変中渡満日誌」(吉田　曠二,『元陸軍中将遠藤三郎の肖像—「満州事変」· 上海事変 · ノモンハン事件 · 重慶戦略爆撃』, すずさわ書店, 2012, 巻末付録. 저자가 전문을 해독하여『元陸軍中将遠藤三郎の肖像』부록에 수록. 용지는 陸軍省(萩岡奉天支店印) 편지지를 사용. 연필로 적힌 78매의 원고. 부록 마지막 부분에는 만주철도 노선을 폭파한 후의 현장 사진과 펑톈군이 작성한 항일전단지, 엔도가 사건 현장에서 관동군으로부터 입수한 사진 등이 파일링. 이 일지는 현재 엔도 가족들이 기탁한 하기야마시박물관(萩山市博物館)에 소장
4. 陸軍省新聞班,『日本戦没の回顧と我等国民の覚悟』, 1936, pp. 45-46 (출판사에 관한 기록 없음. 책 말미에 '육군성 신문반 또는 육군성' 이름 인쇄. 이 소책자는 육군성 내부 자료로 사건별로 육군성으로서의 통일적인 견해와 해석이 실림. 외부에서 질문을 받으면 이 소책자에 따라 대답하도록 배포된 소책자. 만주사변 일어난 후 순차적으로 편집 인쇄)
5. 関東軍国境要塞跡研究会, 菊池実編,『ソ満国境　関東軍国境要塞遺跡群の研究　東部国境　虎頭要塞遺跡 · 東寧要塞遺跡』, 六一書房, 2001
遠藤三郎,『日中十五年戦争と私：国賊 · 赤の将軍はいう』, 日中書林, 1974
6. A.コックス, 岩崎俊夫訳, 秦郁彦監修,『ノモンハン · 草原の日ソ戦　1939』上 · 下, 朝日新聞出版, 1989
7.「朝日新聞」１９８９年 8月２４日
8. 遠藤三郎日誌『巣鴨入所中』(別冊)　昭和21年 1月1日 -23年 9月4日
9. 吉田曠二,『将軍遠藤三郎とアジア太平洋戦争』, ゆまに書房, 2015, 巻末年譜

4부 에필로그

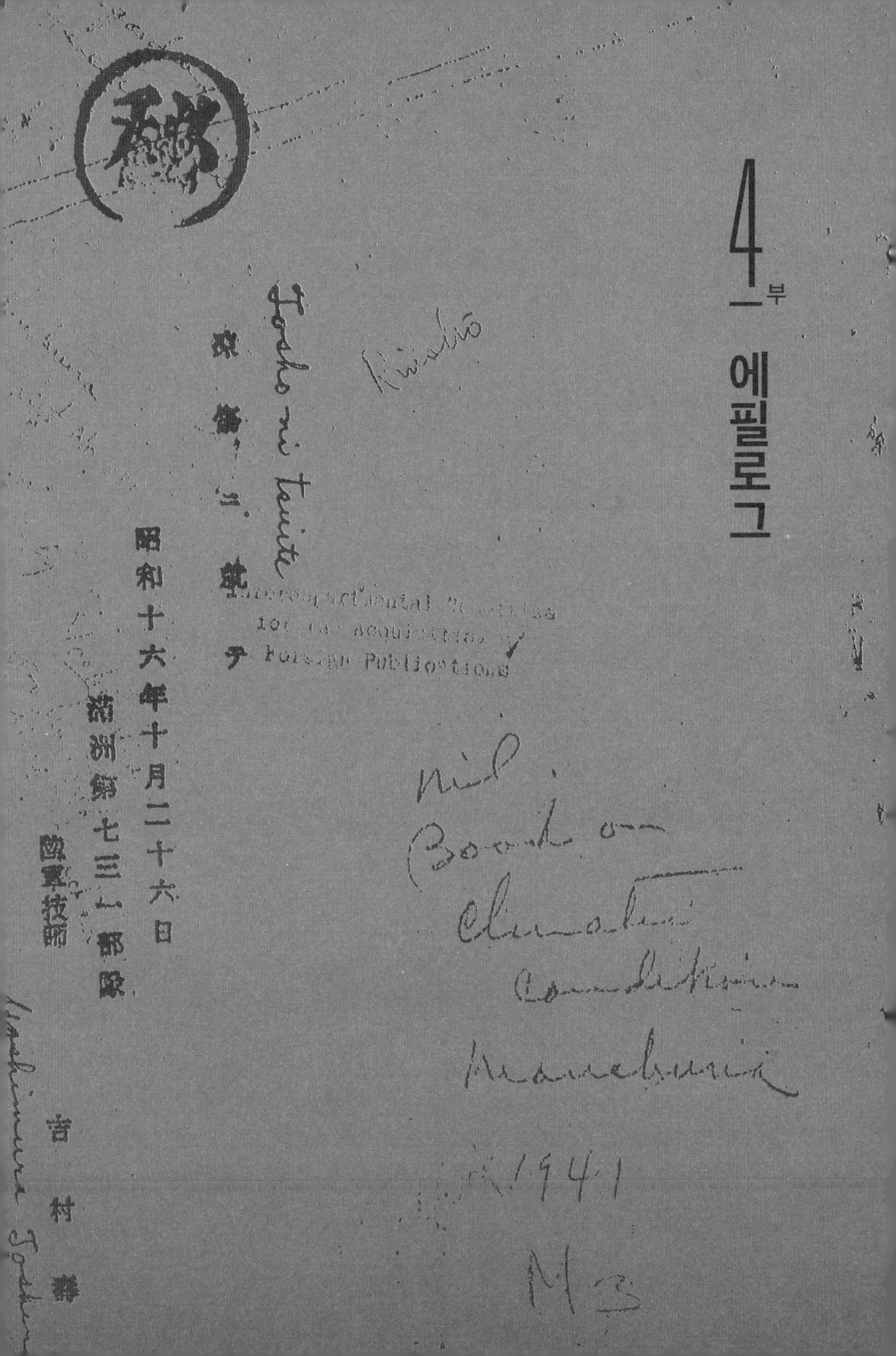

秘

凍傷ニ就テ

昭和十六年十月二十六日

満洲第七三一部隊

陸軍技師　吉村壽

Interdepartmental Committee for the Acquisition of Foreign Publications

누구나 알지만
아무도 모르는
731부대

731부대, 그 '은폐'가 초래한 것

아자미 쇼조(莇昭三)

731부대와 미국 국민

1.1 미국에서는 아무도 모른다

2007년 4월에 제27회 일본의학회총회 '전쟁과 의학'전 실행위원회가 중심이 돼 오사카에서 '전쟁과 의(医)의 윤리'라는 제목으로 심포지엄을 개최했다. 이 심포지엄에 참석한 위클러(Daniel Wikler) 하버드대학 공중위생학부 교수는 다음과 같이 말했다.

> 저는 미국에서 연구윤리에 대해 자주 강의를 합니다.…그런데 강의에서 731부대에 대해 물어봐도 손을 드는 사람은 한 명, 아니 한 명도 없을 때도 있습니다.…왜 731부대에 대해 아는 사람이 이렇게 적을까요? 그것은 미국이 지금까지 이 문제를 숨기려고 했기 때문입니다.[1]

1.2 냉전과 은폐

제2차 세계대전 후 일본에 주둔한 미국 점령군은 소련 검찰관이 731부대 관계자의 심문을 요구하자 다음과 같은 태도를 취했다.

> 미국에게 일본의 생물전 데이터는 국가 안보차원에서 매우 가치가 높으며 '전범' 소추보다 훨씬 중요하다.…국가 안전을 생각할 때, 일본의 생물전 전문가를 전범에 처해 그 정

보를 다른 국가가 입수하게 하는 것은 유리한 계책이 아니다.…얻은 정보를 내부정보망에 잘 보관해야지, 전범 증거로 사용해서는 안 된다.[2]

미국은 전쟁 범죄인으로 고발해야 할 731부대 관계자를 '냉전' 협력자로 만들기 위해 그 죄를 '면책'했고 그들이 얻어낸 세균전 등에 관한 노하우를 끌어내기 위해 731부대의 모든 것을 은폐했다. 즉, 731부대에 관여한 일본인으로부터 정보를 얻어 미국에 유리하게 이용하는 것이 국책에 부합한다고 판단한 것이다.

위클러 교수가 지적한 것처럼 오늘날 미국인이 731부대 문제에 대해 관심이 거의 없는 것은 당시 미국과 소련의 냉전체제에서 미국 정부와 군부가 731부대 문제를 처음부터 은폐해왔기 때문이다. 이러한 은폐가 미국에서는 '모른다', 일본에서는 '엮이고 싶지 않다'는 국민의 의식상태를 만든 것이다.

1.3 윤리적 방기

미국은 제2차 세계대전이 끝난 후 나치스 독일의 의학범죄를 뉘른베르크 재판에서 심판했으며 새로운 '의료윤리' 강령인 뉘른베르크 강령을 제정해 후에 제정되는 헬싱키 선언의 기초를 만들었다. 그럼에도 불구하고 일본에서 오랫동안 731부대가 은폐되어온 것은 냉전이라는 정치적, 역사적 배경이 있었기 때문이다.

실제 미국 육군의 의학연구시설인 포트 디트릭(Fort Detrick)[3]에서 주임을 맡았던 에드윈 V. 힐(Edwin V. Hill)은 "조사를 통해 모은 증거는 우리가 세균전 개발을 하는 데 있어 귀중한 정보다. 그것은 일본인 과학자들이 수백만 달러와 여러 해 연구를 통해 얻은 성과이다.…이러한 정보는 인체실험에 대한 양심의 가책 때문에 우리 실험실에서는 얻을 수 없다. 이 데이터를 입수하기 위해 든 비용은 25만 엔이며 실제 연구를 하는 데 든 비용과 비교하면 아주 소액에 불과하다"[4]고 말한 바 있다.

"일본의 생물전과 화학전에 관한 비밀을 입수하려고 혈안이었던 포트 디트릭연구소 연구자들은 이미 1945년 10월 시점에서 일본 연구자들과의 논의를 통해 윤리적 문제를 모두 방기"한 것이다.[5]

1.4 무관심과 양심

이러한 미국의 은폐 정책은 오늘날까지 계속되는 미국 국민의 731부대 문제에 대한 무관심의 근원이기도 하지만, 미래 세균전에 대한 막연한 불안감[6]의 근원이기도 하다.

캘리포니아대학 피부과학 마이클 프란츠블라우(Michael Franzblau) 교수는 "731문제를 외면하는 것은 일본 의사들이 스스로의 품위를 떨어뜨리는 행위"라고 말했다. 그는 2004년, 2007년, 2008년에 열린 세계의사회 '준회원회의'에서 731부대 문제에 대한 일본의사회의 해명을 촉구하는 결의안을 제출했으나 모두 부결됐다.

앞서 언급한 위클리 교수는 "특히 과거 세대의 잘못이 은폐되었을 경우 현세대가 그 부담을 고스란히 떠안아야 한다.…또한 미국과 일본이 안고 있는 문제는 세계의 문제이기도 하다"[1]고 말한 바 있다. 지금 미국 정부에 요구하고 싶은 것은 종전 후 일본에서 수집한 731부대 관련 자료를 모두 공개할 것[7]과 관계자 '면책' 사실을 반성하는 것이다.

2. 일본 정부와 731부대 문제

2.1 731부대에 대한 대본영과 GHQ의 기본 태도

일본 대본영은 종전 직전인 1945년 8월 10일, 핑팡 731부대에 수용되었던 '마루타' 전원을 살해하고 모든 시설과 자료를 없애라고 지시했다. 연구부 기사들을 비행기로 곧장 귀국시켰으며, 그 외 대원들도 특별열차로 재빨리 일본으로 귀환시켰다.(일부는 소련에 억류) 일부 대원들이 중국의 푸순(抚顺)과 타이위안(太原) 전범관리소에서 군사재판을 받았지만(28명이 12-20년의 금고형에 처해짐) 형기가 만료되기 전에 모두 풀려나 귀국했다.

전쟁 후 731부대원들에 대한 GHQ의 기본 태도는 앞에 쓴 바와 같이 전범 면책이었다.[8·9·10] GHQ는 일본에 진주하자마자 731부대원에 대한 조사를 시작했다. 1945년 9월 머리 샌더스(Murray Sanders)가 나이토 료이치(内藤良一) 군의와 접촉하는데, 이 시점에 이미 '731부대에 대한 전범 면책'이 약속된 상황이었다. 그 후 노버트 펠(Norbert H.

Fell)과 에드윈 힐 등도 731부대 관련 의학자 조사를 진행했다.

2.2 731부대에 대한 일본 정부의 기본 태도

1950년 3월 1일 중의원 외무위원회에서 기쿠나미 가쓰미(聽涛克己) 의원이 731부대와 이시이 시로에 대해 질문했다. 이 질문에 대해 우에타 슌키치(殖田俊吉) 법무대신은 "세균전술에 관한 일본인 전쟁범죄 문제에 대해서는 정부가 관여할 문제가 아니라고 생각합니다.…정부는 그러한 사실에 대해 듣긴 들었습니다만 이것을 조사할 권능도 가지고 있지 않으며 또한 이를 조사할 필요도 없습니다"라고 답변했다. 그리고 다음해 9월 미국의 주도로 '샌프란시스코평화조약(제2차 세계대전 종결을 위한 강화조약)'이 체결되었다.

1982년 4월 6일에 열린 참의원 내각 위원회에서는 사카키 도시오(榊利夫) 의원이 '관동군방역급수부에 소속돼 있던 군인, 군속'과 '생체실험'에 대해 질문했다. 이 질문에 대해 외무성 안전보장과장은 "지적하신 사실이나 그것에 관한 기록이 있는지에 대해서는 파악하고 있는 것이 없습니다"고 답변했다.

그리고 1997년 12월 17일에 열린 참의원에서 구리하라 기미코(栗原君子) 의원이 "1989년 9월 19일자 「아사히신문」에 따르면, 미국의 육군기록관리부장인 존 H. 헤처(John H. Hatcher)가 731부대에서 입수한 자료를 박스에 넣어 일본 정부에 반환했다는데 이 자료들은 지금 어디에 있는지" 물었다. 이에 대해 사토 겐(佐藤謙) 방위청 방위국장은 "방위청에서는 1958년에 미국이 압수한 구 육군 자료를 반환받아 전쟁사(戰史)에 관한 조사 연구에 활용하고자 현재 방위연구소에서 약 4만 건의 자료를 보관 중입니다.…하지만 세균전과의 연관성을 보여주는 자료는 존재하지 않으며…관동군방역급수부를 언급한 것이 총 4건 확인되며…세균전과의 연관성은 없습니다"라고 답변했다.

이어 1999년 2월 18일 다나카 코우(田中甲) 중의원 의원도 "미국에서 반환된 자료에 대해" 질문했다. 이에 대해 노로타 호세이(野呂田芳成) 방위청 장관은 "(생체실험했다는) 해당 부대의 구체적인 활동 상황에 대해 알 수 있는 자료는 존재하지 않는 것으로 알고 있습니다"라고 답했다.

2012년 6월 15일에는 핫토리 료이치(服部良一) 중의원 의원이 731부대가 세균전을 실시했다는 사실을 보여주는 '가네코논문(金子論文)'을 토대로 일본 정부의 세균전 관여 사실에 대해 추궁했다.[11] 이에 대해 겐바 고이치로(玄葉光一郎) 국무대신은 "정부 내부에는 발견된 자료가 없습니다"라고 과거와 같은 답변을 반복했다.

이처럼 일본 정부는 731부대 문제에 대해 '정부가 관여할 바가 아닌 문제'라며 모든 책임을 회피해 왔다.

2.3 중국의 세균전 피해자에 대한 손해배상소송과 일본 정부

한편, 2002년 8월 27일 731부대 세균전 국가배상청구소송(원고 중국인 피해자 180명) 판결에서 도쿄지방법원은 731부대 등 구 제국 육군 방역급수부가 생물무기 개발을 위해 연구 및 제조를 실시하여 중국 각지에서 세균무기를 실전 사용(세균전)한 사실을 인정했다.

즉, 판결은 "731부대는 육군 중앙의 지령에 따라 1940년 저장성(浙江省) 취저우(衢州)와 닝보(宁波), 1941년 후난성(湖南省) 창더(常德)에 페스트균을 감염시킨 벼룩을 상공에서 살포하고 1942년 저장성 장산(江山)에서 콜레라균을 우물이나 음식물에 넣는 등의 방법을 이용해 세균전을 실시했다. 페스트균 전파로 인해 피해 지역이 8곳으로 늘어났으며 약 1만 명의 사망자가 나왔다"는 점을 인정했다. 그러나 원고(중국 측 희생자)의 청구(사죄와 배상)에 대해서는 전면적으로 기각했는데, 그러면서도 "본 건 세균전 피해자에 대해 일본이 어떠한 보상을 검토한다면…어떤 내용으로 대처할지는 국회에서…여러 사정을 전제로 고차원의 재량에 따라 결정해야 하는 문제로 해석된다"고 지적하며, 정부가 문제 해결에 대응해야 한다고 봤다.

그 후 2009년 11월 15일 '15년전쟁과 일본의 의학의료연구회'는 '731부대에 관한 미국 반환 문서 공개'를 정부에 요청했다. 이어 2010년 1월 21일 '전쟁과 의(医)의 윤리를 검증하는 모임'도 '731부대 관계 자료 등의 전면 공개'를 정부에 요청했다. 하지만 2009년과 2010년 모두 지금까지와 마찬가지로 '일본 정부가 관여할 수 없는 문제'라며 거부당했다. 이처럼 일본 정부는 오늘날까지도 731부대 문제에 대해 '문제 삼을 수 없는 문제'로 방관, 방치하여 책임을 지려 한 적이 없고, 윤리적 추궁마저 방해했다.

3. 731부대와 일본의사회, 일본의학회

3.1 731부대에 대한 일본의사회(계)의 인식

"일본의 의사를 대표하는 일본의사회는 이번 기회에, 전쟁 중 적국 국민에게 가한 잔혹 행위를 공연히 비판함과 동시에, 실시된 것이 확실하거나 주지의 사실로 알려진, 환자에 대한 잔혹 행위에 대해 규탄한다."[12] 이는 일본의사회가 1949년 세계의사회(WMA)에 가입할 때, 세계의사회의 요구에 따라 작성한 성명이다. 성명은 731부대의 존재와 비인도적 행위에 대해 지극히 애매한 인식과 견해를 표명하고 있을 뿐이다. 전쟁 후 수십 년이 흘렀으나 일본의사회가 731부대 문제에 대해 공식으로 '발언'한 것은 이 애매한 성명밖에 없다. 즉, 전쟁이 끝나고 지금까지 '일본의 의사들이 전쟁 중 잔혹한 행위를 했다고 하는데 유감스럽다'고 말한 정도에 불과하다. 731부대 문제는 완전히 남의 일로 치부됐고, 진지한 반성이 담긴 발언은 없었다.

3.2 731부대 간부 군의, 간부 기사의 직장 복귀

731부대의 간부 군의와 간부 기사는 전쟁이 끝난 후 거의 전원이 각 대학 의학부 등 교직으로 복귀했다. 패전 후 일본에 귀국한 731부대 간부 의사들은 각 대학 의학부와 연구기관, 제약회사 간부가 되었다.[13] 일본 정부도 각 의학회도 731부대 관계자가 전범으로 소추되지 않음을 알고 그들의 복귀를 용인한 것이다. 이러한 복귀 상황은 당시 패전의 혼란 속에 놓였던 일반 국민들의 그것과는 하늘과 땅 차이였다.

3.3 일말의 반성도 없는 관련 의사들과 학술단체

1952년 10월 24일 제13회 일본학술회의가 개최되었다. 당시 국제사회는 한국전쟁의 세균전 여부에 주목하고 있었다. 마침, 731부대가 행한 세균전에 대해 반성하던 일본학술회의의 일부 과학자들이 일본 정부에 '세균 무기 사용 금지에 관한 제네바의정서 비준' 촉진에 관한 결의안을 제안했다(히라노 요시타로平野義太郎, 후쿠시마 요이치福島要一 등이 주도). 그러나 이 결의안은 의학 분야의 제7부 회원의 반대 제안으로 부결됐다. 이들의 반대 이유는 "일본은 전쟁 포기를 선언했는데 전쟁 시의 문제를 다루는 조약을 비준하자는 건 사리에 어긋난다", "오늘날 세균은 무기로 사실상 실용화될 수 없으니 아무쪼록 안심하십시오" 등이었다.

이 제네바의정서 비준 반대 제안의 선봉에 선 인물은 기무라 렌(木村廉)과 도다 쇼조(戸田正三)였다. 기무라 렌은 당시 나고야대학 학장으로, 전시 중에는 교토제국대학에서 세균학을 가르쳤으며 육군군의학교 방역연구소 촉탁이었다. 도다 쇼조는 당시 가나자와대학 학장으로 전시 중엔 교토제국대학 의학부 교수이자 육군군의학교 방역연구실 촉탁이었다. 특히 도다는 교토제국대학에서 731부대로 파견할 의학자들을 총괄 관리하는 역할을 맡았다.

전쟁 後 731부대에서 행한 인체실험으로 얻은 '업적'을 학회지에 발표하거나,[14] 731부대에서 얻은 '업적'으로 학위 신청을 한 의사도 다수 있었다.[15] 이처럼 일본의사회와 각 의학회는 물론 일본의 많은 교수회가 731부대의 반윤리적 연구를 전쟁 후에도 아무런 추궁 없이 용인해왔다.

3.4 세계의사회

세계의사회는 1947년 파리에서 27개국 의사회가 모여 만들었다. 나치스 독일의 의사들이 저지른 비윤리적 행위에 대한 반성을 통해 의학계가 국제적 연대를 강화해야 한다는 취지였다. 따라서 독일과 일본 의사회의 경우에는 세계대전에서 저지른 '의학범죄'에 대한 반성 표명이 가입 전제 조건으로 요구됐다. 앞서 언급한 일본의사회의 애매한 성명은 바로 이 가입 조건을 충족시키기 위해 작성된 것이었다.

그런데 1996년 10월, 제48회 세계의사회 '준회원총회'에서 미국의사회의 프란츠블라우 씨가 일본의사회가 가입 시 낸 성명이 가입 조건을 충족시키기엔 부족하다며 731부대 문제를 정식으로 반성하는 성명을 다시 내야 한다는 주장을 했다. 이에 대해 제48회 총회는 "본건은 이미 끝난 문제"라며 제안을 부결했다.

그 후 세계의사회에서 731부대 문제가 다시 논의된 것은 2002년 10월 워싱턴 총회 때였다. 프란츠블라우 씨가 다시 '준회원총회'에서 지난번과 거의 동일한 제안을 한 것이다.[16] 하지만 이 제안도 부결되었다. 2004년 10월 제29회 총회가 도쿄에서 개최되었을 때 또다시 프란츠블라우 씨가 문제를 제기했으나 이번에도 결국 부결되었다. 제안이 부결된 주요 요인은 일본의사회의 반대였다. 결국 현시점에서는 세계의사회에서 731부대 문제를 다루지 않고 있다.

3.5 731부대 문제를 둘러싼 최근 '일본의학회'의 태도

2007년 3월 제27회 일본의학회 총회가 오사카에서 개최됐다. 일부 회원들이 총회에서 '731부대 문제 심포지엄'을 개최하자는 제안을 했고, 그들은 실제 패널 전시와 심포지엄을 개최하기 위해 많은 준비를 했다. 그러나 결국 총회 행사장 한 편에서 소규모로 '731부대 문제 패널 전시'만 하도록 허락되었다. 심포지엄 개최를 제안했던 의사들은 이에 굴하지 않고 곧바로 '전쟁과 의학전 실행위원회'를 조직해 오사카의 다른 행사장에서 패널 전시와 '전쟁과 의료 윤리 심포지엄'을 개최했다.

2011년 4월 제28회 의학회 총회는 도쿄에서 개최될 예정이었다. 뜻 있는 의사들이 총회에 앞서 관련 전문가를 소집하고 '전쟁과 의료 윤리 검증을 추진하는 모임'을 만들었다. 이들은 제28회 일본의학회 총회 사무국에 '의료 윤리 관련 심포지엄' 개최를 제안했다. 하지만 의학회 총회 측의 적극적인 대답을 얻지 못한 상황에서 3월 11일 동일본대지진이 일어나 제28회 의학회 총회 자체가 취소되고 말았다.

2015년은 교토에서 제29회 일본의학회 총회가 개최될 예정이다. '전쟁과 의료 윤리 검증을 추진하는 모임'이 다시 일본의학회 총회 사무국과 협상해 731부대 문제를 포함한 의료 윤리를 논의하는 심포지엄 개최 필요성을 호소했다. 하지만 현시점에서는 개최 여부가 불투명하다.[1]

3.6 교토대학 의학부자료관 전시패널 철거 사건

최근 일본의학계에서 731부대와 의료윤리를 둘러싸고 간과할 수 없는 사건이 일어났다. 그것은 2014년 2월에 일어난 교토대학 의학부 자료관의 전시패널 일부가 철거된 사건이다. 철거된 패널은 교토대학 병리학교실과 731부대의 관계가 나온 연표였던

---

1. 결국 2015년 제29회 일본의학회 총회에서도 과거사를 논의하는 심포지엄은 열리지 못했다. 대신 '의료 윤리-과거 현재 미래 기획실행위원회(「医の倫理」- 過去 · 現在 · 未来 - 企画実行委員会)'에서 2015년 4월 12일 '역사를 바탕을 둔 일본 의료윤리의 과제'(歴史を踏まえた日本の医の倫理の課題)라는 주제로 별도 심포지엄을 개최하였다.(https://hodanren.doc-net.or.jp/inorinri2015/main.html 참고)

것으로 알려져 있다. 이 전시와 철거는 731부대 문제를 진지하게 반성하려는 사람들과 이에 끝까지 반대하는 사람들 간의 갈등을 상징한다.

필자도 철거된 패널은 교토대 병리학 교실사 연표였다고 생각한다. 그 이유는 2009년 6월에 개최된 '15년전쟁과 일본의 의학의료연구회' 제26회 회의에서 특별강연(이 책의 1부 두 번째 글 참조)을 한 교토대학 병리학교실 전임 교수인 스기야마 다케토시(杉山武敏) 씨가 작성한 연표로 추정되기 때문이다.[17] 이 강연에서 스기야마 씨가 발표한 '교실 연표'에는 1930년대 기요노 겐지(清野謙次) 교수를 중심으로 교토대학과 교토대학 병리학 교실이 731부대의 이시이 시로와 어떤 관계를 맺고 있었는지 적나라하게 나와 있었다.

이 패널의 작성과 전시, 그리고 이것의 철거[18]는 오늘날 일본의학회(계)의 731부대 문제에 대한 인식을 고스란히 보여준다.

* 본고는 2014년 10월 14일 동북아역사재단 주최로 서울에서 열린 국제학술회의 '일본군 731 부대의 교훈과 기억의 공유' 에서 필자가 발언한 내용을 보강한 것이다.

인용·참고문헌

1. 第27回日本医学会総会出展「戦争と医の倫理」展実行委員会編, 『戦争と医の倫理』, かもがわ出版, 2007, p.17, p.30

2. 国務 · 陸軍 · 海軍三省調整委員会極東小委員会-SFE188-2, 1947年 8月1日. 常石敬一編, 『標的 · イシイ』, 大月書店, 1984, p.416

3. 지금은 미국육군감염증의학연구소가 되었다. 1943-69년은 생물무기프로그램시설이었다.

4. シェルダン H. ハリス, 『死の工場』, 柏書店, 2008, p.287

5. W. La Fleur, 『悪魔の医療史』, 勁草書房, 2008, p.150

6. 미국탄저균사건. 2001년 9월 18일, 10월 9일의 탄저균봉투사건

7. 増田知貞大佐尋問記録 (太田昌克, 『731免責の系譜』, 日本評論社, 1999), p.201

8. 常石敬一編, 前掲書, p.416

9. シェルダン H. ハリス, 前掲書, p.305, p.309

10. 「朝日新聞」 1983年 8月14日付

11. 松村高夫, 「旧日本軍による細菌兵器攻撃の事実」, 『月刊保団連』 1102号, 1951

12. 1949年 3月30日, 日本医師会長高橋明, 『日本医師会誌』 26(1), 1951, p.71

13. 전쟁 후 731부대 관계자의 취업 상황. 필자가 각종 자료를 바탕으로 작성.
   * 다나카 히데오(田中英雄) 731부대 → 오사카시립대학 의학부장
   * 다베이 가나우(田部井和) 731부대 → 교토대학의학부
   * 도코로 야스오(所安夫) 731부대 → 도쿄대학 병리학부, 데이쿄대학 의학부

* 나이토 료이치(内藤良一) 방역연구실 → 일본녹십자회장
* 나카구로 히데토시(中黒秀外之) 731부대 → 육상자위대위생학교 교장
* 호소야 세이고(細谷省吾) 방역연구실 → 도쿄제국대학 부속 전염병연구소장
* 마스다 미호(増田美保) 731부대 → 방위대학
* 미나토 마사오(湊正男) 731부대 → 교토대학
* 무라타 료스케(村田良介) 방역연구실 → 국립예방위생연구소 제7대 소장
* 야기사와 유키마사(八木沢行正) 731부대 → 항생물질협회
* 야마구치 가즈키(山口一季) 731부대 → 국립위생시험소
* 요시무라 히사토(吉村寿人) 731부대 → 교토대학방공의학교실, 교토부립의대
* 야나기사와 겐(柳沢謙) 방역연구실 → 국립예방위생연구소 제5대 소장
* 도다 쇼조(戸田正三) 전쟁 후 초대 가나자와대학 학장
* 안도 고지(安東洪次) 다롄위생연구소 → 다케다약품 고문
* 이시카와 다치오마루(石川太刀雄丸) 731부대 → 가나자와대학
* 에지마 신페이(江島真平) 731부대 → 국립예방위생연구소
* 오가타 도미오(緒方富雄) 방역연구소 → 도쿄대 의학부
* 오카모토 고조(岡本耕造) 731부대 → 효고의대 · 도호쿠대학 등
* 오가와 도루(小川透) 1644부대 → 나고야대학 의학부
* 가사하라 시로(笠原四郎) 731부대 → 기타사토연구소
* 가스가 주젠(春日仲善) 731부대 → 기타사토연구소
* 기타노 마사지(北野政次) 731부데 → 일본 녹십자 이사
* 기무라 렌(木村廉) 방역연구실 → 교토대 세균학교실
* 구사미 마사오(草味正夫) 731부대 → 쇼와약과대학
* 고지마 사부로(小島三郎) 1644부대 → 국립예방위생연구소 제2대 소장
* 고다마 히로시(児玉鴻) 731부대 → 국립예방위생연구소 초대 소장
* 쇼지 린노스케(正路倫之助) 방역연구실 → 교토대
* 소노구치 다다오(園口忠男) 731부대 → 육상자위대위생학교, 구마모토대

14. 요시무라 히사토(吉村寿人)는 731부대에서 한 실험을 『*Journal Physiology*』에 발표했다. (刈田啓史郎, 『15年戦争と日本の医学医療研究会誌』 6(2), 13)
15. 스즈키 히로유키(鈴木啓之), 오타구로 이이치로(大田黒猪一郎), 야마모토 모토키(山中大木), 그외 다수(西山勝夫, 『15年戦争と日本の医学医療研究会誌』 5(1), 13(1)) 및 西山勝夫, 『戦争と医学』, 文理閣, 2014, pp. 199-236
16. 1932년부터 1945년 사이 일본제국 군대에 속한 일본인 의사가 한 비인도적 행위에 대해서는 이미 명백히 증명되었다.
    ① 일본의사회가 이 부대에 속했던 의사들의 만행과의 관계에 대해 공식적으로 부인한 기록은 지금까지 없다.
    ② WMA 창립 근간은 의사들의 행위와 1933년부터 1945년에 걸쳐 나치스 독일의 의사들이 저지른 만행을 고증하는 것에 있다.
    ③ WMA는 앞서 언급한 것과 같은 만행이 다시 되풀이되지 않도록 세계 의사들의 윤리적 행위 수준을 끌어올리는 데 존재 의미를 갖는다.
    ④ WMA는 일본의사회에 1932년부터 1945년까지의 일본제국 육군 군대인 731부대와의 관계에 대해 공식적으로 부인하는 것을 요구해야 한다.
    ⑤ 일본의사회는 일본 정부에 대해 인류에 반하는 살육과 범죄행위를 저지른 731부대 소속 의사가 여태까지 소추되지 않은 이유에 대해 설명하도록 요구해야 한다.
17. 杉山武敏, 「京大病理教室史における731部隊の背景」, 『15年戦争と日本の医学医療研究会会誌』 10(7), 2009, pp. 1-10
18. 「京都新聞」 2014年 5月20日付 「表現が不適切との声があったため」 撤去

마치며

凍傷ニ就テ

昭和十六年十月二十六日

満洲第七三一部隊

陸軍技師 吉村壽人

Tosho ni tsuite

nil
Book on
Climatic
Conditions
Manchuria
1941
M3

마 | 치 | 며

이 책에서 다뤘듯이 731부대는 '인체실험'과 '생체해부' 등으로 중국인을 비롯한 3,000명이 넘는 '마루타'를 죽음에 이르게 했다. 여기에는 당시 대학 의학부에 있던 의학자와 의사들, 그리고 일본의학회도 가담했다. 그러나 전쟁 후 미국의 '실험 결과 은폐'와 '면책 거래'로 731부대에 관여한 의학자 및 의사들 대다수는 아무런 처벌 없이 의학계와 의료계 요직으로 복귀했다.

전쟁이 끝난 후 일본의사회 간부는 공직 추방되었으며 일본의사회는 새로운 조직으로 다시 태어났다. 일본의학회는 일본의사회의 산하 조직으로서 일본의 주요 의학회가 가입하는 의학계 대표 조직이 되었다. 그리고 일본의사회는 세계의사회 이사회의 '제2차 세계대전에서 저지른 잔혹 행위를 비난하는 성명문' 요구에 따라, 1949년 3월 30일 개최된 일본의사회 연차대의원회에서 "일본의 의사를 대표하는 일본의사회는 이번 기회에 전쟁 중 적국 국민에게 가한 잔혹 행위를 공연히 비판함과 동시에 실시된 것이 확실하거나 주지의 사실로 알려진 환자에 대한 잔혹 행위에 대해 규탄한다"는 회장 성명문을 만장일치로 결의 채택했다.(1951년 5월 22일 가입각국의사회에 배포된 세계의사회문서 36.18/51 인용) 이를 제출한 일본의사회는 세계의사회 가입을 허가받았다. 그럼에도 불구하고, 일본의사회는 과거 전쟁에 가담한 사실이나 일본 의학자 및 의사들이 저지른, 인류에 반하는 잔혹한 인체실험과 생체해부 등의 문제를 진지하게 다루지 않았다. 오히려 의학계와 의료계는 이에 대해 금기로 여겨 왔다.

독일에서는 1980년대 말 베를린의사회가 "나치즘 속에서 의사들이 한 역할과 잊을 수 없는 희생자의 고통에 대해 떠올리며 의사 조직을 결성하고 있는 그들 스스로의 과거와 나치즘에 관여한 의사들의 책임을 문제" 삼는 성명을 공식으로 발표했으며, 독일 연방의사회의 협조를 얻어 『인간의 가치-1918년부터 1945년까지의 독일 의학』(1989년)을 간행했다.

일본의 의학 및 의료 분야에서는 독일과 같은 움직임이 전혀 보이지 않았으나, 1995년 8월 10일 오사카보험의협회 이사회는 일본 의사단체 중 처음으로 '전후 50년을 맞이하여 침략전쟁에 대한 반성과 반전 · 평화를 위한 개업의 결의'를 발표하였다. 12월 17일에는 전국보험의단체연합회(보단련)가 '전후 50년을 맞이하여 반전 · 평화를 위한 일본의사로서의 결의'를 발표했다. 보단련은 2005년 '관동군 731부대를 둘러싼 의사 · 의학자들의 전쟁 책임을 생각한다'라는 제목의 국제심포지엄을 개최하기도 했다.

2000년에는 우리 '15년전쟁과 일본의 의학의료연구회'(이후 전쟁과의학연구회)가 만들어졌다. '의학계 · 의료계의 전쟁 책임에 대해 스스로의 문제로 직시하고, 일본의 의학과 의료에 종사하는 사람들의 양심을 발휘하자'는 취지를 내걸고 협동연구가 시작된 것이다. 1년에 2-3번 연구 정례회를 개최하고 연구 성과를 발표하는 독자적인 장으로 1년에 2번씩 회지를 발행하고 있다. 아울러 2002년에 열린 중일의학대회에서 전쟁과의학연구회에 대한 활동 소개를 보고한 것이 계기가 되어 2004년부터 '전쟁과 의학' 중국방문조사단을 파견하고 있다.

2006년에는 전쟁과의학연구회 제안으로 오사카보험의협회와 오사카민주의료기관연합회, 현대의료를 생각하는 모임 등이 함께 뜻을 모아 제27회 일본의학회총회 '전쟁과 의학전 실행위원회'(이후 실행위원회)를 만들었다. 실행위원회는 일본의사회에 과거를 진지하게 마주할 것을 요청했으나, 안타깝게도 2007년 4월에 열린 제27회 일본의학회총회에서 그런 자리는 마련되지 않았다. 결국 실행위원회는 제27회 일본의학회총회가 개최되던 오사카시에서 독자적으로 '전쟁과 의학' 전시회 및 국제심포지엄을 개최해야 했다.

그 후 실행위원회는 2009년 보단련과 전일본민주의료기관연합회, 전쟁과의학연구회, 현대의료를 생각하는 모임 등이 참여하는 '전쟁과 의료 윤리 검증을 추진하는 모임'(이하 검증추진모임)으로 발전했다. 이것은 전국의 같은 뜻을 가진 의학자와 의사, 의료종사자와 관련 단체들이 '과거'를 직시하는 활동을 일상적으로 추진하는 모임이며 일본에서 처음 생긴 전국 조직이다. 이 검증추진모임은 과거 실행위원회가 했던 요구를 일본의학회총회에 다시 제안했다. 그러나 2011년 4월에 열릴 예정이었던 제28회 일본의학회총회에서도 '과거를 직시하는' 기획은 포함되지 않았다.

검증추진모임은 2012년 11월 17일 교토대학 100주년 시계탑기념관 대강당에서 '전쟁과 의학' 전시회를 열고, 독일에서 패널리스트를 초청해 전국의 의학자와 의사, 시민들과 함께 생각하고 토론하는 국제심포지엄을 개최했다. 그간 일본의학회는 "대의원 결의가 없다"거나 "가입을 허가한 각 학회에서 모집한 주제에 대해 조정하는 것이 주요 목적이며 그 이외의 주제에 대해서는 원칙적으로 다루지 않기로 되어 있다", "기획 내용이 총회 참가자의 관심을 끌고 다수의 참여자를 기대할 수 있을지가 중요하다"는 등의 이유를 들어 전쟁에 가담한 과거를 진지하게 마주할 책임을 방기해왔다. 각 학회와 전국의 대학 의학부, 의과대학 역시 검증추진모임으로부터 전시패널에 관한 책자와 설문지 및 조사표를 받았으므로 자신들의 '과거'를 되짚어볼 수 있는 기회가 몇 번이나 있었는데도 불구하고 검증하지 못한 채 현재에 이르고 있다.

2015년 4월 제29회 일본의학회총회는 이시이 시로 731부대장을 비롯하여 많은 부대원을 배출한 교토대학을 중심으로 교토에서 24년 만에 개최되었다. 교토대학 총장이자 의학부장이던 이무라 히로오(井村裕夫)가 회장을 맡은 제29회 일본의학회총회는 전쟁이 끝난 지 70년 되는 특별한 해에 개최되었기에 일본의학회가 진지하게 '과거'를 직시할 수 있는 더할 나위 없는 기회였다. 검증추진모임의 요청에 따라 2013년 말에는 제29회 일본의학회총회의 이무라 히로오 회장과 나카무라 다이조(中村泰三) 조직위원회 사무국장, 고이즈미 아키오(小泉昭夫) 전시위원회 부위원장(교토대 교수), 오노 데루후미(大野照文) 교토대학종합박물관 관장(교토대 교수)과의 공식 간담회도 이루어졌다.

2014년 1월 12일에는 이 '일본의학회총회 2015 간사이' 개최를 위해 '의료 윤리-과거 · 현재 · 미래-기획실행위원회'(대표, 교토부보험의협회 가키타 사치코垣田さち子 이사장)가 설립되었다. 그리고 그 바로 직후인 2월 11일에 열린 교토대학 기초의학기념강당 완공기념행사에서 731부대와 교토대학 의학부의 관계를 보여주는 자료가 전시되었다. 이는 교토대학 의학부가 전쟁에 가담한 과거의 오점을 처음으로 공개했다는 점에서 주목할 만한 일이었다. 하지만 얼마 지나지 않아 전시는 철거되었으며 그 이유도 밝혀지지 않았다.

'제29회 일본의학회총회 2015 간사이'도 결국 과거를 진지하게 되돌아볼 수 있는 기획을 하지 않았다. '의료 윤리-과거 · 현재 · 미래-기획실행위원회'는 이 일본의학회총회와 병행하여 4월 12일 '역사를 근거로 한 일본의 의료 윤리 과제'라는 주제로 영상, 강연, 대담, 심포지엄을 교토시 지온인(知恩院)에서 개최했다. 이 행사장을 가득 메운 참가자들의 진지한 열의로 '전쟁과 의료 윤리'에 관한 검증은 한 단계 더 발전할 수 있었다.

이에 힘입어 전쟁과의학연구회는 전후 70년을 맞이하여 지금까지 연구 · 조사한 내용을 정리해 출판하게 되었다. 아쉽게도 저자 중 몇 분은 세상을 뜨셨다. 이 자리를 빌려 고인들의 명복을 빈다.

마지막으로, 도서출판 분리카쿠(文理閣) 구로카와 미후코(黒川美富子) 대표님은 졸저 『전쟁과 의학』(2014)에 이어 이번 책도 흔쾌히 받아주셨고 출판에 이르기까지 많은 지원을 해주셨다. 분리카쿠를 비롯해 협력해주신 모든 분께 진심으로 감사드린다.

전쟁과의학연구회는 앞으로도 전쟁범죄를 은폐하려는 거대한 어둠에 맞서 양심의 등불을 밝히고 조사 연구에 최선을 다할 것이다. 이 책이 일본 의학계와 의료계의 전쟁 가담 그리고 그들이 저지른 의학 범죄가 두 번 다시 반복되지 않도록 하는 데 조금이나마 도움 되기 바란다.

니시야마 가쓰오(西山勝夫)

편집책임자, '15년전쟁과 일본의 의학의료연구회' 사무국장

필 | 자 | 소 | 개

• 쓰네이시 게이이치(常石敬一)

가나가와대학 명예교수

1943년생. 1973년부터 나가사키대학 교양부, 1989년부터 2014년까지 가나가와대학 경영학부에서 근무

『사라진 세균전부대』(消えた細菌戦部隊, 海鳴社, 1981), 『표적 · 이시이』(標的 · イシイ, 大月書店, 1984), 『의학자들의 조직범죄』(医学者たちの組織犯罪, 朝日新聞社, 1994), 『731부대』(七三一部隊, 講談社現代新書, 1995), 『화학병기범죄』(化学兵器犯罪, 講談社現代新書, 2003), 『전쟁터의 역학』(戦場の疫学, 海鳴社, 2005), 『원전과 플루토늄』(原発とプルトニウム, PHP研究所, 2010), 『결핵과 일본인』(結核と日本人, 岩波書店, 2011)

• 스기야마 다케토시(杉山武敏)

고베대학 명예교수

1957년 교토대학 의학부 졸업, 1958년 교토대학 의학부 조수(병리학, 1964년 미국 유학), 1966년 아이치암센터연구소 실장, 1968년 시카고대학 준교수(벤 메이 암 연구소), 1971년 고베대학 교수, 1987년 의학부장, 1989년 교토대학 교수(병리학), 1995년 시가현립성인병센터 총장, 2000년 시가현립성인병센터 연구소장, 2002년 퇴직. 주요 연구영역: 병리학, 실험 백혈병, 화학 발암

T.Sugiyama, Experimental Leukemia: History, Biology and Genetics. Nova Biomedical Books, New York, 2009

• 시노즈카 요시오(篠塚良雄)

전 731부대 소년대원

시노즈카 요시오 · 다카야나기 미치코(高柳美智子), 『일본에도 전쟁이 있었다』(日本にも戦争があった, 新日本出版社, 2004)

• 가리타 게이시로(刈田啓史郎)

전 도호쿠대학 교수

1938년 아키타시 출생. 도호쿠대학 의학부를 졸업한 후 동 대학 의학부 및 치학부에서 생리학 교육과 연구에 종사했다. 대학원생 시절 자신과 같은 분야를 연구하는 의학자가 과거 일본군 731부대에서 비인도적 연구를 했었다는 사실을 알고 의료윤리 문제에 관심을 갖게 된다.

멜버른대학교 의학부 유학, 도호쿠대학 교수, 현재 '15년전쟁과 일본의 의학의료연구회' 간사장과 도호쿠대학 대학원 치학연구과 연구원으로 활동 중

『전쟁과 의학』(戦争と医学, みやぎ憲法九条の会, 2010)

• 아자미 쇼조(莇昭三)

조호쿠병원(城北病院) 명예원장, 전일본민주의료기관연합회 명예회장, '15년전쟁과 일본의 의학의료연구회' 명예간사장
이시카와현 출신 1927년생. 가나자와대학 의학부 졸업. 전문: 내과, 의료법, 의학사
『잃어버린 카르테』(なくなったカルテ, あゆみ出版, 1983), 『의료학개론』(医療学概論, 勁草書房, 1992), 『전쟁과 의료』(戦争と医療, かもがわ出版, 2000), 『생명의 평등을 개척하다』(いのちの平等を拓く, 日本評論社, 2013) 등

• 니시야마 가쓰오(西山勝夫)

시가의과대학 명예교수
간사이의과대학 위생학 조수, 시가의과대학 예방의학 조수 · 조교수, 현재 시가의과대학 명예교수. 스위스 연방공과대학, 미국 존스홉킨스대학교에 유학해 공중위생학을 공부함
전문: 사회의학, 노동위생학
소속 학회: 미국공중위생학회, 일본산업위생학회, 일본사회의학회. 일본과학자회의 등
'전쟁과 의료 윤리 검증을 추진하는 모임' 대표 책임자, 일본과학자회의 시가지부 대표 간사, 오사카산재직업병대책연락회 회장, 노동자의 생명과 건강을 지키는 시가현센터 이사장 등 역임
『전쟁과 의학』(戦争と医学, 文理閣, 2014)

• 양옌쥔(杨彦君)

하얼빈시 사회과학원 731문제국제연구센터 주임
1979년 중국 헤이룽장성 출생, 역사학 석사. 대학 졸업 후 하얼빈시 사회과학원에 들어가 보조연구원 · 부주임을 맡은 후 동 과학원 731문제국제연구센터 주임에 취임. 침화일군731부대죄증진열관(侵华日军第七三一部队罪证陈列馆) 관장 보좌역 겸임
『731부대 세균전 피해 연구-하얼빈의 페스트유행 사례』(七三一部队细菌战贻害研究—以哈尔滨鼠疫流行为例)로 제6회 하얼빈시 사회과학 우수성과상에서 단독 저자 분야 1등 수상
공동저서: 『침화일군자료선편 제1집』(侵华日军细菌战资料选编(第一集), 『731부대죄행국제학술심포지엄논문 선편』(七三一部队罪行国际学术研讨会论文选编), 『침화일군731부대죄증진열관문물도감』(侵華日軍七三一部隊罪証陳列館文物図鑑)

- **히로하라 모리아키**(広原盛明)

교토부립대학 명예교수

1938년 만주 하얼빈시 출신. 교토대학 건축학과 대학원 수료. 교토대학 강사, 교토부립대학교수 · 학장 역임 후 현재 명예교수. 류코쿠대학(龍谷大学) 교수. 공학박사, 1급 건축사, 기술사(도시 계획 및 지방 도시 계획)

『진재 고베 도시 계획의 검증』(震災神戸都市計画の検証, 自治体研究社, 1996), 『전시 · 전후 부흥기 주택 정책 자료-주택영단 전27권』(戦時 · 戦後復興期住宅政策資料-住宅営団全27巻, 日本経済評論社, 2000), 『일본의 도시법Ⅱ』(日本の都市法Ⅱ, 東京大学出版会, 2001), 『도심 · 시내 · 교외의 공생-교토, 오사카, 고베 대도시권의 미래』(都心 · まちなか · 郊外の共生一京阪神大都市圏の将来, 晃洋書房, 2010), 『일본형 커뮤니티정책』(日本型コミュニティ政策, 晃洋書房, 2011), 『카타스트로피의 경제사상-진재 · 원전 · 후쿠시마』(カタストロフィーの経済思想一震災原発フクシマ, 昭和堂, 2014)

- **니시사토 후유코**(西里扶用子)

저널리스트, 독일공영방송(ZDF) 도쿄지국 프로듀서

홋카이도대학 영미문학과 졸업. 홋카이도방송 아나운서실 · 보도부, 호주방송국 일본 대상 뉴스 대본 번역 담당. 1977년 귀국 후 해외 언론을 위한 일본 현지 취재 코디네이터로 일함, 인터뷰어, 프로듀서. 소속: 일본 외국특파원협회, NPO법인731부대 · 세균전자료센터, POW연구회

『생물전부대731-미국이 면죄한 일본군의 전쟁범죄』(生物戦部隊731-アメリカが免罪した日本軍の戦争犯罪, 草の根出版会), 『731부대의 생물병기와 미국』(역서, 七三一部隊の生物兵器とアメリカ, かもがわ出版)

- **스에나가 게이코**(末水恵子)

후쿠시마현립의과대학 강사

『전시의학의 실태-구 만주의과대학 연구』(戦時医学の実態一旧満洲医科大学の研究一, 樹花舎, 2005), 「중일전쟁기의 대 중국의료지원사업의 변용-동인회의 의료지원에 대해」(日中戦争期における対中国医療支援事業の変容一同仁会の医療支援について, 『宮城歴史科学研究』 第68-69 合併号, 2011)

- **왕쉬엔**(王选, Wang Xuan)

중국 세균전 피해자 연합회 회장, 중국인민정치협상회의 저장성위원회 위원

• **곤도 쇼지**(近藤昭二)

저널리스트, NPO법인 731 · 세균전자료센터 공동 대표
1960년대 후반 이후 중대사건 현장을 취재하여 TV 아사히 「더 · 스쿠프」 등의 제작에 종사. 도쿄지방법원에서 이루어진 세균전 피해 소송에도 은폐 문제 감정 증인 신분으로 감정서를 제출하고 증언함
「지금도 계속되는 세균전의 공포」(今も続く細菌戦の恐怖, 방송비평가 간담회 갤럭시상 수상), 「731세균전부대」(731細菌戦部隊, 아시아태평양영상축제 대상 수상), 『죽음의 공장-은폐된 731부대』(역서, 死の工場一隠蔵された731部隊, 柏書房, 1999), 『CD-ROM판 731부대 세균전 자료 집성』(CD-ROM版731部隊細菌戦資料集成, 편저)

• **후치가미 데루오**(渕上輝夫)

전 일본현대시인회 회원
『시집 전쟁과 죄』(詩集戦争と罪, 鳥語社, 1999)

• **다케우치 지이치**(竹内治一)

전 오사카부보험의협회 부이사장
오사카 셋쓰(摂津)의사회 회장, 일본의사회 대의원(10기) 등을 역임

• **하라 후미오**(原文夫)

전 오사카보험의협회 사무국장

• **다이나카 가쓰히토**(田井中克人)

교토 · 시마네 디프테리아 참화사건연구회 회원, 전직 교토도립 라쿠요(洛陽) 공업고등학교 정시제 교사, 교토 · 시마네 디프테리아 참화사건연구회 사무국장
1947년 교토시 출신. 오사카공업대학 경영공학과 졸업
「69번째의 희생」(69人目の犠牲, ウインかもがわ, 2003), 「교토 지프테리아 예방접종화(禍)사건」(京都ジフテリア予防接種禍事件, 新風舎文庫, 2005)

· **요시다 히로지**(吉田曠二)

메이조대학(名城大學) 비상근 강사
1937년 교토시 출신. 도시샤대학 대학원 법학연구과 수료(법학 석사)
1964년「아사히신문」오사카본사에 입사 후 광고국에서 광고 시장 조사와 광고 심사 등을 담당하면서 일본 근현대사 연구를 계속함. 정년 퇴직 후 현재 직장에서 근무
「루쉰의 친구, 우치야마 간조의 초상」(魯迅の友 · 内山完造の肖像,新教出版社, 1994),「다큐멘트 중일전쟁」(ドキュメント日中戦争, 3巻, 名城大学法学部講義録, 2002-2009),「전직 육군 중장 엔도 사부로의 초상」(元陸軍中将遠藤三郎の肖像, すずさわ書店, 2012),「장군 엔도 사부로와 아시아태평양전쟁」(将軍遠藤三郎とアジア太平洋戦争, ゆまに書房, 2015)

옮|긴|이|후|기

매년 3월이나 8월 즈음 우리의 눈길을 끄는 기사가 있습니다. 바로 731부대 관련 기사입니다. 이런 기사 덕분인지 한국 사람들 대다수가 731부대가 어떤 집단인지 정도는 알고 있습니다. 임상시험에 참여하는 것을 흔히 '마루타 알바'라고 부를 정도니까요.

그런데, 정작 우리는 731부대에 대해 얼마나 알고 있을까요? 물론 매년 올라오는 기사나 이런저런 블로그에는 그럴듯한 사진과 내용이 담겨 있습니다. 문제는 그것들 대부분이 잘못됐다는 점입니다. 이는 민족주의를 부추기는 데에는 도움이 되겠지만 역사의 진실에 다가가는 데에는 방해가 됩니다.

부끄러운 고백입니다만, 의료윤리를 가르치는 저 역시 과거 731부대에 대해 강의하며 잘못된 사진과 내용을 사용했습니다. 이 책의 번역은 그러한 반성에서 시작됐습니다. 번역서 제목에 원제인 'NO MORE 731' 대신 '누구나 알지만 아무도 모르는 731부대'를 단 것도 같은 이유입니다. 때문에 이 책에는 가짜 생체해부 사진이나 유명 한국인이 731부대 희생양이었다는 허황된 얘기는 나오지 않습니다.

731부대가 존재했고 인체실험이 이루어진 건 사실인 만큼 좀 틀리고 과장되면 어떠냐 싶겠지만, 역사문제는 그렇게 간단하지 않습니다. 또한 731부대를 단지 '광기어린 집단', '악마 같은 일본군'으로 치부하는 것으로는 문제의 본질에 다가설 수 없습니다. 보다 냉정하게 그 너머에 있는 제국주의의 민낯을 들여다봐야 합니다. 제국주의 전쟁으로 몰고 간 사람들과 그것에 편승한 사람들, 그로 인해 짓밟힌 사람들이 같지 않다는 점 또한 잊지 말아야 합니다.

그렇기에 역사의 진실에 다가가는 것은 단지 어떤 재판이나 역사가의 작업 때문이 아니라 짓밟혔던 사람들이 역사의 주체로서 목소리를 내었을 때 비로소 가능합니다.

'68혁명' 이후에야 독일 정치인과 의사들이 나치스 시절 저지른 잘못에 대해 반성을 하고, '안보투쟁'과 '전공투 운동'을 거치고서야 일본에서 731부대 문제가 대두된 것은 결코 우연이 아닙니다. 이 책 역시 바로 그런 운동의 결실입니다.

이 책은 먼지 쌓인 과거사를 안고 제국주의 열강 속에서 살아가는 오늘날의 우리에게도 적지 않은 의미를 갖습니다. 흔히 역사는 거울에 비교되곤 합니다. 단지 우리가 그 거울에 일본사람들을 다그쳐 세워야 한다고 말하고 싶어 이 책을 번역한 것은 아닙니다. 오히려 인류의 미래를 위해 이토록 열심히 거울을 닦고 있는 일본사람들도 있다는 것을 알리고 싶었습니다. 그리고 그 거울을 통해 우리의 얼굴도 비춰보고 싶었습니다. 부디 이 책이 그러한 생각을 가진 분들에게 조금이나마 보탬이 되길 바랍니다.

2020년 3월

옮긴이를 대표해 최규진 씀

* 이 책이 나오기까지 도와주신 분들께 감사드립니다. 특히, 이 책의 출판을 기꺼이 수락하시고 게으른 작업을 기다려주신 백재중 선생님, 편집뿐 아니라 감수 역할까지 해주신 황자혜 선생님, 그리고 멋지게 꾸며주신 박재원 선생님께 감사드립니다. 추천사로 필자들만큼이나 중요한 얘기를 해주신 황상익 선생님, 예리한 눈으로 최종 검토를 도와주신 선우상 선생님께도 감사드립니다. 마지막으로 물심양면으로 응원해주신 북펀딩 참여자분들께도 진심으로 감사드립니다.

찾 | 아 | 보 | 기

인명

인명 외

2017년 한국연구재단의 지원을 받아 수행된 연구임(NRF-2017R1C1B5075765)

누구나 알지만 아무도 모르는
731부대

엮은이 15년전쟁과 일본의 의학의료연구회(15年戦争と日本の医学医療研究会)
옮긴이 하세가와 사오리 · 최규진
펴낸이 백재중 만든이 황자혜 조원경 박재원 김상훈
초판 1쇄 발행 2020년 3월 30일 초판 2쇄 발행 2020년 8월 1일 펴낸곳 건강미디어협동조합
등록 2014년 3월 7일 제2014-23호 주소 서울시 사가정로49길 53
전화 010-4749-4511 팩스 02-6974-1026 전자우편 healthmediacoop@gmail.com
값 22,000원 ISBN 979-11-87387-15-2 03910